U0139850

BELONGING

The Story of the Jews

1700~1900

犹太人的故事

永远的归途

（1700~1900）

（英）西门·沙马——著

黄福武　黄梦初——译

化学工业出版社

·北京·

For the Work currently entitled Belonging： The Story of the Jews 1492~1700，1st edition by Simon Schama
ISBN 978-1-847-92280-9

北京市版权局著作权合同登记号：01-2021-4259

图书在版编目（CIP）数据

犹太人的故事.永远的归途：1700~1900/（英）西门·沙马（Simon Schama）著；黄福武，黄梦初译. —北京：化学工业出版社，2023.5

书名原文：Belonging：The Story of the Jews 1700~1900

ISBN 978-7-122-43140-0

Ⅰ.①犹… Ⅱ.①西… ②黄… ③黄… Ⅲ.①犹太人-民族历史-研究 Ⅳ.①K18

中国国家版本馆CIP数据核字（2023）第049930号

责任编辑：王冬军　张丽丽　　装帧设计：水玉银文化
责任校对：宋　夏　　版权引进：金美英

出版发行：化学工业出版社（北京市东城区青年湖南街 13 号　邮政编码 100011）
印　　装：盛大（天津）印刷有限公司
710mm × 1000mm　1/16　印张 $36^1/_2$　字数 496 千字
2023 年 10 月北京第 1 版第 1 次印刷

购书咨询：010-64518888　　售后服务：010-64518899
网　　址：http://www.cip.com.cn
凡购买本书，如有缺损质量问题，本社销售中心负责调换。

定　价：128.00 元

本书所获赞誉

BELONGING

西门·沙马教授深入研究了犹太人散居的各种隐秘角落，用一系列精彩的故事描绘出一幅幅生动而富有深意的历史画卷，把故乡与他乡、史实与忆想、保守传统和与时俱进、民族性与普遍性之间的冲突融合交织在一起，呈现出犹太人个体、族群不同时段的生活面貌。

——傅有德

教育部人文社会科学重点研究基地山东大学犹太教与跨宗教研究中心主任

“长江学者”特聘教授

中国宗教学会副会长

本书以 1700 年这个犹太历史上的重要时间节点作为叙述的起始，客观展现了 18 至 19 世纪犹太人在欧洲的生命历程和生存轨迹；作者的言说不急不慢，简约、客观，将这一时段内关于犹太人“救亡图存”的重要事件做了细致呈现。该书对于汉语学界了解此时期的犹太人行迹有重要的参考价值，书末的参考文献对于推动相关研究极具启发意义。

——陈会亮

河南大学高等人文研究院副院长

本书全面、生动、细致地以一种不同寻常的方式勾勒了犹太人的历史，将丰富多彩、迷人的犹太人历史经历展示在读者面前，它无疑是一部里程碑式的著作，是一部任何对犹太课题，特别是对犹太历史感兴趣人士必读之书籍。

——徐新

中国犹太文化研究联盟会长

南京大学格来泽犹太文化研究所所长

书中以不同的“故事”为切入点，依据考古发现及历史记载，尝试还原一段博大精深的文化历史。西门・沙马既谙熟犹太历史的惯有语境，又关注了流散过程中犹太文化与其他文化的交往互动，并且审视了繁华与哀痛背后，犹太历史对人类记忆遗产的塑造，诚如作者所言：“无论犹太历史的关注点是何时何地，如果缺少了犹太人的故事，任何历史都是不完整的。”

——张倩红

中国中东学会副会长

郑州大学副校长

这部作品充满了引人入胜的情节，仿佛一部振聋发聩的小说，甚至比伍迪・艾伦的电影更加富有想象力。

——丹尼尔・约翰逊（Daniel Johnson）

《泰晤士报》（*The Times*）

西门・沙马是一位巨人，一部伟大的思考机器，也是一位优秀的抒情诗人。

——布莱恩・马斯特斯（Brian Masters）

《星期日邮报》（*Mail on Sunday*）

一部雄浑恣肆、充满活力的动人之作！一场无与伦比、卓越惊险的文化之旅！

——西蒙·塞巴格·蒙蒂菲奥里（Simon Sebag Montefiore）

《每日邮报》（*Daily Mail*）

西门·沙马教授的寥寥数语，便能唤起对整个时代的回忆。

——《星期日邮报》

读来让人完全沉醉其中，一部真正具有权威性且令人难忘的著作。

——本·威尔逊（Ben Wilson）

《每日电讯报》（*Daily Telegraph*）

在书中，沙马一扫众多犹太历史研究学者的多愁善感，他试图呈现给读者一部更客观、更全面的犹太人历史——阅读本书你将受益匪浅。

——《以色列国土报》（*Haaretz*）

沙马先生的这部史诗纵横捭阖、引人入胜。

——《华尔街日报》（*Wall Street Journal*）

一首充满能量的诗歌，一篇满载斑驳历史细节的散文，一部睿智而深沉的史诗……

——《芝加哥论坛报》（*Chicago Tribune*）

西门·沙马勋爵笔下的这段历史起源于底层，在中间扩散，并以令人意想不到的视角重现那些被人们遗忘的过去。他通过解构社会、文化，使其笔下的人物和事件复活……他用其特有的才华与优雅将读者征服。

——《纽约时报》（*New York Times*）

精彩绝伦，引人入胜。

——《洛杉矶时报》（*Los Angeles Times*）

西门·沙马勋爵是一位伟大而博学的巨星。他可以深入挖掘某一特定主题，也能够从更广阔的角度审视国与国之间、民族与民族之间跨越历史的关系。他的才华与笔力在这部作品中表现得淋漓尽致。

——《旧金山纪事报》（*San Francisco Chronicle*）

阅读本书，仿佛在享受这个星球上最闪耀的文化历史盛宴。

——《西雅图时报》（*Seattle Times*）

西门·沙马勋爵是一个很会讲故事的人，他的故事深厚而博远、史料丰沛、幽默且极具其个人魅力……

——《纽约书评》（*The New York Review of Books*）

献给摩西与富兰克林，他们也属于这个故事

目录

BELONGING

第一部 初心之归属

第1篇 心灵的交汇

第 2 篇　不留胡子的犹太人

第3篇 公民犹太人

第 4 篇　“就是这里！”

第二部 家园与归途

第 5 篇 美国人

第 6 篇 现代性及其烦恼

第 8 篇　适逢其时?

BELONGING

第一部

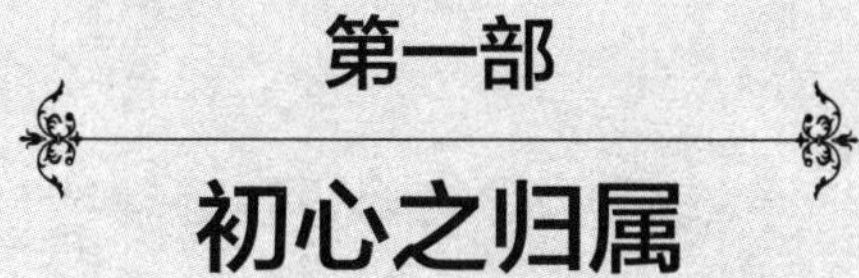

初心之归属

BELONGING

第 1 篇　心灵的交汇

Ⅰ. 废墟

逃离法兰克福

正是当一位拉比抱着《托拉》的羊皮卷跑进法兰克福犹太会堂（shul）的女性座席区时，里面的会众才知道，某个戏剧性的事情即将发生。这位拉比的行为太令人震惊了——但他是犹大·哈西德（Judah Ha-Hasid），为人正直且受人尊敬，所以没有人想去阻止他的莽撞行为。这一天正好是公元 1700 年的“大安息日”（Shabbes Hagadol），即逾越节前的最后一个安息日，是一个专门留出来表达最重要愿望的日子。犹大·哈西德站在诵经台（bimah）上，当时虽然祈祷披巾从头上披散下来，但他却没有表现出丝毫的失望或沮丧之情。他说，请大家做好准备，世界末日即将来临，并且“救世主”（Moshiakh）也将同时降临。沙巴泰[①]（愿他的名字从人们的记忆中抹去）只是一个诅咒，一次考验。但这一次却完全不同以往。他曾经反复地仔细查阅过日历，这一次肯定不会弄错！他们都应该赎罪，并和他一起回归以色列的土地，全能的“上帝”将在那

① 沙巴泰（Shabbetai）曾以“救世主”自称，在大动荡时期赢得许多犹太人的狂热崇拜与追随。——编者注

里最终兑现他的承诺。耶路撒冷将发生奇迹，就在今年，而不是下一年。在锡安人们已经置下了一所房子作为会堂，他们的住处也已经被准备好了，所以赶快行动起来吧！

对于这番聒噪，有些人耸肩膀，有些人翻白眼，但也有些人却激动起来。这位拉比也许真的是一个先知、一位信使。法兰克福究竟有什么好，值得他们如此留恋？的确，犹太人已经在那里住了几百年，但如今又有谁会看他们一眼？如一个大蚁丘一般，五百户犹太家庭（这是1616年的法令允许的最大户数）挤在狭小的犹太胡同里，总人数有两三千人。他们曾向这座帝国城市的长老会请求，希望能够给他们稍大些的生存空间，但一切都是徒劳的。"隔都"[①]就是隔都：犹太人被禁止在星期日出门，他们被隔离在远离闹市和大路的地方，被圈在一个个污秽遍地、臭气熏天的大杂院里。随着他们的人数越来越多，犹太胡同的两边又从中间分开，一条小街上竟然出现了四排简易房。扩大生存空间的唯一方向就是向上发展，所以房子越接越高，并且逐层向外伸出一些，支撑挑檐的木头一直伸到街中央，他们走路甚至经常碰着头。这样没过几年，整条街上就几乎见不到阳光了。"亲密"本该谨慎。如果顶层上有人做了什么坏事，那么很快整条犹太胡同里的人就全知道了。紧闭的百叶窗可以把随意的闲谈变成确定的事实，当女人们在星期五下午抱着炖锅去烤房的炉子上炖菜时，这些"事实"必然会引起一阵阵意第绪语的认同声。"亲密"不仅滋生谣言，也会传播疾病。犹太胡同的"音乐"就是咳嗽声。靠里面的一排房子里几乎或根本没有新鲜空气。然而，这里的出生率仍然远远大于死亡率。看来，肯定是"上帝"愿意让他们过这样的生活。

因此，犹太胡同里有更多的人需要吃饭。1616年的法令虽然允许五百户家庭在这里居住，但同时也禁止他们从事任何由各个商业行会控制的职业。所以，在"隔都"之外根本看不到工匠的身影或任何零售店铺。所有的商品通常

---

① 在《犹太人的故事》前两部作品中也出现过"隔都"，即中世纪的犹太人隔离区。——编者注

都是批发经营，但他们可以通过贩卖布料、粮食、蜂蜡，后来也像其他地方一样，通过估衣、放债和开当铺来维持生计。还有一些人则干起了屠户和宰牲人，或火柴作坊主，或在讲经的私塾里当老师，当然更多的人则变成了成群聚集在角落里并且永远赶不散的乞丐（pfuey）。即使是乞丐，其身份也要比远在乡下的“犹太游民”（Betejuden）高一些。他们人数众多，生活方式和吉卜赛人差不多，但却更值得同情，当然也更危险：他们居无定所、无法无天、衣不蔽体、食不果腹、满身污秽、臭气熏天，身上爬满了虱子、长满了疥疮，盲人用木棍探路跌撞前行，跛足者则拖着双腿尽量走得快些，因为他们在那些严防他们进城的监管者的监视和驱逐下，不得不从一个地方赶到另一个地方。恶狗一路跟着他们狂吠，咬他们的脚后跟，直到把他们撵进荒林或沼泽地里。如果最后被逼得实在没有活路，乞丐父母就会把自己的孩子卖给任何愿意接受的人当仆人，这些孩子们会被擦洗干净，然后被逼着做各种各样的工作。然而，你永远也不知道你还会看到什么更悲惨的画面。在 1773 年，有一个被卖的 15 岁女孩杀死了她的新主人，她的辩护律师只能画了一幅描绘她悲惨状况的画像来为她辩护。她只是这支“犹太游民”大军中的一员，而这些人每天都要身背要饭的布袋，艰难地跋涉在漫漫长路上。[1]

所以，再一次请问：这里的犹太胡同究竟有什么好，值得他们为此而远离锡安山？他们这样想或许还有另一个原因，这使得法兰克福的犹太人认为，他们的命运在近期内很难有所改善——至少在阿什肯纳兹（Ashkenazi，德系犹太人）世界里是如此。就在犹大・哈西德发布他的消息的同时，约翰・艾森门格尔（Johann Eisenmenger）的两卷本文集《除去面具的犹太教》（*Entdecktes Judenthum*，亦译作《真实的犹太教》）的第一版在他们居住的城市出版面世了。由于这本书是打着博学多识的幌子出现的，所以负面影响更为深远。艾森门格尔是一个真正的希伯来学者，是海德堡大学的教授，他刻苦而深入地钻研过《塔木德》和《米德拉什》[①]，试图从犹太人的口中寻找证据，从而证明他们是魔鬼撒旦的后代，一直在处心积虑地想要消灭基督徒和基督教。如果基督再临，他们会迫不及待地把他第二次钉在十字架上。尽管拉比们声称不希望人们改变信仰，但或许正是阿姆斯特丹的三个基督徒皈依犹太教的事件首先激怒了艾森门格尔，他才在那部作品中重复着有关犹太人奇特习俗的所有最稀奇古怪的诽谤，其主旨就是和这样一群人在一起生活是根本不可能的。诬称他们是人类的污染源、行走的传染源和长着两条腿的寄生虫。这就是为什么当年埃及人竭力地要摆脱他们，为什么基督徒社区要把他们驱逐出去，让他们沦为乞丐和从事最低贱的职业并关闭所有犹太会堂的原因。而这也正是教皇保罗四世在1555年发布的教皇训谕《因为如此荒谬》（Cum Nimis Absurdum）中关于巴洛克时代的旧观点。在荷兰，面对犹太作家及其基督徒插图画家在力求使他们的礼仪和宗教人性化方面所做的种种努力，艾森门格尔却不遗余力地贬低他们，且比马丁·路德以来的任何人都有过之而无不及。

既然如此，为什么不赶紧走人呢？一些法兰克福犹太人开始准备离开。他们变卖了几乎所有的家产，只剩下一两间房子就够用了，这场抛售的风潮甚至激活了一直非常低迷的买方市场。犹大·哈西德刚刚从波兰赶过来，此时又匆匆地踏上了征途，沿着勃兰登堡（Brandenburg）、萨克森（Saxony）、波希米亚（Bohemia）、摩拉维亚（Moravia）一线进行宣传鼓动。[2] 一支由追随者组成的小股队伍自愿进行残酷的苦修活动，这甚至比沙巴泰·泽维时代的狂热还要极端。他们专门找一些不到开春不开冻的河塘，然后全身浸在冰水中，直到全身青紫、浑身发抖才在悔罪中爬上来。他们遵照哈西德的指令，拒绝在床上睡觉。当他们还能祈祷和学习的时候，为什么要去睡觉？如果他们必须休息，那么也只能睡在光光的地板上或石砌的地面上。真正的忏悔需要一个星期里睡觉不能超过两天，并且也不能吃食物，当然更不能吃来自动物的食物（包括肉和奶）。

① 《米德拉什》（*Midrash*），针对希伯来圣经额外的圣经注释。——编者注

就算那天是逾越节，他们的干无酵饼也不可能有黄油。饥饿是幻觉的“女仆”。

整个德语区及其以东地区成立了一个兄弟会组织“chevrah”，具体负责这次向锡安山的伟大旅程。一些人口密集的城市的分会还向阿什肯纳兹世界派出了信使。在哈西德的代理人哈伊姆·梅里奇（Hayim Melech）的组织和策划下，他们身穿白色的缎子长袍出现在犹太同胞的面前，以便提振信心和募集资金。当他们准备出发时，该兄弟会的人数已经达到一千七百人，其中一半来自威尼斯，一半来自君士坦丁堡。在向锡安山进发的途中，他们的人数由于身体上的疾病和精神上的醒悟而有所减少，即使剩下的一千人在 1700 年 10 月间到达时，也使耶路撒冷的犹太人口突然翻了一番。当地人看到这些看起来颇有学问但却由于长期饥饿而骨瘦如柴的人，怀疑他们是又一支以“救世主”的名义前来朝圣的狂热分子，只得报以熟悉的无奈，发出一声叹息。当看到这支队伍时，他们就知道麻烦来了。

在到达耶路撒冷六天之后，犹大·哈西德突然辞世。当时，没听说他生什么病，当然年纪是大了些。现在，他终于在另一个世界见到了那些一生都难以实现自己梦想的虔诚贤哲，尤其是被他奉为祖师爷的摩西·本·纳曼（Moshe ben Nahman），就是那位在 1263 年的巴塞罗那论争中捍卫犹太教的斗士“纳曼尼德”（Nahmannides）。他的新会堂就紧挨着当年为纪念纳曼尼德而建造的中世纪“拉班会堂”（Ramban）①。现在，新族长和老先知终于可以在死后团聚了，只留下哈西德的一小股追随者被全能的“上帝”最近的反常行为弄得困惑且绝望，陷入摇摆不定之中。

故事的结尾是完全可以预见的。痛苦变成了担忧，饥饿噬咬着他们咕咕叫的肚子。他们变得眼窝深陷，终日心惊胆战。孩子们在不停地哭叫。哈伊姆·梅里奇只是一个名义上的领袖。所有的债务都要偿还，而土耳其当局征收的赋税也已经到期，但他们却无力支付。任何呵斥或监禁的恐吓方式都难以从

① “Ramban”为纳曼尼德全名的字首缩略语。——译者注

他们身上再榨出钱来，因为他们早已身无分文。许多人开始寻找出路，希望能够回到法兰克福、布拉格、波兹南（Posen）和布雷斯劳（Breslau）。还有些人则只能留下来，为了活命而皈依了其他教派。而他们的会堂也因年久失修而坍塌，在后来的一百四十年中变成了一片废墟，直到19世纪中期才由一群新的虔诚的锡安主义者进行了恢复和重建。后来在1948年的中东战争[①]期间，这座被称为“废墟”（Hurva）的新会堂再次被约旦军队彻底摧毁。直到最近，其最新的“版本”才在各方的激烈争论中开放，而这些争论主要在已经拥有了会堂使用权的极端正统派与反对将其排除在会堂之外的“现代”（不算太极端的）正统派之间，当然还有那些不愿看到在老城中立起一座新犹太会堂的耶路撒冷的巴勒斯坦人，以及那些认为这种行为是另一个在圆顶清真寺上建造第三圣殿的阴谋的人。

奥本海默家族

当然，还有其他一些以色列的强权人物，但在1700年他们也只能站在瓦砾和废墟之上叹息。大约在犹大·哈西德正带着他的千人军团向锡安山进发的同时，撒母耳·奥本海默（Samuel Oppenheimer）位于维也纳“农民集市”[②]边上的漂亮豪宅被洗劫一空。在一个铸剑匠和一个烟囱清扫工的带领下，一伙气势汹汹的工匠高声喊叫着，说犹太人正在把维也纳人逼上绝路。奥本海默这个“宫廷犹太人”[③]已经接管了帝国，挟持了皇帝。他每天驾着四匹马拉的豪华马车招摇过市，马车车厢外的嵌板上画有漂亮的盾徽，而诚实的基督徒却都在挨饿。更糟糕的是，有关犹太人与土耳其人结成联盟的谣言不胫而走。于是，奥本海默家族高高耸立在蔬菜商贩摊点中间的豪宅遭到抢劫，里面所有的漂亮金银器和银烛台都被洗劫一空。墙上的挂毯和窗帘（又大又重，甚至一般的货运

---

① 此处指第一次中东战争，即1948年以色列独立建国战争。——编者注

② 原文为Bauernmarkt，指按传统在五六月举办的农民集市。——编者注

③ 原文为Hofjude，即宫廷犹太人，专指欧洲中世纪时期服务于王公贵族的犹太金融家、放贷人。——编者注

马车都装不下）被扯了下来，被撕成碎片后，他们竟然穿着满是泥土的靴子在上面跳舞；而破碎的瓷器则被扔到了烂萝卜堆里。他们一边大口地灌着奥本海默酒窖里的陈年红酒，一边在已经被木棍敲碎的、镶着金框的镜子前扮着鬼脸。

而这些暴力活动的对象逃进了显然是为应对这类不测事件而建造的地下暗道里才得以幸免。当骚乱慢慢平息下来后，奥本海默的支持者和以前的保护人、神圣罗马帝国的皇帝利奥泼德一世（Leopold Ⅰ）非常重视，带头闹事的铸剑匠和烟囱清扫工被处以绞刑。实际上，他并非真心对犹太人如此关心，而是担心这场骚乱会蔓延开来而无法收拾。也就是在一年前，这里就发生过一场严重的农民暴乱。他们当时专门对付弗兰肯地区（Franconia）的乡下犹太人，你也许永远也不知道这样的暴乱到哪里才是个头儿。作为军需大臣的奥本海默当然不是傻瓜。他很清楚，铸剑匠和烟囱清扫工不过是他们随便找的替罪羊，而眼前的这些所谓主持公正的“正人君子”肯定插手了这次犯罪活动。骚乱的发生在时间上并不是一次巧合。有人欠他一大笔钱，高达二十万弗罗林（florins）①，但当时这笔钱已经以偿还的方式付给了他的转包商。难道是议会里那些绅士们又想不花一分钱就得到马匹和马车，黑麦、小麦和面粉，枪炮和火药，毛瑟枪和卡宾枪，手榴弹和子弹，斗篷、头盔和马靴吗？如果皇帝想与路易十四世开战，自然会有某个人为皇帝准备好这些东西，而他以往就是这样做的。如今，他向上议院要求按照合同中的承诺还钱，但财政大臣却耸了耸肩，摊开空空的双手说“请原谅”，可军队仍然在战场上征战，他手里却没有一个铜子儿。啊哈，先是违约，然后是不认账。当他们指控犹太人两面讨好时，也许这就是他们的良心！他以前就曾经碰到过这样的事。十年前，有人欠他整整五百万弗罗林，后来却被用这样的方式活生生地给骗走了。当时就有消息传开，转包商被晾在一边，从而在证券交易所里引起了一场相当大的恐慌。由于有前车之鉴，于是奥本海默直接给皇帝写信，但却被告知他如此费心劳力，其

① 当时帝国内通用的货币单位。——译者注

实不过是一次误会。犹太人拥有金钱王国，并不等于他们什么都有。撒母耳的敌人比比皆是。红衣主教克劳尼希（Kollonitsch）就是一个对犹太人有极端看法的人，他对自己的天主教银行财团的倒闭一直耿耿于怀。对奥本海默家族住宅的袭击就是一个明确的提示，也就是说，如果犹太人胆敢坚持自己的放肆行为，他们的生活只会越来越糟。他已经很清楚奥地利的监狱里会是一种什么样的情形，因为在三年前，他和他的儿子伊曼努尔（Emanuel）就曾被指控密谋杀害他的竞争对手萨姆森·韦特海默（Samson Wertheimer）而遭到逮捕。

像一再对"救世主运动"的失望一样，奥本海默家族住宅的废墟也是一个古老的犹太故事。巴洛克时代的宫廷犹太人，只不过是在中世纪岁月里就已经开始的这类故事的"最新版"罢了。通过遥远的、大家族式的贸易联系，犹太人完全可以经营诸如宝石和香料这类小体量、高附加值的精细商品，并在市场上获得高额利润，从而聚集起巨大的财富。基督徒放贷时的高利息和教会当局对放贷获利的反对，帮助他们在放贷业的竞争中占得了先机，并且他们还可以通过提供预付税款的方式在商业税和关税方面赚取丰厚的利润。他们根据自己的无数次经历已然明白，他们借出去的钱不一定什么时候就会被赖掉，他们的财产会被没收，他们或他们的继承人会被彻底剥夺或被投入监狱，至于什么时候发生，那就要看欠债的统治者认为什么时候合适了。即使如此，他们仍然继续提供服务，因为在每一个犹太人看来，虽然为苏斯·奥本海默（Suess Oppenheimer）提供赞助的那位公爵死去后，他的确在公众的欢呼声中被送上了绞架（当时还专门为这位犹太人脖子上的绞索串上了精心铸造的钱币和勋章），但在银行家和铸币主管中间也不乏事业有成的案例，他们成功地躲过了重重危险，成为一代富商巨贾。甚至就连他们中间一些不太富有的人也享有居住和旅行的特权，并且还很可能被减免了加在底层犹太人身上的各种赋税。

虽然时空已经从哥特时代进入了巴洛克时代，但亲王们的普遍需求——军队、城堡和宫殿——并没有变化。然而，这类需求的规模和数量却发生了变化。到 17 世纪中期，无论是在奥地利还是在西班牙，整个哈布斯堡王朝终于放弃了查理五世在一个世纪前发起的旨在粉碎新教“异端邪说”，并试图通过一场所谓的“圣战”统一基督教王国的漫长战争。到 1700 年，已经没有人愿意寻求信仰上的统一。但在这种愿望被军事重商主义取代之前，基督教王国内部的战争是不会停止的。重商主义形成的前提是“零和博弈”下的宏观经济学，这是在无限弹性增长的“神”统治整个世界之前，竞争性资产计量的最后一个阶段。按照 1650 年至 1780 年长达一个多世纪的时间里一直占主导地位的观点来看，全世界拥有的财富数量是固定不变的，所以如果不能在必要时动用武力先发制人地使自己占有的份额最大化或增加自己的份额，那么对于任何一个经济体都无异于一场灾难。增加财富的方式可以是人口、土地、奴隶、资本、黄金，也可以是船只、货物、矿产和制造业。一些掠夺式的侵略性王朝——瑞典王朝、普鲁士霍亨索伦王朝①、波旁王朝②——眼睛一直盯着竞争对手，时刻准备对那些国力弱小或易于恐吓的国家动手。而不能生育的女王在王朝内部引发了一场继位权之争，每一个重要的争夺者都会推出自己的代理人。行动才能展示力量，观望就意味着坐以待毙。

因此，巴洛克时代的军备竞赛开始了，而军费开支也节节攀升。路易十四伟大的军事工程师沃邦（Vauban）改进了防御结构，楔形堡垒的墙体比以往任何建筑都要更厚且更不易穿透，但造价也越来越高。与之相应，他们开始设计

① 霍亨索伦王朝（Hohenzollerns）是欧洲三大王朝之一，其家族也是勃兰登堡—普鲁士（1415~1918）及德意志帝国（1871~1918）的主要统治家族。霍亨索伦家族起源于士瓦本公国境内的黑欣根附近，其始祖布尔夏德一世在 11 世纪初期受封为索伦伯爵。——译者注

② 波旁王朝（Bourbons）是一个在欧洲历史上曾断断续续统治纳瓦拉、法国、西班牙、那不勒斯与西西里、卢森堡等国以及意大利若干公国的跨国王朝。在法国的统治始于 1589 年。17 世纪中期，再度分出长幼两支：长支相继临朝的君主为路易十四、路易十五、路易十六、路易十八和查理十世；幼支统治史称“七月王朝”或“奥尔良王朝”。法国大革命爆发后，查理十世在 1830 年的七月革命中被推翻；七月王朝也在 1848 年革命中倾覆，波旁王朝在法国的统治最终结束。波旁王朝在意大利的统治则于 1860 年告终；在西班牙的统治于 1936 年被推翻，但于 1975 年第三次复辟。——译者注

和制造巨型的围城火炮。军队的规模增长了三倍甚至四倍；战舰及其武器配备在攻击能力上你追我赶，竞争激烈。这一切几乎是与经济衰退同时发生的，连年的战争使财政陷入危机，战火的蔓延和对城市造成的巨大破坏导致领土减少，而这就意味着传统上依赖的财源——租地的农民和他们的地主——已经远远不能满足国库的需要。沉重的军需供应负担使得贵族“阶层”非常恼怒，他们通常的做法就是拒绝为某一个国王或边境总督提供他们需要的资源，而把这种负担转嫁给那些纷争不断的诸侯。或许某位亲王会急于趁机通过武力削弱各个诸侯国的政治地位，怀有这种想法的人在诸侯林立的中欧恐怕不在少数，于是他们就会挖这位亲王的墙脚，不再为他筹集军费。当然，也只有某位日夜担心自己被赶出凡尔赛宫、同时也失掉自己的长枪大炮的统治者才会如此孤注一掷。然而，如果他手中有的是“金边债券”[①]和掷弹兵，他又怎么会把这些对手放在眼里。

于是，犹太人出场了。奥本海默，或他们在内阁里称呼的“撒母耳大人”，作为神圣罗马皇帝利奥泼德一世的财政大臣和后来的军需大臣出场了。同时出场的还有马卡多（Machado）和佩雷拉（Pereyra）的阿姆斯特丹商行，他们为威廉三世于1688年入侵英格兰以及随后在博因河[②]抗击他的岳父詹姆斯二世的爱尔兰—法国天主教军团提供了同样的服务。恰好在这段时间里同时出场的还有：所罗门·莫迪纳（Solomon Medina），他资助马尔堡（Marlborough）公爵在西班牙王位继承战争中与路易十四展开争夺战；克利夫斯（Cleves）的冈珀茨家族（Gumpertz），他们是霍亨索伦王朝伟大的布兰登堡—普鲁士选帝侯的宫廷犹太人和铸币主管；来自布拉格的以斯帖［Esther，婚前姓氏为舒尔霍夫（Schulhof）］的先后两任丈夫以色列·亚伦（Israel Aaron）和约斯特·利伯曼（Jost Liebmann），他们一直在尽量地满足普鲁士国王腓特烈对佩戴珠宝

① 英国国债称为“金边债券”（Gilt），其名称来源于因债券边缘曾镀有金色的围边。——编者注

② 博因河（Boyne），是著名的博因河战役（1690）主战场，位于爱尔兰东部。——译者注

的强烈喜好和对各种豪华奢侈品的贪婪欲望；还有贝伦德·莱赫曼（Berend Lehmann），他为“强力王”奥古斯都（Augustus the Strong）出资在德累斯顿建造了显赫一时的茨温格宫（Zwinger），里面充满了各种人造洞窟、豪华浴池和大量浮夸的雕塑。这样的例子不胜枚举。[3]用犹太人提供的资金在如此漫长的时间里广开战事的亲王，包括路德宗的普鲁士人、加尔文宗的威廉和罗马天主教的利奥泼德。对于德国诸侯国的那些捉襟见肘的财政大臣来说，他们有数不清的理由更喜欢犹太人，而不是瑞士人或胡格诺派①。他们放贷的利率被限制在百分之六以下，并且有时被迫降得更低。本金的归还可以拖欠很长的时间甚至永不归还。长期以来，他们彼此之间养成了一种似乎屡试不爽的抢买卖习惯，所以某个代理商的拒绝就成了另一个代理商的机会。他们通过遍布全世界的联系网络，有时是通过家族关系，有时是借用遥远的阿什肯纳兹犹太社区和从乌克兰到丹麦的各个港口的合伙人的势力，他们能够在相当短的时间里搞到各种各样的军需物资，如荷兰布匹、波希米亚硝石矿和波兰粮食。

在奥本海默的巨额财富于 1700 年耗尽之前，这位“撒母耳大人”曾一次又一次地帮助过哈布斯堡王朝的皇帝。1683 年，当卡拉·穆斯塔法（Kara Mustafa）率领的奥斯曼军队即将攻破维也纳的城门时，奥本海默的金钱在反抗与灭城之间决定了这场战争的最后结果。他曾一度遭到公开辱骂并被一个天主教银行财团所取代，但当那些被牧师蘸过“圣水”的金钱不知去向时，还是奥本海默及时运来了军需物资。他自我宣扬英勇形象的华丽画像是一次大胆的尝试，在犹太人肖像画中可以说是史无前例的。画面中凛然地站立着一位伟大的突围行动指挥官，俨然是一个介于拉比学者和陆军元帅之间的人物。他的手指向远方，就好像指挥着整个战场：火药、迫击炮和火枪，而最明目张胆和引人瞩目的是他头上那顶通常与最高统治权联系在一起的头盔，以及一张画有哈布

① 胡格诺派（Huguenots），法国加尔文派新教徒的别称。该教派在 16~17 世纪欧洲宗教改革运动中兴起于法国并长期遭受迫害。——译者注

斯堡家族双头鹰族徽的文书。

但是，只要看一下他勇敢而仗义的行为，就能知道这种炫耀并不算什么。我们这位“撒母耳大人”动员和组织了一支由竹筏和驳船组成的船队，载着军队、牲畜和大炮沿着多瑙河顺流而下漂向匈牙利那些被围的要塞。河面上漂浮着一群群牛羊和家禽，各种叫声此起彼伏，一路漂向那些预定的军队宿营地。营地和帐篷里有充足的面包、弹药和绷带供应，军刀、火枪、手枪和大炮，火药和子弹，引爆器和点火装置，甚至火柴和引火线，如同用“魔法”变出来一般一应俱全。1683 年 2 月，奥本海默的儿子在一个星期里就征集了 150 匹战马，到 3 月又增加了 500 匹。2.6 万枚手榴弹被全部运往林茨（Linz）的主营地。奥本海默的船队有 50 多名船员，这些船只在南部和北部的海面上活动，寻找急需的战备物资。其中最重要的是，他竟然找到了当时最稀缺的商品，也就是能真正决定战争结果的商品：燕麦。因为在当时的情况下，没有燕麦，就没有骑兵；没有燕麦，就没有拉炮的马车；没有燕麦，军队恐怕就只能乖乖投降，打道回府了。的确，当奥本海默的燕麦供应由于转包商的延误而出现短缺，而他在匆忙之间不得不在通常的供货商之外寻找货源时，整个帝国军队的进攻陷入了停顿状态。最终，他筹集到了 1.5 万配克[①]燕麦。在当时，即使是设计最精细的计策，也可能由于缺少燕麦而彻底流产。

“犹太人的皇帝”

在主要敌人由奥斯曼苏丹变成法国国王后，犹太人的金钱已成为战略考量的常规因素。不管罗马教廷方面如何疑心重重，但皇帝本人以及他的大元帅、来自萨伏依王室（Savoy）的尤金（Eugene）亲王的确很清楚，在吝啬的英格兰国会拒绝为他提供资助时，还是要依靠他的犹太人。当西班牙王位继承战争于 1701 年开始后，奥地利政府只能再次向奥本海默求助，而他也再一次满足

① 配克（peck），容积单位，1 配克等于 2 加仑，约 9 升。——编者注

了他们的要求。当奥本海默于 1703 年去世后，他从前的雇员、初级合伙人，同时也是他后来最强大的竞争对手萨姆森·韦特海默接替了他的位置。奥本海默的儿子伊曼努尔艰难地维持着家族的生意，直到当地政府根深蒂固的偏见与诡诈最终使他的家族生意一蹶不振。当伊曼努尔于 1721 年去世时，他的遗孀拒绝主动继承他的居住权，被命令立即离开维也纳。

老雇主的荣辱兴衰使韦特海默保持着一份清醒，所以他对军方的合同始终心有余悸。但是，如果他想继续得到皇室的恩宠，这样的合同是不可避免的。皇帝的任命书赞扬他是一个“勤劳朴实、不知疲倦、富有效率、忠心耿耿和大公无私的人”，其中的真正意思就是，只要帝国的战争需要，他是一个值得依赖并随时可以提供上百万弗罗林的人。后来的事实证明，他似乎一直就是一个这样的人。[4] 在维也纳以南 40 英里 ① 的艾森施塔特（Eisenstadt），作为匈牙利艾斯特哈兹王朝（Esterhazy）的御用银行家，韦特海默在经营管理上以廉洁正直著称，并且更重要的是，他具有源源不断地筹措大量现款的能力。事实上，他同时也被公认为是匈牙利、摩拉维亚和波希米亚的大拉比（Grandrabbiner），一位言辞犀利的布道者，这在一定程度上提升了他经营管理方面廉洁奉公的名声。他从事着各种各样的生意，在锡登堡（Siedenburg）开设了盐矿，几乎垄断了巴尔干半岛的烟草业，他实际上成了哈布斯堡皇帝的一个“一人政府部门”。韦特海默不仅可以为帝国派驻各国的大使馆支付运行费用，而且还在帝国需要一大笔嫁妆以巩固某个婚姻外交联盟时，或在使皇后摆脱通常的大额债务时，或在一场新皇帝的加冕礼上需要支付烟花、乐队和皇家加冕礼游行的费用时，他总被认为是不二人选。当查理六世在 1711 年继承他的兄长约瑟夫一世的皇位时，韦特海默和他儿子曾应邀出席这次庆典活动，因为他们毕竟为这次庆典出了钱。当然，人们也看到了这样的场面：两位身穿拉比式的黑色长袍、头戴无檐便帽的犹太人，穿行在由 4000 名男女贵族组成的充满着钻戒、

① 1 英里约等于 1.6 千米。——编者注

项链、佩剑、手杖和带有华丽羽饰的高顶礼帽的海洋之中。

在维也纳、布拉格、法兰克福和艾森施塔特，韦特海默一度被认为是一个充满智慧与金钱的宝库。他的声望是如此之高，以至于利奥泼德竟然屈尊纡贵地托人为这位犹太人画了一幅身穿皇室礼服的画像以示赞赏。这或许使得萨姆森·韦特海默生出了仿效的念头，所以他决定以一个拉比的长袍和大胡子、手中举着一封信的姿态出现在画面中。实际上，他已经成为“流亡者领袖”（resh galuta）、“纳西”（nasi，意即犹太之王）和危难时期的“犹太保护人”（shtadlan）这一系列传统历史头衔的继承人，而以上这些传统从未远离犹太人。当年的奥本海默曾试图通过金钱的运作迫使当局查禁艾森门格尔的《除去面具的犹太教》一书（未获成功），但正是更具有外交才能的韦特海默才成功地了却了他的心愿。但这本书对德国读者的影响太大，以至于后来于1711年在柏林再次出版。[5]

尽管要不时地面对驱逐、辱骂和攻击，但韦特海默仍然一直对犹太人在哈布斯堡帝国里的未来充满信心。在1708年发生的匈牙利贵族暴动期间，犹太人被从艾森施塔特驱逐出来之后，韦特海默曾劝说他们返回这座城市，并在他自己家里建造了一个私人会堂供他们使用。这间会堂在1795年毁于一场大火，但在19世纪30年代又以一种相对低调的古典风格得以重建，并且现在仍然矗立在那里。1938年11月，在刚刚与第三帝国合并①后的奥地利狂热分子煽动下所制造的“水晶之夜”（Kristallnacht）事件②中，城里的重要犹太会堂被全部焚毁，但韦特海默家里的这间小型会堂却似乎逃过了一劫，很可能是因为这个不起眼的小房间位于一座旧楼的底层。然而里面的会众却没有这样幸运，

① 史称“德奥合并”（Anschluss），指1938年3月德军武装占领奥地利的事件。——编者注

② 1938年11月9日夜至10日凌晨，希特勒青年团、盖世太保和党卫军同时袭击德国和奥地利的犹太人，焚烧犹太会堂和店铺，这一事件被称为“水晶之夜”（由于许多沿街犹太店铺的窗户在当晚被打破，破碎的玻璃在月光的照射下犹如水晶般闪闪发光，由此得名）。“水晶之夜”事件标志着纳粹对犹太人有组织的杀戮的开始，而其导火索正是德国驻巴黎大使馆秘书冯·拉特被一名犹太人刺杀。——译者注

他们并没有逃过这场大火。如今，这里已经变成了一个虔诚之地：奥地利犹太历史博物馆。[6]

无论是在犹太世界内部还是外部世界里，韦特海默都被誉为“犹太人的皇帝”（Kaiser der Juden）。当然，这个称呼并不都是出于赞美。在宫廷里和天主教会的高层圈子里，就有许多人对他的虚荣做作嗤之以鼻，对他的显赫权势愤愤不平。尽管他们很清楚，他们完全可以用口诛笔伐的方式把他搞下台，但也知道这种做法过于鲁莽。毕竟，韦特海默的钱袋可以支付灌木林荫大道、狩猎小屋和豪华的国事大厅的费用，在觐见国王之前，大使们都会敬畏地走过这些大厅。

废墟

在向他们开放的帝国城市数量有限的情况下，那里的犹太人对萨姆森·韦特海默怀有一种更为复杂的情感。他们对这位拉比银行家言听计从，但却又时常妒忌甚至仇视他所享有的特权。但是他们也明白，没有这位“宫廷犹太人”，他们恐怕什么也干不成。每当这位“被保护的犹太人”像一个统治者那样大发善心时，那么这种善心往往会惠及被允许居住在柏林或布达佩斯、维也纳或布拉格的一大批犹太人，尽管他们或许仍然被强征某些特别税并被排斥在大部分正当职业之外。所以，一些宫廷犹太人就像封建领主一样，作为仁慈的君主骑在他们的同教同胞头上作威作福，并且有时还会滥用他们手中的权力。1684 年，约斯特·利伯曼获得了在他的宫殿式豪宅里建造柏林第一座犹太会堂的特别许可。犹太人从 1671 年就被允许在这座城市里居住，但却不被允许建造任何用于公共祈祷的场所。但是，一年之前的维也纳大驱逐促使那位选帝侯生出了这样的念头：他或许可以通过赋予犹太人在他们自己家里开办一处私人会堂的权利这种方式，吸引他们到他的城市里居住。但利伯曼刚刚获得这项特别许可，另一伙与他竞争的犹太人就高调地质问为什么他们不能拥有同样的特权。他们的？我宁死也不跟他们在一起。相互竞争的两伙犹太人之间的争吵是如此激烈，市政当局不得不介入以平息事端。在利伯曼于1702年去世后，家族的产业经营权落到了他的遗孀以斯帖手中，像当时的许多犹太女人一样，她也是家族产业的积极经营者和女强人。尽管她曾经经常陪伴丈夫出席莱比锡博览会，但如此庞大的家业对她来说无疑是一次艰苦的考验。当以斯帖听说马库斯·马格努斯（Markus Magnus）还在组织筹备第三个项目，要建造一座向整个社区开放的公共会堂时，她非常不高兴。她竭力劝说普鲁士的新国王腓特烈·威廉（Frederick William）制止这项工程，但是由于憎恨父亲一向是霍亨索伦家族的传统，并且腓特烈·威廉特别看不起他的父亲，即腓特烈一世——利伯曼钻石生意的一个重要的老主顾，所以这位新君主拒绝制止公共会堂的建设。恰恰相反，他更愿意成为其皇家资助人。

1714年，以斯帖在夫志未酬、面临破产和遗产继承人的一片争吵声中离世。那座公共会堂在"外邦人胡同"（Heidereutergasse）拔地而起，位置紧靠着居住有许多柏林犹太富人的"西班牙人大街"，但距离一座教堂也非常近。当垒下第一块奠基石时，一篇特别献给国王的祈祷词被塞进了砌石的缝隙里。两年之后，在1714年的元旦，这座公共会堂正式开门迎客，这位一向以脾气暴躁著称的君主以和善优雅的面貌出席了当天的开门典礼。虽然会堂的外部具有典型的古典风格，但其内部——由基督教木工大师米迦勒·克米特（Michael Kemmeter）设计，他还曾经为路德新派教堂（Neue Kirche）做过装饰——却是以富丽堂皇的主调构思和设计的。因此，正像伊莱亚斯·鲍曼（Elias Bouwman）的"会堂"采用了阿姆斯特丹的那些尖顶耸立、便于采光的教堂样式一样，这座会堂完全就像一座德国新教会堂。[7]柏林的这个犹太祈祷场所的内堂既长又高，并且内部光线充足，这与中世纪德国和波希米亚那些拱形的岩洞式祈祷间（当时最关心的是其避难功能，所以在一个充满敌意和怀疑的城市里要尽量显得谦逊、谨慎和低调）形成了鲜明的对照。[8]这座位于"外邦人胡同”的犹太会堂注定要给人留下深刻的印象。足有 40 英尺高的天顶上挂着 10 盏巨大的镀金铜制枝形吊灯。两边的窗户采用的是新教的巴洛克风格，又窄又高，并且顶部是拱形的。上层的女性座席区有一个由精心雕刻的护栏围成的窗口，透过它可以看到下面的祈祷仪式场面和她们戴着时尚假发的丈夫。从大街上进门之后，人们的目光所及首先是一条长廊，拉比们就是举着羊皮卷经过这条长廊一直走向里面的约柜[①]。然后人们会看到一个两层的高台和突出的廊柱，以及顶部的飞檐和分离的山墙。两边各有一段陡峭的、螺旋式的台阶，那些愿意享受这种荣耀的“上升”（aliyah）仪式感的人可以爬上去，亲手打开约柜的门，或举起羊皮卷，从而造成一种他们自以为进入角色的舞台感。这种荣耀的“上升”仪式还可以传达出一种强烈的情感，以这样的方式表明他们在社区中所拥有的地位。

自从出现了会堂以来，甚至早在古典时代后期，捐助人的姓名就被镌刻在会堂的地面或墙上，而现在他们的名字则被绣在由锦缎织成的沉重的约柜门帘上，或覆盖着经书的幔布上。尽管一直以来犹太文化中有一种庄重的饰金传统，但对于珍贵礼仪用品的需求是如此强烈，以至于像法兰克福的耶利米·佐贝尔（Jeremiah Zobel）、奥格斯堡的马提亚·沃尔夫（Matthias Wolff）和纽伦堡的约翰·康拉德·魏斯（Johann Konrad Weiss）这样的基督教工艺大师都被委托来制作经书书卷的镀金腹带、王冠和顶饰。到后来，在意大利北部和德国，犹太工艺大师开始专注于丰富的银饰，制作壮观的王冠和石榴状顶饰以及用于盛放普珥节《以斯帖记》羊皮卷的圆筒状经匣[②]——通常镌刻有相关故事场景，还有专门用于安息日告别仪式的祝福酒杯和香料盒，而所有这些都是为了体现整个社区共同享有的荣耀。你的约柜里的羊皮卷越多越好，而每一张羊

① 约柜又称“法柜”，是古代以色列民族的圣物。——编者注

② 在犹太传统中，普珥节最重要的习俗就是人们在犹太会堂集体诵读羊皮纸卷轴的《以斯帖记》。——编者注

皮卷都是经过精心装饰的。[9]

德国、波希米亚和匈牙利的那些重获新生的犹太社区里的长老们肯定觉得，在他们自己的仪式和他们的基督徒邻居的仪式之间似乎存在着一种天生的和谐感。尽管他们绝对地忠诚于自己的犹太传统，但他们的社区同胞也经常模仿或借鉴德国城镇行会会员的一些做法。[10] 所以，例如社区的丧葬理事会（chevrah kadisha）也会组织起排列整齐的送葬队伍，按照规定把逝者送到城墙之外的墓地使其得到安息，然后在每年的忌日，这些理事会官员会与他们的社区同胞一起用华丽的银质高脚杯或充满爱心的老式酒盅（通常刻有他们的名字或葬礼的场面）举杯表达他们的怀念之情。[11]

所有这些近乎张扬的仪式——经书诵读环境的精心布置，这些“大人物”（groyse makher）喜形于色且自视甚高的仪式，对于现代犹太人来说都是非常熟悉的，除了欧洲东部仍然盛行着苦行传统的边远哈西德村社的那些极端正统派犹太人，或许他们只会敬而远之。然而，随着这一声犹太巴洛克艺术繁荣的号角，德国阿什肯纳兹犹太人似乎找回了自己的尊严。他们为巨大的建筑、华丽的服装和闪光的银器而激动不已，普鲁士、波希米亚和摩拉维亚的阿什肯纳兹犹太人深信，他们又重新站立了起来。

但是，这样的状况也仅仅维持到 1744 年 12 月，因为当时哈布斯堡王朝的女皇玛丽亚 · 特雷莎（Maria Theresa）发布命令，要求所有的犹太人必须在第二年的 1 月底之前离开波希米亚和摩拉维亚。

对于布拉格的 3 万名犹太人来说，这项命令无疑是致命的一击。他们是 16 世纪那些伟大祖先的后代，如末底改 · 梅塞尔（Mordecai Maisel），他曾建造了两座犹太会堂和一个市政厅；拉比犹大 · 本 · 勒夫（Judah ben Loew），他是一位犹太神秘主义的“大师”（Maharal），他以非凡的想象力制造出了著名的“魔像”①。在布拉格，犹太人的印刷所曾出版了第一部雕刻版逾越节传奇故事。他们致力于图书、银器、音乐、哲学，当然也能挣钱。他们在 17 世纪发生的基督徒之间的残酷战争中得以幸存下来。1689 年，一场失去控制的大火烧毁了犹太老城的大部分居住区。但这些居住区后来又被他们慢慢地重建起来，并用石头建筑取代了原来易燃的木头建筑。为了遵守市政当局的法令，犹太居住区的街道变得更宽更直了，让人不再感到像一个“隔都”。

然后，女皇的命令来了，在他们的繁荣和自信中提醒他们：在任何时候，他们都会成为皇帝反复无常行为的牺牲品。即使这位女皇的新美泉宫（Schönbrunn）是由塞法迪犹太人达圭勒男爵（Baron d’Aguilar）出钱建造的，但这并没有任何影响。按照通常的理由，女王赐予他贵族封号，并允许他参加财政委员会。在他们眼里，最重要的是犹太人在战争期间与曾于 1744 年短期占领布拉格的普鲁士军队做了多少买卖。[12]

事实上，布拉格以及整个波希米亚和摩拉维亚都有人在战争期间是这样做的，但却唯有犹太人被单独挑出来遭受这种残酷的惩罚。玛丽亚·特雷莎对犹太人的厌恶是由来已久的，并且深入骨髓。英国驻维也纳大使托马斯·罗宾逊（Thomas Robinson）爵士曾写道：“女皇见到犹太人就感到厌恶，这种厌恶心理实在太强烈，根本无法掩饰。”在访问普雷斯堡（Pressburg）期间，她因为自己的马车不得不穿过住满犹太人的街道而受到惊扰。抵达布拉格后，她发布的第一道命令是：任何犹太人不得进入皇宫的任何区域。这位女皇如此气焰嚣张地对犹太人步步紧逼，她甚至主动向一些意大利地方领主提供帮助，希望他们把犹太人赶出他们的领地。

法令是冷酷的。根据 1744 年 12 月 18 日发布的法令，波希米亚的犹太人

① 魔像（Golem，或称“石人”“傀儡人”）是希伯来传说中用黏土、石头或青铜制成的无生命的巨人。最著名的魔像正是由布拉格犹太神秘主义的大师勒夫为保护犹太人免受迫害而制造的。——译者注

只有六个星期的时间清理他们的家产，变卖或直接放弃他们的房子，并立即离开这个王国。法令中还强调，到 1745 年 1 月 31 日后，整个波希米亚不能再看到任何犹太人的身影。也就是说，所有的犹太人都被赶进了中欧地区冰冷的寒冬之中。犹太社区的长老们写道："可怜的我们还能做什么?"他们悲痛万分地向全欧洲的宗教同胞发出呼救声："孩子、女人和老弱病残根本无力行走，尤其现在正是这样一种寒风凛冽、滴水成冰的天气，并且不仅如此……他们许多人身上已经只剩下内衣。"[13] 布拉格的社区长老会向那些犹太人可能有影响力的政府求情。"请大家行动起来，为了那里九座宏伟的会堂；行动起来，为了那片作为我们的先贤安息之所的墓地；行动起来，为了那里因为我们的罪过如今深陷危境的三四万同胞。"

显而易见，至少其中有某些政府，尤其是荷兰和英国政府，确实通过其驻维也纳的使馆表达了对帝国的失望与不满。据说，国王乔治二世（George Ⅱ）对摩西·哈特（Moses Hart）和公爵广场（Duke's place）犹太会堂的人士向他通报的被驱逐的犹太人的窘况大为震惊。这位国王于是责成托马斯·罗宾逊爵士向女皇请求，这项法令最起码要等到天气转暖之后才能实施。各地的抗议活动产生了作用，1 月底的期限有所放宽，但刚刚开春，驱逐法令便立即被激活。从春末直到整个夏季，布拉格的犹太人不得不悲伤地离开了他们在城里的家，放弃了他们所有的豪华住宅和早就空无一人的会堂。当时有人传言说驱逐令只是暂时的，这给了他们还能再回来的希望，当然这要是真的就好了。有的被驱逐者在信中心酸地提到，他们"从一个城市流浪到另一个城市……患病的人都被赶到了乡下，直到他们进入了一家传染病院，因为犹太人不被允许把病人带进任何一座城市……许多人就死在马车里或大路边，而当那些幸存下来的人到达目的地（麻风病院）时，他们几乎已经断了气，能找到一块埋葬的地方就算万幸了"。[14]

到 1747 年，这个曾经是欧洲最繁荣的犹太社区之一，不仅在物质上被彻底灭绝，而且完全沦为一片社会性的废墟：所有的住宅被洗劫一空；还有一些住宅则被焚毁，里面只剩下炉灶；犹太会堂也遭到了疯狂的洗劫。尽管一些外国政府提出了抗议，但他们似乎也无法改变女皇对犹太人的仇恨心理或对法令的看法。只是当英国驻维也纳大使威胁将终止所有对哈布斯堡王朝军队的财政援助时，才引起了她对事态的关注。但很可能是来自布拉格和其他城市的非犹太居民对经济衰退的怨声载道，才迫使玛丽亚・特雷莎在 1748 年允许一定数量的犹太人返回布拉格（通常需要付出巨大的代价）。随着奥地利王位继承战争的结束，其他犹太人才按照以往的习惯陆续返回布拉格，并逐渐找回了他们的财产，恢复了他们的文化和日常生活。1754 年，又一场大火使这里再次沦为废墟，但在接下来的十年里，犹太会堂又被重建起来，并以犹太—洛可可风格重新装饰一新。当年梅塞尔建造的、坐落于“古老的新式犹太会堂”旁边的市政厅，就是这种装饰风格的建筑之一，后来改造的具有人字形山墙的巴洛克式钟楼，已经成为参观犹太布拉格的游客看到的第一个地标式景观。这座钟楼以两种文字的表盘闻名于世，一面标着罗马数字，指针按正常的方向转动；另一面则标着希伯来字符，指针则朝反向转动，寓意回到未来。不管他们还了解到什么，布拉格的犹太人已然明白，两面下注应该是不会错的。

II. 漫步花园

迷惘的年轻人

一本书的重新出现也能引发一场文化圈的震荡？回答是：能！因为这本书是中世纪的医生兼哲学家摩西・迈蒙尼德（Moses Maimonides）的《迷途指津》（*Guide for the perplexed*）。

1778 年，二十五岁的立陶宛犹太人所罗门・约书亚（Shlomo Yehoshua）来到柏林，希望能在那里成为一名拥有哲学头脑的医生。当他在作为临时检查站的罗森塔勒门（Rosenthaler Gate）边的一家“挤满了病人和肮脏的流浪汉”的救济院里遭到盘查并被问及他此行的意图时，所罗门在回答问题时显然犯了一个错误，因为他直接告诉负责检查的拉比，他正在为《迷途指津》编写一个附有评论的新版本。面对一种真正的犹太哲学，他甚至难以抑制自己的热情。他写道，这一发现就像“一个长期忍饥挨饿的人，却突然发现有一桌菜肴丰盛的宴席，忍不住会疯狂而贪婪地大吃大喝一番，甚至到了快要撑破肚皮的程度”。[15]

然而，这个年轻人不仅没有受到期望中的欢迎和接待，反而遭到了一番训斥并被赶了出来。犹太人的柏林不希望有任何异端邪说。在这次冷漠拒绝的沉重打击下，所罗门的悲愤可想而知，而那个把他直接轰出城门的救济院监督的冷漠面孔使这种悲愤更加沉重。

> 当时，我不由得躺倒在地，并开始高声哭喊起来。那正好是一个星期天，许多人像往常一样正在准备出城进行户外活动。大多数人并没有注意到像我这样一个哭诉的可怜虫，但也有几个具有同情心的好心人对当时的场面感到震惊，并询问我哭喊的原因。于是我就开始答话，但或许是因为我那难以听懂的口音，或许是因为我当时边抽泣边说话讲不清楚，他们根本无法听懂我在说些什么。

这番歇斯底里的发作反而消除了那个监督的敌意，他只好又把这位痛哭流涕的年轻人带回去，让他缓一缓情绪，但精神上的绝望却突然使后者发起了高烧。所罗门开始剧烈地抽搐和呕吐。然而，这些症状刚刚有所缓和，这个作为“危险符号”的流浪汉便再次连同他危险的手稿被一起扔在了大路上。当许多年后再次回到这里时，所罗门已经深深地意识到，一种愚蠢的专制式暴政正在统治着犹太人的宗教生活，而他永远也不会向这种无知和恐惧屈服。作为“迷信”公开的敌人，他当时就把心目中英雄的名字加在了自己的名字里，并以所罗门·迈蒙（Solomon Maimon）的身份度过了他戏剧般的、痛苦的余生。[16]

让所罗门在罗森塔勒门陷入麻烦的那本《迷途指津》肯定是于 1742 年在耶斯尼茨（Jessnitz）印刷所出版的两卷四开本的提本译本，这是第一个打破了这本书长达数个世纪以来未曾出现状态的现代版本，系由萨克森—安哈尔特（Saxony–Anhalt）宫廷的御用银行家摩西·本杰明·伍尔夫（Moses Benjamin Wulff）创立的希伯来出版社印制。耶斯尼茨离人口规模更大的城市德绍（Dessau）非常近，而德绍恰好有一个生机勃勃、繁荣昌盛的阿什肯纳兹犹太社区。[17] 当地的拉比是大卫·弗兰克尔（David Fraenkel），他就在伍尔夫家的私人会堂里布讲，并且没有人敢指责他是时尚的怀疑论者。早在《迷途指津》再版的三年之前，弗兰克尔就已经在耶斯尼茨印刷所安排出版了迈蒙尼德的另一本简明犹太律法读本——《〈托拉〉再述》（*Mishneh Torah*），这无疑是为更大胆的《迷途指津》再版工程提前放出的一个信号。

事有凑巧，这位德绍的拉比门下恰好有一个好奇心炽烈的门徒：摩西·门德尔松（Moses Mendelssohn），当时他还只是一个热情的、求知心切的小孩子，是当地犹太会堂里一名经书抄写员兼司事——门德尔·海曼（Mendel Heimann）的儿子。由于意识到这个孩子身上的学术天赋，弗兰克尔曾通过早期的宗教知识训练促使他早日成才，并将其研究方向引向迈蒙尼德的著述。随着这个小伙子越来越痴迷于学问，他贫穷的父亲却发现家里日渐入不敷出，变得越来越贫穷了。所以，当大卫·弗兰克尔应邀赴柏林就任当时被认为是最显赫的职位——“外邦人胡同”的犹太会堂的拉比职位，同时还肩负着为迅速扩大的社区创建一所《塔木德》研究院的使命之时，让门德尔的儿子一起前往柏林似乎是一个不错的主意。这位拉比可以让孩子继续完成他的学业，兑现自己的承诺；而对于父亲来说，为什么要挡着儿子的求学之路呢？柏林不仅意味着宗教教育将翻开新的篇章，而且还有某些更诱人的东西：通过社会联系寻找更广阔的发展空间。摩西的母亲贝拉·雷切尔（Bela Rachel）对这件事情尤其关心，因为一方面她是 16 世纪伟大的宗教学者摩西·以色列斯（Moses Isserles）

的后人，另一方面她与摩西·本杰明·伍尔夫有着家族渊源。她很可能用伍尔夫的名字为自己的儿子起名叫“摩西”，因为这位伟人恰好是在儿子出生前几天去世的。有一个家族故事记载，伍尔夫曾一度被驱逐出柏林，只是因为他在与其竞争对手——约斯特和以斯帖·利伯曼——的争斗中败下阵来。有一天，在一次十分滑稽而令人沮丧的争执后，两个气急败坏的“宫廷犹太人”之间的长期不和终于演变为一场揪胡子、抓头发的全武行打斗，但如果不是发生在普鲁士财政大臣的家里的话，这场斗殴本来是一桩可以忘记和原谅的小事。摩西·伍尔夫在被判为罪责更大的一方并被驱逐出这座城市后，他曾经一再申请返回柏林。因为德绍是一个小池塘，容不下这么大的一条鱼，他的一次次申请均以失败而告终。如果这位伟人自己不能回归这座城市，那么至少像弗兰克尔这样的受他保护的人可以在那里站稳脚跟。

宫廷犹太人

在强势的以斯帖·利伯曼去世之后，伍尔夫在柏林依然存在的关系网可以使拉比弗兰克尔更容易地返回这座城市。在大卫·弗兰克尔的姐夫韦特尔·以法莲（Veitel Ephraim，他是普鲁士宫廷最大的债主，也是整个德国领地上最伟大的“宫廷犹太人”之一）的帮助下，弗兰克尔终于获得了在柏林的任命。同他的前辈一样，韦特尔·以法莲一开始是作为霍亨索伦家族的御用珠宝商起家的，后来他又出任普鲁士宫廷的铸币主管，并在腓特烈大帝（Frederick the Great）于 1740 年在未经宣战的情况下对哈布斯堡王朝的西里西亚（Silesia）行省发动的极其有效的攻击战期间出任财政大臣。腓特烈对犹太人，无论是富人还是学者，并不特别在意。他和一度作为其家族智囊的伏尔泰曾一起饱受人们的嘲笑，这是因为这位一向以宽容著称的哲学家却极其厌恶希伯来文。然而，尽管他野心勃勃，腓特烈也不得不承认犹太人虽然不合口味却又不可或缺的事实。韦特尔·以法莲与他的合伙人但以理·伊齐格（Daniel Itzig）在普鲁士政府的紧急军事行动中赚取了大量的金钱，特别是在“七年战争”（1756~1763）后获得了空前的权力和地位。在“西班牙人大街”的豪宅里，韦特尔·以法莲过着王公贵族般的生活，并且不久之后就在施普雷河（Spree）岸边的“船闸大坝街”上为自己建造了一座避暑庄园（离现在的柏林乐团剧院不远）。他在庄园的温室里种上橘子树和桃树，欣赏着在水面上嬉戏的天鹅。伊齐格甚至更为张扬，他竟然拆除了“哥白尼大街”（Kopernikusstrasse）上一整排房子，然后建起了一座独立的豪宅，并轻率地将其命名为“皇家园林”，里面有一个私人会堂，还有各种风格的浴室和一个音乐厅。他的豪宅其豪华程度远远超过了他的合伙人，他可以欣赏到建筑师海德尔特（Heydert）设计的花园美景，每到柏林的“五月时节”，上千棵果树花簇似锦、争奇斗艳，树丛中的鸽子发出犹太式的阵阵低鸣声。伊齐格还在适当的时候在隔壁建起了一个牛奶场，专门为他的儿子按照卢梭（Rousseau）推荐的田园风格建了一个亭子，他的儿子以撒经常扮成农夫在农场里享受田园生活。太舒适了，闹市区里竟然有一个农场，每天为伊齐格家族专有的犹太厨房供应新鲜的牛奶和乳制品！但是你要知道，农场里的牛群虽然庞大，但其数量却还赶不上他家的美发师、裁缝、马车夫、跟班、仆人、驭手、乐手、家庭教师和文书的人数！与老一代的奥本海默家族和韦特海默家族在画家面前尽量以拉比的形象出现完全不同，但以理·伊齐格和韦特尔·以法莲的画像却是剃掉了胡子，戴着精心制作的、卷曲的松垂假发或束起的假发，天鹅绒的衣服上缀着若隐若现的缕缕金线：典型的现代犹太人形象。[18]

当然，这并不会使他们失去信仰，更不会成为无所事事的俗人。有些宫廷犹太人，尤其是萨姆森·韦特海默和“撒母耳大人”的侄子大卫·奥本海默，都是收藏量丰富的古籍和手稿收藏家，大卫甚至声称他的图书馆拥有四千五百册图书和七百八十份希伯来手稿。就连韦特尔·以法莲和但以理·伊齐格也不愿意被视为仅仅是会行走的“钱袋”，他们的图书馆里不仅堆满了犹太人的传统典籍（包括各种经典文本的评论，以及迈蒙尼德、亚伯拉罕·伊本·以斯拉、撒母耳·乌斯克、以利亚·德尔梅迪戈和米拿现·本·以色列的著作），而且还有取之不尽的异邦人的古老智慧和现代学者的最新著述：莱昂·巴蒂斯塔·阿尔贝蒂[①]论述绘画和建筑的著作，牛顿的《自然哲学的数学原理》，莱布尼兹（Leibniz）的伦理哲学作品，洛克（Locke）的《人类理解论》等。他们使用的家具上布满了优美的雕刻，但韦特尔·以法莲还希望他的雕刻工匠能使他的家具及其装饰体现出社会性，就像任何一位开明的君主都想寻找大名鼎鼎的哲学家，以便使他们能够加入腓特烈或凯瑟琳这样的一代名君行列一样，这些宫廷犹太人也开始寻找属于自己的早熟的天才人物。

“神童”与他的导师

面对这样的美好前景，难道还有比德绍的“小神童”门德尔松更适合的犹太儿童吗？甚至他由于营养不良造成的塌肩和驼背也被认为是一个真正的学者的标志：最适于伏案苦读的体形。柏林正在向他招手！留得安好，幸运前行（Zay gezunt en zol zayn mit mazel）。这个孩子刚刚离开他的家和他的德绍，就不得不面对现实。当时，拉比弗兰克尔可能是坐马车离开的，而摩西·门德尔松却只能步行八十英里，一路上为了不被错认为“犹太游民”，他尽量租住最低廉的客栈和旅馆，甚至不敢看路边的醉汉和姑娘一眼。但最终，他还是站在了柏林的城门前。这是一座由犹太人自己巡逻的城市，至于是否会让你进城，完全取决于他们是否喜欢你的装扮。摩西还是个孩子，虽然刚刚过了成人礼

---

① 莱昂·巴蒂斯塔·阿尔贝蒂（Leon Battista Alberti，1404~1472），意大利建筑师，文艺复兴时期最有影响的建筑理论家。其代表作为《论建筑》，用拉丁文于1452年写成，1485年出版。该书共分建筑材料、施工、结构、构造、经济、规划、水文、设计等十章。他认为，建筑物须实用、经济、美观，尤以前两者为先决条件，至于建筑物的美则是客观存在的，美就是和谐与完整，因此美也是有规律的。他的主要建筑作品有佛罗伦萨的鲁奇拉府邸、曼图瓦的圣安德烈教堂、里米尼的圣弗朗西斯教堂（1447）和新玛丽亚教堂（1456~1470）等。他的作品风格雄伟有力，常被列入文艺复兴时期的罗马学派。——译者注

（bar mitzvah）的年龄[①]，但他的装扮不仅不讨人喜欢，而且恰好是一副当非犹太人遇到犹太人时脑海里浮现出来的那种不让人待见的形象：身材矮小、皮肤黝黑、鹰钩鼻子、弯腰驼背。如果你要预言谁将会成为欧洲最著名的犹太人，以及非犹太人最敬爱的第一个犹太知识分子，那么你肯定不会想到正是这个只有十四岁的孩子摩西·门德尔松。但是，尽管他当时还不可能进入“受保护的犹太人”这个特权阶层，但刚上任的拉比的推荐书却足以使他顺利地通过城门。他很快就会加入宗教服务业里那些希望有一天能享受“受保护的犹太人”和城市当权者的快乐的门客大军之中。

刚到柏林，摩西只能住在一个又小又暗、家徒四壁的房间里，整天闻着洋葱和卷心菜的味道，平日就靠为学前儿童讲授课程勉强维持生活。对于那些只是在家里或大街上听到过意第绪语的儿童来说，这种教育是进入希伯来语文本阅读的必要准备。所以，重新肯定希伯来语的重要性，对其语法进行系统的训练，并沉浸于其丰富的诗情画意之中，反而成了现代犹太学问的一项主要任务。但是，年轻的门德尔松立即面临着一次重要的选择：他的余生该如何度过？是局限于已知的方法并无休止地背诵经文，然后在法典中继续添加他的吹毛求疵，还是直接跳出这个圈子而进入一个全新的知识未知领域？为了实现这样一次勇敢的跨越，他需要学会各种非犹太语言如拉丁语、希腊语、德语、法语这类传播新思想的通用语言，或许还需要掌握英语，以便阅读霍布斯（Hobbes）、洛克、莱布尼兹、牛顿、孟德斯鸠、沙夫茨伯里（Shaftesbury）的著作。

摩西·门德尔松自学掌握了所有这些语言，主要是借助字典和逐字对照。他的物质世界是非常狭窄的，但他的精神世界却远远超出了他在德绍能够想象的任何事物。但是，他并不是一个孤独的探索者。“哈斯卡拉”（Haskalah）——犹太启蒙运动（这是我本人在 20 世纪 50 年代的希伯来学校里才明白的一个

① 犹太男性十三岁行成人礼。——译者注

词）——的传奇故事曾把年轻的摩西描绘为：由于意识到他弯曲的驼背上背负着律法制定者和中世纪哲学家的双重使命，所以他实际上是一个新型犹太思维模式的孤独创立者，一个英雄般的独行侠。但实际上，正如撒母耳·费纳（Shmeul Feiner）、大卫·鲁德尔曼（David Ruderman）、大卫·索尔金（David Sorkin）以及研究犹太启蒙运动的许多现代历史学家所描述的那样，他属于这样一代人：他们渴望获得的是被其支持者和反对者都以讽刺的口吻称为"现代智慧"（chokhmot）的东西。一些新兴的"现代智者"（chokhems）已经开始在柏林犹太社区这个窄小的世界里（10万城市人口中大约有2000名犹太人）产生影响，并成为摩西·门德尔松可靠的良师益友。[19]

当时有两位这样的"现代智者"，一位年纪大些，一位则略微年轻，但他们彼此之间却几乎完全不同。[20]摩西·门德尔松的第一位导师是以色列·本·摩西·哈列维·萨摩西奇（Israel ben Moses Halevi Zamosc），他从乌克兰南部最边远的加利西亚①来到柏林，那里是哈西德派——情感交流的狂热信徒——的发源地。尽管以色列·萨摩西奇的热情是典型的迈蒙尼德派——热衷于数学和哲学——但他需要到柏林进行深入的钻研。韦特尔·以法莲曾聘请萨摩西奇在自己创立的经学院里任教师，而这种热情的待客之道很快就结出了硕果。在门德尔松到达柏林之前两年，萨摩西奇就出版了一本有关天文学和几何学知识的著作。

一个有机的学术研究链已经搭接完成。富有的赞助人雇用拉比主持研究工作，而拉比们则鼓动一些具有科学精神的教师和学者对迈蒙尼德的学术思想展开研究，这个充满魅力的学术圈子很快就吸引了许多年轻有为的学术新星。

引领摩西·门德尔松迈进"现代智慧"之门的第二位导师却来自一个完全不同的社会阶层。亚伦·冈珀茨（Aaron Gumpertz）出生于一个宫廷犹

① 加利西亚（Galicia）是位于德国和东欧之间的商业交通要道，是当时德国兴起的哈斯卡拉运动最先影响到的地区。——译者注

太人世家，但他却完全靠自己奋斗成为一代巨富。他的家族发迹于克利夫斯（Cleves），这里是远离普鲁士帝国本土的西部前哨，无论在地理上还是在文化上都与荷兰共和国非常接近。当霍亨索伦王朝的势力在大选帝侯的统治下正在大举扩张时，一位遭到了不公正监禁的冈珀茨家族的成员得到了统治者的补偿，继而获得了柏林铸币主管的职位。但是冈珀茨家族还有另一个家传绝学，不用说，当然就是医术。德国医学院，尤其是在柏林那所，已经向犹太人开放，这些人后来相继又从哈勒大学或奥德河畔的法兰克福大学毕业。亚伦有一个叔叔名叫摩西・所罗门・冈珀茨，他就于 1721 年毕业于法兰克福大学，后来成为布拉格犹太社区的医生。[21]

犹太医生

数个世纪以来，医学一直是使犹太人的心胸跳出传统典籍的局限并不断进行思想扩展的扩张器。[22] 具有讽刺意味的是，在世界各地的哈里发和国王的宫廷里服务的犹太医生所享有的巨大声誉却是建立在这样一种假设之上的：他们能获得其他人无法获得的秘传知识。但真实的情况是，他们不过是观察敏锐、诊断仔细并且掌握了解剖学知识而已，而在这方面，他们几乎一直追随着希腊和阿拉伯前辈的脚步罢了。但是，这些犹太医生［像阿姆斯特丹的以法莲・布埃诺（Ephraim Bueno）］往往对犹太传统也非常熟悉，并且大多学习过数学、哲学、天文学和医药学知识。他们在文艺复兴时期的帕多瓦与许多非犹太学者和教授有过广泛的接触，于是他们把学到的新知识带回各自的社区，并通过把医学经典翻译为希伯来文或通过发挥自己祖传的专长，尤其是在光学和消化道方面的经验（这是犹太人历来关注的两个治疗科目）将这些新知识应用于他们自己的医学文化。许多人特别热衷于对抗一些民间疗法中的难题：据说用药剂和护身符能医治皮癣（一种疫病）或缓解痔疮这种沉疴。最离奇、最精美的医学新书当属托比亚斯・柯恩（Tobias Cohen）于 1708 年在威尼斯出版的《托比亚斯疗法》（*Ma'aseh Tuviyah*）一书。

柯恩家族来自波兰，托比亚斯的祖父和父亲都曾经是医生。托比亚斯从1679年开始就在奥德河畔的法兰克福大学接受医学教育，但由于那里的犹太人遭到仇视，他便转学进入了当时同情气氛更为浓厚的帕多瓦大学。毕业后，托比亚斯过上了一种游医的生活，作为一个阿什肯纳兹犹太人在奥斯曼帝国地中海沿岸那些主要由塞法迪犹太人组成的社区之间流浪，托比亚斯先去了阿德里安堡，后来又来到君士坦丁堡，在那里，按照哈蒙（Hamon）王朝的传统，他被聘为宫廷医生，并先后服侍过五位苏丹，最后在垂暮之年来到了耶路撒冷，因而与他的祖先当年从巴勒斯坦移民波兰的路线恰好相反。

当亚瑟·安舍尔·沃尔姆斯（Asher Anshel Worms）还是一名学生时，他就梦想着编写一本包括全部自然和伦理科学词汇的词典，后来他在家乡法兰克福的一家犹太医院当上了医生。他的第一个爱好是代数学（紧随其后的是国际象棋），甚至早在1722年毕业从医之前，他就出版了第一本有关代数学的现代希伯来文论著。在沃尔姆斯近乎狂热的想象下，他心中的代数学是书中的叙事者发现的一位"美丽的处女"，当叙事者在轮船失事后爬上一个荒凉的小岛时，忽然发现她"脸朝地趴在沙滩上"。[23] 难道她也碰上了沉船事故？沃尔姆斯坠入了爱河。沃尔姆斯非常非常兴奋，他开始把他学到的救生技术运用到身边俯卧着的"代数学小姐"身上。"我把她吞下的海水全部倒了出来，并把膏油和香料涂在她的身体上，直到她出现了生命的迹象。"为了感谢他的救命之恩，"代数学小姐"把她的藏身之地告诉了身边这位欣喜万分的救助人，因为"我终于可以在充满生机的土地上漫步了"。

正如撒母耳·费纳曾经精彩地记述的那样，往往只有能抗拒世俗诱惑的人，才能抗拒这种文字知识的诱惑。海乌姆（Chelm）的拉比所罗门曾写道，他从内心渴望"智慧的喜悦"，他的"小指一直轻轻地触摸着自然科学及其之外的各种现象"，然后他振作起来，努力钻研，从而尽量把使自己学习被禁止的启蒙知识降格为“次要的”。[24] 然而，有的时候，对医学的沉醉似乎在无意中打开了另一扇危险的知识之门。拉比雅各·埃姆登（Jacob Emden）虽然是阿什肯纳兹犹太世界里最伟大的拉比学术权威，但却时常为他在阿姆斯特丹的生意损失而闷闷不乐，只能通过喝闷茶—— 一壶接一壶地喝茶——为自己带来一点快乐。由于长期喝茶摄入了过多的丹宁酸和咖啡因，他的泌尿道出现了强烈的反应。“我身体内的血似乎都变成了水，以至于我的尿液就像泉水一样喷涌而出，并且几乎每隔一分钟就撒一次尿，弄得我疼痛难忍……如此不方便，我几乎一步也走不动。”[25] 对于一个每天都需要耐心思考并回答各种问题的拉比来说，这的确是个大麻烦。在尝试过包括祈祷在内的各种方法但却都没有使症状得到缓解的情况下，我们这位可怜的拉比埃姆登转而求助于“一本由一位名叫本特克尔（Buntekel）的医生撰写的外国医书”。至少他是这么说的，因为荷兰医生科内利斯·邦泰克（Cornelis Bontekoe）所写的一篇著名文章实际上建议“饮茶包治百病”。不管实际情况到底如何，反正他由此迈进了异邦智慧的大门，其中的某些深刻的东西在埃姆登的心中激荡着，从而使他从纯粹的对自我保护的担忧转向一种对所有现代和古代知识的贪婪渴望。“虽然我一直兴致勃勃地研究有关其他民族的世俗知识，包括他们的宗教信仰、伦理道德、人物和历史，但我却对非犹太人的文献几乎一无所知，因为对于所有这些历史事实，我们的宗教文献并没有提供任何更多的信息。”至少埃姆登认为，如果他能与怀疑论者达成共识，他就能更好地反驳他们。由于请不起私人指导老师，他便让他的一个基督徒仆人帮助他学习德语，先是认一个个字母，然后是单词、句子，直至会读整本书。然后，他又用同样的方法学会了荷兰语和拉丁语，并逐渐开始知道：

> 我们这个地球是如何产生的，根据他们的文献记述，这是各个行星运动的结果。对于这一点，我们的典籍虽然也提到过，但具体的描

> 述却非常简单。同样，我也迫切地想了解大自然的世界：各种矿物的特点以及各种植物和草药的特性。而我最渴望了解的不仅是“医学”知识，［而且］除了其他一些历史事件，还有各个君主以及他们相互之间的战争问题。我还希望知道有关新地理发现的各种知识，海洋、河流、沙漠，以及其他民族的各种手工艺品和艺术。[26]

埃姆登对世俗知识的这种百科全书式的渴求其实是一种实用主义的策略，真正的目的是加强对《托拉》的保护。在他的自传中，在描述了自己对现代知识的渴望之后，他又言之凿凿地补充道：“我小心地尽量不去深入研究这些课题。”即使他的学习目标不过是一些博杂的、浅显的、有选择的实用学问，但他针对某些谜题又不得不承认，“在许多情况下，我仍有几次从烈酒中闻到了一丝鲜甜的气息，我在其中发现了蜂蜜并赶紧将其抓在我的手心里”。

对于其他一些内心不太矛盾的人来说，对新学问的追求恐怕也就到此为止了。对现代智慧的掌握预示着达成一种双重和解的可能性：不仅在科学与犹太教之间，而且在犹太人与非犹太人之间，因为他们现在终于可以互相交流，学者与学者之间在共同知识的基础上终于可以高谈阔论了。而这样的事情就恰恰发生在摩西·门德尔松的导师亚伦·冈珀茨身上。[27]当然，他一开始不过是为了让父母高兴。他的母亲在亚伦身上寄托着她的拉比梦想，所以他早年只能把时间花在以色列·萨摩西奇和大卫·弗兰克尔开办的经学院里。但另一方面，他的父亲却希望他能成为一名医生，所以他后来进入了奥德河畔的法兰克福大学，并于1751年二十八岁时顺利毕业。这使他成为普鲁士第一个拥有行医资格的犹太医生。但是，冈珀茨更强烈的愿望是成为自从巴录·斯宾诺莎（Baruchs Spinoza）遭到非犹太知识界残酷对待以来的第一个犹太人。他的德语和法语［这是腓特烈大帝在波茨坦（Potsdam）皇宫聚集的学术精英的通用语言］都很流利。而他对自己的口才也非常自信，足以敲开任何一位重要人物的大门。在 1745 年，冈珀茨见到了皇家图书馆馆长、皇帝御用的宫廷精英之一德阿尔让（d'Argens）侯爵，后者是一位多产且（令人难以理解的）广受欢迎的哲学小说作家，而他最著名的著作就是《犹太信简》（*Lettres Juives*）。

或许正是德阿尔让这本书封面上的书名给了冈珀茨自荐成为秘书即文书助理的信心，因为这样一个职位对于侯爵来说是非常有用的。书中的犹太人完全是德阿尔让凭着想象虚构的产物——拉比、利沃诺商人、旅行家等——他们都有一个模糊的异邦名字，但却从来没有人能超出一般文学创作的水平。而大量运用对天真的异邦人的惊奇或厌恶这类反殖民情节，让欧洲人重新思考他们自身文化的怪异和缺陷，这是孟德斯鸠在《波斯人信札》（*Persian Letters*）中首次使用的手法，其中描绘的就是一个假托的犹太人。所以德阿尔让深知，最恰当的方式或许是充分运用一种表现犹太文学交流的手法，因为只有反潮流才会赢得读者。因此，如果有一个真实的样本出现在他的公寓里（他可能会觉得很有趣），没有头巾或长袍，而是戴着精心梳理的假发，完全把他塑造成一个文明人，这样反而使读者无话可说。冈珀茨就是这样一个讨人喜欢且充满好奇心的年轻人，他可以像鹦鹉学舌一样炫耀自己的背诵才能。

然而，冈珀茨却足够认真或者说足够有用，以至于两年后，德阿尔让举荐他当上了皇家科学院的主席（Präsident–Direktor），而另一个法国人、数学家和文学家皮埃尔 – 路易斯·莫佩尔蒂（Pierre–Louis Maupertuis）则成了牛顿物理学的狂热信徒。当时，由莱布尼兹确立的正统派占据着统治地位，并且他们重申目前的这个世界在所有可能的选择中肯定是最好的，他们的做派使莫佩尔蒂非常愤怒，莫佩尔蒂一生的大部分时间都在对他们这种浅陋的想象和自我陶醉进行抨击和讨伐，而他当时的这种英雄式的激奋情绪无疑对应皇帝的邀请于 1750 年刚刚到达柏林的伏尔泰产生了重要的影响。莫佩尔蒂是一位注重行动的科学家。为了证明牛顿的论断是正确的，即根据物理定律，地球实际上并不是一个完美的球体而是在两极更扁平一些，他亲自来到拉普兰[①]，在一群冷眼旁观的驯鹿面前取出他的测量杆，直到所有的测量数据让他满意为止。像那位精明的皇帝一样，莫佩尔蒂并不会轻易地被文字上的奉迎所欺骗；而与那位善变的皇帝不同的是，他发现犹太人更聪明、更专注，他们能在诙谐的谈话中坚持己见，而亚伦·冈珀茨正是这样的一个犹太人。

星期一俱乐部

在非犹太人的这类学术竞争中的亲身经历使亚伦受益匪浅。到1752年，尽管他还不到三十岁，就已经是一位著名的犹太医生，他讲授人体解剖学，并根据托比亚斯·柯恩精心绘制的组织结构图展示人体的胸腔。亚伦成了柏林学术圈里的核心人物。他每个星期都到“黑人街”参加在他的帮助下成立的“星期一俱乐部”的聚会（一开始自然是在星期四聚会）。在聚会上，他会与作曲家卡尔·菲利普·伊曼努尔·巴赫（Carl Philipp Emanuel Bach）、哲学家约翰·格奥尔格·苏尔泽（Johann Georg Sulzer，他把两片金属片夹在舌头上，使之通过他的唾液放电，几乎是在无意间发明了电池）、统计学家约翰·彼得·苏斯米尔奇（Johann Peter Süssmilch）、剧作家兼文艺批评家戈特霍尔德·以法莲·莱辛（Gotthold Ephraim Lessing）这些著名学者一起喝咖啡（一个新的爱好）。[28] 这些学者朋友在交流思想时完全跨越了宗派的界限：莱辛是一个路德宗牧师，苏尔泽则是一个天主教徒，然而如果没有一个举止优雅、口若悬河的犹太人，任何跨宗派的沙龙都是不完整的。实际上，当莱辛于1749年开始创作他的剧本《犹太人》（*Die Juden*）时，他心里构思的正是这样一个特殊的犹太人。这个剧本于四年后出版，并使他从此开始了他的文学生涯，同

① 拉普兰一般指拉普兰德（Lapland），位于挪威北部、瑞典北部、芬兰北部和俄罗斯西北部在北极圈附近的地区，它有四分之三处在北极圈内位于芬兰、挪威的北部，有四分之三处在北极圈内。——编者注

时也开创了一个非常容易让人忘记但却又不得不让人时刻记起的鲜活现象：德国“亲犹主义”思潮。

在那些感觉最敏锐的人心目中，莱辛是以其惊人的文学魅力而闻名于世的。《犹太人》的剧本当然不乏喜剧所需要的奉迎成分（如假胡子以及装模作样、醉醺醺的仆人），但其根本目的是布道。他写道，这是“对一个民族长期遭受的屈辱和压迫进行认真反思的结果，并且就我所知，如果一个基督徒不对这个民族心存敬意，他是不会深思的。在过去的年代里，这个民族产生了许多英雄和先知，但直到今天，人们仍然在怀疑这个偌大的民族是否有一个诚实的人”。莱辛用冷嘲热讽的方式来表达他的想法。他了解犹太人。他住的地方就紧靠着“西班牙人街”，离“外邦人胡同”的犹太会堂也只有一箭之遥。于是，冈珀茨来了，受他保护的门徒门德尔松也来了。

《犹太人》是莱辛与冈珀茨之间密切合作的第一个成果。这位剧作家的主要目的，就是要让他的观众以及通过宣传让更多听说和阅读过他的剧本的观众，为他们自己在艾森门格尔那本深入人心、余毒无穷的《除去面具的犹太教》的影响下所曾怀有的固有偏见和恶毒诽谤而感到羞愧。然而，正是这个结尾出人意料的独幕剧，使他遭到了猛烈的抨击。

说有一位伯爵，他在与女儿一起旅行时遭到了一伙来历不明却留着大胡子的暴徒的袭击和抢劫，而根据他们的特殊相貌和粗俗口音，他们立即被认定为犹太人，因为犹太人在德国（以及在英格兰）本来就有着“坏名声”。但实际上，这伙暴徒都是伯爵自己的家仆，甚至他的财产经纪人也参与其中。一位匿名的旅行者赶过来救援，他奋力击退了暴徒的攻击，而在激烈的打斗中，这些盗匪的假胡子被扯了下来，暴露出了他们的本来面目。为了感谢他的救命之恩，伯爵愿意把他的女儿嫁给这位潇洒而义气的救援者，因为他的女儿已经深深地爱上了她心目中的英雄。然而，这位完美的英雄是如此高贵、如此潇洒、如此无私，他在对这番美意表示真诚的感谢之后，却大胆地拒绝了这桩婚姻，因为他随即坚定地宣布自己是——此时观众都屏住了呼吸—— 一个犹太人！老套的剧情发生了反转。于是真相大白——非犹太人的恶习被习惯性地归咎于犹太人，而真正的闪族人与最高尚的基督徒是没有任何分别的。这位犹太“旅行者”甚至打破了老套的剧情，对金钱也毫不动心。由于对举行婚礼已经不抱什么希望，伯爵便请求这位陌生人能留下来帮他打理庞大的家族产业，因为“我宁愿贫穷但知道感恩，也不愿意富有却忘恩负义”。但这位犹太人再次拒绝了他，因为“我很幸运，我当前所拥有的已经远远超过了我的需求”。伯爵不由得惊呼：“如果他们都能像你一样，犹太人是多么令人尊敬啊！”这位犹太人也高声地回答：“如果他们都能像您一样，基督徒又将多么值得尊敬啊！”

这位伯爵的过分赞扬也正是问题所在，因为这样的情节仍然没有跳出莱辛正在努力纠正的刻板印象。污泥中的珍珠似乎只能使污泥显得更脏。我们需要的并不是发现例外情况的惊喜，而是真正地认可那些普通的犹太人都是我们的男女同胞。即使如此，还是有这样一些人，他们仍然认为这样一个勇敢、无私并且聪明绝顶的犹太人形象是根本无法想象的。文艺批评家约翰·大卫·米凯利斯（Johann David Michaelis）甚至以挖苦的口吻来贬低这个英雄形象，认为这完全是出于莱辛情感想象力的臆造。他同时也承认，这并非完全不可能，但却极不可信。而剧作家却打出了一张王牌予以回击——不是一个而是两个这样的犹太人。其中一个犹太人向另一个犹太人即他的朋友冈珀茨写信表达他的痛苦和愤怒，而莱辛则连同自己的辩解和反驳发表了这封信。这位被深深激怒的书信作者正是二十四岁的摩西·门德尔松。他在给冈珀茨的信中写道：“简直是一个巨大的耻辱！那些基督徒先生一直把我们看成是大自然的糟粕、人类的伤疤。然而，我本来期望一个饱学之士能够更公正些……一个诚实的人怎么会厚颜无耻地否认整个民族可能会有一个诚实的人呢?”门德尔松最后的激情发泄直接触及他这一代思想家最为关切的问题，这封书信的结尾给人以警醒：“不要否认我们的美德，这是这些陷入深重灾难的人身上的唯一美德，这是被抛弃的人心中的唯一避难所。”[29]

正是这封尖锐而沉痛的书信的收信人冈珀茨（而不是写信人），毅然决定迎接这次挑战，并且尽管他已经发现莱辛是一个理想的合作者，他仍然希望能把这个意外事件扩大为一次心灵的交汇和学问的全面复兴。在创作完成和正式出版《犹太人》之间的日子里，莱辛一直在荷兰和英格兰旅行，在那里他观察到两种截然不同的对各自犹太人群体的态度。在阿姆斯特丹，他认为在 18 世纪竟然出现了这样一个地方，那里的犹太人似乎与其基督徒东道主相安无事（尽管对波兰移民的贫穷、乞讨和迷信行为颇多怨言）。而当莱辛于 1753 年到达伦敦时，那里恰好陷入了对“犹太人法案”的消息欢呼雀跃的歇斯底里之中，公众的情绪是如此疯狂，竟然迫使佩勒姆（Pelham）内阁废除了这项法案。尽管对于向国会请愿的那些私人团体来说，该法案的力度并不大，仅限于撤销所谓的“宣誓条例”——公职人员任职时必须宣誓信奉英国国教。莱辛还听说了有关犹太人要买下圣保罗教堂并将其改造为犹太会堂的荒唐想法，看到了一些稀奇古怪的讽刺招贴，画面上的英格兰已经匍匐在犹太人的割礼刀下。

1753 年，莱辛和冈珀茨（由这位医生发起）共同起草了一项提案，请求不仅赋予那些作为“有功人士”或者根据他们的财富（如宫廷犹太人）或者按照他们的学术水平挑选出来的犹太人，而且赋予绝大多数的人以全部的公民权。[30] 这项提议以匿名的方式发表，第一次系统地论证了犹太人的身份问题：犹太人的低等身份是历代迫害者强加给他们的社会环境下的产物，而不是某种与生俱来的东西。尽管伏尔泰（他从 1750 年开始就作为腓特烈大帝的短期签约知识精英一直待在柏林）把犹太人也列入了他的“可以宽容”的名单，但他在内心深处也相信他们身上有某种难以革除的令人厌恶的东西。然而，在 18 世纪的社会思想家中，也有一些人——如孟德斯鸠以及像亚当·弗格森（Adam Ferguson）和凯姆斯（Kames）勋爵①这样的苏格兰作家——则坚持认为，他们的文化是

① 即亨利·休谟（Henry Hume）。——译者注

环境的产物，不仅仅是地理和历史的影响，更是在制度条件的长期冲击下形成的。如果陷入贫困的犹太人迫于生计去乞讨、偷盗，或从事买卖旧衣服这类不体面的生意，这种被动的进取行为就会立即产生一种曲意奉迎或防范心理，这是因为数个世纪以来，他们一直拥挤在“隔都”里，被严格地排斥在所有“诚实的”行业和手艺之外，并且从小学到大学，从从事各种职业到拥有财产和土地均是如此，而在艾森门格尔的著作中又反复传播有关他们的一些恶毒谎言——所有这些自然会使他们的社会行为发生畸变，并把他们所受的教育完全局限于拉比们所能提供的传统教义。正如门德尔松简明扼要地指出：“你捆着我们的双手，然后又指责我们不用这双手干活。”把犹太人从各种偏见中解放出来，从各种社会和经济限制中解脱出来，让他们接受更多的现代教育，他们的行为举止自然会像其他的公民一样正常。尽管这项提议在本世纪末的犹太解放运动中会被认为是一件平常的事，但却是比这次运动提前了近一个世纪的第一次（虽然是小心翼翼地以匿名的方式）朴素表达。

虽然亚伦·冈珀茨在学问上永远无法与门德尔松相比，并且也不像他那样多产，但冈珀茨无疑是犹太启蒙运动中最勇敢的先行者，并且是说服那些具有同情心的非犹太人关注这场伟大运动的第一人。并且很有可能是冈珀茨引介门德尔松进入了“星期一俱乐部”，因为只有冈珀茨与巴赫以及那个“学者咖啡馆”相熟——他们在一座建筑中租用了两个房间，每星期搞一次聚会，俱乐部成员可以在里面阅读报纸和杂志（包括他们经常投稿的一些报纸和杂志），或玩一种塔罗纸牌，这是一种总共由七十八张牌组成的古老纸牌游戏，其中的塔罗图像就是所谓的“人头牌”[①]。但这并不妨碍他们进行学术讨论。甚至有一次在玩牌时，冈珀茨还幽默地说：“好奇怪，三个数学家竟然数不到二十一。”当时，另一种主要的咖啡屋娱乐方式——国际象棋已经非常流行，而这些大师级

① 塔罗牌（taroc）是一种古老的纸牌游戏，通常用于占卜和游戏，其中有二十二张“人头牌”。——译者注

人物使用的就是由素有通才之称的医生亚瑟·安舍尔·沃尔姆斯撰写的第一本游戏指导手册。他们搭起了一张台球桌，并适当收取一定的费用，这笔钱正好用来付房租。咖啡可以随时供应，并且每个月举办一次讲座，使他们能在智力娱乐的轻松氛围中研讨严肃的内容。1755 年 5 月，出版商弗里德里克·尼古拉（Friedrich Nicolai）报道说，他曾在那里聆听过伟大的瑞士数学家伦纳德·尤勒（Leonard Euler）宣读了一篇关于台球的论文，题目是“论两只球在水平面上的运动轨迹”（On the motion of two balls on a horizontal plane）。有人闻着鼻烟，有人在抽烟斗，并且几乎每个人都喝大量的咖啡，因为自从拉比们宣布喝咖啡完全符合教规（他们许多人本身就有这种强烈的嗜好）以来，犹太人喝咖啡已经成为习惯，他们甚至在安息日也喝咖啡，尤其是当咖啡是由一个非犹太人煮好的时候，犹太人自然会尽情享用。[31]

来自德绍的小摩西·门德尔松也加入了这个令人陶醉的学术圈子。所有的俱乐部成员都对他感到惊奇不已，他那温文尔雅、口若悬河的人格魅力（这一点并不像普通的犹太人，他们总是躲在人后面低声细语），他愉快而清晰地表达出来的那种毫无戒心的诚实，他和蔼的自嘲（这一点更像犹太人），他知识阅读方面惊人的广博，他通过自学掌握多种语言，并且思维清晰，更重要的是，他还有一种任何人都难以说清而当代的年轻才俊和精英时刻在苦苦追求的东西：毫无瑕疵的举止和气度。他后来称自己是“一个高贵的人”（ein Mensch）。但什么是“一个高贵的人”！他与莱辛、弗雷德里希·尼古拉和冈珀茨一起组成了志同道合的四重奏，他意识到，他们并不仅仅是要发起一场争取世俗宽容的运动（如冈珀茨和莱辛合作的宣传册），而是更注重对这种宽容的直接体验。与那些故意避开犹太人并且一生中从来也没有遇到过犹太人的法国哲学家不同，“咖啡、蛋糕和康德”（Kaffee，Kuchen und Kant）① 的世界［康

① 出自德国谚语，Kaffee und Kuchen 指“咖啡 + 蛋糕，时间到”。对于许多德国人来说，一到下午三点左右，就会开始享受这种悠闲的提神时刻。——编者注

德在柯尼斯堡（Königsberg）也招收犹太学生，尽管在一次由门德尔松赢得的论文大赛中，他只得了第二名］永远是一个种族混杂的社会。

初出茅庐

当摩西·门德尔松的作品在18世纪50年代陆续问世后，他开始引起人们的好奇和关注，同时也在文坛上赢得了名声。但是，他出版的纯文学作品和《哲学沉思录》并不能维持生计。在柏林的第二个十年里，他只好在犹太丝绸制造商以撒·伯恩哈德（Isaac Bernhard）的家族企业里当了一名簿记员。当时，伯恩哈德是一位著名的企业家，是腓特烈大帝迫切希望列入其普鲁士财源名单的人物。门德尔松同时还担任着伯恩哈德儿子们的家庭教师，他烦躁易怒，其风格让人回想起他的同名先师摩西·迈蒙尼德的抱怨，说他根本腾不出时间去从事“上帝”希望他做的工作：享受净化自己心灵的幸福。然而，他在语言方面——尤其是拉丁语和法语——却取得了惊人的进步，并且“四重奏”的其他三位成员也热情地鼓励门德尔松，希望他能通过把法语原著翻译为德语出版，以提高对这两种语言的熟练水平。对于早期的尝试来说，让-雅克·卢梭（Jean-Jacques Rousseau）的《论人类不平等的起源和基础》（*Discours sur l'inégalité*）在题材上是一个不错的选择，因为显而易见，门德尔松本人就是一个“诚实的人”（honnête homme）。当18世纪70年代有人为他画像时，不管是有意还是无意，他作为一个“简美之人”，身上穿的是一件朴素的褐色棉麻衣服，而这样的装束由于另两位服饰艺术大师——本杰明·富兰克林（Benjamin Franklin）和卢梭的推崇而风行一时。因此，他不仅是一个“聪明的”犹太人，还是一个“好”犹太人。像这两位大师一样，门德尔松扮演的实际上是一个“无用虚荣”的解药角色，这主要是因为他在宗教信仰与哲学诡辩之间实现了真正的和解，甚至达到了被嘲笑者认为不可能或“虚伪”的程度。

但自相矛盾的是，这样的做法又使得他常常想起另一个犹太人，即他认为那个曾经犯下“理性是信仰的奴仆”的犹太人：巴录·斯宾诺莎。显而易见，尤其是对他的朋友们而言，摩西自我认同为一个“堕落的”犹太人，即一开始期望自己从事犹太哲学家的职业但最后却终止了这个职业的犹太人，这本身就是自相矛盾的。最为典型的是，当戈特霍尔德·莱辛称他这位朋友“是第二个斯宾诺莎，除了他（斯宾诺莎）犯下的错误之外，在其他方面根本没有任何不同”时，他其实是在有意迎合门德尔松内心的想法。[32] 摩西对斯宾诺莎的了解越多，他就越能体会到古代驱逐教籍条款的残酷和对诅咒的可怕重复，就越能想象斯宾诺莎独自待在海牙附近的阁楼里有多孤独，对他的研究就越深入，就越想让他死后回到自己的圈子里：重新认定他是一个真正的犹太人。在一些重要问题上，摩西是从来也不会让步的。在他早年的同名先师迈蒙尼德影响下，摩西坚定地认为，律法书的确是在西奈山上传授下来的，并且他从来也不怀疑“出埃及”是真实的历史事件。但是，在斯宾诺莎有关律法的授予必须根据所处的不同时代和地点做不同的理解并且其目的是对一个无家可归、不守规矩的民族加强管理这些论断中，他也并没有发现任何感到震惊或非犹太化的内容。然而，与斯宾诺莎不同的是，他认为这项立法的历史真实性并不会随着环境的变化而显得多余。

重新犹太化的斯宾诺莎只是一块试金石，而门德尔松希望实现更多的目标。他需要一个从防范心理中解放出来的犹太教，因为关于在《托拉》的周围有一圈《塔木德》形成的“篱笆”的说辞实在是太多了。尽管门德尔松肯定不会拒绝《塔木德》，但他同时也认为，按照正确的理解，律法的伦理核心根本就不需要“篱笆”，事实上，它应该是某种能把犹太人和基督徒团结在一起的东西。（他并不十分在意“犹太—基督传统”这种现代叫法。）

“盛花期”

门德尔松在 1758 年创刊并编辑的希伯来语周刊（虽然是短命的）《道德讲

坛》（*Kohelet Musar*），其内容除了在语气上模仿最初的《传道书》（*Kohelet*）的古怪口气之外，完全与其名字不相符合。[33] 特别是门德尔松尽情地欢呼自然世界的美丽，这种健康而热烈的情感在中世纪西班牙诗人之后的犹太传统中还是不多见的。犹大·哈列维（Judah Halevi）的哲学著作《哈扎尔人书》① 及其部分诗作终于以学术读物的方式重新出现，并且门德尔松还正确地认为，中世纪的一代人充分利用了这种充满活力和张力的希伯来语，但却在数个世纪无休止的解经和评论过程中日渐式微。门德尔松再一次唤醒了犹太人的快乐情怀，他后来的坚定信念为这次及时的呼唤做了注脚：希伯来语将恢复其昔日的诗意辉煌。

门德尔松赋予了犹太人享受快乐的权利。作为《道德讲坛》的编辑，他在一封虚构的读者来信的复信中宣称："我从心底里感到快乐，因为我变成了一个人。我在黄昏享受快乐，在黎明尽情歌唱……我邀请我的同胞，请他们畅饮调味的红酒和石榴汁……我们在葡萄园里醒来，在乡村庄园里过夜。快乐像水一样在我们的身体里流淌，像油一样在我们的骨髓里欢唱。"[34] 在某一期评论当看到春天的第一朵花时念诵的祝福词的义务的《道德讲坛》专刊中，门德尔松滔滔不绝地赞美道："田野里的新芽和鲜花为那些路过的人带来了无边的快乐和天真的乐趣。眼前的鲜花美不胜收，美景目不暇接。因为只要一个人眼睛盯着花朵，他的内心就会在这种美中得到满足，并且他的心灵将永远不会为这种快乐感到遗憾。他的脸会发光，就像涂了油一样。他会在充满精神力量的芬芳花丛间来来回回地漫步，而他的眼睛将会看到老天给他送来的仁爱和祝福。"[35]

1761 年春天，门德尔松自己也经历了一个人生的"盛花期"。门德尔松在从汉堡写给莱辛的信中说，他到剧院去和学者朋友见面，然后又羞怯地承认"你肯定会觉得奇怪，我在三十岁时竟然傻傻地坠入了爱河。你在笑我？尽管笑吧，爱情在你满三十岁时也可能会降临在你的头上"。[36] 他用一种掺杂着自嘲和傲慢的笨拙口气继续写道，他的恋爱对象"一点也不漂亮，也没有学识，

---

① 《哈扎尔人书》（*Kuzari*），也译作《库萨里》。——编者注

但她的恋人被她深深折服，他相信他能够和她一起幸福地生活”。其实他没有说出口的是，他的恋人弗洛梅·古根海姆（Fromet Guggenheim）正是曾经的“农民集市”的传奇主人、第一个最伟大的宫廷犹太人撒母耳·奥本海默的曾孙的女儿。但是，在奥本海默生意败落并去世后，他留下的巨额财产却不知所终，所以弗洛梅不可能还有像样的嫁妆。这仍然是一桩门当户对的爱情。在离开汉堡后，他在写给她的一封情书中说：“就连我从你那里偷走的香吻也混杂着一丝苦涩，因为我们的分别使我心情非常沉重，并且对任何事情都提不起精神。”[37]

在离开的这段日子里，摩西每个星期给弗洛梅写两封信，甚至第二年他们在汉堡举行婚礼之前，他还告诉莱辛，他觉得他的新娘应该是一位精神伴侣，而不是一个顺从的本分妻子。“我希望不仅能与她分享我的快乐和我的生活，而且能与她分享我的思想。”他把自己任命为她在哲学问题上的导师，每当他为了商号的丝绸生意外出奔波时，他要先确定“医生先生”（Herr Doktor，即冈珀茨）能接替他的辅导工作，“因为根据我的经验，他是一个对这项工作从来也不拒绝的人”。而沙夫茨伯里、洛克很可能都是平日里接送她的人。门德尔松很喜欢丈夫和父亲的角色，他为他们只有十一个月大的女儿撒拉的不幸夭折悲痛不已，并且从来也不会忘记她的忌日（Jahrzeit）和丧女的痛苦。在成为一个好公民之后，他似乎更潇洒了一些，他也不再追求时髦和虚荣，但为了回击拉比们的谴责，他却戴上了一顶当时流行的“驴尾式”假发，并把他的大胡子修成了原来的山羊胡。

后来（很可能是 1774 年），摩西和弗洛梅向当地的犹太会堂赠送了一个约柜门帘（parokhet）。按照犹太人的习俗，这个门帘是用她的结婚礼服做成的，白色的丝绸上绣着各种春天的花朵：紫罗兰、长寿花（黄水仙）、郁金香、蓝色的轮峰菊和深红色的牡丹、康乃馨、雏菊、沙伦的玫瑰和铃兰。他们的名字也用金线以同样大小的字符并排着绣在上面。每当打开约柜的前门准备取出羊皮卷时，汉堡的犹太人就会看到那布满各种草叶的绿色边饰。

当1763年“七年战争”就要结束时，门德尔松在霍亨索伦王朝统治下的柏林的犹太人和基督徒中间成了著名人物，并且已经有足够的信心（或者说是鲁莽）去评论皇帝写的一本薄薄的诗集，但这个“美差”却似乎是一杯早就准备好的致命毒酒。他只是敷衍地赞美了几句，并假装抱怨说，他选择用法语写诗，这剥夺了他的母语德语的高贵天赋，从而巧妙地避开了评价诗集的文字质量这个话题。在战争的形势尚不明朗的这段日子里，柏林的犹太人表现出了强烈的爱国主义情怀，而门德尔松和其他一些犹太学者编写了各种新祈祷词，以便在会堂里为皇帝的健康和胜利祈祷。作为回报，门德尔松最终被赋予了“受保护的犹太人”身份和永久居住权，然而他的妻子和孩子却没有获得这些权利。但当他由于德阿尔让的举荐并在学术同仁的选举中以压倒性多数当选为皇家学会的会员时，皇帝却亲自插手，从而否决了对“犹太人摩西”的任命。

1767年，门德尔松的代表作《斐多》（*Phaedon*）——虽然是用柏拉图对话的形式写成的，但却自诩为18世纪最新版的“苏格拉底”——本来是一本看起来不太可能成功的出版物，但第一个星期就卖出了三千册，并且很快就出现了四个德语版本，并被翻译为多种语言。这本著作文笔优美，充分展示了门德尔松在他所涉足的几乎所有的文学和哲学领域惊人的把控能力。

“智力伏击战”

门德尔松的巨大名声使他成为某些人鼓动“皈依”的对象，其中最热衷的当属瑞士神学家约翰·卡斯帕·拉瓦特尔（Johann Caspar Lavater），他准备在1769年打一场漂亮的“智力伏击战”。他在作品出版时，乘机将自己的诡辩拿来反驳门德尔松，并题献给他，以致意的方式作为猛烈的攻击手段。

虽然门德尔松觉得被深深冒犯了——至少是假定他的心理足够脆弱，必然会对拉瓦特尔的“题献”感到受宠若惊——但他还是尽量克制不上他们的当。

他既没有去读这本书，也没有像中世纪时期某些落入了以不正当手段操纵的公开论争的陷阱的拉比那样，发动一场全面的犹太教保卫战来自贬身份。他说，他不想和那些整天在制造“文字垃圾”的人进行无谓的争吵。他反而用另一种方式表明了自己的主张，指出基督徒鼓动犹太人“皈依”的热情和犹太人对背教行为的厌恶完全是两回事儿。[38] 三年后，门德尔松提出了一种更全面的友好共存原则。“很幸运，我交了许多朋友，他们虽然与我的信仰不同，但都非常优秀。尽管我们在宗教问题上的观点可能完全不同，但我们彼此间真诚相待。我的心会偷偷地告诉我：失去这样一个可爱的朋友多可惜呀！”[39]

不出所料，门德尔松对拉瓦特尔的猛烈回击，在柏林尤其是在那些深信犹太人把大部分时间花在他们的会堂里诅咒基督和污蔑教会的人中间引发了一轮浪潮。出于某些原因，在祈祷仪式快要结束时需要弯腰并屈膝跪下，而他们根据一些看到过这个场面的人的传言，就认为这是在故意模仿基督徒的跪拜礼。所以，门德尔松以他的普世风格，不厌其烦地总结了犹太人对基督教的创立者的评价，他再一次巧妙地利用了这一点。当柏林的抗议浪潮越来越猛烈时，艾尔肯·赫尔茨（Elken Herz）作为他的崇拜者，曾经问门德尔松是否后悔卷入这场与拉瓦特尔的纷争。门德尔松反驳道，恰恰相反，“我希望能卷入得更深些，我对此并不后悔，并且根本就不在意他们针对我写的那些‘文字垃圾’”。[40]

然而，这场争吵或许使他遭受了严重的心灵创伤。1771 年 3 月的一个早晨，门德尔松醒来时突然发现，他既睁不开眼睛，也不能说话了。他的四肢已经不能自主地活动，不久之后他的背部就感到一阵火辣辣的剧烈疼痛，就像一根“烧红的铁棍”插进了他的脊椎。弗洛梅把他的医生马库斯·赫茨（Marcus Herz）请过来，发现他的症状是“脑部形成了血栓”。为了使这次明确无误的潦草诊断为大家带来更多的安慰和欣喜，赫茨与得出了相同诊断结论的非犹太医生约翰·格奥尔格·齐默尔曼（Johann Georg Zimmerman）只能轻描淡写地说成是一次轻微痉挛或者叫“中风”。大约在十五年后，一次更剧烈的发作将最终夺去门德尔松的生命。尽管当时他的病症是确定无疑的，赫茨还是提醒他要尽量少用脑：禁止他阅读和写作。这对门德尔松来说无异于慢性自杀。我们的这位病人不能吃肉，不能喝葡萄酒或咖啡，只能喝一点柠檬水。医生开出的偏方是，每天用芥菜籽泡水洗脚，把芥末膏贴在脚底下，另外还开了耳旁水蛭的处方。如果这就是犹太医学所能提供的最佳治疗方法，那么肯定还有其他的偏方。大约一年后，症状有所缓解，但门德尔松害怕随时会再次发作。然而，作为一个具有深刻思想的人，虽然他并不想就此结束自己的生命，但仍每天下午都会花时间读一点轻松的哲学著作，或做一些简单的翻译工作，甚至会写几封回信，这无疑是在与死神赛跑。万幸的是，病症对他不时进行攻击的间隙变得长了一些，但这样的攻击从来也没有真正停止过。

谈判代表

当他的病情好转到能够考虑自己的现状和未来时，门德尔松并没有选择退却。他写道，不管他还剩下了多少日子，他都希望把余生献给他的六个孩子的未来幸福，献给他的民族的繁荣昌盛。因此，他开始从哲学研究和文学批评（到18世纪70年代，他在非犹太世界里已经成为名流）转向公众运动，成为其民族的保护人和调解人。直到门德尔松习惯了他的新角色，但要想真正获得这样一个有点像中世纪的犹太流亡者领袖（exilarch）那样的“调解人”（shtadlan）头衔可需要一大笔钱，当然最好还要有一定的学术水平，其实就是要成为像萨姆森·韦特海默那样的人。但门德尔松并没有什么钱，他只有高深的学问，另外，他还有丰富的语言能力和机智的谈话技巧，可以去与那些开明君主的宫廷谈判。

正是拥有这方面的能力，门德尔松才收到了梅克伦堡－施韦林（Mecklenburg-Schwerin）的犹太人的集体申诉，委托他向当地的公爵说情，因为这位公爵出于对那个年代时常发生的可怕案件的警惕性，禁止犹太人实行在葬礼当天进行埋葬的习俗。在 1772 年，施韦林犹太人的申诉本来是提交给正统派的精神支柱雅各・埃姆登的，但后者却觉得自己不会德语，无法在这类事情上与非犹太人谈判，于是便把申诉书转给了门德尔松，希望他能不惜任何代价地保护这种传统犹太习俗。但出乎埃姆登的意料，门德尔松却没有任何举动。他说，施韦林的犹太人有点小题大做。当天下葬是一种古老的犹太习俗，犹太人去世后要在当天埋进墓穴，并由守灵人在墓地里守三天。但如今的情形已经完全不同了。公爵的禁令并不是没有道理，对此犹太教首先应该保持理性。门德尔松利用他的影响力与当地的公国政府达成了一项妥协：犹太人可以继续实行这种习俗，但前提是必须事先提交有效的死亡证明。但这并未能阻止埃姆登（其实他一直是门德尔松的崇拜者）给门德尔松写信，谴责他竟然为了迎合非犹太人的习惯而罔顾犹太人的传统义务，门德尔松应为此感到羞愧。但门德尔松并没有丝毫的羞愧，而是感到非常愤怒。于是，一场互不退让的激烈争吵发生了。

这位矮小而驼背的学者从来不是一个自我中心论者，他也毫不逊色地接受了他的伟大。在犹太人的心目中，他俨然已经成为另两位伟大的摩西——早年率领犹太人出埃及的王子和几代哈里发及其宰相的私人医生迈蒙尼德——的继承人。当德累斯顿几乎一半的犹太人由于无法缴纳强加给他们的沉重的人头税而面临着集体被驱逐的威胁时，他们只有请他们的“摩西”出面代为说情。在 1776 年的一次旅行中，门德尔松不得不为过境的家畜和萨克森境内的犹太人支付足够的“人头税”，所以他对他们所受到的人身侮辱感受甚深。六年前，他奉召进入了腓特烈大帝巨大的巴洛克式宫殿——圣苏西夏宫（Sans Souci）时，他会见了选帝侯的一位大臣弗里奇（Fristch）。这正是这位普鲁士国王在礼敬的同时侮辱犹太人的一贯做法，是一种经典的腓特烈式策略。弗里奇曾一直在参观波茨坦的宫殿，并且对国王提出他将从那里前往柏林，去看一看这位人人都在议论的著名的门德尔松，但腓特烈却建议直接把这位犹太人请到宫中，并且他还真就把他请来了。

召见文书在住棚节[①]期间送达，但接受召命的时间却正好是住棚节第八天的圣会节（Shemini Atzeret），而这一天禁止坐马车出行。只要门德尔松在宫殿的大门前从马车上下来，并走过通向内门的通道，那么一切就完满了。他当然被卫兵拦了下来，而当被问及是什么人时，有人替他回话并提到了他的鼎鼎大名。卫兵一脸茫然：什么鼎鼎大名？门德尔松大声呵斥道："我是个变戏法的不行吗！"（Ich spiele aus der Tasche!）这一幕立即演变为一个流行的故事，而波兰裔德国艺术家但以理·乔多维茨基（Daniel Chodowiecki）还专门为卫兵和犹太人之间的这次对话创作了一个小段子。

他沿着宽阔的廊道向前走去，经过一段巨大的石梯，头顶上是绘有"三女神"画面的穹顶，然后进入了一条高大的长廊，脚下的地面铺着明亮的大理石和鸡血石。在从地面直达天花板的镜子里，映照着这位矮小的男人，他穿着精美的黑丝绸长袍和长筒袜。然后，他便进入了国王的会客室，当然，腓特烈并不在里面，这位伟大的君王显然躲了出去，只留下那位来自萨克森的大臣以尽可能礼貌的方式接见了门德尔松。

几年后，门德尔松通过弗里奇认识了一位对德累斯顿犹太人的悲惨境遇表示同情的人：法贝尔男爵（Baron von Farber）。他向这位男爵控诉了一场残酷的驱逐带来的悲惨后果：

> 老天啊！你们让这些可怜的人带着他们无辜的妻子和孩子到哪里去？在从这个剥夺了他们所有财产的国家里被赶出来之后，他们又

---

① 住棚节（Sukkot），犹太民族的传统节日，又称收藏节。每年从犹太教历提市黎月（公历9、10月间）15日开始，为期7天或9天。每逢节日，政府会派人修剪树木，把剪下的枝条送给信徒搭棚。——编者注

> 能去哪里避难或寻求保护呢？对于一个犹太人来说，驱逐是最严厉的惩罚。这样的惩罚要比纯粹的流放更严厉，无异于一次除根剪苗式的灭绝，实际上就是要把他们从这片土地上彻底清除，因为他们在任何国家的边境都会被武装的哨兵拦下来。难道这些根本没有犯过罪的人类，只是因为他们坚持不同的信仰并且由于不幸的命运而变得一贫如洗，他们就活该遭受这种最严厉的惩罚吗？[41]

此时，他个人的命运已经不可避免地与他的民族紧密联系在一起。与那些犹太巨富——那些温文尔雅的、拥有漂亮住宅和豪华马车的银行家和商人不同，门德尔松被视为是一个追求智慧和信仰（succur）的人，这只是因为他看重的是心灵，而不是金钱。对于那些认为宗教褊狭已经污染了世界的人来说，他与那些不同信仰的人交流时所表现出来的宽宏大量，足以证明理性完全可以战胜偏见。在 1779 年，也就是莱辛去世前两年，他出版了剧作《智者拿单》（*Nathan the Wise*），其中的主人公基本上就是以门德尔松为原型，只不过背景被移植到了十字军占领下的耶路撒冷。这个剧本的首次演出是在莱辛去世之后，但却被批评家指控为蔑视罗马天主教会。在这样的时刻，门德尔松只能为那些怀有偏见的人与开明人士之间的巨大鸿沟感到沮丧。但在受过良好教育的人——无论是作家、政府里的改革派还是牧师——狭窄的圈子里，他已经缩小了犹太人与非犹太人之间的距离。当然，大部分功劳还是应当归于像莱辛这样的怀有非凡同情心的人物，他们有随时准备做出回应的激情。但是，他们的确做到了，而这种跨越宗教鸿沟的相互温暖和亲密无间的友谊无疑是难能可贵的。这一点非常重要，因为在 18 世纪，友谊的理念被认为是所有人类关系中最可靠和最诚实的元素，甚至超越了世俗的爱情及其各种表现形式，超越了把父母与孩子联系在一起的情感，因为这种平凡的情感总有一天会疏远和消亡。对犹太人和基督徒来说，交朋友并永远做朋友本身就是一种革命性的行为。

《宽容法令》

到18世纪80年代，门德尔松也已经五十多岁了，但他一直在为犹太人并且通过他们为整个人类的解放事业而不懈地奋斗。世界上有如此多的邪恶，但大多数都是盲目继承的仇恨造成的恶果，不过是带着血腥的童话罢了。他把他的族人首先看成人类，然后再看成犹太人，并且充分认识到他们完全能够做好基督徒所做的任何工作，就会使他们彻底摆脱作为希伯来人的苦闷，同时也会打破所有其他人的盲信。在门德尔松的余生中并不乏肩负起这一历史重任的机会。1779年，阿尔萨斯（Alsace）有一个对犹太人极不友好的刻薄律师名叫弗朗西斯·黑尔（Françis Hell），这个名字可真是名副其实。[①] 他出版了一个宣传册，继续宣扬艾森门格尔当年对犹太人提出的各种指控。黑尔甚至提出将犹太人进行永久性的集体驱逐的方案。当时，门德尔松收到了一封来自斯特拉斯堡（Strasbourg）的军火商赫茨·塞夫·贝尔（Herz Cerf Berr）的求救信。贝尔是一个著名人物，他作为路易十六的忠实臣民已经从当地政府获得了全部的特权。由于正忙于翻译和编辑工作，门德尔松便委托一位三十岁的普鲁士政府官员威廉·多姆（Wilhelm Dohm）（门德尔松知道这个人一向同情犹太人）起草一份备忘录，进一步阐明长达数个世纪的迫害才是造成犹太人地位低下的根本原因。如果说他们只会沿街叫卖、做估衣生意和放高利贷，那只是因为其他所有维持生计的活路都被堵死了。

多姆果然不辱使命。尽管这份及时送达法国国务委员会的备忘录对于改善阿尔萨斯和洛林犹太人的状况并没起到什么实质性的作用，但至少他们的敌人黑尔被逮捕了，虽然他的罪名并不是威胁灭绝犹太人。然而，在门德尔松的感召下，多姆又写了一份更长、更有说服力的备忘录，陈述了犹太人遭到的各种

① “Hell”意为“地狱”。——译者注

迫害，并坚持认为应该与他们和谐相处。他们并不比其他人更道德败坏，他们同样应该拥有现代的公民权。犹太人之所以如此，是他们的悲剧历史造成的。如果能消除强加在其身上的资格缺陷和各种禁令，那么世界将立即会看到，犹太人也能够成为能工巧匠，也能够从事农业劳动，无论伟大还是渺小，他们同样是会劳动和创造的人，而不仅仅是会玩钱的人。

普鲁士似乎对这样的话还没有做好准备，更不用说按照多姆的社会乐观主义前景采取具体的行动。对门德尔松的这些大惊小怪（也可能正因为如此），这位老国王丝毫也没有任何想要放弃其厌恶犹太人的念头，不管他们是留着大胡子还是戴着时尚的假发。但正如后来证实的那样，当时的确有许多国王对多姆的设想表示认同，如激进的瑞典国王古斯塔夫三世（Gustav Ⅲ）和哈布斯堡王朝的奥地利皇帝约瑟夫二世（Joseph Ⅱ，就是那位曾经在 1744 年把犹太人驱逐出布拉格的女皇玛丽亚·特雷莎的儿子）。正是在多姆发表他的备忘录的那个春天，约瑟夫颁布了一项《宽容法令》（Toleranzpatent），按照其中规定的条款，一揽子改革措施将变成现实。这个文件很有可能是约瑟夫二世的一位颇有远见的大臣约瑟·冯·索内费尔斯[①]起草的，他是一位拉比的孙子，但当时已经皈依了天主教。《宽容法令》无疑是启蒙运动这项伟大的社会工程中的一次激进的尝试。按照这项法令，犹太人参与商业、工业甚至农业活动的所有障碍将全部被清除，单独向犹太人征收的各种沉重赋税也将被取消。然而，这项法令远没有赋予帝国中的犹太人完全的法律平等和民事权利，并且实际上还重申了限制他们在帝国中某些地区的居住权，但它把犹太人的社会地位从一直作为统治者心血来潮的牺牲品提升为准公民身份。

---

① 约瑟·冯·索内费尔斯（Joseph von Sonnenfels，1732~1817），奥地利和德国法学家、文学家，奥地利启蒙运动的领袖之一。他是莫扎特的好友和赞助人，并且是贝多芬于 1801 年出版的《第十五钢琴奏鸣曲》的被题献者。他至少是一个狂热的音乐爱好者，所以才有后面的说法。——译者注

艰难的融入

为了与时代智慧保持同步，变革的伟大引擎就是教育。整个帝国的中学已经开始接收犹太人，但约瑟夫二世规定所有学科都必须接受初等教育，犹太人当然也包括在内。上学还可以选择。如果犹太人选择基督教学校，他们将得到保护，不仅不会强迫他们加入基督教，并且“现代课程”——语言和数学——将会使他们成为对帝国“有用的”臣民。但如果他们不愿意进这类学校，政府会为他们开设犹太学校，并配备拥有现代知识的教师。

在门德尔松的学术圈子里，有些人认同教育即为获得解放的观点。1778年，但以理·伊齐格的女婿大卫·弗雷兰德尔（David Frieländer）在德国开办了第一所犹太“自由学校”，学校里同时讲授宗教和世俗两类课程。然而在教育改革方面，没有人比拿弗他利·哈特维希·韦塞利（Naphtali Hartwig Wessely）更有激情了，他在同一年，也就是1779年出版的重要的《和平与真理词话》（*Divrei Shalom ve'emet*）中，提出了关于犹太教学改革的一揽子实施方案。韦塞利并不是要废除传统的宗教教学，而是要同时引入数学、科学、历史和地理等现代的世俗专业教育。然而，正是他提倡的这种在同一所学校里同时存在两种知识传授模式的教学机制使他担上了莫须有的罪名，一些正统派拉比卫道士［尤其是十分警觉的布拉格大拉比以西结·朗道（Ezekiel Landau）］因此而对他大加挞伐。在那些最严厉的正统派拉比眼里，此时的韦塞利却是一个“邪恶的人”，是“犹太教的敌人”。利萨（Lissa）的拉比大卫·本·内森（David ben Nathan）写道，对于韦塞利所造成的这些伤害，他唯一的安慰就是听到了这样的消息：在维尔纳①，他的书在被焚毁之前还先被挂在会堂院子里的一根铁丝上展览。[42]

门德尔松没有受到拉比的全部谴责，因为人们都知道，他是一个无可指

① 维尔纳（Vilna），即现在的维尔纽斯（Vilnius），当时被誉为“立陶宛的耶路撒冷”，是东欧地区古老而活跃的犹太生活中心。——译者注

责的、规规矩矩的犹太人，并且他也的确认为，遵守《托拉》是对犹太身份的最基本的要求。他与尼古拉和莱辛在一起消磨时间时，嘴里也从来不沾任何被禁止的食物。他和弗洛梅总是严格按照规定过安息日，一家人幸福地围坐在一起：烛光、咸盐、面包、红酒、祝福，一个个映红的脸庞，一阵阵发自内心的饭后感恩声（birkhat hamozen），而这种温馨的家庭场景都是由不知疲倦的弗洛梅精心安排的。人们都知道，门德尔松家的安息日就像是一首优美的犹太田园诗。他们家的大门总是敞开的，所有来访的客人都被看成家庭的一员，并且在星期五晚间或星期六下午还可以参加正在进行的讨论会，而门德尔松会读一段本周应该读的经书片段。当所罗门・梅蒙[①]返回柏林时，他很想就自己对伊曼努尔・康德哲学提出的批评征求门德尔松的意见。但当梅蒙来到门德尔松家的大门前时，他探头向里面偷看了一眼，不由得惊呆了。这就是一个新兴“资本家”的家？蛋糕和咖啡、窗帘和地毯，还有包着锦缎的扶手椅；笑声、玩笑声，还有兴致勃勃的谈话声。他是谁？一个永远的学生。一个脑子里充满了各种念头的人。这次冒昧造访是不是走错门儿了。在出现更尴尬的场面之前，他觉得还是赶快离开吧。但就在这时，一个长着鹰钩鼻子的矮个子男人走了过来，礼貌地把他领进了屋里，然后把他介绍给大家，并非常友好地接待他。欢迎的场面使梅蒙倍感温暖，他开始因快乐和自信而容光焕发。除了由于领悟了伊曼努尔・康德的哲学内核（他当时甚至还想提出批评意见）而受到其本人称赞之外，这是所罗门・梅蒙一生中最美好的时刻。

但是，门德尔松也并不是一直保持着这种乐观主义精神。1781 年，莱辛的去世使他像丢了魂儿一样。门德尔松有两个孩子也悲惨早夭：儿子门德尔在六岁时去世，而女儿萨拉只活了十一个月。人生最大的悲伤莫过于不得不为自己的孩子念诵哀悼祷文。当时，他自己的健康状况也变得难以预料。他在晚上

① 所罗门・梅蒙（Solomon Maimon，1753~1800），18 世纪最具独创性、最受关注的哲学家之一。——编者注

上床时把自己的命交到老天手里，不知道第二天早晨还能不能由于痉挛和疼痛而醒过来。面对约瑟夫二世的《宽容法令》和多姆的宣传册带来的所有重要变化，门德尔松仍然为这两个范本所规划的犹太人的未来感到担忧。在皇帝对“统一性”的痴迷中，门德尔松似乎嗅到了一丝他要享受一顿“皈依”大餐的味道。虽然约瑟夫二世公开表示对天主教修道士和耶稣会成员的厌恶，但他毕竟是神圣罗马帝国的皇帝，而且这些开设有德语和代数学课程的基督教学校可能并非完全没有旧式的“施洗”传统。

尽管多姆完全是出于好意（又有谁会怀疑这一点？），但他说的有些话即使不算是冒犯，却也是笨拙的。当然，让犹太人更具“生产能力”并没有什么不妥，但为什么他会因此断定一个从事商业活动的犹太人不如一个工匠、农夫或制造商更“有用”呢？难道他没有想到，门德尔松本人就是一个货真价实的商人，并且在他的雇主伯恩哈特与他的遗孀去世后，是他负责打理伯恩哈特的丝绸生意吗？如果没有商人把货物运到国内和国外的市场上，人们仅仅生产一大堆货物又有什么用呢？犹太人拥有无与伦比的家庭和贸易关系网络，并且精通世界各地的语言，再加上他们是外国供货市场与当地大城市销售市场之间联系的活地图，所以他们实际上就是国际贸易流动的管道。在世界各地的港口和集市上都可以看到他们的身影，如波尔多、利沃诺（Livorno）、的里亚斯特、萨洛尼卡、突尼斯、亚历山大、马德里。他们每年都会参加莱比锡世界博览会，买进波兰黑麦和俄罗斯毛皮，销售瓷器和红酒；或者到印度购买宝石原料，出售地中海珊瑚。在自由经济体系中，他们被认为像任何一个耕种土地或在织布机上工作的劳动者一样，同样有着强大的“生产能力”。

而更令人不安的是多姆的下述设想：即使犹太人被纳入了王国的体制，他们也可以保留他们自己的法庭，有权把那些被判定为违犯了他们的既定教规、准则的成员驱逐出社区。不管喜欢与否，门德尔松从来也未能摆脱巴录·斯宾诺莎的阴影。他认为，真正的宽容必须要扩大到那些被视为异端和外邦人的人，甚至包括无神论者，即持有任何观点的任何人。由于不同宗教的人在观点上绝不可能取得一致，所以任何人都无权判定他们认为有罪的人是罪犯，或惩处他们判定为有过犯的罪人。犹太法庭可以对社会内部成员之间的财产纷争问题进行裁定，但前提是他们愿意服从这样的裁定而不想去惊动当地的民事机构。但是，他们却没有权力判定某个人为贱民，并因此而对其实行彻底的社会和经济孤立。“‘理性’的祈祷室不需要紧闭的大门，它不是为了守卫里面的任何东西，也不是为了反对外面的任何人进入。”

这句话就写在门德尔松为米拿现·本·以色列于1656年出版的那本最激动人心的著作《为犹太教辩护》（*Vindiciae Judaeorum*）的德语译本的前言里，而就在这本书出版的当年，斯宾诺莎被驱逐出了阿姆斯特丹的塞法迪犹太社区，并被活生生地埋在了雪崩般的诅咒之下。作为对英格兰人偏见的一次具有挑衅意味的反击，米拿现的宣传册实际上是针对漫长的、非理性的、残暴的仇恨犹太人的历史写成的一篇真实报道。如今，门德尔松非常清楚，尤其对于波兹南和华沙的诽谤事件，最丑陋的诽谤从来也没有停止过，所以他要把这段悲惨的历史再次展现在世人面前。他写道：“……如今，时代变了，他们知道那些荒谬的诽谤已经不能产生当年的效果。所以，他们只能指控我们‘迷信’和愚昧，缺乏道德情感和良好的举止，缺乏从事艺术、科学和有用职业的能力……并且不可抑制地诈骗、放高利贷和犯罪倾向。”[43]

随着犹太人完全融入当地社会的可能性越来越大，对他们的恶毒攻击也变得越来越激烈——不再是那种惯用的骂大街，而是利用开明人士的鹅毛笔。作为当年的审查人员，约翰·大卫·米凯利斯对莱辛的戏剧《犹太人》刻画的“好犹太人”形象的质疑曾促使门德尔松开始了其文学批评的生涯，而米凯利斯现在却又站出来断言，摩西律法本身就是一个无法克服的障碍，让犹太人无法融入真正统一的联邦。他们过安息日的习惯意味着他们无法响应国家的战斗号召；他们对回归锡安的执着意味着这将永远是他们最忠诚的事业。然后，他们又把攻击的目标转向个体。

门德尔松深深地叹了一口气，决定担起反击的责任，尽管在这次攻击中他本人并不是他们的主要目标，但他们攻击的对象却是犹太教和整个犹太民族。他的答复《耶路撒冷——论宗教权威和犹太教》（*Jerusalem,or On Religious Power and Judaism*）于1783年，也就是在他去世之前三年正式出版。他还有其他的选择吗？如果他不亲自出面，还会有谁呢？

然后，门德尔松不得不突然转变立场，去捍卫自己对犹太教以及宗教本身的信仰，避免被指责为与国家和社会的整体利益不相容。所以，他只能像约瑟夫斯（Josephus）、莱昂内·莫迪纳（Leone Modena）、西莫内·卢扎托（Simone Luzzatto）和米拿现·本·以色列所做的那样，针对犹太教的真实特点做了一次基础知识讲座。门德尔松说，律法首先是一套生活准则，而不是任何形式的教条式的东西。实际上，传统典籍中的任何诫命并没有要求必须特别申明自己的信仰。历史上确实有这样一段不长的时间，犹地亚政权与摩西的宗教是合在一起的，但这种情况早已经随着圣殿的被毁而结束了，并且现在这些准则和道德规范也已经成为使一个犹太人成为犹太人的基本要求。实际上，这些准则根本不可能成为一个规矩的犹太人同时作为一个本分的公民（无论他或她生活在什么地方）的障碍。犹太人在荷兰共和国这样的宽容社会里的真实生活经历已经充分证明了这一点。对于一个合格的犹太人来说，如果出于保卫国土的需要，让他服兵役是完全没有问题的。

这些特定的律法是专门为犹太人制定的，这就意味着他们没有义务将其强加在其他任何人身上。所以，犹太教实际上是最缺少强制性的宗教。但是，其习俗却是建立在更普遍的原则之上，而这些原则是在与原始经文长期的口头对话中发现并提炼出来的：一种可以适用于所有的人的共同道德内核。自由人也有可能会由于深深的信服而遵守这些道德准则，但犹太教中却绝对没有任何教条主义的东西。

对于门德尔松来说，这些道德概念是非常重要的，因为他在启蒙运动中的个人经历完全是社会性的。作为其基石，友谊——或者像法国大革命中的立法者们所称的“兄弟情怀”（fraternité）——使人们通过互相理解而聚集在一起，即使他们在许多重要的事情上观点可能存在分歧。“星期一俱乐部”或“学者咖啡屋”就是他心目中完美政治社会的样板。在这样的地方，在纸牌和台球桌之间，在音乐和学术读物之间，不管是谁，也不管他心里想到什么，他都可以和他们来一场痛痛快快的争吵，即使最后也许吵不出什么结果，但也不会把彼此的脑袋打开花。门德尔松认为，只有这种可以发出不同声音的地方才能使犹太人真正繁荣起来，因为这就意味着他们的生活习俗可以不受宗教或政治上的多数所威胁，所以也不必担心会受到任何不忠诚的指控。可是，他们还是要回到老路上去，因为这种新的福祉同样利弊并存。说到底，这也是唯一能够造福于全人类的制度模式。

因此，如果犹太教的律法中没有任何将其追随者排斥在公民联盟之外的内容，那么为什么还要求犹太人以放弃他们的道德准则作为接纳他们的前提条件呢？这是因为，正如一再强调的那样，如果保留这些仪式和习俗，就会对公民联盟造成威胁。果真如此？为他们的儿子行割礼？特殊规定的“可食”肉类？还是在狂欢节上在犹太会堂里围着羊皮卷跳舞？门德尔松写道，如果其他人（完全违背理性地）坚持这种不可调和性，那么犹太人最好还是拒绝进入公民联盟，而不是轻易放弃他们祖先的生活方式。[44]

就像音乐指挥大师谢幕时一样，门德尔松在论战的舞台最后做了一次精彩的辩论，又回到他最初坚持的信念，这一信念对犹太人乃至整个世界都至关重要。他反问道，这个“联盟”到底有什么珍贵之处，以至于它总是凌驾于多样性的诉求之上呢？各种不同的信仰，尤其是当这些信仰是建立在互相排斥的“启示”基础之上时，永远也不可能将自己融化成某种虚伪或暂时之物。“如果你非常在意真正的虔诚，那么当多样性显然是出于上天的安排和目的时，我们大家就不要再假装达成了一致。”[45] 为什么大家不能坦然接受这一点，然后限制政府的作用，以确保这种不可调和的争执不至于发展到人身伤害的程度呢？

门德尔松的《耶路撒冷》

如果说这样的虔诚在今天听起来再平常不过的话，那么在当时却并非如此。追随着洛克和自然神论者约翰·托兰（John Toland）的脚步，并且与杰斐逊（Jefferson）在几年前为弗吉尼亚联邦起草“宽容法案”文件时的言论非常相像，一部门德尔松不太可能知道的作品——《耶路撒冷》（*Jerusalem*）无疑是自由主义相关思想的经典表述。这个标题本身就具有重要的象征意义。与布莱克[①]的《耶路撒冷》类似，门德尔松的《耶路撒冷》是一个心灵不受约束的耶路撒冷。针对米凯利斯关于对锡安山的渴望已经使犹太人变得永远不会忠诚于当地政府的指控，他的回答是：在现实中回归巴勒斯坦当然是不切实际的，当前最迫切的任务是以脱离现实的方式在此时此地建立起一个耶路撒冷：一个虽然信仰不同但却在和谐共处的必要性上取得一致的营地。这是和平圣殿的真正所在，也是唯一的选择。在“宽容”的庇护下，犹太人将不断繁荣起来，而整个人类的前景也将一片光明。

从苏格兰到那不勒斯再到魏玛，从亚当·弗格森（Adam Ferguson）到乔巴蒂斯塔·维柯（Giambattista Vico）再到约翰·戈特弗雷德·赫德尔（Johann Gottfried Herder），门德尔松的《耶路撒冷》像他所有同代人的伟大作品一样，其中的论据同样也呈现出一种社会人类学的张力，在探讨语言的起源和符号的本质时尤其如此。在其他各种类似的激情洋溢的信仰夹缝中，他为自由表达找到一席之地，而不是把世界重新设计为一个怀疑论者尽情发泄的场所，这才是门德尔松不懈追求的理念，而且这种理念在过去的数个世纪里一直未曾泯灭。

---

① 此处应该指的是威廉·布莱克（William Blake，1757~1827）。他是英国第一位重要的浪漫主义诗人、版画家，英国文学史上最重要的伟大诗人之一。——译者注

只是从政治理论的分类上看，门德尔松的论据似乎是一种老生常谈。即使对全世界来说，从那个时代直到今天，这样的理念也仍然是一个乌托邦式的白日梦。

随着年纪越来越大，门德尔松在建立一个他心目中和谐共处、求同存异的耶路撒冷的道路上遇到了难以克服的障碍，这也让他越来越失去信心。他的健康状况似乎在随着世界潮流的变化而起伏不定。只要身体条件允许，他就会来到公园和花园里闻一闻鲜花盛开的芬芳，这些鲜花曾经绣在弗洛梅的新婚礼服上，而现在则装饰在约柜上。然后，他会与弗洛梅一起在僻静的小路上散步，或在某个凉亭里坐下来读会儿书。离开德绍的那条漫漫长路又把他带了回来，并且他一直埋头于语言研究，而这也正是他在《耶路撒冷》中试图解开语言的起源及其隐含的意义这个谜团的原因。能够驾轻就熟地在不同的语言之间游走是找到文化差异答案的关键。战争的对立面是交流和对话，误解的调解者则是翻译。那么对于犹太人来说，摆在他们前面的显然是一条学习语言的道路。如果他们想坚定不移地领悟传统典籍的思想，就需要再一次领略希伯来语的强大力量和诗意的美。但如果他们想要参与邻居的世俗生活，他们也需要学习德语。意第绪语总有一天会让他们陷入“无人区”，永远自我隔离，永远遭到攻击，并且对于那些无意间听到的人来说永远是一种陌生的语言。因此，他承担起了一项伟大的使命，希望能在他们的宗教语言和他们获得社会解放的语言之间建起一座桥梁。

众所周知的《德语圣经》（*Bi'ur*）是由希伯来语的“摩西五经”即《托拉》翻译而成的高地德语文本。为了更容易理解，德语译文同时附有希伯来字符，而不是像伊斯兰中世纪时期由犹太人用希伯来语写成的文本那样附有一些阿拉伯字符。因其主要是作为门德尔松的孩子们的教学用书，所以他的意图非常明显，就是首先要使那些基督教的希伯来学者曾经翻译的德语文本恢复其本来面目。在“星期一俱乐部”里，每当门德尔松静静地阅读他自己［以及他的家庭教师杜布诺（Dubno）和赫尔茨·洪伯格（Herz Homberg）］写的作品时，他们的思想听起来似乎非常悦耳，可以说是一种思想和语言的真正融合。

但是，当他们默读时，这些字符听起来像一首歌曲，而用这些字符组成的词句听起来则像另一首歌曲。而且有的时候，这些词句会传达错误的信息。1780 年夏天的一个晚上，门德尔松正和家人一起在柏林的夜幕下散步。欧洲的犹太家庭在维也纳、布拉格、巴黎、布达佩斯都是如此。但是，在这个特别的夜晚，这个城市里的这种自由自在、平静而温馨的满足感就像一块窗玻璃被打碎了。门德尔松一家遭到攻击，一群年轻人辱骂他们并向他们扔石头。大街上回响着一片“犹太人！犹太人！犹太人!”的恐怖叫喊声。[46] 孩子们被吓坏了，他们扑到父亲的怀里问，他们究竟做了什么事情，竟然遭到这样的侮辱。“是啊，亲爱的爸爸……他们总是在街上追赶我们，咒骂我们，难道只是因为我们是犹太人，就让他们可以无端地咒骂我们?”在就这次遭遇写给一个朋友的信中，门德尔松承认，他当时真的有些不知所措，根本说不出一句话来。除了安慰他那些受到惊吓和感到困惑的孩子，他还能说什么呢？在成长的过程中，他们都会以自己的方式面对这个问题。他只能偷偷地问自己：“人啊，人，什么时候才能不再这样愚昧?”

不幸的是，我们知道了答案。在那个使他感到更阴冷的时刻，门德尔松也知道了答案。在一封写给为他治疗间歇性身体麻痹的瑞士医生约翰·格奥尔格·齐默尔曼的信中，门德尔松陷入了深思：“我们只是期待着能有一场伟大的启蒙运动，并且相信理性的光芒将照亮全世界，使人们再也看不到妄想和盲信的漫漫黑夜。但是，正如我们现在从地平线的另一边所看到的那样，幽灵出没、妖魔乱舞的黑夜已经降临。更可怕的是，邪恶是如此活跃和强大，妄想和狂热在行动，而所有的理性都已沦为空谈。”[47]

第 2 篇　不留胡子的犹太人

I. 拳击大师与拳迷

拳击手

甚至当他把对手揍得东倒西歪、天昏地暗，随时准备对其眉弓之间的特殊部位打出一记足以造成暂时失明的迎面直拳，或对其胃部打出一记腹部重拳时，他的脸上也会露出一丝奇怪而天真的表情。他就是但·门多萨（Dan Mendoza）：长长的睫毛覆盖着一双棕色的大眼睛，憨厚的嘴唇轮廓就像爱神丘比特手里的小弓形状，一头浓密的、长长的黑卷发经过精心修剪和梳理后，用一条飘扬的黑丝带潇洒地拢在肩头。但总有一天，这头可爱的卷发将成为他的祸根。他太漂亮了，根本不会引起对手的重视。另外，他身材不高，体重也不重：身高只有五英尺七英寸（约 170cm），体重只有一百六十磅（约 72.5 千克），等于是一个刚刚出道的新手的体重。但是，当他在走上擂台前脱下衣服后，拳迷们却发现这颗漂亮的脑袋长在一条粗壮的脖子和一堆像木桶一样隆起的胸肌之上，这就提醒任何企图对他进行攻击的对手，如果不能对他造成巨大的伤害，自己是否能逃过他的重拳。但是，一个又一个狂傲的彪形大汉恶狠狠地盯着门多萨，但他怎么看都像是一个从伦敦东区的贫民窟跑出来冒险的肮脏小混混。冲上去！一个希伯来人能有什么能耐？然而事实证明，他的能耐大了去了。正如《搏击术，或古代和现代拳击运动概述》（*Boxiana, Or Sketches of Ancient and Modern Pugilism*，后文简称《搏击术》）的作者皮尔斯·伊根（Pierce Egan）在很多年后回忆的那样，门多萨有着稳固的下盘，“一个无可匹敌的下盘，同时还有一种很难被扰乱的呼吸”。[1] 如果没有稳固的下盘（遭受猛烈打击和发动猛烈攻击的韧性来源），没有稳定的呼吸（比赛的耐力），那么即使你掌握了世界上最好的进攻技巧，也仍然会被打趴下。但是，门多萨却同时具备这两种能力，并且不仅如此，他还被认为是最利落的比赛终结者和出拳最快的选手。[2] 其他选手可以打出更猛烈的重拳，但门多萨都能用他坚硬的胳膊挡回去，使他们感到就好像打在了一块石头上，然后他会迅速反击，并由雨点般的重击变为有节奏的连击。[3] 如果你没有防备，这种你在未来几天内仍然会感到疼痛难忍的猛烈重击就成了门多萨的招牌动作，他甚至因此被称为“绞肉机”：用坚硬的手背关节沿斜线突然打出一记上勾拳（或不太常见的下勾拳）。要想做到这一点，你不仅需要手腕与臂肘之间有很大硬度，而且肩部还要有极大的柔韧性。如果你模仿一下门多萨的完美动作，你就能充分体会到我这番话的含义。凡是尝到过这样一次重击的人，往往在很长时间里都会感到心有余悸。当然，也有一些人认为门多萨的花招下流且肮脏，但他们自己也是如此，难道不是吗？

门多萨一直在英格兰各地的擂台上寻找着对手，但当这一切变成了犹太人的特有技能时，他很快就赢得了观众为他下注的信心。于是，他们纷纷把自己的发财机会押在门多萨身上，并且立即加入了“门多萨万岁！”的狂热欢呼声中。对于犹太人来说，他们自己能有一个被欢呼和喝彩的对象而不再遭受辱骂和被扔石头，无疑是一件令人眼花缭乱的新鲜事。因此，他们虽然并不完全相信自己的运气，但也在兴高采烈地为自己的英雄喝彩。到18世纪末，已经有大约八千名犹太人生活在英格兰，据说当时至少有一千名犹太人来到唐克斯特

（Doncaster），观看了门多萨与理查德·汉弗莱斯（Richard Humphreys）之间举行的那次旗鼓相当的伟大拳击擂台赛的第三场和最后一场，并在门多萨获胜之后齐声高呼万岁。

门多萨也算长寿，至少他在五十二岁时有足够的时间出版了他的自传，他是职业运动员中的第一个，并且他后来在许多方面都堪称第一人。在他之前，还没有一个犹太人被皇室的马车接进温莎宫（Windsor）与英王乔治三世面对面地谈话，并且他们还像老朋友一样轻松地在城堡的平台上散步。[4] 在门多萨之前，除了来自哈默尔恩（Hameln）为格吕克尔（Gruckel）写的那本著名的传记，只有拉比、哲学家以及像莱昂内·莫迪纳和所罗门·梅蒙这些有思想有信仰的犹太人才能写传记。[5] 但是从古到今，并不是所有的犹太人都能（非常遗憾）认清他们随时为某种哲学所主导的命运，在市侩的、疯狂的、商业气息浓厚的汉诺威王朝统治下的英格兰更是如此。门多萨并不是一个没有思想的人，恰恰相反，连皮尔斯·伊根也承认，他是一个"聪明而健谈的人"，这些品质在当时《布劳顿规则》① 下打擂的拳击手中是不多见的。[6] 他喜欢把自己看成是一个"搏击术教授"，并且在他只有二十多岁时就设立了一个研究防守技巧的"研究院"。门多萨的第一本专著《拳击艺术》（*The Art of Boxing*）就是献给"他的学术研究人员"的。尽管徒手搏击在当时被指责为"野蛮行为"，但他却认为这是一门科学，如果能对其进行恰当的研究、理解和传授，这门科学完全能克服追求身高和体重方面存在的野蛮因素。[7] 他这本讲义首先是为所有愿意以他为榜样的人写的，而许许多多的人尤其是居住在伦敦的一些犹太人的确成了他的追随者。先后有许多犹太拳击手，如"荷兰人"山姆·以利亚（Sam

① 出自约翰·"杰克"·布劳顿（John "Jack" Broughton，1704~1789），英国著名的裸手拳击家。早年的拳击比赛大多是没有通用规则的，是他第一个为拳击比赛制定了七项规则，并应用于他自己的竞技场（当时最大且最具影响力的竞技场）。后来，专业拳击组织根据这一规则出台了《伦敦荣誉擂台规则》（London Prize Ring Rules），有的拳手在比赛中才开始戴手套。而现代拳击的比赛规则是由英国昆斯伯里侯爵于 1865 年制定的《昆斯伯里侯爵规则》（Marquess of Queensberry Rules），其中规定职业拳击手在比赛时必须戴手套。——译者注

Elias）、以利沙·克拉布（Elisha Crabbe）、阿比·维拉斯科（Aby Velasco）等都成了他的门徒。但是，他的自传中却充斥着他作为一个犹太人遭到捉弄、侮辱和攻击的例证，并且这也正是门多萨做出自己职业选择的最强烈的动机。对这种更具有人身侮辱性质而不是纯粹出于理性的恐吓行为奋起进行反击，他肯定不是第一个人，但他却是第一个把这些侮辱记录下来的人。犹太人了解的门多萨是一个不再被当作猎物而轻易和随意侮辱的人，因为长期以来犹太人一直是一种弯腰屈背、拖着腿走路的形象。“向一个犹太人的脸上吐口痰，然后用一只手在他的腮上给他一拳，再用另一只手给他一个法新①”，这是一本流行小说里描绘的典型犹太人物形象，反映出当时社会上的一种共同偏见，“他会乖乖地把羞辱咽进肚子里，并且还会谢谢你。”[8] 但在门多萨出现之后，你可能更期望这位犹太人会摆出一副咄咄逼人的格斗姿态。

伦敦的犹太人

当门多萨在1764年出生的时候，英格兰的任何一位犹太人都不会忘记当时那种偏执的仇恨，这种仇恨是对十一年前通过犹太归化法案的温和尝试的回应。当时，这项法案被认为是十分荒谬的。讽刺小品和巨幅宣传画把犹太人描绘为“旧腐败体制”冥顽不化的同谋，说他们已经买通了佩勒姆内阁。上下两院的议员显然已经同意以接受割礼作为对获得大量竞选基金的回报。在一幅漫画中，该法案的一位著名支持者威廉·卡尔弗特（William Calvert）竟就在圣保罗教堂门前的台阶上举行仪式！但是，老宪法派是“绝不会让步的”。谁都知道犹太经纪人控制着股票市场，即使经纪人的人数已经被限制在十二个人之内。如今，他们已经有能力买下英格兰中部的所有郡县！他们就像一群令人恐怖的生物，凡所到之处会啃光所有的绿色。[9] 伦敦市长克里斯普·加斯科因（Crisp Gascoigne）警告说，法案将“极大地损害基督教的名誉”。也

① 法新（farthing），货币单位，面值四分之一便士。——译者注

许你们还不知道，主教的座堂将变成犹太人的会堂，而“拿答 · 以撒迦爵士”（Sir Nadab Isaachar）和“尊敬的巴兰伯爵阁下”（Rt Hon. the Earl of Balaam）的遗体也将埋在圣保罗大教堂和威斯敏斯特大教堂的墓地里。在 1753 年的盖伊 · 福克斯之夜①，“火药阴谋”主犯的肖像换成了一个长着鹰钩鼻子和大胡子的矮个子犹太人，并模仿西班牙宗教法庭的“公开审判仪式”将其处刑。“我恨每一个犹太人 / 相信我的话是真的”这句歌谣迅速流行起来。

有一位作者曾这样写道，如果你走进伦敦的犹太居住区，你就会发现“摩西的追随者是天底下最下流、最肮脏的人”。[10] 罗伯特 · 索西（Robert Southey）回忆道，每到复活节，在一些学校的操场上，你都会听到一群孩子在兴高采烈地齐声喊着侮辱犹太人的歌谣，有些辱骂声还是在重复着中世纪迫害狂的腔调，甚至建议对犹太人的放肆和鲁莽行为征收惩罚性赋税。1775 年，一位请愿者向当时的首相诺斯（North）勋爵表示，他“并不是要消灭他们（犹太人），而是要让勋爵阁下明白，让他们为自己目前享受的种种非常的特权付出些代价是天经地义的”。[11] 英国人大多是用一种傲慢和困惑的眼光看待犹太人的宗教仪式，但也有一些人却想得更多。素以激进著称的威廉 · 科贝特（William Cobbett）就曾在他众多的反犹主义著作之一中写道：“在他们以宗教名义举行的各种仪式中，你可以在其温和的表面之下发现某些带有仇恨的东西。”[12] 还有一些人则希望能像爱德华一世那样，强制犹太人佩戴黄色识别牌或那种古老

① “盖伊 · 福克斯之夜”（Guy Fawkes Night），又称“篝火之夜”（Bonfire Night）或“焰火之夜”（Fireworks Night），是英国的一个传统节日，时间为每年的 11 月 5 日，是为了纪念所谓的“火药阴谋”。自从英国国王亨利八世断绝了与罗马教廷的关系后，当时英国的反对派一直希望恢复君主制，他们的首领就是盖伊 · 福克斯，他们经过长期的努力，但仍然没能让天主教徒重新登上英国王位。于是他们决定要在 1605 年 11 月 4 日炸毁位于威斯敏斯特的议会大厦，希望能炸死当时的国王詹姆斯一世。但由于他们的阴谋被人告发，在议会大厦的地下室里，福克斯被当场抓获，当时他身边的三十六桶火药也被一起发现。后来，福克斯及其同伙以叛国罪被公开处死。所以每到 11 月 5 日，英国各地都会焚烧福克斯的肖像，燃放焰火庆祝，浓烈的焰火甚至染红了天空。“请记住 11 月 5 日，炸药、背叛、阴谋”（Remember，remember the fifth of November，Gunpowder treason and plot），这首歌谣诉说着“盖伊 · 福克斯之夜”的起源。——译者注

的由两块板组成的白色识别牌，因为最危险的犹太人是那些并不满足于仅仅会希伯来语的人——不是那些满身污泥、胡子拉碴的小商小贩，而是那些可能会乔装打扮、掩人耳目的腮边无须、下巴光滑的家伙。另一方面，尽管他们表面上装出一副温文尔雅的样子，但如果足够仔细地审视他们，你总能看得出来。他们肯定会在无意间暴露出他们的本性。活跃在圣乔治的汉诺威广场上的著名福音派传教士威廉·罗曼（William Romaine）曾经写道："你一眼就能认出一个犹太人，看看他的眼睛，在他们的眼睛下面你是不是能看到有一种邪恶的黑暗，这就赋予他们一种典型的犯罪和谋杀者的特征。所以你完全可以根据他的面相了解一个犹太人，因为正是他整个面部这种冷酷的青灰色，足以证明他就是一个肩扛十字架的人。"

但是，没有人这么说门多萨的脸，也没有人控诉他的为人，尤其是当他的这张脸成了英格兰最著名的脸之一后就更不可能了。在18世纪80年代末期和90年代，这张脸可以说随处可见，出现在啤酒杯和茶壶上，鼻烟壶和大型酒杯上，海报和乐谱上。这张脸第一次背离了那些漫画家一直偏爱的犹太人通常的那种怪异面相：长头发、大胡子、油光脸、鹰钩鼻。[13]尽管门多萨没有足够的能力在各方面能取得成功抑或暂时的成功，但至少在一段时间内，他成功地把夏洛克[①]作为犹太人的原型挤下了舞台。他绝对不是一个贪婪的放高利贷的人，不会趴在肮脏的桌子上数钱，不会"温情脉脉地"看着你去死，但当掰着指关节阵阵作响时，他不光知道了你的斤两，也同样会拿走你的钱。门多萨与夏洛克唯一的相同之处就是，他对曾经攻击过他、背叛过他并且不信守诺言的人是冷酷无情的。在信守诺言方面，他是一个伟大的人，因为他是但以理·门多萨。

历史上还没有一个人能像他那样控制自己的角色，如此创造性地推广自

① 夏洛克（Shylock），莎士比亚在其喜剧作品《威尼斯商人》中创造的典型反面犹太人形象。——译者注

己，把“犹太人门多萨”从一个令人惊异和饱受轻蔑的形象变为一个受人崇拜的明星，事实上制造了第一个市场化的体育名人。当有人把他描绘为“第一颗耀眼的明星”时，“明星效应”的光环还是第一次应用到一个职业运动员身上。[14] 尽管门多萨并不是一个谨慎遵守教规和习俗的犹太人，但他非但没有逃避自己的犹太身份，反而把它变成了一种市场推广价值，尤其是与像理查德·汉弗莱斯、“屠夫”马丁或汤姆·泰恩（Tom Tyne）这样英国男子气概的典范相比较时。他的底气不仅体现在他的口号上，更多的是来源于他那双赤裸的坚硬拳头。他像弹一架古典式钢琴一样配合着新闻界，把他的拳击赛变成戏剧性的争斗，连对手也被他牵着走：他自己则是舞台传奇剧中的临时演员。拳击家与拳迷之间的交流信件被刊登在报各地的报纸上。他聘用的现场技术指导和“洗脸医生”① 大多来自他越来越长的“手下败将”队伍，因为他们都已经变成了他的崇拜者，所以他的擂台赛私人团队就像是由他曾经的对手组成的。每当这些拳迷的英雄被冒犯，或他们认为他失去了擂台上的控制权时，这些人随时会投入另一场战斗，于是一场“垫场擂台赛”开始了。当然，这在很大程度上是为了取悦观众。没有人比门多萨更了解英格兰“公众舆论”这个刚刚兴起但却极其贪婪的怪物了，它不仅需要血淋淋的场面，更需要动人心弦的“故事”。据他所知，像他这样一个以搏击为主业的犹太人根本不可能成为惊悚小说的原型。然而，但以理·门多萨却用他那副小身板和砍瓜切菜般的拳头成为“犹太人的故事”的另一种讲故事的高手。但是，他也非常清楚，他已经翻开了另一个全新的篇章：犹太人的全面反击开始了。

犹太人的全面反击

即使按照汉诺威王朝统治下的英格兰标准来衡量，犹太人的伦敦（门多萨正是在那里长大成人）也是一个文化极端的社会。在社会的最底层，是一群

① 原文为 bottle holders，指拳击选手的副手。——编者注

生活艰难的街头商贩；而在其最高点，则是一些富得流油的有钱人。像萨姆森·吉迪恩（Samson Gideon）和戈德斯米德（Goldsmid）兄弟这样的富商巨贾通过为政府债务融资而发家致富，当时各国政府长期缺乏资金来对抗帝国和欧洲的广泛竞争。不仅如此，他们还作为券商和股票交易所里的特许经纪人在金融市场上活动，并且他们作为“约拿单咖啡屋”的常客，可以在那里进行幕后信息交易和操纵股票价格。拉比们对他们的做法非常愤怒，因为他们有时甚至在安息日当天，在公爵广场阿什肯纳兹犹太大会堂或葡萄牙人的贝维斯·马克斯（Bevis Marks）犹太会堂做完晨祷后就直接赶到“咖啡屋”。[15] 在这个人群中，还有一些是宝石和珊瑚商人，像佛朗哥家族（Francos）、德卡斯特罗家族（de Castros）和普拉格家族（Pragers），他们甚至在马德拉斯① 派驻了购货代理商（通常是家族成员），并从那里进口宝石原料。但是，对于几乎所有的亚洲贸易，他们却很难找到一种印度人愿意交换的商品。这通常意味着要用真金白银进行交易。但是，这些珠宝商人却在印度南部找到了一种在当地供不应求的品种：树枝状或鹿角状的红珊瑚（Corallium rubrum）。高种姓的印度人喜欢把红珊瑚链戴在他们的脖子上、手臂上和脚踝上，或将其放在已故亲人火葬的柴堆上用以祈福。[16] 每到春天，就会有数千只海船从马赛、利沃诺、那不勒斯和科西嘉出发，驶向北非海岸。这些海船在离珊瑚礁不远的安全海域下锚，而潜水员们则从小舢板上跳下来，潜入深水中采集这种贵重的舌状和枝状珊瑚。通常六千到八千磅珊瑚被认为是一次相当不错的收获，然后它们被运到利沃诺的市场上，再通过那里的一个生意兴隆的犹太社区被运往伦敦进行海外宝石交易。大部分从印度（后来是巴西）运到伦敦的钻石原料首先被送往阿姆斯特丹和安特卫普进行抛光处理，并切割成玫瑰状切面、桌面或加工成佩鲁齐（Peruzzi）亮钻，然后再送到伦敦的市场上出售。但在伦敦东部也有一些抛光师

① 马德拉斯（Madras）是南印度东岸的一座城市，坐落于孟加拉湾的岸边，是泰米尔纳德邦的首府，泰米尔语称为金奈（Chennai）。——译者注

和切割师，如亚伯拉罕·利未（Abraham Levy）和利未·诺登（Levy Norden），后者是“一位非常富有且杰出的珠宝商，在伦敦东区惠勒街有好几家加工厂”，这里当时已经成了一个集进口、加工和销售于一体的品牌。[17]

有些比较守旧的有钱人仍然继续住在他们在毕晓普门（Bishopsgate）和布洛德大街一带的商铺或货栈的楼上。他们按时到附近的犹太会堂参加祈祷仪式，如位于阿尔德盖特（Aldgate）附近公爵广场阿什肯纳兹犹太大会堂，后者在 18 世纪 60 年代经乔治·丹斯长老（George Dance the Elder）扩建后已经变得非常气派；或于 1701 年落成的塞法迪“贝维斯·马克斯会堂”，虽然外部看起来很不起眼，但其内部却可以与阿姆斯特丹的葡萄牙人大会堂相媲美：黑色的巨大镶嵌画和铜制的多枝烛台。他们在祈祷仪式上通常戴着三角帽或假发，而年轻人则很不情愿地解下了身上的佩剑而用木剑代之，据说也是符合律法规定的。如果没有那些外露的假剑剑柄的伪装，他们很可能在去会堂的路上遭到攻击。伦敦犹太社区也像欧洲的其他散居点一样，采取了上流社会的通常做法：在医院里为穷人提供简易的六人病房，为葬礼提供资助，并在希伯来学校里加入适当的现代知识课程。当乔治三世于 1760 年继位后，两个犹太社区共同组成了一个“代表委员会”（Board of Deputies），负责与政府沟通，并以向新君主表示礼节性祝贺的方式开始履行其职责。

一些权贵们开始寻求更时尚、更低调的住所。在丹尼尔·笛福[①]于 1722 年出版的《纪游》（*Tour*）中写道，“犹太人的眼睛都盯着海格特（Highgate）和汉普斯泰德（Hampstead）一带的乡间别墅”，而有些人则在刚刚开发的伦敦西区和马里伯恩（Marylebone）购置了房产。到 18 世纪 60 年代，社会顶层的富人们又纷纷把目光转向里奇蒙德（Richmond）、特丁顿（Teddington）、艾尔沃斯

---

① 通译为丹尼尔·笛福（Daniel Defoe，1660~1731），英国小说家、新闻记者，英国启蒙时期现实主义小说的奠基人，被誉为“英国与欧洲小说之父”。对于中国读者来说，他最著名的小说就是其代表作《鲁滨孙漂流记》。此处提到的《纪游》的全称为《不列颠全岛纪游》，共三卷，于 1724 至 1727 年间陆续出版。——译者注

（Isleworth）、牛轭湖（Mortlake）和特威克纳姆（Twickenham）一带的乡下村庄。当巴勒斯坦犹太社区的特使约瑟·哈伊姆·阿祖莱（Yosef Hayim Azulai）为寻求财政援助赶到伦敦，并试图在犹太慈善家中间募集资金时，他却被一些人以犹太人特有的那种耸着肩膀、摊开双手的表情遗憾地告知，他们都已经“去了乡下……照料他们的花园去了”。一些新潮的建筑师开始争先恐后地建造那种盎格鲁—帕拉丁风格或亚当式别墅，里面有小圆形大厅，还设有私人图书馆，收藏着威廉·钱伯斯爵士（Lord William Chambers）的《中国建筑设计》或科伦·坎贝尔（Colen Campbell）的《维特鲁威[①]作品集》，教皇、德莱顿[②]以及迈蒙尼德和门德尔松的著作。每到一个美好的夏晚，那些犹太贵族就会走出家门，到河边的沙滩小路上散步，一对小狗跟在他们的身后嬉闹，他们会用大拇指和食指撮一点鼻烟，放到漂亮的鼻烟壶里，然后深深地吸上一口，一边享受着那种酸麻的快感，一边观赏眼前蜿蜒的河水——他们心爱的泰晤士河。这当然是一种惬意的生活。珠宝商雅各·普拉格（他本人在阿姆斯特丹生活得很舒适）的女婿去雅各的哥哥耶希尔（Yehiel）在克拉普顿（Clapton）的乡村庄园里小住时，他忽然发现自己过上了一种贵族式的田园生活，身边到处是跟班、仆人和园丁。雅各给他的哥哥写信说，虽然已经回到了家里，但“他的脑子里仍然是一副英国人的派头——嘴边总是在唠叨着什么财富、地位，还有你过的那种快乐的生活……好像和世界上所有的人都不一样了”。[18] 回到城里后，拉比们发泄着他们对时尚犹太女人的种种不雅和无礼举止的不满，说她们“衣着暴露……身前和后背足足露出了两拃宽”。因在公爵广场的那座犹太会堂

① 维特鲁威（Vitruvius）是公元前 1 世纪的一位古罗马御用工程师和建筑师。他所著的《建筑十书》是世界上遗留至今的第一部完整的罗马时期建筑学著作，也是目前仅存的一部罗马技术论著。他最早提出了“实用、坚固、美观”的建筑三要素，并且首次把人体的自然比例应用于建筑设计。——译者注

② 约翰·德莱顿（John Dryden，1631~1700），英国诗人、剧作家、文学评论家、翻译家，于 1688 年第一个获得英国桂冠诗人称号。他在英国复辟时期取得了非凡的文学成就，当时的文学界甚至被誉为“德莱顿时代”。——译者注

长期任职而深受其苦的大拉比哈特·莱昂（Hart Lyon）曾经抱怨说，她们这种打扮的“全部目的就是不愿意显得像犹太人的女儿”。[19]

然而，对于这些富商巨贾来说，到河边散步并不一定意味着抛弃祖先的信仰。犹太人的确有这样的习俗，即在犹太新年的下午把剪下的胡子投入水中[①]，从而洗去所有的不洁和罪孽——就近到泰晤士河边岂不方便得很！由于从他们在城郊的新庄园步行去城里的会堂实在太远，于是许多人便在自己的家里辟出了私人祈祷间，所以每到犹太新年，从里面传出的羊角号声往往会把河面上游艇里乘客吓一跳。他们营造出了最佳的周边环境。本杰明·戈德斯米德（Benjamin Goldsmid）的庄园据说有三十间卧室，每个房间都有自来水；他还收藏了大量的艺术品，包括鲁本斯（Rubens）和范·代克（Van Dyke）创作的绘画作品，并且他也建造了一个精致的私人会堂。他们餐桌上的食物非常丰盛（不一定全都符合犹太教的“可食”规定）；他们的书桌和橱柜上布满了精美的雕刻；连饲养的猎犬都穿着光鲜的衣服。他们的行为举止是无可挑剔的，家里的酒窖里存放着各种名酒。皇家学会的绘画大师为戈德斯米德兄弟绘制的巨幅画像高高地挂在墙上。简直可以称得上金碧辉煌。在本杰明为庆祝他的朋友霍雷肖·纳尔逊[②]在尼罗河口取得的胜利而举行的大型晚会上，几乎所有英国人都在为收到他的一张请柬而奔走。当本杰明的哥哥亚伯拉罕搬进他自己在莫顿（Morden）山庄的大别墅时，他专门为此举行了一场三百人的盛大宴会。当然，摄政王也出现在客人名单之中，并且后面还跟着一大群王公贵族、纨绔子弟和带刀卫士。

不管他们是正式地保持着犹太人的身份还是放弃了自己的宗教习俗，这些

① 关于这一习俗的来源，可参见《弥迦书》。——译者注

② 霍雷肖·纳尔逊（Horatio Nelson，1758~1805），英国 18 世纪末 19 世纪初的著名海军将领及军事家。曾在 1798 年的尼罗河口海战及 1801 年哥本哈根战役等重大战役中统率皇家海军大获全胜，后来又在 1805 年的特拉法尔加战役中击溃法国和西班牙组成的联合舰队，迫使拿破仑彻底放弃了由海上进攻英国本土的计划，但他自己却在战争进行期间不幸中弹身亡。——译者注

贵族都与非犹太人成了朋友和邻居。这些泰晤士河畔的犹太人的机敏和精明及其女人们的喋喋不休和不拘礼节都足以引起他们的兴趣，因此“草莓坡”主人霍勒斯·沃波尔[①]邀请他们共进晚餐，因为沃波尔认为，让这些犹太人参加他的晚宴会增添某种社交色彩和知识上的活力。

在这些泰晤士河畔的犹太人中，有一个朋友是沃波尔比较欣赏的，他就是跨大西洋的珠宝王国的家族成员、著名的珠宝商亚伦·弗兰克斯（Aaron Franks）。他在纽约的外甥摩西于18世纪60年代初来到伦敦后，很快就成了阿什肯纳兹犹太商人社区的显赫人物和1766年公爵广场重建工程的主要赞助人。不久之后，摩西·弗兰克斯也在特丁顿为自己购置了一幢豪华乡间别墅，这幢拥有宽敞马厩的别墅被称为“园林”，并且他和他的妻子菲拉（Phila）很快就搬了进去。菲拉是亚伦的女儿，曾是英国著名画家约书亚·雷诺兹（Joshua Reynolds）苦苦追求的对象。1774年11月间，这对夫妇在位于艾尔沃斯的豪宅中遇到了霍勒斯·沃波尔，当时沃波尔在公爵广场犹太会堂里安排了一场室内独奏会。作为歌剧演唱家“迈克尔·莱奥尼”（Michael Leoni），米尔·莱昂（Myer Lyon）在当时的上层社会很受欢迎，而在这个11月的夜晚，他的演唱使这次不同种族间的聚会气氛热烈、情绪高涨。沃波尔写道（他通常不容易激动）：“莱奥尼的演唱比我所听到的几百年来的任何歌声都更让我激动。”莱昂演唱的亨德尔[②]的歌曲和咏叹调“充满了忧伤”——这是犹太演唱家特有的气质。沃波尔还补充说，尽管充满了声乐的情感，但“他的演唱风格是

① 霍勒斯·沃波尔（Horace Walpole，1717~1797），第四任奥福德伯爵，英国作家。他的《奥特兰托城堡》（1764）首创了集神秘、恐怖和超自然元素于一体的哥特式小说风尚，形成英国浪漫主义诗歌运动的重要阶段。沃波尔一生写了大约4000封信，其中一些被认为是优美的英语文学作品。他的另一个重要历史功绩是修建了著名的“草莓山庄”，经过多年修整，使“草莓坡”从原来只有五英亩土地的几间小房扩大为一个占地四十六英亩的巨大哥特式庄园。“草莓山庄”甚至被认为是哥特式建筑在全欧洲的样板，也是这种欧洲建筑风格的起源。——译者注

② 乔治·弗雷德里希·亨德尔（George Friedrich Handel，1685~1759），著名英裔德国作曲家。——译者注

真诚而朴实的，并且不会像走钢丝的演员那样给人带来痛苦和惊吓”。

舞台上的犹太人

米尔·莱昂于 1767 从法兰克福来到伦敦，在公爵广场大会堂担任领诵人，并在这个职位上干了数十年，同时也开创了他的歌剧和戏剧舞台的辉煌生涯。他是一个典型的伦敦亚文化圈的歌唱家，他在尽量坚持一种无可争议的犹太身份的同时，在公共舞台的世界里也找到了一席之地。他在大会堂里的职位要求他必须是一个严守教规的犹太人（yehudi kasher），所以他在星期六从来不参加演出活动（直到当天晚上安息日结束），并且也不会去享用美味的食物。像门多萨一样，他非常清楚如何把他的犹太身份转化为一种文化价值，因此他因精心设计的装饰音而受到公众的广泛追捧，歌迷和评论家都认为这是他作为领诵人拖长音调的一种合理延伸。（他们或许是对的。）根据观众的需求，他有时会提高八度，模仿女声的唱法，从而营造出一种跨犹太与非犹太世界交流的效果，并且每逢犹太安息日和重大节日，犹太人也更喜欢他在公爵广场大会堂里用这种方式领唱。观众中有一位名叫托马斯·奥利弗（Thomas Oliver）的圣歌作者，他深深为这位领唱人的表演所感动，甚至将其演唱的歌曲进行改编以供教堂里的唱诗班使用。[20]

莱昂也招收了一些徒弟，以便训练他们为犹太会堂服务，如果他们表现出足够的音乐天赋，有时也会指导他们参加公共舞台演出。他的“明星”门徒是一个名叫约翰·布拉汉姆（John Braham）的孤儿，据他说，他发现这个孩子在大街上卖铅笔，他便收留了他并把他训练成了会堂唱诗班中的一个男高音歌手（meshorrer）。在布拉汉姆只有十三岁时，莱昂就在 1787 年专门为他在考文特花园（Covent Gardens）举行的个人慈善演唱会上让他首次登台演出，这个小伙子在演出中倾情演唱了托马斯·阿恩[①]创作的歌曲《士兵，第三次战斗警报》（*The Soldier,Tir'd of War's Alarms*）。在莱昂移民到牙买加并出任金斯敦（Kingston）犹太会堂的领唱人之后，则继续由亚伯拉罕·戈德斯米德作为布拉汉姆的保护人，并重金聘请阉人歌手韦南齐奥·劳齐尼（Venanzio Rauzzini）对他进行培养。到他破嗓的时候，他已经成为一名著名的男高音歌唱家，时常与当时的名流打交道或专门为他们演唱：皇室成员、上层社会，甚至拿破仑·波拿巴和霍雷肖·纳尔逊。在全盛时期，布拉汉姆在都柏林连续演出十五场可以拿到两千英镑的巨额出场费，而他在1811年演唱的《纳尔逊之死》是如此感人，以至于艾玛·汉密尔顿[②]竟然情绪激动地昏倒在地，不得不被人从演出现场抬了出去。至少传言是这样的。尽管布拉汉姆也曾与真正的非犹太女高音歌唱家南希·斯托雷斯（Nancy Storace）同台演出，但他似乎并没有改变信仰，甚至在一些特定的场合（如婚礼、赎罪日祈祷仪式）仍然在以前的礼拜场所尽情地演唱。像门多萨及后来的许多犹太职业拳击手一样，布拉汉姆虽然也意识到自己被看成或说成是一个犹太人，但他对此却从不隐讳。当反犹主义的声浪对他百般嘲笑和公开污蔑时，他又是如何面对的呢？当时有一首典型的打油诗："他的歌声和他的咏叹完全是在赎罪 / 因为对他的所有污蔑他都不会去否认。"甚至像作家利·亨特（Leigh Hunt）这样的温和崇拜者也认为，他歌声中悦耳的"鼻音"不过是"出于道德，甚至只是为了挣钱"。[21]

在舞台上表演的犹太人——掰着指关节说笑的滑稽人物——无疑是喜剧中低等角色的标准形象，但舞台上的犹太人却让整个乔治王朝时代的娱乐界强烈地感受到了他们的存在。事情似乎永远是这样，这些犹太天才充分利用面对期

① 托马斯·阿恩（Thomas Arne，1710~1778），英国著名作曲家。以创作戏剧配乐（包括莎士比亚的戏剧）而闻名，并创作了一些比较著名的歌剧与清唱剧，也有一些器乐作品行世。他创作的歌曲《天佑国王》（*God Save the King*）后来被定为英国国歌。——译者注

② 艾玛·汉密尔顿（Emma Hamilton）曾是英国海军上将纳尔逊勋爵的情人。她闻名于后世，恐怕更重要的是因为英国有一个极不寻常的橙红色玫瑰品种在20世纪末被命名为"艾玛·汉密尔顿夫人"，以纪念著名的"特拉法尔加海战"两百周年。——译者注

待的观众表演的机会，从非犹太人那里找回了自己的原型，不再对自己进行拙劣的自嘲。汉娜・诺尔萨（Hannah Norsa）很清楚伦敦的底层生活比什么都强这个道理，并且成为约翰・盖伊（John Gay）的《乞丐歌剧》（*The Beggar's Opera*）中第一个也是最著名的角色"波利・皮切"（Polly Peachum），她表演的这个角色之所以真实可信，主要是因为她的灵感来自她父亲在考文特花园的酒馆——"潘趣酒碗"（the Punch Bowl）的真实生活经历。作为至高无上的赞助人——当时的首相罗伯特・沃波尔（Robert Walpole）[通常被当作麦奇思（Machath）① 笑话中的一个笑柄]的情妇，后者并没有对她的演艺生涯提出过任何指责。犹太演员和魔术师迎合了人们的需求，而在这方面最突出的就是在这座城市里成名的雅各・费拉德尔菲亚（Jacob Philadelphia）。他们大多都受雇于马戏团经理菲利普・阿斯特利（Philip Astley）。[22] 然而，雅各・"吉米"・德卡斯特罗（Jacob "Jemmy" Decastro）无疑是英国戏剧界的第一个伟大的犹太喜剧演员，如果有人需要并且愿意出钱，他随时准备在阿斯特利的圆形剧场的边角上扮一会儿小丑，或在"中国皮影戏"（Ombres Chinoises）表演中露一手叩头作揖的功夫。作为犹太人，德卡斯特罗成功的演艺生涯在随后的几代人中是非常熟悉的，并且他的名声一直延续到音乐厅、收音机和电影院的时代。[23] 德卡斯特罗是一个来自伦敦东区最破烂的"死狗沟"（Houndsditch）街的塞法迪犹太少年（和门多萨差不多），有一个在贝维斯・马克斯犹太会堂当看守的叔叔，以及一位严肃的拉比式的父亲。父亲很早就强迫雅各接受希伯来人的学校教育，并对他的表演才能嗤之以鼻。但是，青春年少的雅各却深深迷恋上了英国文学、演讲和戏剧的魅力，他攒钱去看大卫・加里克 ② 的戏剧，因为在他看来，加里克似乎把这三种艺术完美融为了一体。在十五岁时，雅各组建了一个普珥

① 上文提到的约翰・盖伊的《乞丐歌剧》中的一个被友人出卖的角色。——译者注

② 大卫・加里克（David Garrick，1717~1779），著名英国演员、编剧、剧院经理和导演，对整个 18 世纪的英国演艺界产生了广泛的影响。早年因主演莎士比亚戏剧《理查三世》而一举成名。——译者注

节演出公司，而他扮演的喜剧角色是如此喜人，所有的犹太大户都会请他到家里演出，甚至连一些非犹太人也非常看好他。尽管他是一个桀骜不驯的早熟天才，但年轻的雅各真正想要的是马德拉斯珠宝贸易公司的一个理想职位，而当这一理想未能实现时，他感到深深的失望。所以，他只能重操这种让观众发笑和欢呼的旧业。吉米·德卡斯特罗是一个天生的模仿者：喜剧演员。他可以模仿任何一个人，但他的特长是模仿喜剧演员汤姆·韦斯顿（Tom Weston）。当杰米开始用韦斯顿的腔调大喊“天哪，他可真邋遢”时，那些斯文的观众都笑破了肚皮，因此如果韦斯顿档期不合适或出场费太高，吉米就会被雇来扮演他。在一段时间里，虽然这种做法让曾经的主角非常恼火，但似乎这位德卡斯特罗·“韦斯顿”的演技比原来的主角还要滑稽。并且吉米还有一些其他的绝活儿，虽然并不是特别巧妙，但却都属于演出的保留节目。他能用犹太式颤音和意大利风格模仿女声，虽然不那么地道，但却会让观众们想起莱奥尼或布拉汉姆。他在阿斯特利的圆形剧场里成了轰动一时的风云人物，经常带着父亲和儿子巡回演出，并且毫无疑问地被善于笼络人才的亚伯拉罕·戈德斯米德作为茶余饭后的小品演员招募到家中，因为每当他需要在“莫顿山庄”高规格地接待他的朋友纳尔逊或威尔士亲王时，必须要有一帮最好的音乐家、歌手、喜剧和悲剧演员能够随叫随到。

当时还有其他一些为非犹太人提供娱乐服务的方式。像亚伯拉罕·洛佩斯·德·奥里维拉（Abraham Lopes de Oliveira）这样技艺精湛的金匠大师，他的祖父是马德里的一位新教银行家，并且祖辈两代人都是，但他们被金匠行会排斥在正规职业之外，大部分时间都在犹太会堂工作，为珍藏典籍制作精美的王冠和顶饰。但是，当奥里维拉受命制作大量精心加工和雕刻的银盘作为每年新上任的伦敦市长的贺礼时，他终于等到了展示才能的机会。每到市长就职纪念日，奥里维拉制作的银盘里会堆满金字塔般美味的塞法迪犹太甜点——可口的小点心（bolos de amor），通常仅仅滴上一滴橙花水来调味；椒盐卷饼

（rosquilhas），有时会加一点茴香酒；还有各种甜点（quejados）和蜜汁——全部来自塞法迪犹太甜品“皇后”利奥诺・马雷（Leonor Marais）的豪华厨房。[24]

若即若离

当然，有些人尤其是“鹿苑”（Deer Park）的犹太人不可避免地会为“实用主义”所诱惑。毕竟他们已经注意到，一些拥有土地却又不得不面临抵押尴尬境地的富户希望通过联姻来获得犹太人金钱上的帮助。运作模式很常见：第一代人仍然保留着原来的口音以及希伯来知识（有时甚至还能以祖先的语言出版一些很有见地的评论性著作），保持着用意第绪语或拉迪诺语记账和商业通信的习惯，有些人甚至还保留着他们的大胡子。当然，他们的生活也带上了家族的最后居住地的色彩，如汉堡、阿尔托那（Altona）、阿姆斯特丹，或法兰克福。但到了第二代，他们原来的大胡子、老口音甚至完全不同的穿戴习惯都已经不见了，那些男女族长尽管不太乐意，但大部分已经接受了被同化的现实。萨姆森・吉迪恩答应在雅各比党人（Jacobite）叛乱和入侵期间出资高达一百万英镑，然后又拿出三十万英镑帮助英国参与了奥地利王位继承战争，从而使乔治二世成为代廷根（Dettingen）战役的胜利者，但也只是为他换来了一个从男爵的体面称号而已。尽管他获得了如此杰出的荣誉，但上流社会仍然认为吉迪恩不过是证券交易所里的一个粗鲁的、自命不凡的券商，根本就不把他放在眼里。虽然他气势逼人，并且一直坚持认为自己实际上并不属于“归化法案”的支持派，但他仍然发现自己会遭到各方的讽刺挖苦。在一本题为《犹太人控制下的慷慨议会》（*The Good Conference with the Jew Predominant*）的反政府宣传册里，吉迪恩用蹩脚的、粗哑的英语说：“冒昧的（原文如此）先生们，我的部落养的这些猫咪（钱）都是为了得到更大的恩宠。”①[25] 但是，吉迪恩家族的荣誉只延续了一代。这位父亲知道该怎么做，儿子的受洗使他的继承人不久也获

① 原意应为：“亲爱的先生们，我的家族积攒的这些钱都是……”——译者注

得了从男爵的封号。在改封为伊尔德利（Eardley）勋爵后，第二代萨姆森·雷德恩娶了一位具有纯正贵族血统的女孩，昔日的犹太人也就此消失在了锦衣华服的地主贵族阶层之中。

汉诺威王朝统治下的英格兰是一个金融寡头统治的国家，尽管各郡县都对与野心勃勃的希伯来人一起骑马狩猎的不情愿嗤之以鼻，但乔治王朝的几乎所有社会领域对具有犹太血统的人都是开放的，寄望于其中的“某些更优秀的人”能够在圣洗池前做出体面的举动或者给金融界加一点“甜味剂”。于是，有越来越多的政府机构开始向那些名义上的“皈依者”打开了大门。到18世纪的最后两个十年，一些出生在犹太家庭并且他们的父母仍然是犹太人的人，已经成为古文物研究会、英国皇家学会、皇家医学院、牛津大学、某些会所（社会交往的一个重要场所）的成员，或担任了爱尔兰政府的议员、律师学院的律师或皇家海军的高级官员。他们与汉诺威文化圈里的一些领军人物，如大卫·加里克和威廉·霍加斯（William Hogarth），都保持着友好的关系，而他们的画像，包括皇家艺术学院的两任院长约书亚·雷诺兹和本杰明·韦斯特（Benjamin West）在内，都是由当时最著名的画家绘制的。

受过良好教育的犹太人

像任何时代和任何地方一样，犹太人通过医学为媒介而非利用金钱交到了更多的朋友。以撒·肖姆伯格（Isaac Schomberg）——他的祖父、父亲和兄弟都是医生——曾经是加里克的私人医生，并因此成为加里克在1779年去世前见到的最后一个人。据说，这位伟大的演员曾看着他的犹太医生兼朋友说“爱是最重要的”。对于一个将死之人来说，这听起来似乎有一种讽刺的意味。人们认为，托马斯·哈德森（Thomas Hudson）之所以为以撒画了一幅表情和蔼可亲的画像，更多的是作为从他身上获得的教益的一种回报。以撒以其“温暖仁慈的灵魂”而广为人知。然而，他获得如此赞誉的道路绝不是一帆风顺的。

以撒的父亲梅耶・洛（Meyer Löw）出生在符腾堡（Württembger）的维茨堡（Vetzburg）。而梅耶的父亲也是一位医生，这一事实毫无疑问激励着儿子像当时德国的其他犹太学生一样，会进入某所大学学习医学，而梅耶选择的正是位于吉森（Giessen）的路德维希亚纳（Ludoviciana）大学。后来，梅耶医生便奔走于各个阿什肯纳兹犹太社区之间，在 1721 年定居伦敦之前一直在施韦斯堡（Schweinsberg）和梅斯（Metz）一带行医。他的英语水平比较差（这一点几乎可以肯定），但他可以用公爵广场会堂的大多数会众熟悉的那种犹太—德语，即意第绪语进行日常交流。在他担任医生的第一份工作，即为阿什肯纳兹犹太穷人（整个城市和伦敦东区的主要犹太人口）治病的那段时间里，这种语言是他唯一的交流工具。然而，这并不是梅耶・肖姆伯格（当时他已经开始使用这个名字）愿意从事的终身工作。公爵广场会堂里那些家境富裕、关系广泛的犹太人深深为这位好学的医生在英语方面的神速进步所感动，便把他引介给了这座城市的商人，并且此时的肖姆伯格也有自己扩大生活经历的计划。有一位对他并不盲目崇拜的追随者曾把他描述为“一个说话流利且口若悬河的人”，有勇气做一些英国同行未曾尝试过的事情：租一处宽敞的大房子，里面放一张大桌子，并且实行定期开放制度。“所有的年轻外科医生都受到邀请，并且均受到没有歧视的礼貌接待，这看起来像是一场友好的聚会，但实际上是希望他们对他的医术提出建议。”[26] 虽然这种不分社会地位的诚恳态度当时被认为是非常不恰当的，但却产生了出乎意料的效果。肖姆伯格的医术迅速提高，到 1740 年，他一年已经能挣到四千几尼[①]。他于 1726 年成为皇家学会会员，这进一步扩大了他的病人客户圈。梅耶和他的妻子雷切尔共生了七个儿子和一个名叫利百加（Rebecca）的女儿。作为伦敦中产阶级的职业犹太人，他们一家的生活本应该是非常富足的。

但事实并非如此。当时，梅耶与一位名叫雅各・德・卡斯特罗・萨缅托

① 几尼（Guineas），英国于 1663 年发行的一种金币，面值合 21 先令，1813 年停止流通。——译者注

（Jacob de Castro Sarmianto）的塞法迪医生同仁结下了仇怨。出于某种原因，梅耶对他实在无法容忍，并采取激烈的手段试图阻挠对方的行医事业，公开地指责他的竞争对手滥用鸦片以及其他各种不法行为。他这种好强的性格也遗传给了他的儿子以撒，以撒后来与皇家医学院（RCP）展开了长达二十年的激烈争论。尽管小以撒并没有医学院的资质认证，但老以撒的大部分著名病人客户仍然愿意找他看病。

但另一个儿子拉尔夫（Ralph）却成了梅耶一块永远的心病。在麦钱特泰勒斯学校（这是18世纪为数不多的短期接受犹太孩子入学的学校之一）结业之后，拉尔夫变成了一个浪荡的败家子，并被他的父亲打发到欧洲的学院，在那里他继续浪费着梅耶为他慷慨提供的每年一百英镑的生活费。[27]拉尔夫不满足于仅仅是欺骗父亲，当生活费完全断供之后，他竟然想要起诉他的父亲。在被要求立即从欧洲大陆回家后不久，拉尔夫又擅自离家去了斯卡伯勒（Scarborough），那里根本没有犹太人居住，但却有一个早年的家族老朋友肖（Shaw）医生，他答应为梅耶照看这个不安分的败家子。

当听说仍然有人监管他，拉尔夫便没有停留便继续流浪去了马尔顿（Malton），直到花光了所有的生活费。

在做了一番痛改前非的表白之后，拉尔夫试图与梅耶达成和解，并问父亲他能否返回伦敦，在那里（像他的一个兄弟那样）成立一家公证事务所。到了这个时候，作为父亲不可能再拒绝儿子的任何要求。梅耶不仅同意儿子返回伦敦，并且还为拉尔夫在皇家证券交易所附近提供了一间办公室。但刚刚开张，拉尔夫的合伙人就开始抱怨，说他根本就不管事务所的生意。这件事发生之后不久，拉尔夫就大发牢骚，说公证行业根本就不适合他。在父亲梅耶要用他所有的愤怒向儿子施加压力之前，拉尔夫却闪人了，早已乘船去了巴巴多斯（Barbados），在一个种植园主家里当上了家庭教师，直到让梅耶早已不堪重负的户头上增加了一大摞等待签字的账单。当他的贷款彻底用完之后，他又不得不再次回到伦敦，尽管这种模仿菲尔丁[1]式英雄的生活方式在当时十分常见，但他还是赢得了伦敦一位著名富商的女儿伊丽莎白·克罗彻尔（Elizabeth Crowcher）的青睐和爱情。为了坐实这桩婚姻并实现在教堂里举行婚礼的计划，最好的办法（像许许多多的第二代犹太人那样）就是赶紧走向洗礼池。但是，至于拉尔夫是否接受了洗礼，我们却无从知晓。如果他不再是一个犹太人，那么他为什么又会进入阿伯丁的马修学院（Marischal College）去追求他最后的人生理想——像他的哥哥以撒和他的父亲一样成为一名医生呢？因为按照苏格兰启蒙运动的精神，马修学院的确是自由主义的体现，并且当时已经成为大英帝国第一个也是唯一一个接受犹太人作为医学专业学生的教育机构。通过函授教育，拉尔夫于 1744 年获得了医生资格。刚刚获得新生的拉尔夫·肖姆伯格再一次离开家乡，到大雅茅斯（Great Yarmouth）一带行医。在随后的那段不同寻常但却十分平静的岁月里，他和伊丽莎白先后生下了十个孩子。像他那位受洗的兄弟亚历山大（Alexander）[在圣劳伦斯河（St Lawrence）战役中辅佐詹姆斯·沃尔夫[2]将军而开始其辉煌的海军生涯之前，曾在圣保罗大学接受教育] 一样，拉尔夫也是在从来没有想过改名的情况下改变了自己的身份——成为英国人。但他只是肖姆伯格医生，一个乡下医生而已。当然，这种受人尊敬的普通身份也往往会让他感到烦躁不安，所以他偶尔也会以取水或主持洗礼

① 亨利·菲尔丁（Henry Fieding，1707~1754），英国伟大的小说家、剧作家，英国现实主义小说的奠基人。菲尔丁自称师承于阿里斯托芬、塞万提斯、拉伯雷、莎士比亚、莫里哀、斯威夫特等人，他以幽默和讽刺作为与虚伪、谎言、暴虐和罪恶进行斗争的有力武器。他与笛福、理查逊并称为英国现代小说的三大奠基人，也是 18 世纪欧洲最杰出的现实主义小说家之一。从出版时间上看，此处指的应是菲尔丁于 1742 年发表的模仿塞万提斯风格的小说《约瑟夫·安德鲁斯》，这被称为英国第一部重要的"路上小说"，即所谓流浪汉小说。不过以译者所见，拉尔夫更像是菲尔丁于 1749 年出版的代表作《弃儿汤姆·琼斯的历史》中的主人公，这是一个落魄书生与富家女终成眷属的老套故事。——译者注

② 詹姆斯·沃尔夫（James Wolfe，1727~1759），英国陆军少将，因为早年击败法国军队赢得亚伯拉罕平原战役而广为后世所知。此处指他指挥的攻占魁北克的著名战役，他因此也被称为"魁北克英雄"甚至"加拿大征服者"。——译者注

仪式的名义前往巴斯（Bath），在那里充分享受这种社会生活方式。显然，他并不是那里唯一的犹太人。拉尔夫称他的好朋友伊曼努尔·门德斯·达科斯塔（Emanuel Mendes Da Costa）为“曼尼”（Manny），并兴致勃勃地给他写信说：“眼下的巴斯已经人满为患，并且阳光明媚，约克公爵殿下亲自到场可不是一件小事。当然，我也不闲着，我们这里有许多的犹太人。”[28] 但是，这种偶尔外出似乎并不能完全满足拉尔夫对制造小小的恶作剧的渴望。他在潘伯尼（Pangbourne）退休后喜欢把自己的形象设计成一个体弱多病的乡下绅士，一个兼职医生，一个温和而正直的人，就像画家盖恩斯伯勒（Gainsborough）为他画的那张全身像：拄着拐杖，全身挺直地站在阿尔比恩岛（Albion）的一片橡树林里。根据一些或许对乡下犹太人怀有误解的史料记载，他曾在星期天教堂的募捐活动中被抓。

伊曼努尔·门德斯·达科斯塔可能也曾在律法方面遇到过麻烦，这应该是他作为一个治学严谨而值得尊敬的自然科学家而声名远播之后发生的事。[29] 像肖姆伯格兄弟一样，达科斯塔也是一个第二代犹太人，还没有忘记一家人走过的艰难道路（在葡萄牙和荷兰）和对光大达科斯塔家族门楣的强烈愿望。但是，与梅耶·肖姆伯格不同，伊曼努尔的父亲在一次轻率的商业冒险中遭到了沉重打击。不幸的命运迫使他的儿子们在英国社会中寻找某种新的生财之道，但他们却采取了完全不同的方式。伊曼努尔的哥哥雅各（他已经自称为“菲利普”）企图与他的表妹、富有的女继承人凯瑟琳·达科斯塔·维拉伦尼（Catherine da Costa Villalene）私奔。当她打消了这个念头时，雅各却非常下作地控告她违背了婚约！[30] 伊曼努尔则对化石标本十分迷恋，他不仅收藏了大量的标本，而且还积极地参与有关地壳形成问题的争论——火山学家与岩石水成论者之间的争论，那就是关于最初的地壳是火山爆发还是洪水起了决定性作用这个问题。伊曼努尔对古老的希伯来历史也多有涉猎，并在这方面引起了足够的关注，于是他就把这个课题分别提交给了皇家学会和古文物研究会，在当时乔治时期的伦敦，这是两个最权威的学术机构。对这些科学界的大腕儿来说，我们这位犹太化石学家——并且是《古化石博物学》的作者——俨然是一位靠自己的能力成长起来的充满魅力的人文主义典范：一个仍然忠诚于自己的宗教的犹太人，但却以科学的态度投身于创世时期历史的研究。因此，对他的犹太身份的任何嘲弄都变成了一种最善意的调侃。当应邀为里奇蒙德（Richmond）公爵的花园建造一个人工化石石窟时，他的雇主便询问他在施工期间的伙食安排，说"除了有就连意志最坚强的人也会受到诱惑的奇切斯特（Chichester）的龙虾这种美味外"，也可能还有许多其他的食物，"也是你们的民族所憎恶的食物"。但我们这位开明的犹太同胞却以最真诚也最感人的方式回答道："我们都是世界公民，我们以不带任何好恶或偏见的眼光来看待各种不同的习俗和饮食习惯，就像我们每个人都有不同的名字和不同的肤色一样。"[31]

伊曼努尔似乎对他能在科学和学术圈里立足感到非常满足。但他却一直有些手头拮据，或者按他自己的说法，总是受到不公正的对待。他的妻子是一个帕多人（Pardo），出身于一个相当贫苦的家庭。他那位穷困潦倒的父亲则经常责骂伊曼努尔和他的兄弟大卫不争气，所以在他们的老父亲生活不如意的日子里，他们或许还要以某种方式接济他。这个老男孩时常痛苦地抱怨："没有一个儿子愿意帮助我。"伊曼努尔和大卫"都不听他的劝告，没能找个富有的妻子，[并且]他很震惊他们生了这么多的小乞丐"。而在他们自立门户的时候又说，"你们都既年轻又健康，也不用扶养父亲、母亲或姐妹，只顾好你们的小家就行了"。

但伊曼努尔根本听不进去，他已经深深地陷入了"化石"的陷阱而不能自拔。随着收藏品越来越丰富，他就能出版更多的学术笔记，从而引起国内外博物学家更多的关注和羡慕，而他的学术通信网络也已经从瑞典扩展到了法国。就连伟大的博物学家布丰伯爵（the Comte de Buffon）和林奈（Linnaeus）都知道了他。伊曼努尔与埃夫伯里石圈（Avebury）和巨石阵的考古学家威廉·斯蒂克利

（William Stukeley）爵士以及已经是耄耋老人的伟大物理学家汉斯·斯隆（Hans Sloane）也有密切的交往。正是怀着这样一种美好的愿望，并在这些英国科学巨擘的支持下，伊曼努尔才积极地参与竞争皇家学会的书记员职务，因为一旦竞选成功，他就能够在舰队大街附近的克兰街（Crane Court）免费住宿，并且还有一份五十英镑的薪水。1763 年春天，这位新上任的书记员终于搬进了克兰街。四年之后，伊曼努尔·门德斯·达科斯塔被揭露挪用协会资金，将有些正式会员（已缴纳全部会员费）谎称为非正式会员（每年缴纳一次会员费），人们认为他可能把这部分差额装进了自己的腰包，或者更有可能是将其作为一种没有利息的赊账。当一个会员投诉说他的名字在发表时弄错了身份时，这一丑闻被彻底曝光，而在各位同仁表达了异乎寻常的愤怒之后，伊曼努尔被送进了王座法庭监狱（King's Bench Prison）。犹太人作为“学术骗子”的“丑陋原型”似乎在他身上得到了证实，他因此成了公正追求知识的一个反面典型。这对于犹太人来说肯定“不是什么好事”。

令人吃惊的是，这对于伊曼努尔·门德斯·达科斯塔来说却并非全是坏事！他虽然因此失去了所有收藏品，失去了大部分图书和所有的赞助人和同事，但他那种不可遏止而又天真乐观的自信和追求知识的天赋却又为他开辟了另一条崭新的宽广道路——贝壳收藏。达科斯塔后来成为英国第一个伟大的贝壳学家，并且实际上也是第一个使用这个学术称号的人。王座法庭监狱里有许多曾经的绅士和夫人，他们虽然由于各种无法解释的罪名而失去了以往的优雅和财富，但他们还是以极大的热情参加达科斯塔开办的有关化石和贝壳研究的知识讲座，尽管达科斯塔讲课是收费的。达科斯塔在监狱里的讲座规模一般为十五到二十人，但由于这方面的听众换了一拨又一拨，以至于四年之后，他所挣的钱已经足以使他能体面地走出监狱的大门。在这种情况下，达科斯塔已经有足够的材料写作并于 1776 年出版了他的《贝壳学原理》（*Elements of Conchology*）。两年后，他又以科学爱国主义的笔记形式出版了《不列颠贝壳学》（*British Conchology*）一书。虽然这两本书都没有赚到多少钱，但却在一定程度上使达科斯塔走出了过去耻辱的阴影，尤其是在国外产生的影响使他再一次成为博物学界的风云人物，并且从瑞典到奥地利，许多外国学术机构纷纷授予他各种证书和头衔。对达科斯塔来说，当然是离过去的窘迫境遇越远越好。每个月新月前的星期一，达科斯塔都要参加皇家学会举办的有关促进博物学研究的专题研讨会。他甚至能够轻松地与伟大的博物学家林奈就其提出的道德公正性问题进行讨论。

那么，像拉尔夫和曼尼这样的犹太人，还有大量生活富足并受过良好教育的伦敦犹太人，他们不仅举止新潮，还穿着华丽的衣服，戴着时髦的假发，更不用说他们与英国人的社会还时常保持着一种若即若离的关系，他们还算是犹太人吗？或者说，他们只是在等待被彻底同化吗？虽然他们的行为已经远远背离了严格的犹太律法规定，但毫无疑问，他们仍然认为自己是犹太人。曼尼每隔一段时间就从拉尔夫的妻子伊丽莎白那里定做一罐“酸泡菜”，并且他也已经跟她学会了这种具有民族特色的泡菜方法。随着秋天的重要神圣节日一个个地过去，曼尼也会祝福远在“没有希伯来语的大雅茅斯”的拉尔夫“新年快乐”，尽管他们两个人似乎都不大可能到犹太会堂去听犹太新年的号角声。但是按他那种古道热肠的习惯，即使是在王座法庭监狱里，曼尼也会在公历新年前为伊丽莎白送上一声“圣诞快乐”和“新年快乐”。可以肯定，他们应该是这样一种犹太人，拉比们会抱怨他们似乎更喜欢圣诞节布丁而不是逾越节无酵饼。所以，如果用于立陶宛或波兰一直在实行的严格遵守法律条文（除了那些压根儿不认识这些字符的人，但犹太人一般不可能如此）的标准衡量，曼尼和拉尔夫肯定已经脱离了犹太大家庭。

激烈的论争

对于某些犹太教的卫道士来说，胡须问题可不是一件小事。是留着大胡子还是剃成光下巴，无疑是在向全世界宣告，他是否希望继续留在犹太大家庭里，或者是否按照最初的诫命过一种完全不同的隔离生活。拉比希尔施·列文（Hirsch Lewin）对英国犹太人身上的那种散漫举止（尤其是那些已经娶了基督徒妻子的人出于社交需要不得不如此）感到震惊，他被叫到会堂诵读《托拉》（许多人都有这样的经历），他宣称，剃须本身违犯了《托拉》中的基本原则，然后还会告诉你英格兰的伪犹太人和准犹太人的事情。拿弗他利·弗兰克斯（Naphtali Franks）作为在伦敦颇有影响的跨大西洋商业王朝的家族成员，虽然他的母亲伊莎贝尔（Isabel）曾提醒过他那些表妹们在伦敦的种种放荡行为，虽然他仍然保持着犹太人的生活方式，但仍娶了其中的一个表妹，并且成了公爵广场犹太会堂里的显要人物，然而他却也剃掉了胡须，戴上了假发，无论怎么看都与世俗社会和商业圈里的其他人毫无二致。还有拉比哈特·莱昂，当有人问他为什么要离开公爵广场犹太会堂时，他却回答说，这是因为他在这座会堂任职期间，人们总是用这样的提问方式作为他们提出的第一个宗教问题。然而，令人确信无疑的是，无论发生了什么，英格兰的犹太社区很少因为犹太人之间或非犹太人之间发生的激烈哲学论争而出现分裂。迈蒙尼德并不经常去咖啡屋闲谈，而“哈西德”和“救世主”两大犹太教运动的巨浪曾席卷了整个东欧地区的犹太散居点，当两股浪潮涌向英伦三岛的海岸时，却变成了浅滩。

这并不是说在会堂内部就没有争论，但这样的争论大多数就像家里或邻里之间经常发生的那样，只是一种喊叫式的争吵，并不是一种理性的论争。在这方面，一个典型的例子就是，在普珥节诵读《以斯帖记》期间，每当提到恶人哈曼的名字时要制造出一种模拟打人的“啪啪”声（通常由竹制的棘轮发出），但在贝维斯·马克斯犹太会堂里，有一次把这种声音搞得过于喧闹，会堂执事不得不把守卫叫进来，逮捕了那些带头起哄的人。在这些闹事的人中间，有一个属于福尔塔多（Furtado）家族的年轻人，尽管他很可能已经在事后为这种制造混乱的不光彩行为道过歉，但他的父亲以撒却借题发挥，公开地污蔑犹太会堂里都是一帮伪君子。“我要坚决放弃你们的犹太教……现在我就把我的衣橱钥匙还给你们（平日就放在他会堂里的座位下面），从此与这个没有宗教味儿的社会一刀两断……你们就装清高吧。”他继续说道，“我忍不住要发火，大家可以看一看，他们引以为傲的为犹太穷人开办的医院只有六个床位；大多数病人也是由药剂师而不是一位真正的医生诊治；在逾越节期间，他们只能吃无酵饼。”在他这番极尽辱骂之能事的退出声明（俨然是一种反向的“绝罚”）的最后，福尔塔多还没忘了加上一句，他的妻子撒拉“也希望与你们的社会一刀两断”。尽管如此，脾气暴躁的以撒·福尔塔多至少仍然是一个社会化的犹太人，仍然为伦敦东区的穷苦人造房子，并且仍然坚持自己死后要埋在犹太人的墓地里。人生的这种最后的仪式往往是非常感人的。约书亚·蒙特菲奥里（Joshua Montefiore），也就是那位比他更知名的政治家摩西·蒙特菲奥里（Moses Montefiore）的叔叔，后者一生都在从事殖民冒险活动，曾试图把位于非洲西海岸的布拉马岛（Bulama）开发为英国的殖民地，并参加了英国从法国人手中夺取马提尼克岛（Martinique）和瓜德罗普岛（Guadeloupe）的战役。约书亚·蒙特菲奥里最后去了佛蒙特（Vermont）的一个农场，但当他知道自己的死期已经临近时，竟然预先把正式的希伯来悼文音译成了英语，以便他的第二任非犹太妻子在他的葬礼上宣读。

一些针对拉比保守主义思想的愤怒比往常更为激烈。1746 年，梅耶·肖姆伯格出版了他的希伯来文著作《一个医生的信仰》（*Emunat Omen*），它是对犹太教正统派中那种拉比式和传统性吹毛求疵、学究式和无休止的刨根问底以及社区领袖的伪善做派的猛烈抨击。梅耶和儿子们曾因为用木剑训练剑术（这其实是一种必要的防护措施，并非毫无实用价值）而受到正统拉比们的指责，但这些犹太会堂里的权贵却喜欢养着自己的非犹太情妇，“就好像他们是在毫不羞耻地履行一项诫命……并且他们就和她们以最亲密的关系一起生活和居住，但他们却拒绝亲近作为我们的民族血肉的那些端庄而美丽的犹太人的女儿”。[32] 他在写作时肯定是想到了约瑟·萨尔瓦多（Joseph Salvador），因为后者作为塞法迪犹太社区的著名领袖之一，却以包养像凯蒂·菲舍尔（Kitty Fisher）和卡罗琳·拉德（Caroline Rudd）这样的交际花而远近闻名。

虽然两个儿子仍然忠诚于犹太教，但梅耶实际上是在鼓励他的孩子们走向洗礼池，如果这样做有助于他们前途发展的话。但只有海军军官亚历山大（后来成为亚历山大爵士）和以撒—— 一个接受了洗礼，一个没有接受洗礼——算是完成了他的心愿。像许多铁石心肠的父母一样，他用这样的方式表达了自己的失望：他把自己的大部分遗产留给了这两个光宗耀祖的儿子，而肖姆伯格家的其他兄弟每人只得到了一个先令。难怪年老体衰的拉尔夫最后沦落为一个把手伸进星期天会堂功德箱的小偷。

II．柑橘和柠檬

旧货商贩

柑橘和柠檬啊，
圣克莱门特的钟声说。
你欠我五个铜板，
圣马丁教堂的钟声说。
你什么时候付钱给我？
老贝利街的钟声说。[33]
当我变得富有时，
肖尔迪奇的钟声说。
什么时候呢？
斯特普尼的钟声说。

我又怎么会知道。

圣玛丽的大弓钟说。[34]①

穷苦的犹太人靠做这种叫卖柑橘和柠檬的生意营生。《大拇指汤米童谣集》（*Tommy Thumb's Pretty Song Book*）里儿歌的钟声勾勒出了他们日常生活的图景。圣克莱门特（St Clement）并不是斯特兰大街（Strand）尽头的圣克莱门特丹麦人教堂，而是位于泰晤士河码头区附近的圣克莱门特东市场教堂，犹太商人从意大利的利沃诺运进来的一船船水果箱正是在这里卸货。紧靠着圣马丁——并不是指圣马丁乐团，而是指圣马丁奥特韦奇（Outwich）教堂——是一个为他们批发水果提供必要本钱的钱庄。如果他们的水果销量比较好，就能够及时把钱还给钱庄老板，否则他就会逼着他们还钱，并且毫无疑问，他们最终会被送进纽盖特（Newgate）监狱，他们在那里可以听到恰好位于老贝利街（Old Bailey）对面的圣墓（St Sepulchre）教堂沉闷的钟声。这些犹太商人的住地——贫民窟和廉租房——大都在一些以早年的排水沟命名的狭窄街道和胡同里，如猎犬沟渠街道（Houndsditch）、肖迪奇（Shoreditch）、巡河沟（Fleetditch），等等，在伦敦属于最拥挤和最贫穷的地带。白教堂（Whitechapel）和斯特普尼（Stepney）教堂——属于圣邓斯坦（St Dunstan）教区——已经有两个世纪的历史，这一带拥挤着大约五千名阿什肯纳兹犹太人，他们都是从波兰和德国或取道荷兰来到伦敦的。不过，根据位于伦敦老城的贝维斯·马克斯犹太会堂的首席拉比的记述，这里也住着一些来自意大利、摩洛哥和突尼斯的贫穷塞法迪犹太人——或许有一千五百人——他们大多是取道利沃诺或阿姆斯特丹来到伦敦，并且基本上专门以经营干果、水果和烟草为业。这些水果商贩在圣

① 以上地点均指教堂的名称或所在地。各个教堂每天会定时敲响钟声，并且各教堂的钟声曲调是各不相同的，如克莱门特东市场教堂就敲过这首《柑橘和柠檬》的曲调，克莱门特丹麦人教堂也以敲儿歌曲调见长，而圣玛丽教堂则以人工撞响沉闷的大弓钟（Great Bell of Bow）而闻名。——译者注

玛丽教堂和齐普赛街（Cheapside）一带买进水果，然后到老城中心的利登贺（Leadenhall）肉类市场、针线街（Threadneedle）市场或北面热闹的芬斯伯里（Finsbury）马戏团附近占下一块卖场，或者沿着加农（Cannon）大街继续向前，经过圣保罗教堂和舰队街，一路赶到斯特兰和莱彻斯特广场一带，在水果摊上高声叫卖，以便争取在夜幕降临之前能够把当天的货卖完。但大多数都卖不完。根据宫廷的档案记录，有许多水果商贩也在做一些其他的买卖，当然不一定是合法的。

这些街头商贩的足迹从来也没有到过特丁顿、艾尔沃斯和罗汉普顿（Roehampton）的花园区，但有些人，甚至很多人，可能会在赎罪日或犹太新年前夜挤进公爵广场会堂和贝维斯·马克斯会堂。据我们所知，至少有一位非常贫穷但十分虔诚的塞法迪犹太人曾在贝维斯·马克斯会堂与富人们一起祈祷，这是因为当他在犹太新年做祈祷时，他儿子亚伯拉罕却跑出去偷了几块丝手帕和一块精纺布料，并且显然没有意识到在未来的日子会遇到的麻烦。[35] 当听到误入歧途的儿子就像贝维斯·马克斯会堂管辖下的那些犹太罪犯一样被点名将被处以“绝罚”时，这位虔诚的父亲当时的悲痛心情可想而知。与充分利用犹太会堂里每逢重大节期和节日挤满了人这样的交往方式不同，剃掉胡子和保留胡子的贫苦犹太人之间的联系大多是通过慈善活动建立起来的，譬如医生或药剂师到位于“一里屯路”① 上的专门收治犹太人的医院（这是斯特普尼区的第一个“老年人之家”）探访时，或官员到专门为犹太孤儿开办的义务教育学校进行例行检查时。这所学校是由公爵广场犹太会堂的会众领袖摩西·哈特于1732年创办的，后来随着学生人数不断增加，于1788年搬到了猎犬沟渠街道一带。

他们绝大多数人说的都是意第绪语，间或有少量蹩脚的英语，但绝非像那些宣传册和舞台剧中极力讽刺的那样蹩脚。作为一位伟大的街头喜剧演员，

① 当时连接伦敦老城与东区之间的一条通道，长约一英里，现已不存。——译者注

杰克·班尼斯特（Jack Bannister）肯定对吉米·德卡斯特罗这样的犹太表演艺术家非常了解，但他却擅长用犹太式的鼻音进行表演，对于兴高采烈的观众来说，如何夸大其娱乐性都不过分。基督徒们有时会感到非常困惑，为什么这些平日里衣着朴素、留着大胡子或戴着小帽的犹太人和犹太女人竟然会说一口标准英语，而丝毫没有平常那种漱口声或怪叫声。当撒母耳·泰勒·柯勒律治[①]顺着一个旧衣贩子的话反问他，为什么不能直接说“旧衣服”（Old Clothes），而非要扯着喉咙高喊“Ol clo，ol clo”或“O cloash”时，他得到的回答把自己吓了一跳，因为这个小贩用纯正的英语说：“先生，和您一样，我也可以说‘旧衣服’，但如果您必须在一分钟内说十次并且还要连续说一个小时时，恐怕您或许也会像我现在这样，只能说‘Ogh clo’了。”[36] 柯勒律治承认自己当时有些不知所措，竟然嘲笑一个旧衣贩子，真是有点“班门弄斧”，于是给了他一个先令，算是屈尊道歉。

在伦敦，大量的贫苦犹太人都成了各种各样的旧货商贩。长期以来——从威尼斯开始建立“隔都”的年代算起——这是他们在法律上被允许从事的唯一行当。即使在某些限制被取消之后（并且在许多地方一直没有取消），日常的旧衣服生意和杂货店也仍然是犹太穷人的主要职业。他们是这样的一些犹太人，每天把麻布袋斜挎在肩上，早上是空的；但如果运气好，布袋鼓了起来，下午就有东西可卖了。然而，还有许许多多的犹太货郎，他们大多是刚刚从外地来的犹太人，靠公爵广场犹太会堂或贝维斯·马克斯会堂提供的货郎箱才算是有了一份有收入的职业；如果他们能借钱在大街上开一家杂货铺，那么可以以按星期或按月分期付款的方式还给会堂。在他们挂在脖子上的货郎箱里（当时世界上大部分地方的街头生意都差不多是这样的模式），有铅笔、封蜡、造

① 撒母耳·泰勒·柯勒律治（Samuel Taylor Coleridge，1772~1834），英国诗人、编剧和评论家。他一生是在贫病交困和鸦片成瘾的阴影下度过的，诗歌作品相对较少。尽管如此，柯勒律治还是坚持创作，确立了其在英国文学史上的重要浪漫派诗人地位。其代表作有诗集《西舟子吟》《忽必烈汗》等。——译者注

型古怪的手杖头饰、水晶纽扣、针线、别针和顶针、扇子、粗制滥造的国王和王后画像、缺漆掉渣的石膏雕像、廉价的小玩具和仿造的珠宝、手表，偶尔也会有布谷鸟座钟和食用大黄干——据说这是一种珍贵的万能药，尤其是可以治疗便秘以及其他肠道不适。一旦他们安定下来，家庭成员就开始各自独立活动，尽管无论货郎箱还是旧衣服生意都是地区性的买卖，但在猎犬沟渠街道一带的咖啡店或小酒馆里通常不乏热心肠的“高参”，他们会凭感觉告诉这些犹太人哪里不能去，或哪里有一个商贩同道过世了，刚刚空出了一片地盘。

旧衣服生意通常天不亮就开始了。[37] 天刚蒙蒙亮，一群群留着大胡子的犹太人便从“猎犬沟渠街道”“白教堂”和“一里屯路”一带冒了出来，他们通常戴着他们的父亲和祖父在布洛迪（Brody）或波兹南曾经戴过的那种平顶、宽边圆帽。到这一天快要结束时，他们会戴着各种风格的帽子到旧衣市场上出售，所以他们往往头上顶着一大摞帽子，像高高的宝塔一样摇摇晃晃地在大街上走过。无论是什么天气，男人们身上也会套着好几层厚厚的土耳其长袍，有些还镶着黑边或像老式的波兰长袍那样略微有些缩腰。他们的脚上通常穿的是那种带扣子的便鞋而不是长筒靴。如果鞋子已经穿到“修鞋匠”都无法修补的程度，那么他们随便蹬上另一双旧鞋就可以了。他们有时是单独一个人赶脚；有时与他们的妻子一起赶路，女人们往往套着一层层的围裙和棉布裙，腰里拴着个装杂货的大口袋；有时他们还会领着一大群孩子，一般也就八九岁的样子，毕竟这样的年龄应该可以学着做买卖了。

当然，填饱肚子是第一位的：有时，他们只能从路边一家小咖啡店里买一杯“淡而无味”的咖啡；有时，可能会买上那种“两便士一大包”的碎面包，如果运气好还可以蘸着牛奶吃；如果他们觉得当天的生意不错，或许会还买一块炸鱼——在塞法迪犹太人把这种吃法带到英格兰之前，这还是一种从未听说过的新鲜事物——对于泰晤士河边和伦敦西区以及东区那些相对空闲的居住区的商人们来说，这种冷食炸鱼不过是一种普通的美味罢了。[38] 对于大多数旧衣商贩来说，这些就是他们一天中唯一的一餐，尤其是因为他们大多数仍然遵守着犹太人的饮食规定，如果他们进入伦敦西区或东北角上的富人区，那里根本就买不到犹太食物。梅耶·利未甚至声称，他可以“只用一片沾着油星的破布散发的香味”就能坚持一整天。当然，有些人也会随身带着一小包茶叶，希望能在路上找到点热水，享受一杯下午茶。

这种生意的领土意识很强，每个商贩都有自己的活动路线——如果有人不遵守行规，他们就会招来麻烦进而遭到辱骂甚至殴打。偶尔也会有两个旧衣商贩共用一条活动路线的情况，这种合作方式被称为“旅伴”。黎明时分人们会看到一队队身背布袋的人涌向购物市场：比林斯盖特海鲜市场（Billingsgate），一排排鱼摊上油光闪亮，脚下的提桶里堆满了各种鱼类的内脏；史密斯菲尔德鲜肉市场（Smithfield），卖肉的摊主们身上都围着带血的围裙；利登贺皮货市场（Leadenhall），狭小的摊位上挂满了兽皮；纽盖特肉食市场（Newgate），那条臭气熏天的“巡河沟”刚刚被封盖了起来，下面作为排污渠，在上面搭建了一个带有拱顶的市场。天气转暖时，一些家境尚好的富人会用洒过香水的手帕把脸遮住，从这些犹太水果商贩摊上买个橘子掰开不时地闻一闻。在所有的市场上，就连那些搬运工、装卸工和包装工都在叫卖围裙、裹腿和鞋子。但是，也有一些从“白教堂”街区过来的游动商贩，他们在早上先来一杯白兰地或热茶，然后赶到东边的码头区——沙德维尔（Shadwell）、沃平（Wapping）和莱姆豪斯（Limehouse）——在那里，有一些因为长期海上生活而痛苦不已的水手，他们就睡在酒馆的地板上，他们的钱包早就被掏空了，这时他们就会把藏在口袋或包袱里的值钱物件卖给犹太人。[39] 如果这些旧衣商贩运气好并且比较懂行，他们就能认出哪一个水手的手脚不干净，很可能偷偷摸摸地从某个官员的斗篷或礼帽上剪下一条漂亮的穗带或一颗雅致的纽扣。你可以花一个早晨去寻找这类宝贵的小玩意儿，甚至再往东到更远些的伍尔维奇（Woolwich）兵营，那里驻扎着更多的士兵，所以必然有更多的装饰品——有些是被逝者同伴从逝者身上取下并藏起来的。沿河而下的东部赶脚路线则有点像发死难财：破旧的监狱船停泊在泰晤士河口，负责监管的船长手中有大量的囚犯号衣需要处理。犯人们可以按照买者定好的价格得到一点钱，但更多的钱则被船长和船员以介绍费的名义揣进了自己的腰包。

西部的赶脚者则从塔山（Tower Hill）上下来，穿过加农街进入老城，那里有一片出租马车行和马厩，马车夫和他们的家人常年就住在门头的楼上。在这些地方，他们可以弄到各种各样的旧马鞍、索具、缰绳、马鞭、马靴和马灯，有时还会搞到贵重的“玻璃”——曾经用作马车窗户，但如果需要，便可以用粗陋的切割钻石切下来安在自家小屋的窗户上。一些更有进取精神的废品收购商贩在西区形成了一个中等规模的商业圈：经过漫长的跋涉赶到费茨罗依广场（Fitzroy）和布鲁姆斯伯里（Bloomsbury），肯定是希望能够在那里把中国瓷器、玻璃制品或小装饰品之类卖给某个商人的妻子，作为交换，他们则可以得到一些常年不穿但她的丈夫从来也舍不得丢弃的旧衣服。妇人们的女仆和犹太商贩之间不可避免地会发生一番激烈的讨价还价，因为即使她们只是某个杂货店老板或某个洗染师的妻子，也不愿意与犹太人直接打交道。后来，在伦敦的新西区，如圣乔治雕像阴影下的汉诺威广场以及梅菲尔（Mayfair）、卡文迪什（Cavendish）和德文郡（Dovenshire）广场附近的名流和富人的豪宅里，便出现了专门的后院马厩和仆人通道。据说有一些犹太人甚至鼓动门卫和妇人的女仆从他们的男主人和女主人那里偷东西，但实际上是这些上流社会丢弃的服装必须要处理掉，而仆人们当然很清楚如何才能让这些服装再也不碍主人的眼。这些名门大户不大可能每天去数一数家里还有几块手帕。所以，这些犹太商贩的麻布袋里便装满了紧身裤和马裤、过时的拎包和假发、手套和长筒袜，甚至多年未穿的丝绸和缎子长袍。

过了中午，就算过了一天，他们也该回家了。从东面的码头区或从西面的斯特兰大街，许多商贩的头上都戴着两三顶帽子，背着沉甸甸的麻布袋，陆陆续续地走上了回家的路。但即使麻布袋再满，或即使他们很想卖出一两件物品，他们也不会借机到某个咖啡屋里甚至在大街上稍作停留。从城里的四面八方，从莱姆豪斯和莱彻斯特广场，从托特纳姆法院路（Tottenaham Court）和格雷律师学院路（Gray’s Inn），这支头上顶着一大摞帽子的犹太人队伍就像一门心思地要去朝圣，纷纷向一个地方集中：旧衣市场。其实，那里只不过是伦敦塔附近的“白教堂”边上的罗斯玛丽胡同（Rosemary Lane）深处的一个小院子。但这个地方现在已经成为伦敦的一道风景线。游客纷纷到这里参观游览，他们被挤来挤去，往往把手帕弄丢了或被小孩偷走，这些小偷所受的训练虽然还不足以辨识上面闪亮的“金斯曼”（Kingmen）商标，但他们却能迅速把赃物藏在破大衣口袋里跑开。实际上，老教唆犯训练的小偷队伍并不只是传说。在“生意最火”的时间段，即冬天的下午三点到五点，夏天的四点到六点，挤进“旧衣市场”的买卖人往往超过一千人，他们通常把麻布袋里收来的旧货倒在一块亚麻布或破毯子上高声叫卖。大多数情况下，这些货摊周围会出现一些专做假发或眼镜、手表或鞋帽生意的固定街头摊点或商铺派来的专业人士。但是，整个熙攘的空间无异于一个吵闹的大集市，一个吵吵嚷嚷、戳戳点点，交换各种稀奇古怪的针头线脑的大舞台，一个充斥着辱骂声和指责声的大杂院，并且激烈的争吵随时可能演变为暴力和骚乱，从而迫使邻居们向地方治安官举报，致使“旧衣市场”临时关闭。每到星期五晚间和星期六，“旧衣市场”就会安静下来。但与那些富裕犹太人不同，那些从事旧衣服生意的犹太人即使在安息日做完礼拜也不愿离开伦敦的交易巷，他们更喜欢和享受安息日的快乐：那里的面包和炸鱼、烛光和啤酒、悦耳的歌曲，还有洗去了积攒了一个星期的灰垢的孩子们。

只是到了 19 世纪第一个十年里，这个“服装交易嘉年华”才由雄心勃勃的刘易斯·以撒克斯（Lewis Isaacs）创办的旧衣交易所取代。以撒克斯是伦敦第一批真正意义上的犹太商人，而不是伦敦金融城的有钱人，以撒克斯以精明的眼光买下了猎犬沟渠街道一带位于卡特勒街（Cutler）和怀特街（White）之间的整个菲利普斯（Phillips）建筑群，并在四面建起了临时围墙和一些遮雨篷，以防范恶劣天气。他开始收取半个便士作为入场费，这样就可以确保只有那些真正的“抢先者”——中间人——可以进场，并且还专门在整个场地的中央设立了几排椅子和板凳供他们休息。在旧衣买卖火热进行的同时，围墙周边的一个个馅饼、炸鱼和啤酒摊的生意也兴旺起来（主要是为那些对遵守犹太饮食规定不那么在意的人供应午餐）。

不法分子与犯罪

随着原来的“旧衣市场”被改造为旧衣交易所，有一样东西似乎并没有多大的改变：很难区分这些旧货的来源是否合法。尽管几乎没有买者节外生枝地去打听，但中央刑事法庭（Old Bailey）发布的开庭日志中也提到，“抢先者”曾发现有些买者似乎是一些专门收购“黑货”的不法分子，他们显然是在寻找某些他们明明知道来源不明的非法物品，于是便把这些令人厌恶的面孔赶了出去。如此公正的执法者或许只是少数。大部分的伦敦人都知道“旧衣市场”这个地方，在那里星期一的买者很可能在星期二就成了“抢先者”。如舍伍德（Sherwood）夫人或以赛亚·犹大（Isaiah Judah）就以经常退货而远近闻名，因为这些老道的买者对什么“金斯曼”手帕或各种戒指和手表系列的来源都一清二楚，谁都别想骗过他们。在“旧衣市场”以及后来的旧衣交易所开业期间，这里的货物还大量出口到欧洲大陆，以及更遥远的北非、美洲和加勒比地区（几乎可以肯定，这些地方的市场早已被奴隶生意搞得乌烟瘴气）。有些亚麻衣服、祈祷披巾和围巾几乎是原样买进和卖出。另一位女性“抢先者”承认，有些旧衣商贩买进和卖出的时间间隔大约只有五分钟。[40]

凡是有“抢先者”的地方，他们的周围就难免充斥着凶险和暴力。其实，他们也不过是在掠夺其他人罢了。他们有时会抢走那些高端商贩的货柜，而商贩们的货物则可能是从不同的渠道获得的。1778 年，亚伯拉罕・戴维斯（Abraham Davis）的货柜被盗，他列出了一个长长的失窃物品清单，包括 68 块手表、30 枚金戒指，另外还有 30 个金带扣（用于衬衫、皮鞋和外套）和大量的银制品。[41] 犹太人作为一个群体遭到的指控，尤其是所谓“剪切银币”的犯罪指控，仍然是来自中世纪反犹主义的经典原型。这样的指控随时都可能发生，例如某个到“旧衣市场”里购物的顾客或许在无意间会收到用残缺的硬币找回的零钱。然而毫无疑问，在伦敦老城和东区正在滋生着一种关于“犹太人永远是罪犯”的亚文化（与爱尔兰人为伍并时常与之竞争）。每隔一段时间，整个社区就会发生严重的犯罪事件，而监管者们对这样的事情又非常紧张，于是摩西・哈特和拿弗他利・弗兰克斯把疑似犹太人犯罪的消息通知弓街（Bow Street）几乎无处不在的治安官约翰・菲尔丁（John Fielding）爵士。1771 年，但以理・以撒克斯（Daniel Isaacs）向菲尔丁供认，他是一群犹太强盗中的一员（他们大多数来自荷兰），他对在切尔西发生的一起入室盗窃深感内心不安。以撒克斯之所以供出对同犯不利的证据，是因为他希望只要他承认了自己的犯罪事实并协助警方抓获其他罪犯，公爵广场犹太会堂的头面人物就会用金钱帮助他重获自由。但毫无疑问，他失望了。

这个案件使整个伦敦为之轰动，主要是因为这个犯罪团伙的头目是一个邪恶的犹太医生，他名叫利瓦伊・韦尔（Levi Weil），虽然他在莱顿大学获得了行医资格，但他的真实职业却是在英格兰与他的兄弟一起干着入室抢劫的勾当。在 1771 年春末，韦尔团伙的一个成员到位于国王大道（King’s Road）的一个寡妇哈钦斯（Hutchins）夫人的房子附近探路，谎称要找一个据说是房主可能认识的人。那是 6 月里的一个暖意融融的夜晚。在进入哈钦斯夫人的房子之前，他们先在切尔西花园附近潜伏了一会儿，然后破门而入，把仆人们都捆了起来，并用一件衬裙蒙住一个女仆的脸，以使她看不见他们的脸，然后开始寻找值钱的东西。有一个男仆奋力挣脱了绳子，于是一场激烈的打斗开始了，打斗中那个勇敢的男仆和一个女仆被射杀，而韦尔兄弟却带着64个基尼和一块手表，从那位由于亲眼看见仆人被杀死而惊恐万状的寡妇面前逃走了。在以撒克斯向菲尔丁痛痛快快地坦白了一切之后，所有的罪犯都被逮捕，并在1771年12月经过一场轰动一时的审判，同时也为喜欢犯罪味的新闻媒体提供了一桌“大餐”之后，韦尔兄弟和其他两名从犯被处以绞刑。当时的行刑现场人山人海，其中也有许多犹太人。与纽盖特教堂的牧师不同的是，那些在罪犯被关押期间曾经去探监的拉比（以及那些坐在会堂里对他们实施“绝罚”的长老）最终并没有到场。这本来是一场“圆满”的犯罪戏剧，但在最后宣读判决书时却出现了令人吃惊的一幕，在宣布判决结果之后，那位首席法官却一反常态地对所有的犹太人（甚至包括告密者以撒克斯）表示祝贺，感谢他们出于公德与官方的密切合作，并希望“任何人都不应因为出了一两个恶人而指责整个民族”。[42] 大不列颠最好能做到这一点。

Ⅲ．“先知”但以理

《拳击的艺术》

对于挂在绞刑架的来回晃荡的那些绳子，门多萨也许根本不把它们当回事儿。作为一个失业的年轻人，有人请他“从海边运送各种各样的货物，并且为此还特意为我配备了一匹好马……但当我热情地投入工作时，却立即被告知，我押运的全是走私货，同时还被告知，无论发生什么样的情况，我都要全力地保卫和保护（甚至不惜用自己的生命）这些委托给我的货物”。[43] 但是，他并不想去碰这类东西，至少不想用驳船的钩杆去碰它们，这是因为他很清楚，他并不能一直完全控制住自己身上那种令人恐怖的力量，尽管他曾发誓说他从来也不是一个残忍的人。的确，当他看到汉弗莱斯在他们擂台赛的第三轮也是最后一轮被打得血肉模糊时，正如观众所看到的那样，他决定让这位被征服的对手保留一点自己的尊严，而不是按照他平日的习惯，对他做出一种蔑视的表情。很难说某一天门多萨会以什么样的面孔出现：是一个凶猛的职业拳击手，还是一个剑胆琴心的犹太游侠。他的应激阈值是很低的，他的铁拳具有摧枯拉朽的力量，而他挥出钢肘时则经过了精确的计算。门多萨在其辉煌职业生涯的全盛期（他当时只有二十四岁）出版的惊世之作《拳击的艺术》，以医生式的精确（他不仅是一位教授，还是一位好医生）向初学者解释了不同的打击方式在对手的身体结构上产生的效果。眉弓之间的一记重拳会造成暂时失明；左耳下方的重击会造成脑部充血，并引起全身痉挛；太阳穴上的一记重拳是“要命拳”，足以致人死命；而“短肋下”或肾部的重击则“会使对手陷入最剧烈的疼痛并暂时失去活动能力”，并伴随着“瞬间的尿失禁”而尿在裤子里，对对手来说是一种最有效的心理打击。在胃部或太阳神经丛部位的一记重拳将会引发剧烈的吐血症状，但如果有的人运气实在不佳而面临这样的重击（这是汉弗莱斯的绝活儿），那么在把胸部向下弯向胃部的同时深深吸气就可以大大降低受侵害的程度。[44]

在《拳击的艺术》的开篇，门多萨就开宗明义地指出，所有这些实战的建议不仅适用于职业的甚至业余的拳击手，而且对于居住在危险的城乡接合部的广大市民也是非常有用的。他还特别指出，他的著作讲的是“自卫的技巧”，并且与 17 世纪晚期的著名搏击手尼古拉斯・彼得（Nicolas Petter）的荷兰语拳击手册（由罗明・德・胡歌插图）完全不同，门多萨的著作是第一本讲述拳德和拳道的书。他在书中写道，“这种分段的激战”形式——也就是把裸拳擂台赛分成不同的回合——曾被指责为“近乎野蛮和无赖的行径”，但这其实是对其真正目的的一种误解，即所有公民的安全和自尊。

> 大家必须要明白……对于任何一个勇敢而高尚的人来说，科学知识不仅是有用的，而且是必要的，因为当他受到攻击时，能够保护自

> 己是第一要务……即使是一个最没有伤人之心的人，如果他学会了这些技巧，就可以随时提供帮助，因为身怀绝技的人走在大街上会有一种安全感，即使他不想对外在的攻击进行反抗，他觉得自身有这种反抗的能力也会产生一种满足感。[45]

不言而喻，门多萨时刻装在心里的正是伦敦的这个特定的人群，因为他们在遭到口头和人身攻击时往往显得特别脆弱：就像他自己。尽管在他的拳击手册里并没有把犹太人作为最需要坚强意志和“搏击技巧”（以回击他们每天都在遭受的口头和人身攻击）一类单独列出来，但只要看一下他在自传部分描述的他的青年时代的故事就会明白，正是这段成长时期的经历不仅使门多萨成为一位著名的拳击家，同时也成长为一位那些毫无伤人之意但却不得不有防人之心的人的指导老师。自从马加比家族①以来，在他之前还没有任何一个犹太人能做到这一点。他说，从他父亲那里，他明白了“真正的和虚假的勇气”之间的差别，也明白了恃强凌弱和正当自卫之间的差别。没有人比他更对“虚张声势和争强好胜的性格深恶痛绝”，但

> 每当我带着一只青肿的眼睛或因暴力造成的其他外伤回到家里，我的父亲总是要仔细地询问我受伤的原因，并严厉地责骂我。每当出现这样的情况，我就会不由自主地和他争吵起来。但另一方面，如果他发现我仅仅是出于自卫或其他正当的动机，那么他就会很大度地原谅我，并大声宣布，他决不会滥用作为父亲的权威去阻止我在遭到不公正的攻击时行使自己奋起自卫的权利。[46]

① 马加比家族，公元1世纪统治巴勒斯坦的犹太祭司家族，曾为保卫和恢复犹太人的政治和宗教做出贡献。——编者注

作为一个毛头小伙子，他很早就经常惹上麻烦，但同样地，也没有任何人能比他更深切地感受到犹太人有必要站起来反抗恐吓。从某种程度上讲，就理解犹太人的苦难经历并把这种理解从自身应用于其他人类来说，门多萨与哲学思想上的“重拳反击手”米拿现·本·以色列以及摩西·门德尔松并没有什么不同。当门多萨宣称他所极力追求的高贵品质（对他来说就是“勇敢而高尚”的自卫能力和敢于反击的进攻能力）不仅对他自己是必需的，而且对整个社会也是至关重要的时候，这种精神追求就恰恰类似于门德尔松的坚定信念：宽容的多样性在为犹太人带来好处的同时，对整个世界也是有百利而无一害的。

门多萨可能不是每个星期都按时去贝维斯·马克斯犹太会堂，并且事实上我们也不知道他到底去没去过。他来自一个虽然并不富有但也不至于挨饿的塞法迪犹太家庭，他的父母也都是非常本分的犹太人，所以他们很早就把门多萨送进了一所犹太学校（几乎可以肯定，就是摩西·哈特创办的那所义务教育学校），让他能够在学校里学习希伯来语和钻研宗教典籍。但门多萨的自传中也清楚地表明，他也学过纯正的英语以及像数学这类所谓的“现代”课程。这种混合式教育对门多萨日后的声名鹊起是至关重要的，因为他所获得的知识使他能够凭借自己的能力和足够的自信进入非犹太人的世界；实际上，在他的拳击手册的字里行间，处处都显示出他对时势的把握能力。无论门多萨是否保留着自己的犹太人身份，他在整个人生中都一直保持着一种强烈的犹太意识；实际上，他的公共和职业身份以及他把自己的专业技能传授给其他年轻犹太人的坚定信心，都充分体现了这种犹太性。在小小的学术圈子之外，还没有人能够像他那样，所发表的言论能够引起如此强烈的关注。但是在整个英国，从温莎城堡的国王到贝尔蒙西（Bermondsey）的职业拳击界，几乎所有的人都知道门多萨是一个犹太人。

从一开始，门多萨身上就似乎有某种东西——或许是这个小孩子天生的那种宽肩阔背的身材和高傲自大的性格——使那些充满信心的人愿意把宝押在他的身上，但他的学徒生涯却是由一个个身材高大的恶霸们给他的一次次教训组成的：首先是一个玻璃工匠的儿子，他在成人礼后曾一度跟着这个玻璃工匠当学徒；然后是住地附近的一帮恶棍，在他为一个杂货商打工期间，这些家伙经常侮辱这个家庭店铺的老板娘，只是因为“她信奉犹太教”。[47] 也许把宝押在犹太人身上并不是一个好主意，特别是当这个犹太人是小门多萨的时候。他经常变换雇主（茶叶商、甜点师、烟草贩子），有一次在失业期间，但以理和他的一个堂兄来到北安普敦（Northampton），因为他听说那里比较好找工作。从客栈里出来后，他们一路来到城里，但却碰上了一个当地的恶霸，这家伙竟然说他“厌恶看到这样的人在他的地盘上晃来晃去”，并带着挑衅的口气说：“很遗憾我们没有被送到耶路撒冷。”[48] 于是，一场不可避免的“殴斗”发生了，尽管这个家伙声称是北安普敦最厉害的裸拳搏击手，但叫得最响的人结果却输得最惨，而这个对手的父亲却一反常态地亲自找到门多萨（至少他在自传中是这样说的），对他对自己这个桀骜不驯的儿子进行了惩罚表示感谢，因为他自己根本就管不了他。所以他请求两个小伙子和解，并且他们也就此握手言和了。既然大家已经成了好伙伴，北安普敦的这位父亲便主动地让两位犹太小兄弟在他家里免费食宿，并且表示他们愿意住多久就住多久。这样的结局实在是太好了，好得令人难以置信！或许吧！

导师和“伯乐”

然而，早年的另一次这样的争斗却彻底改变了门多萨的人生。当时，他正在“白教堂”附近为一个茶叶商打工，每当一个搬运工把一批货物从码头上运过来时，门多萨就会像通常那样给他一杯啤酒和一点小费作为劳动报酬。正常情况下，几乎天天如此。但是，也不知出于什么原因，这个有点古怪的搬运工却开始找碴儿，他拒绝了啤酒，要求得到更多的现钱，并且连续好几天做出这种威胁的举动，于是十六岁的门多萨决定好好教训他一下。他们脱掉了上衣，在门外的大街上用粉笔画了个圆圈，然后便开始较量。尽管像往常一样，这个搬运工的年龄和块头都要大很多，但门多萨却把这个不知深浅的家伙好一顿暴揍。当时，周围挤满了看热闹的人。或许是碰巧，其中有一个围观者就是长相英俊、身材魁梧的理查德·汉弗莱斯，他当时可是英格兰拳击界以优雅、力量和高贵著称的擂台红人，被誉为“绅士拳击手”，其搏击水平比那些作为拳击界主要成员的退伍军人、水手、装卸工和苦力高出何止一筹。[49] 但是，汉弗莱斯同时也是他自己职业生涯的一个精明的经纪人，当他看过这场打斗后，他的一双慧眼便发现了一个具有明星气质的擂台“潜力股”拳击手。因此，在还没有见识到门多萨的拳击技术之前，他即兴地提议要亲自和门多萨真刀真枪地较量一番。这个十六岁的孩子用连续的重击把一个高出自己许多的彪形大汉打倒在地。只见他快速移动着脚步，身体几乎贴着地面，使自己变成了一个令对手难以捉摸的靶子，用他的铁臂承受着对手的每一次重击，然后用凌乱的重拳雨点般地进行反击。随着这次街头大战一秒秒地过去，汉弗莱斯越来越深信，他已经看到了未来，那看似遥远的地平线上即将出现奇迹。他闻到了壮观的擂台气息，更闻到了成堆的金钱味道。

但现在还不是接近这个小伙子的时候，他需要从缓慢的重拳开始练起，而对手通常是一些想找事的水手和码头工人。但这种街头打斗的结果并不总是如门多萨所料。有一次，门多萨和他的朋友们在圣凯瑟琳（St Katharine）码头附近看到两个女人正在打斗，她们一边互相抓扯着头发，一边尖声叫骂并吐着口水，而一群男人正围着调侃和起哄。“我从来也不愿意观看这类打斗，于是便试图对她们进行劝解。”[50] 在劝解无效的情况下，门多萨便在两个女斗士中间选择了一个下了注，结果他赌赢了。失利方的男朋友是一个水手，他对这种赌钱方式非常生气，于是又一场打斗开始了。几天后，门多萨在大街上被一伙试图为失利的姑娘和她的同伴寻仇的街痞拦了下来，并且用棍棒对他进行围攻。门多萨被打得失去了知觉，躺在大街上奄奄一息。然而，这次失败的耻辱似乎更加激发起他的好胜欲望，并且他的大无畏精神也成了肯特（Kent）路到“牧羊人丛林”① 一带人们茶余饭后的谈资，从布莱顿（Brighton）直到布里斯托尔（Bristol）的拳迷们都对他大加赞赏。这时，汉弗莱斯再一次找到了他。简直受宠若惊——他怎能不受宠若惊呢？——门多萨接受了邀请，然后他又接受了专业训练并获得了赞助。但是，门多萨心中仍然难以确定，这是否就是他的职业选择。在过去的岁月里，尤其是在伦敦塞法迪犹太人社区里，也曾出现过许多为公众所知的犹太拳击手。根据《搏击术》一书的描述，“以撒·莫哈”［Isaac Mousha，我认为他的真名肯定叫斯莫哈（Smouha）］和亚伯拉罕·达科斯塔（Abraham da Costa）曾在18世纪50年代向不可战胜的“泥瓦匠”杰克·兰姆发起过挑战，但却都败下阵来。所以，人们不可避免地会对“犹太人支派”的失败大加嘲弄。“让他们深深感到失望的是，这只‘羔羊’② 并不像他们想象的那样温顺，他用力量证明了他们一直就不喜欢的（犹太）人——简直就是一块肉！”[51]

门多萨可不是这样一个随随便便的取笑对象，尽管这位具有冒险精神的犹太人一直都非常低调。汉弗莱斯算是他的“伯乐”和导师。他们在经过一番争论之后做出了安排，分回合的擂台赛无疑会吸引更多的观众和获得更多的金钱，而最重要的比赛就是与以残忍著称的汤姆·泰恩的擂台赛。门多萨虽然失利了，但从此之后安排二十甚至三十基尼门票的比赛就顺理成章了，从而为赢取更多的赏金开了一个好头儿。

正是他们在准备另一场重要的擂台赛期间，导师和学徒之间的关系似乎出了问题。当时，汉弗莱斯安排门多萨在“埃平森林”（Epping Forest）的一幢他朋友的房子里进行赛前训练。但门多萨很快就发现，这里显然是一所妓院，尽管这也许是无意的，但这样的侮辱却严重地伤害了中产阶级从不远离表面的那

① 牧羊人丛林（Shepherd’s Bush），是西伦敦的一块区域。——编者注

② 杰克·兰姆（Jack Lamb）的姓兰姆（Lamb）英文同“羔羊”（Lamb）。——编者注

种自尊。门多萨当时就满怀屈辱地离开了，汉弗莱斯对此非常生气，这是因为他一旦与他的明星徒弟决裂，他作为门多萨的保护人和经纪人就无法获得约定的佣金。所以，这位犹太小伙子想自己单干，这怎么可以？或许一顿暴打将教会他如何做人。如果需要，他可以亲自出手。这是拳击界最老套的故事，但这一次却成了真的。

不管是出于偶然还是预先设计好的，他们在阿尔德盖特的罗巴克酒馆相遇了。当着满屋子用餐者（其中有许多都是他的追随者和粉丝）的面，汉弗莱斯把门多萨叫了出来。“在用最下流的语言对我进行了一番侮辱之后，他揪住了我的衣领，并疯狂地撕掉了我的外衣。”罗巴克酒馆是汉弗莱斯自己的地盘，所以门多萨觉得最好还是不要在现场解决他们之间的纷争。于是，他告诉这位曾经的朋友和眼前的敌人：“虽然那一天我没有立即发作表达自己对所受侮辱的不满——‘不满’是当时拳击界的行话，意思是不再用语言冒犯的方式而是要用肉体对抗的方式解决争端——但他当然明白我不会很快就忘了这次侮辱，并且我也毫不怀疑总有一天我会‘报答’他。”[52]

汉弗莱斯一直在等着门多萨做出自不量力的举动，并且认为有人会替他管教他。但这一切假想并没有发生。在巴内特（Barnet）赛马场，另一场由门多萨对全英格兰在名声和力量上仅次于汉弗莱斯的拳击手——在巴斯有“屠夫”之称的马丁的擂台赛已经安排就绪。门多萨仅用了 26 分钟就干掉了这位“屠夫”。就在不久之前，汉弗莱斯打倒这同一个对手却用了足足 1 小时 45 分钟。更糟糕的是，凭着门多萨对巴斯“屠夫”的压倒性胜利，他一次就赢得了 1000 英镑，并且作为新的擂台霸主，拳迷眼中的这位“黑马”英雄的身后出现了长长的骑马和坐马车的追随者队伍，后排的观众声嘶力竭地高喊着“门多萨！门多萨！门多萨万岁！”对犹太拳击手的崇拜时代开始了，这样的疯狂举动出现在摄政时期的英格兰的确是令人难以想象的。

对于迪克·汉弗莱斯来说，这是非常尴尬的，更是难以容忍的。阻挡门多萨前进脚步的唯一方式就是亲手打败他，这不止是一种力量的征服，而是要给这个飞扬跋扈的小个子犹太人一次人生的教训。在两大拳击手开战之前，双方的支持者阵营之间率先打响了一场血腥的前哨战。在伦敦的大街、集市和休闲花园里，一场全面的战争爆发了。人们挥舞着棍棒和长长的鞭柄，许多人被打得头破血流，各个码头上一片混乱。门多萨在公众面前的频繁出镜使他名声大噪，但也使他暴露在真正的危险之下。有一天晚上，当他与怀孕的妻子在沃克斯豪尔花园（Vauxhall Gardens）里散步时，他被汤姆·泰恩的20个打手（显然是受汉弗莱斯指使）围了起来，被绑走后关在了一个黑暗的房间里。他奋力破窗逃了出来，却发现他的妻子正坐在一条长凳上，虽然还没有受到伤害，但却由于受到惊吓而泪流满面。她恳求门多萨不要再去打擂，他被她可怜的乞求声打动了，于是答应退出拳击界——这也就意味着他与汉弗莱斯之间的纷争结束了。但是，面对挑战，根本就没有退缩的余地。两个人之间继续互相攻击，公众的热情仍然十分高涨。有一次当他们在另一家酒馆里遇见时，汉弗莱斯质问门多萨：先生，你为什么肆意侮辱我的名声。（门多萨很清楚，汉弗莱斯一直在偷偷地跟踪他，以便引起公众舆论的关注。）先生，我同样也要问你，如果你想要在此时此地解决我们之间的争端，我会随时奉陪。然后，两个人立刻脱掉了上衣，在酒馆的院子里画了一个圆圈，开始拳脚相向，仅仅一会儿工夫，门多萨就打伤了汉弗莱斯一只眼睛。但这只是小打小闹，是大战前的一次热身而已。一场真正的较量即将来临。

无论门多萨是不是在追求公众的关注度（很可能他就是要引起关注），反正他仍然日日夜夜都在人们的视线中。他在卡博尔法院（Capel Court）的拳击技术研究院（这是第一个此类专业学术研究机构）闻名遐迩。商人、上层人士和贵族们，甚至一些从事法律工作的职业人士，纷纷赶过来学习这种男子气概的自卫技巧，拳击艺术第一次成为一种深受欢迎的爱好。门多萨继续在擂台上挣钱（直到由于违反擂台赛的新规则而遭禁），同时进行防守技巧的展示和讲解活动，甚至模仿过去和当代职业拳击手（包括汉弗莱斯）的不同拳击风格。然后，他开始用他在拳击手册中提出的标准严格地指导训练。门多萨的训练课是精确而严厉的：每天要进行满负荷的健身运动，但又不要达到精疲力竭的程度。他所追求的目标是每天都要运动，而不是心血来潮地进行强化训练；要注重增加力量和耐力，而不应一味求快和求狠，所以要慢走而不是快跑；另外，还要洗冷水浴和做按摩。早餐吃得要清淡：要喝奶类而不要喝茶，另加一杯掺水的淡红酒。至于晚餐，以炖小牛肉和米饭为佳，或在晚些时候吃一些用“营养丰富的家禽”熬成的肉冻，外加一碗蹄髈汤，但切勿在夜间增加胃的负担；不要喝刺激性的饮料，可以吃巧克力但不要喝咖啡，不要多吃盐，面包干比面包好，吃烤面饼时可以抹上一点硬奶酪。要注意讲究策略，敢于实践。在擂台上，要一直盯着对方的眼睛，判断他的出拳深度和他的肢体语言，这样你就能预先知道他的打击方向和打击部位。只有当你佯装攻击并试图诱骗对方错误地选择打击部位时，你才能把目光从他的眼睛上移开。[53] 脚步要不停地移动，这样才能使对方失去平衡。快速游走但不要跑。要不停地移动、移动、移动！

世纪大战

1788 年 1 月，位于汉普郡（Hampshire）的奥迪厄姆（Odiham）成为万众瞩目的中心。整个英格兰都知道那里将发生什么，所有的热情拳迷当然都会赶到那里：公爵及其公国的骑士、市政官员，还有许多富有的商人。前一天刚刚下了一场倾盆大雨，露天擂台上还非常湿滑。但大雨在后半夜已经停了，仿佛天公也想偷偷看一看这场世纪大战。这一刻的戏剧性场面是不可抗拒的。汉弗莱斯是英格兰白皙男性中的“美丽一枝花”，是与社会底层泾渭分明的上流社会的化身，是一个用完美身材塑造出来的英雄人物形象。与这种华丽的气场形成鲜明对比的则是一个皮肤黝黑的犹太人，他的所有胜利得益于其民族的优良品质：机敏、聪明和活力。或许就连他著名的“下盘”——在遭到重击时恢复过来并以利息回报的韧性和毅力——据说也是由这个种族的特殊体质决定的，否则他们又如何逃过数个世纪以来的一次次“沉重打击”呢？门多萨因为所有这些优良的品质而感到无比自豪。他的助手、现场医生和聘请的监督都是清一色的犹太人：雅各先生、以撒先生和一位摩拉维亚先生。在震耳欲聋的欢呼声中，汉弗莱斯登上了高高的擂台，此时的他的确是一个金光闪耀的人物，因为他的长筒袜上特意缠着一道道耀眼的金线。人们还从来没有见过如此漂亮的拳击手。而根据《搏击术》中的回忆，门多萨却选择了一种相对低调的出场形象，不过算得上“穿戴齐整”而已。大量的赌徒都把注押在了汉弗莱斯身上，但随着比赛的进行，这位拳击冠军的每一次华丽重拳似乎都难以伤到这个矮小的犹太人分毫，获胜的天平开始失衡，赔率随之发生了反转。擂台湿滑的地面使得双方都偶尔会出现身体不稳，但汉弗莱斯似乎稳定性更差一些。在第20分钟的铃声响起时（每个回合是一分钟），汉弗莱斯抱怨他那双漂亮的长筒袜太紧，特别是下段已经滑进了鞋子里，所以要求停止比赛，而换上了“一双普通的毛线长筒袜”。按照门多萨的说法，这是他为重新占得上风要的一个花招，并且这次换装用了足足40秒钟，远远超过了规则允许的暂停时间。然后，汉弗莱斯的一个助手又几乎在擂台边上替他接了门多萨的一记凶猛的“低平拳”。这应该是两次犯规，根据门多萨的看法，当时就应该立即判定他获胜。然而，他却做出了他曾忠告自己的弟子在这样的情况下千万不要做的举动：盛怒之下改变了自己的既定策略。他开始焦躁起来，企图用一个危险的搂腰背摔动作给汉弗莱斯致命一击。由于意识到足以让门多萨失去平衡，汉弗莱斯紧紧地抓住围栏，奋力把试图摔他的对手摔了下去。门多萨的头部重重地摔在地上。更糟糕的是，一阵剧烈的疼痛击中了他的“腰眼”。一个膝盖被严重扭伤，或者已经碎裂。他想站起来，但已经力不从心。这场擂台赛结束了。汉弗莱斯立即给他的一位未能亲自到场的赞助人写信说：“我干掉了那个犹太人，并且我自己毫发无伤。"

门多萨虽然输掉了这场擂台赛，但却没有输掉这场战争，更没有输掉公共舆论战。由于意识到至少还会有一场回访比赛（汉弗莱斯似乎迫切地期待着），门多萨的团队投入了紧张的准备工作。在 1788 年的英格兰，街头上到处都是两个人——"假绅士"和犹太人——双拳相对的大幅宣传画。模仿门多萨的形象出现在考文特花园和德鲁里胡同（Drury Lane）的舞台上；"迪克—但"① 大决战的民谣在四处传唱，尤其是那些对狂妄的希伯来人的惨败幸灾乐祸的人更是陷入了疯狂之中。而所有的希伯来人则焦急地等待着他们的马加比② 获得新生。

但是，门多萨受伤严重，并且由于他唯一的孩子刚刚夭折，他的情绪十分低落。他的腹股沟伤势一时难以复原，但针对重赛的训练必须要身心两方面都非常从容才行。他同时也清楚地意识到，在这件事上不能急于求成。于是他明智地选择了沉默，但却正好使得汉弗莱斯以公众需求作为诱饵掀起了一轮新的舆论浪潮。他当然非常清楚，当前他们之间的争斗已经远远超出了通常的拳手互相切磋的范畴。并且很快就会成为举国上下热议的话题。擂台赛结束之后，门多萨仍然对对方的两次明显犯规耿耿于怀，他向媒体，尤其是《世界》杂志再次申明了自己对这场比赛的看法。[54] 而汉弗莱斯立即做出了回应，嘲笑门多萨的"酸葡萄"心理，是一个输不起的人，并且暗指他以受伤为借口拖延重赛时间的做派其实是一个胆小如鼠的逃避者在无病呻吟罢了。门多萨公开发表了他的私人医生的一封信——医生的诊断记录——但他却为此招致了更多的侮辱。对于门多萨的伤势，汉弗莱斯以嘲弄的口气说："为什么有的人信誓旦旦地说，他们亲眼看到他腿上有三块骨头露了出来……并且一直延伸到大腿根呢，恐怕是长年的风湿病引起的吧。因为这种病也会引起腰眼部位的剧烈疼

① 两个人的昵称。——译者注

② 此处喻指公元前 165 年的马加比家族起义。——译者注

痛，但只要他还能活动，我觉得他是完全可以坚持的。”[55]

第一次擂台赛结束六个月后，在1788年7月间，汉弗莱斯突然来到门多萨的拳击馆，并在上面比赛正在进行的过程中非常扎眼地在拳击台边的一把椅子上坐了下来，当然他身边还跟着一大群支持者。门多萨虽然由于唯一的孩子刚刚去世而穿着一身黑色的丧服，但他仍然举止优雅，非常礼貌地对汉弗莱斯能亲自到他的新场馆祝贺表示感谢。但随后，汉弗莱斯却又爬上了拳击台，当着门多萨的整个团队的面一瘸一拐地模仿他从“重赛”现场逃跑的模样。门多萨对他的挑衅做出了回应，但此时的吵架不过是赛前的一场口水战而已。

门多萨：汉弗莱斯先生，你不要以为我怕你。

汉弗莱斯：不过你看起来有点心慌。

门多萨：先生，你似乎不愿意和其他人比赛，有好多人都想和你打一场呢。

汉弗莱斯：这并不是问题所在。我只想和一个人打，那就是你本人。[56]

尽管门多萨以性格冲动而远近闻名，但他却不想因为受到刺激而提前举行比赛。他不慌不忙，并慢慢地恢复了健康。或许，他开出的那张健康的食谱——面包干、奶类和炖小牛肉——帮助他康复了。他又开始引起了社会的广泛关注。这时一位赞助人出现了：托马斯·艾普雷斯（Thomas Apreece）爵士，他本人算是半个拳击手；而来自剑桥、坎伯兰（Cumberland）和约克的三位公爵也对他表现出了浓厚的兴趣，他们都曾去过犹太会堂，并且恰好就是公爵广场的那座会堂。

1789 年 5 月 6 日，正当在凡尔赛召开的“三级会议”[①] 即将宣告结束法兰西王国的旧体制时，一场拳击场的革命在英格兰真实地上演了。这次擂台赛的地点是亨廷顿郡（Huntingdonshire）的斯提尔顿（Stilton），这里是门多萨来自上层社会的新支持者亨利 · 桑顿（Henry Thornton）的一处庄园。人们对这次门多萨的挟怒回归的期待之情是如此强烈，竟然为他专门建造了一座足以容纳数千名观众的拳击场，而观众需要购买半个基尼的昂贵门票才能进场观看这场“世纪大战”。一排排阶梯形的露天座位等待着蜂拥而来的人群。由于上一次擂台赛的情景还历历在目，开始时的赔率和赌注都押在了汉弗莱斯身上，希望他能再次获胜，但随着比赛的进行，他们却更快也更坚定地倒向了犹太人一边。因为经过几个回合之后，令人吃惊的是，门多萨显然在搏击术上为汉弗莱斯好好地上了一课，尤其是他“干净利落的抵挡技术”，足以在拳击史上为人们所铭记：这位犹太人挡住了一次次猛烈的进攻。汉弗莱斯打出的勾拳和直拳越凶猛，门多萨的铁臂的抵挡部位就越精确，由此顺势引起的反击力量就越恐怖，对手身上的几乎每一个部位都遭到了重击，尤其是他英俊的面孔转眼间就变成了一张血肉模糊的大花脸。在场的每一位观众都知道，他们正在见证一个王朝的结束和另一个王朝的开始。

在第二十二个回合，汉弗莱斯终于“倒下了”。当时的规则是，如果一方倒地，并且在没有再受到任何击打的情况下，那么就可以裁定他输掉了比赛。门多萨的场角开始尽情欢呼起来。但是汉弗莱斯却再次站了起来，他坚持说自

---

① 三级会议（Estates–General）指的是法国在中世纪末期设立的等级代表会议，参加者有教士（第一等级）、贵族（第二等级）和市民（第三等级）三个等级的代表，故名。1302 年，腓力四世由于向教会增税问题与教皇发生突冲，于是召开了包括第三等级（当时主要是某些大城市的资产阶级代表）在内的第一次三级会议。这次会议使腓力四世获得了“民众的支持”，结果是王权的加强和教会实力的削弱。三个等级不分代表多少，各有一票表决权。百年战争时期，为了抵抗外敌，三级会议有权监督政府。16 至 17 世纪初，专制王权加强，三级会议的权力一度被削弱。从 1614 年到路易十六统治时期，三级会议中断了 175 年。1789 年，路易十六召开了最后一次三级会议，这次会议导致了法国大革命。大革命后，三级会议随旧体制一起被废除。——译者注

己倒地后受到了一次击打，比赛还要继续进行。汉弗莱斯的场角也在嘲笑他的对手，宣称对方的无效打击犯规了，以便阻止比赛继续进行。盛怒之下，门多萨的场角坚持认为，他们一方的拳手已经获胜，不应该再继续比赛。双方的场角互不相让，对骂声是如此激烈，以至于随时会演变为一场擂台外的大战。然而，门多萨本人却不愿意像过去那样给人们留下什么话柄，并且宣布他随时准备继续比赛。于是，他们又继续激战了大约三十分钟，汉弗莱斯再次倒地，并且没有再受到任何击打，而这一次他的场角也没有再抗议最后的裁定。最后的胜利属于这位犹太人。后来在自传中，门多萨曾回忆起当天在“野牛酒馆”里的那次彻夜狂欢，然后在深夜里又连着举行了第二轮庆功会。最后，带着一丝自嘲的意味，他们一大帮人醉醺醺地寻找他们的房东，一家叫“纽伯里先生”的旅店，但却迷路了，竟然无意间闯进了一个农家院落，一起掉进了一个“大粪坑”里，这无疑是一次就连最喜欢冒险的英雄也不会忘记的喜剧经历。但是，当时的英格兰已经意识到，门多萨是一个输得起、赢得下的伟大拳击手。

既然汉弗莱斯和门多萨已经各赢了一场，那么第三场比赛将最后定输赢。这次决胜比赛安排在 1790 年 9 月 29 日，地点在唐卡斯特。当时在英吉利海峡的对岸，一场声势浩大的革命已然爆发，但英国人似乎对轰轰烈烈的法国大革命的消息没有太大关注，因为他们已经把注意力完全集中在了汉弗莱斯和门多萨身上。比赛的地点就设在顿河[①]岸边一家酒馆的院子里，院子的一边是高大的建筑物，另一边就靠着河岸。河岸边临时用栅栏围了起来，但由于当地的船家从河对岸摆渡了数百人过来，所以这道栅栏马上就不起作用了。其他一些当地的居民则把他们的渡船停泊在水面上，船夫们可以很方便地爬上高高的桅杆，像许多栖息在枝头的乌鸦一样寻找最佳的观赏位置。

到了此时，汉弗莱斯知道，他获胜的唯一机会就是一上来先利用他无与伦比的重拳进行消耗战，然后找准机会对对手的腹部发出致命的一击。但是，门

① 顿河（Don），发源于英格兰中部，向北汇入亨伯河（Humber）。——译者注

多萨坚如磐石的“下盘”开始显示出威力，任凭对手如何击打都不为所动，同时他以排山倒海般的力量伺机反击。比赛刚进行到第三个回合，他就把汉弗莱斯干净利落地打倒在地。在第五个回合，汉弗莱斯奋力发出了一记他赖以成名的直腹拳，门多萨在化解了这次重击的同时，回敬了一记足以致盲的直面拳。一个回合又一个回合过去了，双方陷入了缠斗之中，当时的场面极其惨烈，汉弗莱斯的两眼周围伤痕累累，几近失明，他的鼻子也伤得很重，满脸是血，上嘴唇已经豁开，但他仍然在勉力坚持。门多萨似乎正等着他逐渐露出疲态，好给他最后一击。但当汉弗莱斯步态失稳，东倒西歪，然后慢慢地就要瘫倒在地时，门多萨却出人意料地像战场上对待一位受伤的战友那样，轻轻地扶住了对手。在场的每一位观众都注意到了门多萨的这个动作，其中既表现出了一种大将风度，也掺杂着一丝轻蔑。最后，门多萨把迪克·汉弗莱斯轻轻地放在拳击台的台面上，就像在安抚一个顽皮的孩子入睡。

当然，这样的比赛结果并不能阻止某些描述这次擂台赛的文章，从嘲笑犹太人的脆弱转向厌恶“犹太人的铁石心肠”。还有一些人则认为，当比赛的结局证明科学的知识战胜了优雅的举止时，或许正是后者成就了真正的英雄，尽管他或许也会被打败。对门多萨本人来说（至少在他的自传里），他对这位他生命中的宿敌和曾经的导师表达了自己的敬意（如今他完全可以这样做），并认为在双方的争霸过程中，他（汉弗莱斯）的行为是值得尊敬的（或许他当时的感觉并非如此）。

正如经常发生的情况一样，反复的实力较量几乎使得双方都精疲力竭。很显然，汉弗莱斯再也不想见到门多萨。尽管门多萨似乎仍然处在拳击生涯的全盛期，并且后来还曾经两次在第一个回合就击败了拳坛新秀威廉·沃尔（William Warr），但显而易见，与汉弗莱斯之战的漫长史诗对获胜者同样也造成了极大的伤害。1795 年，他与约翰·杰克逊（John Jackson）的擂台赛门票达到了两百基尼，但当比赛即将结束时，杰克逊利用门多萨的骄傲自大和轻敌心理，紧紧地抓住了他那头卷曲的浓密长发，同时对他的面部连续打出了一记记沉重的直拳，“直到他倒在了擂台上”。[57] 这一时期，他正在尽力兑现当年对妻子所做的承诺，开始寻找相对不那么直接伤人的方式来发挥他的才能。所以，门多萨更多的是通过舞台表演来讲解以往和当时的拳击家的各种搏击技巧和风格，并且为此还专门聘用了一位对打表演的助手。他完全投入了这种“模仿秀”之中，每当示范结束时总是以击鼓为号，并且他还要做一个擂台上获胜时形成的习惯动作。他的“自卫技术”研究院也搬进了他自己的拳击场中，即斯特兰大街上的“学园”①。他的徒弟们——有许多人是犹太人，如“荷兰人”萨姆·以利亚（Sam Elias），还有一个被称为“犹太佬”（Ikey），这个昵称应该是出于一种善意的幽默——在“学园”里接受他们在拳击技术方面的启蒙教育。还有一个人，他虽然算不上门多萨的徒弟，但在格斗风格上却很像是他的弟子，他就是以利撒·克拉布（Elisha Crabbe）。他不仅以“犹太人”这个名号而广为人知，甚至还与他导师的宿敌和老对手汤姆·泰恩在著名的霍顿（Horton）竞技场举行过一场擂台外的大奖赛，不过他的挑战并没有成功。人们当时最典型的评价是：“犹太人展示了最华丽的拳击风格，而泰恩则示范了最实用的搏击技巧。”[58]

永远的神话

此时的门多萨实际上已经变成了一个艺人，他经常跟着阿斯特利马戏团到各地进行巡回演出，并且几乎可以肯定的是，吉米·德卡斯特罗一直在陪伴着他，他有时也会即兴地与某个职业拳击手“手谈”一番。他巡回演出的足迹远至都柏林和爱丁堡、曼彻斯特、东英吉利地区和西南部各郡，如埃克塞特（Exeter）、普利茅斯（Plymouth）、布里斯托尔。整个不列颠的人都想看一看这个传奇式的人物，因为他“不再是莎士比亚笔下的那个犹太人”。因为尽管也有人提到他的异邦风格及其突然退出拳坛（主动放弃毫无体育道德精神的拼

① 或许是模仿著名的“雅典学园”。——译者注

搏）这种颇为理智的做法，但有关门多萨的所有记述中并没有把他描绘成某种游走在大英帝国社会边缘的狡猾善变的外裔人。包括国王本人在内的整个宫廷都认为他是真正的爱国主义男性气概的化身，而这正是随时准备以武力（虽然尚不确定）干预法国大革命的大不列颠所需要的。根据门多萨的记述，就在他访问温莎城堡期间，在他与皇室成员的正式会谈尚未结束，而乔治三世对搏击术发表许多“独到的见解”之前，皇室的长公主曾向这位著名的拳击家提出请求，问他是否能让她性格羞涩的小儿子打他一下，以便使他能在人们面前吹嘘他曾经暴揍过伟大的门多萨一拳，门多萨微笑着接受了这个充满母爱的请求。至于他是否曾接受过这样一记腹部直拳，历史文献中并没有记载，但如果他真的挨过这么一个小拳头，他很可能会假装痛苦地弯下腰来，从而使这位小王子兴奋地大叫起来。

过了三十岁之后，拳击台上的神话似乎离这个男人越来越远。门多萨虽然曾经在拳坛上叱咤风云，但他经营生意的能力却非常糟糕。他很快就变得债台高筑，并且随着拳击冠军的光环日渐褪去，他发现自己根本无法面对各路债主的纠缠，而为了养活家里的十个孩子，他曾经三次被关进“王座法庭监狱”，并且他为了避免财产损失，有时甚至主动要求被关起来。他也曾尝试过酒馆老板的生活，拥有并经营过“白教堂”大街上的“纳尔逊上将”酒馆；在酒馆倒闭后为当地的郡长当过保镖；后来又在德鲁里胡同里做过“新提价后门票”的检票员，当时还在提价前的“老票价”的支持者中间引发了一场不大不小的骚乱。但那些支持“老票价”的闹事者在认出了他是门多萨之后，却围着这位犹太人高谈阔论起来。

他虽然已经退出拳坛，但有时也会复出打几场比赛。1806 年，他在肯特郡的格林斯泰德（Grinstead）绿地公园曾与哈利·李（Harry Lee）举行过一场残酷而艰难的擂台赛。哈利·李和他一样，也是一个资深的拳击手，他们打满了五十个回合，但神勇依旧却已半死不活的哈利·李仍然拒绝倒下认输。由于大家都认为这是两个老拳击手之间的一场告别赛，许多新的拳击冠军，像“母鸡”亨利·皮尔斯（Henry “Hen” Pearce）（被誉为“斗鸡式拳击手”）和约翰·格利（John Gulley），都到场观战，因为他们觉得这也许是最后一次欣赏两大拳击手拳坛风采的机会。从某种意义上讲，他们是对的，因为在1820年，当已经五十六岁高龄的门多萨与他的老对手汤姆·欧文（Tom Owen）进行最后一场轰动一时的艰苦较量时，激烈的比赛不过是为了满足人们的好奇心而已。

该结束了。通过撰写自己的回忆录，门多萨终于有机会重新体验他走过的激动人心的漫长道路，从一开始的默默无闻直到他与汉弗莱斯在伟大的角斗场上的辉煌时刻。绅士迪克，也就是汉弗莱斯，后来做起了煤炭生意，生活逐渐安定下来，在平静之中步入了相当富有的中年。门多萨以七十多岁的高龄终老于他开始生活的地方——从“白教堂”到贝斯纳绿地（Bethnal Green）之间的伦敦犹太居住区，并被埋葬在“一里屯路”边的葡萄牙犹太人墓地。后来，虽然有些犹太人的遗骨被迁往埃塞克斯（Essex）重新安葬，但这片塞法迪犹太人的墓地如今仍然静静地躺在玛丽女王学院的前院，一块小小的牌匾上清楚地刻着他的名字。

门多萨用自己的人生改变了英国人对犹太人怀有的根深蒂固的偏见，虽然还不是一种彻底和永远的改变（凡人都无法做到这一点），尽管许多曾经对犹太商人和学者的怯懦与软弱大加嘲弄的人，现在却开始讨厌他们在所谓的“自卫”中使用的野蛮力量。相对而言，皮尔斯·伊根反倒显得更宽宏大量一些，他强调，对于但以理·门多萨，令人惊异的不仅仅是一次次获得了胜利，而是他在胜利之后展示的“那种高贵的行为方式”。“偏见往往会扭曲人们的心灵，然而不幸的是，良好的行为方式却被忽视，甚至不能对他们表示最起码的尊敬，特别是当这种良好的行为出现在一个恰恰拥有不同的信仰或肤色的人身上时更是如此。”［像汤姆·莫利诺（Tom Molineaux）这样的黑人拳击手也即将效法犹太人登上拳坛。］“作为一个犹太人，门多萨并没有像他的对手那样，以极大的热情期望广大观众对他的成功表达美好的祝愿……但真理高于一切，门多萨的拳击生涯显然自始至终闪耀着人性的光辉。”[59]

门多萨对自己能被描绘为一个值得尊敬的人而感到高兴，因为在他的整个冒险生涯中有一个强烈的愿望，那就是向他的祖国同胞表明，一个犹太人也可以成为一个“具有男子气概”的不列颠人；而许多人心目中那个怯懦、软弱、不可信的犹太人形象完全是无稽之谈。当时，英国是唯一一个体育项目实现了职业化并为广大观众提供娱乐的国家，而门多萨认为自己就是一个具有纯正爱国思想的男子汉的样板：为数不多的受到国王和威尔士亲王赞赏的英雄之一。他在自传的前言中写道：“我相信，这并不完全是出于虚荣。可我还是禁不住要问：又有哪一次公共展示活动能像汉弗莱斯先生和我之间的擂台赛那样，激起人们如此强烈的好奇心，或焕发出如此热烈的公众感情呢?”[60]毫无疑问，他是优秀的英国人，并且自始至终都是犹太人门多萨。

在当时的英国，制度还远远落后于国民的价值取向。在有关天主教解禁的法案于 1829 年通过之后，解放犹太人的第二次尝试也以失败而告终。离他们真正地“站起来”并被允许进入国会和政府，也许还要再等二十年。门多萨还在世时，几乎谈不上什么“解放”。素以言辞犀利、思想激进著称的学者以撒·迪斯雷利（Isaac D’Israeli）认为，他那个聪明伶俐的儿子本杰明如果想要出人头地，最好还是去接受洗礼，尽管他很清楚，这个孩子永远也不会忘记自己的根——他自己当然也不会。梅耶·柯恩（Mayer Cohen）也得出了同样的结论，并以他信奉基督教的妻子的娘家姓改名为弗朗西斯·帕尔格雷夫（Francis Palgrave），他是英国公共档案馆（Public Record Office）的伟大创立者和管理人，也是漫长的英国历史记忆的守护人［他的儿子编纂的《英诗金典》（*Golden Treasury*）则为数百万读者定义了英国诗歌的传统］。前面提到的戈德斯米德兄弟，即本杰明和亚伯拉罕，则在两次不同的金融危机中先后自缢于他们在泰晤士河边的豪华庄园里，离开了人世，而另一个来自法兰克福“犹太胡同”的陌生名字罗斯柴尔德（Rothschild）则取代了他们在股票交易所里的地位。

然而，在信奉基督教的不列颠和犹太人之间毕竟在发生着什么，并且这种东西似乎与他们在其他地方甚至自由而宽容的美洲的联系完全不同。这种东西最终如何演变，将彻底改变整个世界的历史。

第3篇　公民犹太人

I. 以色列啊，你要听！

治疗失聪病人

1750年1月7日，舒瓦西勒鲁瓦（Choisy-le-Roi）。当时，路易十五已经从寒冷的、容易产生回音的凡尔赛宫搬到了他在塞纳河畔的这座更私密的城堡。其实这座宫殿不过是左右伸展的两排楼房，中间由一座向河边凸出的阁楼连在一起。然而，这样的建筑格局依然非常迷人，即使到了冬天，景色也显得十分静谧。河面上有许多驳船向巴黎方向驶去，原木和石灰石板材高高地堆在甲板上。在楼房顶层的窗户后面，遵照他的“册封情妇”（maitresse en titre）庞巴杜夫人（Mme de Pompadour）的建议，国王在卧室里摆上了青花瓷器和弓形腿的镀金写字台。当然，所有的装饰都不会降低房间的品位。在四周的墙壁上，一群中华丹顶鹤振翅飞翔，瘦骨嶙峋的细麻秆长腿在身后伸展开来。过了主显节，国王就会返回宫廷，尽管会见朝臣已经不太正式，但起码的礼仪还是要遵守的。尽管他很清楚自己已经背上了懒于朝政的名声，但路易的时代并不完全被打台球、猎鹿和豪华沙发所垄断。每当他心情好时（出现这种情况的次数远远超出了人们预料），这位君王就会变成一个对科学知识充满好奇的闲不住的人。力学研究方面的最新进展会使他肥大的面孔上露出笑容，就像看到温室里盛开的桃花或奥墨菲小姐（Mlle O'Murphy）[①]时一样。王宫里的轻骑兵上校、绍讷公爵米歇尔·阿伊（Michel d'Ailly，Duc de Chaulnes）很乐意能满足他的求知欲望，因为这位卫队长同时也是皇家科学院的主席。虽然他作为天文学家和物理学家而名声卓著，但在当时的启蒙时代，绍讷公爵最著名的还是他在光学方面的成就。他设计过各种结构复杂的显微镜，并且把其中的一部献给了国王，同时他还花费大量的金钱造出了当时最大的玻璃球状静电发生器。嫉妒的人嘲笑他恰好在这类发明已经过时的时候完成了这一杰作，我们这位公爵大人却无动于衷，尽情地享受他的玻璃球发出的阵阵火花的乐趣。

但是，由于受到孔狄亚克[②]有关“我们不过是我们感觉到的知识的集合”这一观念的影响，绍讷公爵近来把兴趣转向了声音和光线方面。在这样一个特别的冬日，为了给国王解闷儿，他专门安排了一个“聋哑人”医师和一位犹太病者。那位病者已经恢复了听力，并且更令人惊异的是，他的说话能力也恢复了。这位犹太医师——如果仅看他一眼你是认不出来的——是一个“马兰诺”[③]，名叫雅各·罗德里格斯·佩雷尔（Jacob Rodrigues Péreire），出生在葡萄牙的佩尼谢（Peniche）附近，并在那里于1715年作为弗朗西斯科·安东尼奥·罗德里格斯（Francisco Antonio Rodrigues）接受了洗礼。

或许有一段时间，这里的一位犹太商人和他的妻子忽然对咄咄逼人的葡萄牙宗教法庭感到特别害怕，于是便越过东部边界来到了西班牙。但随着这位在家乡名叫亚伯拉梅奥（Abramão）的商人不幸去世，西班牙的宗教法庭又开始对他的遗孀动起了脑筋，尽管她非常注意尽量按时出席天主教堂的礼拜仪式。

---

① 路易十五的二等情妇。——译者注

② 埃蒂耶内·博诺·德·孔狄亚克（Etienne Bonnot de Condillac，1714~1780），18世纪著名法语作家、哲学家。他生于一个新贵族家庭，曾在里昂的耶稣会专科学校读书，热衷于文学、哲学和数学。他与同时代的著名作家卢梭、狄德罗和达朗贝尔等交往甚密，并为《百科全书》撰稿。——译者注

③ 马兰诺（Marrano），指表面上改宗但仍保留犹太教信仰的人。——编者注

在宗教法庭尚未来得及对她实施抓捕之前，她和四个孩子一起及时地逃出了西班牙。

1734 年，这个流浪的家庭来到了气氛相对自由的波尔多并定居下来，有一个大约 3000 人的塞法迪犹太社区作为法国国王“可以容忍”的臣属生活在那里。几代人以来，在老“太阳王”① 的统治下，他们不得不假装成新基督徒，才得以在不受教会审查制度打扰的情况下安静地生活着。但是，自从路易十五颁布了“特许令”之后，这些自称为“葡萄牙人”（nation Portugais）的犹太人便获准在犹太会堂里公开举行祈祷仪式，在他们自己的墓地里埋葬死者，而不需要再埋在方济各修会墓地边上的空地里。[1] 就像在阿姆斯特丹那样，塞法迪犹太人可以把他们的犹太名字放在洗礼后的教名之后，但不能取代教名。因此，这位商人的家族姓氏变成了“罗德里格斯 · 佩雷尔”，而他的两个儿子也先后在二十多岁时接受了割礼。他们加入的波尔多犹太社区就是现在历史学家所称的“港口”（port）犹太人［叫起来比较顺口，同时也便于与“宫廷”（court）犹太人相区别］。[2] 像在利沃诺、的里亚斯特（Trieste）和伦敦的情形一样，他们的注意力很快就转向了海洋，因为只有通过海洋才可以运来使他们能在欧洲市场上获利的商品：染料、稻米、蔗糖，全部来自撒哈拉沙漠以南非洲奴隶们的劳动血汗。也就是说，至少有些波尔多塞法迪犹太人是靠大西洋上的贸易活动挣钱的，格拉迪斯（Gradis）、福尔塔多、佩肖托（Peixotto）家族都是当地的巨贾大户。像在伦敦一样，还有一些人则成了证券经纪人，虽然资金规模大小不一，但他们每天都在关注着市场行情的涨落和对他们非常有用的证券分析简报。但更多的是名副其实的穷人，他们只能靠从事社区工作的微薄收入勉强维持生

① 路易十四自诩为“太阳王”。路易十四（1638~1715）是法国波旁王朝的第三位国王，他在父母结婚二十三年未有生育的情况下，突然来到了人世，被认为是“上帝”的宠儿。他的祖父亨利四世为波旁的江山打下了坚实的根基，而到了他的父亲路易十三时代，在政坛高手黎塞留的操控下，路易十三开始致力于争夺欧洲霸权。1643 年，当时只有五岁的路易十四被母后安娜抱上了国王宝座，开始了他长达七十二年的漫长帝王生涯。——译者注

活。他们的工作大多是酿造波尔多葡萄酒，为男孩子行割礼，埋葬逝者。如果没有社区长老会提供的救助，他们大多数在寒冷的冬季是很难熬的。如果年景不好，亚伯拉罕·格拉迪斯就会以“穷人救助理事会”（syndic des pauvres）的名义向城里几乎所有的犹太困难户发放救济金。[3]

雅各·罗德里格斯·佩雷尔一家并不贫穷。他们千方百计地从西班牙带出了可观的钱财，但也不能因此说他们非常富有。在母亲去世后，雅各准备不仅要用做生意的方式来维持一家的生计，并且还要尽可能地实现自己的精神追求。他的追求就是成为一名科学家：首先是数学家，并且还是一个大胆地在宇宙星空和地球凡间的海洋中遨游的数学家。像他之前的许多早慧的犹太青年一样，佩雷尔在做生意的同时也获得了医学学位。然而，当他在货栈里数着一个个包装箱或在病床边训斥着病人时，雅各的脑海里却在想着某件事，或者更确切地说是某个人，不断地提醒他应该给予更多的关注和投入更大的心力——那个完全失聪的妹妹。

关于聋哑这种病症，当时已经出现了大量的医学文献，而这类文献大多来自西班牙语和荷兰语世界，因此对一个年轻的“马兰诺”来说并不陌生。1620年，胡安·帕波罗·博内特（Juan Pablo Bonet）出版了第一本医治聋哑的书，其中编制了一个完整的手语系统，每一种手势代表一个字符，聋人根据提示就可以拼出整个单词或句子。不过，他的基本手语系统被认为是对本笃会修士帕波罗·庞塞·德·莱昂（Pablo Ponce de León）首创的手语教学法的归纳和完善。莱昂曾在他自己创办的聋哑学校里首次采用这种教学方法。于是有人猜测，在一个高声说话受到严格限制的本笃会修道院里，发明一种肢体语言是完全可能并且也是合乎逻辑的。

或许正是因为这种方法是针对失聪病人的一种训练方法，所以在荷兰共和国定居的瑞士医生约翰·康拉德·阿曼（Johann Conrad Amann）才于17世纪末出版了他的医著《与聋哑人交谈》（*Surdus loquans*）。在英格兰，约翰·瓦利斯（John Wallis）由于成功地使聋哑人亚历山大·波帕姆（Alexander Popham）发声说话而轰动一时。但是，或许是一些更为离奇的有关聋哑治疗的解剖学和诊断学文献引起了佩雷尔更多的关注。弗朗西斯科·梅屈里厄斯·范·赫尔蒙特（Franciscus Mercurius van Helmont）是一个佛兰芒人，因而算得上是来自一种“马兰诺”气氛非常浓厚的文化。他是一个希伯来语学者，并且更为重要的是，他还是一个喀巴拉主义者。

雅各·罗德里格斯·佩雷尔成年后回归到祖先的犹太教，他自己也开始学习希伯来语。当他听到自己的发音时（就像念 A–B–C 那样），不管范·赫尔蒙特的推测看起来有多怪诞，希伯来字符作为最基本的语言要素的语感，对犹太教甚至所有人类都是不可或缺的，这一点深深地震撼着他。最严厉的拉比观点认为，由于聋人的身体缺陷而无法阅读律法，所以他们算不上真正的犹太人，而考虑到自己的妹妹患有听力障碍，佩雷尔对这种观点实在是深恶痛绝。但是，尽管佩雷尔很重视博内特发明的肢体交流系统，但他同时也开始相信，对于聋人来说，如果不能引导他们这些本来就发音困难的病人开口说话，那么包括手势语在内的任何肢体语言就根本算不上真正有效的治疗方法。与修道院的修士不同，没有犹太人发誓要保持沉默。最神圣的义务就是要发出声音。只要活着，只要是人，就需要听到同胞的声音。“以色列啊，你要听！”（Shema Yisroel!）必须要大声地念诵《托拉》。自从先知以斯拉以来，这已经成为犹太人的传统。只要你还活着，就要不停地高谈阔论。哪顾得上那些让你闭嘴的手势，也不用管那些让你安静的“嘘声”。于斯，我们要唱，我们要念，我们要喊，我们还要放声争论。先知们甚至还与上天争论不休，即使我们不是什么先知，但上天也要常常听一听我们的恭维和抱怨吧。

从学生转变为老师之后，佩雷尔下定决心要使聋人（包括自己的妹妹）能够讲话，从而使他们成为正常的人。他第一个伟大的成功案例是一个十三岁的裁缝学徒工，名叫亚伦·博马林（Aaron Beauarin），是佩雷尔在 1745 年到拉罗谢尔（La Rochelle）谈生意时偶然遇到的。佩雷尔一开始用一种快速的引导手势，按照他的“手语词汇”，一只手的手指快速地形成一个个字符并拼写成单词。但与此同时，佩雷尔还坚持用各种方式刺激和唤醒博马林沉睡多年的人体发声机能。事实上，他是第一个使用“声带”（cordes vocales）这一解剖学术语的人。也许佩雷尔在利用范·赫尔蒙特的训练方法加上自己对喀巴拉“字符组合法”的创造性解读之后，使用希伯来语作为唤醒聋人发声器官的工具，不过后来慢慢地转向到法语。而正是通过法语，这个小孩子才取得了如此快速的进步，所以佩雷尔才再次来到拉罗谢尔对博马林进行系统的强化训练。随着他的发声质量和数量的不断提高，佩雷尔开始尽可能少地使用手势语，以鼓励他更多地自己练习发声。经过大约一百次训练课之后，亚伦已经掌握了三百个可以清晰发音并让人听得懂的单词。他开始和他的老师一起在公开场合展示，有些缓慢但却非常清晰地说出“夫人”（Madame）、“帽——子”（Ch-a-peau）、“你想——说话吗?”（Que voulez-vous?）这类词句。[4]

在现场观看这个孩子和他的老师表演的人群中，有个名叫阿兹·德埃塔维尼（Azy d’Etavigny）的人，他是专门负责在繁忙的港口和海军基地收税的税务总局的局长。他自己的儿子当时只有十六岁，也是一个先天的聋哑人，他曾带着儿子在意大利和德国以及法国遍访名医，都未能治好儿子的疾患。他曾把这个儿子送到诺曼底一家由一位老年聋哑牧师开办的教育机构，那里的唯一“语言”就是手势。1743 年，他又把儿子转到了奥格河畔的博蒙特（Beaumont-en-Auge）的一家由奥尔良公爵创办的新学校，据说那里采用更先进的治疗方法，但同样收效甚微。或许佩雷尔会考虑把他收为学生？佩雷尔说，只要出三千里弗尔的治疗费，他就可以收下这个孩子。德埃塔维尼考虑再三，于是把他请到了诺曼底，却发现孩子当时正憔悴不堪地蜷缩在一座本笃会的修道院里。父亲和这位被寄予厚望的老师第二次见面就把这件事定了下来。于是，佩雷尔搬到了诺曼底，并于 1746 年夏天开始对孩子进行训练和治疗。令孩子的父亲大为震惊的是，仅仅过了几天，这个孩子就已经能说“爸爸”“妈妈”以及其他许多类似的单词，并且不是那种鹦鹉学舌的模仿，而是已经显然理解了他自己说的话。这种变化实在过于突然，以至于这个案例在当地尽人皆知。于是，这个孩子和他的犹太老师被带到了巴约（Bayeux）的主教和一个医生委员会面前进行现场演示。当时，孩子背诵了一些完整的句子，拼出了每一个音节，大声而且清晰地说出了一些独立的单词，如“帽子”“大船”等——不仅他自己能够理解，而且在场的人都能听清楚。当孩子被带到主教的面前时，他大声地说“尊敬的阁下，祝您上午愉快”（Monseigneur，je vous souhaite le Bonjour）。由于怀疑这是事先排练好的，他们开始用提问的方式检验他的理解能力。主教（狡猾的主教亲自提问）：你“有病”（mauvais）吗？“没病！”又问：那么年轻的德埃塔维尼“有病”吗？孩子回答：“没病！”他显得非常愤怒而痛苦，显然既不聋，更不哑。

声名远播

佩雷尔的名声由于他的创新疗法而在法国迅速传播开来。首先是卡昂（Caen）当地的文学研究院审查了他的医疗成果，并发布了认证书。然后在1749年，巴黎的法兰西皇家科学院的头面人物，包括布丰伯爵在内，纷纷对此事表示关注，而科学院的主席绍讷公爵更是大感兴趣，因为他自己的教子萨布勒·德·丰特奈（Saboureux de Fontenay）也是一个先天聋哑人。当他见到佩雷尔——他当时已经在他的兄弟和妹妹的帮助下，在巴黎塞纳河岸边的奥古斯坦码头区定居下来——时，公爵心里就想，他终于找到了一个创造奇迹的犹太人，一个打开声音之锁的匠人。

所以，才有了1750年1月觐见国王的机会——用“听众与原本不会说话的人会面”来形容似乎更为恰当。一大早，公爵就把佩雷尔和他的学生小德埃塔维尼带了进来，希望能受到一次私下接见，但却被晾在了会客室里。等待慢慢地从几分钟变成了几个小时。对这位特别的君王来说，准时并不是他的一贯做派。直到下午大约四点半，塞纳河上开始泛起点点的落日余晖时，伴随着一阵嘈杂的手杖和环佩的响声，一大群人才来到了会客室中，而绍讷公爵和他的被监护人正苦苦地等在那里，两个人都穿着素净的黑色礼服，与“圣灵骑士团”的华丽服饰形成了鲜明的对照。路易和“册封情妇”庞巴杜夫人以及她的致命情敌——另外八位“情妇”（mesdames）中的七位——还有几位小公主一起走了进来。每个人的脸上都挂着笑容，尤其是喜欢闲聊的国王更是喜笑颜开。经过几分钟的无聊寒暄之后，由宫廷官员和招待们在房间里腾出了一块地方，然后才开始正式演示。老师提示了一下，学生便开始说话，尽量不让全身的战栗传到嘴唇上。“先生，我很荣幸能有机会与国王陛下讲话。”国王点点头，再次笑了起来，然后开始在房间里转圈。这都在意料之中，但没有意料到的是，他会不时地停下脚步，面向着这个聋哑的孩子突然提问，并且每一次都提出不同的问题，但都得到了清晰的回答。最后，孩子还为路易背诵了一段祷文，于是国王转向佩雷尔并向他表示祝贺：“这太不可思议了！本王对你表示崇高的敬意。”这番恭维是发自内心的，这位国王就是喜欢各种古怪的犹太人。你想，如果没有利夫曼·卡尔梅尔（Liefmann Calmer）这个可靠的马匹、饲料和军火供应商，他的军队又能做什么呢？在下一次战争结束之后，他就让卡尔梅尔取得了法国国籍，甚至还在1774年册封他为子爵！这可是第一个也是唯一一个犹太人贵族。在他看来，眼前的这个佩雷尔也是一块贵族的料。宫廷会见后的第二天，国王就赏给了这位犹太人八百里弗尔，以鼓励他继续进行研究，并且这个金额后来就成了他的年俸。[5]

由于得到了官方的许可，雅各·罗德里格斯·佩雷尔于是成为一个专门医治聋哑人并使其回归正常生活的医生。1750年9月，绍讷公爵最后聘请佩雷尔做了他的教子的老师。十五年后，萨布勒·德·丰特奈（他曾在1751年1月接受了法兰西皇家科学院的鉴定，并且他的教父有幸亲自主持了这次会议）

在《凡尔登杂志》(*Journal de Verdun*)上发表了一篇歌功颂德的回忆录 [主要是为了回应佩雷尔的竞争对手埃佩神父(Abbé de I'Épée)的抨击，因为他坚持认为看懂手势是第一位的，会不会说话并不重要]。萨布勒·德·丰特奈写道，他在十二岁被佩雷尔收为学生之前，语言对他来说完全是另一个世界。这并不仅仅是他不能听或说，而是他根本无法理解。正是佩雷尔改变了这一切，是他第一次用手势语把手指变成了用笔比画，并且不仅可以表示字符和单词，而且还能表示标点、声调和停顿，甚至句法和语法符号。[6] 在佩雷尔和他的学生们——当时还包括玛丽·勒拉特(Marie Le Rat)和玛丽·马鲁瓦(Marie Marois)两个女孩——在巴黎通过了皇家科学院的正式审查之后，这篇文章又进一步证实，佩雷尔的研究工作的确具有神奇的效果："就好像发生了幸福的质变，曾经的(聋哑人)从纯粹的动物状态变成了正常生活的人。"[7]

此时的雅各·罗德里格斯·佩雷尔不仅成了巴黎圣日耳曼地区人们街谈巷议的中心，声名远播，在法国外地各行省的科研机构和俱乐部里也成了人们热议的话题。他是一个创造奇迹的犹太人。德尼·狄德罗(Denis Diderot)虽然从来算不上犹太人的朋友，但他被佩雷尔的成就所深深震撼，以至于在观看了萨布勒·德·丰特奈的现场表演之后，也赶紧着手去写他的《聋哑人书简》(*Letter on the Deaf*)。就连让-雅克·卢梭(Jean-Jacques Rousseau)、资深数学家和著名探险家查理·德·拉孔达米内(Charles de la Condamine)和布丰也都成了他的狂热崇拜者。除了在医治聋哑人方面的成就，佩雷尔似乎也是一个医者仁心和诚实无欺的完美医生典范。到后期，他甚至拒绝收取聋哑病人家庭的任何费用，直到他们的生活有实质性的改善为止。谁又会相信这样的事情竟然会发生在一个犹太人的身上？虽然他的确保留着自己的治疗秘技从不外传，但这些秘技显然对聋哑患者十分适用，因为他的患者都对他保持着强烈的个人忠诚，这也成为他与妒忌自己的同行竞争中得以胜出的本钱。

因此，雅各·罗德里格斯·佩雷尔的博大胸怀甚至可以与摩西·门德尔松相提并论，因为他不仅是“有用的”犹太人的完美典范，而且是把身患残疾的男人和女人变为“有用的”公民同胞的伟大创造者。因为公民身份的获得也取决于听力和理解力，并且还要以说话的方式做出回应。要想成为这样的公民，首先在身份上要超越一个聋哑人，不能沦为让当权者随意烙上印记的被动的行尸走肉。能听，能说，就意味着自由。佩雷尔由于受到尊敬而感到非常高兴，于是他又把自己的注意力转向了对接纳他的祖国具有实用意义的事情上。他几乎无所不能：语言方面，他会说布干维尔[①]当年遇到过的塔希提人（Tahitians）所说的古怪语言；使用计数器，一开始只是用于治疗聋哑人，后来则在学校里得到了广泛应用；为几乎完全静止在海面上的帆船提供某种前进的动力；通过发行各种各样的彩票解决了常年困扰着政府的财政赤字问题。他成了一个不可或缺的犹太人：1759 年，他成为英国皇家学会的资深会员；他还是国王和他继位的孙子的宫廷翻译和随身译员。

佩雷尔在哲学圈里的许多崇拜者都认为，他在成为轰动一时的名人和王室的御用天才之后，必然会逐渐地放弃被开明的法国社会视为原始的和不合理性的宗教。但是，事实却远非如此。恰恰相反，佩雷尔正试图将他从非犹太人那里赢得的公众崇拜热情转化为某种对自己的民族有所助益的实际行动。作为一个地位如此尊贵的人，还从来没有哪一个犹太人能像他那样得到非犹太人如此尊敬，所以佩雷尔就像古老犹太传统中的“纳西”或中世纪的“流亡者领袖”一样，作为塞法迪犹太“民族”与王室和政府打交道的“代理人”而

① 布干维尔（Louis Antoine de Bougainville，1729~1811），法国航海家。布干维尔是一个公证人的儿子，他不愿意子承父业，于是加入了法国陆军。他参加过北美战争，而这场战争却导致法属加拿大落入了英国人之手。后来，他接受法国政府出海探险的命令，并于 1766 年 12 月起航。这次远航使他周游了世界，他差一点到达大洋洲，但由于航向北转得太早，未能看到大洋洲大陆。1768 年，他在所罗门群岛附近海面航行，其中最大的岛屿布干维尔岛（位于巴布亚新几内亚）就是以他的名字命名的，而他则是看到这个群岛的第一个欧洲人。他证实了印度尼西亚东部岛屿上有有袋动物存在，而在此之前布丰一直不相信这种说法。这次远航归来后，他成为法王路易十五的秘书。尽管他与保皇党人有联系，但在法国大革命中，他却设法避免了被送上断头台，并且还幸运地被拿破仑·波拿巴封为参议员和伯爵。——译者注

得到了正式的认可。毫无疑问，当时的一些权势人物也指望着（他并没有让他们完全失望），一旦发生财政危机和军费短缺，佩雷尔有可能创造另一种奇迹，募集到必要的资金从而满足政府尤其是大西洋岸边那些造船厂的迫切需要。虽然他们一贯的乐观主义虔诚态度受到其他波尔多人的指责，并且孟德斯鸠（Montesquieu）也坚持认为，一旦他们从各个行会的限制和禁令的桎梏下解放出来，犹太人完全可以从事任何一种职业，但佩雷尔还是在王室成员面前据理力争，要求放宽这些限制和禁令——后来证明实在是难于登天。但随着路易十六于 1775 年登上王位，佩雷尔还是在一年后获得了一纸特许状，允许波尔多的“葡萄牙”犹太人在王国的领地内自由地旅行和居住，这无疑是一个巨大的进步。

但是，佩雷尔的这次游说也是出于某种阴暗的心理，因为他是专门代表像他这样的犹太人出面斡旋的，并且若有必要，他不仅会牺牲法国东部那些更贫穷的操意第绪语的阿什肯纳兹犹太人的利益，甚至还会伤害那些生活在教皇的飞地阿维农（Avignon）的犹太人，而正是他们中的一些人已经迁到了波尔多并依赖当地的犹太慈善机构生活，这使他非常不满。实际上，正是这种虚伪的优越感作怪，才使得佩雷尔做出了如此丑陋的举动，他竟然在 18 世纪 60 年代以社区长老会的名义向王室的地方官员请愿，要求将阿维农犹太人从这个港口城市里驱逐出去！

内部的相互歧视

波尔多，甚至连同位于杜尔河（Dour）北岸的巴约讷（Bayonne）附近的整个“圣灵”区（他们被限制在一个类似于“隔都”的塞法迪犹太社区之内），都属于边境城镇。在他们生活的边境地区，虽然塞法迪犹太人已经离开，但当地人仍然说着他们的语言，尽管这种语言已经具有犹太特征——动听的拉迪诺语。斜穿法国全境向东一直向最远的边界走去，你就来到了法国的东部边境——阿尔萨斯（Alsace）和洛林（Lorraine）地区，这两个行省在被路易十五征服后，已经作为一系列和约的成果而被法国兼并。那里起伏的山峦以及星罗棋布的酒庄、牧场和作坊迎来了大量的犹太人，他们甚至比法国人还要早来得多。到 18 世纪中叶，他们的人数已经达到两万八千人，成为梅斯（Metz）教区（“三大主教领地”之一，属于王国的独立教省）最大的犹太社区；还有一些人则分布在阿尔萨斯和洛林公爵领地［在 1737~1766 年间由路易十五的岳父斯坦尼斯拉斯·莱什琴斯基（Stanislas Leszczynski）统治］的八十个小镇和村庄之中。他们的生活状况与法国西南部的犹太人形成了鲜明的对照。尽管大多数波尔多犹太人已经剃掉了胡子并戴上了假发，但他们中的许多人（虽然不占多数），包括一些最富有的长老在内，却仍然像阿什肯纳兹犹太人那样，具有强烈的宗教意识。与之相比，东部的阿什肯纳兹犹太人中却几乎没有什么富人。在整个阿尔萨斯，最富的犹太人当属当地的“钢铁大王”塞夫·贝尔（Cerf Berr），他作为“宫廷犹太人”居住在位于斯特拉斯堡（在 1349 年对犹太人向水井里投毒的恶意诽谤达到高潮时，曾有数千名犹太人在这里被杀害）的豪宅之中，这是一种特权，被授予那些被认为是政府不可或缺的人物。

在阿尔萨斯的这些小城镇里，犹太人主要靠做马匹生意（实际上还包括牛羊和骡子）维持生计，这种职业使他们在军需后勤供应方面显得非常重要，但也正是这样的事实引起了当局的注意，因而使他们经常成为当地口头和人身侮辱的对象。而且，有些人甚至还与美因茨（Mainz）以及莱茵兰地区（Rhineland）的一些重要城镇的阿什肯纳兹犹太人保持着联系，每当遇到灾荒年（这样的年份似乎经常出现），他们就可以从这些富饶的地方贩运粮食。所以像往常一样，就出现了大量的旧衣商人以及各种小商小贩，同时经纪人和放债人也应运而生，但无论如何，他们的生活都是非常艰难的。对于同时代的非犹太人来说，把佩雷尔这样的犹太人与梅斯犹太人甚至像塞夫·贝尔这样的犹太富人区分开来的标志，就是看他们是说拉迪诺语还是意第绪语，因为即使是古老而富有的“意第绪—日耳曼犹太语族”，也与中世纪的日耳曼人相去甚远。但是，即使是从某种势利的眼光来看，人们还是普遍认为，与东部那些喉音清晰的犹太人相比，操犹太—西班牙语的犹太人更容易学会讲一口流利的法语。事实上，这两种犹太人面临着同样的精神烦恼和利益损害。他们除了被行会的严厉禁令排斥在几乎所有的生意和职业之外，还都必须要缴纳某些特别税。如果一个阿尔萨斯犹太人某一天想要到斯特拉斯堡去谈生意，那么他就必须为这次出行支付“人头税”，就像赶一头牲畜进城要缴税一样，是一种极大的侮辱。嗨嗨嗨！小子们，这不行吗？还有许多封建社会的歧视性规定一直延续到启蒙时代。这两种犹太人都要得到国王的允许才能结婚。这种歧视性规定实际上是一种控制人口的措施。因为在非犹太人的心目中，这些操意第绪语的犹太人的人口增长速度很快，如果不经审批就让他们自由婚配，那么当地人口很快就会被他们所淹没。

不管塞法迪犹太人如何看待他们，东部的这些阿什肯纳兹犹太人——尤其是梅斯的犹太人——反正认为自己并不比格拉迪斯家族或佩雷尔家族更不讲究、更不体面或被认为更缺乏教养，并且在对待犹太教的态度上更是如此。毕竟，他们有一个完整的学习犹太法典的传统，可以追溯到中世纪，而来自伊比利亚半岛的犹太人却在几代人之前就丧失了自己的信仰，不得不重新接受这方面的教育。当然也有这样的情况，尽管东部的阿什肯纳兹犹太人往往作为“外国人”而受到不公正对待，但他们作为一个即将形成的犹太社区在每一个方面都可以表现得与法国人一样。在一些特别的喜庆场合（如国王从刺杀未遂的伤病中复原，法国太子的降生，或某一场隆重的皇家婚礼），阿什肯纳兹犹太人不仅在他们的会堂里为王室举行特别的祈祷仪式，并且还会公开宣示他们对国王的忠心，以消除人们对其忠诚度的怀疑。塞夫·贝尔还专门在他的豪宅里以公众娱乐的方式为当地的贵族举行盛大的宴会和舞会，其接待规格是如此奢华，受到邀请的非犹太人根本无法拒绝，尽管他们或许在第二天早晨仍然会对这些财大气粗的犹太人嗤之以鼻。但是对犹太社区本身而言，这些庆祝活动是他们可以全心全意展示自己毫无疑问是法国人的时刻。[8]

于是，一辆凯旋彩车出现了，它仔细地模仿了罗马时期的原型，装饰着蓝白两色的皇家色彩，还点缀着鸢尾花①图案。一群犹太骑手列队缓缓策马而来，他们的坐骑——不是那种年迈的劣马，而是马厩里最漂亮的高头大马——也穿上了紫色和金色的盛装。在马队的中间，撒母耳·利未（Samuel Levy）高高地端坐在华丽的马鞍上。他是一个著名的马匹商人，如果没有他，庞大的王室军团就只能跟在马拉的大炮后面步履沉重地行进。他们还召集了大量的号手和鼓手，甚至还可以听到优雅的笛声。让阵阵欢呼声传得更远些吧。他们把自己的会堂也点缀上各种百合花——鸢尾花！打开约柜的门帘，请出覆盖着最精美的石榴顶饰的羊皮卷。举起银制的酒杯，摇响小巧的铃铛。他们还在凯旋门上挂上了写着“国王万岁”“王后万岁”的巨大条幅［主要是为了感谢国王和王后玛丽·莱什琴斯基（Marie Leszczynski）在与公众见面时曾两次祝福梅斯的犹太人，并且他们还特意为小太子设计了一个神奇的装置——一个逼真的机械海豚模型，当海豚在大街上随着鹅卵石的起伏“波浪”向前移动时，还会吞食在它身边放肆地来回游动的小鱼］。游行队伍沿着犹太街（rue des Juifs）行进，晚上人们会在这条街上敲开酒桶，把酒杯倒满；然后，他们走出犹太区进入内城，来到当地官员和权力机构的驻地。首先，他们在城堡前停下脚步，军事长官正站在上面向他们致敬；然后，他们又来到最高法院所在地，以表示对法院院长的支持；最后也是最隆重的一项礼节，他们来到主教的府邸，部分被推举出来的犹太人（包括拉比在内）与红衣主教本人一起站上了二楼的阳台。现在谁还会说犹太人不属于梅斯，或暗示他们的忠诚可能会被分离呢？

---

① 鸢尾花是法国王室的象征，尤其多见于旗帜和纹章之上。在13世纪的欧洲，鸢尾花纹章曾被认为象征着耶稣的母亲玛利亚。而到了14世纪，鸢尾花被赋予了更深刻的内涵。现代文学作品中，鸢尾花纹章多具有更神秘的含义，如在畅销小说《达·芬奇密码》一书中，郇山隐修会使用的就是鸢尾花纹章。——译者注

但这样的人显然只是个别罢了。因为在 1729 年，在庆祝太子生日的同一天，当游行队伍回去犹太居住区并急切地希望看到彩灯、烟花和美酒时，他们却发现犹太居住区的大门已经关闭，把他们锁在了外面。于是，狂躁而愤怒的会众立即把这一消息火速通报了军事长官，虽然他们很快就被放了进去，但他们发现烟花却全被弄湿了。这只是某个人的恶作剧？还是一个意在戳穿梅斯犹太人的错觉的姿态？最后提醒他们，他们到头来仍然是被关起来的“动物”，仍然要靠国王的恩典才能活着？抑或是对他们放纵行为的一种责难？无论如何，就像犹太人已经习惯的那样，这可不是一个好兆头。据说，在犹太街上的好几个地方都发现了火药。本来是一场单纯热闹的烟花表演，在人群的围观与注视下，就这样被另一种剧烈的“爆炸声”无情地打断了。但这一事件也提醒了犹太人，做事还是安分一些为好。

法国东西边境的两个犹太社区都希望能尽可能地证明孟德斯鸠所持观点的正确性：一旦他们从各种禁令的桎梏下解放出来，犹太人就会被视为像其他所有人一样的人。犹太教不应被诋毁为一种野蛮的和反社会的信仰，而是应该作为一种民众社会道德体系的源泉而得到承认。但同样确定无疑的是，包括佩雷尔在内的波尔多塞法迪犹太社区长老会仍然在这场争论中继续感受到这种观点也是站不住脚的，因为他们认为阿什肯纳兹犹太人的礼仪和习俗是“落后的”。此时的佩雷尔已经进入了哲学圈，所以他对伏尔泰对犹太教的攻击感到非常不安。

毋庸讳言，伏尔泰对犹太人有成见。尽管这位争取宽容政策的斗士对犹太人长期以来所受的迫害感到痛惜，但他还是深深受到历代反犹主义诽谤的熏染，因为首先由亚历山大的语法学家阿皮翁（Apion）奠定了基调，后来又由罗马的塔西佗（Tacitus）、西涅卡（Seneca）和尤维纳利（Juvenal）等的进一步发挥，对犹太人的诽谤已经成了一种固定的程式。伏尔泰显然发现了一个关于古老恐犹症的老生常谈，这尤其令他满意，因为这个答案戳穿了《圣经》中有关“出埃及”并因而使得犹太人与众不同的一系列古老神话的“伪装”——阿皮翁不仅认为他们并不是按照“神”的旨意（在埃及）从被奴役的状态下获得了自由，并且还对埃及祭司马内松（Manetho）讲述的有关他们出走的版本做了进一步的发挥：犹太人之所以被驱逐出尼罗河谷，是因为他们身上“不干净”，他们作为传染源完全有可能在部落之间传播麻风病。这一发现终于使得伏尔泰有理由大谈一番，他总结认为，自古以来，犹太人主要以所谓“三大恶事”闻名于世：狂热、高利贷、麻风病。他们实际上是“行走的病源”，并且还偏偏好满世界乱跑。对于泰伦斯[①]的醒世名言“我是一个人，与任何人类没有什么不同”（Homo sum，humani nihil a me alienum puto），伏尔泰决意要把犹太人作为一个反例。

这种针对他的民族的非理性毁谤使得佩雷尔非常痛苦，他不得不委托出生于波尔多但当时居住在阿姆斯特丹的以撒·德·平托（Isaac de Pinto）对伏尔泰的指责做出书面回应。在他的文章于1762年正式发表之前，平托把他的《为犹太人辩护》（Apologie des Juifs）的手稿预先寄给了伏尔泰［当时居住在日内瓦共和国的费尔奈（Ferney）］。尤其让摩西·门德尔松感到气愤的是，这纯粹是一篇辩护词，至少从平托强烈要求伏尔泰不要把阿什肯纳兹犹太人值得同情的社会道德和古老迷信，与波尔多和巴黎那些开明的塞法迪犹太人的卓越才能混为一谈这一点来看是如此。他只是特别强调，你遇到我们时，就会看到我们不过像其他任何人一样，的确就是像你一样的人。“我们不留胡子，并且我们穿的衣服与其他任何人也没有什么不同!”这两种犹太人的生活是如此不同，甚至可以认为完全是属于两个不同的“民族”。这一点并不令人感到奇怪，因为他们来自完全不同的祖先。塞法迪犹太人的血统可以追溯到在远古时期就流亡到西班牙的犹大支派。但也许只有“上帝”知道阿什肯纳兹犹太人来自什么

① 泰伦斯（Publius Terentius Afer，公元前195/185~前159），古罗马著名戏剧家，生于迦太基，后被带到罗马为奴，后获释。他一生共写过六部喜剧并全部留传至今。——译者注

地方。如果他的一个“民族”同胞和一个阿什肯纳兹犹太人联姻，那么就会被认为是一场灾难，比与一个非犹太人结婚好不到哪里去。这两个不同犹太社区的成员也不会埋在同一块墓地里，更不会到同一家肉铺买肉。

这种内部的相互歧视无疑是一种可悲而又可怜的辩护策略。正如我们所看到的，就连佩雷尔本人也不能免除这种陋习。在他于1780年去世之前三年，他担任过波尔多和巴约讷犹太人的审查登记员，有权决定谁可以留下、谁必须离开：对社会身份的裁定无疑是一个不祥的预兆。但同样毋庸置疑的是，平托（甚至包括佩雷尔本人）是希望使这座港口城市的塞法迪犹太社区的地位变得更高大，从而为犹太人甚至最不幸的东部阿什肯纳兹犹太人树立一个一旦时机成熟就可以实现其身份现代性（实际情形也许并非如此）的典范。他们说，你们不妨看一看伦敦或阿姆斯特丹。在那里，犹太人已经成为缔造商业帝国的急先锋；成为财富的聚敛者，而这不仅是为了他们自己的利益，而且也是为了国家的繁荣昌盛；他们是提前获得现代性的榜样。这是解放运动的一个共同特点：以一种先驱精英的面貌出现在世人面前，从而获得一个怀有敌意的社会更广泛的认可，并且使自己扮演一个代表落后民族的志士角色，这样的生存策略当然不太对某些人的口味。

无论如何，伏尔泰对平托的观点只做了最轻微的口头上的支持。但是，他仍然对手稿的作者大加赞赏，并且对竟然有犹太人能够搜集如此多的合理证据感到惊奇，同时也对自己曾经以偏概全地指责整个民族表示歉意，因为毕竟还有许多像平托和佩雷尔这样的犹太人。但是，如果平托想要作为一个文明人士而受到重视，他就必须按照自己的建议行事。他回信说，“要像一个哲学家”那样采取果敢的行动。最好是离开收容“精神病患者”的“隔都”，换句话说，就是要做佩雷尔未曾做过的事：放弃信仰。至于其他的塞法迪犹太人，伏尔泰并不怎么在意他们拥有多少船只或是否能引用普鲁塔克①的名句。他仍然坚持认为他们是卑劣的，并且在经商方面尤其如此，这难免有点为他在伦敦和阿姆斯特丹的过激行为开脱的嫌疑。②在漂亮的假发下面，其实他们还是原来的老面孔。实际上，正是在提到平托、佩雷尔、格拉迪斯这些塞法迪犹太人时，伏尔泰写道："只要能捞到钱，这些'马兰诺'可以去任何地方……"随着年事渐高，伏尔泰在犹太人的问题上似乎更加糊涂，他坚定地认为这个民族仍然深深地隐藏在他们那种野蛮的文化外壳之中，根本就没有被认定为正常人类的资格。1771 年，在《曼努斯致西塞罗信简》中，伏尔泰借用"一个叙利亚人"之口声称："他们是一群最粗野的人，他们被所有的邻居所憎恶，他们永远不是抢劫者就是被抢劫者，不是盗匪就是奴隶，不是杀人犯就是被杀者。"他甚至顺其思路随意发挥："每一个民族都可能犯罪，但唯有犹太人在吹嘘自己的罪行。"他们造成的麻烦不仅是生物性的，更是社会性的。"他们所有的人生来心中就怀有愤怒和疯狂，就像布列塔尼人（Bretons）和日耳曼人是天生的金发碧眼一样……"[9]在随后的几个世纪里，迫切希望回应伏尔泰挑战的人将大有人在，甚至包括一些品格高尚的伟大人物。

II. 这就是你们的祖国？[10]

犹太人装饰画

请勿介意。现在让我们换一个新话题：犹太人装饰画。在犹太人的新游戏

① 普鲁塔克（Plutarchus，约 46~120），罗马帝国时代的希腊作家、哲学家、历史学家，以代表作《比较列传》（又称《希腊罗马名人传》或《希腊罗马英豪列传》）一书闻名后世。他的作品在文艺复兴时期大受欢迎，蒙田对他推崇备至，莎士比亚的许多剧作也取材于他的记载。现存的《比较列传》有四十六篇是成对的（一个希腊人物对一个罗马人物，如亚历山大大帝对照恺撒大帝），另有四篇独立成篇。另外，普鲁塔克还留下了大量杂文，后世学者习惯统称为《道德小品》，现存七十多篇（部分疑为伪作），这些杂文的题材广泛，趣味盎然。——译者注

② 此处似指他早年在驻荷兰使馆工作时的私奔事件和在英格兰的三年流亡生活。——译者注

中心，他们的画像作为装饰贴得满屋子都是，这是一直非常流行的犹太游戏的 1783 年全新版。[11] 或许老版的棋盘游戏并不怎么吸引人，因为在这种发源于奥格斯堡（Augsburg）的游戏中，“永恒的”犹太人大多被千篇一律地描绘成一种紧紧抓着钞票的形象，脸上总是挂着一种近乎疯狂的得意表情，这种夸张甚至会妨碍掷骰子的人把骰子投到押着全部赌注的方格里。但如今已经进入了启蒙时代，所以游戏的牌面也发生了变化，犹太人位于棋盘的中心，所有的玩家必须先从这个方格开始，犹太人则穿着各种不同的迷人服装，头上戴着从旧式的波兰毛边软帽到宽檐扁平帽，甚至还有像大街上的游客戴的那种三角帽（姑且认为这也算是犹太人），不一而足。他们身上的长袍颜色各不相同，有些犹太人的模样显得非常可爱（aimable）：健谈、合群，甚至谈笑风生。犹太人不再数算自己的战利品。当然不会，他们现在正玩着——不言而喻——犹太人的游戏，两眼兴奋地盯着盘面，当然也顾不上生气。不必介意，直到你掷出一个“双六”，这种组合等于说，你仍然“掌握在犹太人的手中”，在你掷出一个足以使你通吃全盘的霸王组合之前，你只能被捏在他的手掌之中。

这也是对这种游戏的早期版本所做的一种改进，在这种改进版中，每一个方格中的装饰画不再是清一色的可怜的犹太人习惯的形象，而是与犹太人完全无关的娱乐内容（除了富有的犹太人喜欢养情妇这种司空见惯的画面）。如今，盘面的设计主旨是为了娱乐和消遣，所以大多数形象都更活泼一些，当然画风也偏于俏皮。如果恰好落在一副跷跷板（la balançoire）上，画面中上下跳动、袒胸露背的女郎又正好掉下来落在其钟情的时髦男子的前臂上，那么你就输了一个筹码。六号？如果是一个捉迷藏的画面（要输掉四个筹码），那么小鸡会远远地藏在一片老鹰很难找到的灌木丛中。如果你掷的是“七”，而恰好落在秋千（l’escarpolette）上，则一些梳着小辫子的东方人就会向一位飞行的美人献媚，那么你就会赢一个筹码。与此类似，像印度教徒、塔希提人或因纽特人一样，犹太人也成了壁纸和窗帘风景画中的背景人物和点缀角色，古老的仇恨似乎慢慢消失，变成了一种用长柄眼镜反复观察的人类学研究的好奇心。不过，他们究竟提供了什么样的娱乐，只要看一看挂在犹太人的新游戏中心那些围着赌桌的犹太人头顶上巨型条幅上的广告诗句便清楚了：

引诱一个漂亮的犹太女人
是何等的美妙
你是在用自己的一番温情
噢，用爱情感化一个“皈依者”
（Qu’il est doux de subtiliser [12]
Une Israelite jolie
Comme on aime à Judaiser
Quand c’est pur la tendre folie.）

然而，正如后来所证实的那样，在革命的前夜，更严重的不愉快还没有消散。1786年，一出荒唐的闹剧开始以另一种不同的方式上演：文章《一位公民对梅斯犹太人的控诉》（以下简称《控诉》）发表。文章的作者虽然使用的是假名“富瓦萨克－拉图尔”（Foissac–Latour），但他很可能就是驻扎在当地城市要塞的一个骑兵军官让－巴蒂斯特·奥贝尔－杜巴耶（Jean–Baptiste Aubert–Dubayet）。他的这本乍一看道貌岸然并且绘声绘色的小册子其实非常恶毒，其中描绘了该要塞中一队天真无邪的年轻士兵遭到一伙急于把钱借给他们的犹太人的围攻，并用他们迫切希望成为骑兵中尉的美好生活前景来引诱他们。在落入了犹太人的高利贷圈套之后，他们开始沉溺于一种纸醉金迷、花天酒地的迷乱生活，并且最后沦为了冷酷无情的犹太人的可怜猎物。到头来，这些驻扎在王国边境地区的所谓“法兰西男性之花”，由于利欲熏心而被榨干，而王国将因此失去其领土保卫者。[13] 然而，犹太人会在意法兰西及其军人的荣誉吗？众所周知，除了他们自己，他们不会忠诚于其他的任何人。

《控诉》一文的题材是非常敏感的：天真的无辜者为邪恶的自私者所引诱。在18世纪80年代，这类作品可以说比比皆是：在舞台上，在各种两年一度的展会中，在感伤的风俗画中，特别是在卢梭的《忏悔录》于1782年出版之后，这已经成为一个政治话语的主题，变成了一场唯利是图的欺诈与田园牧歌的纯朴之间的战斗。虽然犹太人在当时的社会结构中并不是唯一被归为邪恶的社会阶层，但在法国东部，他们却俨然成了被妖魔化的对象。在伏尔泰去世的1778年，上阿尔萨斯地区爆发了极其恐怖的暴乱事件。一些骇人听闻的消息在当地的犹太人中间传播开来，据说在9月30日即赎罪日前夜，当他们毫无防备地聚集在会堂里举行祈祷仪式时，一场全面的屠杀行动即将展开。虽然由于政府及时采取了防范措施，屠杀事件并没有发生，但是社会层面的战争却造成了一个撕裂性的“伤口”。多年来，一些欠下犹太放债人钱的农民声称，虽然他们已经还清了债务，但他们仍然遭到放债人的追讨。（其实，放债人并不比欠债人更富裕，但他们却是当地购买种子、牲畜以及其他生产资料的唯一依靠。）泛滥的借据证明，许多农民正在遭到那些冷酷无情、弄虚作假的犹太人的追讨。不过，一位受命调查这些票据真伪的王室官员发现，其中两千张收据都是伪造的。事实上，当时的确有一个由三十多人（包括两名犹太人！）组成的专门伪造借据的小型地下犯罪团伙。鉴于他们的犯罪行为，三名主犯被处以绞刑，十五人被判终身监禁，另外十人被判长期监禁，其余的则被投入了监狱。

1779年，正是在这样的情况下，一个名叫弗朗西斯·黑尔（François Hell）的阿尔萨斯律师发表了他的《关于阿尔萨斯犹太人生活现状的报告》（*Observations d'un Alsacien sur l'Affaire présent des Juifs d'Alsace*）。[14] 人们在黑尔本人的家里发现了一大摞伪造的借据，这似乎进一步证明他曾经作为犹太人的“职业惩罚者”参与过造假团伙的犯罪行为。由于意识到最好的防御就是进攻这一金科玉律，黑尔主动承认说，虽然说从技术上讲伪造票据的确是一种犯罪，但这都是为了把人们的注意力引向犹太人放高利贷的邪恶行为，除此之外也没什么。在法国，不让微不足道的事件使狂热的犹太恐惧症变得复杂的传统由来已久。在本世纪的早些时候，赫歇尔·利未（Hirschel Levy）就曾在没有任何证据证明他与一起抢劫有关的情况下在科尔马（Colmar）以抢劫的罪名被处死，而他的遗孀和家人花了足有二十年的时间试图证明他的清白，最终也不了了之。

像“富瓦萨克－拉图尔”一样，黑尔当然知道如何在指控犹太人恶毒地掠夺弱者的同时，挑动充满幻想的一代人脆弱的心弦。他用煽情的语言描述了许多诚实本分的家庭如何因落入犹太人的圈套而负债累累：儿子变得好逸恶劳，母亲被迫去乞讨，婴儿夭折在摇篮里。此时的犹太人似乎变成了“杀人犯”，他们不再像中世纪传说中描述的那样，而是直接利用经济手段杀人的“吸血鬼”。当然，这种最新的版本并不意味着弗朗西斯·黑尔抛弃了在现代恐犹症中仍然占有一席之地的古老指控。黑尔同时也在重复着不变的陈年老调：由于犹太人害死了“救世主”，他们注定要像不可饶恕的罪犯一样生生世世过着四处流浪的生活，并且他们和他们的后代身上永远带着血腥气。18 世纪或许是一个旅行加速的时代，但旅行也有好坏之分。犹太人的四处流浪就属于后者，因为他们不曾把任何一个地方看成是真正的家，不过是他们自己的部落抱成一团而已：他们唯一的真正忠诚所在。在 1769 年，主教查理－路易·雷切尔（Abbé Charles-Louis Richer）就曾提醒他的读者，应该尽可能地伤到他们的“痛处”。[15] 所以，犹太人不可能对他们生活其间的民族怀有任何兄弟般的情感。无论他们居住在哪里，他们只能是“一个民族中的民族，一个国中之国”。黑尔本人后来变成了一个真正的民族领袖，由于在伪造借据案中所犯的罪行而遭到短期流放［与他的一位姻亲一起被流放到多芬尼（Dauphiné）山区］之后，黑尔于 1782 年作为被压迫民众的领袖又回到了阿尔萨斯。他于 1787 年参加了改革后的“名人会议”（Assembly of Notables），并作为代表出席了“三级会议”

（即后来的国民议会）。

公民身份

这一切都是不祥的预兆。法国的命运随即要面对的是，什么是严格意义的国家以及这个国家如何得到重建这样的根本问题。首先，这个新的“国家”要在政治上和法律上得到重建。也就是说，要从一个古老而缺乏连贯性的多元组合政体、法律秩序和司法管辖权的状态，以可以动用的全部力量锻造出一个连贯的、统一的国家政体。因此，犹太人传统的社区自治模式，如果他们继续顽固地坚持下去，必然会成为他们融入这个新的统一“国家”（patrie）里的一大障碍。在新的法兰西形成的过程中，语言无疑是另一个至关重要的因素。在1789年，生活在“六角形”国土[①]上的绝大多数普通民众并不都说法语，而是操着布列塔尼语（Breton）、普罗旺斯奥克语（Langue d'Oc）或从佛兰德到比利牛斯山脉（Pyrenees）的广大地区中难以计数的各种当地方言。仅从这一点来看，法国东部说意第绪语的犹太人并不是一个例外，但他们的语言和外貌的古怪使得这里的犹太人沦为了一个试验品，既体现了这个革命大潮中的国家所承诺的同质性，也具有“再生”那些被认为没有前途的人类样本的能力。

其实，这个问题早在几年前就已经提了出来。1774年，梅斯的一位年轻律师皮埃尔－路易斯·拉克雷泰勒（Pierre–Louis Lacretelle，他后来成为革命政府立法会的代表）曾经收到了一份犹太人希望在洛林的各个城镇中开设店铺的倡议书。他们坚持认为，王室于1767年颁布的鼓励“外国人”开设营利性企业的法令实际上已经推翻了各商业行会有关零售和批发生意的古老禁令。于是，犹太人便擅自行事，开店铺做买卖。大批的当地治安人员出面干预，但他们拒绝关闭店铺。所以，他们找到了拉克雷泰勒，请他代表他们向南锡（Nancy）的最高法院提出申诉。接手这个案子后，拉克雷泰勒似乎感觉到这

① 法国版图的形状近似六角形。——译者注

是一个利用舆论的大好机会。对于竞争激烈并希望“一辩成名”的大量年轻律师来说，参与这类案件无疑是一个黄金般的机会，同时也是他们展示其政治辩论能力的最佳场所。因此，刚刚崭露头角的拉克雷泰勒不遗余力地向旁听席慷慨陈词。他争辩道，犹太人是确确实实的“法国人”，因为他们在王国的领土上开办企业由来已久。因此，他们属于旨在鼓励发挥国民“热情与才干”的法律保护范围。任何人都不会质疑犹太人在勤劳、智慧和“善于利用资源”方面的名声。但拉克雷泰勒也非常精明，他知道如何在摆脱故意制造敌意的嫌疑的情况下尽量提供有效的论据。像其他许多以“犹太人的朋友”自居的人一样，他承认，他们似乎爱钱成瘾，当然也的确赚了不少钱，但这应该理解为他们在历史上长期遭受迫害的必然结果。治疗这种“钱瘾”的方法就是要撤销对他们居住权的所有限制，并采取一种反“隔都”化的政策。犹太人应该从他们被限定的区域，分散到法国各地的城镇和乡村居住。一旦他们与法兰西的“尊严”产生了紧密联系，他们自己也就有了尊严。但这就是真正的法国人？问得好！法官先生们。拉克雷泰勒宣称：“即使我们不能作为同胞接受他们，我们至少也要作为正常的人类接受他们吧。”犹太人在自己的倡议书中表达得非常醒目的附加条款，并没有引起最高法院法官们的重视，他们几乎毫不犹豫地拒绝了犹太人的要求。另一方面，拉克雷泰勒则在当时的著名出版物《著名案例》（*Causes Célèbres*）上发表了他的辩护书。他因此而一夜成名。犹太人的事情到头来还是要靠舆论界。

十年后，英国皇家艺术与科学学院在梅斯组织了一场关于如何让犹太人“更有用、更幸福”的辩论大会，并且列举了犹太人与公民两种身份相兼容这个问题所面临的一系列挑战。一些激进的批评者反复强调犹太人的欺诈和贪婪是不可救药的，而许多相对友好的成员——如律师克劳德－安东尼·蒂埃里（Claude-Antonine Thiéry）和牧师亨利·格里高利（Henri Grégoire）——即使他们也曾把犹太人看成是可怜的“弃儿”，但却一致认为所有这些毛病将随着犹太人“获得新生”而得以改正，尤其是当他们不得不进入非犹太学校接受教育后更是如此。但是，也有一些人认为犹太教本身有某些内在的东西——可以肯定，这并不是指信奉《旧约》的“纯正”犹太教，而是指取代了《旧约》的《塔木德》式犹太教——这一条就注定了犹太人永远只能是“外国人”。某些最严厉的抨击者甚至谨慎地认为，犹太教的卡拉派（Karaites）并不是他们批评的对象，因为他们是唯一的只遵守律法而拒绝接受拉比权威的犹太人。这是一个相对保险的观点，因为在法国根本就没有见到过卡拉派教徒。对《塔木德》有僭越之嫌的指控其实是老调重弹，这种论调可以一直追溯到中世纪的三大论争[①]，完全是出于他们自己对这类深奥经典文本的无知。对于拉比犹太教鼓励反社会和非人道行为（更不要说仇恨基督徒）这类指控，犹太人做出的回应——尤其是皇家图书馆的希伯来专家以色列·伯纳德·瓦拉布雷（Israel Bernard Valabrègue）所写的极具说服力的材料——就是耐心地开导并等待这个开明社会的醒悟。瓦拉布雷以一个“绅士”的名义指出，《塔木德》不仅没有鼓励任何不诚实的行为和放高利贷，反而刻意地强调做生意时要恪守道德规范，尤其是合同的一方是非犹太人时更应如此。对于那些希望把犹太人变得“更道德”的人，瓦拉布雷及时地指出，关于犹太人的所有诚实和清醒的记述都认为，犹太教已经是哲学家们希望建立的那种近乎完美的道德宗教和社会形态。犹太家庭或许并不富有，但他们却是纯洁的、正直的、乐善好施的和诚实无欺的。对于一个诚实的公民来说，你还能要求他更多吗?

由于法国人本身就在将来会成为一个什么样的社会这个问题上产生了严重的分歧，这一事实使犹太人作为公民毫无阻碍地融入国家政治蓝图的前途变得更加扑朔迷离。极少数的现代派犹太人由于把自己的希望寄托于贸易与商业繁荣，所以他们对以撒·德·平托把犹太人比喻为变色龙——随时可以改变自己

① 参见海姆·马克比《犹太教审判：中世纪犹太—基督两教大论争》，黄福武译，山东大学出版社，2004 年 2 月出版。——译者注

的颜色——的不祥预言并没有什么反感。尽快地融入社会环境之中无疑更有益于贸易中的货物流转，而商业化社会更需要随机应变。另一方面，他们还要等一等、看一看。这样看来，他们这种随时改变的所谓忠诚或许仅仅是一种机会主义的处世方式。按照这样一种观点，利润的铁律（据说与摩西律法相比，犹太人更精于此道）永远会压倒对祖国的忠诚。对他们来说，真正的祖国不过是“彼此”而已。

然而，按照人数更多、影响力更大的经济界学者的观点，商业模式的转型并不意味着犹太人会自然而然地成为未来的法国人。因为他们认为，真正的经济价值首先体现在土地上，而无论是东部还是西部，犹太人都不是靠土地生活的农夫。所以，对重农学派——农业为先的倡导者——而言，虽然他们很想推动犹太人的“解放”事业，但他们也非常清楚，犹太人自从第二圣殿被毁之日就与土地分离了。在此之前，在犹地亚一带曾有大量的犹太农耕者，当然也有士兵和手工艺人，他们的职业都是值得尊重的。而正是后来的大流散和宗教的压迫，才迫使他们开始从事放债的谋生方式。据他们所知，其他地方仍然有一些犹太人——如在埃塞俄比亚、波斯、印度和巴勒斯坦——在干着搬运工、制革工、纺织工和金匠这类行当，并且他们还听说，在波兰和立陶宛仍然有许多农夫和牧人。一个世纪后，无论是在巴勒斯坦还是在世界上的其他地方，复兴犹太人失去的田园生活实际上将成为法国人的某种梦想，并且将变成现实。但是，在 18 世纪 80 年代，要想使他们成为具有革新意识的农民并自愿花大本钱去播种和施肥，仍然是一种不切实际的想象。当某些拥有足够的金钱并按照正常途径获得的消息试图购买土地时，他们却遭到了强烈的抵制。由国王于 1767 年赋予归化公民身份的大军火商利夫曼·卡尔梅尔（Liefmann Calmer），即内·摩西·以利亚撒·利普曼·卡隆尼姆斯（né Moses Eliezer Lipmann Kalonymus），在 1774 年试图通过一个中间人用一百五十万里弗尔买下诺曼（Norman）男爵的一块领地，但当幕后真正买主的身份暴露后，这场交易变得困难重重。对当地的教会来说，一个犹太人拥有委派基督教牧师为他购买连同不动产在内的生活设施的权利实在是难以容忍的。然而，当利夫曼·卡尔梅尔被封为亚眠（Amiens）子爵和皮基尼（Picquigny）男爵时，却恰逢轰轰烈烈的大革命年代，这场革命虽然使他的宗教同胞获得了解放，但却剥夺了他的继承人的贵族头衔。这位犹太子爵于 1784 年去世时，他的三个儿子非但没有能继承他的财产，并且两个儿子还被处死。[16]

所以，随着新教徒于 1787 年顺利获得解放，而更开明的改革派接纳犹太人作为下一个赋予人性化公民身份的宏大工程时，他们对这次愚蠢的尝试才深深地感到疑惑。1788 年，一个由伟大的法学家、自由派哲学家拉穆瓦尼翁·德·马尔塞布①主持的专业委员会建立起来，并与来自波尔多的犹太人代表亚伯拉罕·福尔塔多和所罗门·洛佩斯－杜贝克（Salomon Lopes–Dubec）就具体做法进行了磋商。马尔塞布虽然名义上是启蒙运动的精神领袖，但他本人却是另一种“高贵的人”，认定犹太人是一群冥顽不化的分离主义者（他曾说：“他们已经成为一股独立于地球上任何民族之外的力量，因此是非常危险的”）。所以，他主持下的委员会的审议没有形成任何结论并不令人感到奇怪。

但是，在 1788 年那个冬季至 1789 年举行的“三级会议”的选举（1614 年以来的第一次）中，似乎任何事情都可能发生，甚至可以想象，一群长期遭受压迫和贬损的人也可以变成选民。“犹太人的朋友们”相信，一个重大的历史时刻即将到来。作为在梅斯举行的论文比赛中被法官们推举出来的三个获胜者之一，亨利·格里高利非常兴奋地于 1789 年 2 月给塞夫·贝尔写信，让他不要再犹豫不决。“你还不赶紧与你的族人商量一下，你的民族也可以要求获得公民的权利和好处？”[17] 这并不完全是一个白日梦。在波尔多，富有的犹太人被

① 拉穆瓦尼翁·德·马尔塞布（Guillaume–Chrétien de Lamoignon de Malesherbes，1721~1794），1750 年出任新闻出版总监，他所奉行的开明政策使启蒙运动哲学家的许多著作得以出版，包括狄德罗的《百科全书》。他后因批评君主制而遭到放逐（1771），但在法国大革命中却作为保皇党人以反革命罪与女儿和孙子们一起被处刑。——译者注

允许参加投票，选举出当地的选举人，然后再由这些选举人选举出本市“第三等级”代表。大卫·格拉迪斯本人就曾被推举为这样的一个选举人。在法国东部，对于以丧失社区自治地位为代价换取国家公民身份的前景，犹太人既怀有希望，也感到不安。无论在东部还是西部，犹太人都希望选举能够确实代表他们的切身利益的基督徒作为代表。

但是，在法国东部，几乎每一个村庄、城镇和行政区都报送上来的“陈情表”（cahiers des doléances）却反映了一种完全不同的情景，那里的行动目标并不是解放犹太人，而是让他们得不到解放。对于犹太人的前景，有些人要求设立封闭式的“隔都”，另外一些人则希望实施驱逐，几乎所有的人都要求实行婚姻和人口限制政策。难道这就是法国大革命的初衷？像以前经常发生的那样，1789 年 2 月间的“陈情表”记录了许多对犹太社区进行人身攻击的案例。这样的暴力行为只能激发他们自我保护的本能，并且人身和政治方面的自我保护更加迫切。1789 年 4 月，塞夫·贝尔给曾提议用“三级会议”作为恢复国家立法信用的财政大臣雅克·内克尔（Jacques Necker）写信说，他的族人在某种程度上应该有自己的代表，“公正、人道和国家利益都应该反映犹太人的意见。难道不需要任何听证他们就要受到谴责吗？”[18]

国民议会

当兴奋的期望遭遇偏执的担忧时，其结果往往是一场“大恐慌”（Grande Peur）。这种兴奋源于“三级会议”及其替代形式“国民议会”的召开，当时，牧师和贵族们放弃了他们不同的宗教派别和身份，与“第三等级”的代表坐在一起开会，从而形成了一个新的至高无上的立法机构。但是，在 1789 年的春末和夏初，法国上下谣言四起，说有一伙武装的反对党人在王后玛丽·安托瓦内特（Marie Antoinette）和国王的兄弟们的率领下聚集在王宫里密谋。在巴黎，其结果就是一场武力对抗，并以 7 月 14 日巴士底狱（Bastille）被攻陷而告终。

然而在巴黎郊外的乡间，谣言却演变成了所谓“阴谋论”，说贵族们为了拼命对抗封建制度的垮台，已经动员了所有的“土匪武装”，大肆屠杀安分守己的爱国人士。尽管许多人声称曾亲眼看到过这些土匪团伙，但后来证明这完全是人们想象出来的幽灵。但是，这些幽灵却被想象成与其他形形色色的反对者在夜间一起出来活动，不用说，至少在法国东部，这其中当然有犹太人的身影。当他们焚烧封建领主庄园的文书时，这些武装匪徒也不可避免地会把庄园主为借犹太人的钱而写下的欠条投入火中。这些欠条的残片被从烈火熊熊的城堡带到了南郡（Sundgau）和洛林的犹太居住区。犹太人的住宅和会堂遭到洗劫。恐怖的气氛蔓延开来，致使所波及的地区有大约一千名犹太人越过边境逃到了巴塞尔（Basel）。[19]

在从波尔多、巴约讷和阿维尼翁（Avignon）直到南锡、比谢姆（Bischheim）和梅斯的这场几乎遍及法国的骚乱中，各地犹太社区的领袖都亲自出面，尽可能地展示他们是本分的爱国者，完全忠诚于自己的“祖国”。许多人自愿参加了由公民组成的民兵队伍——国民卫队——无论是在巴黎还是在一个个城镇和一个个村庄里，这支队伍已经成了国家新政权的护卫者和执法者。但是，因为犹太人的身份尚不明确，同时也因为所谓“国中之国”的嫌疑已经根深蒂固，而对于那些平时操着不同语言的人来说嫌疑更大，所以国民卫队的许多成员（即使不是大多数）都不愿意接受犹太人进入他们的队伍。他们的社区有时横跨两个国家（如法国与西班牙以及普鲁士的莱茵兰地区）的边界，但这一事实并没有为他们带来任何好处，因为法国早就已经宣称，这些周边国家都是法兰西革命政权的敌人（因为它们认为法国的革命党以革命的名义推翻波旁王朝的君主政体是非法的）。如今，除了这些边境地区的犹太人，他们甚至在边界两侧都有一些相熟的亲戚和家族成员，还有谁更适合做“第五纵队”[①]式的间谍呢？把这些貌似对国家忠诚的人武装起来是非常“愚蠢”的。不过，在某些大城市里，国民卫队也征召了一些犹太人，而他们也表现得非常积极能干。拉比亚伦·沃尔姆斯（Aaron Worms）甚至剃掉了胡子，以便能够应召入伍，并且为了赶上这股新潮流，他还把他的儿子亚伯拉罕从犹太学堂里领了回来，以便能够学一门可以满足犹太人的解放者们迫切需要的“有用的生意”。那些被禁止加入国民卫队的犹太人则不得不以向革命事业奉献“爱国捐款”（dons patriotiques）的方式作为补偿，因为法兰西一旦对外部或在内部打响革命成果的保卫战，很可能急需大量的金钱。犹太人制作的大量银质鞋扣则被运到了当地的战争物资仓库里，而犹太人的爱国热情也因此受到了高度赞扬。

在滔滔不绝的言论浪潮中，出席“国民议会”的代表们竞相用最时髦的词汇表达他们对新发现的“祖国”联合政体的忠诚。天主教牧师（至少是某些人）夸张地拥抱新教徒；从前一直以冷漠著称的贵族们则故作张扬地庆祝自己的封建领主特权的终结。如果你乐意，可以直接称呼我“公民”（citoyen）！随着8月进入下旬，“国民议会”开始辩论如何以文件的方式更明确地界定具有革命特色的一系列事物，不仅是新法兰西的性质，还有新时代的特点；不仅是人道主义的新生，还有传承下来的人性枷锁以及按照人民的意志被废除的不合法的传统。《人权和公民权宣言》即将诞生。餐馆老板路易斯·安德烈·德·卡斯泰兰斯（Louis André de Castellance，他曾经是贵族）曾经直言：“任何人都不再会因为自己的信仰而受到骚扰。”说得好极了！所以，他们应该不再需要承

---

① “第五纵队”一词出现于“二战”前夕，西班牙叛军首领佛朗哥在德国的支持下进攻马德里。据说当有记者问佛朗哥哪支部队会首先攻入马德里时，他手下一位指挥官得意地说是“第五纵队”，其实他当时只有四个纵队的兵力，“第五纵队”指的是潜伏于马德里城里的内奸。此后，“第五纵队”便成为内奸或内线的代名词。美国作家海明威于西班牙内战期间曾以记者身份亲临前线，在炮火中写出了剧本《第五纵队》（也是他一生创作中所写的唯一剧本），其中的男主角罗林兹就是以海明威本人为原型创造的，从而在真实记述其战地记者生涯的同时，也更增加了“第五纵队”这一喻指的影响力。——译者注

担各种贬损性和歧视性的赋税，不再有任何职业限制，不再有任何城市禁令，或许吧？但是，在巴约讷和佩尔奥拉德（Peyrehorade）、阿维尼翁和圣让德吕兹（Saint–Jean–de–Luz）、卡尔庞特拉（Carpentras）和卡维雍（Cavaillon），在萨尔路易（Sarrelouis）、比谢姆、沃尔谢姆（Wolfsheim）、南锡和梅斯，仍然有许多穿戴、语言、行事风格和生活习俗各不相同的犹太人，他们对“做一个公民意味着什么”这个问题心存疑虑。这个新世界将会是什么样子？他们在这个新世界里又将成为什么样的犹太人呢？

于是，他们派代表赶到了凡尔赛，因为“国民议会”正在那里开会。8月26日，也就是辩论的最后一天，一个由五百多名生活在巴黎的犹太人派出的代表团——其中某些成员本身就与“国民议会”有私人联系——非常明确和准确地陈述了他们的期待和希望：“我们的要求就是，我们应该是像所有的法国人一样的臣民，忠于同样的法律、同样的监督和同样的王室，所以我们要放弃对公共利益的要求，放弃我们自己的利益，而永远服从于普遍的利益，即我们曾经被赋予的由我们自己选择领导人的权利。”[20]这是一个激动人心的、充满乐观精神的时刻。巴黎的犹太人宣称，为了迎接新的抽象公民联盟的到来，他们愿意放弃自己古老的自治模式提供的所有传统的保护和限制。从此之后，他们的日常生活不再需要自己的法庭，因为这个一直统治着他们的法庭所管的无非是这样一些琐碎的事情：讨论弟弟是否应该在哥哥去世之后续娶他的寡嫂，对围绕着遗嘱和嫁妆产生的吵闹纷争做出仲裁，在社区内部收取各种赋税，通过纪律委员会对不服管制的人下达惩戒书，确保孩子们在学堂里接受良好的教育，等等。现在要抛弃这一切，去建立一个由公民组成的尚未成型的国家共同体及其包含的教育、法律体系以及用政府财政建立起来的一切设施吗？巴黎和波尔多的犹太人可以很容易地回答“是”，因为若干代人以来，这些地方的塞法迪犹太人一直指望着王室而不是拉比的法庭来裁决他们的民事争端，尤其在犹太法庭的裁决不符合他们的利益时更是如此。这一点在小一些的程度上也适用于洛林的犹太人，并且在更小的程度上还可以适用于阿尔萨斯的犹太人。但是，对于阿什肯纳兹犹太人来说，幸福的期望由于解读能力的差异而蒙上了一层阴影。他们如今真的想住在哪里就住在哪里吗？这当然很好，但是，他们除了与其他犹太人住在一起，还能住在哪里呢？你需要凑够规定的祈祷人数[①]，对吧？你总还需要一块墓地，还需要一个割礼执行人和一个信得过的屠户吧？你需要互相帮助。国家真的会照顾年老多病、孤身一人的“公主”？但是，形势瞬息万变，如果失去了争取公正和自由的机会，恐怕就悔之晚矣。人们必须要立即表态，以免大革命的车轮碾轧在自己身上。巴黎的阿什肯纳兹犹太人想当然地认为，他们也属于人权宣言规定的范畴。“我们坚定地相信，从此之后，在这个帝国即我们的‘祖国’里，作为‘人’的荣誉将赋予我们‘公民’的称号，而这个公民的称号将使我们像这个我们作为其组成部分的社会的其他成员一样，拥有同样的权利。”来自南锡的烟草商人贝尔·以撒·贝尔（Berr Isaac Berr）同样也高调地宣称，人权宣言使法兰西领土上所有的人“成为自由的和平等的，甚至远远超出了‘陈情表’中提出的请求”，“作为一种普遍的诉求，我们已经决定接受公民的权利和称号”。对于塞夫·贝尔的内弟拉比大卫·辛茨海姆（David Sintzheim）来说，所谓自由，不仅意味着他进入斯特拉斯堡的自由，或他的亲戚们开店铺的自由，同时也意味着保留拉比法庭、犹太社区领袖的自由和为维护犹太学校、墓地以及为穷人和病人提供食宿募集资金的自由。当他在《人权宣言》发布五天之后说这番话时，甚至在阿尔萨斯他的族人内部也引起了一阵轰动和不安。或许，当时提出这样的特殊诉求并不合时宜。吕内维尔（Lunéville）和萨尔格米讷（Sarreguemines）的犹太领袖们背离了拉比的初衷，并且与那些更大胆地放弃了自己的古老传统的巴黎犹太人站在了一起。塞法迪犹太领袖们感到非常惊恐，担心阿什肯纳兹犹太人的保守做法会危及他们自己被接纳为平等公民的大好前景。犹太人并非在手挽手地一起向“自

① 指十位成年男性。——译者注

由之光”迈进，像过去一样，他们仍然是在互相掣肘、埋怨和指责中步调并不一致地艰难前行。

在“国民议会”里，他们那些自命的恩人却平静地超脱于激烈的互相争吵之外。对他们来说，这是一个如何看待原则的问题，并不是针对哪些人。不管犹太人在这件事情上感情如何复杂，他们的公民资格问题都是对大革命的民主包容性的一次严峻考验，也是其是否能够一体对待各种古老宗教派别的一次考验。这场大革命一再自我提醒，革命本身乃是一场“浴火重生”的伟大实践，是一次甩掉所继承下来的传统与惯例的僵死外壳的蜕变。从此之后，任何事物都不能仅仅因为曾经大胆地宣称“一直如此”而具有合法性。“一直如此”其实就是一座“监狱”，其四周的高墙已经随着巴士底狱一起坍塌了。若说从习惯和偏见的监狱中获得自由，又有谁会比犹太人更迫切和更正当呢？他们一直是基督教迷信的牺牲品，并且被认定要为他们犯下的罪行永远遭到惩罚；他们被迫到处流浪，失去了家园，并且被历代教皇的残酷敕令和暴君的荒唐法令与其他人分离开来。如果说能有一个时刻能够清除这样的偏见，从而使犹太人能够回归人类的大家庭，那么这样的时刻就在眼前。犹太人的朋友们很清楚，来自东部行省的代表对“解放大业”持有强烈的反对态度，并且他们在 8 月间成功地把犹太人是否包含在《人权宣言》的涵盖范围之内这个问题搁置了起来——他们希望最好是永远搁置起来。这个问题显然已经远远超出了学术的范畴。犹太人的住宅遭到洗劫，犹太男人和女人在大街上受到袭击。在当时的情况下，迫切需要新政府立即对犹太人采取积极的保护措施。

但是，节日的羊角号声在召唤。所有怀着殷切期望的犹太人只能回到他们的会堂里，回到吕内维尔，回到卡维雍，回到波尔多，回到萨尔路易，回去庆祝他们的盛大节日。然而，10 月间的狂欢节庆祝活动刚刚结束，解放运动便重新开始了。他们的领导人带着演讲稿和宣传册来到了杜伊勒里宫（Tuileries）里的马术院（Salle du Manège），因为“国民议会”就临时设在那里。10 月 14

日，贝尔·以撒·贝尔亲临现场发表了演讲。他说，所有的人都在问我，“人们视我们为兄弟，可长期奴役我们的无耻制度又是如何形成的呢”。一时间，整个大厅陷入了沉默，满脸羞愧的听众对他充满了敬意。一股同胞般的情感暖流洋溢着整个大厅。这是一个犹太人？什么？他可既没有大胡子，说话也不打舌头？贝尔·以撒·贝尔既不像那些暴富的塞法迪犹太丝绸商人那样，每天领着衣着光鲜的家人在圣安德烈艺术宫（Saint-André des Arts）一带招摇过市，也不像圣马丁和圣丹尼运河边上的那些住在肮脏的阁楼里贩卖旧衣和旧布的阿什肯纳兹犹太商人。贝尔·以撒·贝尔就像他们自己的社区精英一样，不过是一个言辞犀利、温良谦和、衣着朴素的普通人。代表们深深为他的言辞所打动，以至于请求阿什肯纳兹犹太代表团留在现场继续旁听。一种真实的“兄弟情谊”蔓延开来。新教牧师让保罗·拉博·圣埃蒂安（Jean-Paul Rabaut Saint-Étienne）尤为激动，他甚至提议删除带有羞辱性恩赐意义的所谓“宽容”。他怒吼道：“我要求取消这个词，因为它在某种程度上表达了一种‘怜悯’。”

由于阿尔萨斯和洛林的大多数犹太人的极力反对，所有这些演讲并不能保证犹太人的公民身份问题就一定能得到解决，或起码在“国民议会”上继续展开辩论。于是，在会场上的一片吵闹声中，开始有人就犹太人的问题插话：先是前任主教塔列朗（Talleyrand），然后是哲学家兼律师马克西米连·罗伯斯庇尔[①]——后者似乎比前者对犹太人更为温和。而其中最具影响力的发言当属米拉波（Mirabeau）。他也是一位“公民”，作为贵族的代表，他曾率领贵族阶层退出了“三级会议”而加入了“第三等级”，并进而提出了一种新的君主制方案。气势汹汹的演说家米拉波、魅力超凡的浪子米拉波、“人民的声音”（至少

① 全名为马克西米连·弗朗索瓦·马里·伊西多·德·罗伯斯庇尔（Maximilien François Marie Isidore de Robespierre，1758~1794），法国革命家，法国大革命时期重要的领袖人物，雅各宾派政府的实际首脑之一。据说，他当时在“国民议会”上发言多达近三百次。——译者注

他本人这样认为）米拉波，他的确是对犹太人的境遇深有体会的为数不多的代表之一。作为一个以脱离党派自诩的局外人，他认为自己对议会之外的所有人民都非常了解。不仅如此，米拉波对知心朋友的渴望和对金钱的需求也使他不得不常年奔波于伦敦和阿姆斯特丹之间。然而，米拉波作为一个理念和学识的“活百科全书”，当他偶然遇见一位哲学同仁时仍然非常开心。所以在柏林，他深深为摩西・门德尔松丰富的才智和友好的率真而折服。他曾发表过一篇极力美化门德尔松的悼词，从而使对门氏如山的溢美之词达到了顶峰。而正是门德尔松这个榜样的力量，使得米拉波开始思考这样一种实际上没有理由反对的可能性：犹太人可以在保留其根本信仰特点的同时，成为这个新国家体制下的完整公民。这与伏尔泰所坚持的以放弃与众不同的犹太生活方式为接纳前提的建议是完全对立的。

米拉波在“国民议会”上提出了自己的建议，并联合律师阿德里安・杜波尔（Adrien Duport）共同提议，保留犹太宗教法庭以及其他社区机构不应该成为赋予他们全部公民权的障碍。从哲学上讲，这是一个微妙的困境，因为当时革命党人正在清算所有基督教权力机构，而这些机构被认为妨碍了真正体现在国家中的人民主权。但是，米拉波当时的建议还是为全社会的想象力打开了一条不同的思路。面对占统治地位的正统派颁布的对一个不可分割的、完全统一的国家地位的定义，米拉波据理力争，并坚持认为，最幸福的社会是由形形色色的小社区和自我凝聚形成的小团体构成的——各种俱乐部、学术组织、存在争议的小圈子等——只要它们接受当权者的约束，就不会对公共利益造成威胁。事实上，他更像是一个英国式的自由派。像以往一样，他的口才似乎永远无法战胜他在世俗和政治两方面的欲望，但这对他的人生规划无疑将造成致命的伤害。米拉波是“新世界”的守护人，但同时也是一个顽固的阴谋家。这就使得他对于犹太人来说正邪兼之、喜忧参半。

一直到 12 月的最后一个星期，同情者一方虽然赢得了稳定的支持，但却从来也未能取得人数上的绝对优势，于是他们提议继续就犹太人的问题进行辩论。当时，这一动议以另辟蹊径的方式被采纳。犹太人要求获得平等权利和义务的议题将与其他各个群体捆绑在一起讨论，因为这些群体同样也由于人们对其职业的性质在社会上和道德上有所怀疑，因而被认为没有资格担任公共和军事职务。于是在 1789 年 12 月 21 日，犹太人也加入了演艺界和行刑刽子手群体的请愿队伍。两天后，米拉波宣布："虽然他们在教堂里是天主教徒，在会堂里是犹太人，但是就所有的公共事务而言，他们都是不分信仰的爱国者。"

克莱芒－托内尔

然而，米拉波并不是为犹太人代言的唯一"明星"人物。在他之后，另一位主动放弃了贵族身份的代表斯坦尼斯拉斯·德·克莱芒－托内尔（Stanislas de Clerment–Tonnerre）提出了一个初步方案，要求废除所有妨碍"非天主教徒"获得全部公民权的歧视性条款，甚至包括选举权和担任公共职务的权利。由于法国所有新教徒以及极少数穆斯林在两年前就已经获得了这些权利，所以任何人都不会为这种含混的措辞所"蒙骗"。来自阿尔萨斯地区科尔马的代表、犹太解放运动的死敌让－弗朗西斯·卢贝尔（Jean François Reubell）粗鲁地打断了克莱芒－托内尔的发言，从而使犹太人的问题昭然若揭。他叫嚣着质问："你指的是犹太人?"克莱芒－托内尔同样直率地回答道："是的。"克莱芒－托内尔在这个问题上的含混立场则更让人感到吃惊，因为在当年早些时候就犹太人是否应该受到国民卫队的保护让其免遭暴徒袭击这个议题进行辩论期间，他曾说过，如果说要从基督教的压迫方面寻找原因的话，那么犹太人的确"该受到"仇视。但此时，与原来的观点形成鲜明对照的是，他却又宣称完全认同受压迫者的观点。克莱芒－托内尔又说："我个人认为，就犹太人的所作所为而言，他们并不觉得他们是公民。"卢贝尔则再次大叫起来，从而在某种程度上奠定了随后几天艰苦辩论的基调。以往的各种反对意见再次被提了出来。阿贝·莫里（Abbé Maury）说，犹太人不能成为公民，他们就像那些不愿意放弃自己忠诚的丹麦人或英国人一样。南锡的主教德·拉法尔（de la Fare）虽然也提到了“保护”和“宽容”，但也根本不赞成赋予犹太人平等的公民权。

从某些方面看，克莱芒 – 托内尔并不像一个斗士；但从另一些方面看，却又不完全如此。他的父亲曾是波兰国王的内侍，因此他有了自己的斯拉夫名字，这是非常受人尊敬的，因为路易十六的祖母即已故的王太后毕竟是大名鼎鼎的玛丽·莱什琴斯基。与波兰的亲密关系，意味着他的家庭肯定对这个后来先后沦为普鲁士、奥地利和俄罗斯领土的古老王国内的富裕犹太人有所了解。对于犹太人的现状和未来而言，克莱芒 – 托内尔来自一个古老的军人家庭这一点也非常重要。因为这意味着他对皇家军队在战场上作战的有效性到底对犹太经纪人和承包商依赖到何种程度拥有第一手资料。斯坦尼斯拉斯的祖父曾经是一位法国元帅，而他本人则曾作为一名陆军上校在纳瓦拉皇家军队的重骑兵军团中服役。而有关犹太人加入国民卫队的资格问题成为议论的焦点就恰好发生在这一时期，成员们在他们是否可信或他们是否会与外国人勾结在一起（他们和外国人一样都说德语）这个问题上，产生了严重的分歧。他们难道不会变成奸商，用他们肮脏的投机心理通过人为地抬高食品价格来破坏大革命取得的成果？但克莱芒 – 托内尔对所有这些疑虑一概置之不理。他认为，只要新法兰西需要，犹太人穿上军人制服为国家服务并没有什么不妥。他的确也曾用举例的方式中肯地指出，他就曾收到过一封信，写信的人就是一个已经加入了国民卫队的犹太人。国民卫队既包括公民的民兵组织，也包括从前的皇家军队单元，他们联合起来在 7 月间为大革命攻陷了巴黎。

克莱芒 – 托内尔把责任推给了解放事业的敌人。既然《人权宣言》是普遍适用的，“那么似乎已经没有任何辩论的必要，并且所有的偏见都应该在法律的语言面前保持沉默”。然而，却仍然有人一直在针对一个特定的公民群体进行骚扰、排斥和抵制活动，完全根据他们的宗教教条就在他们获得自己的权利这个问题上说三道四。然后，克莱芒－托内尔又转入了启蒙运动这个经典话题——弥尔顿（Milton）、斯宾诺莎、洛克、伏尔泰——在良心这个问题上，他们像他面前的每一个人一样清楚地谈到过新欧洲的道德“出生证”问题。数个世纪以来，基督教王国由于热衷于以正统教条的名义实施迫害活动而“自毁容颜”。天主教徒和新教徒为了把自己的信仰强加给对方而不惜互相残杀。

> 任何人都不应因为信仰而遭到迫害。法律不应再干涉任何一个人的信仰，更不能控制他的思想，而只能影响他的行为。并且如果他们的行为无害于社会时，法律必须要保护这些行为。“上帝”允许我们制定道德法律，但除了他自己，他并没有赋予任何人制定教条并支配良心的权利……给人的良心以充分的自由吧，无论以何种方式引向天国，情感和思想都不应被视为犯罪，社会也不能因为社会权利的丧失而对其进行惩罚。[21]

因为犹太人拒绝接受基督福音而对他们进行惩罚、限制和压迫的所有古老教条，都是一种多余的神学制度的残余，都是不可信的。对于一个人人平等的国家构成，目前只能有两种选择：或者用某种强制的“自然宗教”（在罗伯斯庇尔的自然神论专制统治时期确实也发生过）取代陈旧的基督教政体，或者“必须允许每一个人拥有自己的信仰”。不仅如此，任何一个人都不应因为行使这种自由而被排斥在任何公共职位之外。按照这种新的体制安排，“每一种信仰只需要证明一件事：本身是道德的。如果有一种信仰鼓励盗窃和放火，那么不仅有必要剥夺那些信奉其教条的人的资格，而且还必须宣布他们为不法分子。当然，这种方案并不适用于犹太人”。

然后，克莱芒－托内尔开始直接向那些指责犹太教天生是反社会和不道德的人发话。他坚持认为，所有这些指责不过是幼稚的谎言罢了，因为任何一个对犹太教有所了解的人都非常清楚，这个宗教不过是一种社会道德体系而已。“对他们的指责有很多，其中最严厉的指责就是不公正，而其他的指责则似是而非。”对于那些（尤其是在阿尔萨斯和洛林）把犹太人等同于掠夺成性的放高利贷者的人，克莱芒－托内尔反驳道：“放贷本身并非出自他们的律法规定，并且放贷收取利息在他们之间是被禁止的”，而如何对其他人收取利息必须严格遵守《塔木德》中制定的道德规范。维持生计的更“有用的”方式早就已经取消了对犹太人的限制，因此“仅仅靠钱生存的人并不是为了生活本身，而是为了让钱变得更有价值……难道不是你们一直在阻止他们拥有其他任何财产吗！”让他们拥有土地，“并拥有一个祖国，那么他们就不会再去放贷了。这才是我们正确的选择。至于他们的所谓‘非社会性’，这似乎有点夸大其词。我甚至怀疑这种现象是否真的存在。你们从这件事上到底又得出了什么结论呢?”他们不愿意和我们通婚。很好，那么这到底是为了什么?“有哪一条法律规定我必须娶你的女儿?又有哪一条法律规定我必须与你分享兔肉?毫无疑问，这些习俗将会消失，但如果他们有幸在哲学理念的冲击下以及作为公民和正常交际的人的幸福感中存活下来，我保证他们任何一个人都不会违犯国家的法律。”

这一刻似乎是如此的微不足道，我们这位发言人的陈词庄严而简洁，但表达的观点却相对平和，甚至有点像老调重弹。但特别有意思的是，他提到了穿这样那样的衣服，或在不同的桌子上吃饭，都不能被视为违反法律。然而，在任何地方，任何一个非犹太人都不会用这样一种表达方式。（美洲的情形虽然与之相似，但美国的犹太人口可比阿尔萨斯和洛林的阿什肯纳兹犹太人少多了。）新生法兰西的犹太人是有思想的现代人，并且在说话方式和外表上与像贝尔·以撒·贝尔这样的其他法国人并没有什么区别，或者说无论他们愿意遵守的宗教习俗如何“奇怪”和独特，他们在获得公民身份的道路上已经没有任何障碍。对他们的唯一要求就是，他们必须要放弃犹太法庭在民事方面的有效司法权。这是他们作为自由和平等的公民被这个现代国家所接纳而付出的代价。但是，这样的归化方式并没有什么可怕的。一个光明灿烂的前景正在等待着他们：他们将成为信奉犹太教的法国男人和法国女人。犹太人应该热情地张开双臂，欣然接受他们如今的祖国就是自由的法兰西这一现实。然后，克莱芒－托内尔提出了他的著名构想："犹太人作为一个'民族'提出的任何要求都应该被拒绝，而作为个体提出的任何要求都应该被接受。虽然他们声称他们不愿意做公民……（但是）每一个个体却都希望成为公民。如果不愿意这样做，他们必须要通知我们，而我们将不得不强行驱逐他们……（因为）对于我们的新祖国来说，'国中之国'的状况是不能允许的。"

在他说出"驱逐"这个词的一瞬间，现场的气氛骤然紧张起来，兄弟般热情握手的手掌敏感地变成了紧握的拳头。但随着克莱芒－托内尔淡化了他的措辞方式，气氛又变得轻松起来。他继续说道，直到目前，并没有任何迹象表明，他们身上带有任何批评者所指责的那种粗暴，或兄弟间的援助之手出现任何退缩。他说，既然没有这类相反的迹象，"那么就必须承认犹太人的公民身份……只要他们不主动地表示拒绝，法律就必须认可纯粹的偏见所指责的内容"。

"国民议会"早就已经对克莱芒－托内尔面面俱到的长篇演讲习以为常：退伍老兵的权利，国家的财政状况，等等。提到老兵的待遇问题，他更是喋喋不休。最后的这番警世宏论肯定是暗示他马上要坐下来吧？显然不是。你们可以想象他坐了下来，然后又忍不住嘟嘟囔囔地站起来，就好像他突然意识到还有某些需要补充的重要话题。他继续滔滔不绝地说着。面对法国东部代表们似乎众口一词的反对意见，把犹太人问题再次搁置起来的压力越来越大：用精心算计的冷漠将其扼杀在摇篮之中。克莱芒－托内尔对这种想法非常愤怒。这个问题千万不能以还有更重要和更迫切的议题需要讨论为借口而继续搁置起来。与这件事相比，任何事情都不重要。他坚持认为，这件事本身是对大革命能否打造出一个真正的公民国家的能力的一次大检验。一味地拖延并没有任何益处。“你们自己首先弄清犹太人的现状是非常必要的。对你们大家来说，保持沉默是最不负责任的。这就像明明知道是好事却不愿意去做，明明知道是真理却不敢说出来一样。最终的结果，就是把偏见和法律、谬误和理性捧上同一个王座。”

然而，他这番理直气壮的演讲起初是徒劳的。南锡的主教适时地打断了他的话头，讲述了一些发生在他的教区内的真实故事：今年夏天，当有些人想去抢劫犹太人的住宅时，由于担心发生最坏的情况，他便去劝告他们，但他们却告诉他，犹太人已经霸占了整个粮食市场；他们从来不与外界交往；他们的房子盖得又高又大；他们几乎占领了整个城市。如果您，主教大人，有一天死了（但愿不会发生！），他们会找一个犹太人取代您的位置，因为他们已经对其他任何东西都提不起兴趣，这件事总有一天会发生。主教继续说道，当他说出解放犹太人将引发一场恐怖的大火而犹太人将被烧光时，他唯一关心的就是为犹太人争取最大的利益。他在这件事情上不能违背自己的良心，但如果他们一意孤行地坚持他们的“权利”，那么他就不愿为此承担后果——其恐怖程度实在令人难以想象……[22]

最后一搏

这一动议最终付诸表决，但以微弱多数而未获通过：408 票对 403 票！犹太人因此而感到非常沮丧，但失望并没有让他们完全失去信心。一个星期后，来自南锡的贝尔·以撒·贝尔鼓励一位同样来自洛林的年轻代表雅克·戈达尔（Jacques Godard）用这个议案继续向“国民议会”施压。然而，波尔多塞法迪犹太社区的领导人却从这次痛苦的失败中得出了完全不同的结论。他们认为——也许不无道理——正是阿什肯纳兹犹太人在社区自治问题上模棱两可的态度，才使他们获得了使他们满意的结果。而他们（塞法迪犹太人）本来可以非常幸福地以原来的社区生意人的身份成为完全的法国公民，但却因为阿什肯纳兹人一意孤行地固守旧体制而使他们失去了机会。如今，他们已经没有别的选择，只能与那些在解放运动中只顾自己利益的人分道扬镳了。当波尔多的代表们到达巴黎后，他们立即在塞夫・贝尔于巴黎的豪宅里举行了一次会议，两股势力组成了联合阵线，以图最后一搏。虽然这两个犹太群体之间也存在许多分歧，但如今他们只能孤军奋战。[23] 波尔多犹太人立即主动上门对一些具有影响力的同情者进行游说，包括拉法耶（Lafayette）侯爵、政治家阿贝・西耶斯（Abbé Sieyès）和《巴黎杂志》的主编多米尼克–约瑟・加拉（Dominique–Joseph Garat）。无所不能的塔列朗虽然是第一个向"国民议会"提出犹太人问题的人，但这些阿什肯纳兹犹太人却无法说服他明确表态，保证任何变化都有利于所有的犹太人。年轻的戈达尔写就了一份上百页的《法国犹太人请愿书》（Petition of the Jews Established in France），但直到 1790 年 1 月 28 日，也就是塔列朗重新提出这项议案的当天，这份请愿书也没有拿出来。他只不过宣称，历代国王授予波尔多犹太人的特许状已经足以使他们获得完整的公民身份。然后，格里高利插话说，这种认可制度同样也曾扩大到东部的犹太人，但却遭到了强烈的抵制。最后的投票结果公布后，波尔多以及西南部（包括佩尔奥拉德和巴约讷附近的圣灵区）和东南部（包括阿维尼翁、卡尔庞特拉和卡维雍）的犹太人获得了完全的公民权，而阿什肯纳兹犹太人的议案则移交给了一个委员会。塞法迪犹太人争取作为公民犹太人得到承认的长期奋斗终于获得了成功，但他们在获得成功的同时，却把他们的阿什肯纳兹兄弟甩下了隆隆前进的列车。这样一来，他们强化了犹太人的刻板形象：新派犹太人和老派犹太人，善良的犹太人和不那么善良的犹太人，与他人相处的犹太人和只是自己抱团的犹太人。所以说，塞法迪犹太人赢得的胜利不过是一次"变了味"的胜利。

这次投票结果也把巴黎的犹太人——圣马丁运河岸边的纽扣制造商、裁缝、屠户和面包师——排除在了公民身份之外，虽然他们中的许多人真正属于大革命致力于解放的“人民”范畴。由于始终把这件事挂在心头，戈达尔、皇家图书馆（Bibliothèque du Roi）馆员萨尔金德·霍尔维茨（Zalkind Hourwitz）和珠宝商雅各·拉扎尔（Jacob Lazard）与巴黎公社——巴黎的政府机构——一起代表巴黎“人民”发起了一场声势浩大的运动，并且后来又扩展到法兰西的其他犹太人。在一次包括市长西尔万·巴伊（Sylvain Bailly）在内出席的会议上，戈达尔首先宣称已经有上百名犹太人参加了国民卫队，然后指出：“这些人都是我们的兄弟，这些人都是我们在军队里的战友。”他雄辩的演讲具有很大的煽动性。巴黎公社的首领阿贝·穆洛（Abbé Mulot）不由得一阵狂喜。他以兄弟般的口气说：“你们的宗教观点虽然与我们的相去甚远，但这并不能阻止我们作为普通人接近你们，即使我们之间的互相信任或许是一种错误……但我们总可以彼此相爱吧。”[24] 经过连续几个星期的激烈辩论后，大多数（但不是全部）的行政区代表开始发生动摇，并且仍然有一些人坚持认为犹太人在他们中间属于“外国人”。无论巴黎公社或全巴黎的人怀有什么样的情感，这种情感都根本不可能强烈到足以克服阿什肯纳兹犹太解放事业的反对派每当在“国民议会”上就这个问题进行辩论（一般每个月举行一次）时所设置的各种障碍。

一直到 1791 年 9 月 28 日，公民身份才最终扩大到所有的法国犹太人。在这个重要的日子之前长达一年半的时间里，阿什肯纳兹犹太人本身又逐渐分裂为现代派和传统派。他们刚刚搬进斯特拉斯堡，就有大量年轻的现代派成员申请加入国民卫队，并得到了市长迪特里希（Dietrich）的批准。1790 年 2 月间，“宪法之友社”——也被称为雅各宾派，来自巴黎的一家俱乐部，当时仍然是一个奉行温和革命论的联盟——通过投票接纳犹太人为会员。如今，与他们所受到的所有指责相反，他们也成了善于交际的人。南锡、斯特拉斯堡和梅斯的犹太人开始尝试在日常生活中放弃意第绪语而改用法语。他们记住了所有的革命口号。“自由之树”开始在他们的村庄里生根成长。犹太人也开始喜欢把三色的徽章别在他们的帽子上，把三色腰带束在他们裁短了的外套上。在巴黎，他们的爱国表现方式尤其惹眼，足以让巴黎公社认可他们所要求的公民权利。

这样又过了几个月，致力于解决犹太人问题的努力一直在断断续续地进行着。亨利·格里高利于1791年1月出任“制宪会议”的主席后，他只是让宗教委员会的一位成员把这个问题提交大会讨论。但作为犹太人解放事业的最著名和最积极的推动者，他本人在这个问题上却保持沉默，也许他是在担心自己试图建立一个宪法教会的努力会因为无休止的犹太人这个棘手的问题而受到损害，因为这一努力将允许法国人同时成为基督徒和爱国者。而直到“制宪会议”合法存在的最后一个月——1791年9月，宗教委员会才形成了最后的结论，这一事实表明绝大多数成员仍然是在故意拖延时间。一部新宪法即将生效，并且同时还为此设立了一个新的“立法会议”让他们来接手这个棘手的问题。这件事实际上并没有发生，主要是因为另一位公开表示同情的人——阿德里安·杜波尔坚持认为，直到9月27日即新的“立法会议”接任之前三天，“制宪会议”并没有最后完成其在谈判桌上的历史使命。

杜波尔说，他会长话短说，只指出一个异常现象。新宪法已经明确规定，公共职务聘任的唯一依据是“才能和美德”，反过来说，任何人都不得因为其宗教信仰而遭到排斥。然后，他说出了足以改变历史的几个字：“我指的是犹太人。”（Je parle des Juifs.）既然宪法已经允许他们可以自由地信奉他们的宗教，那么就没有理由拒绝赋予他们享有选举权和公共职务资格的“积极公民”身份。当这些政治权利已经赋予了其他宗教信仰者的情况下，犹太人不能成为唯一的例外。然而，只要有人指出这种前后不一致的现象，对犹太人的问题却总是一拖再拖。请大家不要再拖了。因为如果不纠正这种明显的不一致，那么实际上就是触犯了宪法。

杜波尔用事实表明犹太人的所作所为并没有违反宪法，从而把责任推给了那些对犹太人的权利怀有敌意的人，但这种精明的做法立即引起了一场骚动。然而，他的动议还是得到了绝大多数人的认可。第二天，前布罗依公爵（Duc de Broglie）提出了一项修正案指出，只要在行使作为一个积极公民的权利时在身份问题上发誓，就应该被视为对从前的社区自治和司法制度的完全放弃。显而易见，他认为把犹太人的声音与社会自治联系在一起作为拒绝的条件所付出的代价太大，根本无法满足。但是，当时并没有听到这类声音，至少没有听到政治方面的声音。

事实上，当时的情景恰恰相反。两年前就曾在"国民议会"上发表过演讲的来自南锡的贝尔·以撒·贝尔，现在在法国东部发表并散发了一封信，这封信对 28 日的决议表示欢迎，认为这是全能的"上帝"通过法国全体人民的代表而为犹太人选择的一条救赎之路。他进一步指出，这是以圣殿的毁灭为开端的悲剧性的结局。这份传单的基调就像一次会堂布道（derasha）或一次公开祈祷，他之所以采取这样的方式，是为了便于在犹太会堂的仪式上宣读，从而用阿什肯纳兹犹太社区最正统的方式作出保证，他们虽然宣誓效忠于国家并告别了古老的社区自治制度，但他们并没有背叛自己的律法和传统。要想成为一个好犹太人和好公民，这毕竟是最好的选择。

> 撕开曾经让我们饱受羞辱的面纱的这一天终于到来了，我们终于恢复了早在 1800 多年前就已经被剥夺了的这些权利。在这样一个时刻，我们只能对我们先祖的仁慈表达我们的感激。
>
> 感谢至高无上的"上帝"和这个国家的君主，我们如今不仅是人和公民，而且是法国人！我们仁慈的"上帝"让我们发生的改变是多么幸福啊！直到最近的 9 月 27 日，我们还不过是这个庞大帝国领土上的寄居者，似乎注定了永远会遭受奴役和鄙视，但第二天，也就是 28 日，这对我们来说是一个神圣的日子，你们终于感动了法兰西那些高贵的立法者。就像他曾经选择让安条克（Antoniochus）和庞培（Pompey）羞辱和奴役我们时一样，"上帝"这次选择了慷慨的法兰西

> 民族恢复了我们的权利，使我们获得了新生……从此之后，我们不再是低贱的奴隶、纯粹的贱民，不再是一个在帝国的领土上可以容忍和遭受苦难的物种，不再随意地被征收沉重的赋税，我们在一夜之间变成了国家的子民（enfants de la patrie），为这个国家担负起共同的责任，分享着共同的权利。[25]

由于预见到他的阿什肯纳兹犹太同胞会因此而感到紧张不安，可能会迈出一大步，直接要求获得完全的和平等的公民权，贝尔·以撒·贝尔极力劝说他们“在所有与我们的精神律法无关紧要的民事和政治问题上主动放弃对狭隘的合作和会众精神的依恋；在这类事情上，我们必须要以个体的身份出现，像法国公民一样，只能在真正的爱国主义和国家的整体利益指导下行事；甚至不惜用自己的生命和财产来保卫我们的国家”。但是，在劝说他的犹太同胞向公民身份不断迈进的同时，贝尔·以撒·贝尔实际上也非常担心，如果他们在人数上和热情上超出了人们正常理解的程度，他们的激进行为很可能会对其他法国人造成不良影响。他竟然一直对剩下的犹太人如何行事感到不安！所以他建议他们，应该为已经获得了参加民事和政治集会的权利而感到高兴，然后就这样静静地等待着，直到他们的法语水平得到充分提高，现代教育使他们有资格担负起公民的责任，则完整的公民身份是水到渠成的事。他甚至还出版了赫尔茨·韦塞利（Herz Wessely）建议进行教育改革的著作的法文版。“法语（而不是意第绪语）应该是我们的母语”，犹太人必须掌握标准的法语，而不只是他们与其非犹太邻居交流时被迫使用的那种“口齿不清”的俚语。他们必须也要在社会身份上进行自我完善。让我们看到更多的犹太铁匠、木匠和鞋匠吧！“如果我们能够成功地在每一个行业中都插进一个人，并且他能够成为该行业的大师，那么他就可以招徒弟并逐渐形成一支队伍，这样我们慢慢地就会看到，大量的犹太工人是在靠一份值得尊敬的工作体面地维持生计。”

在这样一个面临解放的喜悦时候，不难发现贝尔・以撒・贝尔的苦心孤诣所在。对你想要得到的东西应该分外小心。如果俱乐部、投票站甚至国民卫队里都挤满了他的宗教同胞，并且在里面又吵又闹，那么这些“好工作”就没有人去做了！首先要给人一个好印象。这需要时间。实际上，他大可不必如此担心，因为新宪法规定，必须要拥有一定的财产并及时纳税，才能获得行使积极公民权的资格，而绝大多数的东部阿什肯纳兹犹太人实在太穷，根本就不符合规定。

但是，尽管有许多附加条件和深怀歉意的不安，这仍然是一个堪称伟大的时刻，而贝尔・以撒・贝尔用《出埃及记》和《马加比书》中的口气来谈论这件事显然是对的。如今，不仅是在法国，并且随着法国作为一个“强大国家”将其领土边界推进到意大利、德国、荷兰甚至更远的地方，一个充满希望的未来出现在犹太人面前：同时作为犹太人和作为他们祖国整体的组成部分是完全没有问题的。赞美上苍，感谢伟大的法兰西！

Ⅲ. 死亡的民主

奋起自卫

革命给你带来的东西，革命还是要拿走的。其实，完全沉浸于公民的新世界之中，毫无安全保证地暴露在政治之下，既是一次机遇，也带来了风险。在1791 年废除天主教教会的风潮中，波尔多的革命委员会就曾决定关闭所有的教堂墓地。这可不是什么好兆头，因为这就意味着，新教徒、天主教徒或犹太人从此再也没有独立的墓地，而所有的死者只能共享一块安息之地。这就是所谓“死亡的民主”。所以，雅各・罗德里格斯・佩雷尔当年成功地在城墙外边为他的社区争取到的那片墓地也已经被关闭了。

随着外国入侵的威胁日趋严重，大革命的方式突然间变得更加激进，而那些曾经为犹太人的解放事业积极奔走的著名斗士也无助地遭受着无妄之灾。米拉波、杜波尔和克莱芒－托内尔都因为支持君主制而受了连累，特别是在路易十六和王后玛丽·安托瓦内特密谋逃离法兰西并企图到奥地利找王后的兄长、奥皇利奥泼德寻求保护的事件发生后，他们的日子就更难过了。由于怀疑他们插手了王室的这次逃跑计划或其他试图恢复王权的阴谋，他们的许多同道不是被逮捕，就是自己事先就逃走了。因为他们大都曾经拥有贵族身份，这一事实更为他们的政治诚信度和透明度蒙上了一层额外嫌疑的阴影。杜波尔被投入了监狱，并且随时有被送上断头台的危险，但由于他与雅各宾派的私人关系，这些雅各宾党人费了好大的力气才帮他逃过了瑞士边境。米拉波则在不得不面对欺骗法庭所引起的严重后果之前去世了。1792 年 8 月 10 日，巴黎发生了一场动荡，来自各行省的武装国民卫队的介入使局势更加失控，他们高唱着更加激动人心的新国歌《马赛曲》（实际上就是在塞夫·贝尔的斯特拉斯堡创作的）向巴黎进军，占领了“立宪君主”的临时驻地杜伊勒里宫，杀死了他的瑞士卫兵，并随之宣布君主制灭亡。一时间，凡是参与过君主立宪政治活动的人都成了大革命的对象。解放运动中的著名演说家、曾经的伯爵如今的公民克莱芒－托内尔就是其中之一。在被认出之后，他被一伙疯狂之人一直追赶到他家的大门前。然后，他们破门而入，架着克莱芒－托内尔爬上高大的楼梯，冲进了二楼的图书室，并把他推倒在一堆图书里，然后打开一扇造型优美的窗户，把斯坦尼斯拉斯·克莱芒－托内尔扔了出去，他的头正好摔到了楼下的一块鹅卵石上。他就这样死了。

除了那些原先就住在巴黎或后来搬进巴黎的犹太人，大多数法国犹太人都属于边境居民，这就意味着一旦东部边境和（1793 年 1 月开始）西班牙边境爆发战争，他们对陷入战争困境的“祖国”可能既非常有用，也免不了通敌的嫌疑。马匹和饲料（如干草和黑燕麦）以及粮食都要依赖于阿尔萨斯和洛林犹太人的库存和转运，所以军队往往不时地向犹太人征收这些战备物资。塞夫·贝尔的几个儿子本身就是督政府采购事务局的采办代理商，因为无论是当地城镇的军人还是平民都已经处于直接面对普鲁士人和奥地利人的前线地带。但与此同时，犹太马匹商人尤其是粮食商人所使用的资源却通常位于前线的另一侧，所以他们经常要跨过莱茵河。当他们必须越过边界去采购物资时，他们就有可能（并且经常）被指控为非法越境，这可能是一种严重的叛国罪。塞夫·贝尔的所有家人就时不时地会碰到这样的情况，只有他已经当兵（在这样的家庭中是不多见的）的一个激进的儿子马克斯（Max or Marx）算是例外。塞夫·贝尔于 1793 年去世，但由于罗森维勒（Rosenwiller）墓地已经被关闭并遭到毁坏，许多墓碑被推倒或被刻上了一些奇怪的言论“死亡不过是长睡不醒”，他的遗体被偷偷运进墓地，临时埋在一堆废墟里，直到 1795 年公开举行宗教葬礼仪式再次变得合法时才得以重新安葬。与此同时，他那个性格活泼的女儿夏娃却因为被指控为越境叛国罪而竭力为自己辩护，当局认为，她虽然早在大革命爆发之前就跟着她的德国犹太丈夫来到了法兰克福，但却没有一天不在极其敏锐地关心着她真正的“祖国”的繁荣、安全和幸福。

作为公民，犹太人为保卫祖国而贡献的几乎所有财产——请注意，他们在面对国家发生危机时无力为之或不愿为之（包括不愿意在安息日履行军事义务）一直是他们获得解放的主要障碍——如今却被看成是一把众所周知的双刃剑。他们的犹太德语口音和在地理上对东部边境非常熟悉的事实（取决于你怎么看），使他们既可以成为法国军队的重要后援，也可以成为犹太人帮助敌人的便利条件。在物资供应长期甚至极度短缺的情况下，他们控制的粮食供应渠道对前线的军队来说既可能是一次天赐良机，也可能会变成犹太人投机倒把和讨价还价的一个大好机会，并且在阿尔萨斯和洛林，总有一些人在敲边鼓，说“犹太人永远是犹太人”。对斯特拉斯堡征收的五百万里弗尔的特别税中，仅犹太人缴纳的就达三百万之多。尽管他们必须要越境采购以保证军队的后勤供应，但是在 1793 年 11 月间，革命政府的一位巡视代表却建议拒绝向犹太人发放护照，并坚持认为，凡是不能证明曾娶非犹太女人为妻的男性都自动被视为嫌犯。犹太人在武力的威逼下献出巨额财产仍然不能保证他们的安全。在于六十七岁去世之前，塞夫·贝尔曾一度被关进了监狱，或许是因为他与阿尔萨斯犹太社区的其他领导人——所罗门·利未、亚伯拉罕·卡恩（Abraham Cahn）、梅耶·韦特尔（Meyer Veitel）、以撒·利塞尔（Isaac Leyser）和一个叫梅耶·德雷福斯（Mayer Dreyfus）的人—— 一起离开了斯特拉斯堡的神学院。这个从1772年就居住在巴黎但却与荷兰、法兰克福、瑞士建立有广泛生意联系的家庭，所有的成员都被投入了监狱并遭到严刑拷打，几乎在定罪并马上要被处死之前，才由于有关他们的大量爱国行为的证人证言而最后被释放。

“这就是你们的祖国?”（Êtes-vous de la nation?）不仅是一个法律上的措辞问题，更是一个生死攸关的现实问题。入侵和战败可以看成是一种集体惩罚。在被别人吃掉之前先吃掉对方成为当时的法则：无论“他们”是在巴黎的监狱里等待外国人来解救他们，还是他们本身就是普鲁士的掷弹兵。“第五纵队”似乎随处可见。在法国将军们——迪穆里埃（Dumouriez）和拉法耶——吃了败仗后，任何人都可能是戴着三色帽徽的叛徒。事实上，的确有几个犹太人与敌人有联系。利夫曼·卡尔梅尔（他在1784年去世时仍然是子爵）有个儿子名叫路易斯－本杰明（Louis-Benjamin），他就曾毫无歉意地供认，在他变节之后曾经为王后给迪穆里埃送过信，后于1794年4月被送上了断头台。他的兄弟、前贵族早已不存在的财产的共同继承人安东尼·路易斯－以撒（Antoine Louis-Isaac）则走上了与他完全相反的激进革命道路，但同样也由于受到“从事恐怖活动”的指控而被处以绞刑。凡是利用战争物资发财的犹太人都成了犯罪嫌疑人。一场控告和反控告的闹剧开始上演，尤其是当那些曾经是封建领主的将军在作战时似乎在背后留一手并且在私下通敌的情况下更是如此。犹太承包商曾经告发屈斯蒂纳（Custine）将军和德·温普芬（de Wimpffen）将军，但反过来也被他们告发了。在这样的情况下，没有丢掉性命就算是万幸了。

法国西南部的塞法迪犹太人尽管表现方式不同，但也同样没能逃过这场灾难。一开始，解放运动似乎获得了可喜的成果。他们在1789年就参加了投票，并在当年就参加了选举人团，有些人还加入了国民卫队，而那些更富有的人则被宪法赋予了完全的公民权。从某种意义上来说，他们的确获得了真正的解放，因为他们面临的危险与非犹太人并没有什么不同：一场大革命中必然存在政治选择上的风险，今天的爱国者可能在明天突然变成叛国者。在波尔多，正是因为那些富有的、受过良好教育的塞法迪犹太人，那些出现在音乐会上、图书馆里和学术机构中的犹太人，已经成为整个城市的一部分并且有资格在当地出任公职，所以随着巴黎的革命政府变得更军事化和更专制，他们也就变成了革命的反对派。当他们的敌对情绪以控告巴黎革命政府的绝对权力“也许比宗教更坏”的方式发泄出来时，他们很快便被作为“吉伦特党人”（Girondins）遭到逮捕，然后受到他们曾拒绝其司法管辖的临时法庭的审判，并于1793年10月高唱着《马赛曲》被送上了断头台。在波尔多（以及里昂和马赛），雅各宾政府在1793年夏秋两季的表现更像是暴君的做派，是自由的敌人而不是卫士。一支武装的联邦党人队伍开始公然向巴黎政府挑战。

在联邦党人的起义进入高潮时，一个“临时代表委员会”（实际上是波尔多的一个负责采购与安全的机构）建立起来。其成员都是一些著名的犹太人，而最著名的人物当属亚伯拉罕·福尔塔多，他以“吉伦特党人福尔塔多”的身份作掩护，素以简朴和果敢著称，平日就像他的战友一样穿着皮靴、装着马刺、扎着腰带。这个秘密的犹太家庭在1755年的里斯本大地震中幸存下来，但亚伯拉罕的母亲汉娜·维加（Hannah Vega）奇迹般地与她未受损伤的胎儿一起被从瓦砾下刨了出来。后来，福尔塔多一家先去了伦敦，母亲在那里生下了亚伯拉罕，然后才来到巴约讷，亚伯拉罕在那里长大后，才在波尔多最后定居下来。他积累了大量金钱，成为人们常说的那种身上带有哲学气质的商人，就他的情形而言就是一个虽然不太典型但却非常时尚的关注农业改革的犹太人。①佩雷尔去世后，福尔塔多曾经是在1788年劝说马尔塞布履行其对犹太人的承诺的社区领导人之一，并且作为一个当地的革命派贵族于1790年获得解放而成为公民，实际上成了爱国气氛深厚的新波尔多的精神支柱式人物。1793年，福尔塔多与所罗门·洛佩斯－杜贝克一起成为波尔多的“临时代表委员会”（实际上是负责组织动员和抵抗的组织）的成员，而就这座城市奋起自卫、抵抗即将到来的巴黎政府军的攻击的能力而言，他无疑是一个不可或缺的人物。

一场噩梦

有证据表明，福尔塔多当时已经预见到随时会发生不测，并且也曾提醒大家武装起义很可能会带来灾难。按照他后来宣布的防御计划，他本应该像一个忠于职守的政府官员一样坐在委员会的办公室里，而不是拿出一副反叛首领的派头。但是，一旦波尔多在与巴黎的战斗中失利，他将面临致命的危险。结果被他不幸言中。当巴黎的政府军在一位志在实施报复的“人民使命的代表”——市政委员会委员伊萨布（Ysabeau）——的指挥下怒气冲冲地进入波尔多时，福尔塔多和洛佩斯－杜贝克都上了叛国的联邦党人的黑名单。洛佩斯－杜贝克继续逃亡，此时他的儿子、被称为“三号人物”的撒母耳却被政府军拘为人质，直到他的父亲投降。福尔塔多的第一本能——投降——显然是鲁莽而天真的，并且很快就被他的一位朋友的话给吓坏了，因为这位朋友告诉他，投降无异于把自己的生命交到一群“不知公正为何物”的野蛮人手里。[26]所以他也开始逃跑，来往于好朋友和穷亲戚之间，常常躲在高墙后面的狭窄空间里，只能从墙上的小孔里眼睁睁地看着他的战友一个个被送上断头台。到后来，他

① 本节文字系根据原书审读报告改定：福尔塔多家族的一位后人指出（当然带有某种感情的成分），汉娜并非被宗教法庭迫害致死，而是以有孕之身被从地震的废墟中救了出来，然后举家去了伦敦并在那里生下了亚伯拉罕。——译者注

只能露宿在荒郊野外，靠从女巫那里得到一些零零星星的消息，听说原来的联邦党人遭到追捕和逮捕，在临时革命法庭受到即时审判并被集体处死。于是福尔塔多只能尽力把心绪收回到启蒙运动的乐观世界，开始翻译阿庇安[①]记述罗马内战（与当时的法国相比还是可以容忍的）的著作，然后他开始潜心研究卢梭、布丰和孟德斯鸠的著述，尤其是后者作为当地的一个英雄般的人物，曾为现代人——特别是犹太人——描述了一个比任何曾经的时代都更光明的前景。与他在日记中讲述的地下流亡生活相比，但丁对地狱的恐惧和堂吉诃德的黑色幽默也都黯然失色。“我根据自己的幻想构建了一个知识的世界，并按照自己的意愿居于其中。”在这个世界里，每一个人都是文明的人，而犹太人则是其幸福的受益者。当借来的书读完之后，他开始完全活在自己的脑海里，并创作了一个有关雅各和拉结的爱情故事。他的藏身之处越狭小，他不安分的心胸就越宽阔。吉伦特党人虽然正派但却爱冲动；“长裤汉”[②]阶层和新一代军人是一群激进者；罗伯斯庇尔是一个“魔鬼”；而职业演员拉孔贝[③]更可怕，她甚至企图屠杀城里所有的商人，只是因为他们会经商、会挣钱，就认为他们是叛国

---

① 阿庇安（Appian，约95~165），古罗马历史学家。生于埃及亚历山大的上层贵族家庭，受过良好教育。早年在家乡官居要职，享有权势，后在罗马获公民权，成为罗马帝国的拥护者和鼓吹者。曾在罗马开业当律师，皇帝哈德良时期任金库司库一职。晚年担任埃及财政督察，卒于任内。其毕生之作是用希腊文撰写的《罗马史》，共二十四卷。上始于罗马王政时代，下止于2世纪初图拉真皇帝时期，包括罗马将近九百年的历史，所记罗马“内战”时期的社会斗争尤具价值。流传至今的《罗马史》只有十一卷是完整的。——译者注

② 18世纪末法国大革命时期对激进革命群众的称呼。——译者注

③ 此处指的应该是克莱尔·拉孔贝（Claire Lacombe，1765~?）。她早年曾是一位不知名的演员，但却因为在法国大革命期间的“表演”而广为人知。在1792年8月10日发生的巴黎暴乱期间，拉孔贝在杜伊勒里宫与叛军英勇作战，在肩部中弹的情况下仍然继续战斗，从而赢得了“8月10日女英雄”的美誉。她后来成为革命中最激进的成员，并于1793年2月与另一位女革命家鲍林·莱昂一起创立了革命共和国妇女联合会。由于其成员主要是下层工人阶级妇女，她们与“长裤汉”和“放火党”合在一起，并成为巴黎革命军的主要组成部分，喜欢用暴力手段清除反革命派。在恐怖统治时期，各种最激进的革命派遭到镇压，拉孔贝领导的革命共和国妇女联合会被“国民议会”专门下令予以取缔。由于被禁止参与任何政治活动，拉孔贝试图重返舞台，但当她于1794年4月间准备离开巴黎时被逮捕。拉孔贝于1795年8月20日被释放后重返舞台，但三个月后便退出，此后去向不明。——译者注

者。这场大革命就像一艘正在沉没的大船，所有的乘客都以这样或那样的方式下落不明了。民主共和国的形式（这也是卢梭的假设）只适用于小型社区，或许指的是他自己的社区？有一段时间，他一度想自杀——这在四面楚歌的反对派革命者中间几乎成了一种传染病——但不知怎么的，他成功地等到了恐怖统治的结束，而在这之后，他却又变成了一个角色完全不同的政治演员。

大革命释放出的强烈政治能量很快就变成了中央专制体制（戴着三色徽章的旧制度）与脱离中央的地方自治体制之间的斗争。于是，法兰西的现代历史篇章在这种争斗中掀开了。某些极端地方自治派甚至自相矛盾地与中央政府串通一气，从而使局势变得更加扑朔迷离。可以说，巴黎与波尔多是一种什么样的关系，波尔多与当地包括巴约讷的圣灵区（已改名为"让－雅克·卢梭"区）在内的其他社区就是一种什么样的关系。因为巴约讷位于西班牙边境，在 1793 年时还属于前线，是那些试图越过山区边境线充当细作或双面间谍的出逃移民的一个聚集之地，并且其中许多人都是已经被取缔的教会留下来的后代，所以"让－雅克·卢梭"区的犹太人便被招募或心甘情愿地充当了共和国狂热分子的耳目。他们中的许多人——像趾高气扬的约瑟·伯纳尔（Joseph Bernal），他由于最后的国籍是美国而被称为"美国人"——的确成了激进的好战分子，干起了为革命法庭担负监视任务的勾当。某些狂热分子甚至把自己的名字从以撒、摩西和撒拉改成了布鲁图斯（Brutus）、维吉尔（Virgil）和埃洛迪（Élodie）。[27]

就在两年前，贝尔·以撒·贝尔还在欢迎犹太人在法律上获得了解放，从而使他们在历史上第一次有可能"在作为一个法国公民的同时合法地奉行他们祖先的宗教"，但仅仅过了两年，恐怖统治却把他们的美好愿望变成了一个残忍的笑话。1793 年秋末，在一场轰轰烈烈的"去基督教化"运动中，法国所有的教堂被关闭，公开信仰"迷信"被宣布为非法行为。这也就意味着，一场彻底的去犹太化运动开始了。一座座犹太会堂被关闭，希伯来语遭到严格禁止，在像斯特拉斯堡这样的大城市里，甚至发生了焚烧犹太典籍的事件。这与其说是一个新时代的黎明，倒不如说是倒退到了中世纪法国的大迫害时期。一应祈祷仪式器物尤其是银制品——多枝烛台、饰品和“指经标”——全部遭到没收并被熔化，尽管有许多器物被人冒着生命危险藏了起来。在梅斯，《托拉》的羊皮卷被“正式地”公开损毁。主持这次恶劣渎神行动的官员还高声宣布：“他们的律法书只能用来做鼓面，然后从新杰里科（Jericho）的城墙上扔下去。”[28] 在上莱茵地区里博维莱（Ribeauville）的乡间酒庄里，耶塞尔·雷曼（Jessel Lehman）保存着一本秘密的意第绪语日记，其中记述了那些被认为在大革命时期只顾个人安危的犹太人遭受的五花八门的羞辱。任何坚持旧“迷信”的苗头统统被宣布为反革命行为。凡是留着大胡子的人都被带到大街上公开剃须，有些人甚至在半夜里被从床上拽下来，让他们享用爱国主义的剃刀。许多成年妇女只是因为戴假发而遭到逮捕。割礼则被认定为一种反自然的犯罪而被严令禁止。由于共和国休息日被定为第十天，所以犹太人星期六的安息日和基督徒的星期天礼拜日一样，都是违法的。如果看到有犹太人穿漂亮的衣服（更不用说聚集在一起祈祷），那么就会被当场逮捕。在巴黎，犹太人有时只能在地窖里秘密举行祈祷仪式，此时他们会专门安排一个人穿上工装假装在院子里做工，以免引起怀疑。在南锡，雅各宾政府的执法官员甚至宣布，作为一种爱国的表现，犹太人只能与非犹太人结婚。当时，还发生了一些非常悲伤的故事，比如父母订婚后（但还没有正式结婚）出生的孩子，如尤德尔（Judel）和以利亚·所罗门（Elias Salomon）刚刚生下的婴儿就被夺走，并被强行施以革命的洗礼，后来再也没有回到他们身边。

修复与重建

这样的噩梦持续了大约两年。当残酷而混乱的“去基督教”运动被罗伯斯庇尔“至高无上的存在”所取代后，对犹太习俗的禁令仍然没有解除。在梅斯，最豪华的犹太会堂变成了一个家畜饲养场：马匹用于战场，而牛羊则是为了供应奶制品和肉类。[29] 在雅各宾政府被推翻之后，饱受创伤的犹太社区开始了痛苦而漫长的会堂重建历程，而有些地方用于祈祷仪式的器物大多已经被熔化或遭到严重损毁，能够把这类器物找回来的情况并不多。1795 年 5 月 30 日又通过了一项法律，使宗教活动的自由再次合法化。但是，要使几乎已经倾倒的大厦得到恰当的修复和重建可能需要好几个月的时间。牛羊和马匹仍然在一片狼藉的座椅和长凳之间待着，而直到 1795 年 12 月的最后几天里，会堂的地板上仍然堆满了粪便。但是幸运的是，在梅斯还有另一座供犹太女人使用的会堂，当时并没有被完全破坏。在 9 月 7 日这一天，面对当地的所有犹太男人和女人，他们终于在梅斯举行的一次拉比和领诵人——他们已经被允许公开宣布恢复了那些对我们来说耳熟能详的名字：奥尔里・拉扎尔 – 卡恩（Olry Lazard–Cahen）、所罗门・雷切尔（Salomon Raicher）、内森・雅各・埃梅里希（Nathan Jacob Emmeric）、撒母耳・勒朗费（Samuel Lerouffe）、约瑟・宾（Joseph Bing）、拉扎尔・内森 – 卡恩（Lazard Nathan–Cahen）和摩西・皮卡尔（Moyse Picard）——的小规模聚会上宣布，犹太教在阿什肯纳兹犹太人的梅斯获得了新生。[30]

Ⅳ.“好运来”

意气风发的将军

在经过了两三个城市——安科纳（Ancona）、雷吉奥（Reggio）、摩德纳（Modena）——的军事行动后，他对奉承话就开始有些听烦了。这位被当地的犹太人称为“好运来”（Chelek Tov）的将军只有二十六岁，他总是骑在一匹棕色的小马上，显得非常潇洒。仅仅用了一个月的时间，他就彻底击败了整个帝国的军队，他的士兵一路上终于可以尽情吃喝，充分享受沿途的欢呼和拥戴，随便拿走他在队伍越过阿尔卑斯山之前就答应他们的中意的战利品。这些士兵有的拿走了银盘子和名画，有的扛走了成捆的丝绸，有的领走了姑娘，总之他们喜欢什么就拿什么。然后，将军向当地的居民开列了一张赔偿清单：现场随意提出赔偿额。一个个大箱子被抬到他的随身文书们面前，他们就端坐在广场上带长廊的一边临时支起来的长桌边，许多头戴三角帽的贵族则大汗淋漓、强作笑脸地在长廊排起了长队。但是，从箱子里搬出来的价值相当的物品却不过是一些条幅、旌旗之类的东西，也有一些因为在修道院的地窖里放的时间过长而积满了灰尘的古代瓷瓶。用三色腰带扎住外套的市长大人发表了言辞华丽的演讲，欢迎解放大军的到来以及他们带来的自由和平等。观众的眼睛里充满了幸福的泪水，他们一边紧抱双手不停地作揖，因为他们从来也想不到在有生之年还能看到这一天，一边又像蹩脚演员一样又哭又笑。有些年轻的“雅各宾党人”也高声呼喊着向将军表示祝贺，好像他也是他们的兄弟；孩子们跟着行进的士兵和战马队伍在追逐嬉闹，就好像他们在课堂里永远坐立不安的小屁股再也不会挨校长的戒尺了。到了晚上，几乎所有的人都在围着“自由树”跳舞，被灿烂的烟花映红的夜空下，阵阵喧闹声和闪光淹没了伤兵们的呻吟。将军让士兵们彻夜狂欢，虽然他们心里很清楚，也许下个星期还有一场战斗在等着他们；而奥地利人除非尊严扫地是不会投降的，尽管有好几次他们的白衣兵已经被冲得七零八落，尽管他们那些筋疲力尽、不知所措、饱受羞辱的指挥官也开始明白，他们所面对的是一个不一样的新对手：一个无所不能的“魔王”。所以，战争仍在继续，死去的战马倒在乌鸦啄光了的金凤花丛中。当地的农民天不亮就出来，在那些昨夜倒下而脸上仍粘着血污的士兵身上翻找着。士兵们为了防止春雨淋湿刚刚给野战炮穿上麻布炮衣，另一阵庆祝胜利的欢呼声就已经从城里的中央广场传了过来。

犹太人则在他们的“隔都”里静静地等待着“好运来”（Buona Parte），等待着他们的“幸运之星”，他们的大卫，他们的马加比，抑或是他们的“救世主”。但将军对犹太人并不怎么在意，也就是说，他对他们既不特别鄙视也不特别热情；他只知道，自己对他们没完没了的热情无动于衷，当他们提高嗓门时，他总显得有些迟疑。（在后来的岁月里，他的这种冷漠却变成了一种最原始的敌意。）但是，那些曾经警告过拉比的诡计和小贩的卑鄙的人，那些看到犹太人穿着长袍从美因茨（Mainz）和科布伦茨（Coblenz）的犹太胡同里跑出来的人，看见他们的衣袖被人不停地拉扯就退缩了，他们显然并不认识意大利城市里的犹太人。在意大利，他们其实已经非常开化。在摩德纳，“好运来”受到隆重欢迎，当地公爵的银匠摩西·福尔米吉尼（Moisè Formiggini）发表了长篇欢迎词，并且他还看到了其他许多意想不到的事物——书店老板、商人等，他们衣着光鲜，操着无可挑剔（虽然有些不太自然）的法语。在福尔米吉尼之前，他的父亲贝内德托（Benedetto）和祖父劳达迪奥（Laudadio）都曾是富甲一方的人物。[31] 面对现代世界，像福尔米吉尼这样的人根本不需要特别指点；与仍然在沉睡的乡间相反，他们这些城里人都是启蒙运动中的急先锋。只要受到当地封建领主的鼓励（至少不再迫害他们），他们就会积极地建立公共图书馆和读书俱乐部，把拉美特利[①] 和卢梭的哲学思想引介给当地唯利是图的“小市民”和骄奢淫逸的“小朝廷”。尽管费拉拉犹太社区的长老们实际上拒绝了获得自由和平等的公民身份（因为前提是他们也要放弃自己的传统自治制度），但当法国军队攻占了博洛尼亚、皮亚琴察、曼托瓦和托斯卡纳的繁忙港口城市利沃诺时，那些同样获得了自由的犹太人也举行了类似的欢迎仪式。

在安科纳，保守的宗教人士和现代派都加入了欢迎的队伍。拉比们也不再拘谨，同样又唱又跳，而其余的一些犹太男女则唱起了古老的“海之歌”（Song

① 朱利安·奥夫鲁瓦·德·拉美特利（Julien Offroy De La Mettrie，1709~1751），法国启蒙思想家、哲学家。他出生于一个富商家庭，起初学习神学，后来转向医学，1733 年获得医学博士学位后，到莱顿师从名医 H. 波尔哈维，深受机械主义医学思想的影响。回到家乡圣马洛后，他一面行医，一面翻译老师的主要著作和传播他的学说。1748 年，他应普鲁士国王腓特烈二世的邀请迁居柏林，被任命为皇家科学院院士和御医。1751 年 11 月 11 日，他由于在自己身上试验新的治疗方法而逝于柏林。——译者注

of the Sea）。他们尽情高歌，就好像曾经赶走他们的东家还是当年的法老，而不是奥地利人；就好像眼前这位将军就是他们的摩西。但是，也正是在这座城市，在两个半世纪前，犹太人曾经在教皇和宗教法庭的命令下被活活地烧死。对此，安科纳的犹太人从来也没有忘记；他们知道一切都没有改变，这片土地仍然属于教皇的领地。当他们还来不及对似乎打算废除加在他们身上的许多限制条款的教皇克莱芒十四世（Clement XIV）表示感谢时，像历代仇恨犹太人的前任一样固执己见的庇护六世（Pius VI）在 1775 年却又上任了。庇护六世热情地回顾着过去一次次暴力行动的成果，焦急地等待着他们的集体皈依。在整个教皇国里，包括从安科纳直到马尔凯（Marche）和翁布里亚（Umbria）的广大领土上，在 18 世纪的倒数第三个十年，“启蒙”似乎从来也没有发生过。一纸长达四十四条的教皇敕令再次把犹太人推入了苦难和耻辱的深渊。犹太人必须严格遵守佩戴黄色的识别牌的制度；他们再次被排斥在（除了贩卖旧衣服）所有的正当生意和职业之外。禁止他们在安科纳教授他们最擅长的音乐和舞蹈。禁止他们拥有（更不用说出版和购买）任何希伯来书籍，而这类书籍一旦被警察搜获就会装上马车运走，无异于一次文化上的死刑判决。晚间擅自离开“隔都”被认定为一种重罪。任何犹太人都不得拥有马车，这当然也就意味着戴着黄色识别牌步行的犹太人更容易被劫匪认出来，然后对其实施抢劫和吐口水侮辱。刚出生的婴儿往往被从其监护人那里拐走，然后作为基督徒进行抚养。如果婴儿被藏匿起来，那么警察就会采取拘押“人质”的行动，把其他一些犹太儿童从他们哭喊的父母那里拖走，直到所在的社区把藏匿的婴儿再次交给教会为止。任何胆敢挑战教皇敕令的行为都将面临烧毁“隔都”的威胁。[32] 简直就是人间地狱！

所以，当贝尔蒂埃（Berthier）将军的军队于 1798 年 2 月占领罗马后将庇护六世投入监狱时，城里的五千名犹太人有充分理由发自内心地举行欢庆活动。他们在“隔都”里栽下了一棵“自由树”。他们把黄色识别牌从胸前扯了下来，戴上了三色徽章。刚刚建立的（但却是短命的）罗马共和国的国民卫队向他们敞开了大门。“好运来”的名字在犹太会堂里被圣化。他的士兵们一边在罗马鲜花广场上吃着“犹太式比萨”（carciofi giudea），一边享受着他们的欢呼声。“隔都”面向街道的窗户——教皇的教廷机构曾经下令全部用砖头或木板封了起来——被重新打开。罗马的犹太人终于（虽然是暂时的）见到了阳光。

如果意大利军队希望让人感到他们有某种远大的历史目标，而不仅仅像他们所做过的那样，只是为了显示其“大国”实力的扩张能力，那么在1797年7月10日的威尼斯就可以证明这一点。因为要说终止一个旧时代而开创一个自由的时代，还有什么能比宣布废除“隔都”制度更有说服力呢？事实上，在意大利闪电般的征战中，奥地利的领地落入波拿巴（Bonaparte）的手中，波拿巴正在玩弄一场权力游戏，他通过这场游戏就可以完成他的杰作，进而随心所欲地戏弄和恫吓全世界。在伦巴第（Lombardy）和米兰陷落之后与奥地利的特使举行的秘密会谈中，他曾明确表示，他的目的仅仅是取消威尼斯的领土主权，同时允许这座城市本身保持自己的主人，其主权仍然属于奥地利和法兰西。然而，人往往是吃得越多，胃口越大。当梵蒂冈派出的全权公使到当时属于奥地利领土的格拉茨（Graz）与他会面时，他却要求解散议会、“十人委员会”以及所有的原有政府机构。恐慌之下，他们残留下来的为数不多的舰船之一却在潟湖的湖口向一条法国船只开了炮。于是，一场不切实际的战争打响了，虽然法国人又用了两个月的时间才占领了这座城市。一个临时的“代议制政府”于7月7日在维奇奥宫的五百人大厅（Consiglio Maggiore）[①]宣告成立，而正是这个新的权力机构宣布，三天之后“隔都”将不再存在。[33]

① 维奇奥宫（Palazzo Vecchio）里的五百人大厅曾是佛罗伦萨共和国的议事厅，据说曾是世界最大的房间。因为相当于代议制政府的大议会有五百人，故此得名。维奇奥宫最著名的是宫门前曾立有米开朗琪罗的著名雕塑《大卫》，而当代著名小说《达·芬奇密码》所描述的兰登教授在五百人大厅的著名壁画《马西亚诺之役》上找到了重要线索的情节更使其广为人知。——译者注

盛大的庆祝活动

1797 年 7 月 10 日，在这个数个世纪以来一直象征着专制与迫害的地方，犹太人自由舞台的大幕终于拉开了。这次盛大庆祝活动的主角是刚刚建立的威尼斯国民卫队的一名军官——皮耶尔·吉安·玛利亚·德·费拉里（Pier Gian Maria de Ferrari），他不仅像他的名字一样高贵，而且有着革命政治背景。三位来自“爱国会”和古老“隔都”家庭的公民犹太人——但以理·利未·波拉科（Daniel Levi Polacco）、维达尔·德安吉利（Vidal d'Angeli）和摩西·迪·大卫·苏拉姆（Moisè di David Sullam）将协助费拉里主持这次形式上不要太出格但又能以“自由”的主题体现出强烈欢乐气氛的庆祝活动。另外，还应该有当地的威尼斯人参与其中，当然他们必须是可靠的，并且平日里对犹太人怀有好感，至少没有敌意。当然，还需要有一位可靠的祭司以及一些从其他宗教机构里挑选出来的牧师，来自“兵工厂”的造船工人代表，以及来自新的临时政府的官员。

在这个夏日的午后五点整——这是一个最佳的时刻，因为午间的烈日已经驱散了浓重的潮气—— 一支身穿制服的卫兵队伍，在威尼斯最好的军乐队的引导下，敲锣打鼓地向“隔都”的方向进发，而指挥就是吉安·玛利亚。人们纷纷从沿街的窗户后面探出头来，大街上的孩子们一路尾随在队伍后面。游行队伍在古老的“新铸造厂隔都”四个沉重的大门中的一个大门前停了下来，整齐地站在意大利和法国士兵早已排好的长队后面，共同组成了一支完整的“三色”队列。游行队伍继续行进到原来的厂区广场中央，那里整齐地站着更多的卫兵，“以及许多被召集来的‘爱国会’成员，男女老少也纷纷从一个个低矮的小门里钻了出来”。[34] 此时，苏拉姆、德安吉利和波拉科从人群里站了出来，面对着宣读有关废除“隔都”制度命令的官员。然后，比以往任何象征意义都更为庄严的时刻终于到来了。“隔都”大门的钥匙被交到了费拉里手中，而他又立即把钥匙转交给了负责砸毁大门的“兵工厂”工人分队的队长。“你根本无法形容所有在场的人所表现出来的那种满足感和幸福感，他们不停地呼喊着‘自由！’，把那一长串钥匙拖在地上奔跑着，欢庆这个获得新生的伟大时刻。”随后，斧头派上了“真正的”用场，四个大门被同时劈开。“在大门被推倒的那一刻，在场的人不分男女老少全都绕着广场跳起了欢乐的舞蹈……那些身穿摩西式长袍的拉比也禁不住手舞足蹈，使现场的欢乐气氛更加热烈。”

在这个进入高潮的时刻，另外两个兄弟教会[①]的牧师也在一阵欢迎的掌声中加入了进来。然后开始演讲，然而，演讲声很快就淹没在一片震耳欲聋的欢呼声中，因为那些“兵工厂”的工人正搬着一扇扇虽然已经碎裂但仍然非常沉重（并且非常大，也许只有广场上才放得下）的大门走向广场中央，并将其砸成了一堆碎片。他们把这些碎片堆了起来，然后用一支火把点燃了柴堆，对威尼斯犹太人的人身囚禁随着熊熊燃起的大火而灰飞烟灭。有人从附近的卡纳雷吉奥（Cannaregio）公园里移来了一棵树，并命名为“自由树”栽在了广场的中央。乐队开始演奏，人们又开始拉着手围着这棵具有象征意义的树一圈又一圈地跳舞。一个女人把自己戴的帽子摘了下来，披散着漂亮的长发把帽子挂在了树顶上，俨然成了一顶“自由帽”。随着黄昏慢慢降临，在维奇奥“隔都”的尽头，犹太人区最漂亮的建筑——包括“西方”学校及其西班牙人和葡萄牙人会堂灯火通明。威尼斯犹太人的快乐终于得到了尽情的宣泄，他们现在可以自由地去任何地方，做任何事情。

谣言与“名人大会”

或许并不尽然。1797年10月间，在共和国最后一任总督的府邸、帕萨里亚诺（Passariano）的马宁别墅里，波拿巴签署了《坎波福尔米奥条约》[②]，确认

① 指新教和天主教。——译者注

② 1797年10月17日，法国与奥地利签署《坎波福尔米奥条约》（Treaty of Campo Formio）。条约决定奥地利向法国割让多块领土。威尼斯共和国则被法国和奥地利瓜分，其中威尼斯（连同威内托）、伊斯特拉半岛和达尔马提亚（今克罗地亚沿海一带）归属奥地利。原属威尼斯共和国的海上力量与设施都随之归属奥地利，并成为此后奥地利与奥匈帝国海军的基础。——译者注

了法国对整个意大利北部的统治权，空留下新“雅各宾政府”的南阿尔卑斯（Cisalpine）和利古利亚（Ligurian）共和国算是一块小小的遮羞布。但是，按照条约的规定，威尼斯被归还给了奥地利哈布斯堡帝国。某些古老的限制尤其是经济和商业方面的限制，又重新强加到犹太人的身上。但当拿破仑的“意大利帝国”（威尼斯也包括在内）随着奥斯特里茨（Austerlitz）战役的胜利而建立起来后，犹太人又再次获得了完全的公民权。

至于意大利其余的犹太人，尤其是居住在罗马和教皇领地内的犹太人，军事统治权的频繁更迭使得他们生活在一种令人恐怖的不安全环境之中。如果他们公开地宣扬法国式的自由，就要付出沉重的代价，在“玛利亚万岁”（Viva Maria）农民暴动期间，教会动员农民反抗主张无神论的雅各宾派和他们的法国保护者，犹太人因为他们的自以为是而遭到了残酷的迫害。新的自由派成员——作家、演员以及代议制政府官员——全部受到审判并被处死，而犹太居住区则遭到了暴力袭击，古老的仇恨死灰复燃，犹太人再次被指控为儿童谋杀犯。仅锡耶纳（Siena）一地，就有十三名犹太人在袭击中遇害。不过，在一些像皮蒂利亚诺（Pitigliano）这样的地方，由于位于托斯卡纳近海岸边怪石嶙峋的沼泽地带，其特殊的地理环境实际上阻止了农民暴动的前进步伐，从而保护了那些长期定居的犹太人和他们漂亮的会堂免遭破坏。[35]

如此说来，“好运来”到底是一个解救犹太人的恩人还是一个纯粹的机会主义骗子，难道要把他们引入歧途，送到他们的迫害者手中吗？十年来，整个德国尤其是东欧地区的拉比们一直对拿破仑·波拿巴对犹太人意味着什么这一问题争论不休。但是，每当他们的幻想就要破灭时，他总会给他们一个对未来充满希望的新的理由。1798年，波拿巴下出了他一生中最大的赌注，率领一支军队远征埃及，他的脑海里充满了有关亚历山大和恺撒的历史奇迹，战船上装载着大量的东方学者、地理学家和工程师。就在金字塔前面，他击溃了一支马穆鲁克（Mamluk）军队，苦口婆心地开导当地的伊玛目（imams），甚至在9

月间还会见了两位在官方的报告中被夸张地描述为“大祭司”的开罗拉比，对于犹太人已经被充分激发出来的想象力来说，这一举动似乎意味着，耶路撒冷将是下一个要解放的目标，重建圣殿甚至可能是他宏大计划的一部分，上天已经指定这位科西嘉将军作为他们的“救世主”。不必担心，正如那些深怀疑虑的人所言，我们这位特别的“救世主”尤其偏爱肥肉和香肠；除了天意，谁还能解释这一个个军事奇迹？

当战火开始从埃及向东北方的巴勒斯坦燃烧时，各种各样的谣言和故事不胫而走。一份来自君士坦丁堡的报告出现在《世界观察报》（*Moniteur Universal*）上，声称波拿巴将军“曾把亚洲和非洲的犹太人召集到他的旗帜之下，图谋重建古老的耶路撒冷”。[36] 他显然已经为他的犹太军团配备了武器，此时正威胁着阿勒颇（Aleppo）。大约与此同时，在1799年2月间，另一位在法国军队中服役的爱尔兰军官托马斯·科比特（Thomas Corbet）——他应该是在爱尔兰联合阵线于1795年抵抗并击退法国入侵后背叛祖国的一个逃兵——也基本上持有同样的观点。在写给波拿巴在法国督政府中的支持者保罗·巴拉斯（Paul Barras）的信中，科比特建议督政官们应该召见某些“最具有影响力的犹太人”，并建议对所有的犹太人进行集体动员，让他们为解放他们祖先的土地这一伟大事业出钱出力，这样就可以把全世界一百多万犹太人的命运绑在“伟大的自由祖国”的战车上。爱尔兰远在西方，而犹太人则在东方，他是不是搞错了？

这完全是一厢情愿的幻想。如果巴拉斯真的读懂了科比特的热情建议但却什么也没有做，那么将军本人就不可能知道这件事。1799年春，他心里又萌动着一些其他的想法。不可否认，他的许多士兵的确已经开进到了拉马拉（Ramallah），并且他们急不可耐地要向耶路撒冷进军——更像是一次传说中的武装朝圣，并没有其他目的——然而，从战略上考虑这并非明智之举。霍雷肖·纳尔逊在阿布基尔湾（Aboukir Bay）战役中重创了法国舰队，从而切断了其与来自埃及的援军的联系。进攻并占领加沙、雅法和阿卡（Acre）从而作为突破英国人包围的备用出口似乎更为重要，但法国军队却由于流行黄热病和瘟疫而正在失去战斗力。于是，我们这位将军为了自己的远大前程而随意采取了一种残酷的犬儒主义，竟然抛弃了他的士兵，让他们自生自灭或自己想办法撤回来，而自己却悄然回国追求他的政治抱负去了。

然而，在迅速扩张的法兰西领土内，犹太人却继续着把他视为“救世主”的希望。1800年，伦巴第“可尊敬的”以撒迦·卡尔皮（Issachar Carpi）仍然沉浸在对埃及战役奇迹的深切怀念之中。他把拿破仑描述为传说中的摩西，像摩西那样“举手向海伸杖，把水分开”，并且“像雄鹰一样”掠过众法老的土地。[37]在其他一些地方的希伯来颂歌中，波拿巴不仅被描绘为摩西，而且还被美化成大卫王。有的地方甚至还专门为他编写了各种赞美诗和祈祷词。[38]曾经编写有关拿破仑召见犹太人的官方记录的迪奥杰内·塔马（Diogène Tama）也大唱赞歌，说在1806年召开“名人大会”的法令“将把对他的美好信念传给每一代人，就像我们已经在我们这位威严的皇帝身上所看到的：一个活生生的‘上帝’形象”。

如果真是这样，“上帝”和他这位最新的仆人就不会如此不待见法兰西帝国的犹太人了。因为正是这位皇帝（他当时已经称帝）在奥斯特里茨战役后返乡的途中对斯特拉斯堡的一次访问，才使他决定必须对犹太人做些什么。就在他进入这座城市时，人们怨声载道，众口一词地向他诉说犹太人放高利贷为他们带来的苦难，而他竟然全都相信了。实际上，拿破仑听到的越多，事情就越明显：他已经相信了大革命前几乎所有流传已久的谣言，而这些谣言都是针对阿什肯纳兹犹太人的，并且曾经在那些一直反对他们获得解放的人的演讲和作品中重复过无数次。他们是一个“国中之国”，并且历来如此；他们除了热衷于放高利贷、敲诈勒索，其他什么也不会做；他们是热血、诚实公民中的反动者；他们的许多奇特习惯——特别是只允许在内部联姻——充分表明，他们从来也没有把自己看成是法国人。面对那些希望相信这些谣言的人——甚至他的议会里某些对他激烈而粗鲁的偏见感到震惊的人——他则驾轻就熟地指责犹太人。显而易见，他完全赞同他的督政府里那些最反动的督政官员的观点，即解放他们并接纳他们为国家公民是一个错误，因为这群人在法国东部就像洪水猛兽。他对着所有瞠目结舌的议会成员高叫着："犹太人的恶劣行为并不是一种个别现象，而是他们整个民族的性格天生如此。"[39] 其实，拿破仑并不想完全废除 1791 年的解放法案，而更像是在试探犹太人，通过一场激烈的运动改变他们的生活方式；与有关人口和婚姻控制的法令相配合，从而禁止他们从事任何贸易或商业活动；对于拖欠他们的大多数债务，采取延期偿还的办法（于 1806 年 5 月强制执行）；由政府把他们的拉比控制起来，以确保他们能把对帝国的忠诚灌输给后代。也就是说，这是对旧体制中一些最具限制性的方面的倒退。

为此，在 1806 年秋，"名人大会"—— 一个由大约一百名犹太显要组成的议事组织，既有拉比也有俗人，均由各政府部门的行政长官指定——在巴黎召开。据说这次召见主要目的是给他们打气而不是泄气。大会宣布，"由于各个国家采取的歧视政策和各地王公偶尔表现出来的贪财心理，他们从来也没有受到过公正的对待。他们的生活习惯和宗教习俗使他们远离了社会，同时也为主流社会所不容"。尽管给"名人大会"下达的"指令"是，他们在集会期间可以充分地自由讨论，但实际上却没有一点自由的气氛。与会代表都要回答皇帝本人提出的一些特定的问题，为了显示他对"顺民"的恩宠，他提出的所有有关犹太宗教和习俗方面的问题都是真实存在的，只是与拿破仑法典有所抵触而已。开会期间，他的所有议会成员和宗教事务大臣都要参加旁听，这对与会"名人"的聪明才智实在是一种"浪费"！

好的，现在开始提问：犹太人真是法国人吗？他们认为法国人是他们的兄弟吗？他们怎么看待婚姻问题？他们赞成一夫多妻吗？（事实上，提出这样的问题是为了表明他的提问是很随意的。）犹太人也离婚吗？（在革命期间曾将离婚合法化，但拿破仑时代却又恢复了旧制。）他们怎么看待高利贷？他们在自己人内部禁止互相借贷，但却允许甚至鼓励向非犹太人借贷，这是真的吗？

这是拿破仑时代恃强凌弱的典型做法，此外还有一些其他不得体的行为。“名人大会”在巴黎市政厅[①]后面的一座废弃的小教堂里举行，开幕的时间被特意安排在星期六安息日。当有人向大会的召集人提出这个问题时，这个冷漠的官僚却只是带着一副蔑视的表情耸了耸肩膀，显然是在暗示这个冒犯举动本来就是有意为之。实际上，这不并妨碍与会的“名人”们在完成早间的祈祷仪式后，步行到会场参加会议和听主持人训话。也有些人坐马车去，其中或许就有亚伯拉罕·福尔塔多，因为这是他的习惯。甚至在还没有人做开场白之前，与会的法国犹太人就已经分成了两派，而这正是他们为了表现出良好的公民行为而必须付出的代价。但是，没有人敢像福尔塔那样对拿破仑的支持者讲话，他之所以赢得信任而被选举为大会的主席，部分原因就是他知道如何用夸张的方式向他们“伟大的恩人”直言，并且想怎么说就怎么说。所以，他要以全能的“上帝”的名义试一试。因此，“在我们的现状发生实质性的改善之前，要让他高贵的心灵对其产生某种想法（哪怕是一瞬间）是根本不可能的……我们这位保护我们的天才曾经挽救了这个帝国，使之免于帮派林立的激烈纷争和无政府状态的血腥恐怖……尊贵的陛下所开创的事业或许让我们对这位最令人震惊的天才充满了期待，因为他终将为此而青史留名”。等等等等。

剑拔弩张的紧张气氛立即把现代派从正统派中间孤立了出来，他们都是一些为解放事业进行革命斗争的老兵，其中包括：福尔塔多，他已经成了一个

① 巴黎市政厅（Hotel de Ville）是法国巴黎自1357年以来的市政厅所在地，位于现在第四区的市政厅广场（1802年以前称为“格列夫广场”）。1357年7月，时任巴黎市长以市政府的名义买下了塞纳河右岸卵石滩坡的一片所谓“柱房”（maison aux piliers），这里曾经是一个卸货码头，后来并入“格列夫广场”（Place de Grève，意为“河滩广场”），是巴黎人经常集会的地方，特别是公开处决犯人的刑场。这个地方更由于一幅由著名摄影师罗贝尔·杜瓦诺（Robert Doisneau）于1950年拍摄并题名为《市政厅之吻》（亦作《世纪之吻》）的照片而广为人知。——译者注

狂热的甚至可以说是唯命是从的波拿巴党人；贝尔·以撒·贝尔；还有拉比大卫·辛茨海姆，他负责编写他们回复各地的信件。辛茨海姆和他的同事尽可能地对各地提出的问题做出答复，以保护拉比犹太教和《塔木德》的凝聚力，但同时也一直在复信中开头先写上大量夸张的语句，对这位新摩西或大卫或所罗门的仁慈、宽宏大量和智慧大加赞扬。

这些问题从一开始对解放运动的前景进行革命辩论时就敲打着他们的心灵，并且的确也牵扯到一些主要的犹太领袖人物，但他们大多是因为对不得不一次次地重复回答问题而感到厌倦，他们的心情可想而知，所以也就算情有可原。但是，在奥斯特里茨战役之后［当时，法国人正准备在耶拿（Jena）对普鲁士军队发动另一次具有决定意义的攻势］，似乎没有什么东西能够阻挡拿破仑的前进步伐和法兰西帝国的扩张势头，在其鼎盛时期，这个帝国的版图已经覆盖了从汉堡到比利牛斯山脉的广大地区，如果算上其卫星国，则从波兰直到那不勒斯都属于其领土范围。为什么这个帝国不会像其宣称的那样，作为现代版的“罗马帝国”能够至少延续上千年呢？所以，当这些“名人大会”成员想到他们作为“信奉摩西宗教的法国人”正在慢慢确立起自己的法律地位时，便认真地履行自己的职责，尽管他们更加深入的思考也使他们意识到，他们的头顶上还有数不清的政府官员正在虎视眈眈。出于公正，他们也尽其所能地保护了犹太教的核心元素，并将其转化为一种“止痛剂式的”忠诚，因为他们很清楚，只有这样才能让那些当权者感到满意。一夫多妻制只是过去的事情；离婚也可以，但只有在民事裁决已经生效的情况下才是合法的。至于内部通婚，由于有大量的“蜜蜂”整天在拿破仑的三角帽檐周围嗡嗡叫，他们只能做出了一点让步，宣布只是禁止“与七个迦南民族以及亚扪人（Amnon）、摩押人（Moeb）和埃及人”通婚，当然“我们也不能保证拉比们不会对这种（混乱的）婚姻制度提出反对意见”。理由就是，这类婚姻只有在“订婚”（kiddushin）仪式已经举行的情况下方为有效，并且“凡是双方都不认为婚姻是神圣的人是不能先举行订婚仪式的”。也就是说，如果对方是非犹太人，那么他（她）就必须皈依（犹太教），只不过“名人”们不大敢这样说罢了。

至于放高利贷，古以色列人的律法已经在纯粹的慈善借贷（不收利息）和更自由的商业行为之间做了区分，但并不是把借钱的一方区分为犹太人和非犹太人。因此，有关犹太人只对非犹太人收取利息的谣传是完全没有根据的。最重要的一点是，“在犹太人的眼里，法国人是兄弟而不是陌生人。当古以色列人形成一个定居的和独立的民族时，律法为他们制定了一个准则，即视陌生人为兄弟……‘所以要爱你们这些陌生人……因为你们只是埃及土地上的陌生人’……既然他们居住在同一块土地上，受到同一个政府、同一部法律的管治和保护，他们怎么会把他们（法国人）看成陌生人呢？既然他们享有同样的权利，他们不是也应该履行同样的义务吗？”[40]

然而，甚至在“名人大会”完成其使命之前，拿破仑就已经决定，他要用一种宗教式的虔诚，而不是用某种政治说教，把犹太人与他们对国家的义务捆绑在一起。自从他在巴黎圣母院在教皇庇护七世①（拿破仑曾多次对他实施监禁）主持下举行加冕礼以来，拿破仑的鼻子就几乎再也没有闻到过圣洁的味道。所以他才说出了这样一番话：“皇帝陛下的意思是，要让那些有可能拒绝成为公民的人没有任何辩解的机会；你们可以同时完全享有信奉宗教的自由和所有的政治权利。但是为回报，皇帝陛下也要求你们以宗教仪式的方式发誓，严格遵守在你们的回答中确立的原则。”[41]不要管什么哲学，那是没有脑子的人才想的事情。另一方面，现场令人敬畏的宗教气氛也把普通人和非凡的人都吸引到其权力的合法性上来，甚至连教皇自己也开始有点相信了。（罗伯斯庇尔在结束他的生命时也深信这一点。）当然，宣誓效忠的文件只有得到拉比们的认可才有可能对那些时常去会堂的阿什肯纳兹犹太人产生影响，拿破仑的这种想法无疑是正确的。所以，必须要设立一个新的令人敬畏的机构，其话语能够

① 此处原文为庇护六世，但应为庇护七世。庇护六世逝于1799年。——译者注

像古老的摩西律法一样具有权威性和约束力，才能使他们心悦诚服。

所以，在拿破仑与沙皇亚历山大即将在尼门河（Niemen）上签订和约[①]的当年，即1807年2月间，在巴黎市政厅召开的“犹太人大议会”（Grand Sanhedrin）承认拿破仑至少是半个世界的主人。正如他为自己加冕强烈地暗示他将像查理曼大帝开创一个新时代，并且自诩为“东方人”奥古斯都将成为历史的创造者一样，这个新设立的“大议会”也要以圣殿被毁一个世纪之后试图重新恢复犹太教习俗的古老“犹太议会”真实化身的形象出现在世人面前。拿破仑就像一个卖弄学问的考古学家，满怀喜悦地审视着每一个细节。像从前一样，“大议会”有七十一位成员。他们按照年龄围坐在一个半圆形的会场里，模仿着最初的会议程式。最重要的是，他们确定了约束现代犹太生活的所有交换条件（quid pro quo）：信仰宗教习俗的自由不再受打扰，公民权利和在法律面前是平等的，而交换条件就是，他们的拉比必须以政府官员的身份发挥作用，他们的会众要无条件地忠诚于法兰西。对此，七十一位身穿量身定制的黑色丝绸长袍、头戴三角帽（拿破仑时代似乎最擅长制作奇装异服）的“议员”立即表示赞成。“按照我们古老的惯例和我们神圣的律法所赋予我们的权利……谨在此宣布，我们的所有宗教活动在所有的民事和政治事务上将完全服从于国家的利益。”[42]

随后发生的事情展示出法兰西帝国的另一个特长：单方撕毁了所有的协议、交易和合同。所以在1808年，一系列法令开始实施，而最后一项法令在犹太社区里堪称“臭名昭著”，因为该法令在像对待其他法国人一样平等对待犹太人这个问题上胡说八道。突然之间，尽管那些“名人”和“大议会”也说了许多无关痛痒的废话，犹太人——或者说阿什肯纳兹犹太人，因为他们对自

---

① 1807年，拿破仑与俄国沙皇亚历山大一世在俄国与普鲁士边境尼门河的一条木筏上举行私人会晤。在会谈中，拿破仑想方设法打动亚历山大，抨击英国是欧洲一切纠纷的制造者。会谈结束后，双方签订了《提尔西特和约》，法兰西帝国和俄罗斯帝国结成了反英同盟，并瓜分了普鲁士的大部分领土。——译者注

已被同化为法国公民的条件感到非常满意——就要面临欧洲旧体制下那种最丑陋的社会和经济歧视，这不过是现代化的社会机制下的一种形式上的变种而已。为了防止犹太人向城区集聚，当局不允许他们继续在阿尔萨斯和洛林居住，当然更不允许在斯特拉斯堡和梅斯这样的大城市里居住。为了“鼓励”他们的经济多样化以及积极参与农耕和手工制作，犹太人在从事任何行当或生意之前，必须要到当地的政府部门申领许可证。如果他们有任何一点“放高利贷”的嫌疑，这纸许可证是不是也不作数了？所有的借贷行为必须要有公证人监督和证明。当局还采取了另一种区别对待的措施，并且立即就引起了那些在巴黎曾庄重地签字画押登记入伍的士兵的注意，而这样的事情竟然发生在一个完全依靠不停地发动战争掠夺资源的国度里：与帝国的其他公民不同，应征入伍的犹太士兵不得出钱找人替代。这是法兰西帝国与沙皇俄国共同存在的另一种偏见：军队最终变成了一所接受国民教育的大学校，对于“长老法庭”的拉比们来说，这样的教育模式是无论如何也想不出来的。

V. 隔夜饭

随军裁缝加百列

然而，历史却在嘲笑这个宏伟的蓝图。

1813 年春天，当别列津纳河（Beresina）的冰面开始融化，而拿破仑“伟大军队”士兵们的一块块残肢断臂漂浮在河面上时，加百列·施拉梅克（Gabriel Schrameck）也成了哥萨克人的俘虏。他曾经是犹太军团的一名士兵，并且被分配到了能最大限度地发挥他特长的后勤分队中：制作和缝补军服。在战场上，毕竟随时会有大量的上装、军裤以及纽扣之类的衣饰需要制作、修补和翻新。当这支“伟大军队”身穿华丽的军装参加阅兵时，恐怕任何一支军队都要甘拜下风。他们似乎仅凭这身华丽的行头就能杀死敌人。但是，当战争的形势发生了反转时，缝补和凑合便成了战场上的第一要务。但凡能再用的东西也变成了稀缺之物：倒下的士兵头上戴的帽子，可以对弹片洞穿的地方重新缝合；死者脚上的靴子，如果完好无损可以脱下来再穿。所以，他手头有太多的事情要做，但是像军队里的其他许多犹太人一样，加百列·施拉梅克在积极履行其军事义务的同时，却总是想方设法（就连皇帝本人也在怀疑犹太人会这样做）避免因此而亵渎了神圣的安息日。

然而，到了1813年初秋，这些疑虑——如何才能给皇帝当一个好犹太人和好士兵——似乎属于一个遥远的时代，变成了一个梦。此时的随军裁缝加百列·施拉梅克自己也变成了一堆无法修补的碎片，而那些俘虏他的斯拉夫人又是世界上对犹太人仇恨最深的人。他衣衫褴褛，在穿过俄罗斯漫天风雪的这次地狱般的大撤退中，他的身体由于受到虐待和冻伤而变得非常虚弱。如今，他已经到了波兰，这里的“华沙大公国”曾一度是拿破仑的盟友。当年，许多犹太人也曾在这里做官做事，但此时他们和这个公国却一去不复返了。

眼下，加百列·施拉梅克心里想的只有一件事，那就是他一直在咕咕叫的肚子。哥萨克人也曾给过他一些发霉的面包和油脂，但即使在这种快要饿死的情况下，他也不能更不想吃这种“不洁的食物”。这还不如让他饿死在这群鹅中间或早已枯萎的燕麦地里。他知道，收获季节意味着进入了以实禄月（Elul）。犹太人的盛大节日（Yomim Naroim）犹太新年（Rosh Hashanah）和赎罪日（Yom Kippur）马上就要来临。可是，怎样过这两个节日呢？[43]

之后，有一天早晨，在一个村子里，这样的小村子和他在阿尔萨斯居住的犹太村落并没有多大的不同，加百列·施拉梅克听到了某个声音，即使不是对他在苦闷中默默祈祷的回应，即使不是一个在丛林里落入陷阱的羔羊的呼救声，但至少是一种真实的声音。

这个村子里的人，其中有许多年轻的姑娘和小伙子，都跑过来

> 看我们。他们听说有法国俘虏，就好奇地赶过来看一看。这群人里也有一些犹太人。他们穿着安息日的漂亮衣服，两眼紧盯着我们。我当时的样子非常可怜，赤裸的双脚由于冻伤而肿得老大，浑身还爬满了虱子。但是，我还是向其中的一位年轻姑娘开口了，因为我看到她的眼里充满了对我们的同情。我告诉她，我们也是犹太人，然后问她是否能想办法给我们弄点吃的，我甚至可以把身上的东西换给她。她说了声“行啊”，然后一路跑回家里，很快就端来了满满一小锅粗面条和炖肉。她用两只勺子夹着喂我吃东西，但说实话我却吃不了多少，我的胃由于长期挨饿而萎缩得太厉害。我把剩下的食物留给其他的俘虏，然后便在一旁呕吐起来。过了一会儿，我问这位善良的姑娘我该付给她多少钱，但她却拒绝了，说：“这本来也不值什么钱，再加上正好是安息日，今天送人东西是禁止收钱的。”

这就是当时的情形：解放的史诗最终定格为一个衣衫褴褛、濒临饿死的人，他要靠那些日常生活尚未受到哲学家的高雅辞藻熏染的朴实犹太人的同情才能活下去。接下来的事情就是，加百列·施拉梅克作为一个随军裁缝、一个帝国士兵、一个公民犹太人、一个被赋予了全部公民权的人，只能以某种连他自己都不能完全理解的方式回到家乡，吃上一锅热乎乎的“隔夜饭”（安息日炖菜）。他回想起自己的童年时代，那时他甚至能狼吞虎咽地吃下整整一锅安息日炖菜，但在他身体和灵魂饱受摧残的那些日子里，却连一口同情的面条也咽不下。

第4篇　“就是这里！”

I. 波多利亚墓碑

会堂的浓烟

令人震惊的是，在东欧地区延续了无数代的犹太人却变成了现在这番模样。即使是邪恶之人也不会去杀已经死去的人，所以成千上万座犹太墓碑，有许多上面还雕刻着飞禽走兽、手迹甚至王冠，一直顽强地矗立在那里。所以才出现了大量的悼念文字，为一个个犹太村庄的消失唱着阵阵挽歌：上百万人变成了灰烬和烟尘。是啊，怎能不哀伤呢？然而，这片墓碑中间却萌动着新的生命，谦卑而高贵的生命复活了。在一些东欧村镇里——别尔季切夫（Berdichev）、日托米尔（Zhitomir）、塔诺波尔（Tarnopol）、基什尼奥夫（Kishniov）——当年在发生“集体屠戮”的夜晚曾回响着恐怖的哭叫声，如今又出现了犹太人的身影，他们又开始祈祷、歌唱、吃饭、聊天、学习、争吵。在敖德萨（Odessa）有三万犹太人，但许多用铁皮封起来的阳台仍然是当年那个以激情奔放的意第绪语作家和第一批锡安主义者为标志的火红年代的老样子。每到星期五晚间，又白又香的长面包，上面涂着一层油亮的蛋黄，就码放在盛着鹰嘴豆酱[①]和切碎的肝脏的大碗边。手风琴发出低沉而舒缓的曲调，于是，一场传统的家庭聚会在欢快的气氛中开始了，这些在激烈战斗中幸存下来的人打着节拍唱起了《屋顶上的小提琴手》[②]的插曲，而那些体格健壮的年轻人则围成一圈跳起了古以色列人的圆舞（hora）。在别尔季切夫，有一位年轻的哈西德派拉比，他不顾家人的冷漠态度毅然回归了犹太教后，经常一边摆弄着他那翘得老高的大胡子，一边天真地笑着说（250 年前的哈西德派创立者或许会赞赏他的举动），“真是无时无地不神圣啊”。

毋庸讳言，在阿什肯纳兹犹太人的记忆库中，除了博物馆、纪念碑、大屠杀纪念日、历史资料和音乐哀歌之外，还有一些令人激动的东西。这样说并不是夸张。在敖德萨的几乎每一座宽敞明亮的犹太会堂里，仍然充满了对尼米罗夫（Nemyrov）的黑暗记忆，在 1941 年的 6 月 26 日和 27 日，德国士兵，将一千五百名犹太人赶进了大会堂里，并将他们背靠围墙全部射杀。而在两年前的 1939 年 9 月入侵波兰时，德国军队犯下了第一次战争罪行，烧毁了他们的木结构会堂，并在那些华丽的建筑在熊熊大火中慢慢垮塌时，强迫当地的犹太人到现场观看、唱歌和跳舞——嘻哈快步舞！有时，那些荷枪实弹的旁观者仅仅为了取乐，甚至还逼迫犹太人亲自点火。而在比亚雷斯托克

① 鹰嘴豆酱即胡姆斯酱（Hummus），是一种主要以鹰嘴豆为原料做成的调味酱。在中东尤其是沿地中海地区，人们喜欢把煮好的鹰嘴豆磨碎，根据个人口味加入不同作料加工成鹰嘴豆酱，这是在当地非常普及的一种经典传统美食。——译者注

② 《屋顶上的小提琴手》是根据肖洛姆·阿列切姆（Sholem Aleichem）的犹太文学作品［原名“安纳托斯卡”（Anateska）］改编的同名两幕音乐剧，并于 1971 被改编为电影（译为《锦绣姻缘》）。故事梗概：在沙皇专制时期俄国的一个名叫安纳托斯卡的村子里，农夫特维与妻子女儿住在乌克兰的一个犹太人居住区里，虽然经常忍受来自非犹太人的歧视，他却恪守着传统的犹太生活方式。后来村里来了一个贫穷的俄罗斯青年菲德卡，特维赏识他的才学，把他聘为家庭教师。特维想把大女儿特拉嫁给有钱的屠夫，特拉却爱上了贫穷的裁缝默特，相爱的两人坚决要在一起，特维不得不妥协接受了两人的婚姻。二女儿夏娃爱上了家庭教师菲德卡，特维斩钉截铁地反对两个不同信仰的人相爱，并为此与女儿断绝了关系。当他和村民们被沙皇派人赶出村子，他准备投靠住在纽约的舅舅家时，遇到了也在逃亡的女儿夏娃和丈夫。在两人的真诚乞求下，特维放弃了自己所遵守的传统观念，原谅了女儿的出格。对他来说，离开这里，就意味着抛弃传统，开始全新的生活。——译者注

（Bialystock），则连同他们自己也一起被烧死在大火中。欧洲的许多建于18世纪的最漂亮的建筑物，连同在里面唱歌和祈祷的犹太人就这样化为了灰烬：纳罗拉（Narowla）会堂，建有四个屋顶，中间一个尖顶高高耸在其他屋顶之上，被全部烧毁；普瑟波尔茨（Przedborz）会堂，连同里面由耶胡达·莱布（Yehuda Leib）创作的精美壁画、雕刻着七弦琴图案的穹顶和彩绘玻璃窗，全都变成了废墟；普哈雷迪琴察（Pohredyszcze）会堂，连同普哈雷迪琴察的巴禄（Baruch）花了六年时间用收集来的废铜碎片制作的精美的多枝烛台，也一起被烧毁；科尼克（Kornik）会堂，连同洛什科（Lasko）的希勒尔·本杰明（Hillel Benjamin）建造的鲁塞尼亚（Ruthenia）洋葱式穹顶，全部变成了一片瓦砾。[1]有些会堂之所以逃过了这次劫难，完全是因为德国士兵为了搞笑，将其改作他用。

但令人吃惊的是，也有一些犹太会堂“坚持”了下来。由于采用砖石结构（这是犹太人在圣殿被毁之后建造的第一批坚固的防御建筑），所以这里的犹太会堂好在没有辜负“要塞会堂”的美名。虽然德国士兵分别于1939年和1941年先后两次试图摧毁普策米斯（Przemysl）会堂的大部分内部构造，但直到1956年被彻底拆毁之前，这座会堂的外壳仍然顽强地矗立在那里。其他一些在16世纪至18世纪末建立的“要塞会堂”也仍然没有倒塌，只不过受到了不同程度的破坏或反复重修而已，如索卡尔（Sokal）、杜布诺（Dubno）和博莱霍夫（Bolechow）会堂，建有粉红色山墙的利沃夫卡亚（Zhovkva）会堂，清一色红砖的乌赫诺夫（Uhniv）会堂，塔楼式的萨达哥拉（Sadagora）会堂，而最引人瞩目的就是坐落在波多利亚边境上的古老城镇萨托诺夫（Sataniv）城里的一座山顶上的方形城堡式会堂。

萨托诺夫的第一座石头会堂建于1565年，当时用来抵御鞑靼人和俄国人的袭扰。一个世纪后，哥萨克叛军首领丹科·奈乔伊（Danko Nechay）烧毁了整个城镇，他在忙着屠杀犹太人和天主教徒的同时，并没有忘了捣毁这座会堂。在针对波兰王室的起义浪潮慢慢平息之后，一座城堡在萨托诺夫城的北头建立起来。原来用于祈祷的石头房子得到了大规模的扩建和加固，而正是出于这个原因，从此便称其为“大会堂”。像波多利亚的姊妹会堂一样，萨托诺夫会堂也是一座在半层地下室基础上加高的两层建筑。但是，由于经常遭到攻击，尤其是受到一些骑马的非正规军、被称为“白匪”的土匪武装的袭扰，迫使犹太人想方设法以比极端的宗教热情更高明的手段来保护他们的祈祷仪式不受侵犯。“白匪”的袭击是残忍而恐怖的。像其他地方一样，萨托诺夫会堂的屋顶阁楼上也凿上了一些射击孔，火枪甚至连轻型火炮都可以直接从射击孔里向敌人开火。维修工人在屋顶上发现的大量弹壳和弹药筒残骸清楚地表明，在第一次世界大战期间，萨托诺夫犹太会堂里不仅每天能听到祈祷声，而且还能听到更多的枪炮声。

在教堂内部，要塞式的犹太教堂与想象中的典型犹太教堂的简陋小屋相距甚远。在萨托诺夫，会堂的内部空间非常宽阔。在波多利亚和沃利尼亚（Volhynia）的犹太会堂里，最具代表性的是四根直通拱形天顶的大柱子。这座会堂大约在 18 世纪中叶进行了最后一次扩建后，女性已经不再采用在另外的房间里单独祈祷的方式，而是与男性一起从会堂的正门进来，大多是在一个专门划出的半屏蔽区域参加祈祷仪式。为了能容纳更多的人，会堂的天花板被进一步加高，从而在内部形成一个穹顶或一个灯笼式的天窗，通常还画上一些彩色图案。光线可以直接照射在一个精心制作的中央诵经台上，而诵经台本身就像一个住棚节上搭建的那种彩棚、凉亭或冠状棚，用一根根镀铜的拱形肋骨撑成一个华盖，然后在上面挂上多枝烛台。就像从立陶宛直到加利西亚的整个东欧地区的犹太人一样，这里也有许多小型的私人祈祷屋点缀在城里的各个角落。在哈西德运动的早期，哈西德派的“圣人们”就是在这样的场所聚会，尽管他们的呼喊声、哭叫声和各种怪异的出神姿势让长老们大为不满。但是，每逢犹太年历上的一些最重要的节日——逾越节、住棚节、新年和赎罪日，萨托诺夫的犹太人还是纷纷赶到山顶上的大会堂，精心装饰的《托拉》约柜就安放在那里，用犹太教传统的洛可可风格所能提供的最好的装饰。彩绘的狮鹫[1]伸展着没有羽毛的裸皮翅膀，一直拖拉到蔚蓝色的地面上，这种具有强烈刺激感的纯蓝色在灾难最深重的日子里会显得特别扎眼。在狮鹫的上方，高高地挂着一块刻有“十诫”的石板，在精细而优雅的顶饰和王冠下面，两头雄狮对捧着《托拉》的羊皮卷。对这些犹太人来说，这是唯一一顶令他们敬畏的王冠。

如果不是一名基督教人士鲍里斯·斯洛波纽克（Boris Slobodnyuk）发起了一场漫长的、不屈不挠的、以一人之力阻止他们前进的运动，这一切“辉煌”都可能会在20世纪70年代之前陨落。战争结束后，鲍里斯在军队的服役也结束了，他回到了萨托诺夫低矮的群山里，回到了他位于会堂对面的家中。他说：“我总在想，我不仅要为我自己而且要为犹太人做些什么。”当这座会堂的犹太会众变成了贝尔泽克（Belzec）灭绝营高高的烟囱上飘荡的浓烟时，鲍里斯感到自己有责任保护他们留下来的会堂。按照哈西德犹太人的传统观点，如果形势非常急迫，犹太人应该站在会堂里的一块特定的石头上，以便尽量“离上天更近”。在他的妻子随时会死于癌症的情况下，鲍里斯却赶到了会堂的废墟中，穿过齐腰深的杂草和荆棘，站到了那块石头上，试图用全身之力召唤来自上天的魔力。妻子身上的癌细胞在无情地扩散着，但鲍里斯却觉得，他必须要拯救萨托诺夫会堂，即使因此而付出妻子的生命也在所不惜。这样的信念使他在绝望中似乎看到了希望，这反而使他在某种程度上平静了下来。正如他自己所说，他感到即使这座建筑变成了一片废墟，但却仍然像“一个邻居”。于是，鲍里斯·斯洛波纽克用身体挡住了推土机，与那些官员周旋，并做了详细的记录，直到原来的看守人、历史研究人员，最后是拉比们陆续回到萨托诺夫。鲍里斯带领着学生们清理了里面的荆棘丛，填上了房顶和墙上的窟窿，修整并补上了砖块，还重新抹了一遍泥灰，并仔细地修复了支离破碎的墙面。鹰鹫、狮子和独角兽也都恢复为原来的样貌。大家都知道了萨托诺夫发生的事，

① 希腊神话中半狮半鹫的怪兽。——译者注

并且政府对犹太纪念性遗址开始采取一种更为谨慎的政策，鲍里斯则成了当地的英雄人物。那些地方官员只能忍着怒气，对鲍里斯大加称赞，并且还在热烈的庆祝大会上为他颁发了表彰他文化美德的官方奖状。鲍里斯喜欢回忆和讲述这些具有传奇色彩的故事，当他眉飞色舞地高谈阔论时，他的金牙在落日的余晖中闪闪发光。

萨托诺夫墓地

在兹布鲁奇河（Zbruch）对岸的一座小山前面有一块墓地，萨托诺夫的数千名犹太人就埋葬在那里。[2]一拨又一拨人群沿着小路爬上山坡，他们或在墓碑前肃立默哀，或整齐划一地鞠躬致意，他们的身影像海浪一样起伏着。绿草如茵的山坡上，各种各样的石雕动物点缀其间，姿态各异。据那些经常到附近城市旅游的游客说，随着哈西德犹太文化的日渐式微，波多利亚有些墓碑已经被漆上了鲜亮的颜色，但即使这种情况在萨托诺夫是真的，这里的恶劣天气也早就把颜色风化掉了。但是，墓地里仍然有一些令人愉快的生命气息。墓碑上的画面也是千姿百态：狗熊正在爬树摘葡萄；梅花鹿正一边刨着土一边警惕地瞪视着来犯的敌人；一只盘起身来的怪兽正在咬自己的尾巴；一只独角兽正在用自己的长角插进一头被吓傻了的狮子的喉咙。时间的光轮宛若已经定格，但见三只兔子正在顽皮地互相追逐着咬尾巴。忽然，墓地里传来一阵喧闹声，随之出现了一支齐整的犹太人队伍：走在最前面的显然是一个重要人物；淘气的孩子们则藏在队伍的后面。站在坡顶上的利未族人把一个个大水罐里的水倒了出来。分散在普通犹太人中间的好处就是他们随时可以帮忙，于是柯恩族人纷纷伸出自己的手掌，弯曲拇指形成一只蝴蝶的样子表示祝福。在希伯来语中，这样的地方通常被称为“生命之家”（Beit Hayim），而萨托诺夫到处都弥漫着犹太生命的气息。覆盖着厚厚的芥末色苔藓的墓碑后面时常传来低语浅笑的声音。一次次气候、地质和政治剧变使这里的墓碑东倒西歪，就像犹太人在辩论中把身子探到别人身前的样子。墓碑的主人曾经跑到华沙，俨然是一位高贵而无所不能的大人物。有人曾看见他在咖啡屋附近转悠。他头脑里用不完的“大创意”也曾使他风光一时，但后来却夹着尾巴又跑了回来。你猜怎么着，他死于酗酒，他是个旅店老板，他自己的毒药害死了他，愿他安息；他的眼神像锋利的刀子，如果看你一眼，似乎就能把你的皮剥下来。

你会发现，你的思绪又回到了那三只转圈追逐的兔子上。画面上总好像有什么地方不对劲儿，但你又不敢去摸，却又忍不住想去摸一下。三只兔子，竟然只有三只耳朵。但雕刻墓碑的人却把三只兔子的形象安排得如此巧妙，使每一只看起来都有两只耳朵。

兔子的形象不止一次地出现在萨托诺夫墓地里，但与狮子、熊和鹿的形象不同，这些兔子又不是犹太墓碑造像的标准样式。在这块墓地里，许多动物形象代表着墓主的姓氏。如果死者姓希尔施，那么就刻一只鹿；如果死者姓阿里耶（Aryeh）或耶胡达，那么就给他刻一头狮子。还有些图案则采用的是人物的形象，但这在当时的丧葬文化中是被禁止的，而其他的大多数形象则不受限制。[3]有的图案描述的情节是，约书亚当年派出细作到“应许之地”探路，他们不仅带回了当地出产的水果，并且还有两头熊抬着一根挂着葡萄藤的横杆一起回来了。还有的则是描写当年挪亚大洪水退去后，鸽子衔着桃金娘枝回来传达平安消息的情景。然而，兔子追逐的形象当时更多地出现在法国和英格兰西部［那里的康沃尔郡（Cornish）矿工喜欢叫它们“矿工兔”］的教堂里。兔子的图案甚至还出现在“丝绸之路”周边的佛教寺庙的壁画上，而它们的姿势则更像是湿婆①背着的火轮翅膀。

① 湿婆（Shiva），音译“希瓦”，意为毁灭之神，与梵天（Brahma）和毗湿奴（Vishnu）同为印度教三大主神。——译者注

犹太小村庄

所以说，在萨托诺夫出现的兔子形象必然来自其他的地方，或许是一个非常遥远的地方。这座城市的位置毕竟处在一个贸易运输和思想传播的十字路口，坐落于德涅斯特河谷（Dniester）丛林、喀尔巴阡山脉高地、罗塞尼亚（Ruthenia）黑色的肥沃平原和东面的第聂伯河盆地之间。在其西面的加利西亚领土于 18 世纪末瓜分波兰的战争中被奥地利哈布斯堡王朝占领之后，萨托诺夫便成了沙皇俄国最西面的边境城市。萨托诺夫离东南方的摩尔达维亚—瓦拉吉亚边界也没有多远，那里可是一个七月桃熟、飘荡着吉卜赛歌声和五香牛肉香味的世界。其实，那里著名的腌牛肉（bastourma），也就是我们平常吃的烟熏牛肉。所以，萨托诺夫几乎立即成了走私者的天堂（沙皇政府严格禁止犹太人介入）也就毫不令人奇怪了。倘若你看一看他们的豪华墓地，再看一看那些精心雕刻的墓碑、山顶上高耸的要塞会堂，以及那个繁忙的商品市场（其实只是一个拥挤着十三家犹太商铺的独立建筑物），那么你就会明白，萨托诺夫就像东欧地区无数规模相当的犹太城镇一样，已经与安纳托斯卡附近全村只有一头牛的“小提琴手”犹太小村庄不可同日而语。但是，那头牛的主人特维和整个安纳托斯卡及其“狭小、低矮、东倒西歪、屋顶几乎埋在地下的一排排土坯房”，连同那些“像木桶里的腌鲱鱼一样”拥挤在肮脏、阴暗街道上的贫穷而可怜的犹太人，却与非犹太人的世界完全隔离开来（除非发生集体屠杀事件），从而成为肖洛姆·阿列切姆（Sholem Aleichem）在 19 世纪末所创作的生动故事的生活原型。[4] 但无论是他本人，还是另一位对犹太村庄充满想象力的伟大的意第绪语游吟诗人门德勒·莫伊克尔·斯弗洛姆①，他们的作品在生活体验与时代感上（他们通常住在城里）都与历史真实性存在着一定的距离，并且大

① 门德勒·莫伊克尔·斯弗洛姆（Mendele Moykher Sforim），1835 出生于明斯克，1917 年卒于敖德萨。他是沙俄时期最重要的意第绪语作家，有《斯弗洛姆戏剧集》行世，代表作为《丐王》，于 2007 年被改编为同名电影。——译者注

多是在居住于沙俄“栅栏区”的犹太人随时会面临集体灭绝威胁、经济机会越来越少，并且经常遭到人身攻击的时代创作完成的。这些作家往往自认为已经摆脱了对犹太村庄的狭隘偏见，从而把作为犹太小村庄最显著特点的那种荒无人烟的悲凉景象设置为所有犹太城镇的背景。他们一边听着敖德萨或纽约德兰西（Delancey）大街上咔嗒咔嗒的有轨电车声，一边坐在办公室里抽着他们的俄国雪茄，他们的脑海里会浮现出在犹太赎罪日远远传来的阵阵羊角号声和忏悔声。在他们听懂这些声音之前，他们就开始像马克·夏加尔①在梦中构想出“大城市”维特布斯克（Vitebsk）一样，用想象描绘出心里的安纳托斯卡。

但是，这些18世纪和19世纪初的犹太小村庄的实际情况却是完全不同的，尽管从表面上也不乏人文主义色彩和民间社会的诗意。[5]首先，正如以色列·巴塔尔（Israel Bartal）和革顺·洪德特（Gershon Hundert）所言，叙事者眼中的犹太村庄其实是一个小型的民间聚落，是一个便于管理（且墨守成规）的由各色人等构成的小型社会：拉比、火柴制造商、屠户、修行者，当然也有一些普通村民。往往有好几千口人，很可能全都是犹太人，他们有的在诵经，有的在祈祷，有的在发牢骚，有的在传谣，有的甚至在谋划。这样的村庄虽然为数不少，但在18世纪的加利西亚和俄国的“栅栏区”，绝大多数的犹太人还是居住在像萨托诺夫这样名副其实的城镇里，每个城镇里的犹太人至少有3000甚至更多。[6]

到1800年，奥地利统治下的加利西亚城市布洛迪已经有8600名犹太人，几乎占到了城区人口的70%。在一些3000~5000人口的城镇里（这样的城镇恐怕有数百个），犹太人至少占到了总人口的一半，在人数上甚至比当地的波兰

① 马克·夏加尔（Marc Chagall，1887~1985），俄国著名画家，画风游离于野兽派、印象派、立体派和抽象派之间，因而被誉为“超现实派”的代表。他出生在俄国西部小城的一个犹太家庭，但成名后却完全脱离了现实主义的创作原则，并成为巴黎的重要一员。他的代表作之一《我与村庄》虽然充满了对童年的追忆、对故乡的深情和对生活的热爱，但却使用了野兽派和立体派的手法。此处即指其超现实主义画风。——译者注

人还要多。这里是属于他们的世界。在1764年，波兰只有7.5万名犹太人，到了1800年，波兰—立陶宛联邦已经有125万名犹太人；而到了俄国革命时期，俄国“栅栏区”的犹太人数已经达到500万。

与基督教世界的其他许多地方不同，他们并不是生活在角落里。他们非常显眼，甚至可以说——就像游客们时常抱怨的那样——无处不在，躲都躲不开。在维也纳，利奥泼德城区的主要犹太会堂建筑必须要与街面齐平，入口即使不是故意隐藏起来，起码也要看起来比较隐蔽。但是，在萨托诺夫和波多尼亚、沃利尼亚以及基辅省的其他城镇里，他们高大的会堂建筑却张扬地紧靠着或面对着教堂，有时甚至俯瞰着同样也挤满了犹太人的交易市场。到18世纪末，他们的人数已经占到了波兰城市人口的70%。

自从他们在13世纪第一次被允许进入波兰，当然也是他们第一次获得特许状以来，犹太人（除了在像华沙这样的王室所在地的少数犹太人）就已经能够在他们想要的地方生活和工作。在像梅泽比采（Mezhybozhe）这类更大的城镇里，两千名犹太人中至少有2/3和基督徒比邻而居。这些犹太人大多都有手工专长——例如制作帽子——这不仅是因为当局对犹太人从事传统的手工业不加限制，他们还能够而且真正组织起了欧洲唯一的用他们自己的宗教习俗和行规进行管理的商业行会。在罗乌（Lwów），那里的犹太金匠以制作——并时常炫耀——他们的金制品而远近闻名。[7]犹太人在波兰商业经济中的核心地位使他们在波兰人中间变得不可或缺，尽管波兰人的感情也许是复杂的。无论是作为市场终端的零售商，还是作为从黑海到摩尔达维亚—瓦拉吉亚一带向北直到乌克兰、立陶宛甚至波罗的海沿线上从事短途或长途贩运的商人，犹太人每天都在与非犹太人做生意。他们（既有男人也有女人）从一些小城镇赶着马车到乡下购买农产品的同时，顺便也把布料、镜子、针线、别针、蜡烛或刀具卖给农民。在大一些的城镇里，他们会在带有屋顶的拱廊下面杂货市场的一排排石板摊位上开一个小门头，或用木板搭一个临时店铺，或者直接当流动摊贩。进城的农民会把带来的鱼类、奶酪、亚麻布、皮货等卖给他们，然后他们就把玻璃制品、陶器、手套、帽子、银扣、毛边大衣、蜡烛和镜子之类卖给农民。在温尼察（Vinnytsia），犹太人经营的固定店铺共有 24 个，另外还有 39 个流动摊位。在图尔钦（Tulchin）这个并不算大的地方，却也有 16 个石板摊位和 85 个木板店铺。[8]

是实业家，也是高明的商人

无论怎么说，波兰—立陶宛联邦的犹太人并没有深陷在泥淖中。有数不清的犹太人在不停地流动：在运货马车上，在驿车上，或者在马背上。犹太人是马背上的民族，虽然他们坐的马鞍可能是非犹太人制造的。我的母亲就曾提到过我在立陶宛的一位叔祖父，她用爱怜的口气说，他在流浪的马戏团里骑的马一直没有马鞍。犹太人也是属水老鼠的，他们经常驾着浅水拖船和木筏航行在德涅斯特河和维斯瓦河（Vistula）的大水湾里。每四个拖船船长中就有一个是犹太人，船上的船员也同样如此。[9] 如果说意第绪语是一般犹太生意人的通用语言的话，那么对于那些心气更大、出行路途更远的犹太商人来说，这显然不是他们的唯一语言。他们与他们生活其间的整个社会的联系是如此紧密，所以他们没有别的选择，只能尽量多学一些波兰语、德语、俄语和乌克兰语。来自波列乔夫（Bolechow）的专营匈牙利托卡伊（Tokaj）葡萄酒的犹太商人多夫·贝尔·比肯塔尔（Dov Ber Birkenthal）（庆幸的是，他为我们留下了一本宝贵的自传），虽然匈牙利语（Magyar）说得并不流利，但他却学会了拉丁语、德语、法语和意大利语，只是因为他做生意要用到这些语言。18 世纪的旅行家经常提到，他们只能雇用犹太人做随身翻译，因为在千奇百怪的语言中，没有人能像犹太人那样运用自如。

无论远近，世界上没有什么东西是他们不能买卖的：食盐和硝石，精纺印花布、平纹细棉布和细麻纱，塔夫绸和亚麻布，染色的羊绒和华丽的锦缎，粮食和木材，蜂蜡和兽皮，铁和铜，土耳其风味的桃干、无花果干、橘脯和杏仁干，巧克力和奶酪，蛋白石和皮草，糖、姜和香料，鱼子酱和干邑葡萄酒，墨水、羊皮纸和纤维纸，香水和药剂，带扣和皮带，餐具和缝纫用品，中国茶叶和土耳其咖啡，琥珀和五金工具，焦油和煤，皮靴和丝带，小羊皮手套和黑色小羔羊皮，来自巴尔干各地的烟草和红酒（属于专营商品），苦艾酒和白兰地，果味伏特加和蜂蜜酒，护身符和丹药，书籍和画像（他们并不在意作者是敌人还是朋友），微缩蚀刻画（当时一度非常流行），陶瓷和锡器，哞哞叫的牛群、咩咩叫的羊群……[10]

当然，也有一些人仍然坚守着犹太人的传统习俗（尽管你可能是一个学者，但仍然可以开一家酒馆，只要在安息日不开门就是了）：专营符合规定的肉类的屠户、割礼执行人、会堂的领诵人、希伯来语学校的教师，以及那些不过希望在余生中的每一天都能一个人安安静静地研读流传千年、高深莫测的典籍知识的犹太人。但是，当时还有其他一些犹太人，他们是皮匠和泥瓦匠，马车夫和马夫，眼镜商和按摩理发师，银行家和铸币师，印刷商和书商，士兵和音乐人，制帽商和金匠，纺织工、刺绣工和洗染工，珠宝商、钟表匠和玻璃工，木材商、伐木工和油漆工，走私犯和诈骗犯，职业赌徒和假币制造者，当然还有形形色色的医生和药剂师，其实就是“江湖游医”（aptekarz），如果你说老反胃，他们就卖给你苦艾；如果你腹部绞痛，他们就给你一杯“温啤酒 + 哄骗”调成的鸡尾酒；如果你不幸染上了“揪发病”（Plica plonica），而这种恐怖的病症逼得你把自己的头发抓成了乱糟糟、油腻腻的一团时，他们就会卖给你一包水獭皮粉。[11] 犹太人同样也是实业家，他们租赁了波希米亚的深采盐矿和立陶宛的大片木材采伐基地，并亲自下井和伐木。他们还是牧人和农夫。与欧洲的其他地方不同，根据西吉斯蒙德三世（Sigismund Ⅲ）于 1592 年颁发的特许状的条款，波兰犹太人可以租赁有时甚至可以购买土地，然后他们再把这些土地出租给当地的农民佃户，或者自己直接与犹太人以及非犹太劳力一起耕种。牧师威廉·考克斯（William Coxe）在立陶宛旅行期间，由于看到他们在田野里“播种、收获和除草”并且还从事“其他的农活儿”而感到大为震惊。[12] 后者是在19世纪初被沙皇驱赶到赫尔松省（Kherson）的，但到1850年，在这里耕作的犹太农民已经达到一万五千人。一个世纪前，所罗门·梅蒙的祖父海曼·约瑟（Heiman Joseph）就曾在尼门河附近租赁了大片的土地，包括水车、防波堤、桥梁（大多已年久失修）、码头和一个用于存放从柯尼斯堡水路运来的货物的大仓库。[13] 他的兄弟们就给他当长工，并且他还养着许多蜜蜂和牛羊。

自产的蜂蜜用于酿制蜂蜜酒，因为除了是一个地道的农民，海曼·约瑟（像边远村镇的许多犹太人一样）也是一个客栈老板兼酿酒师和蒸馏师。自从各地的波兰富豪——包括海曼·约瑟的地主拉齐维尔（Radziwill），以及其他地方领主，如布兰尼斯基（Branickis）、波托斯基（Potockis）、泽莫伊斯基（Zamoyskis）、迪姆宾斯基（Dembinskis）、卢波米斯基（Lubomirskis）、波尼亚托夫斯基（Poniatowskis）、恰尔托雷斯基（Czartoryskis）和（盘踞在萨托诺夫的）西涅夫斯基（Sieniawskis）等大家族——把制造和出售酒类的专有权转让给他们之后，犹太人就垄断了这个行业。当时，在一个居住着两千到三千名犹太人的中等规模城镇里，出现五十家酒馆并不稀奇，而这样的酒馆全都是犹太人开的，并且还兼有客栈以及酿造车间和蒸馏车间的功能。泽莫伊斯基家族竟然拥有三十八个蒸馏厂、一百零一家客栈和一百四十家酒馆。[14] 在许多这样的城镇里，很难找到不靠以某种方式参与酒类生意（即使单纯是为了增加些许家庭收入，他们也会想方设法开一家出售酒类甚至香肠等简单酒肴的路边店）来维持生计的犹太人。这些酒馆里的座位往往十分简陋，门窗也没有玻璃，大多是用纸糊的，但时常光顾的客人似乎对此并不介意。

然而，这并不是一种封闭的文化。犹太人聚集在这样的卖场里，抽烟、聊天，打发男男女女出去招揽生意。他们的穿衣打扮也并不张扬。说到穿衣戴帽，波兰是为数不多的既不由当地教会或政府强迫犹太人穿统一颜色的衣服，也不强制他们佩戴侮辱性的犹太识别牌的地方之一。有些阔绰的犹太人为了炫耀身份会穿皮草和丝绸。加利西亚的许多商业女性，她们作为妻子和祖母照看着家里的店铺和货摊，有时会穿着黑色的天鹅绒长袍，脖子上挂着好几串闪闪发光的水晶和人造珍珠，站在那里成天地吆喝买卖。也有个别富有的犹太人，像居住在卡门尼耶茨（Kamenietz）的迈克尔·克尔曼诺维奇（Michael Kolmanovich），他的礼服就是当时在波兰—立陶宛联邦非常流行的那种袖子非常宽大的长披风（kantusz），里面套一件紫色或蓝色的紧身衣，但他却在披风的下部绣上了一条具有犹太特色的流苏，显得非常优雅。像他一样属于犹太正统派的妻子则通常穿着红裙子和一件深蓝色的天鹅绒短夹克。就连他家的老祖母也穿得珠光宝气，长袍上缀着珍贵的皮毛和五颜六色的花边。[15] 然而，这些富有的波兰犹太人也没有太多天然珍珠。当大名鼎鼎的红酒商人多夫·贝尔·比肯萨尔的豪宅在 1759 年夏天（他当时出门做生意并不在家）遭到一伙强盗抢劫时，他们也只是在他的妻子利奇的珠宝盒里搜出了两根珍珠项链（一根是四串的，另一根是五串的）以及“一件价值不菲、美轮美奂的头饰，另外还有十枚镶嵌着硕大宝贵钻石的戒指”，而其他的珠宝则都是他小姨子雷切尔的。[16] 但是，即使贝尔家族已经非常富有，但他家当时也不属于波兰犹太人的最上层。波兰犹太人的首富当属来自罗乌的亚伯拉梅克（Abramek），1781 年，著名的宫廷画师克日什托夫·拉齐维洛夫斯基（Krzysztof Radziwillowski）甚至受王室的指派专门为他的女儿查雅克画像。[17] 当时，查雅克一派珠光宝气，极尽奢华之能事。四根双串项链从脖子上一直垂到胸部以下，其中两根还挂着硕大的圆形浮雕金吊坠。不仅如此，用更多的珍珠点缀而成的豪华头饰上还飘扬着精致的白色（而非黑色）丝绸饰带。她的礼服是厚重的玫瑰色锦缎，而她的眼睛则直视着对面的画家、国王（当然还有我们），眼神是如此自信而犀利，就好像是在挑逗观众。

尽管也时常发生“血祭诽谤”和动员他们皈依天主教的事件，但犹太人却在他们的历史上第一次感到自己不再属于被压迫的少数民族——事实上已经根本不能算是少数民族，而在许多城镇，事实正是如此。用旅行者们（尤其是苏格兰人）的话来说就是“他们无处不在”，当这些人来到塔诺波尔或繁荣的加利西亚城市布洛迪时，他们惊讶地发现自己好像进入了一座纯粹的犹太城市。而安德鲁·亚历山大·博纳尔（Andrew Alexander Bonar）和罗伯特·穆雷·梅切尼（Robert Murray M’Cheyne）则吃惊地发现，布洛迪竟然有一百五十座犹太会堂（有些肯定非常小），但却只有两座天主教堂。

> 这里完全是一座犹太城市，而为数不多的几个非犹太人分散在各处，几乎淹没在犹太人的海洋中。犹太小男孩和小姑娘在大街上玩耍，犹太男仆负责传递信件，在大门内和窗户里看到的女性身影几乎全是犹太女人，而犹太商人则聚集在卖场里。当我们一条街一条街地闲逛时，犹太人的身影应接不暇：男人戴着高高的皮帽，女人戴着华丽的头饰，而孩子们则戴着天鹅绒小圆帽，犹太贵妇慵懒地倚在二楼的阳台上，贫穷的老犹太女人则蹲在她们的摊位后面叫卖水果……在“大巴扎”里，他们在兜售兽皮、手工制作的鞋、陶器……

女人们不分年龄，大都坐在她们的店铺里，或者戴着奶油色的珍珠项链在大街上转悠，“她们就像女王，即使脖子上的珍珠很可能是人工养殖的”。[18]

当英格兰军医亚当·尼尔（Adam Neale）受命赶赴英国驻君士坦丁堡使馆，途经加利西亚和波多利亚地区时，他常常听到“到这里旅游的游客说，眼下的波兰在欧洲似乎是唯一一个遭受迫害的犹太人名副其实地获得了永久居住权的国家”。[19] 尼尔并不是一个亲犹主义者。他把波兰地方生活中那种非苏格兰式的惰性氛围归咎于他认为的犹太人对酒类生意的垄断：通过添加茴香和香莱之类的调味品，使本就能让喉咙冒烟的生酒变得更加可口，引诱波兰农民进入一种昏昏欲睡的状态。但是，即使在苏格兰医生看来，他们是魔鬼，那也是漂亮的魔鬼。尼尔也承认

> （犹太人在波兰—立陶宛联邦）享有的自由和公民权利似乎对这个独特民族的体格和面貌产生了深刻的影响，赋予了他们一种高贵气质和生命活力，这种现象是我们在其他国家无论如何也看不到的。男人们身穿长及脚踝的黑色长袍，有时还挂着各种各样的银饰（装饰性的钩环和带扣），头戴高高的皮帽，栗色或赤褐色的环珮从前面垂下来，若隐若现地搭在肩头的卷发里，展现出一种强烈的男性美。

尼尔的确吃惊不小，他甚至觉得这些犹太人可以与达·芬奇或卡罗·多尔奇（Carlo Dolci）的名人画像相媲美。“一阵战栗在不知不觉间爬上心头，使我不止一次地陷入了沉思，一个希伯来村民的相貌竟然能展现出如此独特的气质……犹太女人的女性美同样令人震惊，而这种美在其他国家里是很难看到的。”[20] 因此，正是在波兰和阿什肯纳兹犹太聚居地中，美丽犹太人的基督教浪漫故事第一次被构想出来，这实在令人难以置信。

远途贸易

对于东欧地区的犹太人来说，没有什么东西是一成不变的或者说是封闭的。无论伟大抑或渺小，他们都是人类永不停息地向更远的思想地平线和向各地定期举行的商品博览会隆隆运行的历史车轮上的重要组成部分。在基辅、德莱斯顿尤其是莱比锡举行的盛大国际商品博览会上，那些长年从事远途贸易的犹太商人成了固定的主角。最典型的就是犹太巨贾拿单·诺塔·本·哈伊姆（Natan Nota ben Hayyim），他每年要向莱比锡的米迦勒博览

会（Michaelmas）运送四十马车俄罗斯黑貂皮和狐狸皮。由于布洛迪的犹太商人出席莱比锡博览会的人数太多，他们甚至专门在那里建造了一座犹太会堂以便定期使用。[21] 在盛行马车和驳船而火车时代尚未到来之前的岁月里，一种季节性的文化迅速在博览会的周边发展起来，而那些乡下犹太商人，虽然他们也害怕城里的小偷，但又不能完全避开由他们的宗教同胞、公民同胞甚至亲戚经营的热热闹闹的酒馆，他们也像其他人一样纷纷赶到这样的“大地方”寻求刺激。在别尔季切夫，他们为马戏团的荡秋千演员大声喝彩，到当地浮华且肮脏的赌场里输上一袋袋“兹罗提”①，到波兰剧场里啜泣或狂欢，看着奇怪的“西洋镜”傻笑，或看着演员把活鸽子和活兔子喂给盘成圈的大蟒蛇而惊愕得不敢喘气。[22] 如果一个商人不想离开他的家人或他的会堂太久，他完全可以在一个小一些的商业圈里活动，但他依然会带着他的货物从一个集市赶到下一个集市，因为每一个犹太村庄里至少有一两个甚至更多的集市。仅博古斯拉夫（Boguslawl）一地每年就有一百一十六次这样的小型集市，而萨坦诺夫则每个月就有一次。

像波列乔夫的多夫·贝尔这样的大家族，则通常在兄弟之间划分出不同的经商线路，尽管你可能会从他的传记中得出这样的印象：以早年曾经带着他进货的父亲犹大为榜样，多夫·贝尔就只相信自己的鼻子，因为他知道，只有自己的鼻子才能闻出让他的高贵客户所中意的红酒味儿。他每隔一段时间都会亲自去西方匈牙利的托卡伊酒庄出一次长差，就是为了从希腊特兰西瓦尼亚商人那里购进珍贵的“马萨拉”（Maslas）级白葡萄酒（并不愿意用次一级的“顶级佳酿”压舱底），同时也见识了匈牙利绿茵茵的大草原、喀尔巴阡山区盗匪横行的危险商路，以及东欧平原像他手背上的皱纹一样河流纵横的水湾。如果他找人替他出差，就难免会出问题。有一次，他的兄弟阿里耶·莱布（Arieh Leib）去采购时就曾抱怨，他买的这批酒会慢慢出现大量的积淀物。多夫·贝

① 兹罗提（zloty），波兰货币单位。——译者注

尔告诉他，只要用一个亚麻袋子进行过滤，这些酒自然会恢复其澄亮的琥珀色。尽管红酒是他们积累财富的基础，但各家的经商方式却是多种多样的。有时，他们会用马车载着牛羊和兽皮赶往法兰克福商品博览会，在那里换一些德国的花哨商品回到家乡出售。有时，他们则用船载着草碱和木材顺维斯瓦河而下，卖给那些等在但泽港（Danzig）的出口商人。

犹太人正是用这种长途搬运、装车、卸船的传统方式，在维护着城市的公共设施。当一些以木结构为主的城镇，连同波兰贵族（szlachta）的私有财产被付之一炬（这样的事经常发生，有时是因为天灾，有时则是各地马帮的洗劫行动所致）后，正是犹太人出钱又出力地进行重建，他们采取的方式通常是用砖石结构取代原来的木结构。他们把那些破坏最严重的坑坑洼洼的路和摇摇欲坠的桥修好。当某个小城镇面临来自“白匪”的袭击时，犹太人不仅提供武器，还会积极参与防御行动。这也就意味着，每当这些城镇落入武器土匪之手时，他们当然也是第一个为他们鲁莽的反抗行为付出生命代价的人，尤其当波兰士兵无故撤离或投入哥萨克非正规军时更是如此。他们的酒馆就是战地服务站：他们整天在修理弯曲的车轴、变形的车轮和断裂的弹簧。有些甚至建造并提供军用马车，以及更乡村特色的人力车和货运马车。那些一直向东穿过角树和白桦林区并越过肥沃的高原的人会发现，如果你需要一辆四轮大马车并配上一组强壮的马匹，你可以直接去找犹太人。如果你还需要一个马车夫，那他肯定也是一个犹太人。犹太人还会为你规划好行车路线，例如从布雷斯劳（Breslau）到雅西（Jassy），通过他们，你可以知道哪家酒馆和客栈比较好（当然都是犹太人开的）——考虑到那些较差的酒馆和客栈环境比较糟糕，这是需要在出发前就应该了解的重要信息。一个犹太人会告诉你在哪里换马、哪里有马厩，在哪里喂马和饮马——这些当然都是由另一个犹太人经营的服务设施。也许是一个本家堂弟，或者是一个远房亲戚？怎么就这么凑巧！

旅途中的酒馆

风尘仆仆、路途劳顿的旅客可以直接赶着马车穿过酒馆外面包着铁皮的结实大门，进入后面的院子里，犹太人会把马从马车上解下来，然后牵到马厩里饮水和喂料。另一组新马已经备好，随时可以踏上明天的旅程。如果旅客想利用付费的信息传送系统，他可以把信件、包裹甚至汇票留下，因为犹太人的酒馆就像驿站，也兼顾邮局和小型银行的业务。情报员在酒馆里可以买到报纸，通过报纸上商业和政治方面的内容，他就能了解到各种最新的消息，如军队的动向、海洋和大河上货轮的运行状态，甚至天花的流行情况。酒馆里供应的食物有些不尽如人意，对于来自遥远的法国或意大利的游客更是如此。如果运气好的话，他可以品尝到河里的鲈鱼或湖里的梭子鱼，后者的泥腥味如果搭配一小盘加了茴香或香菜调味的泡酸菜或拍黄瓜，会更可口一些。在盛行打猎的乡间，酒馆还可能会提供林鸽（教规允许食用）菜品，并且几乎所有的酒馆里都有腌牛肉和香肠。对果味伏特加要特别小心，并且千万不要沾白兰地，除非你自己愿意因为喝多了而遭到抢劫。如果你想过夜，你会被领进一楼的一间两边都通向走廊并且足以放得下一个荷兰式烤炉、一张床和一面镜子的大房间里。在这样的房间里，天花板通常是用泥灰抹的，地面大多是石板地，一般有一两块小地毯，或至少盖着一层稻草，并有足够多的小窗户用于采光和通风。房东和他的家人——绝大多数都是一大家子人，通常包括他的女儿、女婿们以及他们的孩子们，很少有他们的儿子、儿媳们以及他们的孩子们——大多住在一楼，一般有十几个房间，通过一排临街的小窗户采光和通风。犹太人结婚早（小姑娘十六岁结婚是很普遍的，而订婚则更小，通常在十一二岁），所以依照犹太人的“居家”（kest）习惯，她们会和新女婿一起搬过来在娘家住好多年。楼上还有一个仆人居住区，一般几个人共用一个小房间。阴冷的地下室一般用于储藏过冬的食物，不仅有无处不在的泡菜，而且阿什肯纳兹犹太人厨房里所用之物一应俱全：烟熏鱼干、香肠、用鹅油腌制的肉块、酸奶油、各种软硬奶酪、红酒桶、土耳其烟草箱、黑麦伏特加酒桶。[23] 更宽敞、更高档的酒馆通常根据需要在周边加盖一些茅草顶的附属建筑——马厩、仓库以及马车维修站［在波兰，主要道路边上往往还有各种各样的小店铺和货摊、酿酒房和蒸馏间，还有一种专门为秋天的节日——住棚节搭建的具有活动屋顶的“茅棚”（sukkahs）］。

对于犹太人来说，即使酒馆只能酿造伤胃的泡沫啤酒和蜂蜜酒，或者劣质的白兰地，也并不是犹太会堂，但它对社区生活的重要性并不因此而降低。这里是犹太人与基督徒经常互相见面、彼此交流的地方。有些人认为，尤其是有些非犹太人曾经认为，在那些犹太客栈老板表面上冷静的面孔背后好像总有些值得怀疑的东西，他们所谓的勤劳节俭，正是麻痹那些喝酒的基督徒从而使其沦为犹太人的奴隶这个“阴谋”的一部分。这种古老的猜想症可以一直追溯到中世纪对犹太医生和银行家的猜忌，并且当年还指控他们利用各种各样的药物控制了许多非犹太统治者，奥斯曼皇帝“傻瓜”塞利姆（Selim the Sot）被认为正是因此着了约瑟夫·纳西（Joseph Nasi）的道儿，从而成为后者手中的玩物。但是，大量真实的趣闻轶事表明，波兰—立陶宛的犹太人却并非一直是滴酒不沾的模范。据说，哈西德派的拉比就默许甚至鼓励在犹太节日喝酒。哈西德派的“创始人”以色列·本·以利亚撒（Israel ben Eliezer）的追随们则认为，他的神圣之处就在于能够在飞升的过程中喝下令人难以想象的大量美酒而不会醉，或者说起码是没有醉酒的感觉。另一位著名的哈西德派拉比、来自利亚迪（Lyady）的施奈尔·扎尔曼（Schneur Zalman）甚至把烈性饮料（通常指伏特加）比喻为“来自圣地的美酒”，每当端起一杯酒就要像安息日喝酒那样说上一句祝福的话才对。[24] 正因为如此，狂热的哈西德派的主要对手，包括最古板的恪守犹太法典的保守派和接受了现代思想的开明派，都把哈西德那种神秘的顿悟讽刺为“醉汉”的幻觉。按照其批评者的说法，来自别尔季切夫的利未·以撒

（Levi Isaac）简直能“喝下一条河”。据说，这位“卢布林（Lublin）的预言家”当时想从打开的窗户向外撒尿，但不小心从窗口掉了下去，并且正好掉在一堆粪便里。尽管哈西德派自己后来把这段情节精心编造成了一个在幻觉中坠楼的离奇故事，但这也成了一个讽刺哈西德派酗酒无度的笑料。[25]

如果酒馆老板自己恰巧也对烈性酒有所偏爱，会不时来一口儿，但由于他的妻子和女儿本身就是小店的侍者，并且通常负责记账，她们肯定会时刻非常上心地盯着他的一举一动。（女人在犹太人的生意活动中是不可或缺的角色，有些母亲甚至还亲自去集市和博览会，并带着她们的女儿一起去。）但是，一些规模较大的酒馆，像沃希尼亚地区博莱茨克（Poritzk）的“贝莱什·科瓦”（Beirish Kova）酒馆，就是一片装着大铁门的宏大建筑，沿街的铺面长达70英尺，实际上就是一个熙熙攘攘的多功能娱乐中心，里面通常挤满了旅行的商人、牧师、士兵和下层官员，这也就意味着酒馆要提供全天候服务。[26]这样的酒馆通常会起上一个诸如“小鸽子”的名字，可以在里面谈恋爱甚至私定终身；玩纸牌和打台球；开赌局和下赌注（主要的生意来源）；为那些感到身体不舒服的旅客提供药品；在见证人面前签订各种形式的借据和生意合同；为犹太人甚至非犹太人尤其是那些从东南方的核心地带——瓦拉吉亚和摩拉维亚——到乡下旅行的城里人举办婚宴，当然现场并没有像专业的铁巴龙①和小提琴手［后来被称为“婚礼乐队”（klezmorim）］那样的演奏家。独角戏小丑开始说单口笑语，歌手和小提琴手也会即兴来上一段。据说当时还有现成的舞女为那些与许多来头更大的黑道人物一起挤在热闹而污浊的大厅里的士兵、走私犯和制造假币者提供特殊服务，恐怕这也并非完全是空穴来风。[27]

在这类酒馆里，也经常会出现贵族的身影，他们通常脚蹬马靴，手持马鞭，大多是在打猎的途中进来歇脚。所罗门·梅蒙就曾不止一次目睹过这种场面。当他还是一个孩子时，曾有一位拉齐维尔的公主在打猎回来的路上与她

---

① 铁巴龙（cimbalon），一种匈牙利扬琴。——译者注

的一群侍女一起到他祖父的酒馆里午休片刻。我们这位小伙子“在兴奋中目不转睛地盯着这群美人和她们身上镶金挂银的漂亮衣服；我简直不敢相信自己的眼睛”。祖父对他说：“别看了小傻瓜，不定什么时候，这位高贵的‘公主’（duksel）也许会为我们生炉子（peezsure）。”小所罗门立即为漂亮的公主不得不为他这样的人生火做饭感到非常难过。[28] 又过了几年，当他和妻子一起住在他那位执拗的岳母的酒馆里时，又发生了一个更具戏剧性的事件。拉齐维尔的波兰指挥官、一支由一万人组成的私人军队的首领卡洛尔二世斯坦尼斯拉夫（Karol Ⅱ Stanislaw）本人——醉鬼与奢侈的代名词——从位于尼塞维奇（Nesvizh）附近的黄色巴洛克式城堡出发前往米尔哈尼（Milhany）。他像往常一样在一支庞大随从队伍的簇拥下前行，队伍包括 60 辆四轮马车，一支头戴假发、油头粉面的豪华仪仗队，其中有步兵、骑兵、炮兵、带枪的俄罗斯保镖、鼓手和号手，还有男仆、贴身侍从、御厨和厨房马车。“酋长”在他家的酒馆里被匈牙利烈酒灌得晕头转向，以至于他需要马上有一张床，他甚至完全顾不上自己的“亲王”风度，连亚麻布床单都来不及换，并且床上还“爬满了臭虫”。[29] 第二天早晨，他在寒冷中一觉醒来，已经根本记不起怎么会住进了这样一家酒馆，只能把酒疯撒在犹太人身上（这位封建领主除了打猎，最大的业余爱好就是拆毁犹太会堂）。于是，他决定要好好地利用一下这个地方，突发奇想地命令要在这个地方举办一次盛大宴会。“在一个肮脏的小酒馆里，墙壁上挂满了黑乎乎的烟灰和尘土，屋顶就用几根歪歪斜斜的破木头撑着，窗户上的玻璃已经破碎，窄小的窗格只能用纸糊起来——就在这样的一间屋子里，这些王公贵族坐着肮脏的条凳，在一张更肮脏的桌子上，享受着用金盘子呈上来的最可口的菜肴和用银杯端上来的最美味的红酒。”

这当然是一个立陶宛人突然生出的怪念头，但对一个像卡洛尔·拉齐维尔这样的封建领主来说，他既感伤他穿着天鹅绒和皮草的“老习惯”和“旧日子”，喜欢追猎欧洲野牛和追击鞑靼人，又觉得犹太人是这个延续了数个世纪的古老舞台上不可或缺的角色。他们的确以某种特有的方式活跃在这个舞台上。所以，即使那些终日沉浸在酒缸里的贵族叫嚷着，他们的血已经被这些犹太人吸干了，他们也不得不承认，自己根本离不开犹太人。这样的想法往往（但并非总是）使他们对那些排犹主义思想更严重的牧师和城市居民，在18世纪迫使犹太人集体皈依或直接对其进行驱逐的做法极为反感。[30] 当罗乌主教让·斯卡巴克（Jan Skarbak）由于对犹太人口的快速增长而忧心忡忡，并于1717年在教区内散发了一封信公开抱怨他们的人数“已经大大超过基督徒，但（他们）却受到我们这些贵族的保护”时，他的抗议根本就没有人响应。对其他一些被教会认定为亵渎罪的事件——犹太人的庆祝活动有时甚至在基督教的“大斋期”公开举行；基督徒音乐家参与犹太人的游行活动；犹太人雇用基督徒仆人，等等——也同样视而不见。当某位主教出于某种想象将这类现象认定为冒犯行为而试图关闭一座犹太会堂时，当地的一位富豪却要求会堂必须要继续开门。在“四地犹太理事会”在1764年被正式取缔之前，富豪们一直与该理事会［以及各地方理事会及其成员或“中间人”（shtadlans）］有着生意往来；他们认为，犹太人与非犹太人之间的法律争讼只有在与拉比法庭磋商后才能做出裁定，并且在他们的城镇里只要杀死一个犹太人就应被定为重罪。1746年，在波托茨基（Potocki）的一个小城茹乌凯夫（Zolkiew），一位磨坊主就是由于被控谋杀了一个犹太人而被处以绞刑。

波兰的鼓励政策

当时的这种关系完全是出于实用主义的需要，而不是一种相互同情，当然这并不妨碍彼此间会产生真诚的友谊。早在13世纪，为了躲避德国人的残酷迫害，犹太人第一次大批逃到了波兰和立陶宛。另外一批人则是早年居住在高加索山脉以西和黑海沿岸国家里的古代以色列人的后裔，他们发现随着鞑靼帝国的边境逐渐向东退缩，他们的居住地已经属于斯拉夫人的势力范围。[31] 犹太人之所以获准在这片刚刚被征服的土地上居住，是因为那些在中世纪后期和文艺复兴时期不断冒出来的“王公”也在打着同样的如意算盘：因为随着战败的敌人不断撤退，他们所征服的土地上已经人烟稀少，所以迫切需要犹太人能为战乱中的王国提供资金；再就是不言自明的老生常谈，即无论他们身上的特点如何与众不同，犹太人毕竟可以为这片从来没有经历过长途贸易的土地带来一种新的商业文化，或者换一种说法：犹太人可以制造新城市。但是，波兰的独特之处在于，它是一个天主教国家，教会不会允许由于对立派别的出现而改变既有的经济机会主义格局。但在 13 世纪大量的犹太人开始在波兰定居之后，波兰王室却一反常态地采取了一种鼓励的政策。早在 1264 年，“虔诚者”博莱斯拉夫（Boleslaw the Pious）就第一个对犹太人发出了邀请，他明确表示，犹太人可以在保留其社区自治管理模式的同时不受打扰地公开举行祈祷仪式。随着 1569 年卢布林联盟①的形成，立陶宛大公国与波兰王国合并，这恰恰与西方反宗教改革运动中采取的镇压手段形成了鲜明的对照。根据一个古老的传说，拉比们当时曾为这个给他们带来好运的国家专门造了一个名字——“就是这里”，意思是“就在这里住下了”（Poh-Lin）。虽然真相也许并非如此，但他们的乐观精神是完全可以理解的。就在其他所有地方的犹太人都与基督徒或穆斯林社会完全隔离开来的情况下，他们却被允许携带武器。他们被免除了许多种赋税，作为回报，他们必须每年向国库贡献一笔可观的岁入，其数额由“四地犹太理事会”的代表们商定。于是，该理事会举行会议，就这个数额在各地区之间进行分配，并把募集资金的职责移交给各地的理事会。

这种分散的权力体制使犹太人受益良多。在荷兰共和国里，这种体制使他们能够充分利用不同的城市和行省提供的各种各样的生存机会。一场“竞标”大战——如鹿特丹与阿姆斯特丹之间展开的竞相为犹太人提供居住优惠条

① 也称“卢布林联合”，是成立于 1569 年 7 月 1 日的一个共主邦联，由此，波兰—立陶宛联邦诞生。——编者注

件的争夺战——只会让他们得到更多的好处。波兰—立陶宛联邦名义上是一个王国，但其真正的统治者却是二十几个世代拥有土地的大家族。他们在“色姆”[①]里选举君主，但在投票时只要代表中有一张反对票就能推翻王室的任何决定。所以，许多地方领主对他们自己的王国并不关心。奥古斯都三世作为萨克森的选帝侯虽然在一场残酷的“继位之争”中于1733年登上了王位，但在他长达三十年的统治期内，也不过在波兰—立陶宛联邦君主的位置上坐了三年而已。与此相反，贵族们却是各自封地的实际领主，他们不仅拥有大片的、广泛分布的土地，并且对于犹太人来说更重要的是，联邦内半数以上的城镇也是他们的私人财产。于是，与巴洛克时代的立国准则正好相反，波兰处于一种权力极端分散的状态，在波兰国王试图把封建领主们联合起来，组成一个统一的军事联盟以抵抗那些对其日益扩张的王国虎视眈眈并随时会蚕食其领土的列强——像土耳其人、鞑靼人、俄罗斯人、瑞典人——时，这种体制的弊端更为明显。唯一的防御方式就是尽量不去得罪那些大贵族，这就意味着他们的权力更加失去节制。到头来，这种权力极端分散的体制，无论对于各地方领主还是对于（他们表面上拥护的）在位君主本身，都无异于自掘坟墓。在一个军队规模以指数方式快速增长而维持军费开支的资金又必须靠中央专制体制来募集的时代，波兰这样的异类注定会沦为周边那些更强大国家的囊中之物。当包括当时在位的君主在内的波兰统治阶层终于意识到 这一致命弱点，并试图改变其体制、维护其独立时显然为时已晚。为了让波兰继续维持其体制上的弱点，周边掠夺成性的邻国开始以军事手段进行威慑和干预。试图建立一种更强大的君主制的努力在1772年和1793年先后引发了两次惨烈的联合瓜分行动，波兰从而被普鲁士、奥地利哈布斯堡王朝和沙皇俄国完全吞并。而1794年爆发的一场乌托邦式的起义终于使自由的波兰彻底分崩离析。

对于波兰—立陶宛联邦的125万犹太人来说，后瓜分时代的前景具有很

① 色姆（sejm），当时的波兰国会。——译者注

大的不确定性。但是在波兰—立陶宛联邦早期的鼎盛年代，他们毕竟曾获得了许多机会，并在一定程度上取得了成功。数代人以来，犹太人成就了大量的富豪巨贾。有些人，像谢穆乔·伊考维茨（Szmuijlo Ichowitz），实际上担任了安纳·拉齐维尔（Anna Radziwill）的“司库”。但到最后，波托斯基、布兰尼斯基、泽莫伊斯基、恰尔托雷斯基家族以及其他大贵族延续多年的那种奢华生活终于难以为继，但在一个多世纪里，正是由于犹太人的存在，才使他们的生活能够如此奢华无度。每当艾尔兹比埃塔·西涅夫斯卡（Elzbieta Sieniawska）觉得缺少钻石时，她总是一次次地去找莫泽茨·福尔蒂斯（Mojzesz Fortis）借钱。那些势力强大的地方领主大都拥有以外国雇用兵为主的私人军队。他们的骑兵被认为是欧洲最凶猛的追猎者。他们竞相建造或重建了富丽堂皇的宫殿。在漫无尽头的长廊里，一边的墙上是一排巨幅油画，贪婪的狮子在追捕眼睛里充满惊恐的鹿群，而他们那些满脸胡须的先祖则端坐在高头大马上怒视着来犯的敌人；另一边则是一排高大的窗户，俯瞰着栽满榆树的街道，急流冲刷下形成的河塘里，一群鲤鱼在尽情地嬉闹着。家庭乐队在他们的社交沙龙里演奏着，丑角演员的滑稽表演博得满堂喝彩，而衣着低胸露肩服装的贵妇们则不停地扇着扇子。在他们举行的盛大宴会上，餐桌的中央摆件都是由甜点大师制作的，这些甜点大师通常是法国人。一头龇牙咧嘴的豺狼或一只开屏的孔雀高踞在桌子中央，而倒满了多夫·贝尔·比肯萨尔提供的托卡伊顶级佳酿的高脚杯，则在烛光的映照下泛着琥珀色的光芒。

当然，账单也越来越厚。波兰的这种奢华生活几乎完全是靠从他们封地上收获粮食所获得的收益来支撑的，而前提是欧洲其他地方的粮食供应明显不足。犹太人会把黑麦和小麦投入市场，然后再由荷兰人把富余的粮食用船运到东部的饥荒地区。然而到了 18 世纪，由于整个欧洲的人口出现了快速增长，粮食贸易的流向开始发生反转。而随着英格兰和德国大部分地区农业生产能力的不断改善，对粮食的需求日渐萎缩，价格不断下降。于是他们不得不急切地开始寻找利用土地捞现钱的新方式。因为以土豆为原料的伏特加时代即将到来（尽管已经不远），所以国内粮食酒类的生产和销售是造成国际粮食市场尤其是对黑麦巨大需求日渐萎缩的主要原因。在这样的情况下，犹太人再次及时地把这种相对单一的文化现象转变为一次巨大的市场机会。他们不仅要买断在西涅夫斯基和布兰尼斯基的家族领地上以及泽莫伊斯基和波托斯基家族所在的城镇里制造和销售酒类的垄断权，并且实际上还为了获得这项租赁优先权而互相竞争。由于全世界的商人仍然在沉睡之中，所以这种把粮食变成现钱的新模式取得了巨大的成功。最典型的就是，富豪们仅靠租赁酒类的垄断权所获得的收益几乎占了其全部收入的一半以上。于是，乐队又继续开始演奏，仪仗队在继续游行，围猎的人群继续在追着欧洲野牛和牡鹿于荒原上的丛林里奔跑，而每天天亮时，他们才会把多枝烛台吹灭，男仆们也会蹑手蹑脚地走过老人耷拉着的身体小心翼翼地把窗帘拉开。在大波兰，似乎一切都恢复了原来的样子。

当地富豪与犹太人之间便利的通婚条件繁衍了大量的混血后裔，人口统计的结果也证明了这一点。犹太人口迅速以犹太历史上有记载以来史无前例的指数形式增长，从 16 世纪初的五万人增长到八万到十万人，到 17 世纪后期就接近翻了一番，并且在随后的一个世纪里又几乎翻了四番，到 1800 年仅波兰一地的犹太人口就达到七十五万人（另外立陶宛还有约二十五万人）。[32] 尽管天花疫情肆虐，但欧洲每一个地区的人口在 18 世纪几乎都出现了快速增长，而犹太人口的自然增长率则远远超过了波兰非犹太人口的增长速度。尽管有些人口历史学家不愿意谈及这次人口爆炸式增长的主要原因，但他们大多数把这种快速增长归因于阿什肯纳兹犹太人中间盛行的早婚习惯，以及通常与更丰富的营养联系在一起的性成熟年龄的降低。显而易见，在波兰—立陶宛阿什肯纳兹犹太人中间，他们的婴儿出生死亡率在 18 世纪也已经大大降低。某些社会历史学家认为，这或许与当时医疗条件的改善以及大户人家对婴儿的精心照料有关。尽管波兰—立陶宛联邦各个不同地区的社区慈善机构的文件记录清楚地表明，当时有大量的犹太人生活在极端贫困之中，但他们的人数仍大幅增加。

事实上，经过时间检验的“公会”（kehillah）制度起到了相当大的作用。虽然几乎全部由社区中的富人组成的“社区管委会”（kahal）实际上是当地的政治寡头，但这并不妨碍它严格履行自己的职责。“社区管委会”可以确保社区内的老弱病残得到恰当的照顾，而其他公职人员如犹太屠户、会堂执事、割礼执行人和祈祷领诵人等一如既往地完成自己分内的工作。如果有些人由于某种不幸被迫来到某个新城镇，那么他们总可以在这个陌生的地方找到新的住处或庇护所：大大小小的犹太会堂，希伯来学校和研究机构，而拉比法庭则会为他们伸张冤情和裁决争讼。

当然，这并不意味着犹太村庄就完全摆脱了纷争和打击。而最大的一次沉重打击就发生在 18 世纪中叶的波多利亚，并且差点就使得整个波兰犹太社区毁于一旦。

II．兰克罗尼的狂野之夜

沙巴泰信徒

如果一名旅人在 1756 年春末到萨托诺夫旅行，他就会发现那里正笼罩在一片令人毛骨悚然的流言之中。位于大会堂里的社区拉比法庭（Beit Din）正在核实各地传来的消息——波多利亚尤其是一些边远地区正聚集着大量的沙巴泰信徒：假“救世主”沙巴泰·泽维执迷不悟的门徒。

大约在 1750 年，正是在萨洛尼卡，本来应该以一个碌碌无为的波多利亚敞篷马车夫了却终生的雅各·雷波维奇（Jacob Leibovich），才开始与沙巴泰信徒有了交往。他的父亲莱布尽管是一个负责守护烛火的会堂执事，但对于所谓“原罪”的概念却持有一种非正统的观点。当有人告诉他小雅各在安息日去偷偷游泳时，他就问孩子这是不是真的。孩子回答：就去过一次。溺爱的父亲说：嘿，干得不错，这没什么大不了的。当雅各还是孩子时，雷波就带着全家越过边境进入了奥斯曼帝国统治下的摩尔达维亚—瓦拉吉亚地区，所以孩子实际上是沿着沙巴泰运动的残余的流亡路线长大成人的：士麦那、索菲亚、萨洛尼卡。成年之后，雅各强烈的好奇心促使他到马其顿的斯科普里（Skopje）拜谒了加沙人内森（Nathan）的陵墓，从而被土耳其人称为"雅各·弗兰克"（Jacob Frank，西方人雅各），而在1752年婚后，他开始深信自己就是沙巴泰最后的确定无疑的继承者。于是在1755年，他越过边境来到波多利亚广招门徒。

他进入波多利亚的时候，恰好是一个对犹太人来说危机重重、人心惶惶的年代。当时，最受人尊敬的拉比权威雅各·埃姆登正在公开指控另一位同样著名的拉比约拿单·艾贝许茨（Jonathan Eybeschutz），说他就是一个秘密的沙巴泰信徒，因为根据事实确凿的报告，他曾经散发过可疑的护身符，这是宣扬异端邪说的一个铁证。虽然艾贝许茨当场予以否认，但即使这件事是真的，却也不至于受到诅咒。然而，当弗兰克的到来把所有的事情搞砸之前，"四地犹太理事会"已经拒绝了雅各·埃姆登让他们发动一场把沙巴泰派从犹太教中清除出去的运动的要求。恰恰相反，该理事会更希望让已经转入地下的沙巴泰运动维持现状，而不愿意去冒分裂犹太社区的风险。

然而，在1756年1月末，在摩拉维亚边境小镇兰克洛尼（Lanckoronie）发生的某些事情，却阻止了这种作为权宜之计的解决方案。在1月27日深夜，有个人正在通过某座房子的窗户上厚厚的窗帘缝隙向里面窥视，并发现里面有十几个人，包括雅各·弗兰克本人，正在又唱又跳地举行一场沙巴泰信徒的仪式。根据后来很晚才形成的许多报告的记述，唱歌跳舞在这类仪式上是再平常不过的事。而雅各·埃姆登仅仅过了四年并且是以控告的口气写成的报告却讲述了一个添油加醋的故事。

这一丑闻很快就传到了犹太社区之外。当然，这也与雅各·埃姆登脱不了干系，因为他在被"四地理事会"的自以为是所激怒之后，便把这件事报告了教会，并声称两大宗教同样都面临着其“自然法则”遭到邪恶侵犯的危险。把这件事公开向教会举报必然会造成可怕的后果。当时，当地的行政当局立即介入了此案，许多沙巴泰信徒遭到逮捕，并被投入了监狱。作为奥斯曼帝国的臣民，弗兰克本人则被限期离境。由于亵渎事件发生在其辖区内，萨托诺夫的大拉比被责成赶赴兰克洛尼调查此事，但由于他称病回避，于是另外几位长老被指派替他前往事发地。详细的调查取证表明，沙巴泰信徒已经在整个波多利亚形成了一个严密的网络，于是设在萨托诺夫的拉比法庭立即开庭，着手评估这次异端邪说事件的严重性和恶劣程度。

当时共传唤了二十七个人，其中大多数是目击者，被指控的沙巴泰信徒并不多，但他们却当场承认犯下了骇人听闻的罪行。除此之外，还有一些令人震惊的案例被一一列举。1756年6月中旬，拉比法庭终于对这次诉讼做出裁定，对其中的罪大恶极之人施以“绝罚”，最具戏剧性的是其中竟然包括来自罗哈廷（Rohatyn）的约瑟，他被罚抽三十九鞭子，然后丢在会堂的大门外面，以便每一位会众在进出时都能从他的身上踏过去。他被责令与他的妻子离婚（她曾按照他的吩咐陪伴过不同的陌生人），他的孩子们被认定为“杂种”，而他本人则遭到驱逐，作为犯罪的流浪汉被赶到了城外的荒野之中。

一切似乎都发展得太快。由于受到过多的骚扰，那些弗兰克信徒一怒之下也效法雅各·埃姆登的做法，请求教会插手此事。他们向一位患有最严重恐犹症的天主教牧师、卡梅涅茨（Kamieniec）的主教米库拉伊·迪姆波夫斯基（Mikulaj Dembowski）投诉，要求在他们自己与“《塔木德》学者”之间进行一次公开论争。在一份由负责皈依事务的牧师匆匆签署的文件中，弗兰克信徒们提议他们自己这个犹太教派别要与基督教联合起来。迪姆波夫斯基由于感到可以利用弗兰克信徒的提议而大为兴奋，于是爽快地同意于1756年9月间在卡梅涅茨举行一次公开论争。当时，共邀约了40位拉比与19名弗兰克信徒（其中有些就来自萨托诺夫）进行论战。一些年代久远的指控被再次提了出来，无非是说拉比们捏造了一部假的“口传律法”，而他们作为“《塔木德》反对派”才是摩西的真正传承人，他们甚至坚持认为《托拉》实际上已经成为多余的东西。最后的结果毫不令人感到奇怪，迪姆波夫斯基宣布弗兰克信徒获胜，而从兰克洛尼和萨托诺夫冒出来的所谓“启示”完全是由拉比和长老们精心捏造的恶毒诽谤。这一次该轮到拉比们挨鞭子了。犹太人被责令交出他们所拥有的所有《塔木德》以及类似著作，并且正像四个世纪前发生的情形一样，所有这些书籍立即被行刑人公开付之一炬。

迪姆波夫斯基于1757年11月去世后，弗兰克信徒突然感到自己失去了保护人。他们许多人赶紧越过边境逃之夭夭，这样看来，传统的拉比机构和权威或许很快就会全面恢复。然而，如此断言似乎为时尚早。另一位对犹太人满怀仇恨的牧师和主教卡耶坦·索尔蒂克（Kajetan Soltyk）发布的一份文件称，不仅对犹太人在宗教仪式上谋杀基督徒的指控是确凿的，而且就连犹太人自己（这里指上面提到的《塔木德》反对派）也明确地承认了这一点。那些弗兰克信徒竟然如此无耻，实在骇人听闻。早在四年前，索尔蒂克就由于在日托米尔精心策划了一场“血祭诽谤”案而名噪一时，从而在等级森严的教会内部勾结形成了一支重要力量，当时的审判结果是，十一位犹太人被处死，十三名犹太人被迫皈依了天主教。因此，索尔蒂克的个人诚信开始受到人们的广泛质疑，但弗兰克信徒对《塔木德》学者的恶毒攻击正好把人们的注意力从这些质疑声中转移开来。就连国王奥古斯都三世也被卷入其中，他甚至不得不为带着一大群追随者得意扬扬返回波兰的雅各·弗兰克颁发了一张为期三个月的通行证。

“内战”

令人恐怖的绞刑架仍然高悬在犹太人的头顶上。因为如果说弗兰克信徒在卡梅涅茨还是以第三股势力的面目出现的话，那么现在他们却毫不含糊地以未来的皈依者身份站了出来。他们的唯一要求就是，既然他们作为基督徒可以继续穿犹太人的服装、留大胡子和长头发，并在星期六过安息日，那么他们在主教辖区内提出的所有令人瞠目的要求都不算过分。这些弗兰克信徒最终的要求甚至与基督徒最过分的指控如出一辙：《塔木德》实际上要求严格遵守教规的犹太人在祈祷仪式上要祭洒基督徒的血。这份文件立即被翻译为波兰语，并公开散发了 2000 份。第二次公开辩论定于 1759 年夏天在罗乌大教堂举行。

来自博莱霍夫的犹太酒商多夫·贝尔·比肯萨尔随之陷入了一场恐怖的噩梦之中。对他和他的家人来说，这无疑是一次可怕的经历。就在他到华沙出差谈生意期间，一伙最残暴的“马匪”（opryzniki）冲进了博莱霍夫城内，针对犹太人进行疯狂的烧杀抢掠。像往常一样，犹太人进行了英勇的抵抗，拉比纳曼手握双枪，在杀死一名盗匪并重伤另一名盗匪的脚踝后被乱斧砍死。也正是在这次袭击中，多夫·贝尔的妻子利奇和小姨子雷切尔的所有珠宝全部被抢走。在把那些敢于反抗或拒绝交出财宝的人统统杀死之后，马匪们将博莱霍夫付之一炬，然后穿着在女人们的衣柜里找到的最为华丽的衣服迅速逃出城去。那个脚踝受了重伤的盗匪临走前还没忘了重点“照顾”一下多夫·贝尔的哥哥，并把他那件绣着银线的祈祷长袍脱下来穿在自己身上。其他的礼仪服装则被用作旌旗，当他们飞奔而去时，但见五颜六色的旌旗随着飞扬的马鬃飘进了黑暗之中。

这一幕实在是太可怕了，然而此时的多夫·贝尔却已经站在了一个气氛紧张的公共舞台的中央。作为他的老朋友，当地社区的大拉比哈伊姆·柯恩·拉帕波特（Hayim Ha-Cohen Papaport）勇敢地担负起了驳斥“血祭诽谤”以及弗兰克信徒—基督徒提出的其他各种诽谤的重任，而多夫·贝尔本人则由于波兰语非常流利被指派担任现场翻译。在当时的情况下，很可能是多夫·贝尔想到了这样一个现身说法的好主意：让一位拉比当众背诵贝尔最喜欢的一段引文——英格兰天主教徒汉弗莱·普里多（Humphrey Prideaux）在 1716 年出版的一本书中坚持的观点：从来也没有任何证据表明，犹太人的宗教要求他们在祈祷仪式上祭洒基督徒的血。一段时间以来，这种荒诞的恶语中伤一直在折磨着多夫·贝尔。而知名的反犹牧师雅各·拉德林斯基（Jacob Radlinski）的最新版波兰语著作《真相……来自撒母耳·拉宾的证据》（*The Truth……according to Samuel Rabin*）已经于1753年面世，并且立即成为畅销书，其中罗列了对犹太人的所有指责的陈词滥调。多夫·贝尔写道："这本书中充满了谬误和无耻的谎言，根本就不值一驳或推荐给任何有理性的人。"他还说，他们用这些愚蠢的谎言"诬蔑和诽谤犹太民族和我们神圣的'口传律法'……我怀着悲愤的心情读着书，但也获得了很多关于他们教义的知识……明白了他们所相信的寓言和奇迹……这样的东西从来没有存在过。"[33]

哈伊姆·柯恩和多夫·贝尔或许认为，只要把沙巴泰信徒从犹太教中清除出去，就再也不会把真犹太人和假犹太人弄混了。但是，这样的想法尚未实现（这也正是雅各·埃姆登所担心的），那些狂热的弗兰克信徒却已经抢先一步。所以，眼下最迫切的任务是全力反击显然已经坐实的对犹太人的"血祭诽谤"。于是，拉比们通过教皇驻华沙的特使提交了一份申诉书，其基本思路是否定了沙巴泰的"异端邪说"，而所有有关犹太人举行血祭仪式的故事完全是手法卑劣的捏造。出乎意料的是，这纸申诉书还真起了作用，当然也可能是那位临时充任翻译的红酒商人的积极干预和他极具煽动性的反复解说产生了效果。因为尽管弗兰克信徒再次被罗乌主教裁定为无罪，但同时也宣布所谓"血祭"指控完全是无中生有。尽管如此，我们这位拉比还是不得不忍受着弗兰克信徒不停地对他高喊"哈伊姆，以血还血！"[34]

这次"内战"产生的唯一一个戏剧性的后果就是：大约有一千名弗兰克信徒在罗乌大教堂集体背叛了犹太教。雅各·弗兰克本人则在另外的地方接受了洗礼，国王委托的代理人就作为他的教父站在他的身边。在几年里，他一直享受着亲王般的待遇，但当他这次皈依的真诚遭到人们的质疑之后，弗兰克被带到了圣母玛利亚崇拜的中心城市谢希托霍瓦（Czestochowa），而他很快把玛利亚的神秘和圣洁转移到了他的女儿爱娃身上。罗乌的其他一些皈依者则受到赞扬，甚至被封为贵族。但是对波兰—立陶宛联邦的犹太人来说，集体主动叛教事件的发生无疑是一次残酷而沉重的打击。随之，更多的惊人事件接踵而来。1764年，“四地犹太理事会”被取缔。四年后，哥萨克军队再次发动了反抗贵族统治的叛乱，对乌曼（Uman）的犹太人进行屠杀，他们不是等死就是逃亡。[35]

1768 年发生的另一场集体屠杀同样如此。就惨烈程度而言，1759 年发生在罗乌大教堂的集体叛教事件根本无法与其相比。一代领袖、治病术士和神秘的空想家以色列·本·以利亚撒——被誉为巴力·谢姆·托夫（Baal Shem Tov），即“美名大师”①——于第二年即 1760 年在波多利亚城镇梅泽比采去世，据说他是因为伤心过度而咽气的。无论这个传言是不是真的，巴力·谢姆·托夫显然认为将沙巴泰信徒从犹太教中驱逐是一场本来可以避免的灾难，他们完全有可能回归到犹太教的大家庭中。他对长老、拉比和“理事会”，对所有的人都大加谴责。如果犹太人想继续隐忍，如果犹太教想要继续兴盛，就不应该如此刻板地墨守成规。令人非常惊奇的是，在半个世纪后，这种信念孕育并引发了一场声势浩大的犹太复兴运动。拉比传统的卫护者在送别了一轮威胁之后，又将面对另一轮新的威胁，并且这次威胁由于主张不受任何异端邪说的指控而变得更加不可战胜。[36]

Ⅲ. 穿白绸缎的人

“美名大师”

他们与其他的犹太人不同。他们也不像其他的拉比，甚至有的根本就不是拉比。但是，他们却有一种追寻和发现神圣火种的天赋——当原始的油灯破碎后，落下的火花总会掉在某块外壳（qelippot）碎片上。在那些用神秘而深奥

① 美名大师是犹太教指对通晓“上帝”的秘名而行神迹治病者的称号。——译者注

的方式理解当前世界的犹太人中间，总有一些与众不同的神秘人物。他们往往能看得很远，连最远的地方也可以在隔壁的房间里看到。一块世代荒废的不毛之地也同样会长出庄稼。一座房子也可能有“魔鬼”从烟囱里或窗户缝里钻进来。拉齐维尔家族最有权势的“司库”谢穆乔·伊考维茨在进入他在立陶宛新建的庄园的大门时，他就曾把以色列·本·以利亚撒从梅泽比采请过来，先把庄园里所有不祥的“精灵”驱除掉并宣布其适于居住。[37]我们这位“美名大师”不得不长途跋涉亲自到现场表演这种预防性的驱邪术，但是如果他因故不能成行，他就会送一个护身符或说一番吉利的谶语。萨莫茨（Zamosc）的“美名大师”约珥（Joel）同样曾指示过一位未生养后代的丈夫，让他拿一把据说杀过一个男人的剑，在星期二或星期五的黎明时分把一个苹果切成两半，一半给他的妻子吃，一半留给自己吃，只要这样做，他们就能很快生下后代。

尽管这位“美名大师”被誉为新哈西德运动的创始人，但在他的一生中却根本没有意识到“创立”任何新的思想或修炼方法。[38]这类工作都留给了他的门徒以及门徒的门徒，他们在数十年后编写的《“美名大师”颂》（*Shivhei Ha-Besht*）中讲述了有关他奇异智慧的故事。尽管在梅泽比采的确有一群神秘主义者聚集在他的周围，但他有更重要的事情要做，根本无心广招信徒。以色列·本·以利亚撒显然感觉到，全世界犹太人身上背负的巨大压力就像磨盘一样压在他的肩头：有关血祭仪式的各种骇人听闻的谎言，不时爆发的瘟疫和战争。他深知，如果他不能用某种方式保护犹太人的火种，为饱受折磨的犹太人带来神圣的女性辉光（Shekhina）从而减轻他们身上的压力，那么他的天赋就毫无价值。他的这种感觉并不是来源于什么宏图大志，而完全是出于一种不可推卸的责任感，出于一个预言家的庄严使命。

1752年，以色列·本·以利亚撒给他的内弟革顺·古塔夫（Gershon Kutower）（他在五年前曾去过以色列地）写信说，在新年除夕之夜，他曾“飞升”到了天国。[39]在那里，他亲眼看到难以计数的“灵魂”在剧烈地来回跳动，而他们在凡间的肉身有些还活着，有些则已经死了。他还看到，那些被迫皈依的人都死得很惨，虽然他无法解释其中的原因，但这件事还是让他感到非常高兴。一开始，他认为这种强烈的愉悦应该是他马上要离开凡间进入“来世”的一个信号，但他却被告知“不是的”，他必须还要回到凡间去，因为凡是在天上的人都会像他一样享受到“天国”与凡间“合一”的这种愉悦。他在“升天”过程中经历了两个非常重要的时刻，从而使他终于明白了他会经历这种“飞升”的原因。第一个与人“邪恶的一面”有关，“死亡天使”萨麦尔（Sama’el）精心安排了每一个皈依者的死亡惨状，而当“美名大师”问他为什么会如此时，他却有点不老实地回答说（这就是他“邪恶的一面”），这样正义就可以通过他们的惨死来圣化美名。“美名大师”越升越高，直到他“一步一步地”到达了“救世主”至高无上的“天庭”。他终于提出了那个无法回避的问题：为什么要让我们等这么久？“救世主”回答说：“当你们的《托拉》传遍全世界时，我自然会降临。”这是一个并不能完全让人满意的回答。

他的书信直到 1781 年才以《神圣书简》的书名正式出版。但在此之前很久，“美名大师”作为空想家的声誉就已经由他的两个高徒传播开来，他们分别是来自博洛涅（Polonnoye）的雅各·约瑟（Jacob Joseph）和来自梅泽里奇（Mezeritch）的多夫·贝尔·本·亚伯拉罕（Dov Ber ben Abraham）。第一部宣扬哈西德思想的著作出版于 1776 年，但正是雅各·约瑟的《雅各·约瑟读经法》（*Toledot Yakob Yosef*）在 1780 年的问世，才奠定了这种新的修炼方法的基础，并且他自己也声称，这种方法受到了“美名大师”的启发。如果是出于绝对的忠诚（kavanah），那么祈祷就比纯粹的研究重要得多。正因为如此，所以要尽量避免心灵忧伤，以及由此引起的肉体禁欲行为。

所罗门·梅蒙

真是难得听到这样的好消息，似乎所罗门·梅蒙曾经孜孜以求的那种生活即将来临。他一直希望犹太教中能有一些比每天按部就班地照着日历举行祈祷仪式更深刻的东西。他更渴望一种以哲学为基础的信仰，这样的信仰要比整天没有感情地、墨守成规地钻研典籍及其历代浩如烟海的评论所获得的枯燥“食物”似乎更有营养。（“例如，一只红母牛身上有多少根白毛还仍然算是一只红母牛？”[40]）正如所罗门在自传中所说，正是在这样的情况下，“他才踏上了去‘M’（指前面提到的梅泽里奇）的朝圣之路”，并在那里看到了一个“穿白绸缎的人”，看到了那位被“美名大师”收为门徒的传承人：马吉（Maggid），即“云游布道人”多夫·贝尔。

所罗门在四十年后曾回想起他早年的希伯来学校生活，那还是在18世纪90年代，当时的哈斯卡拉运动①先驱们所奉行的信条就是“教育造就人”。他在立陶宛的童年经历却并非如此。然而，家里的一排排书架上发出的道道真正的知识之光只会使他更加烦恼。他的父亲希望儿子能成为一名拉比，所以整天担心有什么离经叛道的文献会把小所罗门从正道上带偏。但是，禁书的魅力往往是不可抗拒的，所以只要有机会，这个七岁的孩子就会爬上一把椅子，从高高的书架上抽下几本希伯来文献。阅读禁书虽然不足以号召起事，但这样的学习方式本身却称得上是一种奇特的阅读经历，与大部分宗教学校（cheders）里通行的那种逼迫学生可怜兮兮地死记硬背的教学方式完全不同。他的书目包括历史书：当时非常流行的约瑟夫斯《犹太战争》（*Josippon*）的希伯来版本，字里行间洒满了英雄的鲜血；16世纪的布拉格学者大卫·甘斯（David Gans）写的编年史，在记述犹太历史的同时，也介绍了世界其他地方发生的重大事件。还有甘斯的天文学著作及其另一本内容大致相同的著作，这类图书使得小所罗门几乎立即就认识了星空——不再是占星学家的星座和预兆，而是挂在天上的真实天体。然后，他进一步研究了这些著作中的数学计算方法，星空是如此美丽和如此深邃，“为我打开了一个全新的世界”。[41]

① 哈斯卡拉运动（maskilim），即犹太启蒙运动。——译者注

所以，从星空中回到大地上，回到离他家在内斯维奇（Nesvizh）的家庭农场 4 英里远小城米尔（Mir）的犹太学校的现实使所罗门更加沮丧。他的第一位老师是一个教室虐待狂，他经常以最微不足道的借口惩罚他的学生，如果他们胆敢抱怨，就会被通知家长。他的第二位老师虽然不那么凶神恶煞，但也仍然非常符合梅蒙后来描绘的形象：“孩子们胡乱坐在一个低矮的、烟雾缭绕的草屋里，有的坐在长凳上，有的干脆坐在地上。老师就穿着一件脏兮兮的罩衫坐在讲桌上，两腿之间夹着一个大碗，正在用一根像‘赫拉克勒斯（Hercules）之柱’那样的硕大捣棒把碗里的烟草磨成鼻烟。”监考员一本正经地站在房间的四个角上，一边让孩子们把希伯来经文翻译成意第绪语，一边在想着如何吃掉刚刚从那些学生从家里带来的饭袋里偷出来的食物。这样的教学方式，既没有解释或评论，也不讲解任何希伯来语法，更没有便于积累词汇的字典。心灵在没有完全打开之前，就已经给关上了。

后来，随着家道日渐中落，所罗门被迫沦为了这种毫无意义的机械练习的“同案犯”，给一个犹太农民当家庭老师，平日就住在一间简陋的乡下茅棚里。这间屋子

> 同时兼有歇坐、喝水、吃饭、学习和夜间休息的功能。房间夏天非常热，冬天则经常被狂风暴雨倒灌回来直到充满整个屋子，简直令人窒息。这头，横跨房间的两根柱子中间，挂满了洗过的破衣烂衫和其他的待洗物品，以便用浓烟杀死上面的寄生虫。那头，墙上则挂着一串串正在风干的香肠，上面还不停地滴着油脂，经常落到下面睡觉的人的头顶上。不远处，还放着几个洗卷心菜和甜菜的大水桶……就是在这样一个房间里，我们把面揉好，然后做饭、烤面包，甚至挤牛奶。[42]

对于渴望理解和知识的年轻的所罗门·梅蒙来说，他的生活似乎陷入了

低谷。事实上，还有许多更严酷的考验正在等着他，日渐深重的绝望感甚至让他想到了自杀——当然没有成功。但是，随着一滴滴香肠的油脂落在他的脑门上，他开始寻求某种自我救赎的光明。

“新哈西德派”

在向朋友了解了“新哈西德派”这个“秘密团体”的活动原则之后，所罗门·梅蒙决定亲身去体验一下。他喜欢有一大堆朋友陪伴着，他根本不需要再搞什么孤独而残忍的斋戒，因为他即将面临的肉体上的终生苦修已经足够了。与其他半地下的秘密团体明显不同的是，他从一位普通信徒那里就了解了“入会”的规则：“凡是有一种追求完美的愿望但又不知道如何追求的人……只需要向本会的上层提出申请，他自然就成为会员了。”[43]

在完成了“入门教育”之后，梅蒙来到了沃利尼亚的梅泽里奇，因为多夫·贝尔·本·亚伯拉罕已经在那里建立了第一个哈西德法庭。以色列·本·以利亚撒在1760年去世后，这个新团体的领袖职位直接传给了他的儿子，但这副担子对他来说似乎过于沉重，于是他主动退位，这副担子便落到了多夫·贝尔·本·亚伯拉罕的肩上，而他作为先师的大弟子，也顺理成章地接过了“云游布道人”的衣钵。其实，“美名大师”从未布过道。他去世后，也没有出版任何布道词，只不过留下了一些有关他的“游医”故事：从一个地方到另一个地方，去看望一个又一个遭受精神折磨的人。但多夫·贝尔却很少出门。据说，他在年轻时由于过于残忍并且过于频繁的斋戒，把自己的身体搞坏了。一双由于常年营养不良而造成的跛足使他即使并非完全不可能但也很难出门长途旅行。所以，那些未来的哈西德信徒只能成群结队地上门拜访和听他布道，所罗门当然也加入了听众的行列。

在一个星期的大部分时间里独自隐居起来进行沉思默想之后，这位“云游布道人”在安息日会戏剧性地出现在公众面前。“这位伟大的人物终于以令人敬畏的方式身穿一袭白绸缎现身了。就连他的鞋子和鼻烟壶也是白色的，这是一种圣洁的颜色。”这位“云游布道人”对在场的所有听众简单地表示问候，然后开始进餐，大家都像僧侣一样默默地吃着，这种非犹太式的沉默让人感到不安。用餐完毕，这位身穿白长袍的人打破沉默开始唱歌，每当有新人进来时，他会一边用手拍着自己的前额，一边叫出他们的名字，并说出他们的家乡所在的城市，而他并没有得到有关他们进来的任何提示。这本身就已经很神奇了。可更神奇的是，每当他叫出新人的名字时，他们会喊出《托拉》中的一句经文作为应答，而针对每一次应答，这位“云游布道人”同样也是在事先并没有得到任何提示的情况下即兴创作一篇完整的简短布道词。“最神奇的是，每一个新来的人都发现，针对他们每个人的布道词都是他即兴创作的，还特意引用了他自己精神生活中的某些事实。对此，我们当然会感到吃惊。”[44]

如果说这些都是舞台戏法，那么也算是一种成功的戏法。但在这群人中间混了一段时间后，一丝疑虑（也许不值得怀疑）慢慢爬上所罗门·梅蒙时刻警觉的心头。让他感到有些蹊跷的是，“云游布道人”的即兴布道词和普通信徒选择的经文之间这种显然不可思议的搭档配合，是不是事先以某种方式进行过精心的演练？并且那种冷漠的、几乎是应景的欢乐场面也好像是装出来的。当其中有一位信徒宣布他的妻子（像所有的妻子一样，是一位留守妻子）为他生了一个女儿时，这位新父亲非但没有受到“恭喜”的祝福，反而引起了一场哄堂大笑，并且后来还传出了他家里根本生不了男孩的笑话。按照他的信用准则，这场闹剧使所罗门感到恶心。“我不想继续待在那里。我向主管人员告别后，离开了这个‘秘密团体’，决心永远忘掉这次不愉快的经历，回到了家里。”

于是，所罗门·梅蒙的人生方向转向了北方和西方：他要去犹太启蒙运动的发祥地柏林，去柯尼斯堡拜会摩西·门德尔松和伊曼努尔·康德。在这些故事发生的间隙里，他仍然是一个“职业的”流浪汉，有段时间甚至成了一个名副其实的乞丐，只有一个讨饭碗和一根打狗棍，晚上就裹着他那块白天披在身上的破布睡觉。此时的他身心俱疲，遭受着精神错乱和抑郁症的折磨。

猛烈的扩张势头

如果所罗门·梅蒙认为他留在梅泽里奇的记忆中的哈西德派仍然是一种秘传崇拜活动的话，那么后来三十年发生的事证明他是大错特错了。哈西德运动像野火一样从其发源地波多利亚和沃希尼亚，一路烧到加利西亚和乌克兰，并最终席卷了整个东欧的犹太区，甚至进入了立陶宛。在立陶宛，尽管遭到了维尔纳“加翁”[①]以利亚·本·所罗门（Elijah ben Solomon）最强烈的谴责，并从“云游布道人”去世当年即1772年就开始在犹太人内部发布了一系列禁令，但仍然难以抵挡哈西德运动的扩张势头。历史上这次对犹太文化声势最大的征服运动在时间上一直持续到19世纪，在空间上则没有边界，从犹太俄国的一端发源，一直扩散到巴尔干半岛的摩尔达维亚—瓦拉吉亚地区，甚至从19世纪80年代开始随着那些犹太村庄的移民跨过大西洋进入了美洲。当我写下这篇故事时，我放眼向哈德逊河的对岸望去，仍然能隐约地看到纽约罗克兰县的哈西德犹太村庄。无论是20世纪和21世纪的世俗化浪潮，还是大规模战争的洗礼，都没有能使这些哈西德犹太人完全消失踪迹。最令人吃惊的现象就是，无论是在以色列国内还是国外，哈西德犹太人的人数一直在不断增长，甚至已经到了这样的程度，那些纯粹的现代化新城镇必须建在信徒们便于朝圣的哈西德派“创始人”的墓地附近。2014年，据估计约有五万名哈西德信徒（全部为男性，大多数来自以色列和美国），在犹太新年前夕聚集在来自布拉斯洛夫（Braclav）的哈西德拉比纳曼的陵墓前，悼念这位于1810年在乌曼去世的哈西德运动的先驱。

大多数非犹太人（对他们来说，所有犹太人的大胡子都长得差不多）认为，哈西德主义就相当于传统的犹太教，或“极端正统派”。但是，实际情形

① 加翁（gaon），犹太教学者和大众领袖的称号。——编者注

却并非如此，并且一直并非如此。哈西德派的宇宙学几乎全部来源于早年萨费德小城的喀巴拉神秘哲学，这一点使得布鲁克林的哈西德信徒或许与麦当娜·西科尼[①]有同样的感受。但是，对于 18 和 19 世纪东欧地区的阿什肯纳兹犹太人，特别是对于蜂拥到其旗帜下的年轻一代犹太人来说，“新哈西德主义”对于他们如何实践犹太教无疑有着特定的实际意义。

最根本的一点是，他们认为祈祷的地位高于研究和学习。这并不是说哈西德派过去甚或现在还在反对研究和学习——在耶路撒冷西墙附近的临时回廊上，你可以发现那里既有祈祷者，也有抱着书学习的人。但正是因为老一代哈西德信徒心无旁骛的绝对忠诚的做派，才让所罗门·梅蒙忧心不已。这种修炼方式随着哈西德运动的不断发展不断受到广泛质疑，它往往伴随着肢体的剧烈运动，例如翻跟头。翻跟头虽然从一开始就是一种标准的哈西德崇拜表达方式，尤其在普珥节和欢庆《托拉》节这种喜庆的节日里更是不可或缺，但却没有能延续下来。一些最激烈的批评者认为神圣的杂技表演不过是“插科打诨”，但哈西德信徒却不以为意。

所有这些都是以集体的方式进行的，并且人越多越好，因为只有集体活动——所谓“众乐乐”[②]——才是哈西德精神的核心所在，并且一直延续至今。哈西德运动倡导的是这样的一种犹太教：拒绝像离群索居的忏悔者那样，每天孤独地抱着自己饿得咕咕叫的肚子苦苦修行。来自博洛涅的雅各·约瑟写道：

> 人们习惯于认为，服侍上帝的恰当方式是学习、斋戒和哭泣。当一些普通会众看到他们并没有选择这条道路时，他们感到愤怒和失望……并且他们这种行为把愤怒和失望带到了全世界……直到哈

① 麦当娜·西科尼（Madonna Ciccone），1958 年 8 月 16 日出生于美国密歇根州底特律，美国著名演员和女歌手。此处或指麦当娜童年时家教极严，但却违背父母的意愿进入了演艺界，并且以惊世骇俗的表演风格走上了一条反叛的人生道路。——译者注

② 译文出自《孟子·梁惠王下》。——译者注

> 西德信徒意识到这样做是错的，并重新选择了正确的道路——怜悯之路……你应该更多地花时间在与其他人的交往上……[45]

这些深刻的认识无疑与那些终日沉浸于传统典籍研究的人心目中的“杂技表演”形成了强烈的反差。喜庆的喧闹声同样也与书斋里的低吟浅唱（当然，在发生学术争论时声音会大一些）形成了鲜明的对照。如今，这种快乐的“欢呼声”已经从单纯的歌唱演变为突然爆发的惊叫声，而最鼓舞人心的就是大家随着音乐一起鼓掌，并且正是在这段时间，这种表达快乐心情的方式才第一次进入了犹太教的各种仪式中。

尽管谁也无法确定早期哈西德信徒的年龄结构，但一些亲眼看见了这个教派突然兴起的壮观场面的人所提供的坊间传闻表明，当时的确有大量的年轻人成群结队或以“疾跑”（哈西德派的另一种修炼方法）的方式蜂拥到首领的“法庭”里。当齐达乔夫（Zydaczow）的希尔施来到当地的一座小城时，摩西·萨姆博（Moses Sambor）描述当时“那些希望能抓到神圣火种的狂热信徒竞相跑上前去欢迎他……年轻人像箭一样飞跑过去”。[46]哈西德信徒表达忠诚的方式千奇百怪、不胜枚举：情绪上的剧烈波动；迷恋快速行走（或许是为了模仿神灵的四处漫游）；故意疏远传统的社区机构，如法庭、学校或社区管委会；在传统的犹太教之外组建新的教派——所有这些行为显然都非常符合古典心理学中青年文化的特征，就此而论似乎也算不上堕落或变态。毫无疑问，这个不安分的、流浪的年轻群体作为一种普遍现象，他们所代表的既不是一场革命运动，也不是风行一时的摇滚舞，而是对哈西德思潮的狂热追求。或许正是因为以利亚·本·所罗门固执地认为，如果听任这些不成熟的年轻人把喀巴拉哲学庸俗化，使其变成一个尚未吹大的感情肥皂泡而不是一种严谨的科学，那么未来的犹太教将面临巨大的危险，所以他才会如此激烈地谴责哈西德运动。[47]用狂热的外在情感代替对律法的分析研究同样是一种可怕的背叛。显而易见，他和其他一些激烈的批评者［如来自马科夫（Makow）的大卫］一致认为，哈西德思潮不过是用表面上的虔诚伪装起来的沙巴泰救世主运动的一个变种而已，应该在它发展成一种真正的异端邪说之前将其消灭在萌芽状态。于是，在 1772 年即“云游布道人”去世的当年，这位“加翁”在维尔纳动用拉比的权威发布了一纸事实上的“绝罚令”，把哈西德派驱逐出了犹太教。

势不可当

但是，将哈西德派作为一个非正统的、离经叛道的群体驱逐出犹太教的任务却由于其成员绝对地坚守着犹太生活方式而变得异常困难。与沙巴泰信徒不同，哈西德信徒并没有明显地违反律法。如果非要说他们有违传统的犹太虔诚的话，也只能指责他们没有严格地执行教规，如屠户切肉的刀不够锋利，或拒绝从指定的肉铺里买肉。所以，他们没有理由指责哈西德信徒违背了律法，而只能说他们在遵守律法的时候有些随意，或者在某些庄重的场合不太严肃而已。当利亚迪的施奈尔・扎尔曼亲自上门拜访以利亚・本・所罗门并借此详细地讨论他们之间的分歧时，扎尔曼却吃了闭门羹，这无疑是这位维尔纳“加翁”恼羞成怒的一个信号。“如果你认为某个人说的某件事是不对的，你会怎么做?”这位“加翁”后来在解释他的无礼举动时说：“如果你继续用一种令人愉快的方式交谈，你就是在欺骗他们，因为你心里很清楚这个人是错的。”[48]

侮辱一个哈西德领袖并无助于问题的解决，因为后面的哈西德信徒只会越来越多，并且他们都变成了游动的目标。“美名大师”于 1760 年去世，“云游布道人”随后也于 1772 年即“加翁”对他横加指责的那一年去世。但是在 1780 年，随着“美名大师”的另一位高徒、来自博洛涅（位于沃希尼亚）的雅各・约瑟出版了自己的第一部哈西德著作，这场运动——此时已经演变为一场运动——变得更加势不可当。像斯拉维塔（Slavuta）雄心勃勃的沙皮拉（Shapira）兄弟这样的印制商和出版商很快就意识到，为了迎合人们对喀巴拉文献日益高涨的需要，应该开发一个全新的题材，更多地出版一些有关那些传奇人物——“美名大师”和“云游布道人”——的书籍，因为他们自己并没有任何文字留传后世。于是，让保守派感到悲哀的是，传说迅速成为与律法同样重要的读物。1814 年，《“美名大师”颂》把他封为哈西德派的创始人，并出版了他的手稿和语录，同时也把“云游布道人”定为他真正的传承人，从而形成了一个完整的领袖谱系。一个传承有序的“统治王朝”，对于哈西德信徒来说十分重要。

浩如烟海的学术文献记录了哈西德运动迅速兴起的时间表。喀巴拉历史学家革顺·肖勒姆（Gershom Scholem）坚持认为，这场运动是对沙巴泰·泽维当年的救世主灾难和对 1648~1649 年间发生的哥萨克事件的痛苦记忆做出一次的抗议性反应。但是，这两大事件与真正的哈西德理论和实践肇始之间隔了整整一个世纪的事实表明，这场运动的萌芽期不可能如此漫长。作为回应，有人指出哈西德运动发轫于一个社会复苏期。“美名大师”也不是代表穷苦犹太人反抗犹太社区管委会专制统治的斗士。波多利亚的梅泽比采（他的居住地）并不是一个毫无生气的边远小村庄，而是波兰最大和繁华的犹太城镇之一，而在他的一生中，他对担负起穷人的保护责任从未表现出丝毫的兴趣。如果说他还有什么作为的话，那就是他及时地迎合了犹太社区和波兰政府的需要。

不过，有时候也会矫枉过正。如果时间能前推几十年，那么哈西德主义肯定会在苦难的年代里顽强地扎下根来。按照“美名大师”自己的理解，解决这些麻烦正是他被神秘地“选中”的全部意义所在。在 18 世纪后半叶，一连串的麻烦给上百万波兰—立陶宛的阿什肯纳兹犹太人造成了沉重的打击。这并不是指沙巴泰·泽维动摇了犹太社区的信心，而是指雅各·弗兰克的上千名追随者在 1759 年自愿地集体叛教，波兰教会当时的那种成就感是犹太人永远不会忘记的。九年后的 1768 年，乌曼又发生了令人恐怖的大屠杀事件，随着俄国哥萨克骑兵在被最终围困的波兰的四处游荡，犹太城镇随时可能遭到洗劫，因为那里是战利品的主要来源。整个犹太世界的分崩离析使人头税的收取工作难有成效，即使不是完全收不到，但也已非常艰难。到 1763 年，“四地犹太理事会”拖欠王室的债务已经有 200 万兹罗提，每年的利息高达 20 万兹罗提。犹太理事会完全丧失了最初的信誉，已经没有存在的必要，特别是在国王斯坦尼斯拉夫·波尼亚托夫斯基（Stanislaw Poniatowski）开始对贵族们的忠诚感到担心（更担心的是周边那些掠夺成性、虎视眈眈的国家）的情况下更是如此。1764 年进行过一次人口普查（尽管历史学家对此表示欢迎，但对犹太人来说绝对不是一个好主意），而根据普查结果，政府决定直接控制赋税的分配与征收。随着“四地犹太理事会”的解散，其下层机构和成员只能直接面对那些代表政府行使权力但却只顾自己的利益的地方政治寡头。犹太村庄开始发生起义，要求社区管委会重新进行选举，而不是用指派的方式。有一个城镇里的一帮年轻人则利用在会堂里举行祈祷仪式的机会废黜了社区管委会，并为其举行了一场“葬礼”闹剧，但他们却遭到了拘留。拉比不得不叫来当地的警察帮助恢复秩序，并在这帮参与闹事的孩子的座位上涂上了沥青。当王国本身随着波兰—立陶宛大公国分崩离析，其领土一点点、一次次地被瓜分，犹太人发现自己已经属于不同的领土，一开始是属于四个国家（包括残余的波兰王室），后来到 1797 年则分属三个国家——普鲁士、奥地利和俄国，在如何对待犹太人这个问题上各自采取不同的态度。布洛迪（如今被奥地利人称为“加利西亚”）的阿什肯纳兹犹太人和属于俄国波多利亚地区的萨托诺夫的阿什肯纳兹犹太人彼此之间一下子变成了外国人，只不过双方边境地区大量的走私活动多少缓和了这种隔阂。

法国大革命和拿破仑战争及其引发的战斗和解放（有时两者其实是一回事儿）风潮进一步加快了这种分裂的进程。华沙的一些操波兰语的“开明”犹太人在别列克·约西耶洛维奇（Berek Josielowicz）的领导下组建了一个犹太军团，参加了抗击苏沃洛夫（Suvorov）将军指挥的俄国军队的华沙保卫战，并在普拉加（Praga）[①] 城郊的城堡里进行了顽强的抵抗。他们仍然坚信，法国式的解放运动也很可能为犹太人建立起一个拥有平等权利和爱国义务的新世界。当时，拿破仑帝国向东推进的步伐显然已经不可阻挡，而随着“华沙大公国”的建立，这种希望之火似乎被重新点燃，尽管法国的犹太人当时实际上并没有摆脱各种各样的限制和歧视。然而，当拉比们（既有哈西德派也有非哈西德派）一起开会就充满风险的“忠诚”问题进行商讨时，包括拉比施奈尔·扎尔曼在内的大多数人还是决定以失去犹太传统的代价换取法国式的公民权，并宣布效忠沙皇。尽管这种美好的愿望是单向的，但后来证明这次赌注还是下对了。

“义人”

对忠诚的渴求依然甚至进一步在永远处于不安全感中的犹太人心里留下了深深的创伤。显然，他们煞费苦心地献给荷兰共和国的奥伦治亲王，献给历代波旁王朝，以及后来献给法兰西共和国和法国皇帝的祈祷词，并没有耗尽他们的忠诚。在讨价还价的过程中，他们的忠诚换来的只是一种默许的保护。所以，当政治忠诚的选择在东欧地区成为一种充满风险的赌博时，倒不如把忠诚献给作为保护人的“义人”（zaddik），即“正义的哈西德运动领袖”，同时也是布道人、调解人、奇迹的空想家和制造者。来自热萨斯基（Lezajski）的以利梅里赫（Elimelekh）是第一个在他去世 11 年之后于 1798 年出版的自传中自诩为“义人”的人。在这本自传中，他解释了作为一个“义人”的使命，并介绍道，“义人”并不是一个占星学家，而更像是一个设计幸福生活的微观经济学家，一个激活生命力的人，一个把宝贵的东西传递给世俗追随者的人。如果用“云游布道人”的教义文集里的话来说，这样的使命足以使“义人”成为“世界的基石”。[49]

不妨这样说吧，“义人”成了犹太社区围绕着他建立起新的宗教权威的人

① 维斯瓦河把华沙分成了东西两部分，东部称普拉加区。——译者注

物。人们一直倾向于认为历史上曾经出现过许多（尽管不是太多）“义人”[以利梅里赫的兄弟、来自萨尼普尔（Zanipol）的苏西雅（Zushya）是另一个著名的“义人”]，这一事实表明，他们可以对曾经作为他们的古老家园的大片领土实行分散式管理。因为在 1785 年以后，波兰已经不复存在，其残余领土也已经被俄国吞并，而传统的犹太“公会”正面临着空前的压力。

19 世纪早期的“哈西德传奇”文学，即第三代狂热的哈西德信徒的作品，催生了一批以简单和朴素为特色的神话故事。最具有代表性的是这样一个故事，说有一个人在人群中围观生活简朴的拉比苏西雅实施割礼时，把一枚钱币偷偷地放进了后者的经匣里，但却惊奇地发现自己的钱非但没有减少，反而增加了，并且屡试不爽。于是他变得贪心起来，心想如果能为一位更大的人物——如“云游布道人”本人——捐钱，那他得到的回报岂不更多。不用说，当继续如法炮制时，结果却完全相反。当他向苏西雅抱怨时，他被大大地训斥了一番。当毫无贪念地付出时，你会受到祝福；但如果一心想得到回报，你就不会那么幸运了。[50] 在大量的传奇故事中，这种简朴的生活片段和奇闻轶事往往还掺杂着一丝幽默的讽刺，再加上民间对“义人”的偶像式崇拜（他们的印刷品肖像几乎无人不晓），从而使这些传说历经数个朝代流传下来而长盛不衰。在俄国政府发布禁令之前，这些故事的抄本和画像的价格都非常低廉，所以很快就掀起了一股特色鲜明的哈西德民间文学之风，一股平民主义时尚潮流，并且这种文学体裁还以希伯来语和意第绪语的形式仍然在美洲、以色列和欧洲广泛传播开来。无论是由于机缘巧合、本能冲动还是出于深思熟虑，哈西德文学都是既通俗又神圣，给人以安慰而毫无居高临下的说教之嫌。即使这些传说后来成了类似教材的读物，“义人”们丰富多彩的传奇故事也很容易与人们的日常生活经历联系在一起，足以在令人困惑的年代产生强大的感染力。当然也有为数不多的“恶人”（rasha），他们一生都以行恶为乐，但绝大多数人的生活都是在善恶之间挣扎。由于整个世界都在为死亡、恐惧、混乱、驱逐、抢掠和暴力攻击所困扰，所以“义人”作为充满凝聚力的英雄，作为无可估量的巨大生命力的快速传递人，必将产生强大的感染力。

但是，出于同样的原因，正是“义人”自称是“世界的基础”，这使他们遭到了来自传统保守派和开明的启蒙思想家双方的强烈抨击，后者甚至不遗余力地要迫使犹太人放弃这种“小孩子玩的魔术”。但是，实实在在的仪式崇拜毕竟比不上这种神奇的“魔术”更激动人心。于是，一群群朝圣者接踵而来，以表达他们的忠诚。偶尔也有某个哈西德“义人”（如布拉斯洛夫的纳曼）会到巴勒斯坦并稍做停留，但他们大多数都在从容不迫地于当地营造一种气氛：他们的法庭就是一个个小耶路撒冷。当年大卫王在约柜前跳舞就是他们在自己的地盘上彻夜狂欢的原型。他们用来召集追随者学习和祈祷的住所（kloyz）就是“至圣所”。他们的法庭在外观上也尽量模仿圣殿的建筑格式，但也仅仅是相像而已。“卢布林的预言家”雅可夫·伊扎克·霍洛维茨（Yakov Yitzhak Horowitz）的一个追随者曾写道：“当你来到卢布林，你会感觉就像来到了以色列：书房外面的院子就是耶路撒冷，书房本身就是圣殿山，（‘义人’兼预言家的）住宅就是（圣殿的）前厅，门廊就是圣所，而他住的房间就是至圣所。”[51]

那些19世纪初的“义人”们被门徒和崇拜者们簇拥着，被敬畏的年轻人（在大街上）追随着，他们可以超越界限，采取一种神圣的昂首阔步的姿态；这样的做派就连“美名大师”和“云游布道人”肯定也会瞠目结舌。卢钦（Ruzhyn）的“义人”以色列·弗雷曼（Israel Friedman）建造了一座巴洛克风格的宫殿式豪宅，平日用四匹白马（有人说是六匹）拉着他的座驾。他还故意制造一种神秘的隐居气氛，平常没有几个人能见到他，并且像他的前辈“美名大师”一样吃饭时尽量不说话。亚历山大·博纳尔（Alexander Bonar）说，他出行的场面非常隆重，通常有三辆四轮大马车，后面跟着数百辆两轮马车和运货马车，还有几千名狂热的追随者。当他在旅途中下榻于某个旅店时，许多追星的学生粉丝会蹑手蹑脚地来到他的窗前，偷偷地窥视这位“义人”入定的样子。这种王公贵族般的生活使“义人”们树敌太多，据说有两个先后被杀身亡。1822 年，以色列·弗雷曼在没有明显证据的情况下被指控为一宗谋杀案的帮凶，后被投入俄国人的监狱长达两年之久。出狱后，他越过边界来到了奥地利统治下的加利西亚地区布库维纳（Bukowina）的边境小城萨达哥拉，并在那里建起了一座规模更大的宫殿，甚至还增加了塔楼和城垛，一边是“义人”的豪华住宅，另一边则是一座高大的犹太会堂。奥地利当局立即意识到，在卢钦人以色列·弗雷曼的新宫殿周边迅速形成的服务经济圈，将把一潭死水的萨达哥拉变成一个繁荣的城镇，所以拒绝了边境两侧居民立即将其关闭的要求。

当利奥泼德·冯·撒切尔－梅佐克（Leopold von Sacher–Masoch）于 1857 年来到萨达哥拉时，他虽然也发现“义人”的宫殿堪称富丽堂皇，但却对宫殿里的女人给予了特别的关注。

> 我们爬上楼梯，穿过会客室，然后来到一个大房间，我们发现家里的女人，包括“义人”的妻子和儿媳们、女儿们和侄女们正聚集在那里。我感到仿佛进入了君士坦丁堡苏丹的后宫。所有的女人都非常美丽，至少很可爱；我们既感到惊奇又有些意外，她们都在用黑黑的大眼睛盯着我们。她们都穿着丝质晨衣和丝绸或天鹅绒的土耳其长袍，边上镶饰着一圈贵重的毛皮：黄色和粉红色的丝绸，绿色、红色和蓝色的天鹅绒，松鼠、白貂、灰貂和黑貂的毛皮。夫人们戴着镶满宝石的发带，姑娘们则梳着长长的缠着珍珠的花辫。[52]

如今，那座红砖塔楼仍然矗立在那里，但那位萨达哥拉拉比的宝座已经回归了以色列。据正在用照片记录这些犹太社区遗迹的赫尔曼（Herrmann）称，这座宫殿可能随时会坍塌。可惜，如今再也没有一位鲍里斯·斯洛波纽克那样的英雄来重建这片废墟了。但“生命”仍然在延续。

Ⅳ. 娃娃兵

可怜的孩子们

在1835年的一个寒冷的日子里，一个年轻的贵族在途中正好碰上了一群穿着破旧厚大衣的孩子。这位年轻的贵族是一个私生子，但却非常可爱，所以他那位品行不端的父亲就叫他“小心肝儿”（herz）。他名叫亚历山大·赫尔岑（Alexander Herzen），由于犯罪而即将被发配到俄国东北部的维特加（Viatka）服刑。之前他参加了一场音乐会，音乐会上作曲家和歌唱家索科洛夫斯基（Sokolovsky）像通常一样，演唱了一些对至高无上的沙皇陛下尼古拉一世大不敬的歌曲。对帝国的“情报三处”[①]来说，索科洛夫斯基音乐会无疑是煽动公众暴乱的臭名昭著的群众集会。但是，音乐会本身又是一个发现危险苗头的有用工具，以便在事态变得不可收拾之前将其清除掉。于是，被宠坏的私生子赫尔岑因为受此牵连才被流放到了荒凉的维特加。

这个当时只有二十三岁的学生对眼前的这群小孩子自然心生疑虑。他们看上去气色不好，实际上已经半死不活，他们嘴唇苍白，凹陷的大眼睛周围的眼圈是黑色的。他想，他们或许发烧了。一个军官模样的人在驱赶着他们。面对赫尔岑询问的眼神，他抱怨道：“这是一个又苦又累的脏活儿。别问了，否则你会伤心的。”刚刚过了一会儿，他就真的伤心起来。

这位军官继续说道：“你也看到了，他们弄到了这么大的一群犹太儿童，都只有八九岁的样子。到底是想让他们去当海军还是什么，我不能说。一开始命令把他们押到彼尔姆（Perm），后来又改了命令，让我们把他们送到卡赞

① “情报三处”（Third Chancellery），是沙皇尼古拉一世在1825年“十二月党人”起义后于1826年6月下令设立的一个私人警察部门，当时只有16名探员，1855年充实到40人，于1880年解散后成立了更庞大的“秘密警察部”。——译者注

（Kazan）。那个把他们交给我们的军官说，简直太可怕了。就是这样。孩子有三分之一已经倒在了路上（他用手指了指路边）。到地头恐怕连一半也剩不下了。”

传染病？赫尔岑感到有点儿奇怪。“不，不是什么传染病，他们只不过是像苍蝇一样死掉了。你应该知道，一个犹太小孩子其实就是一只脆弱的动物，就像一只剥了皮的猫，他不习惯每天在泥水中走上十个小时，并且还只吃饼干，更不习惯与陌生人同行，没有父亲、母亲或宠物的陪伴。他们就知道不停地咳嗽、咳嗽，直到把自己咳进坟墓里。我要问一句，他们对他们（当局）有什么用？他们又能用这些小孩子做些什么呢？”

在这些孩子等着马车把他们运送到离他们在“栅栏区”的家数千俄里①远的地方时，他们还大体上排成了整齐的队列。他们是刚被征召的“预备役士兵”（cantonists），将被送到军事学校（当时称为要塞学校）里接受训练，直到满十八岁后再编入俄国陆军或海军中服役二十五年。“这是我所见到过的最可怕的场景，”赫尔岑痛苦地扭动着双手写道，“这些悲惨的、实在让人可怜的孩子。十二三岁的孩子还有可能得以幸免，但八到十岁的小孩……即使是黑色的颜料也无法在画布上画出如此恐怖的画面……这群无人照顾、缺少关爱的患病的孩子暴露在从北冰洋毫无障碍地吹过来的凛冽寒风中，正在一步步地走向坟墓。”[53] 赫尔岑颓然坐进马车里，不由得潸然泪下。

他完全可以作为一个具有同情心的失意者走完自己的一生，并且那些犹太儿童的悲惨场景在他心中所引起的恐惧感不过是他高尚的同情心一时的冲动反应。尽管在 1827~1854 年间通过这种方式征召的 7 万名预备役士兵中，并且其中有 5 万人的确是未成年人，但他们大部分却并不像赫尔岑描写的那样年少。当时，应召入伍的法定年龄是 12 岁（这已经足够残酷了），尽管迈克尔·斯坦尼斯拉夫斯基（Michael Stanislawski）声称至少发现了一名 5 岁儿童的案例。

① 1 俄里（versts）= 1.068 千米。——译者注

据说，在1829年征召的士兵中还有些孩子正在换乳牙，并且就连当时的登记员都承认有些孩子的年龄肯定不超过8岁。[54] 为了凑够每年的法定征兵人数，这些年龄过小的未成年人被登记后无形中就把平均年龄降到了12岁。

专制社会设计师

虽然沙皇（1855年，他的去世曾在犹太人中间引发了一轮欢庆的浪潮）算不上是一个魔鬼，但他肯定是一个专制社会设计师。俄国在1797年瓜分波兰—立陶宛联邦的行动中获得了最大的一份土地的同时，也接收了大量的犹太人口，到1815年，当整个帝国的总人口只有4600万情况下，犹太人口已经达到160万。尽管他们当时被限制在“栅栏区”内，但（当局认为）也不能听任如此庞大的人口在帝国版图内形成一个独立的阶层，从而按照历史上形成的语言和习惯与帝国的其他人口割裂开来。早在1802年，亚历山大一世就设立了两个“犹太生活组织委员会”，一个在华沙，另一个在圣彼得堡。两个委员会都仿效奥地利皇帝约瑟夫二世（Joseph Ⅱ）的做法，特别规定世俗公立学校一律向犹太儿童开放，并承诺一旦社会改革进程结束，就赋予他们全部公民权。当1790年在波兰举行的辩论期间有人提出同样的建议时，有一个反对派成员却气急败坏地说，在犹太人治好他们的麻风病和疥疮，并且愿意与真正的人类交往之前，这个问题先不必考虑。亚历山大改革时期提出的解决方案，仍然是以往只要某个政府提出如何对待犹太人时都能得到的现成答案：如有必要，则进一步加强世俗教育，同时辅以少量的犹太宗教教育，但两者都要受政府的监管；加强本国语即当地母语的教学；或许还要取消犹太社区自治的旧体制，尤其是关闭犹太人的内部法庭。像整个欧洲的情况一样，这类提议有时是由犹太人自己主动提出来的。亚历山大一世设立的两个委员会的首脑人物之一、波多利亚富豪亚当·恰尔托雷斯基（Adam Czartoryski）亲王（沙皇最信赖的为数不多的波兰人之一，至少对其比较喜爱），曾与萨托诺夫的门德尔·莱芬（Mendel

Leffin）讨论过所有这方面的问题，因为莱芬本身就是他儿子的家庭老师，他甚至习惯了称呼他“亲爱的门德尔”。[55] 如果亚历山大的改革措施能够全面落实的话，就应该像约瑟夫二世当年那样把兵役义务也包括在内，因为作为一个忠实的国民，为保卫祖国服兵役是义不容辞的。波兰政府曾规定，如果一个犹太人服十年兵役，那么他就可以享有公民权，但俄国政府显然错过了这样的大好机会。（在尼古拉统治时期，无论犹太人的服役时间有多长，都没有资格成为一名军官。）

但是，亚历山大素以行事谨慎著称。他划分给犹太人的“栅栏区”是从基辅省一直延伸到波罗的海的一片幅员辽阔的土地，似乎不应被理解为某种让阿什肯纳兹犹太人集中居住的“临时监狱”或大规模的边境“隔都”。诚然，考虑到莫斯科和圣彼得堡的俄国商人（如果他们称得上商人的话）面对犹太人的竞争前景所发出的警告，沙皇的确不允许犹太人到大城市里居住。在华沙，他们的居住区变得日益狭窄。即使如此，也有各种明显的例外情况。许多行会中的商人完全可以到大城市去参加商品博览会，并且可以在那里停留长达 6 个月。至于其他方面，新俄国体制下的犹太人也可以拥有在其他地方享受不到的许多权利。例如，他们可以在“栅栏区”内成为某个市议会的成员——这项特别规定甚至在当地引起了一片惊慌，以至于开始对他们实行人数限制，并且与非犹太人分开单独进行选举。

但是，亚历山大引入的另一项社会工程却从来没有真正实施。1804 年，作为对犹太人通过对白酒业的控制使大量农民沦为醉鬼和乞丐而引发的预料中的不满的回应，俄国政府颁布了一项法令，禁止犹太人酿造和蒸馏白酒，禁止他们在乡下经营酒馆或客栈。由于大量的犹太人都是靠这类生意来维持生计的（即使在酿造或出售伏特加并非他们主营业务的情况下依然如此），那么这项法令一旦实施，实际上就等于断了他们的生路。一时间，犹太人似乎马上就要被赶出他们世代居住的乡村世界，被送到波多利亚和立陶宛的大小城镇里，在那里，他们将成为本来就已经陷入困境的当地经济上的负担。然而，由此引起的动乱只是暂时的。许多在领土瓜分后被赋予土地权的波兰和立陶宛贵族明确表示，禁止犹太人从事白酒生意，无论是对他们自己还是对于政府而言，都将在收入方面蒙受极大的损失，因为这些垄断经营权的承租人所贡献的资金是任何替代产业都无法达到的。他们的抱怨产生了明显的效果，从而使1804年颁布的法令实际上成为一纸空文；直到1817年才不得不重新颁发了一项法令，禁止犹太人从事任何与白酒业有关的生意，但仍基本未得到执行。所以，当时的犹太客栈老板的酒窖里仍堆满了伏特加，“栅栏区”里这道独特的风景线也一直延续了好几代人的时间。甚至直到19世纪末，我的外祖父一家仍然在立陶宛远离加夫诺（Kowno）城区的乡下在经营木材运输生意的同时，主要从事白酒买卖，并且从一个本来叫不出名字的酒馆换成了一家“伦敦苏活屋”（Soho Pub），后来又在“一战”结束后变成了一个专门为喜欢起泡酒的伦敦人提供玫瑰香槟的进口商，并且还起了一个英国化的名字——“烈性饮料”。

在尼古拉一世于1825年继位后，原来的专制体制又立即恢复了。犹太人被从各个村庄里赶了出来，被迫到内地的城镇里居住。1843年，小城萨托诺夫成了“把犹太人从所有距离奥地利或普鲁士边境50俄里（约40英里）内的城镇里驱逐出去”这项法令的第一个牺牲品，从而使这座边境小城沦为走私犯的天堂。在后来的几十年里（尽管不是永远如此），坐落在山顶上的小城萨托诺夫实际上变成了一座“鬼城”。犹太人被责令改用“恰当的”姓氏。在尼古拉登基当年爆发的贵族“十二月党人”起义终于使尚显稚嫩的年轻君主开始相信，所有的俄国人都需要有爱国主义精神，所有的宗教和习俗都必须忠诚于沙皇。这其中当然也包括尼古拉所称的“犹太男人”（zhyds）。尽管他曾以调侃的口气承认，他们在法国人于1812年入侵俄国期间表现出了令人吃惊的忠诚，“甚至不惜献出自己的生命”，但其实他对这个民族并不怎么看好。最有代表性的是，他在日记里表露出了明显的反犹主义倾向。“他们要花招坑害那些头脑简单的民众……他们知道如何压榨和欺骗平民百姓，把还没有播种的夏麦作为借贷的抵押品……他们是名副其实的吸血鬼，吸光了各个行省已经腐烂的躯体中的鲜血。”[56] 当然，对于这样的社会疾患，他们有许多医治方法——如把犹太人发配到农垦区（西伯利亚一开始曾被认为是一个理想的流放地），使他们远离借贷行业——但尼古拉认为，最有效的治疗方法还是服兵役。

他为能光大自己的祖先彼得大帝的荣耀而沾沾自喜。因为虽然彼得大帝当年也认为军队是一所社会学校，但尼古拉却犹有过之，他更愿意享受严整的队列在他面前行进时的那种激动，而他所有的梦想就是闪光的军刀和大炮的轰鸣。对于其他人种——同样可以用真正的俄罗斯训练方式把他们打造成勇士，然而编入正规的军事序列。但是，由于犹太人口过于庞大，所以犹太人应该首当其冲地成为第一个试验品。他把整个实施方案（后在 1827 年成为正式法律）的大纲交给了自己的贴身顾问、以“杀人不见血”著称的“秘密警察”的头子尼古拉·诺伏西尔采夫（Nicolai Novosiltsev），但让沙皇感到吃惊的是，他却被告知，由于该计划的离间倾向和反人道痕迹过于明显，所以很难实施，并且很可能带来危险。尽管沙皇希望能通过延长服役期（尤其是对年轻人）的方式可以使他们的“皈依”变得更容易些，但他却既不敢轻易相信也不能坚定地认为这种方式就是他实施方案的全部。他和他的父亲都曾把犹太人限制在他们各自的“社区”中，由社区管委会自行管理，并且的确给予了他们公开祈祷的绝对自由。他甚至还发现，就连那些虔诚的哈西德拉比的所作所为也不完全是违法的。所以他认为，那些十来岁的“预备役”军人甚至受过高等教育的士兵，只要不是有意地妨碍军事义务的正常履行，他们完全可以遵守他们的宗教习俗。他们的某些斋戒日和宗教节日当然应该取消；但他们在逾越节晚宴上可以单独吃无酵饼；他们在安息日也可以不必做工。诺伏西尔采夫回答说，这当然很好，但是由于他们将被派到离他们的“栅栏区”几千俄里外的地方执行任务，让他们到哪里去找他们认为“可食”的食物？那些拉比和领诵人又如何召集和举行祈祷仪式呢？他最后说，这是一个会让人产生绝望的方案，而绝望中的人是不可能成为好的或忠诚的士兵的。但尼古拉不为所动，依然我行我素。

当这个消息传开后，立即在“栅栏区”的犹太村庄里引起了一片恐慌。胸有成竹的拉比［来自奥帕托夫（Opatow）］端坐在一把高高的椅子上，召集他的会众进行忏悔斋戒，因为这样的苦恼（像其他所有的苦恼一样）只能是犹太人的“罪恶”造成的恶果。他们探讨了所有可以想象出来的和解的可能性。难道是为了对犹太人征收更多的集体兵役税（这是一种古老的严厉威慑方式，通常伴随着强制“皈依”）？不太可能吧（只要他们是犹太人，他们当时完全可以作为个人花钱雇人做替身）。于是，他们在整个“栅栏区”募集了大量的金钱，希望有人（无论是谁）能使沙皇回心转意。但事实证明这同样是徒劳的。父母们开始把自己的孩子藏起来，因为他们听说，一旦他们自愿把孩子送到远离家乡和会堂的地方生活，他们很可能被强迫改宗，如果真是这样还不如直接杀了他们。显而易见，如果有人胆敢藏匿孩子，一旦被发现将受到极其严厉的惩罚。据说，当时父亲故意弄伤自己的孩子成了一种普遍的现象，他们以为这样就可以逃避服兵役，但由于当局对入伍并没有任何身体条件方面的要求，所以这种自残的做法同样是徒劳的。更何况如此对待自己孩子的父母不可能太多。当犹太人不得不在残酷的命运面前退缩时，集体请愿也就变得更加绝望和无助。一位来自维尔纳的犹太人公开宣称：“我们只是恳求你们，不要禁止我们的孩子按照诫命的规定举行祈祷仪式，因为他们严格遵守教规更有利于他们履行自己的兵役义务。”[57]

“预备役”儿童

在犹太人的记忆之中，这次强迫征召他们的孩子服兵役是犹太人遭受的最大暴行之一，与埃及的奴役、安条克四世伊皮法尼斯（Antiochus Ⅳ Epiphanes）的侮辱和宗教法庭的残酷一样。凡是在20世纪50年代成长起来的一代人，只要你随便问一个立陶宛“犹太老人”（zeyde）或“犹太兄弟”（bubba），为什么他们或他们的父母会在 19 世纪末期逃到英格兰，他们会告诉你“是为了躲避那些‘抢孩子的人’（khappers）”，这些家伙在夜间把犹太人的孩子抢走后送到军队里，并强迫他们接受洗礼，尽管这种恐怖的场面已经成为遥远的记忆。正如迈克尔·斯坦尼斯拉夫斯基和约哈南·彼得洛夫斯基－斯特恩（Yohanan Peterovsky–Shtern）所说，历史真相或许还要复杂和曲折得多。很可能沙皇虽然对“犹太男人”怀有那种通常的奇怪偏见，但却没有建议强迫他们集体改宗。那些犹太士官生肯定受过传教培训，并且的确有三分之一到一半的新兵最后改宗，但军队里的这些“基督徒”犹太人与穿上军装的犹太人并没有受到不同的对待。当尼古拉的御前大臣基谢廖夫（Kiselev）说他希望当兵的经历会使俄国的基督徒和俄国的犹太人之间“重修旧好”时，他的意思是说借此可以打开他们的封闭生活状态，并消除非犹太人对这个奇怪民族的不信任。正是他们漫长的服役期尤其是让这些孩子远离了他们披着长披巾、说着意第绪语的犹太乡村生活的举措，才终于使得沙皇相信，他们早晚有一天会在不需要借助外力的情况下自愿皈依。

这并不能让尼古拉更有人情味儿，也不会使他对这些“预备役”儿童的经历感到惊奇。对于犹太人来说，他们的服役期要远比“旧派教徒”和其他不属于任何教派的俄国士兵长得多，这毫无疑问是因为沙皇觉得他们是一群更难对付的顽固分子。对于这些尤其是其中病弱的孩子来说，他们在刚刚进入军事学校时的经历，无疑是一次巨大的心理和身体创伤。为了清除身上的污染，凡是被认为带有体虱或其他任何传染源的人都会被全身涂上硫黄和沥青甚至鸡粪汤。在他们被送到河里或浴室里净身之前，必须要先贴在滚烫的铁架上杀死身上的寄生虫。[58]

不过，为了对诺伏西尔采夫的热情关注做出回应，政府也采取了一些真正善待孩子们的措施。尽管当时并没有发现赫尔岑遇到的那种悲惨场景，但还是有许多父母宁愿在孩子们去军事学校的漫长而艰苦的路途上一路陪伴着他们。当环境变得非常恶劣时，俄国军官会提前通知他们，所以无论从他颇有同情心的语气还是十分无奈的耸肩表情来看，那位与赫尔岑交谈的神情沮丧的军官很可能并不是虚构的。

他们无论是作为“预备役”学生还是服役的犹太士兵，对他们如何守斋戒日和节日甚至安息日都提前做了安排。拉比们被召集到营房里领导他们举行祈祷仪式，甚至还为此专门腾出了一些房间，并且蜡烛、红酒和祈祷披巾一应俱全。彼得洛夫斯基－斯特恩认为，一些新的俄语词——如“sykois”（“住棚节”——阿什肯纳兹犹太人拼成“sukkot”）和“roshachanu”（“犹太新年”）——正是在这一时期首先在俄国陆军和海军中出现的。在叶卡特琳堡（Ekaterinburg）、图拉（Tula）和特维尔（Tver）[①]，甚至还专门为犹太士兵建造了犹太会堂，在喀琅施塔得[②]也为犹太海员建起了会堂。在其他一些地方（如比亚雷斯托克），一个被称为“信仰卫士”（Guardians of the Faith）的组织可以为犹太士兵祈祷和聚会提供免费场所，更重要的是为犹太家庭提供临时食宿。

那么，又是谁来负责选定如此多的犹太少年儿童呢？令人沮丧的答案是：犹太人自己，具体由社区管委会负责提供“预备役”士兵的名单。社区中的某些人可以免除服兵役的义务：拉比和一位领诵人，再加上那些其职业在商业和工业领域被认为是不可或缺的人。赫尔松省和其他一些地方的农学家同样也受到重点保护。当然，迟早要确定一份名单。正是在这样的环境下，由社区管委会任命的“托管人”这种肮脏的职业才在讨论人选时沦入了万劫不复的黑暗深渊。其中有些人认为，这不关我们的事，因为我们的罪过是这个不平等的社会强加给我们的，但有些人却认为这只是一种托词，现在我们应该想的是，尽最大努力保护我们的同胞是我们义不容辞的责任。他们首先想到了哪些人不该

① 分别位于乌拉尔山脉东麓、俄国西部和伏尔加河上游。——译者注

② 喀琅施塔得（Kronstadt），位于圣彼得堡附近。——译者注

去：妻子刚生下婴儿或孩子还太小的年轻父亲，还有就是村庄或社区里那些不可缺少的人。作为普通村民，管委会成员的家人也不会主动把自己送到前线去。然后，他们又想到了哪些人最有可能因此而献出生命，他们当然是那些穷人、病弱者和年轻人。由于预感到他们或许会失去自己孩子，那些心烦意乱的父母往往会事先把孩子藏起来，否则社区管委会雇用的那些“绑架者”会随时探听到消息，并在死寂的黑夜里把孩子抢走。以色列·伊谢科维茨（Israel Itzkowitz）当年在普洛切克（Plotzk）被抢走时只有七岁，他后来描述了当时那种令人悲伤而残酷的告别场面：（他们）扔给每个孩子一件羊皮外套，然后把他们赶上一辆马车或运货马车，于是便形成了一条长长的运送孩子的队伍，开始向遥远的东方或北方进发。

伊谢科维茨继续讲述了他每天遭受训斥和毒打时那种炼狱般的生活，这个只有七岁的小孩子最终被迫接受了洗礼。但他还是幸运地在严酷的虐待下活了下来，并亲眼看到尼古拉二世的继任者亚历山大二世废除了征召未成年人服兵役的残酷法律，从而使那些孩子在可能的情况下陆续回到了父母的怀抱。虽然教会拒绝承认伊谢科维茨恢复宗教身份的行为，但他还是回归了犹太教，并坚持自己应该被作为一名犹太老兵对待。现有的确凿证据表明，这些“预备役”士兵的死亡率和皈依率都远没有赫尔岑当时所预计的和犹太人一度想象的那样惨烈。然而，当时的确有五万个未成年的孩子：所谓的娃娃兵——他们骨瘦如柴、惊恐万状地蜷缩在羊皮外套里，用全身的力气把来复枪举过肩头，然后一直扛着枪进行训练——却并不完全是传说。

指派严厉的军纪官进行训练，并不是把年轻的犹太人打造成俄罗斯人的唯一方式。这本应是一场文化转型，但很大程度上是强制式的。从此以后，犹太人的商业、法律和民事文书只能用德语、波兰语或俄语书写。从 1836 年开始，所有的希伯来书籍必须接受政府新闻审查员（全部是已经正式皈依东正教的犹太人，因为只有他们才能看得懂希伯来文）的审查，曾经为整个东欧地区的阿什肯纳兹犹太人——客栈老板，他们的书架上总是放着三五本书；社区拉比，他们可能有七八十本甚至上百本书；还有城里的商人，他们收藏的书甚至更多——提供服务的斯拉维塔和维尔纳的出版机构也已经全部被关闭。就连出门时的仪容和穿衣戴帽都要受到限制。在公开场合戴无檐便帽一律被视为是违法的，而其他一些装饰物件也被认为是犹太人的恶劣习俗。但是，哈西德犹太人的应对办法就是穿上波兰—俄罗斯商人的服装；在圣彼得堡，商人们会在他们的圆顶小帽（yarmulka）上面再戴上一顶黑色的狐狸皮帽（shtreimel），然后配上一身系着长腰带的黑色长袍和白色的长筒袜。这种被认为是独一无二的犹太穿戴方式，在沉寂了多年之后终于又出现了。如今，这仍然是他们在耶路撒冷和其他地方的穿戴习惯。蓄长发和大胡子也在被禁止之列，但是由于没有人会费心去雇一个专职理发的警察，所以这项规定在某种程度上也就变得形同虚设了。

俄国的犹太教育体系

学校教育是最大的战场。当时总有一些活跃的现代派犹太人，他们像俄国教育大臣的态度一样，迫切地要打破对哈西德派进行犹太教育的垄断。他们的目标并不是要彻底清算传统的犹太学校教育，而是要在进行犹太教育的同时，为现代知识的需求留出空间，以便把犹太人塑造成对沙皇“有用的”臣民。哈西德派扩张的地盘越大，这些欧洲东部犹太启蒙运动的斗士就越坚定地认为，必须让犹太村庄的儿童接受更多的现代专业知识：俄语，或许还有德语，以及数学和俄国历史，等等。在这一方针指导下，新兴的海港城市敖德萨于1826年建立了第一所模范学校，基什涅夫（Kishinev）紧随其后，里加（Riga）则在1838年也建起了模范学校。许多最狂热的新式教育倡导者（如所罗门·梅蒙）甚至从犹太村庄踏上了去柏林的漫长文化之旅，在畅饮了德国改革运动的“甘泉”之后，他们坚信，让犹太儿童的心灵同时分享宗教教育和世俗教育的时间和空间是完全可行的。

这些现代派犹太人很快就发现，谢尔盖・瓦洛夫（Sergei Uvarov）——尼古拉时期的教育大臣，他是一位狡黠而又才华横溢的古典主义者——正是他们需要的一个热情的赞助人和合作者。他们的计划是把俄国的整个犹太教育体系纳入政府的监管之下。从此，两种教师可以同时在同一所学校实施教学：犹太教师，他们可以继续讲授宗教课程；世俗老师（既可以是犹太人也可以是基督徒），他们主要传授新的学科知识。那些希望当拉比的人还可以继续当他的拉比，不过在研究机构里也要接受政府的监管。从此之后，“栅栏区”的一代代犹太人将成长为真正的俄国人，他们像其他所有的俄国臣民一样，完全臣服于（系瓦洛夫首创）一种具有“专制、宗教、国家”精神的民族气质。

为了顺利完成这次改革，瓦洛夫很清楚，他需要一些思想开明的拉比帮助他了解来自各方面的不同反应。对于这个出力不讨好的差事，倒有一个非常合适的人选：里加模范学校的校长马克斯・李林塔尔（Max Lilienthal）。他在慕尼黑（Munich）完成了学业，当时只有二十三岁，但却充满了自信，所以平日显得有点傲慢。他一直用德语讲课和布道，并希望犹太人能掌握启蒙运动的语言。在与瓦洛夫进行了长达五个星期的密谈（这样的合作方式本身就令人非常吃惊）之后，李林塔尔受命起草一份教育改革计划。但当他把计划草案提交给维尔纳的拉比们讨论时，李林塔尔几乎立即就被他们当成了外国“间谍”，而他的计划则被认为是为基督徒实施“皈依”阴谋制定的特洛伊木马计。当他试图继续游说那些哈西德拉比时，他陷入了强烈的仇恨风暴之中。在明斯克，他遭到了排山倒海般的辱骂、诅咒和人身攻击。于是，他请求政府出面采取了强制措施，并声称即使他们不同意也无济于事。哈西德信徒依然疑虑重重，而那些接受了现代思想的“义人”，则对他对传统派采取的否定态度非常愤怒。

但是，他的激进观念的种子却在某些地方找到了扎根的土壤：在基什涅夫，特别是在敖德萨……在这些远离哈西德运动中心的地方，新式学校似乎更受欢迎。犹太人开始大规模地向这些城市移民，在当地拉比们的一片恐怖的叫喊声中，俄语与意第绪语一起迅速成了课堂、咖啡馆和商店里的通用语言。后来甚至还出现了一所犹太女校，所教的内容远远超出了女红技艺的传授。年轻人纷纷剃掉了大胡子，然后奔向敖德萨。年轻的妻子也不再净面和梳妆，拽着她们的丈夫一起跑到敖德萨。这是怎么了？拉比们咆哮着说“地狱之火吞噬了敖德萨周围七英里”。然而，更多的人一边听着《你在敖德萨过着神仙一样的生活》（*lebn vi got in Odes*）的动人歌曲，一边离开了他们背后的犹太村庄。

长期以来，马克斯·李林塔尔在很大程度上被认为根本不是一位真正的拉比，而是一个不折不扣的背教者。当教育法案于1844年正式实施之后，他在柏林迎娶了一位出身现代家庭的年轻的优雅女人。他后来并没有返回俄国，但也没有在柏林定居下来。他的目光投向了更远的地方，在那里，或许你不用再每天去听那种无休止的喊叫声也能成为一个称职的德语拉比，还可以继续领导犹太人的宗教信仰，并且不再被视为异教徒；在那里，或许不会再有任何毫无道理的谴责和愚蠢行为。那个地方叫纽约！

BELONGING

第二部

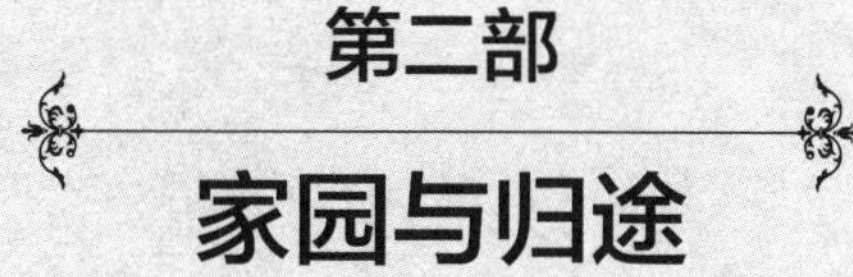

家园与归途

BELONGING

第 5 篇　美国人

I. 乌利亚的房子，挪亚的方舟

乌利亚的房子

乌利亚修行的地点是位于弗吉尼亚州夏洛茨维尔（Charlottesville）以东五英里处一座小山上的一座房子。这座建筑是由一位自学成才的建筑师也就是它的主人托马斯·杰斐逊（Thomas Jefferson）亲自设计建造的，在一定程度上模仿了位于奇斯威克（Chiswick）的伯灵顿（Burlington）庄园的建筑风格，而后者又在一定程度上模仿了位于维琴察（Vicenza）郊外的安德烈·帕拉迪奥（Andrea Palladio）家族别墅的“圆形结构”（La Rotonda）模式。房屋主人兼建筑师被公认是整个弗吉尼亚联邦最有学问的百科全书式的人物，他本人对这座建筑的一切当然了如指掌。被誉为古典主义圣经的维特鲁威的名著《建筑十书》就放在他的图书馆里。所以，红砖结构的入口装饰成了一个用石柱撑起来的人字形柱廊，上面则是一个高高的平滑圆顶。进入门廊，就是一个天花板很高的门厅。但是，与建筑前辈们通常采用的走廊不同的是，两边的墙上挂满了美洲土著的器物，其中有许多都是当年西部的探险家刘易斯（Lewis）和克拉克（Clark）赠送给杰斐逊的礼物。平日接待最多“访客”的就是巨大的麋鹿角、长长的乳齿象牙和大角羊羊角。当然，有时也会收集一些印第安人的盾牌、箭镞和匕首；曼丹族[①]用动物脑浆鞣制而成的水牛皮衣，不仅幅面宽大，上面还描画着曼丹族与苏族[②]之间的械斗场面；或许还有用刚刚从箭猪脊柱上拔下来的刚毛制成的漂亮装饰品。不错，那是雕塑家乌东[③]创作的伏尔泰雕像，正坐在用软木仿制的基奥普斯[④]金字塔形基座上微笑着欢迎访客的到来。但凡是来过这里的人，不用主人提示也会知道，这个通风良好的所谓"印第安展厅"，正是杰斐逊1776年起草《美国独立宣言》原本时使用过的房间。"印第安厅"并不只是这位收藏家接待好奇者参观的地方，而是一个曾经宣布"美利坚奇迹"从此诞生的"圣地"。

这是一个值得炫耀的地方，而不仅仅是当地人的普通之宅。当年，杰斐逊之所以精心选定了这个房址并亲切地称其为"蒙提塞罗"[⑤]，不仅仅是为了享受夏日的清风，更是为了追求一种介于华丽与朴素之间的中庸风格。这是一个身心可以和谐相处的静修之所，非常适合一位已经退休的总统，他同时也是一位教育家、哲学家、园艺师和政治家。这里优雅的学术气氛全靠一百四十名奴隶来维持，除了个别的贴身仆人，他们大多数住在山下几乎看不见的"桑树园"附近

---

① 曼丹族（Mandan），北美大平原印第安部落，曾居住在哈特河与小密苏里河之间的半游牧村落。——译者注

② 苏族（Sioux），曾居住在达科他州苏城一带的印第安部落。——译者注

③ 乌东（Houdon，1741~1828），著名法国雕塑家。其作品《人体解剖像》《圣施洗约翰》《睡神》等被认为是追求理想化古典主义的代表作。他在18世纪70年代创作的一系列名人肖像，突出反映了在启蒙运动美学思想影响下表达的创造性和现实主义精神，既有古典风度又有浪漫主义色彩，主要包括《伏尔泰》《莫里哀》《富林克林》《华盛顿立像》和《俄国女皇叶卡捷琳娜二世胸像》等。其中最著名的就是这座《伏尔泰》。这座雕像（现藏于法国法布博物馆）创作于1778~1780年间，是其创作的思想家系列中的代表作，是乌东在伏尔泰经过多年流放生活返回巴黎后特意为他制作的。——译者注

④ 基奥普斯（Cheops），埃及第四王朝（公元前2613~前2494年）的第二位法老，他曾下令在吉萨修建了著名的胡夫金字塔。——译者注

⑤ 蒙提塞罗（Monticello）是一个典型的混乱、落后的美国西部小镇。大多看过美国西部片的读者都会很熟悉这样的小镇。——译者注

和“水果窖”后面，而那些干农活的奴隶则住在更远的“沙德维尔农场”① 一带。

但到了眼下的 1834 年，“蒙提塞罗”已经变成了一个犹太人——美利坚海军上尉乌利亚·菲利普·利未（Uriah Phillips Levy）的财产（不包括奴隶，因为他们在杰斐逊于 1826 年去世后已经被卖掉）。[1] 并不是所有的邻居都为这位新主人感到高兴。在夏洛茨维尔的一些大户人家的客厅里，几乎立即就传出了对贪婪的犹太人的各种抱怨声。据说，家道中落的杰斐逊·兰道夫（Jefferson Randolph）家族由于精明而可恶的利未人作梗而失去了重新获得这座房产的机会。这个利未人表面上假装要帮助他们夺回房产，但却一直在图谋用低廉的价格在他们的眼皮底下将这座房子据为己有。当他们自己的资金不足时，这个希伯来人就像犹太人平日所做的那样猛扑了进来。一个显然非常反感的目击者写道：“现在‘蒙提塞罗’已经变成了一个利未人的财产，他甚至向所有美国民主党和共和党的爱国人士收取 25 美分的门票。”

虽然这个传说纯属造谣中伤，但却流传了一个半世纪。事实上，这座庄园是乌利亚·利未当时出 10000 美元一口价买下来的。其实到了 1834 年时，这座杰斐逊曾经在里面沉思、构想和规划其政治使命，创办大学②，接见各路名人政要，并且足以让那些充满疑虑的邻居瞠目结舌的庄园，这个（他曾说过）唯一能让他真正感到快乐的地方，早就已经破败不堪。在杰斐逊于 1826 年 7 月 4 日去世时，也就是在《独立宣言》发表恰好 50 年之后，他留下的这座房产实际上已经债台高筑，欠下了高达 10.7 万美元的债务。

这位新主人是一个面目英俊、脸庞方正、黑发浓密的男人，留着用蜡油精心梳理过的胡须，并且有一副笔挺的军人身材。当时，他爬进破碎的窗户，穿过几乎已经倒塌的门廊。有些廊柱已经倾斜，东倒西歪地竖在那里；还有一些则已经完全断裂，碎石散落在杂草丛生的红砖堆里。这个情景不由得使人想

---

① 其主人杰斐逊 1743 年 4 月 13 日出生于沙德维尔（Shadwell）。——译者注

② 指弗吉尼亚大学。——译者注

起某些警示性的印刷品中描绘的帝国摇摇欲坠的画面。杰斐逊那个巨大的花圃——大片大片低矮的浆果树，正好在一面防护石墙前面接受温暖的阳光——早已不复存在，无花果树以及新品种蔬菜“试验角”——芦笋和洋蓟、紫色和白色的茄子、花椰菜、苦苣、海甘蓝、芝麻（托马斯·杰斐逊用来自制芝麻酱甚至冰激凌）也不见了。同样已经消失的还有，刘易斯和克拉克到西部探险时送给他的婆罗门参茎株，以及墨西哥红辣椒，还有15种英格兰豌豆。当年，引进豌豆新品种的举措甚至还在弗吉尼亚掀起了一股种植豌豆的热潮，甚至每年都要举行一次豌豆比赛，看一看当地的种植者谁收获的豌豆能为来年春天的餐桌贡献最鲜的美味。果园里的18种名牌苹果（世界各地的优良品种、欧洲的早熟品种以及大个头品种）和38个品种的碧桃（包括印度血桃、杂交桃种等）都已经腐烂，树干遭到虫蛀并且伤痕累累。当初的“伊甸园”已经变成了一个蚊蝇飞舞、让人透不过气来的杂草海洋，残枝败叶上缠满了野葡萄藤。出现在海军上尉眼前的是大片凋零的玉米秸、枯黄的玉米须和一片半死不活的浆果树林，褪色的枝叶散落在周围，“蒙提塞罗”往日的主人为之魂牵梦绕的桑树园和养蚕屋，也已经沦为一片废墟。

这座庄园的第一个买主名叫詹姆斯·特纳·巴克利（James Turner Barclay），他是夏洛茨维尔的一个药店老板和非神职的布道人，但他却十分热衷于电学和《圣经》考古学。他认为，通过考古研究，能够发掘出经文文字背后隐含的真理。几年后，巴克利把“蒙提塞罗”卖给了乌利亚·利未，便只身一人去了巴勒斯坦。他骑着骡子和骆驼一路沿着“救世主”当年的足迹行进，并出版了《伟大国王的城市——耶路撒冷的过去、现在和未来》一书。这本长达600页且拥有70幅铜版画插图的著作为他挣了一笔小钱（他养的桑蚕甚至连这点小钱也挣不来）。他的家人当初就认为“蒙提塞罗”是一个最赔钱的无底洞，所以当他在市场上把房子挂出去后，利未便以比巴克利在1831年买进时的金额低3000美元的价格买了下来。

在房间内部，油光闪亮的甲虫在灰尘里乱蹿，传说中的“书房”里的书架上早已空空如也。1815 年，杰斐逊把他那个百科全书式的图书馆作为第一批图书主体全部捐献给了国会图书馆。但当他要卖掉自己的一大宗手稿时，却又无人问津。在他去世一年后的 1827 年，为了能偿还部分家族债务，他的女儿玛莎·杰斐逊·兰道夫（Martha Jefferson Randolph）和遗产执行人、她的儿子托马斯·杰斐逊·兰道夫，在绝望之下拍卖掉了被债权人拒绝接受的所有文稿。利未可能从来也没有见过如此漂亮的家具，尽管其中大部分都是由杰斐逊亲自设计，由他身边的那些奴隶（也已经被拍卖）制作的。（其实，利未的钱最多只够买下其中的二十件。）他同样也无力购买三位英国人——被杰斐逊誉为世界历史上前所未有的文化巨人、“自由美利坚”的精神之父——的巨幅画像：弗朗西斯·培根、以撒·牛顿[①] 和约翰·洛克。

滴答滴答——哪里来的滴答声？在空荡荡的大厅和厚厚的灰尘中，有一个奇特的物件显得特别扎眼：杰斐逊发明的七天报时钟。这个时钟由一套滑轮和铁坠装置驱动，而铁坠降得如此之低，发明人不得不在地板上掏了个大洞以便让铁坠继续下落。在他曾招待过无数文化大人物和国家精英，以及经过长途跋涉前来拜访这位“蒙提塞罗”圣哲的游客的客厅里，一块用榉木和樱桃木镶成的非常漂亮的拼花地板完好无损地躺在厚厚的灰尘下。巴克利认为，这些木质地板不值得费力撬开并出售，于是它们得以留存下来。

“蒙提塞罗”庄园复兴计划

当乌利亚·利未真正拥有了这座房子时，所有这些荒凉的破败景象并没有浇灭他的热情之火。对于这个当时才四十出头的海军军官和几乎他的所有犹太同胞来说，宪法使刚刚独立的美国成为现代世界中第一块真正的“避难所”。当华盛顿和杰斐逊于 1789 年为《人权法案》的正式通过到纽波特和罗德岛进

① 现通译艾萨克·牛顿。——译者注

行宣传演讲活动时，热泪盈眶的摩西·塞克萨斯（Moses Seixas）曾激动地把他们欢呼为“解放者”和“保护人”。当时，华盛顿还和蔼地与欢呼的人群互动（并且似乎还特意重复了一遍塞克萨斯的话作为回应），共同庆祝“一个不允许有任何偏执和迫害的政府”的诞生。[2]但是，正是杰斐逊，作为《弗吉尼亚宗教信仰自由法令》的起草人，进而间接地制定了禁止国会制定任何法律以确立国教的第一修正案，被美国犹太人视为第二个居鲁士大帝。无论是在任总统期间还是卸任之后，他接受犹太社区长老们的花环和赞美都是当之无愧的，因为他们深知，他们在美国的平等权利不仅包括公开祈祷的自由，而且还包括他们在世界上任何地方都曾被拒绝的权利：可以不受限制地自由选择自己的职业，包括担任公共职务。当医生雅各·德·拉·莫塔（Jacob de la Motta）在1820年7月间把他在萨凡纳①新犹太会堂的开幕典礼上发表的热情洋溢的讲话的副本寄送给杰斐逊（以及时任总统詹姆斯·麦迪逊②）时，这位前任总统在回信中高度赞扬“美国是犹太人命中注定的解放者”。杰斐逊写道：“他听到人们的欢呼声非常激动，他的国家在历史上第一个向世界证明……宗教信仰自由是所有宗教创伤的最有效的止痛剂……他非常高兴地看到犹太人特别是他们的社会权利得到了恢复，同时也希望看到他们能在科学界占有一席之地，并进而在政府各部门有所作为。”显而易见，杰斐逊的意思是：只要努力学习新知识，公共职位自然会向你们开放。然而，犹太人却把美国的承诺普遍地理解为，只要他们有足够的能力，他们就可以不受限制地自由选择任何职业。当时，整个联邦的几乎所有的州都（至少在纸面上）不再对公共职位进行任何宗教审查。只有马里兰州在1822~1828年间，为了确保平等的义务和平等的权利，发生过一些不太体面的争吵。犹太人毕竟在爱国民兵组织中为美国的独立事业做出过

① 萨凡纳（Savannah），佐治亚州东部港城。——译者注

② 詹姆斯·麦迪逊（James Madison，1751~1836），美国第四任总统。他任总统期间曾领导进行第二次美英战争，保卫了美国的共和制度，为美国赢得彻底独立建立了功绩。——译者注

贡献。既然如此，为什么就不能有犹太士兵和海员甚至犹太美国官员呢？

乌利亚・利未的军人生涯就是这个乐观主义命题的最好证明。他曾先后在双桅横帆船“火花”号、单桅纵帆船“湖神”号和双桅纵帆船“炮艇 158”号上服役，当年也曾驾驶着战船一次次地穿过浅滩和礁石、风暴和战火。他曾一度被英国人俘虏［在德文郡（Devon）的阿什伯顿（Ashburton）受到短时间的象征性监禁］，也曾在大西洋上追捕过奴隶贩子，在突尼斯湾海面上巡逻。[3]

如今，他却自命为“蒙提塞罗”庄园复兴计划的执行人。乌利亚首先把房子收拾得适合居住。他修复了院子里最大的水井，清除了最有碍观瞻的荆棘，以便开辟成一个像样的厨房菜园，并栽上玫瑰类灌木。对“印第安厅”和客厅重新进行了粉刷和装饰，乌东创作的《伏尔泰》（没有被卖掉实属万幸）被扶正并清洁一新。利未尽量把杰斐逊位于一楼的卧室恢复到当年那种可以辨认的样子：仿佛可以看到那些机器人般的男仆正在侍候已经卸任的总统起居。经过两年的集中修整，“蒙提塞罗”终于等来了其最严格的验收人：利未的母亲雷切尔。1836 年春天，乌利亚把他的母亲和他尚未出嫁的妹妹阿米利亚接过来并安顿下来，因为他还要回到军舰上继续服役。此时，在弗吉尼亚的阳光下出现了三位犹太人：身穿高领海军制服的上尉，披着通常犹太主妇那种黑色丝绸外套的六十七岁的雷切尔（她是十个孩子的母亲），还有她天生跛足的女儿一直在好奇地打量着他们家的新房子。

阿米利亚在她后来的日子里一直没有嫁人。在母亲于 1839 年去世后，她一直以哥哥赋予她的庄园主人的身份住在“蒙提塞罗”。在美国独立初期，雷切尔曾经是纽约红极一时的大美女，但如今已经被乌利亚安葬在风景如画的“蒙提塞罗”。一幅由著名的瑞典画家阿道夫・乌尔里克・沃特穆勒（Adolf Ulric Wertmüller）在 1795 年前后即雷切尔与米迦勒・利未（Michael Levy）结婚八年之后绘制的画像表明，雷切尔当时穿的很可能是结婚时的礼服。一袭薄纱从她的后背垂落下来。她头上戴着一顶精心装饰的帽子，上面一串串的鲜花一直蔓伸到她举行婚礼时搭起的“彩棚”的柱子上。她的薄纱礼服紧束着胸部，上面绣着精美的花边，腰间扎着一条镶满了宝石的腰带。这样的装束在土耳其和马格里布地区的塞法迪犹太社区里十分常见。

雷切尔的祖辈们

雷切尔·菲利普·利未（Rachel Phillips Levy）的血液里流淌着犹太人流浪生活的全部史诗。她的外曾祖父迭戈·努内斯·里贝罗（Diogo Nunes Ribiero）曾经是葡萄牙的一个“马兰诺”：一个在塔霍河畔的住宅的地下室里设有一个秘密会堂的宫廷医生。像许多“马兰诺”一样，他不失时机地率领一批“皈依者”同胞回归了他们祖先的宗教，但却因此被当地人向宗教法庭告发。于是，努内斯与他的妻子和孩子们［其中就有雷切尔的祖母西坡拉（Zipporah）］一起遭到逮捕后被投入监狱，并受到通常实施的各种人身虐待。经过成功的运作，努内斯医生和他的家人终于回到了在塔霍河畔的家中，但前提是宗教法庭要派两个探子每天24小时在他们家周围盯着，以确保他们的行为符合规范。尽管如此，努内斯一家还是在一次大胆的赌博中逃脱了软禁。1726年，他们应邀登上了一艘在塔霍河上航行的英国游轮，这样的接待方式在如火如荼地执行《英葡梅修因条约》[①] 的年代是十分常见的。不同寻常的是，这艘游轮（出于预先安排，并因此可以获得大笔赔偿）却突然起锚，然后掉头顺河而下，带着一家犹太人和那帮监视他们的探子（他们肯定非常恼火却又无能为力）驶进了辽阔的大西洋。

他们的目的地是伦敦。到伦敦后，努内斯和他的儿子们一起接受了割礼，

① 《英葡梅修因条约》（Anglo-Portuguese Methuen Treaty）由英国和葡萄牙于1703年在里斯本签订，因英方代表为驻葡公使梅休因，故名。1386年，葡萄牙和英国在温莎签订第一次协约后即已结成同盟。葡萄牙佩德罗二世为加强与英国的联系，于1703年批准共同签署英葡条约。该条约肯定了两国以往的军事和政治同盟关系，并主要在贸易方面达成协议。主要是准许英国的羊毛和毛织品输入葡萄牙市场，而葡萄牙的酒类进入英国则可享受关税优惠。——译者注

迭戈·努内斯改名为撒母耳·努内兹（Samuel Nunez）。当时，贝维斯·马克斯会堂的长老们正在以出资助的方式，参与詹姆斯·爱德华·奥格尔索普（James Edward Oglethorpe）在佐治亚州开辟新殖民地（一开始还认为那里住的都是被释放的和改造好的罪犯）的计划，而这样的计划肯定会激起这位医生的热情。1733 年，在奥格尔索普本人随第一批移民离开伦敦 5 个月后，“威廉与撒拉”号邮轮又载着 42 名犹太人（其中有 8 名塞法迪犹太人）向美洲驶去，这是前往美国的最大犹太定居者群体，其中就包括努内兹一家。当时，萨凡纳港口似要被犹太移民淹没的场景把奥格尔索普吓坏了，他竟然阻止他们上岸。但是机不可失，上天也似乎更愿眷顾犹太人，同时在当时仍然十分脆弱的殖民区降下了传染性极强的黄热病和“血痢”。就连萨凡纳唯一的医生詹姆斯·考科斯（James Cox）也在这场瘟疫中死去。像葡萄牙的情形一样，凡是祈祷不管用的地方总是有用不完的药材。努内兹和他的医疗团队按时安顿下来，为几个月后到达的第二艘满载犹太移民的船只扫清了障碍。努内兹利用从塞法迪犹太人在巴西、西部非洲和加勒比海地区的漫长经历中学到的特有的热带医学知识，无私地照顾着他的病人。对于全身痉挛的恶性病例，努内兹会用从金鸡树皮中提取的奎宁进行医治，如果奎宁用完了，就用白色的山茱萸树皮。从努内兹那里，患者可以用吐根树根作为催吐剂。患有哮喘和肺结核的病人则可以得到曼陀罗药剂的处方。就连那些一直在鄙视和辱骂犹太人的当地土著也只能找他们寻求医疗救治。

很快，萨凡纳就有足够多的犹太人建造了属于他们自己的犹太会堂。他们以自己的英雄米拿现·本·以色列的事迹将其命名为“米克维·以色列”（Mikve Isreal）。也正是在会堂刚刚建成的这段时间，犹太公众自然地分成了塞法迪派和阿什肯纳兹派。但对于他们来说，这种不团结的现象也许算不上什么大问题。因为在 1740 年，一支来自佛罗里达的西班牙军队在圣西蒙岛（St Simon）登陆，随时准备袭击佐治亚。似乎突然之间，宗教法庭就出现在了他们的家门口。萨凡纳包括努内兹家族在内的纳塞迪犹太人匆匆收拾行装，先逃到了查尔斯顿，然后又继续北上去了纽约。这位医生在那里平静地度过了暮年，并得以在去世之前看着他的女儿西坡拉嫁给了谢利斯·以色列会堂[①]的领诵人大卫·马加多（David Machado）。

如果说高居不下的婴儿死亡率是18世纪美国的现实，那么塞法迪犹太人则用更快的繁殖速度抵消了这一趋势。利百加（Rebecca）是西坡拉·努内兹和大卫·马加多的女儿，虽然她在下嫁给颇有发展前途的德国犹太人菲利普（他的英语化名字）后为他生下了二十一个孩子，但却只有四个得以存活了下来。她的丈夫约拿·菲利普（Jonas Phillips）从为查尔斯顿的一个犹太染料商人打工做起，后来搬到了纽约，在作为犹太公会指定宰牲人（shokhet）[②]的同时，也干着一些其他的买卖。后来，他遇到了自己的意中人，也就是黑眼睛的利百加。与一个有着“马兰诺”背景的显赫的塞法迪犹太家庭联姻，使约拿顺理成章地变成了一个塞法迪犹太人，从而使他与其传承的记忆链条产生了剪不断的联系。利百加还清晰地记着她的母亲西坡拉（整个家族漫长流浪生活的口述历史学家）当年像女先知哈拿（Hannah）[③]一样，每天都会在某一个特定的钟点默念祈祷，悼念那些在宗教法庭的迫害下死难的同胞。

但是，约拿却并没有一味沉浸在绝望的哀悼情绪中，恰恰相反，他期待着作为一个犹太人在这个新时代能做点什么。他放弃了“每天割鸡脖子”的单调工作，开始尝试做其他生意。个人利益和坚定信念使他成了英国人严厉的商业规则的制裁对象。于是他参加了抵制进口货运动，当“红衫军”[④]占领了纽约，劝说犹太公会关闭谢利斯·以色列会堂并整体搬迁到费城时，约拿便加入了民

① 谢利斯·以色列（Shearith Israel）会堂是北美最早的西班牙和葡萄牙犹太人会堂。“Shearith”在希伯来语中意为“清洁”。

② 负责向犹太社区供应符合犹太教规的清洁肉类。——译者注

③ 先知撒母耳的母亲。——译者注

④ 指英国军队。时至今日，英国皇家卫队依然穿着红色的制服。——译者注

兵抵抗组织。当时，他的许多家族成员都在为爱国阵线服务。曼努尔·菲利普（Manuel Phillips）是一名军医，拿弗他利（Naphtali）则成了一名军需官。战争结束后，约拿希望他们的忠诚爱国行为应该得到与新共和国的其他公民同等对待的荣誉。于是，当共和国的制宪会议在费城召开时，他向会议发出了一份电文，敦促其必须要保障犹太人的相关权利。

后来，直到约拿的孙辈一代人，才真正检验了他们更远大的设想：可以以自己选择的任何方式同时既是美国爱国者又是美国犹太人。

乌利亚的坚定信念

对乌利亚来说，其实从他在只有十岁就跑到海上讨生活的那一刻起，挑战就已经开始了。这并不是犹太儿童该做的事，在 1800 年的费城更是如此。有一个善意编造的家族传奇故事说，这个顽皮的船上服务生（船员学徒）曾告诉沿海商人的船长，两年后到他该举行成人礼时，他必须回家。两年之后，他真的回到了家中，当时他的父母米迦勒和雷切尔觉得他起码应该接受一点正规教育，同时可以到一个船具供应商那里当学徒。但是，货舱毕竟不等于货物。乌利亚整天在码头上游荡，听着停靠在那里一大片商船的桅杆在狂烈的海风中吱嘎作响。后来，他终于被招进了海军学校，开始学习驾船技术和航海知识。然而，当他在十七岁再次出海时，事情并不像他作为海军学校学生时所想象的那样，可以通过正常的渠道顺利成为一名海军军官，而是要先从一个普通水手做起，然后是水手长和大副，很多年后才能熬成一个领航员。如果你需要一个船工，他能够帮你安全地驾船穿过狂风暴雨，预见风平浪静的好天气，找到一条能够避开礁石和海盗的航线，脑子里就像有一张摊在桌子上的活海图，那么犹太水手乌利亚就是你要找的人。

但是，并不是每一个船工都能像他一样。对许多人来说，乌利亚是一个双重的奇人，并且军官们确信他自己也知道这一点。他不仅是一个怀有当上军官的野心的领航员，同时也是一个犹太人。更糟糕的是（也很可能只是传言），他经常在充满友好气氛的船舱里惹麻烦。乌利亚偷偷地保持着自己的犹太习俗，而其他的同船水手却不以为然。作为一个利未人的后裔，他经常遭到嘲笑和辱骂，这种表层的"逆流"无疑源于海面之下的反犹主义"潜流"，而这种"潜流"是如此之深和如此汹涌，以至于任何宪法修正案都难以阻遏。所有对犹太人的刻板形象——敏感，习惯于以道德领袖自居，经常以自命不凡的面目示人，将自己置于众人之上——由于美国军舰上狭窄空间的近距离交往而被无限地放大。同船的水手经常说，利未的"发火点"低得出奇。有人甚至指责他根本不了解船上的规矩。在利沃诺，他曾经眼看着雅各·杰克逊（Jacob Jackson）遭受"九尾猫"鞭刑被抽了整整一百鞭子，以至于当他被从木架上解下来时，身上已是皮开肉绽。乌利亚永远也不会忘记当时的惨烈场面，更不能理解那些水手在事后还在用讥讽的口气说，他们宁愿自己的背上挨上几鞭子，也无法忍受乌利亚用轻蔑的目光对他们进行惩罚。尤其令他们厌恶的是所谓他发明的"天马"折磨方式，即给犯错误的人套上马具，然后把他高高地吊在四十英尺高的主桅上，任其在海风中来回晃荡好几个小时。这种做法的本意是为了用残酷的手段嘲笑犯错者，但往往是犹太人（不管是作为执行者还是犯人）首先变成了被嘲笑的对象。当他在一个船上服务生的背上涂满沥青并在上面插上鹦鹉毛（这次倒不是挨鞭子）时，他不由得就在想，与当年在课堂里挨板子相比，这样的折磨也许还算是手下留情了吧。但是，在船上的生活中，船上服务生的背部无疑是他们特别感兴趣的部位，因为这样的折磨方式可以让围观者一览无余。所以，他们很可能觉得，就戏剧效果而言，利未对年轻的约翰·汤普森（John Thompson）施加的羞辱性折磨实际上要比剥他的皮更残酷一些吧。乌利亚逐个记录并公开张贴的那张犯错者的"黑名单"，同样也没有任何公正和仁慈可言。

乌利亚抵制鞭刑的倡议在 19 世纪 40 年代受到狂热的追捧，从而使这种肉体折磨方式终于在十年后被废除。但是，他在这个过程中的反道德的恶劣表现使他树敌甚多，因为他们认为在不得不执行一个道貌岸然、妄自尊大的“犹太佬”（Ikey）的命令时有某种非人性的成分。他们经常用“难以相处”来形容他的为人。因此，斗殴事件时有发生。第一次最严重的斗殴事件发生于 1816 年，当时，在费城举行的一场棒球比赛中，乌利亚无意中踩到了一个士兵的脚，后者名为波特，当时在美国海军舰艇“火焰”号上服役。虽然乌利亚马上就道了歉，但他的礼貌举动却被认为是不诚实和不恰当的。他们坚持认为，只有进行一场决斗才能解决问题。于是，乌利亚首先遭到波特的一连串枪击，但却都没有击中。然而，他的对手仍然不依不饶，继续装弹准备射击。乌利亚不想再当活靶子，在匆忙瞄准后，第一枪就把他的决斗对手当场击毙。决斗的结果完全出乎人们的预料。

决斗结束后，有六个人被送上了军事法庭。在整个审判过程中，利未一直被认定为有罪，被停职并剥夺了所有的职务。在这样的情况下，丑陋的不公正审判很快就变成了一次船上的“流放”，没有人再和他一起吃饭，船上所有的人都在故意躲着他。在下一次开庭时，法庭则决定以利未不胜任现有职务，并且性情也不适合在海军里服役而把他开除掉。然而，每次都有同船的水手提供足以使他免罪的有利证词。他们一致认为，利未是一个非常可靠的领航员，一个值得尊敬的军官，他的船员都非常信任他。于是，海军部部长及时地推翻了军事法庭的判决，命令海军重新恢复了利未的身份和职务。后来，当把利未提升为永久性的船长职务的动议遭到强烈的反对时，时任美国总统约翰・泰勒（John Tyler）不得不出面干预并力挺这次任命。

即使在乌利亚饱受诽谤和偏见的困扰时，他仍然拒绝放弃他坚定的爱国主义信念：只有在美国才有可能使他成为利未船长。他同时也认为，他不过是对犹太人的解放表示感恩的一个普通人罢了。1832 年 11 月间，他在给费城的造船商约翰・库尔特（John Coulter）（乌利亚曾一度为他打工）信中写道：

我认为，托马斯·杰斐逊是历史上最伟大的人物之一——美国《独立宣言》的起草人和一个绝对的民主主义者。他一直是数百万美国人的精神领袖。他为塑造我们的共和国政体做出了巨大的贡献，从此之后，一个人所信仰的宗教再也不会成为他开始政治生涯或进入政府部门的障碍。他是一个高贵的人——然而在华盛顿的国会山上却没有他的雕像。作为对他坚定地站在宗教信仰自由一边的一个小小回报，我准备以私人的名义为杰斐逊立一座雕像。

杰斐逊雕像

在因法律诉讼而离职休假期间，乌利亚·利未曾在欧洲做了一次短期旅行。在巴黎，他找到了当代最著名的雕塑家皮埃尔－让·大卫。大卫从1826年开始就在国立美术学校教书，并以大卫·昂热[①]的名字行世。他素以多才多艺著称：他为巴黎先贤祠的山墙塑造了许多古典人物，为凯旋门创作了大量充满浪漫主义活力的雕刻。他曾塑造了巴尔扎克头像和拉法耶全身像。要说实现乌利亚的梦想，还有谁比他更合适呢？尽管正是拉法耶让乌利亚动了买下“蒙提塞罗”庄园的念头的故事很可能是虚构的，但在拉法耶答应把托马斯·苏利[②]创作的杰斐逊肖像借给大卫完成雕像任务之后，他们两人肯定见过面。

正如这位犹太船长通过重建“蒙提塞罗”庄园开创了自己国家的遗产保护先河一样，他也是第一个提出对国会山的圆形大厅用共和国伟大创立者的雕像

① 皮埃尔－让·大卫（Pierre–Jean David，1788~1856），法国著名雕塑家和徽章设计家。他出生于昂热（Angers），所以当他于1809年进入著名画家雅克－路易·大卫的工作室后，便采用了大卫·昂热（David d’Angers）这个名字，既表达了他作为传承人的诚意，又可以使自己与导师的名讳区分开来。其代表作有《菲洛皮门》（Philopoemen，公元前252~前182年，亚该亚联盟将军）、《巴尔扎克》等。——译者注

② 托马斯·苏利（Thomas Sully，1783~1872），出生于英国，19世纪最著名的美国肖像画家之一。——译者注

进行装饰的人，从而使这个大厅变成美国的“先贤祠”。为了完成这项重大的工程，利未希望采用青铜而不是大理石作为雕塑材料，因为铜质材料要比冰冷而沉重的石头更能体现出民主思想的活力。乌利亚在整个塑像制作期间一直没有离开过现场：他在巴黎住了下来，先是对大卫的设计草图进行审核，然后又订做了一个青铜色的石膏模型（后来捐赠给了纽约市政厅，如今仍然矗立在那里），并一直监督着最后的浇铸过程。

他肯定对这件作品感到非常满意，因为与苏利略显生硬的画像相比，立体雕塑本身就有着更丰富的表现力。尽管大卫已经被训练为一个新古典主义艺术家，并曾在安东尼·卡诺瓦[①]的画室里工作过一段时间，但其主流创作风格仍然是浪漫主义的敏感性。为了使杰斐逊雕像在构图上达到均衡，他赋予了整个雕像一种动感，以便与主人永远不安分的心灵相吻合。杰斐逊的一只手里握着一支鹅毛笔，指向另一只手举着的《独立宣言》。利未有足够的理由相信，当他于 1834 年 3 月把雕像移交美国国会，并建议将其安放在国会山的圆形大厅里时，他将沐浴在一片感激声中。

但是，尴尬的场面出现了。感谢声当然非常有礼貌，但显然并不那么热情。对于自己的“国父”级人物，竟然要一个没有官方身份的公民，特别是一个犹太人，来告诉他们该如何纪念他，这必然会在国会里引起一种复杂的情感。当看到乌利亚的名字作为向他的“公民同胞”赠送礼物的捐献者刻在雕像的底座上时，他们的眉头就皱得更紧了。国会的发言人给利未写信，在礼貌地表示感谢之后，却又有点粗鲁地加了一句，如果他觉得国会应当心存感激的话，恐怕他只能等待国会的立法了。弗吉尼亚的代表威廉·西加尔（William

---

① 安东尼·卡诺瓦（Antonio Canova，1757~1822），意大利著名古典主义雕塑家。他的作品标志着雕塑从戏剧化的巴洛克时代进入了更为精细的新古典主义时代。他在 1816 年初被任命为罗马圣卢克艺术学院院长，并且教皇还亲自指定将他的名字以大写金字刻匾，并被封为侯爵。卡诺瓦的出生地和去世地都在威尼斯，他的遗体也被安葬在家乡，但他的心脏却被安放在他曾经为提香设计的大理石金字塔形墓穴中。——译者注

Sigar）则认为，如果国会愿意安放这样一座雕像，那么“毫无疑问应该自己去做一个，而没有理由接受任何没有官方身份的公民的恩赐”。有些人提出青铜远不如大理石，还有些人则认为把杰斐逊的地位置于华盛顿（围绕着他的争议更少一些）之上是不合适的。尽管提出了各种各样的保留意见，但1834年3月举行的一次两院联席会议还是最后决定接受了这座雕像。

利未希望这座雕像能放在圆形大厅里，而国会则建议放在国会大厦东面大门外的广场上。据说，这座雕像早年曾多次搬迁。当华盛顿的雕像安放进圆形大厅后，杰斐逊的雕像便搬了出去，看起来好像美国第一任和第三任总统不愿意分享同一块纪念的空间（很可能是事实）。1847年，时任总统詹姆斯·波尔克[①]把杰斐逊的雕像彻底移出了国会山，安放在白宫前面的草坪上，这也导致雕像表面在哥伦比亚特区的恶劣气候下剥蚀严重，其尊严遭到鸽群的侵害。在尤里西斯·格兰特[②]的第二任期内，当时曾决定把雕像从白宫前面移走，以便腾出地方建造一个喷泉，但面对雕像如此不确定的命运，乌利亚的弟弟约拿曾一度考虑将其收回来。直到1900年威廉·麦金利[③]当政期间，杰斐逊的雕像才又移回了国会山的“国家雕像厅”，并一直保存到今天。

对利未捐赠礼物的冷淡反应，杰斐逊雕像的移来移去，以及在夏洛茨维尔泛起的对利未作为“蒙提塞罗”的主人这个话题各种赤裸裸、充满敌意的传言，都充分暴露了当时犹太人十分关注的所谓“美国自由精神”的局限性。有一个名叫乔治·布莱特曼（George Blatterman）的当地人称呼乌利亚为“一个最典型的犹太人，非常不得人心”；还有一些人则对一个犹太人作为杰斐逊文化遗产的保护人这件事表示非常反感。当犹太人检验杰斐逊关于真正平等公民权的承诺时，他们可能会面临类似的失望甚至更糟糕的境遇。阻力重重并不令

① 詹姆斯·波尔克（James Polk），美国第十一任总统。——译者注

② 尤里西斯·格兰特（Ulysses Grant），美国第十八任总统。——译者注

③ 威廉·麦金利（William MaKinley），美国第二十五任总统。——译者注

人感到奇怪：一个由移民组成的共和国必然会激起本土居民的敌意，并且肯定不只是针对犹太人的，而且也包括天主教徒、爱尔兰人、意大利人和波兰人。最重要的一点就是，犹太人毕竟可以自由地选择任何一条自己认为合适的道路，而他们被赋予的权利与其他任何人都不再有任何的差别。

表兄末底改

至少乌利亚的表兄末底改·挪亚（Mordecai Noah）是这样想的。他在约拿·菲利普在费城的那个拥挤的家庭环境里长大成人，继承了他祖父的坚定信念：自由的美国为犹太人的历史开创了一个崭新的时代。在为 1818 年在纽约刚刚落成的谢利斯·以色列犹太会堂的祝圣仪式上所做的一次布道演讲中，末底改就表现出他祖父的这种实用的乐观主义态度，并且还掺加了一些更玄妙的味道。当时有些人认为美国是“世界上第一个真正自由的国家”，[4] 在犹太人等待着回归祖先的土地的时候，这种包容所有信仰的气度，以及这个各种不同的宗教可以和平共处的国家的创立，使美国成为犹太人的“首选国家”。

到 1818 年，就在末底改三十多岁时，他成了（至少他自己认为）美国犹太人的民权领袖。他通过精心设计自己的公共事务和政治生涯终于实现了这一目标，与此同时，他还产生了一个在犹太历史上也算是十分新奇的想法。作为大流散中的犹太人，他们更习惯的做法是平日里互相提醒，以便避开暗藏的政治险滩和不利的公共舆论，而最理想和最安全的生活就是去做买卖、照顾老弱病残、帮助穷人，并且时刻维持一种低调的形象。除此之外做其他任何事情，如果政治风向一旦发生变化（这样的事经常发生），就很可能不仅把自己而且把整个社区暴露在致命的危险之中。

但对于末底改和他这一类犹太人来说，所有这些不过是“旧世界”里节奏缓慢、小心翼翼的生活模式。作为一个真正爱国的美国人，就意味着并且必须要做一个积极的公民。犹太人曾为这个国家的独立战斗过，也为自己的选举权进行过艰苦的斗争。如今，他们应该大胆地行使自己的权利。现在是在这个喧嚣的共和国里像其他人一样弄出点声音的时候了。对于末底改以及整个菲利普家族来说，只有杰斐逊的民主共和党才值得他们付出忠诚。他们的对手联邦党人似乎对犹太人进入公共领域的可能性（更不用说担任公共职务）非常冷淡。犹太人应该站在“人民”①的一边。

末底改是被菲利普家［和他的妹妹犹滴（Judith）一起］收留的孤儿，虽然这个家里已经有很多的孩子。到了该考虑他应该靠什么职业自立的时候，约拿觉得应该把他培养为一个能够从事某种“有用的”职业的犹太人的典范。他们想，既然那些不喜欢犹太人的邻居总是抱怨他们聚集在一些非生产性行业，那么好吧，就让末底改去做一个手工艺人吧。于是，末底改开始跟着费城的一个雕木师兼镀金匠当学徒。但是，法国式的磨光细活和金叶子似乎并不适合末底改。他心里想，若是能像他的许多宗教同胞那样，挑着货郎担或赶着马车一路叫卖针头线脑、镜子木梳、棉毛花布就好了。

其实，末底改真正想去的地方是纽约，因为只有在那里，他才能接近绚丽多姿的生活舞台。到纽约后，他在约翰街上闲荡，希望能弄到免费的戏票，并开始尝试写一些儿童剧。他慢慢地感觉到，美国生活本身就是一出社会戏剧。“我对国民戏剧充满了渴望，这是一种少年爱国主义的表现。”他加入了一个小型演出公司，为《七巧板和时尚郎当公子》（*Trangram or Fashionable Trifler*）审核剧本，甚至还编写了一个早期剧本《苏莲托要塞》（*The Fortress of Sorrento*），虽然正式出版了但却从未能被真正搬上舞台。[5]后来，当他在19世纪20、30年代逐渐成名之后，末底改写下了一些鼓舞人心的美国历史题材的剧本，用写实抑或虚构的手法描绘了约克郡决战时的壮烈画卷；他还创作了许多以独立战争和1812年战争为背景的剧作，甚至在像《她是一个战士》（*She Would be a Soldier*）这样的剧本中设计了身穿马裤的女性角色；他还以

① 此处指《独立宣言》中一再提到的“人民”。——译者注

希腊独立战争（在“无私的”美国人帮助下）为题材创作了一些具有爱国主义色彩的幻想剧。

末底改的戏剧当然无法与莎士比亚（在美国独立后的年代里，他几乎是所有美国人的第一选择）相提并论，但这正是问题所在。他认为，正是狂热的莎士比亚情结冲垮了美国人的独立精神，从而将其禁锢在“古英语”的形式和规则之下，所以他们的语言和文学必须从这种桎梏中解放出来。在几乎同一种情感的鼓舞下，挪亚·韦伯斯特（Noah Webster）亲自编写了一本英语词典，在很大程度上也是为了摆脱约翰逊博士之流及其定义的所谓标准英语的权威性羁绊。

表达爱国精神并不仅限于一种方式，而末底改则不失时机地抓住眼前的一切机会呼吁语言改革。他的叔叔拿弗他利·菲利普（Naphtali Phillips）是纽约的龙头媒体《公益广告》（*Public Advertiser*）的主编，是在共和国初创时期［正如约拿单·萨尔纳（Jonathan Sarna）所说］就进入了新闻界的为数众多的犹太人之一。以撒·哈尔比（Isaac Harby）曾在查尔斯顿经营过一家短命的报纸，当时末底改经常用“穆利·穆拉克”（Muley Mulak）的笔名伪装成土耳其人投稿，对发生在美国的奇迹进行评论。卡多佐（Cardozo）、塞克萨斯（Seixas）家族以及柯恩和利未家族都是以新闻媒体作为主营业务的家族，就像他们在一个世纪后蜂拥进“叮砰巷”[①]一样。美国犹太人非常向往那种摸爬滚打的报人生活。末底改的许多同代人大都受过教育，但正是这种识文断字的街头智慧最终变成了酒馆里的八卦新闻，并进而演变为对当地和国家政治的互不相让的争吵。如果美国人想要找住房、宅基地或某一片土地，犹太人的家往往是最便利的信息来源。在货郎担上贴大幅广告或报纸是再简单不过了，因为那些流动商贩起码知道（或许比那些英格兰、苏格兰或德国记者还要清楚），报纸就相当

① 叮砰巷（Tin Pan Alley），20世纪50年代初美国流行的一种音乐风格，此处代指流行歌曲出版业。——译者注

于一个店面，也可以卖各种各样的货物：日用物品、华丽的衣服、农具、专利秘方、辛辣的观点甚至粗俗的幽默。当轮到末底改担任《国民权益保护报》（*National Advocate*）的值日编辑时，他的版面上总是充满了讽刺小品、笑话和重口味的故事，并且还设置了形形色色的益智类栏目。

作为一个公众人物和无所顾忌的犹太人，末底改并不羞于公开为自己和他的同胞呐喊助威。这也是一种美国式的行事方式。像在以撒·哈尔比的“改革派”会堂里一样，谢利斯·以色列会堂在使用希伯来语的同时，在祈祷仪式中也引入了英语，从而使犹太人能够与他们的美国同胞更紧密地联系在一起。在位于克罗斯比（Crosby）大街的犹太会堂里，站上诵经台不再是拉比的特权，像末底改这种没有拉比身份的人也可以站在上面宣讲，其场面更像是一种公开演讲，并进而演变为一种娱乐甚至教学的主要形式。末底改的演讲词第二天就会发表在当地的报纸上（如果某一家报纸不愿意刊登，他会很快找到另一家）。他的演讲关注的大多是当下的热点话题，以及犹太人如何在现代世界中生活的问题。他因此被誉为现代犹太政治的先驱。

在直面纷扰的世界的同时，美国犹太人卷入了公众的争吵之中，他们必须在政治上表明自己的立场。在费城，他们站到了西门·斯奈德（Simon Snyder）的支持者一边，尽管他代表的是德国人社区而不是英裔美国人社区。就全国而言，拿弗他利和末底改则坚定地站在了杰斐逊精神遗产的继承人一边，这就意味着他们支持的是詹姆斯·麦迪逊和詹姆斯·门罗[①]。不过末底改也算是一个对美国政治颇有研究的“老手”，他当然要求得到某些回报，尤其是在仅仅靠印刷机和舞台并不足以维持生计的情况下更是如此。

当一个领事咋样？犹太人自荐到遥远的地方当领事，以便在扩大贸易规模的同时保护国外的本国公民，这个传统可以一直追溯到数个世纪以前。他们大多都会说许多种语言。某个外甥或叔叔或许已经在某个“有用的”地方定居下

① 詹姆斯·门罗（James Monroe），美国第五任总统。——译者注

来。在美国人中间，犹太人似乎是既四海为家又忠诚爱国的典范。那么，他们是不是更应该到国外为“星条旗”服务？末底改在行事时素以“不要脸”和“憋不住”著称，于是他直接给当时的国务卿门罗写信自荐，声称让他担任领事，“就可以向那些外国列强证明，我们的政府在任命外交官员时并不受任何宗教因素的制约”。

末底改首先申请了驻里加大使馆的职位，因为他很清楚，在位于拉脱维亚和立陶宛之间的这片广袤的土地上，不仅在尼门河上游居住着大量的阿什肯纳兹犹太人，并且那里势必会成为法兰西和俄罗斯帝国之间在军事上激烈争夺的战略前线。但是，他最后却被派去了一个或许更有利于他与塞法迪犹太人发生密切联系的地方：北非的“巴巴里（Barbary）诸国”。在突尼斯和阿尔及尔附近海域出没的海盗船时常袭击经过地中海的美国舰船。对于摩洛哥的酋长和阿尔及尔的总督来说，缴获的战利品是他们主要的收入来源，并且美国人被俘后还可以勒索赎金。在杰斐逊的总统任期内，这样的冲突甚至还在1801至1805年间升级为一场不大不小的战争。但是，尽管海盗船遭到了美国舰艇和海军陆战队的报复性攻击，但他们的首领却屡教不改，继续把美国和欧洲的俘虏拘为人质。据说，北非的港口城市里生活着规模庞大的犹太人口，其中不乏势力强大的犹太家族，如果他们在分配赃物时得不到实际的好处，像巴克利这样的大家族甚至还能施加一定的影响力。大不列颠的自治领直布罗陀海峡对岸的犹太人——卡多佐家族甚至可以为人质谈判提供必要的帮助。

不白之冤

所以在1813年，末底改担任了他有生以来最光彩夺目的舞台角色：“海盗大王”（他刚刚依照海盗圈里的行规杀死了他的竞争对手）宫廷里的“北方佬”（Yankee）犹太人。[6] 末底改甫一亮相便使整个宫廷为之哗然，他“身穿一袭从领口一直拖到脚面的金色长袍”，深深地鞠了一躬，并亲吻了“大王”的手。

但是，当他走出“大王”的巢穴时，他的眼前出现了更令人惊异的一幕：人数足有三万之众的一群犹太人，而他们的模样是住在纽约、查尔斯顿和费城那些身穿外套和撑裙的以色列人无论如何也无法想象的。这些犹太人就生活在狭窄的胡同两边的一排排涂了白色石灰水的土坯房里。富裕人家的房门前大多有一个相对阴凉、飘着茉莉花香的院子，金刚鹦鹉挂在树枝上发生阵阵粗厉的叫声，一群哈巴狗趴在一圈长沙发上打盹。他们是税收承包商或铸币主管，以及为那些见了宝石就两眼放光的大小海盗头目提供货源的珠宝商。那些最穷的人则仍然干着他们已经干了数个世纪的行当：打制金银铜器，伏在破旧的、满是麻坑的桌子上制作项链和戒指，把柔软的兽皮缝成拖鞋，然后在卖眼睛不停转动的变色龙和闪闪发光的匕首的小贩摊边上叫卖。

无论穷富，突尼斯的犹太人每年都必须缴纳象征着他们“低贱”的进贡身份的所谓“人头税”（jizya），并且还遭受着长期的羞辱。作为犹太人，他们不得在清真寺附近行走，不得骑马，更不得建造华丽的会堂。他们的穿戴打扮不得出现鲜亮的颜色。在大街上和露天市场里，犹太男性只能穿黑色的衣服和拖鞋，女性则只能穿深蓝色的衣服。然而，当美国领事末底改·挪亚邀请当地的头面人物出席华盛顿诞辰的宴会时，他们却穿得非常体面。那些肥胖的女人“满身披金戴银，珠光宝气……虽然她们双脚赤裸，但却穿着镶满琥珀的拖鞋”，她们的黄褐色脚踝上也挂满了金银。我们这位年轻的美国人顿时感到一阵眼花缭乱，迷失在对他的马格里布宗教同胞的浪漫同情之中，因为他们的所作所为尽管在纽约是难以想象的，但这似乎又是在漫长的历史长河中得以幸存下来一种更古老的习俗和情感。在安息日到来之前的星期五下午，女人们会来到自己家的墓地——其实是没有墓碑的荒草地，并且儿童的墓穴数目与夭折的人数成正比——仔细地把堆积在墓穴上的尘土扫干净。然后，她们就静静地坐在石头上与死者“交谈”，她们一边叹气一边低语着，用手拍打着自己的胸口，或放在墓穴上抚摸着她们失去的爱子。当她们阳光下的身影慢慢变长时，就该准备回家过安息日了，于是，女人们会用手摸一下冰冷的坟墓，然后放在嘴唇上作为告别。[7]

正如末底改所预料的那样，他第一次履行职务非常顺利，人质全部获救。他也适时地收到国务卿詹姆斯·门罗写来的信，但信中非但没有对他忠于职守的优秀表现表示感谢，反而直接把他给解职了。门罗解释说，当时他被任命时，由于当地统治者的偏见和不满，作为一个犹太人在这样的职位上，非但对政府没有什么好处，实际上反而是一种负担，因此只能表示遗憾。后来，又听说是因为末底改作为领事擅自安排的预算不符合程序。他承认，他在这类事情上并没有完全消除人们的误解，但他仍然把这次政治打击视为对他的民族同时也是对他个人的自尊心的一种轻慢，更是一个令人沮丧的信号：对于犹太人，美国人并不像他想象的那样宽宏大量。

他蒙受的不白之冤反而激励他立志要成为一个无可挑剔和毋庸置疑的美国人。回到纽约后，他创作并导演了大量更具爱国激情的音乐剧，同时还担任了《国民权益保护报》的编辑，并于 1820 年成为一名地方治安官。他美滋滋地想，如果出现一位犹太总统岂不更是美事一件？有了这个想法后，末底改的所作所为完全是当年所罗门王的宏大气派。当一场传染性黄热病在城里蔓延开来时，他竟然打开监狱的大门，让犯人来了一场集体大逃亡［否则等待他们的肯定是（染上瘟疫的）“死刑”］，并且以个人名义站出来宣布，一旦疫情解除，如果有一个犯人没有回来，他将承担全部责任。这种人道主义的高尚行为并没有赢得大众的信任，当他宣布参加 1822 年的总统大选时，由《纽约先驱报》主编詹姆斯·戈登·贝内特（James Gordon Bennett）煽动起来的反犹势力对他极尽侮辱谩骂之能事。在贝内特的报纸上，他是“犹太人挪亚”，或更直接地称他为“夏洛克”，他是低贱的、可憎的种族中的一员，并且还贪婪到不可救药的地步。甚至连最底层的基督徒以后也将由一个犹太人下令送上绞架，想起来真让人不寒而栗！末底改回击贝内特说：好可怜的基督徒！竟然日思夜想的都是绞架。但是，恶意中伤显然奏效了，末底改最终竞选失利。

寻求新的庇护所

就这方面而言，末底改从外国尤其是欧洲听到的消息并没有证实他们的乐观主义观点：一个接纳犹太人的新时代正在来临。在德国的三十六个州中，犹太人为获得拿破仑执政时期颁布的宽容化立法所带来的好处而付出了沉重的代价。解放犹太人的法令被废除，并再次对他们的职业和居住地进行限制。在某些州里，像贩卖牛羊和沿街叫卖这类传统的职业遭到禁止，仅仅是因为各商业行会的一致反对，犹太人就被送进职业学校，接受一些对他们来说最不擅长的手工艺培训。其他一些州的情况虽然稍好一些，但他们仍然受到许多由来已久的限制，尽管他们可以沿途叫卖，但他们的行走路线和区域却有严格的限制。1819 年，一波汹涌的暴力浪潮降临在他们头上，从巴伐利亚开始，一直蔓延到梅因河畔的法兰克福以及广大的莱茵兰地区，甚至波及了最北端的汉堡。犹太人的一些公开的朋友以及表面上改宗的犹太人俨然成了醒目的攻击目标，但像通常一样，攻击却都是自发的和随意的，越穷的人往往越疯狂。死亡和殴打事件时有发生，暴徒们高叫着“Hep，hep!”，在冷漠的观众面前实施这种肮脏而凶残的暴行。有些学生还解释道，这个口号来源于第一次十字军东征期间喊出的口号“耶路撒冷陷落了！”（Hierosolyma est Perdita!），既可以视为一种对犹太人的诅咒，也可以表达一种重新占领“圣地”的决心。

这种喊叫声飘过大西洋，各种恐怖的故事伴随着德国的移民潮传到了美国。曾经为萨凡纳的“改革派”会堂高唱赞歌的女诗人和作家佩尼纳·摩西（Penina Moïse）安慰那些“Hep，hep!”口号下的死难者：“愿你是这个被压迫民族的一员 / 我们从巴勒斯坦开始就一直追寻着她的朝圣之路 / 勇敢的大西洋啊 / 希望像海面一样广阔，但心情却如铁锚般沉重 / 一轮西方的太阳终将照耀着你未来的日子。”但是，当末底改三番五次地被诬蔑为“夏洛克”时，他开始思考，即使在美国这块“伟大的”避难地上也会上演“无端迫害”的闹剧。他仍然坚守着他的祖父约拿·菲利普的信念，相信美国是犹太人的希望所在。但是，现在或许到了该为犹太人找一块土地的时候了，即使是一个小地方，只要他们可以自己管自己，能够作为在美国领地内的一个庇护所就行。当时，并不是只有他一个人这样想。有一个叫 W. D. 罗宾逊（W. D. Robinson）的人，他在 1819 年出版了一本“自传”，强烈要求在西部的密苏里河和密西西比河之间的某个地方建立一个特色鲜明的犹太区。他坚持认为，犹太人显然不可能全都厌恶农耕生活。凡是了解其历史的人都知道，他们曾经是牧羊人和耕种者。“划给他们一块肥沃的土地，为他们提供一个适于居住的环境”，把他们从受迫害的困境中解放出来，他们必将成为彻头彻尾的拓荒者。通过善意的帮助和投入，“我们将看到，犹太农场将在美国的原始森林里迅速兴盛起来，密苏里河和密西西比河畔将出现星罗棋布的犹太城镇和村庄”。[8]

在德裔犹太“文化协会”（Kulturverein）——由开创“犹太研究”（Wissenschaft des Judentums）这一新学科（主要研究方向为犹太历史、文献学和哲学）的历史学家组成，其中包括利奥波德·祖恩茨（Leopold Zunz）——的建议和鼓励下，末底改大胆地提出了自己关于犹太美国领土的设想。但是，他在兴奋之余却把他们对犹太美国式生活的普通好奇心误以为是关于犹太人集体移民的正式声明。必须要为犹太人这次“出埃及”找到一个新家！末底改认为，位于纽约州北部布法罗（Buffalo）附近尼亚加拉河中格兰德岛（Grand Island）上的 1.7 万英亩荒置土地完全可以作为“以色列人和犹大人在美国领土上的一块栖息之地”。大批的犹太人将成群结队地登上这个作为避难地的美国“方舟”，与大湖区的印第安人联成一体，更何况末底改一直认为他们本来就是“失踪的犹太人支派”的后裔。看来马上就可以抱着德国海泡石[①]烟斗安静地享受了！

① 西方制作烟斗的主要材料之一，另一种是石楠木。——译者注

1823年，公理会牧师伊森·史密斯（Ethan Smith）所写的《我眼中的希伯来人》（*View of the Hebrews*）再次提起了有关犹太人的古老故事，并且他也不乏支持者。到1824年，末底改游说了足够多的热情慈善家，合力用1万美元买下了格兰德岛上的2555英亩土地。1825年9月15日，他精心安排了一次盛大的庆祝活动，与塞尼卡瀑布城（Seneca）的一位酋长一起为新的犹太美国"圣所"揭幕。末底改称这个地方为"亚拉腊"①。

这项工程无疑是末底改一生中最轰动的一次"演出"。他曾计划恢复早年由七十位长老组成的"犹太大议会"，并希望他们能任命他为"犹太人的市长和士师（大法官）"。为此，他还特意从一个当地的剧团借来了理查三世②的演出服。这可不是一个好兆头。来不及建造一个临时的"圣殿"，末底改便在布法罗属于福音派的圣保罗教堂的布道坛上进行"光荣日"布道演讲，对当地以及尼亚加拉瀑布以外的犹太人"发号施令"。"亚拉腊"属于所有的犹太人。他要对全世界的犹太人进行人口普查，并且还要对每个人征收四个舍客勒（shekel）的"人头税"用于支付犹太自治政府的管理成本。一夫多妻制被立即废除，并要求婚姻双方从此之后都必须学会他们所在的归化国的语言。"亚拉腊"虽然播下了种子，但到头来却没有任何收成。美国的犹太移民（当时还没有大量涌入）似乎更喜欢纽约、费城和辛辛那提，而不怎么喜欢格兰德岛。购买土地的成本仍然是一笔

① 亚拉腊山（Ararat）位于土耳其东部。——译者注

② 理查三世（Richard Ⅲ，1452~1485）是约克王朝的末代国王，也是金雀花王朝的最后一位国王，故有后文的"不吉"之说。历史上的理查三世以残暴著称，传闻其杀害侄子爱德华五世而篡位，所以他经常需要镇压要求王位继承权的王室叛乱，并最后在与里士满伯爵亨利·都铎的交战中失利而被杀。莎士比亚（如名剧《理查三世》，后于1955年被改编为电影，并由著名影星劳伦斯·奥利弗担任主演）等剧作家将其刻画为"驼背的暴君"，同时也是最后一位战死沙场的英国国王。据史料记载，他战死后的尸体曾被裸体示众，最后葬在莱斯特的圣方济会教堂中。亨利·都铎继承了理查的王位并成为英王亨利七世后，随即通过迎娶约克家族的女继承人——爱德华四世的女儿伊丽莎白的方式来巩固自己的王位。后来，随着亨利八世上台与宗教改革的推行，英国许多修道院都被夷为平地，理查三世墓穴的确切位置再也不为人知。2013年，莱斯特大学研究人员宣布，经过DNA鉴定（与理查三世一位亲戚的后人进行DNA比对）和历史考证，证实在某停车场发现的骸骨正是理查三世。——译者注

欠账。尼亚加拉瀑布边上的美国“锡安山”美梦很快就破灭了，只留下一块普通的奠基石作为盲目乐观主义的纪念物孤零零地杵在那里。

于是，末底改又回到了他的新闻媒体和政治领域，成为安德鲁·杰克逊[①]的热情支持者，并通过努力保住了待遇优厚的地区治安官职务。他对刚刚兴起的本土主义似乎漫不经心，这对于一个以美国犹太人领袖自诩的人来说似乎有失身份。但是，他也在美国文学界赢得了极大的声誉，当时几乎已经与费尼莫尔·库柏（Fenimore Cooper）、华盛顿·欧文（Washington Irving）齐名，并且一直在充分利用这种文学声誉为自己民族的利益奔波。在 19 世纪 30 至 40 年代，他一直忙于筹建慈善组织，并且计划建立一所希伯来语学院，以便对年轻一代的犹太人进行教育，因为美国式自由的后果之一就是大约有三分之一的犹太人与外族通婚。

末底改反复向美国犹太人乃至全世界的宗教同胞传达这样的信息：他们必须勇于为自己的历史命运负责。这场集体解放运动的内容之一就是让被压迫的犹太人回归他们远古祖先的土地，他们也认为以物质的方式重建锡安山是一个必须经历的步骤。与此同时，虽然末底改对传教活动极其反感，但他却坚持认为，“回归耶路撒冷”甚至“重建第三圣殿”应该是基督教和犹太教的共同愿望。他越来越得意于被自己的两个名字包装起来：“末底改”乃是把犹太人从仇恨的灾难中解救出来的英雄，而“挪亚”则是一位挽救整个民族于大洪水的族长。

II. 被迫西迁

庞大的移民队伍

一股股犹太人汇成的移民潮正在向相反的方向——西方的美国——涌动。在 1825 年后的半个世纪里，美国的犹太人口从 5000 人迅速增长到 25 万人。[9]

① 安德鲁·杰克逊（Andrew Jackson），美国第七任总统。——译者注

但在人口统计方面却出现了一些怪异的现象：最早到辛辛那提定居的犹太人大多来自英国德文郡和汉普郡的朴次茅斯（Portsmouth）、普利茅斯和埃克塞特，但当马克斯·李林塔尔于1855年作为拉比（他作为俄国改革运动的先驱一直担任拉比的职务）到达时，这里却已经变成了一个德国犹太人村庄，并以专门为犹太女性创办了第一份德语报纸《底波拉》（*Die Decorah*）而轰动一时。在本世纪中期的庞大移民队伍中，绝大多数来自德国的36个州：南部的巴伐利亚和符腾堡（Württemburg）；莱茵兰－普尔法茨（Rhineland Palatinate）地区像沃尔姆斯附近的阿本海姆（Abenheim）这样的小城镇和村庄；有些来自更东面的波兹南周边的旧波兰领土（在拿破仑战争后已经归还了普鲁士）；还有一些则来自像萨克森－安哈尔特（Saxony–Anhalt）的纽伦堡这样的城镇，甚至更遥远的哈布斯堡王朝统治下的波希米亚和摩拉维亚地区。

"Hep，hep!"的喊叫声及其余响极大地动摇了人们对自由解放事业的信心。最后的美好希望虽然一直延续到1848至1849年间的德国革命时期，但当美梦破灭之后，他们便识趣地乘船来到了西方。那些住在郊外的犹太人在冲动之下处理了自己的所有财产，但大多数移民并不是记者或律师，而是犹太村民（Dorfjuden），他们本来就是以贩卖或经营牛羊和马匹为生，只是在经济上的绝望（而不是政治上的自由）情绪驱动下，才离开了他们的家人，先到美国看一看到底是不是像传说中那样美好。然而，正是欧洲日益增长的人口压力在19世纪30至40年代的大饥荒时期造成了收入减少和机会短缺，再加上他们因此而产生了一种越来越不好的感觉：他们将会永远难以摆脱各种各样的限制，无法到更远的地方卖货，更不可能在他们被送进职业学校接受培训的为数不多的几个行业（如做肥皂、印染、手工织布）里有所作为，以上种种，迫使犹太人去了一些港口城市，如汉堡、不来梅甚至遥远的勒阿弗尔、利物浦，并且尽管鹿特丹因酒馆诈骗而声名狼藉，但那里也成了他们向往的地方。

已经受够了紧闭的大门、狂吠的疯狗和恃强凌弱的警察！受够了每个星期五晚间，清汤寡水中只有几个汤团在锅里翻滚着！他们迫切需要的是空气（Luft）和空间（Land）：空气用于呼吸，空间用于流浪，尽可能多地买进和卖出，因为犹太人不得不干得更出色一些。所以，特别是在19世纪50年代，当越来越多的受过教育的德国犹太人来到了美国的城市（尤其是像芝加哥这种忙碌的中西部大城市），这些曾经的“欧洲犹太村民”便随着美国边界的不断推进而被赶到了南部的新奥尔良、蒙哥马利、阿拉巴马，位于阿巴拉契亚山脉的路易斯维尔和孟菲斯，像圣路易斯这样的西部主要河流上的轮船停靠站点，一些最剽悍的人甚至一路跑到了犹他州以及科罗拉多、内华达和加利福尼亚的矿区。在铁路时代之前，为了避免西部马车长达数月的长途颠簸和袭扰危险，许多人更愿意取道南线，穿过酷热的巴拿马地峡，然后再乘船沿着西海岸北上到达旧金山。当时，有太多的人为黄澄澄的金子所诱惑，再加上人人都能在荒凉的西部城镇里白手起家、一夜暴富的各种传说广为流传，于是这些人纷纷赶到西部淘金，从而在19世纪50年代中期的旧金山形成了一个庞大的犹太社区。[10] 自然，这座新兴城市也就出现了两个互相争论的犹太会堂——“伊曼努尔”（Emanu-El）和“谢利斯·以色列”——分别属于德国犹太人和波兰犹太人、改革派和传统派，他们分别有自己的割礼执行人（mohels）、屠户（shokhetim）、墓地、慈善机构以及临时的印刷刊物。

犹太人在美国马不停蹄地迁徙，把他们在欧洲德语世界里的城镇和乡村之间的流浪生活方式移植到了美洲大陆。正是在这个新世界里，芬尼·布鲁克斯[Fanny Brooks，娘家姓布鲁克（Bruck）]于1853年也和她的丈夫（以及叔父）朱利叶斯（Julius）一起加入了长长的马车队伍，而她的丈夫从前也曾在布雷斯劳附近的弗兰肯斯坦（Frankenstein）做过织布工、制革工和流动商贩。一路上，每当涉水过河把她的衣服打湿了时，布鲁克斯就会将其挂在马车上插着的艾树枝上风干，夜晚则在篝火旁听着法国歌曲，或在某一天遇到一片黑压压的水牛或一群衣不蔽体的印第安人时大声惊叫起来，而印第安人通常会静静地站在离马队很远的地方，看着一匹匹疲惫的瘦马迈着沉重的步子以每天 13 英里的速度向怀俄明州的拉勒米堡（Fort Laramie）逶迤而去。[11]

深入美国腹地的摄影师

在这些不停迁徙的犹太人中，最勇敢无畏的当属来自巴尔的摩的艺术家所罗门·努内斯·卡尔瓦洛（Solomon Nunes Carvalho）。1853 至 1854 年的那个冬季，他在军人探险家约翰·查尔斯·弗里蒙特（John Charles Fremont）的第五次也是最后一次灾难性的西部探险中被雇为摄影师。在落基山脉齐腰深的积雪中，卡尔瓦洛调整、擦拭并安装好了他的照相底板。[12] 有时，这支由 22 个人组成的探险队（其中包括特拉华州的印第安“侦察员”和墨西哥向导）甚至连续数天没有东西吃，最后只能吃掉队伍中瘸腿的矮种马。卡尔瓦洛实在是太饿了，有一天早晨竟然从倒毙的马身上割下了一块带血的肝叶，但却在放上烤架的一瞬间突然停了下来，因为这块肝越看越像猪肉。食物变得如此极度匮乏，以至于弗里蒙特逼迫大家郑重地起誓，无论情况如何严峻，他们最起码也不能把自己的同伴吃掉（据说，当时有些探险队的确陷入了如此悲惨的境地）。卡尔瓦洛时常涉过冰雪覆盖的溪流，有时则只能骑在马背上艰难地蹚水过河，有一次当他胯下的坐骑深陷在泥沼中时，他被困在了冰冷的激流中长达 15 分钟。由于被冻伤，加上一路上只能靠双腿艰难跋涉，卡尔瓦洛远远落在了大队人马的后面，他似乎感觉到自己走到了生命的尽头。于是，他疲惫地坐在了一个雪丘上，“我的双脚只能放在前面的队友留下的脚印里稍做休息……我从口袋里掏出妻子和孩子们的微型照片，希望能最后再看他们一眼。他们甜美的笑容似乎重新唤醒了我身上的生命之火……我意识到，我还有某些值得留恋的东西，如果我死了，只会为那些需要我生活支持的家人带来深深的悲伤和痛苦”。于是，每当他感觉走到了生命的尽头时，就会背诵《诗篇》中的诗歌。到最后，尽管他患上了痢疾和坏血病，并且手指也被冻裂和感染，卡尔瓦洛还是跌跌撞撞地爬进了普罗沃（Parowan），并在那里恢复了健康。“当我来到希普先生的家里时，我看到了三个漂亮的孩子。我不由得捂住双眼，有点夸张地大哭起来。我在想，我终于又回到了自己的怀抱。”在盐湖城，他和杨伯翰（Brigham Young）成了好朋友，但杨伯翰打消了让他皈依自己教派的念头。在洛杉矶，那里有一个小型的犹太社区，卡尔瓦洛创立了一个名为“青年希伯来慈善协会”的组织，然后又回到了故乡巴尔的摩，并在那里成为犹太社区的领袖人物。他把在弗里蒙特探险队里拍摄的照片底版送给了摄影家马休·布雷迪（Matthew Brady），除了少数珍贵的照片（包括夏延族①村庄的一张照片），其余都在一场大火中遗失了。

说实话，像卡尔瓦洛这样敢于深入美国腹地的犹太人并不多。但是，由于赌桌上的失意或在渴望找到金山和银矿从而一夜暴富的美梦的强烈刺激下，离开城市到西部冒险的犹太人却多如牛毛。亚伯拉罕·亚伯拉罕姆森（Abraham Abrahamsohn）这个曾经在旧金山码头附近的一个商亭里照看着他的旧衣买卖的小贩，就是为数众多的被迫转行参与开矿的犹太人之一。[13] 在一位身背鹤嘴锄、铁铲和坩埚，脚蹬马靴、身穿蓝色羊毛衫的来自波兹南的朋友怂恿下，他似乎别无选择，只能去“咬这个酸苹果”，看一看自己是否能到矿山里淘到足够的财富，以便回到城里享受那种音乐加赌博的放荡生活，回到那些胸前别着鲜花并让他欲罢不能的“长着棕黑色眼睛的墨西哥姑娘”身边。在俄勒冈比弗顿（Beavertown）附近的某个地方，他和 9 名工友接受了简单的西部生活能力训练。有一次当他们在一棵巨大的空洞橡树旁宿营时，还差一点把一头正在里面睡觉的大灰熊激怒而把他们吃掉。每到夜间，空旷的野地里不时传来野狼的嗥叫声。他很快就发现，那里根本就没有什么富矿，每天辛辛苦苦淘到的那点可怜的金沙，几乎还不够买维持生命所必需的面粉、油盐、牛排和烧酒呢。

---

① 夏延族（Cheyenne），北美大平原印第安人，19 世纪时居住在普拉特河及阿肯色河附近地区。——译者注

是啊，每当亚伯拉罕姆森躺在脏兮兮的床板上、还在散发着芳香的红杉木刺扎着自己疲惫的身体时，他就会进入甜美的西部梦乡："羽毛丰满的松鸡咕咕叫着跑进灌木丛中，美丽的云雀飞向蔚蓝的天空"。但是，辛苦的劳作却是残酷的，并且似乎看不到回报。与开采矿石相比，搬运工作似乎也好不了多少。"噢，我多么怀念我在德国的那个温馨的糖果店啊。"他豁上老命如此辛苦地坚持干了 3 个月，但也只挣了区区 40 美元。于是，他跑掉了。在萨克拉门托（Sacramento），他一开始为一家裁缝店打工，但很快就厌倦了每天接收修修补补的杂活的无聊生活，于是又自立门户干了一阵子，总算挣够了返回旧金山的路费。在旧金山，他发现有些犹太人仅靠当割礼执行人就能过上相当不错的生活，这让他感到非常惊奇，因为在他从前居住过的国家里，割礼都是免费的。尽管亚伯拉罕姆森并不是一个职业的割礼执行人，但他却以"三刀完成割礼"而名噪一时，并在当地的报纸上引起了巨大的轰动。他在一年左右的时间里就挣下了不少钱，这些钱足够使他再次转行而进入了餐饮业。有段时间，亚伯拉罕姆森甚至以加利福尼亚人的做派到处吹嘘，他在下面的码头上经营着一家餐馆，大堂里装饰着漂亮的桌椅和照人的玻璃幕墙，还雇着三个法国女招待、一个中国厨师和一个洗碗工。然而，后来却又遭遇了一场地狱般的大火，整个餐馆被焚烧一空。是逾越节救了他一命，因为当时他只能亲自烤制并到街上叫卖无酵饼，因此才逃过了一劫。但是，亚伯拉罕姆森毕竟亲身经历了加利福尼亚那种起伏不定、动荡不安的"新生活"，而当他有一天听说澳大利亚是另一块遍地黄金的土地时，他便立即跑到远洋船务公司去买票了。

虽然因为痴迷黄金而栽过跟头，但亚伯拉罕姆森仍然算是一个曾经昙花一现的犹太人。其他的许多犹太人则对他不屑一顾，他们仍然以沿街叫卖度日，或每天重复着制作纽扣和小饰品的无聊劳动。[14] 要做成高盛、塞利格曼和雷曼兄弟[①]那样的大买卖，任何巨大的财富（特别是在经历了南北战争时期的

① 均为著名的商业银行和投资公司。——译者注

商业票据风潮之后）也都只能从一个叫卖针头线脑的小货摊开始做起。一个来自莱茵兰、阿尔萨斯或巴伐利亚某个小村庄的犹太人或一个犹太家庭，投奔一个犹太同胞，很快就有了他的第一个货袋：在针线、镜子、项链、细布或肥皂中间，再放上一两幅做工粗糙的镶嵌版画，这样一个“货摊”就足以把一间只能放下灶台的东倒西歪的小屋变成一个像样的家。第一次上路叫卖，通常要背着价值 150 英镑的货物，在属于自己的卖货地盘上，小心翼翼地躲开身边的野狗，一家一家地敲门。如果他推销得法，很快就能攒下一点美元，买上一匹马和货车或起码置上一个鞍袋，就能把他从肩扛背驮的沉重货物下解放出来。马车不仅可以装更多和更重的货物，并且可以大大地扩大自己的卖货地盘。如果一切顺利，他就能置办更多的马和更大的马车，从而使他不仅可以卖小袋的擦炉粉，而且可以卖整体的炉子以及农家主妇需要的各种室内用品：椅子和桌子、地毯和窗帘，以及足以在大草原或深谷中维持一种单门独户生活的一应家庭用具。因此，正是千千万万的犹太人组成了美国西部边疆那种为人熟知的风景线。他们十分蹩脚的英语与他们的客户倒是很般配，因为这些客户平日说话都有典型的挪威、意大利或波兰口音，带着一种浓重的爱尔兰腔。如果意第绪语遇到标准的巴伐利亚德语，两种语言似乎并不存在交流障碍，完全可以顺利达成一项交易，或许彼此还会分享一杯淡茶，甚至一块黑面包或一片奶油蛋糕也未可知。流动商贩和当地客户之间有着共同的怀念物：欧洲的钟楼和果馅点心。有的时候特别是遇上坏天气时，如果他们足够幸运，很可能会有某个热情好客的客户毫无防范之心地把犹太商贩带到家里过夜。第二天早晨，商贩会以某种方式对主人的友好接待表示感谢，通常是为农夫的孩子留下一个玩具或小物件，而主人一般也不会拒绝。在卖货途中，一次偶尔的联系也可能发展为永久的友谊。马库斯·斯皮格尔（Marcus Spiegel）的姐夫曾在芝加哥经商，他就在俄亥俄州的贵格会（Quaker）农场分得了一块土地。有一次，他在卖货途中敲开了哈姆林家族（Hamlins）住宅的大门，并在小住期间爱上了农场主的女儿卡洛琳（Caroline），他的感情得到了热烈的回报，卡洛琳在投入他的怀抱的同时也皈依了犹太教。[15] 在他沿途叫卖以及后来在联邦军队的俄亥俄志愿军中服役时，斯皮格尔经常给他的“犹太人”妻子写信，满怀深情地提醒她当一个真正的犹太主妇，守安息日和过逾越节，并按时带孩子们去犹太会堂。

这样的故事只可能发生在美国。因为在美国，犹太人对本土文化的沉浸不像世界上的其他任何地方那样受到警察监督和社会仇恨的束缚。这是一个小小的奇迹，因为除了本土的印第安人以外，这个国家的几乎所有人都是移民血统。

冒险家的乐园

昨日的流动商贩希望成为明天的店铺老板。当时，这至少已经成了一个普遍的梦想，而这样的梦想在“旧世界”里是很难实现的。美国没有行会制度。在横跨美国大陆的星罗棋布的新兴城镇里，任何古老的传统手艺家庭都不再天生就是面包师或裁缝。每当有新的移民到来时，他们已经有足够的理由对社会的前景保持乐观，因为他们的堂兄、叔伯或姐夫当年都是从一个货郎担开始的，现在都已经有了自己的商铺，做起了干货、咖啡、茶叶、纺织品、马蹄铁、五金、木材、种子和面粉等生意。1876 年，当马克斯・李林塔尔应邀到旧金山为他的侄子主持婚礼时，他从辛辛那提一路赶了过来，先是乘坐太平洋联合铁路公司的火车到犹他州的奥格登（Ogden），然后又转乘太平洋中央铁路公司的火车穿越了荒凉的内华达山脉。[16] 一路上，火车横穿艾奥瓦州和内布拉斯加州，越过怀俄明州的落基山脉——

> 凡是在沿途的各个小地方停留时……都能看到我们的犹太同胞……在一排简陋的乡间木板房前面，我们看到上面标着一个个宗教同胞家族的名字——柯恩、利未，等等，而“以色列”这个名字几乎随处可见。每当我遇到他们，看到他们自豪地坚守着自己祖先的

信仰时，我从内心里感到高兴。尽管他们隐居在远离任何犹太宗教机构的人迹罕至的荒原上，但他们仍然尽可能地按时过安息日和其他重大节日。

一路上，那些穿着脏兮兮工装的犹太人夹道欢迎他的到来，就好像他们在边远的乡间看到了一个伟大的“义人”。他的旅程成了一次令人瞠目的教育，这是包括李林塔尔的家人在内的所有犹太人在美国西部最希望看到的场景。在萨克拉门托，他的儿子菲利普（已经被提拔为英国—加利福尼亚银行的首席出纳）领着他父亲参观了金库，并“把我引荐给一大群一直在金库里等待着我们的火车到站的百万富翁……他们穿得五颜六色，既有犹太人，也有非犹太人”。坐在海湾的渡轮上，李林塔尔从远处欣赏着这座城市的天际线，但见位于苏特（Sutter）大街上高达165英尺的伊曼努尔会堂的双子塔尖耸入云霄，“双塔之间镌刻着巨大的字符”，一时间，他觉得宛若真的来到了“金色的圣地”。来自巴伐利亚、波兹南、阿尔萨斯和莱茵兰地区的许多犹太同胞和他一起欣赏了这一美景。到1870年，加利福尼亚的犹太人就已经达到10000人。

有些犹太人则依然过着他们从前在德国的那种生活，只不过规模更大也更自由罢了。以撒·斯通（Isaac Stone）来自巴伐利亚的一个乡村社区，但正是当他来到加利福尼亚后，他才变成了旧金山的牛奶场主和奶制品供应商，并雇用了大量的瑞士牛奶工，在他离市区数英里之遥的一排牛棚里为他照看着175头奶牛。在美国西部，犹太人往往身兼数职，这样的生活方式在“旧世界”的欧洲是根本无法想象的，甚至在美国东部也是如此。马克·斯特劳斯（Mark Strouse）在1862年的康斯托克富银矿（Comstock Lode）中枢——弗吉尼亚城，既是一位带枪的犹太治安官，同时也担任着整个城市及其军营的肉类督察一职。然而，供应“可食的”牛肉和家禽的职责并不妨碍斯特劳斯经营着自己的一家饲养场，因为西部毕竟是以熏肉为基本食物的地方。[17]（在南北战争中，作战双方军队里各色士兵的军营食谱并没有什么太大不同。）亚伦·弗莱什海克尔（Aaron Fleishhacker）虽然和他的两个儿子在内华达的卡森城（Carson City）经营着一家时装店，如果用严格的安息日诫命衡量也许算不上一个真正的犹太人，但在他店铺楼上的房间里，却总有许多恪守诫命的犹太人按时在那里祈祷。在正规的会堂建成之前，这种楼上的房间通常就是犹太人在早上和晚间祈祷的场所。[18]

拉比和领诵人往往也是身兼数职。来自洛林的卢克斯海姆（Luxheim）的但以理·利未（Daniel Levy），早年曾经在阿尔及利亚的奥兰（Oran）的犹太学校里当过教师（由于攻击拿破仑三世还曾坐过一段时间的监狱），所以他现在既是旧金山的德国伊曼努尔会堂里的领诵人，又在旧金山的高级中学里教书，同时还是旧金山犹太社区在犹太媒体中最活跃和强势的代言人。年轻的拉比赫尔曼·比恩（Herman Bien）当年在弗吉尼亚城服役时曾经挎过手枪，如今已经是一位小有名气的作曲家和演唱家（尽管并不是所有的作品都获得了成功），并且在内华达于 1864 年获得州的地位后被选为卡森城的议会成员。[19] 阿希姆家族（Ashims or Aschims）是著名的干货商人，但有些成员也在干着其他的行当，如巴录·“巴里”（Baruch “Barry”）由于速记方面的才能而受到了塞缪尔·克莱门斯［Samuel Clemens，马克·吐温（Mark Twain）在成名之前的真实姓名］的青睐。马克·吐温甚至聘用他为自己提供内华达议会的会议记录，以便进行及时报道。

作为冒险家的乐园，美国西部为犹太人提供了利用自身对金钱天生的直觉而获取财富的机会。与大多数人顽固地采取与矿主和铁路部门作对的方式不同，工程师阿道夫·苏特罗（Adolph Sutro）却以孤身作战的方式在内华达山脉下面挖了一条堪称奇迹的长达 4 英里的坑道，把阻碍开采康斯托克富银矿的深水引出，从而把矿层完全暴露出来。全面挖通之后，这条苏特罗坑道每天的排水量可达 300 万 ~400 万加仑。后来，虽然功率更强大的抽水机械代替了这条坑道，但苏特罗却在工程进展顺利时及时地卖掉了他的股份，并在旧金山城里和周边将其置换成了不动产。他最终在 19 世纪 90 年代成了美国主要城市中的第一个犹太市长。[20]

犹太人在美国西部矿产世界中的出现至少还引发了另一场至关重要的商业革命。这场革命肇始于一种著名的临时修补工装的生意。1870 年 12 月间，一位身材笨重、体态臃肿的内华达矿工的妻子，来到了雅各·戴维斯［在俄国里加附近出生时的名字叫雅各布·尤普斯（Yakub Youphes）］位于弗吉尼亚城里的修补店，抱怨说她丈夫的工装裤开裂得越来越厉害。虽然戴维斯的主营业务是为太平洋中央铁路公司的工人制作和修补马车篷顶、帐篷和裹马毯，但他也曾经偶尔修补过工装之类的衣物。所有这些修补工作所用的布料都是由旧金山的犹太商人罗布·施特劳斯［Loeb Strauss，如今自称为“李维”（Levi）］提供的十盎司一尺的斜纹帆布或九盎司一尺的斜纹粗棉布①。根据他自己的权威记述，戴维斯看了看散落在工作台上的用来加固帐篷和马车篷顶的一堆堆宽头铜铆钉，脑海中闪过一个足以改变现代世界面貌的念头。这些铆钉是不是可以用在工装的口袋和缝合线上呢？当然可以，并且还真用上了。不久之后，所有的铁路工人和矿工都想要用铆钉加固后的工装。第二年他做了 200 件，但仍然难以满足工友的需求，并且他的供货商施特劳斯先生也断货了。1872 年 7 月，戴维斯写下了那封历史上著名的信件，他请求施特劳斯申请一项专利，条件就是以所有的收入分成的方式合伙生产成品帆布裤。第一次申请遭到了专利办公室的拒绝，理由是铜铆钉早在南北战争期间就已经用于军靴生产，但第二次申请在 1873 年 5 月获得了批准。于是，举世闻名的“牛仔裤”（Jeans 来自远洋水手的土话“Gênes”，即法语的“热那亚”，因为那里的蓝帆布水手装已经流行了数个世纪）诞生了。

① 现俗称“牛仔布”。——译者注

犹太女性的传奇故事

只要需要她们，犹太女人就会在进军西部的大潮中变成女商人。许多犹太女人被以独特的美国方式重新定义为“勇猛的女人”（eshet chayil），即在犹太传统中被奉为榜样的“女强人”。[21] 在穿过中部的大平原和落基山脉赶往犹他州的途中，芬尼·布鲁克斯看到那些马车女主人不仅在轮到她们当班时会驾驭马车，而且作为常备的防身武器，她们的腰里都掖着左轮手枪，并且显然知道如何使用。她虽然有些吃惊，但并没有感到任何不快，因为这不光是男人的专利，对女人来说也不得不如此，并且她自己也很快就搞到了一把枪。一旦在西部定居下来，犹太女人通常会成为更不可或缺的一家之主，她们会在加利福尼亚或其他西部州、自治领申请自己的营业执照。所以，精明能干的卡洛琳·坦内瓦尔德（Caroline Tannenwald）才在普莱瑟维尔（Placerville）办起了名噪一时的“圆顶帐篷”商店，并成为方圆数英里之内的矿区营地和牧场的商业中心。芬尼·布鲁克斯后来也在对帽子极端疯魔的旧金山成为最成功的女帽商之一。在当时的旧金山，满街都是绢花和荷花绲边、形形色色的饰片、珍珠母饰扣和珠片，甚至造型独特的鸵鸟翎，全部都装饰在宽大的帽檐和高耸的帽顶上。当伊曼努尔·布洛赫曼（Emanuel Blochman）为旧金山的犹太儿童开办学校，然后又先后试图靠烤制无酵饼、酿造“可食的”红酒、经营牛奶场和创办《拾穗者周刊》（*Weekly Gleaner*）来维持生计并屡次失败之后，他的妻子纳内特·康拉德·布洛赫曼（Nanette Conrad Blochman）却靠她生意红火的女帽店（在安息日和重大节日当然要关门）为家里挣来了白面包。而当她丈夫的又一项投机生意再次失败之后，纳内特只好把他摁在了女帽店的柜台上照看生意。[22] 但像萨拉·罗利亚（Sarah Loryea）这样的同行却很快就意识到，一旦这些银矿城镇形成了一定的规模，必然会对时尚女帽产生大量的需求，于是她率先在卡森城和弗吉尼亚城开了分店，并利用向顾客推荐帽子的机会大量出售漂亮的瓷器和玻璃制品。还有一些同行则在专营儿童服装的过程中发现了商机，纷纷在为孩子的母亲制作套装的同时向她们推销灯笼裤和外套。在一些银矿城镇里，犹太女人还做起了寄宿公寓、旅店和餐馆的老板娘，如卡森城的玛蒂尔达·阿希姆（Matilda Ashim）、尤里卡（Eureka）的萨拉·列文塔尔（Sarah Leventhal）和雷吉纳·莫赫（Regina Moch）。她们在前厅的柜台前要显得非常“泼辣”，并且在做来客登记时要十分小心，但莫赫却不得不面对更为严酷的挑战。1879 年，一场大火烧毁了她的旅店和餐馆，她的丈夫也殒命于大火之中。雷吉纳万分悲痛，她服丧七日（shiva），然后又重新振作起来，她的新旅店在一个月内便又开张营业。[23]

在许多方面，可以说正是犹太女人促进美国实现了最深刻的社会生活变革。对于那些首先来自英国然后来自德国的一代代新移民来说，这些“勇猛的女人”仍然是犹太传统中的“家庭女祭司”的理想形象。对犹太女性来说，参与公益事业的机会更多地体现在改革派的会堂里，她们参加祈祷的场地已经由按性别划分变成了按家庭入座。但是，新派犹太女性最著名的模范人物当属费城的利百加·格拉茨（Rebecca Gratz），她甚至把犹太社会工作视为改革派犹太教的最对症的解毒剂，因为她非常担心改革派犹太教有朝一日会成为同化运动的“特洛伊木马”。[24] 她认为，贫困和无知的不幸命运已经使犹太人特别是犹太女人变成了那些表面上和善的传教士追逐的脆弱猎物。因此，格拉茨在自己的生活中变成了一个倡导社会仁爱和教育事业的斗士，一个援助“犹太村民”的宾夕法尼亚贵族。

格拉茨之所以能做到这一点，是因为她出生于一个非常富有的家族：不仅是土地投机商和大商人，而且还有一大群大多已经与外族通婚的兄弟，这一事实更加坚定了她从事公益事业的信心。她具有成为一个完美“皈依者”的所有品质——她长得很美，又受过高等教育，并且在大西洋两岸的文学世界里不乏通信者和朋友：著名作家华盛顿·欧文、儿童作家范妮·肯布尔（Fanny Kemble）、教育家玛利亚·埃奇沃思（Maria Edgeworth）、多产的英裔犹太诗人和小说家格雷斯·阿圭勒（Grace Aguilar）。由于热爱社会工作和过于自恋，她决定独身，以便专心致志地投入社会工作。在照顾中风的父亲直到去世之后，她资助成立了一个非党派机构——“费城妇女协会”，以救助那些陷入贫困的女性和小女孩。后来，在格拉茨的主持下又开办了几家孤儿院。不久之后，她开始投身于为那些陷入困境的犹太孤儿和年轻女性建立类似的慈善机构。为了教育年轻一代的犹太人，她还专门建立了一所希伯来学校，这所学校尽管起了一个希伯来名字，却几乎全部用英语进行教学，并且她还为此专门聘请了姊妹花老师西姆卡·佩肖托（Simcha Peixotto）和雷切尔·佩肖托·派克（Rachel Peixotto Pyke）为学生编写课本。

由于她反对同化、皈依和婚姻，长相出众却又极端虔诚，于是利百加·格拉茨便成了那些喜欢为犹太人编造浪漫故事的非犹太作家的完美原型。美国最著名的肖像画家——如吉尔伯特·斯图尔特（Gilbert Stuart）和托马斯·苏利（Thomas Sully）——排着队为她创作乌黑眼睛、油亮头发的逼真形象，有些人甚至把她描绘得美得不可方物。尽管没有任何事实根据，但不难理解为什么沃尔特·司各特[①]在《艾凡赫》(*Ivanhoe*)中创造的利百加[②]（英语小说史上第一个富有同情心的犹太人形象）的传奇故事，正是用以毫不妥协著称、善良而坚定的格拉茨为原型的。

① 沃尔特·司各特（Walter Scott，1771~1832）爵士，英国著名的历史小说家和诗人。他自幼患有小儿麻痹症，但却少年成才，他写的以苏格兰为背景的诗歌十分有名，但拜伦出现后，他意识到无法超越，开始转行写历史小说，并终于成为英语历史文学的一代鼻祖。他的代表作《艾凡赫》是一部长篇历史小说，主人公艾凡赫是一个撒克逊骑士。作者在民族和社会矛盾的宏伟历史背景下，将目光从苏格兰的历史转向英国乃至整个欧洲的历史，巧妙地把个人命运与历史重大事件结合在一起，生动地再现了12世纪英国的民族矛盾、民族风尚和各阶层的生活。——译者注

② 现通译为“丽贝卡”或“吕蓓卡”。——译者注

性感与才华兼备的亚达

这位犹太女人的传奇故事（既充满诱人的异国情调，又具有几分强烈的美国风格）的影响是如此轰动，竟然使一位文化名人，一位以社会道德之外的品质闻名的女演员，特意为自己争取了一个犹太人的身份。亚达·以撒·门肯（Adah Isaacs Menken）对她的新信仰非常认真，甚至宣布自己出生于犹太家庭，开始学习希伯来语，并在杂志上发表了许多有关犹太文化和历史的诗歌与散文。[25] 当她于 33 岁在巴黎患病后，她还请来了一位拉比，以便确定在去世后能够埋在拉雪兹神父公墓①的犹太人墓区。

当她与以撒·门肯结婚时，亚达特意在自己的姓名中加上了一个“h”，使其看起来更像一个希伯来名字。但是，她应该出生在新奥尔良或新奥尔良附近的某个地方，很可能是天主教徒的后代，抑或父亲是一个被解放的黑奴，而母亲则是一个克里奥尔人②。她曾在不同的场合多次宣称她的父亲是一个“马兰诺”犹太人。亚达的人生目标就是出名。有一段时间，她曾是美国收入最高的演员，尽管连她自己也认为（她是对的）并非完全是因为她在悲剧表演方面的天赋。她长得特别漂亮，身材香艳似火，曾一度在南方尝试把莎士比亚的作品搬上舞台（当时的评论褒贬不一），并在那里遇到了来自一个富裕的辛辛那提犹太商人家族的作曲家门肯。作为她的丈夫、经纪人和运营商，以撒领着亚达回到俄亥俄，以便赢得家人的好感，她也认真地学会了一些犹太教的礼仪和希伯来的基本知识。他们的婚姻并未能维持多久，但犹太女人亚达的身边却一直不缺情人，其中包括一位重量级拳击冠军。在不断变换新情人的间隙里，并且很可能还在婚姻状态下，她却又与走钢丝艺人查尔斯·布隆丹（Charles

① 拉雪兹神父公墓（Père Lachaise）是巴黎一座著名的公墓，这里安葬着许多已故著名的艺术家、作家和音乐家及其他领域的著名人物，如 17 世纪的著名剧作家莫里哀（Molière）、诗人吉姆·莫里森（Jim Morrison）、戏剧作家萨拉·伯恩哈特（Sarah Bernhardt）、奥斯卡·王尔德（Oscar Wilde）等。——译者注

② 克里奥尔人（Creole），为来自西印度群岛或拉丁美洲的移民。——译者注

Blondin）和年龄两倍于她的大仲马（Alexandre Dumas *père*）闹出了绯闻，并因此而激怒了小仲马（Alexandre Dumas *fils*）。在百老汇，面对山呼海啸般的观众席，在演出拜伦的《马捷帕》进入高潮时，她竟然身穿几乎全裸的戏装，代替通常的人形道具绑在马背上。让人困惑的是，她本来是要扮演男主角，同时又尽情展示最强烈的女性特征，这点燃了现场的热烈气氛。主办方宣称，当晚有不下九位联邦军队的将军来到演出现场，一睹这位被绑在马背上的裸体美人的风采。

但是，尽管她像演奏竖琴一样撩拨着公众的情绪，并且把自己的一头卷发剪得短短的，习惯于用她那丘比特弓形的丰满嘴唇吞吐着烟圈，但亚达并不仅仅是第一个犹太性感女神。惠特曼[①]和梅尔维尔[②]曾称赞过她的文学才华，而狄更斯[③]和史文朋[④]也对她十分推崇，并且虽然她饱含古典犹太悲剧意味地把她的诗集冠名为《不幸》（*Infelicia*），但其中所收录的一百篇诗作并不全都表达的是“不幸”。有些诗歌具有一种感性的色彩，通常以她的偶像惠特曼的“自由体”风格随意发挥，然后突然转入惊叹、歌咏和诅咒。早在她到达巴黎并在那

① 沃尔特·惠特曼（Walt Whitman，1819~1892），生于纽约州长岛，美国著名诗人、人文主义者。他创造了诗歌的自由体（Free Verse），其代表作品是诗集《草叶集》。——译者注

② 赫尔曼·梅尔维尔（Herman Melville，1819~1891），19世纪美国最伟大的小说家、散文家和诗人之一，与纳撒尼尔·霍桑齐名。他生前没有引起应有的重视，但在20世纪20年代声名鹊起，被普遍认为是美国文学的巅峰人物之一。英国作家毛姆认为他的《白鲸》是世界十大文学名著之一，其文学史地位更在马克·吐温等人之上。梅尔维尔也被誉为美国的“莎士比亚”。——译者注

③ 查尔斯·狄更斯（Charles Dickens，1812~1870）是19世纪英国现实主义文学的主要代表，素以妙趣横生的幽默、细致入微的心理分析，以及现实主义描写与浪漫主义气氛的有机结合著称。他的第一部长篇小说《匹克威克外传》发表于1836年，并从此一举成名。之后的三十四年中他又完成十多部长篇小说，著名的有《艰难时代》（1854）、《双城记》（1859）、《奥列佛·特维斯特》（又译《雾都孤儿》，1838）、《老古玩店》（1841）、《董贝父子》（1848）、《大卫·科波菲尔》（1850）和《远大前程》（1861）等。——译者注

④ 阿尔杰农·查尔斯·史文朋（Algernon Charles Swinburne，1837~1909），英国著名诗人、剧作家、小说家和批评家，是《大英百科全书》第七版的著名撰稿人。他创作过大量的小说和诗歌，多以大海、时间和死亡为主题，其诗歌往往涉及一些禁忌主题。代表作有诗集《诗歌与民谣》等。——译者注

里死于癌症与肺结核之前，亚达肯定已经了解到第一个犹太戏剧明星雷切尔的全部经历，而她自己对戏剧名声的追求预示着（尽管没有可比性的才华）表演力量的终极化身——莎拉·伯恩哈特[①]。在她的诗作中，她常常把自己比喻为苦难的以色列的女儿，一个被上天派来对反犹主义疯狂复仇的灭绝天使。她专门为美国改革派犹太教的领军人物、拉比以撒·梅耶·魏斯（Isaac Mayer Wise）写作的《以色列人》（*Israelite*）一书得以出版并获得了巨大的成功。但喜怒无常的性格却使她走向了利百加·格拉茨所代表的“广施善行”的犹太典范的反面。亚达是一个热血的、危险的甚至近乎邪恶的人物，她为犹太人的利益而燃烧和战斗，但却从来不在乎别人的看法。

在诗歌方面，没有什么高峰是亚达所不能跨越的。《犹滴传》[②]是一部以高音为主的狂烈歌剧，其中的念白就像 19 世纪的戏装，闪耀着硕大的宝石和五颜六色的合金饰物，所以特别吸引眼球。她就像一个悍妇一样向以色列的敌人宣告着：“我分不清你满头的宝石和你闪闪发光的眼睛，更分不清你嘶嘶作响的喉咙和尸身。”

我可不是什么抹大拉（的玛利亚），还巴望着亲吻你的衣袖。

到中午了。

看看吧，你的额头上写着什么？

我是犹滴！

我正等着取下荷洛弗尼的头呢！

在他在还有意识的濒死痛苦中发出最后的战栗之前，我要让你看一看他那粘在呆滞的眼睛上的一缕缕长头发，他那已经再发不出声音

① 莎拉·伯恩哈特（Sarah Bernhardt），19 世纪和 20 世纪初最有名的法国女演员。——编者注

② 《犹滴传》（*Judith*），主要讲述机智勇敢的犹太寡妇犹滴杀死亚述王手下的大将荷洛弗尼（Holofernes）从而拯救了家乡同胞的故事。——译者注

的大嘴巴，还有他那已经变得滚烫和冒着血沫的坚韧的喉咙。当鲜血溅到我赤裸的身体上并一直流下来浸湿我冰冷的双脚时，我会产生一种野性的快意和难以形容的狂喜！

毫无疑问，这种女性自我解放意识也是贯穿在亚达所有作品中的一条主线，并作为在受到双重不公正对待时的一种发泄方式掩盖了她身上的犹太性。这或许把这位以香艳著称的先锋女性，推到了发掘犹太人的美国这口潜藏着巨大怒火的深井边缘。欧内斯汀·罗斯（Ernestine Rose）是一个拉比的女儿，她在放弃了所有的信仰并外嫁给俗人之后，成为美国女权运动的发起人之一，被誉为“论坛女王”。在一次大会上，她曾公开地把女性在一个男性统治的世界里的漫长受难史与犹太人遭受的压迫相提并论。

而这也正是亚达·门肯以自己的方式尽量避而不谈的一个问题。在《以色列啊，你要听！》（*Hear O Israel*）这首最激动人心的诗中，她其实已经开始沉思并忏悔：

无论白天黑夜，我的泪水就是我的美食：
蜷缩在敌人黑暗的帐篷里，
为他们赶制精美的暗红色亚麻衣。
我双脚赤裸，头戴披巾，
身穿粗布，衣衫褴褛，
把橄榄枝装饰在胸前，
以色列啊，我回来了！

但是在最后的篇章中，诗人转而面对外部的世界，转向世界上的被压迫者，沉思的诗行变成了为她的民族发出蔑视一切的战斗呼喊，一种回响在即将到来的犹太人的灾难世纪里的悲怆呼喊。

我们，以色列的子孙，
将不会再像被鞭打的猎犬那样，
整天对着你们用铁手挖成的坟墓般的狗窝哭泣！
以色列啊，从岁月的沉睡中醒来吧！
尽管地狱之火在你的脚下翻腾，
也要推翻暴君，走向光明！
应许的曙光就在眼前，
‘上帝’啊——我们民族的‘上帝’正在召唤！
向前——向前！

这首诗充分运用了惠特曼的夸张法，尽管出自一个充满莎士比亚式幻想的歌舞女郎之手，但读者必然能够感受到，在美丽的亚达·以撒·门肯表达出来的令人战栗的愤怒中，有某种既真实又可怕的现代气息。当她到欧洲进行文学和戏剧宣传推广的宏大巡回演出时，以阿尔方斯·图斯内尔（Alphonse Toussenel）的《犹太人——时代的国王》（*Les Juifs, rois de l'époque*）在 1844 年正式出版为标志，一种新的反犹主义文化已经悄然兴起。人们本来以为，“新世界”已经逃过了这种属于“旧世界”的顽疾，但亚达在她自己的美国不需要看得很远就已经注意到，这种病毒已经在某些地方和某些时间越过了大西洋。

美国犹太人的政治声音

像末底改·挪亚这样的犹太候选人，并不是只有在进行竞选演说时才会感受到被“丑化为夏洛克”的侮辱。在 1855 年，圣克鲁兹（Santa Cruz）的一个柠檬种植园主威廉·W. 斯托（William W. Stow）身为加利福尼亚众议院的议长，竟然对一个名叫路易斯·施瓦茨（Louis Schwartz）的人因拒绝参加要求商铺在星期天关门（斯托希望就此事在加利福尼亚形成法律文件）的集体请愿活动表示抗议。斯托因此而恼羞成怒，从而引发了一波针对被他讽刺为“经济和社会寄生虫”的部分犹太商人的激烈诽谤。

> 我对犹太人并没有任何好感，只要我还在这个岗位上干一天，我就要通过一项禁令，不仅要从我们这个县里，而且要从整个州里把他们驱逐出去！我要让针对犹太人征收的营业税高得出奇，使（犹太人）再也无法经营更多的店铺。美国共和体制的基础是基督徒的“安息日”和基督教信仰。犹太人必须服从多数人的意志。他们是这样的一类人，之所以来到美国，不过是为了捞钱，一旦他们捞够了钱，他们就会离开这个国家。[26]

斯托仍然在做着他的州长梦，并且由于19世纪50年代的政治空气仍然充满了对政治“一无所知”的本土主义味道（反天主教情绪甚于反犹主义），他完全可以理所当然地认为，他的恶意攻击行为必然会在某种程度上赢得公众的支持。但即使他能得逞一时，他的动议必将很快就被他的演讲所引起的喧嚣声所湮没，并且也很难获得其他端坐在萨克拉门托议会大厅里的非犹太议员的认可。因为这些议员都非常了解旧金山、洛杉矶、斯托克顿（Stockton）和萨克拉门托的犹太人，知道他们不仅是小商人和店铺老板，而且还有市议会议员以及同时作为教师和当地头面人物的拉比，更不用说还有许多法官，尤其是像所罗门·海登菲尔特（Solomon Heydenfeldt）这样的大法官，当时他是州最高法院的法官。所有这些人自然都不会接受众议院议长所描绘的犹太人的丑恶形象。据《萨克拉门托民主国家杂志》（*The Sacramento Democratic State Journal*）报道，马林县（Marin County）的史密斯先生说：“他根本不相信任何没有获得公众舆论支持的法律，并且他还认为，如果这项法案获得通过，它必将遭到千夫所指。”但是，斯托的偏见和恶意攻击却激发美国犹太人发起了第一次强力反击。在以撒·莱塞（Isaac Leeser）——他出生于莱茵兰地区的诺因基兴（Neuenkirchen），是现代正统派犹太教的保护人，同时长期在费城的会堂里担任领诵人，并且还是《犹太人与摩西律法》（*The Jews and the Mosaic Law*, 1833 年）一书的作者——主办的月刊《西方与美国犹太人权益保护杂志》（*The Occident and the Jewish American Advocate*）上，他甚至把犹太人问题提高到了自由宽容主义和宪法的高度。

> 如今，千奇百怪的狂热已经成为主流，观点温和的人反而不被人关注……这种奇怪的癖好必将持续一段时间……我们可以很容易地想到，那些受过一半教育的人，或者那些属于特定宗教群体的人，当然迫切地希望能够全力推行和实施这样一项针对以色列子孙的“法老式”法律。仇恨与自己的生活方式不同的人是当地平民百姓的天性，但这并不等于一个在正规的团体组织中自身居高位的官员就可以为所欲为，以至于忘记了自己的身份，竟然完全凭感觉说出如此违背宪法的胡话，要知道，如果没有宪法，何来你的职位？这样一个人甚至很难用丑陋和无耻来形容，他恐怕连自己姓什么都忘了吧。[27]

拥有耶鲁大学法学学位的塞法迪犹太人亨利·J. 拉巴特（Henry J. Labbat）不仅是来自查尔斯顿的最早的移民，而且还是加利福尼亚法律方面的权威，在他与拉比以撒·梅耶·魏斯合编的《以色列人》一书中，他直接向敌人展开反击。作为“希伯来青年辩论学会”的主席，他现在开始用他言辞犀利的炮火向威廉·斯托倾泻：

议长先生既然作为众议院的首脑而身居高位，千不该万不该，你不应该明目张胆地用恶毒的谎言来欺骗我们的立法机关和我们的政府……你竟然胡说“他们来美国捞够了钱就会离开”。难道你不知道一个个坐着轮船赶过来的家庭都把加利福尼亚当成自己的家？难道你不知道在各个大城市里建造的一座座红砖犹太会堂是为了举行祈祷仪式？难道你不知道他们的一个个慈善机构向他们一无所有的兄弟们伸出仁爱的双手？……如果你对这些事实一无所知，那么你就是真正的无知；否则，你就完全是在歪曲事实和蔑视议会，那么你也就没有脸再继续坐在那把椅子上。

那么，四处流浪的犹太人就能像其他所有的人一样，在一个能使他们得到平等对待的国家里扎下根来。与斯托狡诈善变的偏见说辞完全不同，拉巴特一直坚持自己的观点，任何移民群体都不能在道德上凌驾于其他群体之上，同时他还在显然不包括犹太人在内的流氓无赖名单上加上了最后一个名字，以刺激和震慑议长斯托之流。“难道他们开酒馆是为了毒害人民？当然不是……他们是都该被你送进监狱，还是他们在指责政府干预刑事审判？都不是。他们既不是强盗和抢劫犯，更不是身居高位的政客。”

犹太人怒火的这次整体大爆发或许使嚣张的威廉·斯托暂时有所收敛，并且他很可能还为了州长的职位花了不少钱。但是到1858年，另一项禁止在星期天做生意的法律获得通过（并没有做任何反犹主义宣传）。斯托一路官运亨通，后来终于成了加利福尼亚州的政治和立法机关首脑。在金门公园的一片平静的湖面上，一群天鹅在水面上滑行，一对对小情侣在小船上亲热，旧金山温暖的和风中仍然飘荡着他的名字。

在南北战争爆发之前，美国的犹太人口已经达到15万，大约占到美国人口总数的0.5%。正如拉巴特在他的反击进入尾声时所指出的那样，这次出乎意料的恐犹症大爆发至少有一个好处，那就是提醒犹太社区不要一味地自我陶醉。在这场抵制丑化人格的偏见浪潮中，美国犹太人第一次发出了自己的政治声音。

然而，没有人预见到尤里西斯·格兰特（Ulysses Grant）将军会在 1862 年发布“二号命令”，从而把所有的犹太人从他的军事管制区，即包括从伊利诺伊直到南部的肯塔基在内的大片广阔领土上的所谓“田纳西卫戍区”（Department of Tennessee）驱逐出去。发布这项命令的表面原因是为了针对南方邦联展开一场经济战，因为南方一直把军用物资尤其是棉花走私到北方，并在一些重工业城市里高价出售。虽然有些犹太人卷入了这种非法交易，但正如人们所预料的那样，绝大多数的走私犯和黑市商人却都是非犹太人。尽管这一点并没有明确地体现在格兰特的“二号命令”中，但其所指却立即转向了他们共同记忆中——从中世纪造成巨大创伤的大流散，到西班牙和葡萄牙残酷的集体驱逐，一直到最近的 18 世纪被迫离开布拉格和维也纳的惨痛经历——早已认定的一个民族。该命令暗示，如果有人对联邦犯下了商业叛国罪，那他肯定是声名狼藉的犹太人，必须受到惩罚。或者像格兰特的“二号命令”所说：

> 兹命令：作为一个屡次违犯财政部发布的贸易禁令的种族……犹太人必须在收到该命令二十四小时内全部离开“卫戍区”。驻地指挥官务必确保这个种族的每一个成员都持有通行证并立即离开。在接到命令后，凡是私自返回的人都将被逮捕并受到拘押，直至情况允许，他们才能作为犯人被释放。[28]

消耗战

在击溃南方邦联的消耗战中，格兰特一度被各地的经济破坏活动（根据他的判定）搞得非常头疼。当时，大约有五千名犹太人居住在南方并忠诚于它，但其中有些人，如杰斐逊·戴维斯①的内阁大臣犹大·P. 本杰明（Judah P. Benjamin），还是非常引人注目的。[29]另有一些人，如居住在萨凡纳的诗人佩尼纳·摩西（Penina Moise），也仍然死心塌地忠诚于南方；即使在北方，也有许多像以撒·梅耶·魏斯这样的人，虽然他们坚定地支持北方联邦，但却对废奴运动相当冷淡甚至怀有敌意。但是，当拉比莫里斯·拉斐尔（Morris Raphall）在纽约举行的一次公开布道演讲中阐释奴隶制的正当性时，却立即遭到了反对奴隶制的犹太听众的激烈围攻。有些犹太人甚至继续举行抗议活动。1853 年夏天，米迦勒·格林鲍姆（Michael Greenebaum）在芝加哥召集了一群人试图阻止军警根据臭名昭著的《逃亡奴隶法案》（Fugitive Slave Act）逮捕逃亡奴隶的残暴行动。[30]对于那些坚决抵制奴隶制运动的犹太领袖来说，仅仅是到处演讲、给报刊编辑写信或全力支持林肯②的竞选活动是远远不够的。奥古斯特［出生时名为安希尔（Anschl）］· 邦迪（August Bondi）在 1848 年曾在匈牙利革命军的“学生军团”中作战，后在当年年底为逃避反革命复辟势力的迫害与家人一起流亡到美国。在新奥尔良，他亲眼看到奴隶们遭到虐待，他们平日只能用咖啡包装袋裹身；加尔维斯顿（Galvesyon）的情形甚至更糟糕，奴隶们每天早晨都会遭到皮鞭的毒打。他说，“我本来可以与得克萨斯最漂亮的女人结婚”，但她却是一个奴隶主。“我父亲的儿子总不该去当一个奴隶监工吧”。在自由州堪萨斯，连奥古斯特自己也遭到当地流氓团伙（他们正在恐吓州政府恢复过去的奴隶制）的殴打，他的房子则被付之一炬。这件事对邦迪的

① 杰斐逊·戴维斯（Jefferson Davis，1808~1889）在墨西哥战争中功勋卓著，曾出任国会议员（密西西比州）和美国战争部长。在南北战争时期（1861~1865）出任南方邦联“总统”。——译者注

② 亚伯拉罕·林肯（Abraham Lincoln，1809~1865），美国政治家、思想家，共和党人，美国第 16 任总统，著名的废奴主义者。——译者注

触动很大，他毅然加入了约翰·布朗①领导的非正规废奴主义军队，在波特瓦托米（Pottawatomie）河边攻击并杀死了 12 个当地流氓，并在“黑杰克矿区”战役中解救了 48 个奴隶犯人。当邦迪真的结婚时，他的新娘变成了亨利埃塔·爱因斯坦（Henrietta Einstein）：一位著名的废奴主义者的女儿。在堪萨斯志愿军中服役期间，他以犹太人的方式对《解放奴隶宣言》（the emancipation proclamation）的消息表达自己的喜悦：“从此再也不会有法老，再也不会有奴隶了。”[31] 许多犹太人一开始都是中立的，但民主党人（而不是共和党人）在内战期间使他们转向了废奴主义。马库斯·斯皮格尔在战前与废奴主义素无联系，但他后来逐渐改变了自己的看法。他在给妻子卡洛琳的信中写道：“我要为废除奴隶制而战，从此之后无论发言还是投票都决不再支持奴隶制……这并不是一个仓促的决定，而是一种坚定的信念。”[32]

换句话说，犹太人的言论和行为也随着其他公民政治主张的变化而发生了分歧：衡量他们融入美国生活程度的另一种尺度。但是，为北方联邦作战的犹太士兵要远远多于为南方邦联而战的犹太士兵，人数之多足以使他们要求配备——并且在克服了某些障碍后真正拥有了——自己专职的随军传教人员。

不管他们对“解放奴隶”是冷淡还是热情，美国各地的犹太人全都被 1862 年格兰特发布的命令中“作为一个种族”这一邪恶措辞所隐含的“集体犯罪”罪名吓坏了，因为这种罪名被定性并归类为所有的“父母是犹太人的人”。1868 年，当格兰特竞选总统时，他遭到了那些对他的记忆并不释然的犹太人的

① 约翰·布朗（John Brown，1800~1859），美国南北战争前夕的废奴主义志愿军领导人。1855 年，他在屡次经商失败后，跟随儿子们来到堪萨斯，希望能获得土地并立志使其成为自由州。布朗在已经废除了奴隶制的奥萨沃托米镇（Osawatomie）定居下来并自命为当地反对奴隶制的志愿军统帅。1856 年发生于堪萨斯州的一连串针对废奴主义者的暴力事件被称作“堪萨斯血案”，于是他决心进行暴力复仇。1856 年 3 月 24 日晚间，他率领部下把多名奴隶制度支持者拖到波特瓦托米河边杀死，历史上被称作“波特瓦托米屠杀事件”。在布朗领导的废奴主义起义中，逮捕了一些种植园主，并解放了大量的奴隶。布朗的志愿军最终被罗伯特·李（Robert Lee）将军派军镇压，他遭到逮捕后被杀害。——译者注

激烈攻击，尽管当时有许多犹太人仍然忠诚于共和党，但他们还是号召宗教同胞投民主党的票。格兰特本人公开承认“二号命令”对犹太人是不公正的，或许是受到了内疚情绪的影响他后来任命犹太人担任华盛顿特领地（华盛顿州的前身）行政长官和亚利桑那印第安事务局局长这类公共职务。

几乎可以肯定的是，格兰特的“内疚情绪”与纠结在他内心里的一种潜意识有关，即犹太人必须为他自己对父亲耶西（Jesse）产生的不满付出代价。辛辛那提——犹太人在中西部的家乡，以撒·梅耶·魏斯和克马斯·李林塔尔拉比法庭的所在地——正是尤里西斯·格兰特的出生地（也是他胯下那匹战马的昵称）。但是，辛辛那提同时也是耶西·格兰特与一个迫切需要棉花的犹太服装制造家族——麦克（Mack）家族开始非正式合作的地方。父亲格兰特觉得，在麦克家族成员的陪同下对他儿子的司令部进行一次访问或许能说服将军提供更优越的生意合作条件，从而利用他的影响力获得更加丰厚的报酬。然而，耶西不知道的是，当时的尤里西斯正被他所称的犹太人所造成的“难以容忍的麻烦”搞得非常头疼，并且正在讨论如何“把他们从他的卫戍区中清除出去”。耶西在麦克家族成员的陪同下对儿子的贸然造访几乎把将军推到了崩溃的边缘。

庆幸的是，向既定目的地运送成千上万被驱逐的犹太人的马车和船只一直没有着落。就在“二号命令”正式发布之前三天，南方邦联军队的一次突然袭击摧毁了位于霍利斯普林斯（Holly Springs）的北方联邦军事基地，致使大部分军事部门根本不可能及时实施“二号命令”。而那些觉得自己已经摆脱了基督教欧洲长达数个世纪的压迫与迫害的美国犹太人，显然并不希望这样的悲惨场景在自由的美国再次上演。来自肯塔基恰好位于“驱逐人员集散区”内的帕迪尤卡（Paducah）的西泽·卡斯克尔（Cesar Kaskel）立即给林肯总统发去了一封电报，宣称“这项反人道的命令对所有忠心耿耿的犹太人是一种巨大的侮辱和伤害，命令的实施无疑是对美国宪法最恶劣的践踏”。

由于正忙于起草《解放奴隶宣言》，林肯并没有看到卡斯克尔的电报，也没有对格兰特的命令表态。但是，他却同意要亲自接见卡斯克尔本人。提到这件事，还要感谢前国会议员约翰·格利·爱迪生（John Gurley Addison）的帮助，他虽然在1862年的大选中失利，但他一直是总统的可靠盟友。当他取来“二号命令”的原件时，林肯立即表示非常吃惊和不满，并说即使命令已经下达，恐怕也要立即撤销。而他又是一个言出必行的人。

当时已经没有时间去弄清楚“二号命令”中提到的“作为一个种族”的大批犹太人，到底是不是也包括正在联邦军队里服役的数千名犹太人。作为联邦军人和第五军团即俄亥俄骑兵团的一名军官（退役后成为科罗拉多州丹佛市的消防队长），菲利普·特伦斯丁（Philip Trounstine）听到这项命令后大为吃惊，尽管命令已经撤销，但他还是毅然选择了退役。但是，其他人仍然坚定地忠诚于联邦，并且在战场上特别勇敢。作为一位只有二十出头的芝加哥年轻律师、前1848年自由党和革命派成员，出生于施勒斯维格（Schleswig）的爱德华·塞利格·所罗门（Edward Selig Salomon），与几乎全部由德国和匈牙利移民组成的伊利诺伊第24步兵团一起英勇作战，而其中的一个连队几乎是清一色的犹太人，并且他们的军饷全部由当地的犹太社区负担。在哥底斯堡（Gettysburg），所罗门曾先后有两匹战马被流弹击中，“在李将军的大炮轰鸣声中，他是唯一一个没有主动逃跑的士兵，”根据卡尔·舒尔茨（Carl Schurz）的记述，“但见他从战壕中站了起来，嘴里叼着雪茄，像记忆中的萨拉丁一样，沉着冷静地面对着敌人的炮火”。所罗门接替了在战斗中负伤的指挥官，成为陆军中校，并继续在查塔努加港（Chttanooga）和瞭望山（Lookout Mounain）经历了战争中最残酷的战斗。尤里西斯·格兰特就任总统后，任命所罗门担任了华盛顿领地的行政长官。

随着血腥战事的不断升级，马库斯·斯皮格尔更加坚定了获胜的信心。1863年3月，斯皮格尔从路易斯安那给他的内弟米迦勒·格林鲍姆写了一封信，当时他即将加入围攻维克斯堡（Vicksburg）的行动。信中，斯皮格尔表达了比世界上其他任何地方的犹太人都更强烈的爱国热情，甚至坚定地认为联邦的事业理所当然就是他们这个民族的使命。当然，他更希望能尽快回到他在俄亥俄的家，回到妻子和孩子们身边。他写道：

> 在我挚爱的祖国的敌人被彻底击败并接受投降条件之前，我并不希望这场战争草草结束。那些悍然对世界上最好的政府发动战争并对随时准备保护你和我免遭压迫的国旗进行恣意践踏的人，是如此卑鄙无耻和罔顾道德，我们现在必须要让他们明白，虽然这个高贵的国家可以为人民提供平静的生活，但它也是一个敢于反抗的强大政府。[33]

作为俄亥俄第120志愿兵团的陆军中校，斯皮格尔幸运地在维克斯堡的血腥厮杀中活了下来，并且终于等到了停战协定的签订。但是，在另一场进攻密西西比州杰克逊城的战斗中，他却被自己一方的弹片击中下腹部而受了重伤。躺在维克斯堡车站的站前广场上等待着被运回芝加哥的间隙里，自开战以来一直随身携带妻子与孩子们照片的斯皮格尔仍然给卡洛琳发出了一封信："家——啊！多么甜蜜的字眼，啊！多么动听的字眼……家——我知道，我亲爱的妻子和孩子们正在以深深的担忧和激动的心情等待着我。我要为我们的家送上全部的祝福：我将在那里迅速从沉重的伤势中恢复健康。"然而，当他回到俄亥俄的米勒斯堡（Millersburg）时，他却被民主党人和共和党人围了起来，双方竞相争取他作为自己的支持者。但当他伤势逐渐好转之后，马库斯却义无反顾地又回到了最简单的战争生活之中。1864年4月底，斯皮格尔收到了妻子写来的一封令人沮丧的信，信中说，他们的儿子由于手被卡在了印刷机里而不得不截去一根手指。马库斯向他的一位长官坦白说，他远离家庭的选择对他的家人"是不公平的"，这个想法一直在折磨着他。尽管他不能保证能身穿军服

“离开他的孩子们”，但他的确焦急地期待着回家的那一天。然而，在 1864 年 5 月 3 日，斯皮格尔的运输船却在红河（Red River）上遭到了一支南方邦联大部队的伏击，斯皮格尔的腹部被枪弹击中，并最终由于伤口感染而不治身亡。当斯皮格尔于第二天去世时，只有他的弟弟约瑟（他本人胳膊也受了重伤）陪伴在其身旁。他的妻子直到 6 月间才得到了这个不幸的消息。7 月，她为他生下了一个女儿，并起名叫克拉拉·马库斯（Clara Marcus）。1865 年，他的妻子搬回了芝加哥，与她犹太夫婿的整个大家族住在一起，并且正如马库斯称呼的那样，她一直是原来那个“善良的犹太人（Yehudi）”。

Ⅲ. 甄别风波

遗嘱中的特别安排

1860 年，美国和平时期的最后一个夏天，也是乌利亚·利未最后一次在“蒙提塞罗”庄园居住。如今的他已经是海军准将利未，刚刚升任美国地中海舰队旗舰的指挥官和美国海军军舰“马其顿”号的舰长。当时，乌利亚已经六十八岁，虽然平日有些身体不适（极有可能是克罗恩病[①]发作），但他感觉似乎迎来了生命的第二春。他迈进第二春的第一个标志就是他迎娶了他妹妹弗朗西斯的女儿、他的外甥女弗吉尼亚·洛佩兹（Virginia Lopez）。在他们于 1853 年成婚时，弗吉尼亚刚刚十八岁，而她丈夫的年龄却是她的三倍还多。对于那些从来也不怎么在意乌利亚的人来说，这个不可思议的年龄差似乎是一件难以容忍的事。所以就听到了一些议论，有人甚至质疑这样的婚姻程序在法律上是否合法，因为近亲结婚毕竟是不恰当的。但对于这件事，人们也只是空议论一番而已。在这最后一个美好的夏末，也就是说恰好在弗吉尼亚联邦著名的秋天

① 克罗恩病（Crohn’s Disease）是一种原因不明的肠道炎症性疾病，在胃肠道的任何部位均可发生，尤其好发于末端回肠和右半结肠。——译者注

暴风雨季（仿佛是要发生更糟糕的事情前的一个凶兆）来临之前，海军准将与他那位顽皮、年轻而又时尚的妻子以及年事已高且腿脚不便的妹妹阿米利亚一起，正在“蒙提塞罗”庄园里尽情享乐。杰斐逊那个硕果累累的果园一直也没有恢复其昔日的辉煌，只不过是一大片鲜艳的玫瑰在晚间散发着温馨的芬芳。

入秋以后，乌利亚和弗吉尼亚就回到了他们在纽约圣马可（St Mark）的家中。多年来，他一直在大量置办房地产，随着城市的扩张而不断攀升的房价使他越来越富有。1862 年 3 月他去世时，他的遗产估计在 50 万美元左右，虽然当时还比不上阿斯特（Astors）和塞利格曼（Seligmans）这样的大家族，但也足以使他成为一个家境殷实的公民。人们普遍认为，他当年辉煌的海军经历必然已经成为过去，但当攻击萨姆特堡（Fort Sumter）的战役打响之后，他却匆匆地赶到华盛顿向林肯总统请战，希望能以“任何有用的方式”继续参加战斗，由于他自从 1812 年参加独立战争以来一直忠诚地为联邦服务，他“不可能面对新的危险而放弃自己的责任”。

他没有得到机会。但在去世之前，乌利亚却在他的遗嘱中对“蒙提塞罗”庄园做了特别的安排。这座庄园将作为一所专门招收那些在战争中失去父亲的海军官兵后人的农场学校捐赠给“国家”。由于对杰斐逊雕像的命运仍然记忆犹新，他又注明了一个附加条款：如果国家拒绝了这次捐赠，那么“蒙提塞罗”庄园将属于弗吉尼亚州所有。乌利亚还进一步特别说明，如果美国国会和弗吉尼亚州都不接受他的捐赠，庄园将转到纽约和费城的犹太会堂名下。但最后的结果却是，上述三方（包括犹太会堂在内）对他的捐赠都没有兴趣。他们当时都还没有意识到，杰斐逊的庄园（或任何其他人名下的庄园）有朝一日会成为一个提高国家的信誉或以总统本人期望的方式辟为具有社会教育意义的纪念地。在他的遗嘱被宣布为无效之前的 14 年里，乌利亚的弟弟约拿一直在争夺这份遗嘱，而在此期间，这座庄园也再次变成了一片老鼠和蜘蛛横行的废墟。最后，这座庄园落到了约拿的儿子杰斐逊·门罗·利未（Jefferson Monroe

Levy）的手中，而他为修复“蒙提塞罗”庄园花费了毕生的精力，维修费用则高达 100 万美元。

当乌利亚在 1861 至 1862 年间的那个漫长冬季里躺在纽约的病床上时，他遗嘱中的愿望并没有实现，因为在 1861 年 8 月到翌年春天之间的某个时间，南方邦联政府宣布“蒙提塞罗”庄园是一项“外国敌产”，应该予以封存并拍卖。在弥留之际，乌利亚被格兰特的“二号命令”彻底击倒了。但是，他或许对此并不感到吃惊，因为不过在几年前，他本人还在与“恐犹症”进行最后且最激烈的战斗。

最后的裁决

1855 年，美国海军部决定对其军官队伍进行审查，以便查清是否有的官员尤其是资深官员（无论出于何种原因）已经不再适合担任当前的职务。鉴于提拔的通道已经被像乌利亚这样长期服役的军官所堵塞，所以海军部有充分的理由这样做。但是，当后来被称为“甄别委员会”的组成人员名单公布之后，乌利亚突然意识到，其中有五位成员（该委员会共 15 名成员）都是多年以来一直对他怀有特殊敌意的军官。他一下子就明白了，他必然会出现在内定的名单之中，恐怕不仅要让他退役，而且还要彻底地让他脱掉海军服。最后的结果果然如他所料。[34]

但是，乌利亚并不想对自己所受的羞辱忍气吞声。“甄别委员会”的决定激起了如此巨大的抗议浪潮，以致海军部不得不成立了一个军事调查法庭对该委员会的决定进行审查。为了追寻个人公正，乌利亚甚至请来了他所能找到的最好的律师，他就是曾经在最高法院任职并且后来成为纽约大学法律教授的本杰明 · F. 巴特勒（Benjamin F. Butler）。当他的案子在 1857 年 11~12 月开庭期间，巴特勒和乌利亚先后找到了 26 名证人［包括前海军大臣乔治 · 班克罗夫特（George Bancroft），他更广为人知的身份是历史学家］，以证明他的航海技术、诚实守信和指挥才能。其中有 13 名证人是海军军官或乌利亚的上级。他们还证实，对乌利亚的敌对情绪特别是阻止他被提升为舰长的企图完全是因为他是一个犹太人，而更深层次的原因则是他是从领航员的位置上直接被提拔起来的。

在巴特勒向法庭宣读的雄辩有力的个人陈述中，乌利亚始终把自己的使命与国家的荣誉和宪法的崇高联系在一起。这是犹太人发出的第一个振聋发聩的声明，作为自由政体下对公正和平等的第一次庄严诉求，必将回响在地球的每一个角落，并穿透当前世纪的所有记忆，进入下一个世纪的记忆之中，直到他们的道德乐观主义和社会尊严被仇恨的滔天巨浪乃至最终被灭绝人性的火焰所吞噬。

> 我的父母都是犹太人，并且从小就受到我的祖先信仰的滋养。在决定追随这种信仰的同时，我从来也没有忘记行使由我出生国的宪法和美国宪法赋予我的权利——由其“立法者”赋予所有人的权利——一种比生命本身还要宝贵的权利。但是，在我要求并行使这种出于良知的权利时，我从来也没有忘记承认和尊重其他人的自由。[35]

此时此地的乌利亚肯定回想起了当年他从那些在他的军舰上服役的士兵那里得到的感觉：在执行一个犹太人发出的命令时那种极其下作和十分不情愿的表情。

“很久以来，特别是从我有志于海军上尉军衔开始直到我获得任命之后，我不得不每天要面对大量的偏见和敌意，多少年来，这样的偏见和敌意就一直伴随着犹太人。”在美国海军舰艇“富兰克林”号又脏又乱的船舱里，他们让他明白了，作为一个犹太人，“他们不愿意与他有任何交往……就好像他是一个无端的‘闯入者’”。在 1824 年和 1844 年，他又先后遭到了同样的偏见，泰勒总统不得不出面干预，这就充分说明（就像眼下的情况一样），对他不适于继续服役的指控“是完全没有根据的”。乌利亚恰当地援引了约翰·拉塞尔（John Russell）爵士在英国国会中支持犹太人竞选国会议员的演讲（而他当时引用的却正是以美国作为“彻底解放者”的例证），直言“这位慷慨激昂的演讲者似乎并没有冲淡笼罩在我们这个国家里的怀疑气氛，因为甚至在他正在发表上述演讲时，美国海军里竟然还有一些人在‘研究’是否容忍一个犹太人服兵役的问题”。

通过把犹太人描绘为美国公民的典范，乌利亚和巴特勒最后说：

> 案情就摆在你们面前，这样看来其重要性是不言而喻的。这也是联邦中的每一个犹太人所面对的情形……他们对宪法和对联邦的忠诚不输于这个国家里的任何一位公民，他们默默地遵守着法律，并以极大的热情分担着公众的困难……他们又怎么会成为政府或城市财政的负担呢？他们对国家的贸易活动……对公共财富的积累做出了巨大的贡献！难道这一切都要被剥夺？既然我们的宪法中可以保留我刚才引用的语言，难道还要这么做？难道这种语言不光是用来听的，而是要残酷地打碎我们这个民族的希望？难道数以千计的犹大人和成千上万的犹太人在流散到世界各地之后在期待中来到美国这块光明的“应许之地”，如今却要继续一味地悲伤和沮丧，再次沦入宗教不宽容和人性偏见的悲惨境地？难道今天的美国也要开始迫害犹太人？

最后的裁决是不容置疑的。乌利亚·利未重新恢复了职衔，并且在几个月后，他于 1858 年被任命为美国海军地中海舰队“马其顿”号舰艇的舰长。在他们出航之前，他带着他那位年轻漂亮的妻子来到船上，并让她把一个“经匣”（mezuzah）钉在舰长舱房外面的柱子上，毫无疑问，这在任何海军里还是第一次。在驶往加勒比海和跨越大西洋的漫漫征途中，“马其顿”号曾在波士顿附近的查尔斯顿海军船坞做短暂停留，而犹太舰长和他迷人的妻子的消息早已提前到达。一大群社会和文化名人列队欢迎他们，其中包括亨利·沃兹沃斯·朗费罗[①]，他显然深深为弗吉尼亚的美貌所倾倒，当时还把他《生命礼赞》（*Psalm of Life*）的抄本赠给了她和她的丈夫。“在这世界辽阔的战场上 / 在这人生巨大的营帐中 / 莫学那听人驱策的哑畜 !/ 要做一个战斗的英雄 !”

在地中海上执行例行巡逻任务时的纪律并不太严格。他们曾在热那亚和拉斯佩齐亚（La Spezia）上岸寻欢作乐，弗吉尼亚身穿白色的丝绸长袍，在化装舞会上与年轻人调情，而乌利亚也请人为自己绘制了全身画像，他身穿军装，看上去精神矍铄。最终，他变成了肩扛将星的利未！历史偶尔也会打断他在大海上闲庭信步般的生活。加里波第[②]对西西里岛的远征和反抗波旁王朝的武装起义使得西西里岛变得非常不安全，利未受命对所有急需离岛的美国人实施撤离。他们继续驶往更遥远的东方，在奥斯曼帝国统治下的巴勒斯坦和黎巴嫩，他曾受命寻找正在遭到土耳其当局由于一桩杀人案而紧急追捕的两个美国传教士嫌犯。在贝鲁特，他还会见了英国驻耶路撒冷的总领事、轰动一时的人物詹姆斯·费恩（James Finn），他虽然身负“伦敦基督教促进会”向犹太人传教的伟大使命，但他却把为圣城的一万名犹太人（占当时总人口的绝对多数）提供一种不仅限于日常祈祷、典籍研究和依赖流亡慈善基金的生活作为自己的天职。费恩在城墙外面买下了一块土地，开办了一个被他称为“亚伯拉罕营”（Keren Avraham）的培训农场和一家肥皂制造厂。当他见到一身海军制服的乌

① 亨利·沃兹沃斯·朗费罗（Henry Wadsworth Longfellow，1807~1882），美国著名诗人。生于缅因州波特兰城一个律师家庭。1822 年进入布都因学院，与霍桑是同班同学。毕业后赴欧考察法、西、意、德等国的语言文学。1836 年回国后在哈佛大学讲授欧洲文化和浪漫主义，成为新英格兰文化中心剑桥文学界和社交界的重要人物。——译者注

② 朱塞佩·加里波第（Giuseppe Garibaldi，1807~1882），意大利爱国志士和将军。他投身于意大利统一运动，亲自领导了许多著名的战役，是意大利建国三杰之一，并且由于他在南美洲及欧洲的军事冒险生涯，从而在意大利为他赢得了“两个世界的英雄”的美誉。——译者注

利亚·利未时，意识到在自己面前的应该是一个在犹太历史上非同凡响的人物。费恩在日记中写道：“我一直想见一面的这位利未舰长（原文如此），无疑是唯一一个我从未听说过的例证—— 一个犹太人竟然指挥着一艘战舰。他是一个相貌威严、面色红润、年届六十九岁的老人①，鲜明的犹太面貌特征使他看起来有点儿古怪。他戴着高高的海军帽、肩章，鹰徽纽扣上镶满了钻石。”如果说巴勒斯坦是第一个“应许之地”，那么美国肯定是第二个，因为“我在有生之年看到了一位来自犹太民族的美国军队、海军和政府机构的官员”。[36]

1859 年 9 月中旬，当时已经被授予海军准将军衔的乌利亚·利未来到了耶路撒冷。他没有记录自己在看到圣殿外院西墙时的感受，也没有记录自己在耶路撒冷老城的那些小胡同里，在拥挤的塞法迪犹太人群中漫步时的感受，但是两者都很容易想象得到。人们所知道的是：在耶路撒冷，他曾命令用马车从城墙外面运土。“马其顿”号的航海日志表明，当时有几箱土被带上了船。乌利亚的想法是，他要把这几箱土带回纽约，并赠送给谢利斯·以色列会堂，以便使这些来自以色列“圣地”的泥土能够撒在已故犹太人的棺木上面。[37] 当乌利亚本人于 1862 年 3 月去世后，随着他朴素的木棺缓慢地下降到纽约墓地深深的墓穴中，几把这样的泥土必然会抛撒在他那缠绕着裹尸布的身体上方。甚至直到 20 世纪 90 年代，许多犹太人的葬礼上仍然在使用这些泥土。

① 利未当时的实际年龄是六十七岁。——作者注

第6篇　现代性及其烦恼

I. 火车头音乐

旅行音乐家

梅耶贝尔（Meyerbeer）即将踏上他的最后一次火车之旅。这次他不需要付费了。

他一直是一个旅行者。他的母亲在从柏林到法兰克福的途中在马车上生下了他。在他的孩提时代，仆人们就把他塞进一辆装载杂物的运货马车上，车厢里的皮革衬垫上散发出一阵阵黑烟草和昨天的香肠的气味。当贝尔一家回到他们位于“施潘道”（Spandauerstrasse）的豪宅后，他的家庭教师亚伦·沃尔夫森（Aaron Wolfssohn）——犹太启蒙运动的伟大旗手——以及他的钢琴老师弗朗兹·劳斯克尔（Franz Lausker）、卡尔·弗里德里克·泽尔特（Carl Friedrich Zelter）和穆齐奥·克莱门蒂（Muzio Clementi）就会来到他的家里。在他母亲举行的社交晚会（soirées）上，柏林的文化名人和政府高官就自由、理性和政府需要等一系列话题进行一番高谈阔论之后，面颊微红、刘海低垂的“神童”雅各就会出来表演。随着演出结束，大厅里会响起一阵轻柔的掌声。父亲犹大和母亲阿玛利亚面带无奈的微笑，看着孩子鞠躬并腼腆地笑笑。由于贝尔家族与宫廷关系密切，所以在不久以前，雅各就开始坐家族的马车到夏洛腾堡宫（Charlottenburg）进行表演。作曲家路易斯・施波尔①还记得这位“天赋神童”表演过一次独唱，把他请来加入自己的音乐会后，每逢“观众如潮的演出季节”，他一直是一个引人注目的压轴人物。[1]几年后，雅各・利伯曼・贝尔（Jacob Liebmann Beer）与他的一个兄弟海因里希（Heinrich）一起被送到达姆施塔特（Darmstadt），拜在老阿贝・沃格勒（Abbé Vogler）门下学习作曲和管风琴。在那里，雅各遇到了卡尔・玛利亚・冯・韦伯（Carl Maria von Weber）。沃格勒虽然经常写一些歌剧，但却没有一部受到观众的追捧。正像他们互相称呼的那样，两“兄弟”显然等不及沃格勒会有所成就。

大量的军队在欧洲中部地区不停地来回游荡，到处寻找相互屠杀和零星抢劫的对象。雅各的外祖父利伯曼・梅耶・伍尔夫（Liebmann Meyer Wulff）是著名的“柏林大富豪”，他通过向霍亨索伦王室提供所需要的一应货物——粮食、马匹、火药等，实际上可以提供除“优秀的将军”之外的任何东西——使之能够与虎视眈眈、实力强大的法国并驾齐驱而积累了巨额财富。在 1813 年，随着为祖国普鲁士而战的叫嚣声日益高涨，雅各的兄弟威廉像许多犹太人一样应征入伍了。然而雅各由于担心自己作为“钢琴大师”（或许像韦伯所说的那样成为“欧洲最伟大的钢琴家”）而刚刚起步的艺术生涯受到阻碍，觉得还是远离战场的危害为好。但是，他刚刚做出了这一决定，招募新兵的官兵的喊叫声便让他陷入了深刻的自我反省之中。他告诉沃尔夫森：“我担心我的这一决定很可能会像一根毒刺，在我的余生中永远毒害着我的名誉。”[2]在拿破仑高歌猛进与彻底失败之间的日子里，他在维也纳结识了施波尔（他认为雅各是

---

① 路易斯・施波尔（Louis Spohr，1784~1859），德国小提琴家、作曲家、指挥家。他是德国小提琴学派的创始人，也是小提琴音乐史上的重要人物，并且他还是一位小提琴教育家，他的学生费迪南・大卫（Ferdinand David）是门德尔松小提琴协奏曲的首演者。施波尔是著名音乐家瓦格纳的早期崇拜者，也是一位多产的作曲家，其重要作品包括小提琴协奏曲、单簧管协奏曲、四重奏协奏曲 131 号、九重奏协奏曲 31 号、序曲 12 号、交响曲以及一些室内乐和钢琴曲。——译者注

一个不可多得的天才）和路德维希·范·贝多芬（Ludwig van Beethoven，他的看法则恰恰与施波尔相反）。贝多芬让他担任了“大鼓手”（难道这个老男孩儿又在开玩笑?）后，时常抱怨雅各不是敲得不够重就是敲不到点子上。这样一个人恐怕什么也干不成。

但贝多芬错了。当血腥的法兰西战争即将进入尾声时，雅各作为作曲家和钢琴演奏家已经赢得了巨大的声誉。他当时只有二十五六岁，但却给人以忧郁、潇洒而严肃的印象。他创作了大量的赞美诗，但他最渴望的还是在歌剧方面能有所成就。于是，他带着一架定制的便携式立式钢琴（他的名字就装饰在胡桃木制成的琴匣上）开始了他的巡回演出之旅。他写道：“带着一个犹太流浪艺人的躁动与渴望，我马不停蹄地在博物馆、图书馆和剧场之间奔波。”[3]新一代的乐器配备了足够坚固的钢弹簧，可以保证乐器的安全，甚至可以让作曲家在马车艰难地爬上阿尔卑斯的山口或快速地冲下皮埃蒙特（Piedmont）的山谷时，也能记下音符。雅各从来没有享受过意大利的阳光，他的面部从来也没有沐浴过温暖的海风，奔波的兴奋点燃了他的创造性和想象力。1816年，他结识了以把歌剧（连同与歌剧有关的所有音乐）改造为一种“轻快艺术”而名噪一时的乔阿基诺·罗西尼（Gioacchino Rossini），这位严肃的阿什肯纳兹犹太人和爱开玩笑的罗西尼由此开始了长达五十年的深厚友谊。在威尼斯、克雷莫纳（Cremona）、摩德纳和罗马，“贾科莫”（Giacomo）——他从1817年开始用这个名字自称——尽可能地把意大利歌剧的轻快元素融入他宏大主题的激情之中。但是，他这个时期的作品——《罗米多和康斯坦萨》（*Romildo e Costanza*）、《被认出的塞米拉米斯》（*Semiramide reconosciuta*）、《罗克斯巴勒的艾玛》（*Emma di Resburgo*）——却都是一些比跳舞还要累人的重歌剧。在不断前进的过程中，梅耶贝尔习惯于经常回头看一看。他的歌剧《埃及的十字军士兵》（*Il crociato in Egitto*）在1824年为他赢得了国际声誉，其中的结尾部分却是专门为一个阉人歌手写的。但是，他在某种程度上算是一个音乐杂家，并且因此取得了巨大的成功。西西里民间音乐伴随着宣叙调（récitatif）进入了他的歌剧。但是，这完全是对不同流派的一种混搭，一种掩盖历史传奇主题而追求时髦的风格，可是观众喜欢。贾科莫·梅耶贝尔正是希望通过这种语言和文化的多样性，把那些演出经纪人从欧洲的一端吸引到另一端。三种语言的歌词作者终于找上门来。

他的许多歌剧都是以被宗教战争毁掉的爱情和从坟墓里爬出来的僵尸修女为主题，演出时的“宏大场面”是如此震撼和深入人心，就像一列列隆隆驶过的火车，如今只要他需要，可以随时把家境富有且事业成功的梅耶贝尔从伦敦送到布鲁塞尔，从斯图加特送到慕尼黑，从维也纳送到威尼斯。在许多情况下，他的旅程都需要经过漫长的跋涉，或许前一天还在巴黎［他的歌剧《魔鬼罗伯特》（*Robert le Diable*）曾于 1831 年在那里获得巨大的成功］，但第二天却作为宫廷音乐会的指挥出现在柏林。正因为如此，梅耶贝尔对列车时刻表就像对他的乐器配置一样了如指掌，一旦火车晚点他就会大发雷霆，因为如果开往科隆的火车晚点，就意味着他要在汉诺威的候车室里无聊地逛荡好几个小时。在 1855 年 1 月间赶往柏林的为期四天的“冬之旅”[①]中，梅耶贝尔就经历过这样一次延误，他在严寒中焦急地等待了很长时间，以至于在第二天晚上完成旅程之前，不得不先住进了波茨坦的一家旅店。他夜以继日地工作，并且由于疏于进食而经常遭受饥饿的折磨，但他创作的一首首二重唱歌曲充实了这些枯燥的时光。3 月间，他要去巴黎，一个个的熟悉的站台——汉诺威、科隆、布鲁塞尔——在他的眼前闪过；而到了 4 月，他还要向东出发，因为他的家乡刚刚萌芽的菩提树正在向他招手。如果他的妻子（也是表姐）明娜·莫松（Minna Mosson）没有外出疗养，那么她也会在那里，因为她一直不愿意搬到巴黎住上几个月。6 月的旅行方向则转向北部，他会沿着一条新开通的铁路线赶到加

① 舒伯特有同名的声乐套曲《冬之旅》（*Winterreise*），其意境正与此时梅耶贝尔的心情相吻合。——译者注

来，然后搭一条小货船去海峡对面的多佛尔。梅耶贝尔顾不上一路晕船后的阵阵恶心和粘在头发上的湿乎乎的煤烟，搭上了一列以 30 英里的时速穿越威尔德地区（Weald）[①] 的快车，以便有充足的时间化妆，并在大幕拉开之前赶到考文特花园。

1864 年 5 月 6 日，当天最后一班火车——黑色的火车头、黑色的车厢——静静地停在巴黎北站，等着把梅耶贝尔僵硬的尸体运送到他在柏林附近的家乡。有一段时间，同样作为巴黎常客的罗西尼一直在担心他的朋友那种不要命的工作习惯，为什么不能像他一样住进帕西区（Passy）[②]，过一种每天浇浇花、散散步那样的闲适生活呢。梅耶贝尔坚持过问每一个最后的细节：演员、道具、服装，甚至亲自参加排练。这两位作曲家年龄都是刚 70 出头，但“死亡”已经不再是舞台上大提琴区的特有旋律。1863 年，罗西尼创作了一系列室内乐和独奏曲，并用他典型而可爱的诙谐方式将其命名为“老年之罪”（The Sins of Old Age）。他最夸张的作品当属《小庄严弥撒》（*Petite messe solennelle*），正如传说的那样，其中把拿破仑三世描绘得“既不矮小，也不庄严”。梅耶贝尔是参加路易·皮勒–维尔斯酒店 1864 年 3 月开业庆典演出的作曲家之一，当时伴奏的乐队有 12 人，另有歌手 4 人，而担任指挥的小风琴手则是一位只有 18 岁的音乐奇才，他当时站在舞台上肯定会令两位老人想起自己当年英姿勃发的青春时代。在演出结束时，在演出期间一直站着的梅耶贝尔由于过分激动而浑身发抖，他飞快地跑向罗西尼，语无伦次、欣喜若狂地向他表示祝贺。这位著名的作曲家深受感动，他用近乎疼爱的语气说：“请不要这样，老朋友。这会损害你的健康。”散场后，两位老人一起沿着林荫大道步行回家，而罗西尼再次劝他要尽量克制自己的情绪。但梅耶贝尔却把老朋友的忠告抛到了九霄云外，第二天晚上又回来参加了第二场演出。他当然也知道自己已经到了风烛残

---

① 位于苏格兰东南部。——译者注

② 巴黎豪华居住区之一。——译者注

年。1863 年 12 月 8 日，他在日常祈祷词中加上了自己写的一段话，希望“上天能让我温和、从容和没有痛苦地死去……没有任何恐惧和负罪感，不要让我在去世前遭受漫长的病痛折磨。愿死亡能够轻轻地、悄悄地、出乎意料地来临。”[4]

隆重的葬礼

在巴黎，1864 年 5 月 1 日这一天，梅耶贝尔正在彩排已经修改和排练了无数次的歌剧《非洲女郎》[*L'Africaine*，他当时已经将其改名为《瓦斯科 · 达 · 伽马》[①]]时，他的老胃病突然发作。他当时剧痛难忍，只好请来了一位医生。医生给他开了些药，并告诉他他恐怕不能按照计划明天早晨坐火车到布鲁塞尔进行短途旅行了。梅耶贝尔对满屋子的人说：“祝大家晚安。”这次致命的发作肯定非常猛烈。凌晨 5 点，他的病情加重；到 5 点 40 分，他就去世了。

第二天早晨，罗西尼正在为他的朋友病重的消息感到心情沉重并想赶到蒙田街（rue Montaigne）去看望他时，有人却告诉他梅耶贝尔已经去世，他瞬间由于震惊而昏死过去，完全没有知觉地躺倒在地上。罗西尼缓解悲痛的唯一方式就是即兴地创作了一首挽歌，用“极弱”的低音、抖动的鼓音和葬礼的安息音合唱“哭泣、哭泣吧，崇高的沉思”。罗西尼本人则在帕西安静的郊区又生活了四年半后，也被一次剧烈的肺炎发作夺去了生命。

正统派犹太人的习俗要求在 36 小时内下葬。但梅耶贝尔出生在一个充满改革意识的犹太家庭，他们不一定必须遵守最严格的教条。对于如何处理他的身后事，梅耶贝尔留下了像他的舞台指导一样详细的指示。他的遗体要停放 4 天，不要盖脸，以便那些希望对他表达敬意的人能够瞻仰他的遗容。这样的要求也基本符合犹太人传统的吊唁习惯，只不过比规定的“示瓦”（shiva）即 7

① 瓦斯科 · 达 · 伽马（Vasco da Gama，约 1469~1524），葡萄牙航海家、探险家，从欧洲绕道非洲好望角到印度航海路线的开辟者。该剧描述的正是这一重大历史事件。——译者注

天期限略有缩短而已。然后，他的遗体要送到位于柏林薛豪斯街（Schönhauser Allee）的犹太墓地，与他的母亲阿米利亚安葬在同一个墓穴中，并躺在他的两个幼年早夭的孩子身旁。

他的女儿们匆匆从巴登·巴登（Baden Baden）赶了过来，他的侄子朱利叶斯也忙着筹办公共葬礼，并且就遗属提出的要求与包括著名作家西奥菲勒·戈蒂埃（Théophile Gautier）在内的“文化名人委员会”（当时受托安排葬礼）进行了沟通协商。整个欧洲陷入了悲痛之中。人们普遍感到，整个世界由于这位作曲家的去世而突然变得更贫乏、寒冷和脆弱。“梅耶贝尔的去世让我悲痛不已，”维多利亚女王（她习惯于身穿黑色的寡妇服）在给她的女儿、普鲁士的王储妃维姬（Vicky）的信中写道，“我对他的音乐非常着迷，你亲爱的爸爸也是如此。”[5] 任何一个感情健康的人——领主、亲王、国王和皇帝，以及音乐家、戏剧家和诗人——都表达了他们的无限悲痛之情。或许只有1827年贝多芬的去世所激起的悲伤气氛可以与之相比。为梅耶贝尔举行的葬礼似乎更加隆重，因为他的葬礼不是一次，而是在作为他的漫长音乐生涯重要标志地的巴黎和柏林这两个伟大的城市先后举行了两次。自从1840年拿破仑的残部返回巴黎以来，这样的情景在法国就再也没有出现过。然而，在世界上的任何地方，也从来没有为一个犹太人举行过场面如此隆重、丧期如此漫长和完全由官方组织的葬礼。

长长的送葬队伍花了一个半小时才从三英里外位于蒙田街的梅耶贝尔住宅到达了巴黎北站。一辆由六匹黑色的健马拉着的灵车，在一支头盔插着羽饰、铠甲闪闪发亮的皇家卫队护送下，尽量缓慢地向前行进，以便使两边扶灵的队伍（他们徒步跟随着马车）——包括法国音乐学院和歌剧院的院长以及普鲁士大使格拉夫·冯·格尔茨（Graf von Goltz）——能够牵着系在灵柩上的黑纱而不至于掉队。军乐队和剧院的乐队用低沉的音调演奏着舒缓的慢速进行曲。除非预先知情，几乎所有的围观者还以为是一位伟大的元帅或某位皇室成员不幸去世了。缓慢的送葬队伍走过蒙田街后进入了拉法耶街（rue Lafayette），但如此庞大的队伍在车站附近却无法顺利通过，因为（人们在纷纷议论）曾经重建巴黎的御前大臣豪斯曼（Haussmann）男爵在发现他的妻子与巴黎北站的建筑设计师雅克·希托夫（Jacques Hittorff）有染后，一怒之下便用密集的街道网络变相地把车站入口封锁了起来（时至今日依然如此）。[6]

当时，用漂亮的石头外墙取代了 1846 年古朴建筑风格的新车站尚未完工。主持这项宏大历史性工程的北方铁路公司总建筑师詹姆斯·德·罗思柴尔德（James de Rothschild）曾命令全面停工，以便为一位甚至比他本人还要知名的犹太人的葬礼让路。[7] 虽然其建筑格局不可能比皇宫更豪华，但说实话，新车站其实就是新工业时代的一座皇宫。当时，在沿途一个个轮廓分明的个性化车站上——鲁昂（Rouen）、阿拉斯（Arras）、里尔（Lille）、布洛涅（Boulogne），耸立在雕塑密布的建筑群中间——写有梅耶贝尔剧作名字的旗帜高高飘扬：《胡格诺教徒》（*Les Huguenots*，在巴黎大受欢迎）、《魔鬼罗伯特》、《北方侠客》（*L'Étoile du Nord*）。宽敞的候车大厅里，从高大的拱形窗户（希托夫特意用整块石材雕刻而成）照射进来的阳光铺洒在大理石地面上。在一个用几根格拉斯哥（Graswegian）铁柱撑起来的玻璃华盖下面，一个多层的金字塔形的停灵台已经搭好，以便放置棺木。高耸的车站主建筑顶上悬挂着一条条绣着巨大首写字母“Ms”的黑色丝绸挽幛。在停灵台的四角上，都有一个固定在铁三脚架上用煤气为燃料的葬礼火炬，嘶嘶作响的蓝色火焰飘向空中，跳动的火苗倒映在上面的玻璃顶上。既然知道他的观众最关心的是什么，那么你无论怎样想象这个舞台的宏大场面都不算过分，就好像这个车站葬礼是梅耶贝尔送给观众的最后的杰作，或许他会像通常那样称之为“通向永恒的前厅”。当送葬队伍进入候车大厅时，来自他的歌剧院以及很不合适宜地来自大教堂的合唱团开始一起演唱他创作的歌剧中的段落。三位拉比首先念诵庄严的祝福词和悼文。然后有五位贵宾先后念诵悼词，这些名人显贵对这位逝者的音乐天赋和势将千古流芳的名声大加赞扬。最后一位发言的是自由派政治家和律师埃米尔·奥利维耶（Émile Ollivier），他此时还记得梅耶贝尔是双重国籍，所以他高度赞颂他和他的作品把两个昔日的敌人即德国（或普鲁士）和法国联为一体，从而在音乐上和政治上达成了和谐。后来在 1870 年，正是奥利维耶作为君主立宪体制下的第一任首相，遭到了以狡诈著称的奥托·冯·俾斯麦（Otto von Bismarck）的恶意攻击而下台，从而使后者能够最终向法国宣战，把欧洲推向了漫长的战争灾难之中。

在柏林，葬礼仪式甚至更加繁复。在波茨坦广场车站，逝者的棺木以及一直在遗体旁守护的法国歌剧院的佩林（Perrin）和音乐学院的奥贝尔（Auber），受到了普鲁士亲王格奥尔格（Georg）和一大群贵族（既有犹太人也有非犹太人）的隆重迎接。在薛豪斯街的犹太墓地举行正式葬礼的当天，国王和王后送来了数辆四轮马车（一种在本人不能亲自到场的情况下表示重视的通常礼仪），沿着菩提树大道（Unter den Linden）的送葬队伍甚至要比巴黎举行葬礼时更长、更慢、更庞大，就好像法国和普鲁士在为谁能真正拥有逝者的精神遗产继承权在梅耶贝尔的葬礼上暗中较劲。

让两个欧洲大城市的日常交通陷入瘫痪，动员宫廷的贵族以及音乐会、学术机构、大专院校和歌剧院，佩剑的叮当声、肩章的碰撞声和奔跑的马蹄声不绝于耳，所有这一切都是为了纪念一位逝去的犹太人，这的确让人感到震惊，甚至有些不可思议。在梅耶贝尔举行成人礼的前一年，也就是 1803 年，整个柏林曾一度为《猎杀犹太人》（*Wider die Juden*）的出版而激动不已，这本由律师卡尔·弗里德里克·格拉腾诺尔（Karl Friedrich Grattenauer）编写的宣传册在被新的新闻审查制度查禁之前竟然卖出了一万三千册。格拉腾诺尔甚至半开玩笑地建议应该用阉割代替犹太男性儿童的割礼，他还警告他的德国同胞不要为“新”犹太人表面上的一副现代面孔所欺骗。虽然他们用德语取代了意第绪语，用短外套取代了他们的长袍，并刮掉了大胡子，但在积极同化的伪装下，他们仍然是原来的犹太人，热衷于为自己并且仅仅是为自己攫取财富和权力，并时刻在密谋主宰一切。[8]

梅耶贝尔家族

梅耶贝尔是柏林为数不多的富人精英圈的一员（他们通常有亲戚在维也纳），所以他实际上生活在一个不稳定的世界里，时而是有修养的展示（豪宅、果园和花园、仆人、豪华马车、图书馆、沙龙、音乐会），时而是紧张的警觉［恶毒的反犹宣传册、频繁发生的暴力事件、那些坐在主人称之为“犹太人的沙发”（Judensofa）上的人对他们的取笑］之间。1812 年，在一个相对自由化的政府当政期间，根据其发布的一项“解放”法令，他们得以在表面上暂时摆脱了居住和职业方面的限制（但仍然被排斥在公共职位之外），并被赋予了当地公民身份。但是，他们有足够的理由相信，只要军事和政治风向产生变化，所谓“自由化”会随时发生反转，不仅在普鲁士而且在德国的其他各州都是如此，并且也的确出现过这样的情况。在普鲁士“解放”法令发布七年之后，一场暴乱席卷了德国的各个城镇，暴徒们高喊着“犹太人，像野兽一样去死吧！”（Hep hep，Jude verreck）或“犹太人，滚到垃圾堆里去吧！”（Hep hep，der Jude muss in Dreck），对犹太人和他们的住宅发起了疯狂的袭击。

犹太人一直在按照自己的公民身份规规矩矩地行事，他们放弃了某些传统的生活习俗，甚至在会堂里也尽量不做出格的事。作为“彩票大王”和政府的军事督察员，梅耶贝尔的外祖父利伯曼·梅耶·伍尔夫曾经在柏林的家里建造了一座私人会堂，并招收了六名研究典籍的学生。但他的女儿马尔卡（Malka）即后来的阿玛利亚和她的丈夫、炼糖厂老板犹大·赫尔茨·贝尔（Judah Herz Beer），却时刻想在“施潘道”的豪宅里建一座完全不同的私人会堂：一座新式的会堂，里面有一架管风琴①，一个高音领唱和一个唱诗班，当时，年轻的雅

① 管风琴是教堂里的代表性乐器之一。——译者注

各还专门为其写了一首合唱“康塔塔”（contatina）和德语布道词，并特意为祝福普鲁士王室创作了新的祈祷文。在犹太会堂里听到的第一首管风琴曲，还是当年威斯特伐利亚的银行家以色列·雅各布森（Israel Jacobson）于1810年在塞森（Seesen）为贫穷犹太儿童创办的一所学校里演奏的。[9]1813年，雅各布森迁居柏林后，他的私人会堂里便开始演奏管风琴曲和合唱音乐。当时，这种新的音乐形式一度非常流行，甚至使雅各布森家的会堂场场爆满，从而也使得阿玛利亚和她的丈夫终于有机会名正言顺地主持这种新式的犹太祈祷仪式。她甚至还举办了一个别致的沙龙，坐在客厅“犹太沙发”上的全都是一些文化界的名流：洪堡家族（Humboldts），浪漫主义文学家和哲学家施莱格尔（Schlegel）、谢林（Schelling）和根茨（Gentz），以及诗人阿尼姆（Arnim）。正统派犹太人把这种“巨大转变”视为“皈依”的前奏。他们对管风琴感到十分恐惧，于是向政府提交了一份请愿书，强烈抗议贝尔家的犹太会堂违反了关于在柏林只能有一家会堂的特别法令。这次请愿颇有成效，犹太会堂里“像人的呜咽声一样的管风琴声”（vox humana）总算暂时平静下来。

尽管如此，在沃尔夫森的鼓励下，阿玛利亚和犹大·贝尔仍然坚信，一种新兴的改革派犹太教将更有利于（而不是削弱）使犹太人从自己的家人开始，进而把所有信仰坚定的同胞凝聚在一起。当暮年的利伯曼·梅耶·伍尔夫于1811年谢世后，他的外孙作为音乐家向母亲立下了一个庄严的誓言：他将永远不会放弃他祖辈的信仰。从此，他一直遵守着自己的誓言。

“去犹太化”的选择

但门德尔松家族的情形却并非如此。摩西·门德尔松也曾经坚信，既可以做一个好德国人，又可以做一个好犹太人，但他的后辈们却悲观地否定了这一信念。他的孩子中，只有两个——女儿雷卡（Recha）和大儿子约瑟仍然是犹太人，算是为这位父亲开明的多元主义提供了一种足以“骇人听闻”的证据。

约瑟的弟弟亚伯拉罕是新成立的门德尔松银行的合伙人，他一直等到父亲去世后才给费利克斯（Felix）和范妮在内的孩子们实施洗礼。与贝尔家族不同的是，亚伯拉罕·门德尔松和他的妻子利（Lea，同样也来自一个虔诚的家族——所罗门），在貌似温和环境下的邪恶浪潮中随波逐流，并且错误地认为，对犹太人来说，如果想要完全地融入德国社会和文化，仅仅刮掉胡子并用德语代替意第绪语作为他们的日常用语是远远不够的。只有彻底放弃犹太教才是最后的出路。然而，尽管亚伯拉罕的皈依主要是出于社交便利的考虑，但他谈论的方式，至少是他与孩子们谈论的方式，却意味着他已经残酷地否定了他父亲有些天真的乐观主义。他本不应该如此轻信。他写道，孩子们知道，“无论我选择任何［宗教］形式都是毫无意义的。我并没有感觉到任何来自内心的呼唤，要我为你们选择犹太（信仰），那是所有信仰中最过时、最腐败和最没有意义的信仰，所以我决定在这种被大多数文明人接受的宗教环境下把你们养大成人。”[10]

这种彻底“去犹太化”的选择首先体现在名字上。普鲁士政府把改掉犹太人的姓氏作为获得公民身份的前提条件，所以亚伯拉罕和他的妻子希望已经受洗的孩子们的名字最好没有明显的犹太味儿。（他似乎没有意识到，他自己的名字就是典型的犹太名字。）他妻子的哥哥雅各布·所罗门（Jakob Salomon）在卢森施塔特（Luisenstadt）购买了一块原来属于并在其家族的姓氏巴托尔迪（Bartholdy）名下的土地，雅各布立即就把这个姓氏加在了他的名字中。如今，叔父建议他的侄子和侄女们也照此办理。他们的父亲当然举双手赞成。在写给孩子们的一封虚情假意的长信中，亚伯拉罕试图建议他们能像他作为德语大师的父亲那样改掉自己的名字，并真正地融入一个与摩西出生时所在的封闭保守的正统派社区“完全不同的社区”之中。但是，范尼和费利克斯却拒绝了这种不恰当的类比。范尼告诉她的兄弟姐妹，“巴托尔迪？我们都不喜欢这个名字。”[11] 尽管费利克斯基督徒范儿十足，甚至创作了一部歌颂以最终背教的犹太人为主题的清唱剧《保罗》（*Paulus*），但他同样也对他的祖父充满了崇敬之情，在他的努力下，摩西的七卷本巨著的完整德语版本终于在 1843 至 1845 年得见天日。像他在英格兰非常熟悉的另一位背教者本杰明·迪斯雷利（Benjamin D'Isaeli）和他的导师伊格纳兹·摩西莱斯（Ignaz Moscheles，他同样也是出于交往便利的原因而皈依）一样，门德尔松非常清楚，他将永远被当成一个犹太人，至少在他最狂热的崇拜者维多利亚女王看来是如此，因为她一直把他看成是“一个身材矮小、肤色黝黑和看起来非常像犹太人的人”。尽管语气上显得不太礼貌，但当他的朋友罗伯特·舒克曼（Robert Schumann）因为在音乐方面对费利克斯有所提携而沾沾自喜时，还是情不自禁地对他的妻子克拉拉说：“犹太人就是犹太人。”[12] 长期以来，许多音乐史学家一直在反复地探讨门德尔松信仰基督教或接受其犹太出身的力度和深度。或许就像他的朋友海因里希·海涅（Heinrich Heine）所言，他是一个分裂的人。当有人评论他的模样很像他在远方的外甥贾科莫·梅耶贝尔时，他非常生气，并立即约了一位理发师以纠正人们的印象。①

就放弃自己的犹太身份而言，费利克斯的姨妈多罗西娅（Dorothea）则表现出了一种完全不同激情。与犹太银行家西门·维特（Simon Veit）成婚之后，她同样也过着一种高雅的沙龙女主人生活，但在文化方面却显得比阿玛利亚更有主见。在一次沙龙聚会上，她遇到并爱上了浪漫主义诗人和哲学家、路德宗牧师的儿子卡尔·威廉·弗里德里克·冯·施莱格尔（Karl Wilhelm Friedrich von Schlegel）。一年后，他出版了散文诗《卢辛德》（*Lucinde*）②，其中有关细节的描绘立即就使人想到了他与多罗西娅之间的暧昧关系。当她离开丈夫投入情人的怀抱时，维特提出只要她不与施莱格尔结婚，她就可以拥有两个儿子的抚养权，但多罗西娅拒绝了这个条件，并且还冷酷地在他的伤口上撒了一把盐——先是在 1804 年加入了路德宗，四年后又和施莱格尔一起改宗天主教。

① 指剃掉犹太式大胡子。——译者注

② 作于 1799 年，副题为“笨人的告白”。——译者注

在这次雪崩式的痛苦重压下，西门·维特首先想到的是与他的儿子们维持正常的家庭关系。回顾善意的基督徒和犹太人共同分享的历史传统，于是维特以令人震惊的宽大胸怀（或者说一厢情愿地）就他的儿子菲利普接受洗礼一事给他写了一封信。

> 让我们先把我们之间发生的事放在一边……我不会阻止你们兄弟俩……如果信仰为宽容之光所照耀，如果信仰敢于并且能够真正地与道德并肩而行，那么它就不仅不会造成伤害，而且还会使我们彼此更加亲密，直到我们两种信仰真正地向同一个目标并肩前进。所以，我亲爱的儿子，即使我们的信仰不同，但我们同样能够在我们基本的道德原则下团结在一起，并且我们之间永远也不会产生裂痕。[13]

从他为了避免父子感情疏远而产生的焦急情绪来看，西门·维特所反映的正是犹太启蒙运动中提出的犹太教与基督教重建友好关系的观点，按照这种观点，双方都应该淡化各自坚持的排他性。这样，基督教堂和犹太会堂就属于同一个大家庭，西门和他的儿子们同样如此。但是，这不过是一种乐观主义的幻想。它在某种程度上表明，这种友好关系正是在希伯来语对拉比和基督教神学家同样不可或缺的基础上建立起来的。然而，基督徒即使不是永远却也很少放弃过他们让犹太人皈依的最终目标，即使在 19 世纪的“亲犹主义”环境下也很难做到。而当时的基督教文化具有浓重的军国主义色彩，根本没有任何文明的、普世的元素。菲利普·维特和费利克斯·门德尔松最初是仅仅为了交往便利而当了基督徒，但却使他们两人在德语文化中都成了支柱式的人物。但他们不可能对基督教太当回事儿，虽然门德尔松复兴了巴赫的宗教音乐，并受聘为莱比锡圣托马斯教堂的合唱指挥，亲自写下了一些清唱剧，虽然菲利普·维特不仅是法兰克福露天画廊的总监，而且还亲自为其绘制了两幅精美的历史题材大型壁画（一幅是《宗教正在把艺术引入德国》，另一幅是《圣卜尼法斯把基督教带到德国》），但他们都不会全身心地投入其中。尽管菲利普·维特受教于老谋深算、神秘莫测的卡斯帕·大卫·弗里德里克（Caspar David Friedrich），但他的艺术风格形成年代却是与拿撒勒画派一起度过的，而其中的著名画家约翰·奥弗贝克（Johann Overbeck）的使命，就是要在德国的历史题材绘画中恢复其古典气质。

尽管如此，但对于那些生性多疑的人来说，这些“皈依者”似乎永远成不了真正意义上的基督徒。第一个最引人注目的例证就是海因里希·海涅，他虽然表面上是一个基督徒，但却一直沉迷于“希伯来学问”，并且他的犹太身份肯定没有随着洗礼仪式的举行而彻底清洗掉。对于那些最无情的专门追踪犹太人的密探来说，像维特这种假装虔诚信奉基督教的人才是最危险的，因为他们已经在教会内部形成了一个“阶层”。在对他们的“新”信仰忠心耿耿的面具后面，他们一直秘密地从事着通过从内部将基督教“犹太化”从而颠覆伟大的传教事业的勾当。这正是三个世纪前伊比利亚半岛的宗教法庭拷问“皈依者”时使用过的论据。

从德国的一端到另一端，随着这些“后解放时代”的犹太人纷纷涌向文科中学和大学，涌向医疗、法律、商业、新闻和演艺界，涌向银行、工业和铁路行业（在哈布斯堡王朝统治下的土地上，在加利西亚、波希米亚和匈牙利以及奥地利本土，这是一个重复出现的过程），这种古老的（或者说新兴的）猜忌心理日趋强烈。那些刚刚迁移到柏林、布拉格、维也纳、汉堡和法兰克福的操意第绪语的传统派犹太人，由于顽固不化和愚昧无知而遭到攻击。而那些因为平日身穿短外套、坐着马车而被瓦格纳轻蔑地称为“有教养的犹太人”，则遭到了更猛烈的攻击，因为他们非常可笑、可怜而又徒劳地把自己伪装起来，就好像他们是真正的基督徒，或者说事实上的正常人类一般。

瓦格纳在一篇题为《音乐中的犹太性》（Das Judenthum in der Musik）的文

章中这样写道：你只要听到他或她说话时带有“一种嘶哑的、喘息的、蜂鸣般的鼻音”，就可以断定他或她肯定是一个犹太人。其中的原因就是，由于犹太人长期居无定所，所以已经失去了与曾一起支起帐篷的人群所说语言的有机的和自然的联系。尽管他们以一种实用的、机械的方式接受了德语或任何其他可能的语言，但这种简单的模仿只能使他们隔绝于一种文化的深层诗意之外，凡是其文化元素以本土音乐为代表的地方莫不如是。

瓦格纳在 1850 年发表这篇文章时使用的是化名“K. Freigedank”①。他的目标所指是两位在他看来已经主宰了德语音乐界的犹太人：已经“皈依的”门德尔松和名副其实的犹太人梅耶贝尔。其实，瓦格纳并非一直以这样的方式看待这位剧作家的。早在十年前，瓦格纳还曾有些神经质地低声下气地给梅耶贝尔写信求助，而梅耶贝尔反而鼓励这位刚刚出道的德国年轻人应该有足够的自信，从而促使他的《漂泊的荷兰人》(*Der fliegende Holländer*) 和《黎恩济》(*Rienzi*)②得以在巴黎歌剧院顺利公演。在 1844 年的新年节，梅耶贝尔还举行过一次盛大宴会，庆祝《漂泊的荷兰人》及其编剧演出成功，所以有一段时间，瓦格纳对梅耶贝尔极尽阿谀奉承之能事。他在给梅耶贝尔的信中写道：“每当我想到这个人对我意味着一切，一切的一切时，我就禁不住热泪盈眶。”“我的大脑和心灵已经不再属于我自己；它们都是您的财产，我亲爱的主人……我现在剩下的只有我的双手——您愿意使用它们吗？我意识到，我必须要成为您的奴隶，奉献我的一切。”[14] 后来，他还再一次有些神经质地表白：“愿您生命的每一天都充满快乐，愿您永远也没有忧伤……这是您最忠实的门徒送给您的最虔诚的祝福。”

梅耶贝尔对瓦格纳一直非常慷慨，并且只要他开口就会给他寄钱。直到有一天，梅耶贝尔感到实在受够了，或许正是这次拒绝使瓦格纳从阿谀奉承转

① 德语意为“思想自由”。——译者注

② 全名应该是《黎恩济——最后的护民官》(*Rienzi, der Letzte der Tribunen*)。——译者注

向埋怨自己不争气，并且进而变得对他从前的导师充满了仇恨。他曾给弗朗兹·李斯特（Franz Liszt）写信说，他实际上并不恨梅耶贝尔，“但我对他的厌恶实在难以言表……对于这样一个永远彬彬有礼和和蔼可亲的人，每当他装扮成我的保护人时，我就会想起我人生中那段肮脏甚至可以说是堕落的经历。而正是在这段肮脏的联系和经历中，我们都被我们从心底里并不喜欢的保护人所愚弄。”瓦格纳实际上也承认自己并没有任何正当的理由去攻击梅耶贝尔，只不过是出于对这种虚伪的友谊和不诚实的交往（对他而言的确如此）的一种直觉罢了。但这种直觉使他的情绪沸腾起来：“这种敌意之于我的本性，恰如胆汁之于血液，不可须臾有所分离。”[15] 对于瓦格纳的这种仇恨的自然流露，梅耶贝尔在 1850 年之前并没有丝毫察觉。

音乐的商业化

不过，瓦格纳强烈厌恶的与其说是作为个人的梅耶贝尔，倒不如说是作为音乐“犹太化”化身的梅耶贝尔，以及由此引发的粗俗的音乐商业化浪潮。在瓦格纳的一生中，音乐演出经历了剧烈的变迁。音乐不再像几个世纪以来那样，只是各地有权享受器乐和声乐的宫廷和教堂的专属。进入铁路时代后，音乐已经成为一种国际性的商业活动，而梅耶贝尔则是第一个最成功的商演艺人。如今，宽敞的音乐厅已经在市区中心地带建立起来，只要观众愿意买票，就可以欣赏到仅仅在几代人之前还只有王公、贵族和牧师有权享受的高雅音乐。为了增强乐器在这类吸音空间里的演奏效果，传统的乐器的制作材料已经被新工业时代的各种制作材料尤其是金属所取代。古式钢琴已经变成了巨型的三角钢琴，其巨大的轰鸣声通过金属框架结构可以送到音乐厅的每一个角落。弦乐器也开始使用更精制的琴弦，以便使其音响效果最大化。许多乐器本身就是在工厂里批量制造的。浪漫音乐的激情迸发及其强大的音响效果随着生产机器的现代化而成为现实。但是，不管像费迪南德·大卫（Ferdinand David）这样的音乐大师如何在一把瓜奈里①小提琴上玩花样儿（他在 1845 年曾首次演奏门德尔松的《E 小调小提琴协奏曲》），但他们的作品作为毫无力度、粗俗不堪的现代性的载体，总是多少与瓦格纳或舒曼的风格存在某种联系。

尽管就最大限度地利用铜管乐器和把弦乐区改造为交响乐队的热情而言，任何作曲家都无法与理查德·瓦格纳相比，但他早在 1850 年，甚至在他试图模仿并超越门德尔松和梅耶贝尔的时候，他就公开表示，他坚决反对（至少在他的内心）把音乐变成一台现金提款机。在那些小商小贩的耳朵里，音乐只能提供庸俗的娱乐，从无聊中转移注意力的消遣罢了。“音乐艺术中那些充满了无限的爱情和生命张力的英雄形象，已经被两千年的痛苦经历扭曲为一种‘艺术魔鬼’，犹太人已经把美好的音乐变成了一个‘艺术大巴扎’（Kunstwaarenweshel）—— 一个巨大的艺术商业化市场”。就像庸俗不堪的商品一样，犹太人制造的这种艺术作品是华而不实的，完全是一种凭空捏造的多愁善感。由于这种“时尚的创始人”（指梅耶贝尔）知道自己没有能力创作出真正的戏剧艺术作品，于是便“为巴黎编一些时髦的歌剧，并送到世界各地巡回展览，这显然是今天赢得艺术家名声的一条捷径，尽管他根本算不上什么艺术家”。

就音乐而言，只要各地的王公和主教还继续扮演着卫道士的角色，犹太人就不可能有自己的一席之地。同样，瓦格纳在 1868 年所作《纽伦堡的名歌手》（*Die Meistersinger von Nürnberg*）中极力吹捧的手工业行会继续发挥着作为“德国意识”核心凝聚手工艺人的作用。[16] 犹太人的金钱关系是主要的破坏性因素，因而成为他们的死敌。既然保护这些传统音乐艺术的壁垒已经被打破，音乐学院的大门也已经打开，那么像门德尔松这样勉强接受了洗礼的犹太人完全可以伪装成基督徒，并有足够的自信作为巴赫庄严的精神音乐和经典的德国风

① 意大利克雷莫纳小提琴著名制作家族之一。当时，专门从事小提琴制作的三大家族是：阿玛蒂（Amati）、斯特拉瓦里（Stradivari）和瓜奈里（Guarneri），他们都自成一派，代代相传，制作的小提琴均以各自家族姓氏命名。——译者注

格的复兴者站出来。作为永远的局外人，犹太人当然不可能与他们出于实用考虑掌握的语言产生根深蒂固的有机联系，但这也使他们被隔绝于主流的诗意文化之外。如此一来，这种真正的本土音乐传统的缺乏，使他们的创作和演出只能是蜻蜓点水式的。犹太人所拥有的只是会堂音乐。正是基于这一点，他才在《音乐中的犹太性》中写道："只要听到这种声情并茂、又哭又笑、分不清真假嗓音的闹剧，有谁不会产生一种掺杂着荒诞的恐惧感的剧烈感情变化呢？对这种明显的厌恶感，还有必要特意地进行讽刺吗？"

纷至沓来的诽谤

瓦格纳写道，如果一种民族文化本身是健康的，那么她就有能力抵制任何一种无根的、寄生的外来文化的入侵。但是，这种说法却并不适用于德国（恐怕也不适于其他任何地方）。这个国家已经变得非常脆弱，或许难以抵挡寄生虫的攻击，他们几乎已经把她的躯体啃光了。"当一个躯体的内部死亡显现时，那么寄生在这个躯体上的外来元素就会取得优势，进而彻底地毁灭她。这样一来，这个躯体就会慢慢变成一群寄生虫横行的乐园。"

瓦格纳将对犹太人的这种深仇大恨生物化，将他们描绘成"爬满尸体的蛆虫"这一印象并不完全是他的新发明。这种仇恨可以一直追溯到上古时代的马内松（Manetho）对犹太人的妖魔化，是他第一次把他们比作传染病源的携带者。但是，把犹太人重新比喻为被健康的体制所拒绝的外来入侵物种，却是19世纪动物形态学的首创。在这波新的"恐犹症"浪潮中，最具有影响力的人物就是博物学家兼政治新闻记者阿尔方斯·图斯内尔。他出生在法国西部，但却在东部的洛林长大成人，在一次次的革命浪潮中，他自幼养成的把犹太人比作食肉动物和寄生虫的天性不仅没有任何改变，事实上在进入新世纪后反而愈演愈烈。他于1844年出版的《犹太人——时代的国王》把这种古老的仇恨予以现代化，把通常的怀疑对象——铁路实业家、证券经纪人和银行家（尤其是罗斯柴尔德家族）——指称为“七月王朝”（the July Monarchy）真正的国王。名义上的国王路易·菲利普（Louis Philippe）及其政府和立法机关，以及那些在《论争杂志》（*Journal des débats*）上粉饰太平的溜须拍马的新闻记者，全都沦为了犹太金钱险恶势力的奴隶。

这当然是无中生有的诽谤。

但是，在三年后的 1847 年，图斯内尔又出版了《野兽的幽灵——性感的法国与动物的激情》（*L'esprit des bêtes.Vénerie française et zoologie passionelle*）一书，按照其行为特点对动物王国进行了分类，并依次讲解了它们的生理结构。每一种动物都与人类有联系。毫无疑问，犹太人被特别定性为寄生虫和食腐动物，以鲜肉或腐肉为食。显然，他们的形象太像一群啄食和撕咬腐尸的秃鹰，令人感到恐惧和作呕。“像秃鹰一样弯曲而灵活的长脖子，便于在死亡动物内脏深处掏食，这正是放高利贷者以纵容和迂回的方式玩弄他们的猎物并榨干劳动者身上最后一滴血汗的真实写照。”在恶毒的浪漫主义氛围中，对犹太人的仇恨被生物化，从而创造出一种非自然主义的伦理学。最狂热的仇犹者乔治·马蒂厄－达恩瓦尔（Georges Mathieu–Dairnvaell）在 19 世纪 40 年代曾写道：“他们像蚂蟥一样叮在我们身上”，他们是“吸血鬼，是自然界里的食腐动物”。

这种生态—动物学意义上的反犹主义及其必然推论——“害虫灭绝运动”一旦发动起来，就不可能停下来。在瓦格纳的仇恨得到充分释放之后，他还要把他在心理上对犹太人“不干净”以及他们与秩序良好的自然界格格不入的理念一代代地传下去。他诅咒他们，将永远摆脱不掉无家可归的流浪者角色，只能住在郊区的大杂院里，与那些像耗子一样逃到城市里避难的同样无家可归的外国人混在一起。瓦格纳早期的激进政治主张使他总是把犹太人与一种根深蒂固、极其有害的生活习惯联系在一起：他们整天琢磨着如何引诱和盘剥那些无辜的人；他们以高得离谱的利息把钱借给国家，从而把政府绑架为人质；善于利用公众情绪和舆论；他们利用政府出钱和资助开发工业和铁路，并从中攫取高额利润。在图斯内尔在1844年诽谤犹太人的前一年，年轻的黑格尔派哲学家布鲁诺·鲍尔（Bruno Bauer）出版了《犹太人问题》（*The Jewish Question*）一书，对犹太人的"解放事业"深表惋惜。鲍尔写道，只有当犹太教本身不再存在，而政府宁愿取消所有的宗教时，他们才能真正获得公民同胞的身份。鲍尔认为，摆在他们面前的只有两条路：通过这次"解放运动"彻底终结他们在文化和信仰上的分离状态，或者像他所形容的那样予以全部"灭绝"（Vernichtung），最恰当的翻译应为"消灭"（destruction）。

19世纪40年代中期的巴黎无疑是现代反犹主义思潮的主要发源地。就在梅耶贝尔和门德尔松正享受着他们的胜利成果时，这股汹涌的毒流却已经恣意流向了年轻的激进分子理查德·瓦格纳。后来，根据他的妻子回忆，瓦格纳当时不过是想一点一点地逐步"消除"犹太人的习俗：首先宣布犹太人的节日庆祝活动为非法，然后关闭他们过于放肆而张扬的会堂，等到时机成熟后，再采取彻底摆脱他们的行动——把他们从德国领土上全部驱逐出去。

对于法国、德国以及欧洲各地的这股反犹浪潮，最好的回答只能是犹太人自己要不断取得进步。不久之后，中学（lycées）、文科中学、大学的大门就陆陆续续地向犹太人打开了。随后，长期把犹太人排斥在外的医学壁垒也终于被打破。当医学变得更专业化之后，犹太人开始纷纷涌入其最新的研究领域：眼科和呼吸道疾病治疗（在正处于工业化进程中的欧洲，这方面的病人似乎越来越多）。文化也已经全面开放。他们是演员——尤其是国际著名的雷切尔这样的女明星，以及像约瑟·约阿希姆（Joseph Joachim）和安东·鲁宾斯坦（Anton Rubinstein）这样的音乐大师，而随着报纸成为城市的主要媒体形式，犹太人也开始作为撰稿人发表自己的意见。由于工程和化工完全属于新兴行业，没有任何限制，而且急需具有科学灵感的人才，所以对符合资格要求的犹太人并没有任何障碍（在19世纪的第二代中间，拥有这种资格的犹太人已经大有人在）。在走出犹太居住区（一座座高大的犹太会堂仍然耸立在各个犹太区的中央）后，犹太人开始感受到大都市生活中日益加快的时代脉搏，并且他们很清楚如何利用旅馆、商场、休闲花园、音乐厅和剧院来加速交通拥挤[①]。在瓦格纳大量的不实之词中，有一点并没有说错。像弗洛门塔尔·哈列维（Fromenthal Halévy）和雅克·奥芬巴赫（Jacques Offenbach）这样的犹太人，无论在展示其在娱乐方面的天性还是在为资助娱乐业一掷千金时，都是不会感到“羞耻”的。犹太人很快就当上了各种城市民用设施的供应者：如煤气灯和家用取暖设备、纺织和家具加工、服装和窗帘缝纫、鞋帽和日用品供应。他们俨然成了现代生活的组织者。

金融王朝

但是，他们自然也成了银行家，而对于那些对犹太人进入现代生活怀有深刻敌意的人来说，这个行业尤其引人注目。正如图斯内尔所言，他们成了世界上新一代“封建领主”，而罗斯柴尔德就是他们至高无上的“国王”。按照这种观点，那些名义上高居王位的家族，无论是霍亨索伦还是哈布斯堡、波旁还是奥尔良，不过是徒有虚名罢了。正是这样一个“王朝”，在用金钱资助并且实际统治着他们的军队以及他们的整个国家机器。过去，犹太人是靠提供金银或战马；如今，犹太人则垄断着整个证券市场和银行贷款业，只要他们愿意，就可以随意支持某个国王或君主立宪制政府，如路易·菲利普，作为回报，他的政府就把开采矿山和经营铁路的合同拱手送给了犹太人。因此，将古老的偏见改头换面后应用于现代社会是一件很简单的事情。中世纪放高利贷的吝啬鬼形象演变为戴着高顶礼帽的银行家，他们通过提供资金或扣缴税款的方式，实际上可以控制国家的命运，甚至可以随意发动战争或实现和平。像阿因施泰因（Arnsteins）、埃斯克勒（Eskeles）、比德尔曼（Biedermanns）、布莱施罗

① 意指犹太人在选择商业网点时很有头脑。——译者注

德（Bleichröders）和希尔施家族就具有这样的实力。但是，似乎只有事实上已经在国际上颇有影响力，其金融机构遍布伦敦、巴黎、维也纳、法兰克福和那不勒斯的罗斯柴尔德家族，一直是他们对自己的“王朝”极端忠诚的代表性人物。他们通过在各个庞大家族之间联姻以建立和稳固商业联盟的习惯做法，只能进一步加深对他们的怀疑。当来自欧洲各地的罗斯柴尔德家族成员聚集在他们（众多豪宅中的）一座豪宅里，并邀请各地的非犹太以及犹太名流和显贵出席一场隆重的家族婚礼时，各种媒体纷纷对整个宏大的社会交际场面做了热情洋溢的报道，一个从“隔都”中走出来后仅仅经历了两代人的“新统治阶级”，不可避免地会给公众留下极其深刻的印象。

对于绝大多数犹太人来说，罗斯柴尔德家族突然而奇迹般的崛起不过是共同的骄傲和希望的源泉。但是，也有一些有思想的人认为，这位新的金融国王的“加冕”必然会引起人们对社会道德问题的关注。一代代拉比都一再强调，在社会和经济活动中恪守道德是一种神圣的义务。

佩雷拉兄弟

然而，并非所有的犹太社会哲学家都怀有这样的想法。至少有两位同样也是商人并且曾一度与罗斯柴尔德共事或为他工作的犹太人采取了完全不同的态度。他们就是当年那位毕生致力于让聋哑人回归正常人类的雅各·罗德里格斯的后人佩雷拉兄弟（Péreires），他们当时正在尝试把冷酷的经济学变成一种社会慈善事业。[17] 雅各·罗德里格斯于1780年去世。他的儿子以撒则成了“佩雷拉发声法”的传人，继续守着老雅各的“秘方”，即使在治疗聋哑人时也秘不示人。革命浪潮以及无休止的战争对波尔多塞法迪犹太商人社区造成的巨大破坏，使以撒·佩雷拉也沦为了牺牲品，不过他是在妻子亨利埃塔（Henriette）为他生下第二个儿子的前几天被一场瘟疫夺去了生命的。后来，正是这个以他的父亲以撒的名字命名的婴儿，和他的哥哥埃米尔一起把自己的毕生精力献给了把资本主义和工业化成果转化为所有阶级的“共同财产”（他们当时的提法）这一事业。他们在布道和在银行业参加社会实践活动的过程中变得非常富有，这一事实更加坚定了他们的信念：他们走上了一条通向更公正经济未来的道路，这无疑是对阶级战争的必然性具有先见之明的一种明智选择。

在失去父爱后，埃米尔和以撒·佩雷拉在一种为生存而斗争的环境下，靠其他波尔多犹太人和亲戚的接济长大成人。他们的母亲显然也是一位颇有创新意识的商人，一直靠经营一家名为“平价卖场”（Au Juste Prix）的杂货铺勉力维持生计。然而不久后，杂货铺就倒闭了，她的两个聪慧的儿子——长相漂亮的埃米尔和比他小六岁的友善的以撒——只能被送到巴黎，在佩雷拉家族的叔伯、婶母和堂兄弟姐妹帮助下自己闯荡生活。在那里，他们第一次知道了香米，认识了黑色的卷发上扎着丝带的堂姐堂妹，听到了尚有模糊记忆的拉迪诺歌曲，感受着塞法迪犹太家庭的温暖。拿破仑复辟后又恢复了原来专门为控制犹太人设立的政府机构——宗教法院（Consistoire），而到了 1815 年，犹太人再次被排斥在高等学校教育的学生和教师群体之外。

有一个名叫奥伦德·罗德里格斯（Olinde Rodrigues）的堂兄对这种排外主义的做法尤其愤愤不平。作为拿破仑学校里引入的科学与工程教育的受益人之一，奥伦德本来希望能够作为一个数学家终身致力于高等数学研究。当政府的反动政策把这条路堵死后，奥伦德很自然地想到回归银行业，继续发挥自己的数学才能。当时，像福尔德家族（Foulds，父亲仍然是犹太人，而儿子则为了交往方便而改了宗）和詹姆斯·德·罗斯柴尔德（James de Rothschild）这样的犹太人已经在银行界崭露头角。但是，像埃米尔和以撒一样，奥伦德当时也只有二十来岁，并且终日沉迷于远远超出短期债券和利润计算之外的社会幻想之中。于是，他担任了曾经对这样一个新的现代社会梦寐以求的圣西门伯爵（Comte de Saint-Simon）的私人秘书。圣西门并不认为工业和科学是人类堕落的最后工具，而是希望它们能够在人类的驾驭下推动整个社会的进步。他同时认为，这一目标并不是像亚当·斯密[①]和苏格兰经济学派所主张的那样，是通过把自己的个人利益放在第一位的个体的单独行为来实现的，而是通过可选择的“联合体”原则来完成的。事实上，这种“联合体”已经与斯密风靡一时的著作《道德情操论》（*The Theory of Moral Sentiments*）中提出的基本道德原则相去不远。但是，在圣西门的理论框架中，“社会联合体”的理念更具有实践价值。他主张建立起对劳动人民、小商人和所有的经济中介（无论地位高低）完全开放的银行体系和信用工具。这样一来，资本——尤其是继承的资本，即本来应该会被“闲置”（oisif，圣西门谴责最严厉的一个词）起来的资金——对所有希望将其用于制造业投资的人就变成了完全开放的。劳动者们（无论地位高低）也就因此而与一个劳动人民的统一社区联系在一起。在他于1825年去世前不久，圣西门在《新基督教》（*Nouveau Christianisme*）中仔细梳理了他鼓舞人心的哲学思想，并且几乎可以肯定，他把内容口授给了年轻的犹太秘书奥伦德·罗德里格斯。对他来说，旧基督教显然已经辜负了其创始人对人人平等理念的初衷，所以已经成为一种过时的东西。如今，唯一真正的信仰，应该是一种能够让现代技术与生产者的普遍需要完全相适应的信仰。总而言之，在后来的两个世纪里，正如所有的教科书普遍教授的那样，这种哲学思想显然不是一种天真的幻想或乌托邦。

奥伦德·罗德里格斯看到了光明，即使当他在银行里辛勤工作一天后，晚间也不会忘记向他的堂兄弟姐妹宣讲这种“新福音”。尤其是以撒，他俨然成了一个最忠实的追随者。在这位伯爵1825年去世之后，他的一群追随者［大多数毕业于工程类高等学校（hautes écoles）］准备公开出版圣西门的著作，他们到处演讲，并创办各种刊物宣传他的哲学思想。佩雷拉兄弟成了当时读者最多的自由派报纸《环球》（*Globe*）和《国民》（*National*）最活跃的记者和经济

① 亚当·斯密（Adam Smith，1723~1790），英国经济学家、哲学家、作家，经济学的主要创立者。——编者注

与政治两个栏目最知名的评论员。埃米尔和以撒越来越自诩为在社会和道德方面洞察资本主义本质的“新一代”哲人。正如埃米尔所做的那样，这种自觉意识并没有妨碍他继续为詹姆斯·德·罗斯柴尔德打工。恰恰相反，埃米尔还一度产生了从内部改造银行的念头，试图在某种程度上建立起一种既不同于靠证券市场起家的罗斯柴尔德家族银行，也不同于像雅克·拉菲特（Jacques Laffitte）和卡齐米尔·皮埃尔（Casimir Perier）（这两个人不仅控制着整个金融市场，并且在 1830 年革命后还成了路易·菲利普“七月王朝”的政府精英）这些主宰着“国家银行”的巨头的银行模式。作为起步，他还以信用债券作抵押的方式成立了一家小型的投资银行。

佩雷拉兄弟仍然是犹太人，但算不上虔诚的犹太人。当他们的母亲从巴黎搬过来和她的两个儿子住在一起时，很快就发现了这一点，她对他们平日不能严格约束自己的行为大为失望，并非常生气地返回了波尔多。即使两兄弟言之凿凿地辩白他们一直忠诚于自己的信仰，但母亲怎么也高兴不起来。以撒甚至陷得更深一些，他对圣西门的经济集权制理论奉若神明，以其最狂热的信徒的名义在公共演讲中大肆兜售他的“经济学福音”。埃米尔坚持认为，虽然他不常去犹太会堂，但他将永远是犹太人，并且将会以同样的方式养育自己的孩子。而以撒虽然一度在一定程度上赞成圣西门拒绝作为一种“奴役”妻子的传统形式而结婚的观点，但他后来还是娶了他的塞法迪表妹雷切尔·劳伦斯·丰塞卡（Rachel Laurence Fonseca）。1827 年，当住在奥特伊（Auteuil）的亨利埃塔弥留之际，两个儿子都守在她的病床边，一边握着亨利埃塔的手，一边跟着她念诵“示玛篇”。[18]

到 1831 年，似乎一切都变了。两年来，霍乱蔓延到了法国的大部分地区，葬礼成了人们结交新朋友的地方。正是在这样的一次埋葬一位圣西门信徒的哀悼仪式上，埃米尔和以撒·佩雷拉遇到了一群刚刚从法国国立路桥学校（École des Ponts et Chaussées）毕业的学生，他们的所学的专业是铁路工程。五年前，法国第一条铁路（长度只有 14 英里）在东南部的上卢瓦尔地区（Upper Loire）正式投入运行。但是，这条铁路的作用仅限于把圣埃蒂安（Saint–Étienne）矿区出产的煤、沙、碎石和石材等运到昂德雷济约 – 布泰翁（Andrzieux–Boutheon）的一个货场，并且车厢是用马匹拉动的，当时还没有人想到用蒸汽机驱动，更谈不上运送旅客。直到同时运送货物和旅客的曼彻斯特至利物浦铁路线于 1830 年开通之后，法国工程师才开始重新考虑这个问题。1832 年，法国路桥大臣巴蒂斯特·亚历克西·勒格朗（Baptiste Alexis Legrand）制订了一项圣西门版的计划：形成一个从巴黎向外辐射的庞大铁路网络，从而使首都与里昂、鲁昂甚至更远的马赛这些主要城市连接起来。对工期的计算和距离的测量都采取了全面的革新措施。第一个真正的全国性市场即将在法国建立起来。[19]

佩雷拉兄弟也在计算着把人和货物（不仅有梅多克①红酒，还有他们的家族为法国政府调拨的殖民地货物）从波尔多运送到巴黎需要多长时间，并考虑着未来的发展。作为是否能够像运送其他物资一样运送旅客的可行性试验，第一条线路——连接巴黎与 13 英里外的圣日耳曼昂莱（Saint Germain–en–Laye）②——率先开通。当工程师们以拿破仑的思维模式想当然地认为这将是一个政府运营的企业时，佩雷拉兄弟却正在探讨一项私人与政府共同投资的合作计划。政府将提供沿线的土地，并负责修路和机车车辆的建造成本，而他们则负责后期的运营业务。这听起来是一项获取暴利的计划，但埃米尔却想到了还有大量正在寻找工作机会的人，还有更多的人，他们的生活将因为这种新的运输方式而发生改变。所以，铁路的运营正是一个建立圣西门构想的“社会联合体”的大好机会。如果他们兄弟俩能因此而赚一两个法郎，也算不上什么“原罪”。佩雷拉兄弟预计五百万法郎就可以拿下这项工程，但作为政府债务唯一

① 梅多克（Médoc），罗斯柴尔德家族在波尔多的一家著名酒庄和葡萄酒品牌。——编者注

② 巴黎西部的一座城市，位于法兰西岛地区的伊夫林省。——译者注

保证人的詹姆斯·德·罗斯柴尔德却表示了极大的怀疑。除了身在维也纳的所罗门作为德皇费迪南“北方铁路计划”的主要推动者（与通常被列为怀疑对象的犹太家族阿因施泰因和埃斯克勒合作）有些胆量之外，罗斯柴尔德家族的其他成员几乎都对铁路持怀疑态度。在快速发展的工业中心英格兰，内森·罗斯柴尔德（Nathan Rothschild）几乎没有参与任何早期的投资。詹姆斯之所以最后参与了“巴黎—圣日耳曼铁路计划”，也只是因为他看好通过股票升值而赚钱的前景，而不是对最具吸引力的宏观经济变革的未来怀有任何信心。

佩雷拉兄弟在其他地方受到了更为热情的接待，其中包括阿道夫·埃希塔尔（Adolphe d’Eichthal），他的家族是以“塞利格曼投资银行”起家的；还有福尔德家族，其中有些成员像贝努瓦（Benoît）仍然是犹太人，而有些成员像阿切勒（Achille）则已经放弃了自己的犹太身份。作为商业和经济新闻记者，两兄弟可以明目张胆地在“七月王朝”的自由派媒体上宣传他们自己的计划。他们也因此而在下议院里结交了许多确信他们的计划会获得成功的朋友。铁路沿线的土地购置妥当后，位于圣拉扎尔大街（rue Saint-Lazare）和“欧洲广场”之间的巴黎中心车站开始破土动工，为了监督每天的工程进度，埃米尔在一间用木板搭起的临时办公室里俯视着整个工地。整个铁路工程无疑是一个奇迹，他们共雇用了 4 万名工人，但却以低于预算的成本提前竣工。直到此时，那些大银行才开始关注这项工程。1837 年 8 月 24 日，玛丽－阿米利亚（Maria-Amilia）王后在一场有 600 人参加的庆祝仪式上亲自为铁路线的正式开通剪彩。两天后，铁路开始投入正常运营，1.8 万名旅客踏上了通向圣日耳曼［也可能是去离圣日耳曼只有 2 英里的勒佩克（Le Pecq），因为这座城市的中心地带地形十分陡峭，一时难以施工，而这个问题直到 10 年后才得以解决］的 20 分钟旅程，头戴高顶礼帽、身披短斗篷的绅士和头戴花软帽、身穿硬衬裙的女士拥挤在车厢里，争先恐后地加入了郊游的大军。佩雷拉兄弟非常高兴地意识到，社会乐趣与盈利并不是不可调和的，二者的巧妙结合将重塑巴黎。他们的看法并非完全不对。8 月的那一天与其说是一次旅行，不如说是宴会的气氛。

犹太人的铁路

巴黎—圣日耳曼铁路（PSG）产生的影响是史无前例的。无论是这项工程的支持者还是反对者都一致认为，一个新的时代开始了。当时正在巴黎的海因利希·海涅宣称，就世界历史上的重要性而言，这样的历史时刻恐怕只有发现美洲大陆或发明印刷机可以与之媲美。人们编写了许多流行歌曲来歌颂这一历史奇迹，各种各样的火车道具出现在舞台上。对于富有阶级来说，佩雷拉的资产负债表似乎一致地被看好。在通车后的 4 个月里，巴黎—圣日耳曼铁路的经营成本已经降至毛收入的一半以下。可行性试验的成功引发了竞争。如今的詹姆斯·德·罗斯柴尔德虽然在有人提到铁路时往往会挤出一丝勉强的笑容，但当他与佩雷拉兄弟合作开发延伸到凡尔赛的铁路项目时，他们的笑容很快就消失了，因为他发现自己不得不与福尔德家族展开竞标大战。下议院在裁判这个案子时也配合着双方动了一点所罗门式的小聪明。[①] 为了不让人感觉在“施舍”时有所偏袒，立法机构和政府及时地提供了同时建造两条新铁路的合同。佩雷拉—罗斯柴尔德的线路是从巴黎沿塞纳河右岸通往凡尔赛，而福尔德及其合伙人塞甘家族（Seguins）的线路则位于左岸。其实当时一条线就够用了。

然后就开始不断地发生事故。1842 年 5 月 8 日星期日下午五点半，载有 770 名旅客的列车准时从凡尔赛出发返回巴黎。他们都是参加国王在凡尔赛花园举行的公众节日活动的名人显贵。所有的“巨型喷泉”全部被打开，高高的水柱随着优美的音乐翩翩起舞。由于预见到会有大量的客人集中返回巴黎，“东岸铁路公司”还特意安排了两辆牵引机车并挂上了 18 节车厢。事后证明，这显然是一个坏主意。火车驶离贝尔维尤（Bellevue）车站只有几分钟，第一个火车头的轮轴就断裂了。第二个火车头随之冲向已经停车的第一个火车头并

① 众所周知，历史上的所罗门王素以机智断案著称。——译者注

爬到了其车身上，致使司炉英国人乔治先生当场丧命。后面的车厢又陆续冲向第二个火车头。此时，两辆机车已经着火，火焰迅速蔓延并引燃了后面的木板车厢。由于前一年曾有一个旅客跳车自杀，公司已经把所有车厢的门都上了门锁（正如《铁路时报》指责的那样，英格兰“西部铁路公司”也采取了同样的不当措施）。这次事故造成至少 40 名旅客死亡，地狱般的现场令人惨不忍睹，大多数遗体已经无法辨认。其中有一具被认出的遗体是一位民族英雄：探险家和航海家朱尔斯·杜蒙·于维尔（Jules Dumont d'Urville），他刚刚在三年前率领远征船队穿越了南极圈。他的头骨被一位曾在他的帆船“亚斯托雷比”号（Astrolabe）[①] 上工作的医生与一位最近为他制作石膏模型的骨相学家和雕塑家同时辨认了出来。据说，当时在数英里外就能听到受难者的哭喊声。国民卫队立即到达现场并展开清理工作，惊恐万状的国王也向受难者打开了城堡的大门。

仅仅在几个月前，下议院还在为一项规范铁路过度发展的章程而进行辩论。按照时代精神的要求，通常由政府提供土地、补贴和机车车辆，而私人联合企业（如罗斯柴尔德—佩雷拉和福尔德—塞甘）则负责铁路的后期运营，正如那些深怀敌意的评论家（如图斯内尔）所指出的，这种合作方式正对私人企业的胃口。按照他的说法就是，由靠民众纳税养活的政府承担风险，而让犹太人却从中牟取暴利。

敌意和事故并没有减缓竞争的步伐。佩雷拉兄弟一直记挂着那个能够直达他们的家乡波尔多和东南部的马赛以及里昂的覆盖全国的大铁路网，而詹姆斯·德·罗斯柴尔德则认为北方通往比利时和连接海峡渡轮的海港城市的铁路线才是当务之急，应该首先把连接欧洲大陆西北部腹地的工业重镇纳入铁路建设计划。如果能及时通车，人们估计从巴黎到伦敦只需要 14 个小时（包括穿过英吉利海峡的时间）。1846 年 6 月，“北线”顺利开通，“七月王朝”大约有 600 位最显赫的王公贵族出席了盛大的通车庆典。三个月后，有位司机驾驶着

① 意为“罗盘”。——译者注

机车以两倍于限定时速的速度一路向海岸地区急驰，当时的时速几乎达到了 45 英里。在通过加来海峡附近法庞村（Fampoux）旁的一座高架桥时，火车发生了脱轨，所有的车厢都栽进了深深的沼泽之中。这次翻车事故共造成 14 名旅客死亡。一名《北方杂志》（*Revue du Nord*）的记者报道说，他打碎车厢的窗户逃了出来，并试图救助那些落水的旅伴，但却完全是徒劳的。

当然，像奥廷格尔家族（Hottinguers）这样的著名新教徒银行家也积极参与了新铁路的开发，天主教徒同样也不甘落后，但群情激愤的作家们却几乎无一例外地把刚刚发生的灾难归咎于犹太人。其中包括图斯内尔和社会党人皮埃尔·勒鲁（Pierre Leroux），而最恶毒的当属乔治－玛利·马蒂厄－达恩瓦尔，他的宣传册《犹太人的国王——罗斯柴尔德一世奇怪而具有警示意义的发家史》（*Histoire édifiante et curieuse de Rothschild Ier, roi des Juifs*），在“法庞村灾难”发生后的几个星期里就卖出了 6 万册。他们几乎是众口一词地对犹太人大加挞伐。由于只关心利润，他们往往走的是不顾安全的捷径。在像普鲁士这样的正统国家里，铁路是由政府来控制和运营的；法国却完全不同，那里的腐败政权已经沦为了罗斯柴尔德以及其他“犹大支派和便雅悯支派”残余的“人质”。除了事故灾难不断，“犹太人的铁路”（这是图斯内尔称呼铁路公司的原话）还逼着二等和三等座位的旅客只能坐专门为屠宰场运送家畜的车厢，最差的甚至只能伴着风雨和严寒露天旅行。有些甚至还编造谣言，说有的旅客在车厢里被冻死了。图斯内尔还写道，尽管犹太人的铁路剥削手段如此冷酷无情，但每当有一条新线路开通，下议院却总是异口同声地叫喊着“光荣属于犹太人”，而不明真相的民众也在声嘶力竭地随声附和。

许多世纪以来，犹太人一直被诋毁和迫害，被认为是冥顽不化的蒙昧主义者：他们与其他人类完全隔离开来，陷入了一种与世隔绝的、反社会的拉比式生活状态。如今，他们遭到攻击的理由却是完全相反的：他们迫不及待地融入了新的社会生活，并自诩为现代性的引领者。而社会党人皮埃尔·勒鲁则宣称，让他们获得“解放”不仅是不明智的，而且实际上是极其危险的，“是我们这个社会犯下的最不可饶恕的罪行”。与其他许多左派甚至右派的观点如出一辙，他建议再次把他们赶进各个城市的“监狱”里。当拿破仑推倒“隔都”的大门和高墙时，他犯下了一个多么大的错误！

对其受益人来说，“犹太解放”的时机对于其受益者来说是糟糕的，尽管这也不是他们自己能够决定的。因为这次解放的到来正是普世启蒙运动，即所谓“四海一家”的观念这支熊熊燃烧的火炬即将熄灭的时刻。在 19 世纪的第二个二十五年里，对统治机器的反抗往往集中表现为对某个历史、宗教、自然和国家英雄人物的狂热崇拜，而犹太人的形象恰恰是与这种意识完全对立的：他们是一个对国界相对淡漠的民族，其中最具代表性的就是罗斯柴尔德家族；一个虽然无处不在却又根本没有立身之地的种族，因为他们直到现在仍然靠胸前的识别牌才能被认出来，似乎直到瓦格纳的音乐时代，才开始通过“一种难听而滑稽的嘶哑、喘息、蜂鸣般的鼻音”来识别他们。如今，为了让他们古老的习俗能够永远流传下去，他们竟然非常老练地戴上了一副现代性的面具。勒鲁认为，银行借贷就是一种当代的新式“十字架”。

而正是在现代铁路运营中，犹太人找到了他们理想的统治工具。因为铁路毕竟是与大自然对抗的产物。铁路谋杀了空间，把人们对自然风光的平静思考变成了疯狂的车轮转动声，变成了一个光怪陆离的“万花筒”（kaleidoscope）。拉斯金[①] 指出，在旅行中，枯燥无趣完全与速度成正比，而铁路除了把人类变成“活包裹”外，实际上一无是处。通过缩短时间和距离，火车似乎给人一种可以“无处不在”的错觉。当海涅说出他那个著名的比喻——感谢铁路带来的

① 约翰·拉斯金（John Ruskin，1819~1900），英国著名作家、艺术家、艺术评论家、哲学家、教师和业余地质学家。1843 年，他因《现代画家》（*Modern Painters*，后陆续出版四卷）一书而成名，从而奠定了他在维多利亚时代的艺术地位。作为工业设计思想的奠基者，拉斯金的思想是丰富而又庞杂的，并集中体现在《建筑的七盏明灯》《威尼斯之石》等著作中。——译者注

便利，当他身在巴黎时，他似乎能闻到柏林的菩提花香和听到北海的海浪在他大门外的撞击声——时，他的兴奋中总是掺杂着几分沮丧与恐惧。[20] 铁路会让你生病，吵闹声会刺激你的神经，使你不得不去找几乎无处不在的犹太医生为你治疗。铁路剥夺了人们安慰家里的驮载动物时的那种亲密感，再也找不回为拉车的挽马梳理马鬃时的快乐。对于取代了挽马的“铁马”，没有人会再去温柔地抚摸它冰冷的“脸颊”。有些人抱怨说，卧铺车厢里不利于交际，只能一个人蜷缩在狭小的空间里不停地把挂在表链上的怀表掏出来，看一看火车是不是准时，而车站钟楼上的大钟也只能俯视着广场上的旅客像鸟兽一样散去。还有些人则抱怨说，低等车厢特别是二等车厢又太利于交际，或者说太“亲密”，反而让人感到不舒服，你不得不去闻另一位旅伴呼出来的臭烘烘的大蒜味儿，或尽量捂住耳朵不去听一个喝得醉醺醺的海员沉沉睡去时发出的鼾声。

世界正在坠入“地狱”。显然，这都是犹太人的错。

II．“我们是同胞”

可怜的姑娘

这不过是发生在菲斯（Fez）的又一个残忍事件。死在刽子手刀下的是一位来自丹吉尔（Tangier）的犹太姑娘，当时只有十七岁，人人都说她长得特别漂亮。所以地方治安官（qadi）① 给她定的罪名是，说她在收到了“大先知”的信息后，却故意地对他不理不睬。对这类叛教者的惩罚就是死刑，但摩洛哥的苏丹出于怜悯，还是想给她最后一次重新选择的机会，命令刽子手的半月形弯刀先试着在她的脖子上比画几下，让她能够害怕并改变心中的痴念就行。但是，这次吓唬并没有产生理想的效果。姑娘非但没有悔罪，而是随着刽子手手起刀落高声地念诵起了“示玛篇”。最终，姑娘的父亲痛苦地将其埋葬，并按

① “qadi”的动词意义为“裁判”或“决定”。——译者注

规定向苏丹支付了收尸费。

转眼几个月过去了，1835年，曾经对这场悲剧早有耳闻的旅行作家欧亨尼奥·玛利亚·罗梅洛（Eugenio Maria Romero）在直布罗陀找到了这位姑娘的哥哥。[21] 在“大岩礁”（the Rock）① 尽头位于低矮地段的贫民区后街的一个小房间里，她的哥哥蒙泰罗（Montero）向他讲述了一个完整的故事。罗梅洛深深为这个悲惨的故事所打动，于是他跨过地中海来到了丹吉尔，继续听姑娘悲痛欲绝的父母西姆卡和哈伊姆（Haim）讲述故事最后的细节。然后，罗梅洛记下了整个故事，并于两年后出版了他的笔记。

这位姑娘的名字叫索尔·哈齐尔（Sol Hatchuel），在当地被誉为“阳光天使”。在与她的父母发生了一次激烈的争吵（一个十七岁的少女应该做得出来）之后，她委屈地冲出了家门，去找住地同一条街道上的一个阿拉伯女伴，因为在丹吉尔，当时并没有像马拉卡什（Marrakech）或菲斯那样的犹太居住区（mellah）。而正是索尔与她的非犹太人邻居的这种亲密关系，让父母非常担心，并且这也正是她与父母时常发生争吵的原因。后来发生的事情证明，父母的这种担心并不是多余的。当索尔痛苦地抱怨她的母亲和父亲时，她的女伴建议她或许可以作为一个非犹太教徒开始一种全新的生活，接受一种真正的信仰尤其令人尊敬。索尔惊恐地抗议说这个代价太大了，并表示她无论如何都绝不会背离自己原来的信仰。然而，致命的种子已经撒下了。由于能够把一个皈依者带到新的旗帜之下是一种最大的美德和善行，她的女伴便向丹吉尔的帕夏（pasha）密报，有个人马上就要皈依。于是，索尔被带到他的面前，但她却非常生气，然后又声泪俱下地抗议说这件事完全是无中生有，她将永远忠诚于她的祖先的宗教信仰。她是如此固执，于是帕夏便把她监禁起来，并且还不让她悲痛欲绝的父母接近她，后来又把她押到了菲斯。她被绑在一头骡子上，由摩洛哥苏丹亲自出面审问，并通过活灵活现地讲述作为一个叛教者的严重后果对

① 直布罗陀的代称。——译者注

她进行百般威胁和利诱。直到最后，索尔仍然坚持说，她根本就谈不上叛教，因为她从来也没有皈依。但是，没有人会相信她的话，于是她生命的鲜血就洒在了菲斯古老城区的尘土和稻草堆里。

对摩洛哥的犹太人来说，索尔就像中世纪十字军东征时期的死难者和宗教法庭的公开审判大会上被烧死的无辜者一样。[22] 为了纪念她，人们用犹太—阿拉伯语和希伯来语创作了各种赞美悼文，而她的墓地则成了人们朝圣的地方，并且更令人吃惊的是，一些本来对索尔并不怎么崇拜的非犹太人也加入了朝圣的队伍。根据马可·雷伊（Marc Rey）的记述——他在《摩洛哥游记》（*Souvenirs d'un Voyage au Maroc*）一书中也重复过索尔的故事——对于罗梅洛来说，她遇难的惊人事实正是马格里布地区的阿拉伯人仍然处于落后状态的证据。当时，阿尔及利亚已经是法国的殖民地，并且直到1882年才实现了独立，而摩洛哥则还要晚一些。[23]

但是在欧洲，无论是犹太社区还是其他地方，却似乎没有人去关注索尔·哈齐尔的命运，更谈不上把她的故事看成是一个轰动一时的案件。然而，罗梅洛记述的这个只有一百页的故事在没有翻译成其他文字的情况下便绝版了。在雷伊的《摩洛哥游记》中，这个故事不过是又一则满足那些对异国情调具有强烈好奇心的读者的奇闻轶事罢了。许多具有画家浪漫情怀的艺术家，在为德拉克洛瓦（Delacroix）的《萨尔丹那帕勒斯之死》（*Death of Sardanapalus*）画面中的柔软的躯体、裸露的喉咙和耀眼的刀锋大感兴趣之余，也把目光转向黎凡特地区和马格里布地区，去寻找类似的故事题材。其中有一位名叫阿尔弗雷德·德奥当（Alfred Dehodencq）的画家，显然要比他那些整天蹲在画室里痴迷于东方情调的艺术同仁更有毅力，他竟然在1853年后在摩洛哥坚持生活了好多年。[24] 在他为索尔创作的画面中，她的上衣被撕开，喉咙和脖子都裸露在外面，一个身穿猩红色披风的刽子手像魔鬼一样居高临下地站在她的面前，而一群嗜血成性的暴徒正等着他手起刀落，他们一边翻着眼睛一边挥舞着双手，这样的围观场面在当地的露天市场和老城区里显然是司空见惯的。

犹太社区

但是在 1834 年，那些身穿短外套的犹太人对于仍然保留着诸多禁忌的犹太社区并不怎么关注。这样的犹太社区不仅谋杀事件时有发生，其生活条件也足以令人震惊。他们绝大多数都生活在饥饿、无知尤其是无边的恐惧之中。时至今日，那里的犹太人在这样的世界中享受的浪漫生活，被认为是邻里之间和谐共处的结果，但这样的场景却随着锡安主义的兴起和以色列国的建立而发生了不可逆转的改变。在像开罗、亚历山大、巴格达、阿勒颇这样的大城市里，在 19 世纪末直到 20 世纪初，的确曾出现过一个所谓的犹太中产阶级，他们大多追随着现代化的步伐，与他们的其他公民同胞一起过着一种文化上充满活力的生活。但是，这不过是殖民地现代化过程中的一种表面现象，而犹太人也为他们对帝国统治方式的认同付出了沉重的代价。在此之前的数个世纪里，叙利亚、埃及、巴勒斯坦和马格里布地区的穷苦犹太百姓一直过的是一种穷街陋巷的生活，只能挤在里面敲打铁器农具和制作工艺品或叫卖精纺的布料和粗制的皮货。至于他们的孩子所接受的教育，也不过是每天到宗教学校（cheders）里以死记硬背的方式学习典籍，与他们的阿拉伯同龄人念诵经文并没有什么不同。他们的孩子不得不习惯于通常在大街上被吐口水，甚至在有人愿意拿他们取乐时被扔石头。这个世界里的犹太人在法律上仍然没有什么地位，他们被禁止在法庭（这是他们唯一有可能就针对他们的攻击或抢劫案进行自我申辩的机会）上为自己作证。即使在相对宽容的奥斯曼统治下的领地内，财富的突然逆转——对新出现的犹太债权人和银行家进行财产清偿和法律“谋杀”——往往会引发激烈的暴力活动。公开处决很可能会引起犹太居住区的暴动，有时甚至会演变为一场大规模屠杀，而犹太人手无寸铁，只能任凭宰割，因为他们平日被禁止携带任何武器。每当他们在大街上受到攻击时，他们只能温顺地低下头屈辱地接受，然后准备在缴纳每年一次的“人头税”时再次接受更恶毒的羞辱。

波斯城市哈马丹（Hamadan）还通过了一项奇怪的法令（尽管后来又被撤销了），禁止他们吃新鲜的水果（以便区别于熟透的和虫蛀的水果），并且禁止他们在雨雪天气里离开住处，因为“犹太人天生不纯洁”，他们很可能会把受到污染的雨水带到“真正的信徒”的门前甚至家里。[25] 如果任何一个犹太人胆敢在穆哈兰姆①期间出现在大街上，他或她将由于这种冒失的亵渎行为立即被杀死。在喜庆的节日期间，他们很可能会被扔进水池里供人们取笑。每逢这样的场合，公众的娱乐项目中总少不了“烟花和犹太人”。1836 年，英国旅行家爱德华·莱恩（Edward Lane）在从巴勒斯坦发出的报告中说，犹太人“通常生活在极端轻蔑和仇恨之中……他们甚至在面对残酷的虐待，或受到身边的阿拉伯人或土耳其人无缘无故的辱骂和毒打时，从来不敢吭声……因为许多犹太人由于受到捏造的出言不敬的恶毒指控而丢掉了生命”。[26]

然而，历史终于不再平静，开始审慎地（正处于试验阶段）把欧洲和美洲那些迫切希望现代化的犹太人与他们在那个世界里的那些“落后的”（当时普遍使用的一个术语）兄弟和姐妹联系在一起。蒸汽船、港口的不断开发，以及已经从维也纳延伸到巴尔干半岛的铁路网络，使这种尝试性的联系成为可能，就像银行业和船运业的职位对犹太人开放时的情景一样。当某个地方的生存环境开始糟糕时，勤劳而精明的犹太人总是能在另一个地方找到适于自己的栖息地。在经历了一场反犹主义的暴乱之后，萨逊家族（Sassoons）离开了巴格达，来到了英国人统治下的孟买。从 19 世纪 20 和 30 年代开始，那些曾经看着他们自己的社区同胞从古老而贫困的职业——典当业和旧衣服生意——走了出来而进入了现代学校（从而把世俗的“有用”知识融入了自己的宗教传统之中），然后又进入了不需要接受宗教审查的大学教育的欧洲犹太人，迫切希望同样的

---

① 穆哈兰姆（Muharram），又称“穆哈兰月”，是伊斯兰教教历一月，一个月内除了自卫外禁止打斗。——译者注

奇迹会发生在东方的犹太人身上。

一些更勇敢的犹太人则毅然踏上了通往巴勒斯坦的道路，因为他们听说基督教福音派已经先期到达并盘踞在那里，正在讨论如何让犹太人“回归”他们祖先的土地作为他们集体皈依和“救世主”再临的前提条件这个问题。据说，当时在耶路撒冷、萨费德和太巴列居住着数千名犹太人，虽然他们绝大多数都生活在无知和贫困之中，完全依靠当地“慈善基金会”（halukah）的救济生活，但他们却一直在从事典籍研究。如果能够在不损害这些犹太人的宗教信仰的情况下把他们引导到现代世界中来，难道他们不是能更好地抵御基督教的传教运动吗？

当犹太商人和伦敦的最高行政长官摩西・蒙特菲奥里和他那位以意志坚强著称的妻子犹滴一起在 1829 年第一次到“圣地”访问时，他心里记挂的正是这件事。

在蒙特菲奥里一家途中在开罗和亚历山大做短暂停留时，他们为自己目睹的愚昧和肮脏而感到深深的震撼，从而萌发了进行一次社会变革的梦想。1837 年，一场令人恐怖的大地震摧毁了犹太人的萨费德和太巴列，致使那里的房屋支离破碎，残砖碎瓦散落在加利利的山脚下，所以恢复那里的正常生活变得更为迫切。当时，那些没有被埋在废墟下面的人根本没有食物和住处，只能睡在露天的破草席子上。由欧洲各地的犹太会堂发起的声势浩大的救灾运动，使两个完全不同的世界里的犹太人共同认识到，他们应该属于同一个更大的社区。在伦敦、巴黎、柏林、维也纳和纽约，他们终于开始意识到，当这样的灾难降临到他们头上时，他们在非犹太世界里没有朋友恐怕是不行的。

大马士革事件

在 1840 年的冬天就发生了这样一次灾难。大马士革有一个拥有 5000 名犹太人的古老犹太社区，2 月 5 日，方济各修会的一个名叫托马索（Tomasso）

的行乞修士与他的仆人一起失踪了。[27]据称他最后一次露面是在犹太居住区，所以一时间谣言四起，随后基督教社区便声称失踪者已经被犹太人绑架并被杀害，以便用他们的血制作逾越节无酵饼。长期以来，有关“血祭诽谤”的谣传本来就一直没有平息过。于是，犹太社区的三位拉比被逮捕，并遭到严刑拷打，试图让他们招认在逾越节仪式上使用人血的事实，“但他们却回答说，果真如此的话，大量的犹太改宗者恐怕早就把事实公开了”。[28]于是，为了找到失踪者的遗体，有600座犹太住宅被全部拆毁，但却一无所获。随后，一位据说是血祭仪式谋杀案目击者的犹太烟草商遭到逮捕，为了让他招供而对他实施了残酷的鞭刑，直到鞭打而死。据说那些为他收尸的犹太人在下葬前根本无法为他净身，因为遗体已经残缺不全。于是，一个犹太理发匠便成了下一个被残酷折磨的对象，其手段之残忍令人发指。这一次，他们终于得到了让市长谢里夫·帕夏（Sharif Pasha）认为满意的“供词”。但是，逾越节谋杀并用于血祭仪式一直被认为并非个人行为，而是出于整个社区的密谋，所以社区拥有长老身份的拉比安蒂比（Antebi）便成了下一个嫌疑最大的首犯。但即使遭受酷刑，这位拉比仍然拒绝认罪，而是强烈请求一死了之。另一位拉比尤素福·利纳多（Yusuf Lignado）在遭受了长达10天的打脚掌酷刑后悲惨地死去，而仅仅用一轮打脚掌酷刑就逼死了60岁的犹太居住区看门人。[29]当时，有70位犹太人被投入监狱并遭到严刑拷打，其中有些还是孩子。一位母亲被告知，如果她拒不招供，她的孩子（从5~12岁不等）将被统统杀死。然而，当法国领事拉蒂·芒顿（Ratti Menton）指称这一系列的事件“实在令人震惊”时，他实际上指的是绑架案很有可能就是犹太人所为。

但随后，随着许多主持正义的非犹太人出面干预，一件令人惊异的事情发生了。其中最引人瞩目的人物就是奥地利驻大马士革的领事，与他的法国同仁形成鲜明对照的是，他深深为这一系列的严刑逼供事件感到震惊，并且根本不相信所谓的“指控”，特别是有可靠的消息声称，有人看到那位行乞修士和他的仆人早已经活蹦乱跳、大摇大摆地离开了这座城市。虽然奥地利驻开罗的总领事已经被解职，但他却及时把存有疑问的报告发给了维也纳政府，而碰巧的是，当时的奥地利首相梅特涅[①]正与他的银行家所罗门·罗斯柴尔德（Salomon Rothschild）打得火热。所罗门立即不失时机地给他的兄弟、奥地利驻巴黎的荣誉领事詹姆斯写信，而詹姆斯随即在公共媒体上发起了一场声援东方的舆论攻势。律师和自由派政治家阿道夫·克里米埃［Adolphe Crémieux，他一家刚刚从卡尔庞特拉（Carpentras）搬到巴黎］随后在《论争杂志》（*Journal des débats*）上发表了一篇义愤填膺、雄辩有力的文章，并且他非常清楚，各个极端的激进天主教派和“犹太银行家”的敌人社会党徒的“恐犹症”，势必会立即引发一片针对以色列人“手眼通天”的狂热叫嚣声。

1840 年 5 月 5 日，克里米埃出席了犹太人代表委员会在其位于伦敦花园弄（Park Lane）的总部举行的一次会议，准备发起一场声势浩大的运动，要求释放所有的犹太犯人，撤销各种恶意指控，并对当地的犹太社区提供保护。这次大会形成的一项具有自觉意识的决定（与克里米埃本人的政治观点完全一致）中指出，一个将犹太人的解放事业与全世界的自由主义事业结合起来的时刻已经到来。

提议采取这个重大的历史举措的人，都是当时英格兰犹太世界的一些名人和精英：莫卡塔（Mocattas）和戈德史密斯家族、柯恩和利未家族、蒙特菲奥里家族，当然还有罗斯柴尔德家族。他们大多数都属于具有自由主义倾向的辉格党人（Whigs）［并且有充分的理由相信他们在十年前曾是托利党人（Tories）］，其中也包括当时的首相、忘恩负义的威灵顿公爵（Duke of Wellington），他在他们的政治解放事业迈出最后一步——议会向犹太人开

① 克莱门斯·文策尔·冯·梅特涅（Klemens Wenzel von Metternich，1773~1859），19 世纪著名奥地利外交家。他出生于德国科布伦茨，从 1809 年开始出任奥地利外交大臣，1821 年起兼任奥地利帝国首相，并在任内成为“神圣同盟”和“四国同盟”的核心人物。——译者注

放并且免除他们像基督徒那样的宣誓义务——时曾给他们使过绊子。正是该党中一位冉冉升起的政治新星托马斯·巴宾顿·麦考利（Thomas Babington Macaulay），在犹太人的解放这个问题上发表了他慷慨激昂的处女作演讲，认为他们既是跨越大不列颠传统体制的社会自由化运动的发起者，也是其受益人。在罗斯柴尔德家族在全力资助击败拿破仑（主要是以向欧洲战场输送黄金的方式）的战争中扮演了重要角色之后，这座城市也开始喜欢犹太人。作为罗斯柴尔德家族曾经的雇员和合伙人，蒙特菲奥罗已经被选举为两位城市最高行政长官之一。关于这位摩西身穿治安官的法袍，带着一只按犹太教的洁净规定制作的烤鸡或他最喜爱的牛肉冷盘出现在公众面前的故事，迅速传播开来，不过其中更多的是热爱而不再是蔑视的色彩。更有另一些新岗位也成为他们的进阶之路：大卫·所罗门（David Salomon）在不需要像基督徒那样起誓的情况下获得了律师资格；伦敦大学学院及其分校也已经向犹太人开放；随后是伦敦市的圣保罗学校和伯明翰的爱德华国王学校全面开放。

与这类公共机构的开放相比，更重要的是一种日常社会生活的趋同性，并且这种趋同有时是通过那些虽然已经正式放弃了自己的宗教生活但即使深深地植根于英国文化的核心，却也从来不隐瞒自己的出身（这样做其实并没有实际意义）的人来实现的。以撒·迪斯雷利[①]断然走出了犹太会堂，并且在他本人以及他的儿子接受洗礼时还自言自语地说，既然犹太教与基督教终将成为同一种宗教，那么在洗礼盘里洗一下手又有什么大不了的呢？

但是，知名度并不是以“皈依”为前提的。格雷斯·阿基拉[②]特色鲜明的本土犹太传奇故事是维多利亚时代早期英格兰的畅销书。包括不可抗拒的法国

---

① 以撒·迪斯雷利（1766~1848）不仅是一个颇有成就的文学家，还是法国著名启蒙主义思想家伏尔泰和卢梭的忠实信徒。——译者注

② 格雷斯·阿基拉（Grace Aguilar，1816~1847），英国著名小说家、诗人，以描写犹太历史和宗教见长。虽然她从少年时代就开始了创作生涯，但她的大多数作品却是在去世后出版的。——译者注

人雷切尔在内的许多犹太音乐家和演员的身后都有大量的追随者。在内森和莱奥内尔（Lionel）的乡村庄园——冈纳斯伯里（Gunnersbury）花园里，一群群的飞鸟变成了罗斯柴尔德枪下的猎物。像“每一个巴黎人”（le tout Paris）都希望出现在詹姆斯·德·罗斯柴尔德在费里耶尔城堡举办的盛大聚会上一样，英格兰的上流社会同样对这样的场合趋之若鹜。安东尼·罗斯柴尔德（Anthony Rothschild）甚至痛苦地抱怨说，“我们似乎整天就是在臭气熏天的舞会上度日”。罗斯柴尔德或所罗门家族的一场婚礼本身就是一个盛大的社交场合，《伦敦新闻（彩版）》上充斥着各种令人艳羡的花边新闻。1845 年，当以利撒·阿克顿（Eliza Acton）出版的畅销菜谱《现代家庭烹饪大全》（*Modern Cookery for Private Families*）一书中把“外国和犹太菜谱”列为专门的一章后，某种限制犹太饮食的无形门槛终于被打破。反映在非犹太与犹太精英圈子里，就是几乎所有的菜品都变成了清一色的塞法迪风味，尤其是以“捣碎的杏仁和丰富的糖汁”为特色的菜品，更是展现出“明显的东方特征”。尽管把“犹太烟熏牛排”描绘为“有一种原味腌制的火腿的奇妙风味”，或许算不上一个高明的主意，但阿克顿却非常喜欢杏仁布丁、葡萄牙“卡瑞莎”（charissa）香肠加米饭和用塞法迪犹太人带进英格兰的“新鲜橄榄油”炸制的鱼块。她写道，“犹太人更喜欢在自己的宴会上端上一个炸鱼冷盘”，从而在节日前的“祈福式”上营造出一种维多利亚时代的气氛，并建议所有的比目鱼、鳎目鱼、菱鲆鱼和多宝鱼都可以按她的大马哈鱼配方进行炸制，“然后在盘子里围着一条大鱼摆成对称的图案或单独摆成一个对称的图案”。[30]

当然，当时这里仍然还有大量的饥民、文盲和乞丐，有些人则靠向居住在伊斯灵顿（Islington）、斯坦福山（Stamford Hill）、美景花园（Mayfair，英国的罗斯柴尔德家族最终也从老城的“新法院街”搬了过来）的上层犹太人借贷度日。但是，这里也开始形成了一个真正的盎格鲁—犹太中产阶级（Anglo-Jewish middle class），他们在英国过着无忧无虑的生活，并且从 1841 年开始就有了属于他们自己的舆论周刊《犹太记事报》（*Jewish Chronicle*）。

所以，当一场抗议大马士革暴行的盛大集会在伦敦市长官邸举行时，当然是声势浩大而且必然群情激愤，并且毫无疑问犹太人的朋友会以发表演讲的方式进行声援。情绪最为激昂的当属爱尔兰的“解放者”、天主教解放运动演说家和代言人但以理·奥康纳（Daniel O’Connell）。奥康纳吼叫着：“任何一种正常的人类情感都在受到残酷的践踏和恶毒的指控……难道会有人能如此卑鄙，竟然相信他们（大马士革的犹太人）会把人血用于他们的宗教仪式？……希伯来人难道不是所有人性关系中的好榜样？……难道他们不是好父亲或好儿子吗？”当时，除了《泰晤士报》表现反常之外（竟然胡言乱语地说“现在是犹太人自证清白的时候了”），几乎所有的英国媒体都众口一词地谴责“大马士革事件”本身的荒唐和残忍，同时对所有固执己见和轻信这种古老诽谤的人进行声讨。

如此激烈的反应足以让“犹太人代表委员会”派出代表会见当时的外相帕默斯顿勋爵（Lord Palmerston），从而在政府的支持下向埃及的统治者穆罕默德·阿里（Muhammad Ali，在他的统治下，叙利亚已经陷落），甚至直接向苏丹本人［当时只有十七岁的阿卜杜勒·迈吉德（Abdulmecid）］派出一个外交使团。对于东方的战略格局，帕默斯顿似乎有自己的想法，他甚至一度打算让犹太人回归巴勒斯坦，从而使这一地区成为一个在与英国保持友好关系的情况下实现现代化的孵化器。但毫无疑问的是，他对于大马士革发生的事情，尤其是法国在这一事件中与当地政府串通一气的愤怒也是发自内心的。

在英国政府的支持下，蒙特菲奥罗和克里米埃肩负起了重要的历史使命。尽管这两个人以犹太显贵出行的古老方式在谁为主谁为副的问题上发生过激烈的争吵——摩西爵士俨然摆出一副贵族派头，而克里米埃则对他显赫的名声被盗用一事非常恼火——但他们这次出使却取得了惊人的成功。不可一世的老征服者穆罕默德·阿里（心里同样打着自己的政治和军事算盘）热情地接见了他们，并命令立即释放犹太犯人。在君士坦丁堡，他们与大宰相拉吉德·帕夏（Recid Pasha）的会面则更有戏剧性。仅仅在一年前，年少无知的苏丹在大宰相的操纵下发布了所谓“改革”（Tanzimat）诏书，把一个素以集权和专制主义著称的奥斯曼帝国变成了一种自由主义体制：确保臣民的生命、财产和自由。克里米埃和蒙特菲奥罗的到访使得拉吉德·帕夏有机会向全世界展示一副更具自由精神的面孔。当时，帝国领地内也时常发生“血祭诽谤”的迫害事件，而最著名的就是“罗得岛事件”：一伙暴徒袭击了犹太居住区，而这次规模不大的仇犹事件却让苏丹发布了一项正式的法令，强烈谴责这种野蛮的诽谤“完全是一派胡言”。“我们绝不允许用这样的指控去为难和伤害犹太民族（对于所指控的罪名，他们显然是无辜的），因为这种指控实际上是毫无根据的。”[31] 后来发布的另一项诏书则赋予了犹太人与奥斯曼帝国的其他臣民完全平等的权利，他们被免除了“人头税”，并且废除了所有残留的居住或职业方面的限制。不可思议的是，在法国的 4 万名犹太人在 1830 年的革命中获得正式解放仅仅过去十年之后，在地中海的另一端就发生了在力度和广度上足以与其媲美的社会变革。当时，甚至有迹象表明，奥斯曼政府很可能赞成犹太人向巴勒斯坦移民并在那里发展自己的经济。然而，所有这一切都不能阻止有些人在这一事件发生数年后仍然继续把当年的“血祭诽谤”奉为举世公认的“真知”。

莫塔拉绑架案

欧洲自由主义的车轮徘徊不前，时而走向光明，时而又滑向黑暗。犹太人被卷进了 1848 年的革命浪潮中，时而成为革命的英雄，时而又变成攻击的目标。克里米埃作为司法大臣加入了第二共和国的临时政府，而愤怒的人群却洗劫了佩雷拉和罗斯柴尔德家族的一些铁路货场。当年 6 月，当资产阶级国民卫队的枪口开始对准并残杀起义的工人时，这位强烈反对死刑的司法大臣却对这种宿命的恐怖场面冷眼旁观。埃米尔和以撒·佩雷拉兄弟仍然偶尔为他们曾经的圣西门理想耍耍嘴皮子，但只是把自己的铁路工程作为一种企业经营而不再是一种政治理想，他们感到亲王总统路易·拿破仑（Louis Napoleon）——很快就宣布称帝——的确是一个（基督教）门徒，并且事实也是如此。1852年，他们开办了专门用于农用土地贷款的"不动产信贷银行"，而在当年的晚些时候，以发行公共债券的形式开办的投资银行——"动产信贷银行"——作为他们最著名的投资创新模式开张营业。[32] 作为纯粹的圣西门信徒，他们的银行恰恰违背了自己的既定原则，不仅拒绝向真正意义上的小型企业贷款，反而一味地为诸多大型项目募集资金，其中包括更多的铁路工程，如通往图卢兹（Toulouse）甚至连接西班牙的西南线，通往比利时然后穿过德国边境直达柏林的著名的北方铁路线（梅耶贝尔的音乐旅行多次乘坐的正是这条线路），等等。

只要想起第二帝国时期的巴黎，你肯定会想起豪斯曼男爵和他建造的"林荫大道"，即在工匠艺人云集的古老居住区经过艰苦施工打通的那条开阔的通道。但是，这样一个繁华的巴黎同样也是由佩雷拉兄弟打造的，他们建起了著名的大型百货商场——卢浮宫百货商场（Grand Magasin du Louvre），雇用了多达2400名员工，而相距不远的欧洲大饭店（Grand Hôtel de l'Europe），则由于其数不清的宴会大厅和蒸汽驱动的升降梯而名噪一时。两兄弟认为自己的财富并不比罗斯柴尔德家族逊色，于是在紧靠着铁路下面买下了一座巨大的乡村庄园，这样的做派大大激怒了詹姆斯男爵，从此以后他唯一关心的事就是看着他们被打倒。当他们由于过度扩张而把自己的铁路和工矿企业的触角伸向中欧地区（必然与罗斯柴尔德家族的另一个分支发生冲突）时，两个家族相互竞争的局面的确发生了反转。1870年，巴黎本身也灾难性地落入了由另一位著名犹太银行家资助的普鲁士军队的手中。

随着仇恨犹太人的人越来越多——如威廉·马尔（Wilhelm Marr），他不仅于 1879 年首次使用了“反犹主义”（anti–Semite）一词，并且围绕着这个“原则”组织起了一股新的政治势力——犹太人的所有经济活动便成了他们征服欧洲的无可辩驳的证据。他们兜售的所谓“现代性”不过是一张劣质的货物清单：粗俗的商业歌剧院，百货商场里琳琅满目却又华而不实的商品，以及蛮横地跨越了古老的、高贵的语言、领土和民族边界的铁路网。所有神圣的东西，从罗马教廷开始，全都沦为了他们的恶毒与贪婪的俘虏。

于是，基督徒和民族主义者开始了猛烈的反击，尤其是天主教报纸《宇宙》（*L'Univers*）的主编路易斯·弗约（Louis Veuillot）用极其刻薄的言辞，突然对犹太人身上的现代性发难，其程度甚至可以用激烈和恶毒来形容。他们认为，古老偏见的强大力量早晚有一天会屈服于现代理性，实用主义必然在全世界变成一种城市的甚至是普遍的生存方式。今天的巴黎，就是明天的科隆。

不过，犹太人的这种自鸣得意也经常被恐惧和沮丧情绪所破坏。对满怀自由主义期望的犹太人来说，1858 年注定是一个值得庆祝的年份。莱奥内尔·德·罗斯柴尔德曾先后三次进入议会（第一次是在 1847 年被选为伦敦城的议会议员），但每一次都是上议院对下议院通过的资格法案（特许他不必像基督徒那样宣誓就可以获得合法的席位）进行百般阻挠。在 1858 年夏天，上议院终于同意上下两院的每一个成员可以按自己的方式宣誓，所以罗斯柴尔德才得以作为第一个职业犹太议员在下议院里获得了自己的席位。

但是，伴随着每一次这样的进步，总会有一种让犹太人感到孤立无援的绝望在时刻提醒着他们，尤其是当他们试图保护家族的神圣尊严免于以“皈依”的名义遭到绑架时更是如此。在 1858 年 6 月的第一个星期，在当时还属于教皇统治下的埃米利亚（Emilia）的博洛尼亚（Bologna）城里，当地宗教法庭的法警闯进了一个名叫莫莫洛·莫塔拉（Momolo Mortara）的犹太店铺老板的家中。[33] 他们声称，他们这次来是为了他 6 岁的儿子埃德加多（Edgardo），根据可靠的情报，他已经被从前的一个仆人安娜·莫里西（Anna Morisi）秘密施洗。

尽管陷入绝望的母亲玛利安纳（Marianna）在疯狂地哭喊，但埃德加多还是从她的怀里被抢走了。当痛不欲生的父母赶去面见当地宗教法庭的法官时，他们却被告知，一个儿童一旦受洗，他就不能继续在一个犹太家庭中长大成人了。他将被带到“圣礼见习所”（House of Catachumens），作为一个“皈依者”得到正常的训练和教育，并且将受到友好的接待。好了，如今他的母亲就是神圣天主教会，而他的父亲就是教皇。

在意大利，这种绑架犹太儿童的事件虽然不能说是司空见惯，但也并不稀奇。1817 年，摩德纳的一个只有 3 岁的女孩从她的父母身边被抢走，萨波里尼·安吉（Saporini d’Angei）被抢走时也不过才 7 岁，而在 1844 年，当帕梅拉（Pamela）被从温托里纳（Venturina）和亚伯兰·马尔罗尼（Abram Maroni）的怀里夺走时甚至只有 19 个月大。每当发生这类事件时，总会出现一个基督徒仆人，通常为他的犹太雇主工作只有几个月或几个星期，然后就宣称他已经为雇主的孩子完成了洗礼，而这就成了他们实施绑架的铁证。这同时也为天主教会提供了借口（特别是在莫塔拉这样的案例中，犹太人竟然成了理屈的一方），可以顺理成章地指称犹太人在家里雇用基督徒仆人是一种犯罪，因为官方明令禁止这样的雇用关系。自从 16 世纪罗马教廷发布以“尤为荒谬的是……”开篇的教皇训谕以来，事实也的确如此。但是，由于有许多人需要工作，天主教会则往往以另一种方式来看待这个问题。这样一来，就为某些女性基督徒（并且总是女性）带来了机会，她们或者本来就心怀怨恨，或者相信她们通过施洗可以挽救犹太儿童免下地狱，从而确保他们在天堂里拥有一席之地，所以要积极地履行为人施洗的功业。

正是在博洛尼亚这个小小的犹太社区的努力下，才使得莫塔拉绑架案不再是当地的一个偶然事件。也正是他们，努力说服莫莫洛向当地宗教法庭的庭长提出申诉，并通过以他的国务大臣、红衣主教乔科莫·安托内利（Giacomo Antonelli）转交的方式直接向教皇庇护九世（Pius Ⅸ）写了一封信。因为他们发现，天主教的教规明确规定，禁止在未经父母同意的情况下为儿童施洗。然而，尽管这次申诉使莫莫洛与他在“圣礼见习所”里作为囚犯的儿子见上了令人心碎的最后一面，但罗马却一直在装聋作哑。

作为他履行教皇职位期间奉行自由精神的一个表面性的开端，庇护九世实际上还是取消了某些针对罗马犹太人的最骇人听闻的侮辱性活动，如犹太人在狂欢节期间奔跑时对他们进行辱骂并投掷腐烂的水果，犹太人必须出席在他们自己的会堂里举行的鼓动皈依的布道大会，等等。由于这些相对宽容的举措，庇护九世便自诩为“犹太人的朋友”，所以在他的眼里，他们如今的这种抗议活动无疑是对他的一种极大的侮辱和不敬。

然而，正如欧洲列强着眼于土耳其和中东地区未来的所谓“战略眼光”，使得“大马士革事件”的抗议者把他们的解放事业融入了一种更伟大的历史使命一样，一个幼小的犹太儿童的命运，同样也引燃了一场对教皇临时权力合法性进行激烈争论的熊熊大火。庇护九世（他当时已经不再是一个自由主义的英雄）的个性进一步煽动了这次争论的火势，使之几乎在每一个西方国家里迅速蔓延开来。对于世俗世界来说，那些具有自觉现代化意识的政治家发起的旨在推动意大利实现统一的运动，在远离的教皇统治领地（如撒丁岛王国）显得尤其不合常理。如果博洛尼亚没有宗教法庭，那么对家庭神圣尊严的故意侵犯事件（“埃德加多绑架案”就是一个典型的案例）或许永远也不会发生。挟着包括美国本身内在的反天主教浪潮的余威，拉比以撒・梅耶・魏斯在辛辛那提义正词严地宣称，犹太儿童莫塔拉“皈依”事件只是教皇及其宗教法庭的一个借口罢了，目的不过是为了加强他们的统治地位。[34] 即使在天主教统治下的法国，拿破仑三世在面对自己的极端天主教徒时，也会对这种野蛮的绑架行为表示极大的愤慨。在收到他派驻梵蒂冈的大使发回的消息之后不久，皇帝本人就紧急约见了撒丁岛王国的首相卡米罗・加富尔（Camillo Cavour），计划对其进行军事干预，从而打破奥地利对意大利提供保护的“现状”，以便建立一个新的意大利王国，并把教皇的权力完全限制在精神方面。尽管博洛尼亚于1860年落入了起义军之手，但直到又过了十年，教皇领地才算最终消失。在听到这个消息后，威廉·尤尔特·格莱斯顿①高兴地宣称，这是天主教徒丧失了“他们的道德和精神自由”的必然结果。

对埃德加多·莫塔拉绑架案的愤慨，再一次把强加给犹太人的错误变成了一个国际自由主义的著名案件。然而，与“大马士革事件”不同的是，这个案件并没有出现皆大欢喜的结局。当罗马犹太社区的领导人为此去与教皇会面时，他们因为向全世界控诉并展示他们想象出来的冤情而遭到了一番冷酷的训斥。对于某个为犹太人做了如此多的善行的人物来说，这简直是一种大不敬的行为！所以，要赶紧行动起来大干一场。果然不出所料，像《天主教文明》（*La Civiltà Cattolica*）这样的御用报纸开始连篇累牍地谴责犹太人，说他们厚颜无耻地利用金钱，并秘密地在幕后进行邪恶的权力交易。这家报纸唯恐人们已经淡忘了犹太人最擅长的“犯罪方式”，还特别报道了发生在摩尔达维亚的一桩令人毛骨悚然的谋杀案，称在那里发现了一具遍体鳞伤的儿童遗体。于是，犹太人再一次遭到无端的指控。即使这个儿童的叔叔已经供认自己是布达佩斯谋杀案的凶手，但暴徒们仍然认定犹太人有罪，并对犹太人和他们的会堂发动了猛烈的攻击。

虽然莫莫洛·莫塔拉已经被“失子之痛”搞得身心俱疲、经济拮据，但他却从来也没有放弃让他的儿子回归犹太家庭温暖怀抱的希望。他几乎走遍了整个欧洲，他的一次次演讲令人心碎，就连那些头戴高顶礼帽的社区长老也被感动得热泪盈眶。在伦敦，他向“犹太人代表委员会”呼吁，请求早已年届花甲的蒙特菲奥罗能亲自出面到罗马走一趟。然而，罗马教廷却像当年的法老一

① 威廉·尤尔特·格莱斯顿（William Ewart Gladstone，1809~1898），英国著名政治家，曾作为自由党人四次出任英国首相（1868~1874、1880~1885、1886和1892~1894）。在19世纪下半叶，他和本书前文提到的保守党领袖本杰明·迪斯雷利针锋相对，上演了一场又一场波澜壮阔的政治大戏。格莱斯顿显然是一位成功的政治家，被认为是英国最伟大的首相之一。——译者注

样心硬如铁，而蒙特菲奥罗所得到的回答，只是孩子对他的新信仰如何开心以及他的神圣教父如何对他细心地照料。当时，蒙特菲奥罗并没有能见到庇护本人，而只是由红衣主教安托内利端着一副冷若冰霜的面孔接见了他。

在巴黎，莫莫洛鼓动伊西多尔·卡恩（Isidore Cahen）下定了决心，必须建立一个旨在保护犹太人的国际性组织。卡恩本人几乎是一个以犹太自由主义为核心信仰的完美化身，他坚持认为，犹太人全面融入所在国家的文化并不会削弱他们对犹太教的忠诚。他的父亲撒母耳当年在梅斯长大成人，并由于把希伯来《圣经》翻译为多卷本的法语版并且内文正面采用希伯来语原文和附加评论的方式，而被誉为法国的摩西·门德尔松。1840 年，他创办了犹太月刊《以色列人档案》（*Archives Israélites*），主要发表对法国犹太历史和宗教进行反思的学术文章和文学作品，足以与路德维希·菲利普森（Ludwig Philippson）在德国创办的《犹太大众报》（*Allgemeine Zeitung des Judenthums*）并驾齐驱。

作为在"解放"的环境下长大的一代人，伊西多尔在查理曼学院（Collège Charlemagne）以及后来的巴黎高等师范学院（École Normale）求学时都有出色表现，他几乎把所有时间都花在了钻研拉比犹太教的高深学问上。他虽然一开始被安排在拿破仑时期旺代省的天主教中学（Catholic Lycée）里教哲学，但他却由于对那里实行的过激教学方法深感不满（他显然觉得这样的教学机构并不适合一个虔诚的犹太人），很快就离职而去。后来，卡恩进入了新闻界，为《时代》（*Le Temps*）写专栏文章，但"莫塔拉案件"肯定在他的心里产生了共鸣。1860 年，卡恩与犹太商人、社会改革家查尔斯·内特尔（Charles Netter）一起创立了"世界以色列人联盟"（Alliance Isralite Universelle），这个名称是他在两年前危机最为沉重的时刻就已经想好了的。

这个名称本身就表明了一种挑战的姿态，意味着要对所有正忙着为犹太人罗织试图对基督教欧洲实施国际阴谋的"恐犹分子"展开猛烈的反击。为了推翻强加在他们头上的指控，该联盟义正词严地宣布，犹太人的确属于一个古老的民族，但他们的团结精神并不会削弱他们对善意接纳他们的国家的忠诚。[35]犹太人的国际主义事业并不是要建立一个“罗斯柴尔德金融帝国”，而是一项追求尊严、宽容和人道主义的伟大事业。对于内特尔和卡恩以及后来在1864加入进来的阿道夫·克里米埃来说，这个联盟还担负着一种社会的和教育的使命，从而使犹太人能在不损害自己古老传统的情况下真正地融入现代世界。1862年，学校第一次（显然具有重要意义）在摩洛哥的得土安（Tétouan）开放，然后，主要集中在友好气氛浓厚的现代化土耳其的许多学校也竞相仿效。

所以，“世界以色列人联盟”的创立具有双重意义。这个组织不仅把自由欧洲的犹太人与北非和巴尔干国家（如罗马尼亚，那里贫穷落后和受教育程度低的犹太人正遭受着残酷的压迫）数百万犹太人的命运联系在一起，而且勇敢地站在世界人民面前，向即将到来的新一轮迫害发出了挑战书。正如该组织的创立声明所称：

> 即使散居在地球的每一个角落并混杂在其他民族中间，但你仍然心系于你的祖先的古老信仰（无论这种联系如何微弱）……即使你非常憎恶现在仍然强加给我们的种种偏见和不断重复的种种谎言……以及恶意煽动的种种污蔑……但如果你相信，我们的信仰必然会维持自己的传统并完成其历史使命，必然会在世界上保留一席之地并在这场思想运动中显示其鲜活的生命力……如果你相信，你在数个世纪的苦难中饱受折磨的广大同胞终将像克服他们作为公民的尊严的障碍一样，恢复他们作为人的尊严……如果你相信，你能够见证犹太教迸发出无尽的生命力，对你来说将是一种光荣，对全世界人民将是一次教育，对人性则是一种进步……如果你最终相信，1789年的解放原则是普遍适用的，而正在享受着绝对的信仰平等的人民作为榜样的力量是无穷的……那么全世界的犹太人，请你来吧！……与我们通力合作，

> 无论你在哪里，让我们为解放和进步事业而共同努力，为所有由于是犹太人而遭受苦难的人贡献你的力量。

多么优美的言辞！然而，“血祭诽谤”仍然会每隔几年在中东的某个地方制造一批死难者。在欧洲，摩西·蒙特菲奥罗爵士将会在百岁高龄逝于拉姆斯盖特（Ramsgate）的庄园里，当然他或许会为自己的使命只完成了一半而死不瞑目。这样看来，这番豪言壮语对犹太人的未来又意味着什么呢？

Ⅲ. 摩西的召唤

编辑赫斯

摩西·赫斯（Moses Hess）或许在《奥格斯堡大众报》（*Augsburger Allgemeine*）援引梅耶贝尔的方式中发现了一些颇有意思的线索。每当这家报纸提到作曲家的名字时，总是要后面加上一个括号，即“（实际上是雅各·梅耶·利普曼·贝尔）”。这在无形中就唤起了赫斯的痛苦记忆。他是在莱茵河畔的古老城市波恩长大的，所以他在有可能为尼古劳斯·贝克尔（Nikolaus Becker）的《莱茵河的卫兵》（*Die Wacht am Rhein*）这篇爱国主义歌曲谱曲时感到热血沸腾。但是，贝克尔却对他的热情不屑一顾，并且还告诉他，让一个犹太人去创作本来应该发自德意志爱国军人心底的音乐是根本不可能的。[36]

这还用你来提醒！赫斯的青年时代就是在犹太教和德意志之间的痛苦心灵挣扎中度过的。他的父亲走上了同化的道路，在他只有五岁时就离开波恩去了科隆，靠炼糖生意挣钱养家，也就是说，他与梅耶贝尔的父亲从事的是同一个行当，只不过规模小一些而已。当时，摩西就留给他的外祖父抚养。他的外祖父是一位拉比，每当有人提到耶路撒冷和圣殿被毁这件事时，孩提时代的摩西记忆中最深刻的就是他泪流满面的样子。他一直在寻找属于他自己的精神和道德生活中的“圣殿”，由于陷入了学究式的狭隘观念而无法自拔，他开始仇恨他的《塔木德》老师，并称他们为“不近人情的人”（Unmenschen）。

作为一个才华横溢而又思想前卫的新闻人，还能到什么地方去呢？赫斯成了《莱茵报》（*Rheinische Zeitung*）的一个编辑。赫斯第一次提出了“金钱是现代社会的宗教”这一激进观点，并使其数百万忠实的信徒沦入了一种物质异化的贫穷生活。所以，当前迫切需要一次革命性的“出埃及记”。考虑到他的社会背景，赫斯的真实思想就在于他把资本主义比喻为一种迷信崇拜，一头“金牛犊”，而这与他在其中发现了所谓伦理秘密的犹太教恰恰相反。

在他从作为炼糖商人的父亲那里继承的那点可怜的遗产的支持下，赫斯在思想的海洋中尽情徜徉。一篇篇奇怪抑或更奇怪的文字从他的心中和笔下流淌出来：在世界历史的长河中，犹太人的民族精神甚至一直追溯到遥远的《圣经》时代，然后从罗马人摧毁耶路撒冷和圣殿直到犹太人的大流散，再到面对正在吞噬着欧洲的“机器精神”时的艰难选择。他踏上了与梅耶贝尔乘坐的同一列来往于巴黎和德国之间的火车，不过他坐的是更低等的车厢。作为“工人的朋友”，他只能过一种流浪的生活，频繁地来往于巴塞尔与布鲁塞尔、科隆、日内瓦和苏黎世之间，然后又一次次地回到巴黎，用话语和文字到处宣扬他的思想。

后来，由于深深感到他生活的这个世界里充满了“仇犹思潮”的“恶臭”，赫斯又做了一件旨在“除臭”的惊世骇俗之事。他的绝大多数出版物都隐去了他的第一段真实名字。所以他的署名往往是“M. 赫斯”“莫里茨（Moritz）· 赫斯”或“莫里斯（Maurice）· 赫斯”。由于此时的他开始更深入和更主动地思考犹太人的命运，于是他宣布“我从此将采用我的《圣经》名字——摩西”，并且还以古怪的语气加了一句：“很抱歉，因为只有如此，我才不会被误称为伊齐格（Itzig）[①]。”

① 在18至19世纪，伊齐格家族曾显赫一时、名人辈出，从而对犹太人和德国的社会和文化产生了极其重大的影响。——译者注

他认为，犹太教，尤其是在消除了极其有害的狭隘性（最典型的表现就是反对与外族通婚；而他本人就娶了一个女天主教徒）之后，实质上就是一个“普世的伦理体系”。正是由于这种深刻的内心反省，他出版的新书才震惊了每一个真正理解他并且理解他的所有古怪行为的读者，他们甚至非常形象地把他誉为虽然语无伦次、唾沫横飞但却讨人喜欢的一个满怀理想的“大叔级”人物。这本书的书名是《罗马与耶路撒冷》（*Rome and Jerusalem*），并且赫斯还特意加了一个非常显眼的副标题——“最后的民族问题”（The Last National Question）。

这本书于 1862 年在莱比锡首次出版，毫无疑问，“莫塔拉案件”和日益强烈的现代“仇犹思潮”，在赫斯这次新的怒气发泄中起到了重要的催化作用。因为他得出的结论就是：用融合和同化的方式进行的自由化试验已经失败；不管他或她在某种政治体制下拥有什么样的法律地位，一个犹太人注定被看成是（在任何时代和任何地方永远如此）一个外人，一个没有资格的人，一个异化的存在物，不管他的法语、德语或英语说得如何流利和标准。对于这种由于根深蒂固的敌意而造成的不幸和苦难，答案并不是像“世界以色列人联盟”所说的那样，犹太人只是在一些自认为最适合现代社会的领域里（如教育、农耕之类）找一份简单的工作，而是首先要意识到犹太人本身构成了一个民族。无论他们是否仍然遵守着自己的宗教习俗，只要羊角号和讲述“阿嘎嗒”故事的声音能够让他们的内心有所触动，在漫长的流散和迫害下仍然保持着一种用自己的生存“秘诀”挽救犹太精神的自觉意识，那么他们就属于这个民族。如果犹太人想要自由地成为犹太人，这个民族首先应该在政治上和制度上做出努力。这种民族自决意识虽然并不意味着他们必须与对其生活其间的国家的忠诚分离开来，但却必须要为他们民族精神的重生找到一个地方。

于是，摩西从面前标志着劳动者获得解放的一大堆宪章上抬起头来，两眼深情地注视着远方：在一片朦胧之中，遥远的耶路撒冷散发出一缕召唤的光芒。

第7篇　转机

I. 失落的哈伊姆·希布苏萨[1]

约瑟·哈列维

倒霉透了！M. 约瑟·哈列维（M. Joseph Halévy）的行李箱并没有如期到达萨那（Sana'a），这个消息让行李的主人悲痛万分，他竟然因此病倒而卧床不起了。在去设拉子（al-Hiraz）的途中，为了躲避一伙盗匪的袭击，他曾经把行李箱交代给一个仆人看管，而这个仆人也曾向他保证把行李运到萨那。但这个家伙显然是偷偷溜走了，漫漫旷野里只留下哈列维一个人，没有钱、衣服、书籍、鼠李皮①、苦土粉②、遮阳伞，甚至没有一双完好的靴子来抵御大漠中时常出没的毒蛇和蝎子。这样看来，他应该算是第一个深入到也门内地的欧洲犹太人。不过，他此时所拥有的，除了一直穿在身上的衣服，只有亚丁（Aden）的大拉比给一些城镇和村庄的"酋长"（sheikhs）和拉比为他写的一堆介绍信，而这些村庄里的犹太人虽然穷得叮当响，但却已经在那里生活了好几个世纪。有些犹太人的祖先甚至可以一直追溯到15世纪整体皈依了犹太教的希米亚里

① 即鼠李木树皮，可用作缓泻剂。——译者注

② 即氧化镁，一种治疗消化道疾病的药物。——译者注

特王国（Himyarite），所以说一百五十年来，这个半岛最强大的国家其实是一个犹太国家。[2] 哈列维之所以来到也门，就是为了寻找和复制古老文化的碑文。

当哈伊姆·希布苏萨（Hayyim Hibshush）第一次见到他时，哈列维仍然是一副虚脱的样子。希布苏萨虽然是一个铜匠，但却有足够的学识辨识出用阿拉伯语以外的语言写成的各种碑文。同时，他还是一位以原始的方式收集神秘碑文的收藏家。那些常年与当地散落的石碑生活在一起的村民一直在警觉地守护着这些碎石残片。虽然他们的意图并不明确，但这些陶瓷工和牧羊人却知道，只要这些石碑有所移动，灾祸就会降临在那些试图将其搬走（无论以什么样的方式）的人身上。所以，为了打消当地人的疑虑，哈伊姆·希布苏萨就声称他之所以需要这些铭文，完全是为了在通常的炼金术中改进治疗药物的特性。但实际上希布苏萨——他那副螺旋式开瓶器般向两边高高翘起腮须，使他看起来就是一个不折不扣的也门犹太人——却认为自己属于也门人口中的“Dor Deah”。[3]

这个外国人哈列维应该是自己的盟友。于是希布苏萨想自荐作为他的随身译员：既是向导、翻译、文书，同时也是寻找通向北方旱谷地带的城镇纳季兰（Najran）（哈列维此行的主要目的地）的安全线路的探路者。于是，他私底下给这位一筹莫展的法国人送去了一封装有铭文拓片的信。这一招很管用，他被雇用了。此时的希布苏萨开始想方设法利用哈列维的不幸。他不就是要装扮成耶路撒冷拉比的样子，在这个国家里四处流浪，向他的宗教同胞们讨要施舍吗？那么很好，如果他真想装成是一个乞丐，现在他可以开始本色出演了。

约瑟·哈列维基本不需要什么特别的指导，因为他本身就是一个来自东方的东方学者。他出生于奥斯曼帝国的亚得里亚堡，这是一座位于博斯普鲁斯海峡西北面的欧亚边界线上的古老城市。他少年早慧，很早就开始到北方和西方游历，先是去了布加勒斯特，后来又来到巴黎，并在那段时间致力于学习一些最古怪的地方方言，从而为后来的游历打下了坚实的语言基础。这样一直到 1869 年，他虽然刚刚四十出头，却俨然已经成了一个少数民族语言大师，其中包括多种已经濒临消失和仍然流通的语言，以及阿拉伯半岛和非洲角残留的各种地方土语。两年前，“世界以色列人联盟”曾派他到阿比西尼亚（Abyssinia），对贡德尔（Gondar）和提格雷（Tigray）一带居住的“法拉沙人”（Falasha）进行考察，以确认他们是否像他们宣称的那样，是所谓的非洲犹太人。该联盟的主要职责就是要使一些遥远的犹太社区获得“再生”，尤其是对从奥斯曼帝国直到马格里布地区（当时已经在法国人的控制之下）的犹太社区进行重建。这种重建工作必须首先要从教育入手，使当地的犹太人学会现代世界所需要的各种通行语言和实用技能。但随着形势的发展，该联盟也开始与一些当时被认为最遥远的犹太社区（如在阿塞拜疆、阿富汗和埃塞俄比亚居住的犹太人）进行联系，以便让他们能够及时回归标志着犹太大团结的伟大“地球会幕”之下。让分散在世界各地的犹太部落聚集在一起，从而把犹太人和犹太教理解为一种远远超过任何一种欧洲文化的精神力量，这种强烈的愿望和努力已经持续了好几个世纪。但是，这种古老的愿望如今恰好与人种学者和语言学家的探险活动，与对人类文化不断进化及其日益增多的语言分支的种种现代的科学思考不谋而合，于是他们便用铁路和蒸汽船把新一代探险者送往各个遥远的发掘现场。

田野工作者

哈列维就是一个这样的田野工作者。他精通阿姆哈拉语（Amharic）和格厄兹语（Ge’ez），而法拉沙犹太人的宗教和祈祷仪式正是用这类古老的语言进行的。他对整个非洲大陆的犹太人分布情况也非常了解，并且仔细思考过一个共同的信仰核心为什么会有如此多完全不同的文化表现形式这个问题。他曾有些逗趣地告诉亚丁和萨那的拉比，说那些法拉沙人根本不相信一个白人也会是一个犹太人，并且在也门那些遥远的村庄里很可能还会重复这样的经历。但是，他告诉这些东道主说“他之所以来到这里是为了寻找他的兄弟”，却是在蒙骗他们。哈列维到也门的使命（至少他最初的使命）并不全是为了寻找犹太人，或者说更单纯一些，不过是一次学术探险而已。法国文学与碑文研究院委派他到这个国家搜集各种石碑和青铜铭文，因为他们听说有许多历史遗迹散落在这一带，但却并不清楚在东北部的某些城镇以及旱谷地区也出土了大量的精美残片。但正是在这一地区，古老的希米亚里特王朝曾设立过军事要塞，而当地流通的塞巴语（Sabean）[在犹太人和当地人的印象中，这种语言肯定与塞巴（Saba）或示巴（Sheba）女王有关]，则还要早好几个世纪，甚至远远早于阿拉伯语和希伯来语。所以，哈伊姆・希布苏萨是一个非常关键的人物，不仅是因为他有可能知道在哪里能够找到刻有铭文的石碑（如通常被用来支撑摇摇欲坠的泥砖院墙），并且还因为他本身就是当地古老的福塔伊（al-Futayhi）家族的后裔，这可是公认的犹太氏族之一，其在也门的存在史甚至可以追溯到伊斯兰征服运动之前好几个世纪。[4] 尽管有这样的血缘关系和丰富的当地知识，但哈列维仍然认为希布苏萨不过是一个自命不凡的铜匠，而对于萨那及其附近的社区来说，哈伊姆・希布苏萨却是一位学识渊博的老师（mori），是任何一个外国人即使是犹太人也不能小瞧的。

同时，希布苏萨也是个足智多谋的人。他摆出一副学者的派头，主动建议在离萨那还有四小时路程的盖曼（Ghaiman）一带就开始寻找。他努力地寻找石碑并尽可能地把碑文复制下来，然后返回驻地，希望这位教授能够将其复原，以便他们继续向北或向相反的方向搜索。在盖曼，“几乎每一块石碑都在诉说着‘我已经沉睡了两千年了’的故事”，而当地的犹太人——银匠、洗染工、纺织工和制革工——都在急不可耐地向希布苏萨展示那些掩埋在城墙废墟里的碑文，因为他们相信“幽灵”就隐藏在这些晦涩难懂的字符之中。一旦被破译后得以重见天日，这些字符携带的黑暗力量都会被清除掉，而“以色列人的苦难就会随之结束”。希布苏萨正是他们心中的大救星。1865 年，也就是在哈列维到来之前四年，一个自称为苏克・古哈伊（Shukr Kuhayl）的假“救世主”（他制造的奇迹崇拜曾经吸引了大量的狂热信徒）刚刚在萨那城的中央广场上作为一个冒名者被斩首。[5]但是，也门犹太人对“救世主”的这种屡次绝望中的渴望却在三年后再一次上演：1868 年，一个名叫犹大·本·沙洛姆（Judah ben Shalom）的人（可能是一个陶工或鞋匠）宣称，感谢先知以利亚的预言，他就是已经复活并重新站立起来的“救世主”，并且同样也赢得了大量的追随者。由于这两个假“救世主”知道也门犹太人（甚至一些边远乡村的犹太人）有一种纪念《圣经》人物的习惯，所以他们就通过引用一些古老的预言来暗示他们的“驾临”。当然，这两个“救世主”版本并不完全相同。与第一个偶像（完全以一个流浪于各社区之间、奉行辟谷苦修生活方式的神秘布道人的面目示人）不同的是，苏克·古哈伊二世（此时的犹大已经开始以“王室的继位者”自命）继承了来自加沙的先知内森的组织天赋，在也门的许多犹太社区里为他的门徒开辟了一些修行的地窖，而各个社区则通过征收什一税的方式为他们的“救世主”提供物质上的支持。这就为他提供了一种贵族般的生活。据说，亚丁最富有的社区甚至把会堂里的所有金银财宝全部奉献给了他。[6]

所有这些举动——在埃及、孟买和巴格达设立专门募集资金的机构，通过伪造的日历散布“世界末日”的谣言，甚至命令在实现“伟大救赎”之前举行集体忏悔活动——让哈伊姆·希布苏萨感到极大的失落。于是，他开始寻找线索和证据，从而使他能够担负起向那些轻信盲从者释疑解惑的重任。欧洲甚至早在七百年前就爆发了一场反对假“救世主”运动，但在也门，时光却似乎已经定格，曾经发生的一切仍然在发生着。虽然希布苏萨也声称他能够揭示这些碑文中治疗疾病的奥秘，但他的真正目的却是要剥掉其全部的神秘外衣。

但是，他必须要小心行事。由于当地人对“救世主”事件有可能在犹太人中间引起骚乱一直非常警觉，所以他们或许怀疑希布苏萨的出现是为了制造麻烦而不是解决问题。希布苏萨认为，自己的活动还是不引起人们的注意为好。在盖曼，希布苏萨装扮成一个叫卖鼻烟的商贩，并让他的妻子在一旁偷偷地观察和提醒他。她头上顶着一个篮子，和一帮妇女一起假装在收集用于制造火药的硝石。如果她在某个地方取下篮子，就表示这个地方可能有石碑，然后她会把周围清理干净，以便希布苏萨把碑文抄写下来。在祖各（Zugag）时，他不得不更加小心，只能先用稻草秆把铭文草草地记在手背上，然后再回到住处关起门来重新抄写清楚。他开始感到，自己好像来到了一片陌生的土地上。不过，他有时还是忍不住会在当地清真寺的门口偷偷往里看上一眼，但如果他不能使愤怒的当地人相信他知道许多古老宝藏的埋藏地点的话，他很可能因为这样的愚蠢行为而付出生命的代价。

即使希布苏萨是一个名副其实的萨那犹太人，但他还是对当地的一些古怪习俗感到十分困惑。在穆赫苏纳（Muhsuna），他的房东的一个女儿竟然将裤子放在她家刚刚盛过晚饭的木盆里洗了起来，而她在饭前还用这个木盆揉过面。提到这件事，他还想起在这些地方，如果说一个男人"穿裤子"，他会被嘲笑为娘娘腔。

"信使"

回到萨那后，希布苏萨十分高兴地看到哈列维已经能从躺椅上站起来了。但是，即使没有这些暴露身份的包袱，希布苏萨也担心他们会引起当地不友好的村民的注意。对于也门犹太人来说，当时正是一个困难重重的年代。他们时常遭受的各种恶意侮辱变得越来越野蛮，咒骂声越来越高，随意的人身攻击时有耳闻，甚至连小孩子也变成了发泄仇恨的对象。当时，也门的土地上饿殍遍野，瘟疫流行，土耳其人马上要发动攻击的谣言（说得有鼻子有眼）不胫而走（土耳其人的确在 1873 年攻占了也门）。毋庸讳言，在接二连三的灾祸中，犹太人肯定是首当其冲的。希布苏萨后来写道："环境是如此恶劣，几乎已经到了令人难以忍受的程度。"为了能在 19 世纪 80 年代聚集力量，向巴勒斯坦地区移民的活动其实早就开始了。为了检验这个外国人的决心，希布苏萨还特意给哈列维讲了早年另一个"阿什肯纳兹"游客的故事，说他曾被当地人扔石头，并且更糟糕的是他们还把一只死猫扔在他身上。在受到如此恶意的侮辱并且遍体鳞伤之后，这位阿什肯纳兹犹太人终于忍无可忍，把死猫扔回了领头起哄者身上。如果不是当地的伊玛目（imam）（这位犹太人后来被押到了他的面前）感到这件事非常好玩的话，他很可能会遭到更残酷的肉体折磨甚至死刑的判决。但是，对于这件发生在身边的事，希布苏萨却发现哈列维有着令人吃惊的决心和令人敬佩的勇气，似乎对这种司空见惯的侮辱场面根本无动于衷。既然如此，看来没什么问题了，但希布苏萨仍然坚持让哈列维打扮成一个也门犹太人：用一块长布裹身，即一件同时兼作披巾和睡毯的厚重的棉丝长袍，外加一块被称为"lijjah"的造型奇特的头巾和一顶"像木头一样坚硬"的帽子，帽檐有黑白条纹。总而言之，他要尽量打扮得没有任何神秘感。

当他偷偷地在当地的犹太会堂里表明了自己的身份并且人们开始议论纷纷之后，当地的犹太人——那里有许多犹太人，仅马迪德（al-Madid）一地就多达五百人——都希望能与这位阿什肯纳兹犹太人见上一面。希布苏萨向他解释道，这里的人普遍认为，他这个欧洲人之所以来这里，是为了寻找他们失踪的但支派，所以只要继续向北翻过北部的山区，就会有离散的以色列人带着他找到失踪的其他以色列支派。然而，哈列维所需要的却是尽可能收集到更多的塞巴语碑文，以便为他回到巴黎的研究院后进行全面的科学研究提供丰富的第一手资料。如果仅仅是出于这个目的，他显然已经获得了成功。到1870年这次探险活动结束时，他已经搜集了685篇铭文（尽管希布苏萨后来抱怨说，他还欠着他的抄写员一笔数目不小的劳务费呢）。

他们一边不停地转过头来躲避被阵阵热风吹起来的沙粒，一边拍打着在身边飞舞的牛蝇，两个人骑着毛驴缓慢地一路前行，并且他们只能侧骑在驴背上：这是犹太人被允许的唯一骑法。毛驴偶尔也会被骆驼所取代，这是一些当地犹太人出于特别的善意临时借给他们的。希布苏萨非常讨厌骑骆驼，所以他经常裸露着双脚徒步而行，并且对欧洲人骑骆驼似乎并没有任何不舒服而感到大为惊奇。厚重的布鞍由于沾满了尘土已经由深红色变成了暗黑色，松垮垮地垂在驼峰的两边，似乎并不能让疼痛的屁股有任何舒适感。所以，当他们赶到盖勒城（al-Ghail）时，希布苏萨终于松了一口气，甚至当他看到他们的犹太女房东在这样的环境下还要洗头时，曾非常尴尬地试图阻止她。这位女房东非常友好，甚至还为他用化开的牛油按摩酸痛的双腿，并且还送给他一小罐油脂以保护头发和脸部。

当他们出现在焦夫（Jauf）旱谷一带的村庄里时，他们立即被一群孩子和年轻人围了起来，这些人一边“嗬嗬”地高声叫着，一边围着两头骆驼乱跑。村庄里的许多人都留着那种比希布苏萨本人的发型还要油腻得多的长发，常年不理的缕缕长发从脸颊边一直垂到肩头。在萨那的周边地区，好像与《托拉》中有关“不得剃掉两鬓”的禁令无关，更多的是服从当地的规定，要求犹太人看起来与其他人有着明显的不同，以便公开对他们进行羞辱。出于同样的原因，犹太人被禁止戴任何能够遮住这种与众不同的长鬓角发型的帽子。然而，在萨那以北的广大旱谷地区，当地部落与犹太人之间的关系似乎少了一些敌意，扔石头和取笑时也更少了一些冷酷。所以在这样的地方，乡村犹太人可以对胡子和腮须进行适当的修剪。这可真是太好了！

所以，当约瑟·哈列维这个假乞丐在希布苏萨的带领下，并且正如人们所想的那样，在用厚厚的眼影粉改变了自己的形象之后，来到旱谷地区的小会堂里时，仍然不可避免地会引起一场不小的骚动。难道他是“救世主”的又一个信使？在米勒赫（al-Milh）[①]，那位虽然年届 140 岁，但胡子依然浓黑并且身体非常壮实的老者肯定是这样想的，并且还把这个消息告诉了他的一群小徒弟。或者，他起码是一个能够代表他们与欧洲的宗教同胞对话的中间人吧？因为对于像印度或加利西亚这些边远的犹太社区来说，全世界的犹太人在某个地方在某种程度上实现大联合无疑是他们真正获得“救赎”的前提。但令人困惑的是，“世界以色列人联盟”派出的使者和老师的使命，本来就是要让那些“落后的”犹太人能够接触到现代自由世界的教育，但他们却在这些边远的接受端

① 即米勒赫湖，位于今伊拉克中部，又称为“莱莱莱湖”（Razazah）。——译者注

遭到了无礼的对待，这就意味着所有犹太人（其中也包括那些行踪不定的失踪支派）的交流迫在眉睫。该联盟的成员并没有到过也门，他们只是通过巴勒斯坦、埃及尤其是巴格达—亚丁—孟买这个贸易网络，才从当地的拉比那里听说了摩西·蒙特菲奥罗爵士和罗斯柴尔德家族正在进行的事业。因此，约瑟·哈列维正好可以作为信使，在联盟与这些伟大的"犹太恩人"以及正在遥远的荒漠和海洋之外发生着的伟大奇迹之间进行联络。现在该到了让欧洲了解他们的所有不幸、苦难和热情期望的时候了。他们也在凝视着耶路撒冷，只不过他们祈祷的方向是面向着西北方罢了。

然而，我们这位教授却似乎对这种悲怆的热情，以及对作为从也门带回好消息的信使这一角色无动于衷。他仍然在继续着手头的工作，并尽量不去冒犯那些为他提供帮助的人。哈列维继续一路跟着希布苏萨出入于一些属于纺织工、陶工和银匠的外墙刷成白色的会堂小祈祷间。在尼姆（Nihm），甚至在一个规模远没有村庄大的地方竟然有四座会堂，如果他漏下了其中任何一座会堂，他们就会觉得是一件有伤体面的事。在卡哈布（Khabb）绿洲，他发现犹太人都佩戴着用镶银工艺装饰的剑（要知道，他们毕竟是也门的银匠），所以给予了特别的关注。安息日到了，他安静地坐下来，慢慢地享用着用放在篝火灰烬上的石罐里焖烤的面包早餐。还凑合！饭后还会有一杯味道不错的浓咖啡（这种味道在巴黎抑或土耳其是根本无法想象的），外加一盘刚刚从旱谷的椰枣树上摘下来的鲜椰枣。他的坐骑则在一旁享用着他吃剩下的枣核。

由于他的穿戴与众不同，哈列维经常被请求回答一些问题，就好像他是一位真正的拉比。在卡哈布，竟有人请他断这样一个案子：一个男人要求迎娶他的新娘，他说在四岁时就已经与她订了婚。姑娘的家人不仅撕毁了婚约，还在这位假拉比面前亮出剑来，于是所有的人便不再吭声了。在纳季兰绿洲，那里的椰枣树实在太密，其巨大的枝叶几乎使阳光都很难透进来。在房东的家里，他对一位姑娘十分反常地戴着面纱感到非常奇怪。有人告诉他，她是因为未婚先孕正在等待判决而羞于见人。他感到非常失落，于是便询问这位名叫赛伊达（Sai’dah）的姑娘，这究竟是怎么回事儿，她回答说，有一段时间，她到一个病人家里做回访，并主动帮助他的妻子干一些家里的杂活儿。当她的父亲因为短期离家外出而把她一个人留在家里时，这家的六个年轻人过来玩了一个通宵，其中有一个竟然强迫与她发生了关系。她当时羞愧难当，根本喊不出声，而这次强暴行为的后果就是在她的肚子里留下了一个孽种。这个悲伤的故事提醒了希布苏萨，使他在未经考虑的情况下顺口说出了另一个故事：有一个著名的犹太美人，当一个所谓的望族后裔企图对她实施强暴时拼命反抗，并被想法锁进了一个小房间里。面对着部落里准备对她进行审判的头人们，她发表了一番慷慨激昂的演讲，宣称自从当年犹太人第一次来到也门后，还从来没有见到过如此邪恶的行为。犯人受到了审判，但最后的惩罚却是挑断了他的马而不是罪犯本人的脚筋。按照希布苏萨的说法，哈列维当时深深为赛伊达的悲剧故事所打动，但却没有被打动到在他们离开后还费心回来过问的程度，更不用说去打听那个不幸的姑娘的下落了。

而希布苏萨却在想，为什么哈列维对自己国家的民众的热情仅限于那些早已去世的人。他觉得自己是被哈列维“来这里是为了寻找他的民族兄弟”的花言巧语误导了，因为随着探险旅程的不断深入，他的好奇心就慢慢消失了，而他由于情感上纠结却显得越来越焦虑。其实，这完全是为了故意掣肘找借口罢了。

回到巴黎后，哈列维便不失时机地在《亚洲杂志》（*Journal Asiatique*）和《法国地理学会通讯》（*Bulletin de la Société de Géographie*）上发表了他的野外考察成果。在另一篇独立的文章里，他还描述了那些荒废的城堡和清真寺的现状及其分布情况。1879 年，由于他在阿比西尼亚和也门的出色工作，哈列维被任命为巴黎高等研究实践学院（École Pratique des Hautes Études）的埃塞俄比亚语言学教授，并成为亚洲研究学会（Société Asiatique）的图书馆馆长。如此巨大的荣誉竟然落在了一个来自亚德里亚堡的犹太人头上。

对于哈列维的这种冷落甚至有些忘恩负义的做法，哈伊姆·希布苏萨显然是无法忘记或谅解的。对他来说，他似乎只能接受“教授”并没有提到他本人在发掘塞巴人碑文过程中所起的重要作用这一事实。但他的那些也门犹太同胞的背叛行为却使他无法忍受，因为正是他们把这个外国人领进了他们的家门，给了他金钱和食物，并大献殷勤。1892 年，他发表了一封公开信，充分表达了失望之情。他说，当年哈列维出现他面前时，他重新燃起了一丝希望，觉得终于有一个人能够及时地向欧洲的宗教同胞通报也门犹太人的悲惨状况（因为这些欧洲人曾声称非常关注他们的命运）。这个人被看成是为他们传递痛苦消息的信使，通过他的努力，他们的所有幸运和不幸将成为犹太民族整体命运和历史的组成部分。同时，他也被认为是一个反对“救世主”异端邪说的正义捍卫者。以“苏克·库哈伊二世”自命的犹大·本·沙洛姆终于被揭下了“救世主”的假面具并以悲惨的结局收场；募集的大量金钱被挥霍一空，他只能在贫困中度日，并于 1878 年被投入了监狱。但这一切并不是哈列维之流的功劳。这位学者甚至连希布苏萨最关心的一件事都没有完成：派一些老师过来，帮助也门犹太人在不放弃自己的古老传统的前提下建立起一个开明的现代社区。他太差劲了！“以色列人联盟”不是宣称所有的犹太人都属于一个民族吗？

从某种意义上讲，似乎应该是这样。但也门犹太人所知道的是，为什么那个被他们一度看成是信使、保护人和英雄的人，“会把他们完全抛在脑后并听任他们的美好愿望彻底破灭”呢？

II. 闪米特人的穹顶

移民潮

在 19 世纪的最后几十年里，有很多人对犹太同胞敬而远之。在维也纳、布达佩斯、纽约、巴黎和伦敦，那些头戴高顶礼帽、穿着剪裁得体的套装的犹太人，每当看到一些留着大胡子和长鬓角、头戴平顶宽边黑帽的人在大街上匆匆走过时，他们就会远远地避开。他们真的属于同一个大家庭吗？对于那些平日里操着德语、英语、法语、马札儿语（Magyar）[①] 和俄罗斯语，读着普希金和席勒的名句，身穿短外套和硬衬裙的犹太男女说，这些刚刚到来的满口意第绪语、动作迟缓而笨拙、身材短小并喜欢指指点点的“东方犹太人”（Ostjuden），有时会显得比较异类和尴尬。1864 年，当普鲁士政府决定把领地内的波兰犹太人全部驱逐出去时，柏林犹太人的主要政治喉舌《犹太教大众报》（*Allgemeine Zeitung des Judenthums*）却冷眼观望，一直保持缄默。当然，没有人会公开赞成反犹主义者的各种恶毒讽刺，但当他们坐在利奥泼德城堡和“白教堂”[②] 的歌剧院包厢里时，这些西方犹太人还是会对大蒜和鲱鱼气味有点敬而远之。其实，东方犹太人的粗鲁率直充分反映了犹太人优秀的一面，他们长期以来一直在为赢得全社会的尊敬和法律上的解放而做着艰苦的努力。然而现在，这一切却由于这些新来的犹太人的“落后和愚昧”而面临着巨大的危机。为了能有效地阻止这股移民潮（后来证明是无效的），伦敦的“监护委员会”（设立这个机构的目的就是为了救助穷人）宣布，其救助对象仅仅是那些已经在大不列颠生活了六个月的新移民。当然更谈不上为刚刚到达的犹太人提供现金，除非是出钱把他们再送回原来的地方。该委员会声称，“我们在此恳求，我们在德国、俄国和奥地利同胞中的每一个思维正常的人，都能够参与阻止这股来自国外的移民潮，劝说他们千万不要来他们根本不了解的这片土地上冒险。”

对于这次显然是出自那些早已安居乐业的犹太人的呼吁，似乎根本就没有人响应。犹太人的移民潮仍然难以遏止。长期以来，他们可曾有一天停止过？但是，从 19 世纪 80 年代开始，这股移民潮变得更加汹涌。数以百万计的阿什

① 基本相当于匈牙利语。——译者注

② 代指维也纳和伦敦，即西欧的所有大城市。——译者注

肯纳兹犹太人被迫离开了他们居住地——在1880至1914年间，仅仅来自俄国和波兰的移民就超过了200万人，还有15万人来自罗马尼亚。他们移民的原因或许各不相同：面临来自本土排外主义者的新一轮攻击，“血祭诽谤”谣言的广泛传播（要知道，这可是19世纪的现代社会），“栅栏区”内人口不断增长造成的生活压力；令人根本无法忍受但又没有任何改善希望的绝对贫困状态，等等。那些曾经只能养活三五个人的地方，现在却有十几张嘴需要吃饭。在那些井水散发着恶臭并且许多人都在咳血，甚至连霍乱都没有完全根除的犹太小村庄里，谁知道刚出生的婴儿能不能活下来呢？各种传染病（如白喉、猩红热、肺结核）和饥荒在广大的“栅栏区”肆虐，但婴儿却在一个个地降生，他们大多数都没有奶吃。陷入混乱的经济形势进一步加重了他们离开的压力。在加利西亚，在1863年的波兰起义失败之后，贵族阶层的不动产遭到俄国政府的惩罚性破坏。那些曾经与“新贵族”（szlachta）和老贵族保持着正常的社会关系（虽然不太稳定）的犹太人，虽然当初为了维持一种不可能太体面的生活而不得不满足贵族们提出的所有要求，而作为回报获得了收税权、租赁权和酒类经营的垄断权，但他们现在却失去了所有这些可靠的收入来源。在社会阶层的另一端，那些曾经在集市上为贵族阶层提供皮靴和服装的犹太农民，如今则纷纷涌进了工业化的大城镇里。他们已经不能再像从前那样，在星期天早上套上马车出去跑活儿，然后在星期五安全地回到自己的小村庄，就肯定会挣到足够的钱把白面包摆在安息日的餐桌上。现在更多的是靠年迈的女性以及小姑娘开的洗衣房，或做一些缝缝补补的杂活儿过日子。食物变得越来越稀缺，平日只有鲱鱼、卷心菜和一小袋干面包屑。只有个别人还饲养动物，但奶牛已经挤不出奶，山羊也已骨瘦如柴，而鸡则变成了一堆污秽的羽毛。既然如此，还不赶紧走人？这里还有什么值得你等下去？是等那些拉比，他们仍然在翻着白眼望着天空，并承诺（似乎永远不会落空）“救世主”很快就会在某一天降临？还是等那些犹太学堂里的孩子，他们每天都在摇头晃脑、埋头苦读，闭着两眼就能看到美好的幻象？有谁会相信某个村庄里的一个游吟诗人（maskil）每天拿着报纸，捋着山羊胡，抽着油腻的烟袋，一边吟诵着莱蒙托夫（Lermontov）的诗句，一边不停地嘟哝着“光明的日子就在眼前”？

人们似乎对这样的消息已经见怪不怪了。终于有一天早晨，一阵嘈杂的吵闹声传了过来。一群肚子空空的孩子披着破旧的衣服蜷缩在墙角边，而他们的父母却在一边举着拳头互不相让地吵嚷：“你做梦吧！”“你才是做梦！那么你想要什么？‘上帝’会送到你手上！”“看看你的孩子们，就剩下皮包骨头了！你自己应该动手去挣，而不是靠‘上帝’！”不过，他们听说罗乌、克拉科夫（Cracow）、华沙和基辅正在生产廉价的衣服、皮靴和鞋子，这就意味着没有人再需要缝补平日被穿坏的东西了。于是，犹太人便走进了这些血汗工厂和车间，变成了剪裁工、熨衣工、缝纫工、钉扣工或卷烟工，走进了肮脏、混乱、缺少新鲜空气、两边是砖墙的后街胡同和廉租房中，平日里20个人挤在一个狭小得令人窒息的工作间里，从早到晚、披星戴月地工作，然后一起回到6个人一间的小房间里，有些人就直接睡在地上，婴儿的哭闹声彻夜不停。

如果说克拉科夫、维尔纳或罗乌的生存环境太险恶的话，那么维也纳、柏林、华沙、布拉格和布达佩斯就相对要好些，更远些的阿姆斯特丹和伦敦则更宽松一些，而在更遥远的“黄金国家”（Goldeneh Medinah）的纽约、辛辛那提、芝加哥和波士顿，那里的犹太人甚至可以回家过安息日，只不过把当天挣到的一张美元票子也全部花光了。于是，马车派上了大用场，早已用坏的车轮在沟壑纵横的乡间土路上歪七扭八地滚动着。一列列火车呼啸而过，车上的男孩们调皮地把头伸出窗外，头上戴着的穗子（tzitzits）剧烈地飘动起来，但是怕挨爸爸的耳光又赶紧缩回头来；而女孩们则显得有些胆小，紧紧地抓住妈妈厚厚的棉布裙不放手。在他们的身旁，或在车厢的尾部，他们的所有家当则用一根长绳子拢在一起，有各种盆盆罐罐、床垫和枕头，还有塞满了只有安息日才穿的漂亮衣服的箱子，当然还有最重要的犹太式软帽，以及无论在哪里生活都不可或缺的一应礼仪用品：烛台（或许还不止一个）、一个安息日用品箱、一个光明节用的油灯、一只专门用于祈福的银质酒杯（通常镂刻着漂亮的图案或嵌有波兰风格的金银丝）、一只逾越节家宴上用的大盘子。

沿途的车站尤其是位于波兰领土加利西亚与奥匈帝国边界上的布洛迪车站的站台上，挤满了从乌克兰或比萨拉比亚（Bessarabia）赶过来准备离开的犹太人。当地的1.5万名犹太人迅速被淹没在巨大的移民浪潮中，他们通过向源源不断的过路客提供食宿反而把面临的困难变成了发财的机会，而他们自己的雇主——曾经作为生意经纪人和小钱庄老板的资产阶级——早已经举家迁往其他地方，去了布达佩斯、别尔季切夫或敖德萨。大街上挤满了大大小小的马车。在布洛迪的小旅店里（在汉堡和鹿特丹这样的出海港口也是如此），一些声名狼藉的游动掮客端着一杯李子白兰地口若悬河地做着各种空洞的承诺。在一间间烟雾缭绕的小木头房里，演奏乐曲的犹太人会不请自到；或许一个小丑会讲个不怎么好笑的笑话；或许一个罗马尼亚人会变出一副纸牌。但是，随着移民的大量涌入，生活条件变得更加艰苦。1882年，伦敦的犹太人曾经呼吁，希望能够动员全社会的力量帮助滞留在布洛迪并陷入饥荒的2.3万名犹太人摆脱困境。

如果他们没有死在布洛迪的话，他们会继续前行：去维也纳，那里的犹太人口已经从1810年的1万人在一个世纪后猛增到17.5万人；或去布达佩斯，那里当时被那些不太在意15万犹太人到19世纪80年代已经占到总人口的三分之一的人戏称为“犹太佩斯”（Judapest）。在像华沙和柏林这样的大城市里，由于犹太人口从1871年的3.5万人猛增到30年后的14.4万人，其生活状况在这次汹涌的难民潮冲刷下变得面目全非。

他们来自一种“鸡犬之声相闻”的乡村生活，来自立陶宛及其东部的加利西亚地区，来自平日用油灯照亮、摇摇欲坠的小茅屋、狭窄泥泞的小胡同、烟熏火燎的小酒馆和混乱破旧的杂货市场；孩子们来自儿童宗教学校，那里的老师（melamed）似乎更加严厉。他们远离了淳朴的歌声和粗鲁的喊叫声，来到了一个完全陌生的世界，进入了喧闹匆忙的大都市。他们知道了马拉公共马车和林荫大道、煤气路灯和装有玻璃幕墙的百货商场［这样的大商场随处可见，而柏林的百货商场就是由犹太人——蒂耶茨（Tietz）和韦特海姆（Wertheim）开办的］。他们来到了公园和花园里（那些抚弄着打蜡的山羊胡和亮闪闪的警棍的警察在里面来回巡逻），来到了水池和喷泉边；他们开始出入于挤满了浓妆艳抹的女郎和衣衫褴褛的卖花姑娘的小胡同，出入于剧院和酒窖；他们也见识了旋转的华尔兹和呜咽的铜管乐。这些新鲜事物让他们感到吃惊，但让他们更为吃惊的是，他们发现在这样的大城市里，犹太小姑娘比犹太小伙子受到更好的教育，她们甚至一排排地坐在医学院教室里的长凳上，专注地盯着黑板上的各种精细入微的人体解剖挂图，或者在公共图书馆里一天到晚地畅游在知识的海洋之中。对于这些姑娘来说，她们已经不再满足于每天仅仅是做女红、做饭和祈祷，安分地在家里等着婚姻介绍人（shadkhan）上门，给她们找一个丈夫，然后生下一大群小犹太人从而为未来的迫害者制造麻烦。并且不光是年轻姑娘，还有许多成年女性和妻子也开始被誉为一代“女强人”（eshet chiyil），她们是远比红宝石还要尊贵的女人。这样说来，值得佩戴红宝石的女人可就太多了！如今的犹太女性所需要的并不是这种口头的赞美，她们真正需要的是知识——科学、艺术、哲学、数学方面的知识，贪婪、痴迷、自由地吞食着知识的营养。那些懵懵懂懂的新来者吃惊地发现，这里的姑娘虽然表面上仍然称自己为犹太人，但平时却把头发高高地挽起，并留下一缕卷发从宽檐帽边耷拉下来，她们会互相挽着手臂在大街上走过，旁若无人地大笑着，有时甚至会躺在公园的长椅上，衣着夸张地和路人打情骂俏，或者独自一人坐在玻璃幕墙后面的咖啡馆里，一边沙沙地翻动着当天的报纸［同样也是由像摩西和乌尔施泰因（Ullstein）这样的犹太出版商创办的］，一边慢慢地品尝着德式蛋糕（kuchen），并尽量（显然并不太难）避开崇拜者的目光。

犹太自治

难道大学、歌剧院、咖啡馆和喧闹的舞台会把她们从犹太教中带走吗？不会的。如果大都市里的新式犹太会堂能发挥作用，她们就不会离开。如今的会堂已经远远不是一个简单的祈祷和学习的场所。犹太会堂已经变成了一个城内的“微型犹太国”的中心，一个管理着每一个犹太人可能需要的全部内容的无所不能的“政府”。数个世纪以来，所谓犹太自治仅仅意味着有一个拉比法庭，对财产、遗嘱、结婚和离婚方面的争议进行裁决，对犹太屠户和割礼执行人的身份进行认定和审查，并警惕地关注着犹太人的葬礼和墓地。在广大的“栅栏区”，传统的“自治委员会”（kahal）被俄国政府严令取缔；而在欧洲的其他地方，解放条款（奥匈帝国分别于1861年和1867年，而德国则是在1871年）的受益者，即新一代巨贾富豪已经接管了社区的领导权。他们有些人已经被封为贵族——第一代犹太男爵和骑士（Ritters），因而成为商业界的新式领军人物：工业企业家，如埃米尔·拉特瑙（Emile Rathenau）[①]，他是第一个真正实现电气化照明的工程师，并且他的企业获得了长足的发展；船王，如阿尔伯特·巴林（Albert Ballin），他旗下的汉堡—美洲航线给予了大量的犹太移民以正常的人格待遇，使他们不再像动物一样拥挤在货舱里或甲板上；提到银行家，当然是多伊奇（Deutsche）、德累斯登（Dresdner）和门德尔松。就社会阶层而言，往下依次是医生、工程师、报纸编辑以及像《法兰克福日报》（*Frankfurter Zeitung*）的利奥泼德·索恩曼（Leopald Sonnemann）这样的出版商，还有为数不多的教授（德国人强烈反对犹太人担任这一职位）。他们希望，他们成为新一代商业和工业巨头的途径更应该看成是“自由王国”的一种自然延伸，而不只是其中的一块“飞地”。他们是这样一群人：强调在安息日早间

① 德国爱迪生公司创始人，曾一度与西门子公司合作，后爱迪生公司改名为德国通用电气公司（AEG），并中断了和西门子公司的合作。在拉特瑙的领导下，1894年后，德国通用电气一跃成为德国最大的电气巨头。——译者注

仪式上要真诚地为王室和亲王诸侯祈祷——并且他们通常会头戴高顶礼帽，在诵读《律法书》结束后的重要时段庄重地进行祈祷，就好像他们是直接从宫廷里赶过来的。

凡是在拉比（他们似乎无所不能）势力所及的地方，他们开始设立各种形式的“管理委员会”，每个星期都会在会堂的会议室里开会：如犹太人代表委员会（英国的组织形式），对来自各方的敌意时刻保持警惕，并且一旦需要，他们会代表犹太人的利益与政府交涉；犹太人监护委员会，则专门负责向贫穷的犹太人发放食物。这种家长式的自治机构是否适用于刚刚到来的东方犹太人群体，或者是否实行“当地出生的人优先”的原则，这个问题往往会成为争论的由头。但一旦建立起来，这类机构的作用则完全取决于本身的待客原则，所以有时那些踊跃捐款的人反而更倾向于在他们与穷人之间留下足够的城市空间。住在高档住宅区的富人通过向商业区投入金钱、时间和热情的方式净化了自己的内心。所以，专门为“无法救治的病人”建立的医疗和护理机构以及为穷人设立的“公共汤厨”越来越多，而自治机构则负责向裁缝、木匠、鞋匠等提供各种及时的创业援助，包括租用工具和原材料的本钱。最重要的是，新式学校开始为那些原来只是在儿童宗教学校里靠死记硬背接受僵化知识的孩子提供适于现代工作的职业教育（不再局限于犹太世界），如商贸学校、技术学校甚至农业学校，开设的课程包括语言、数学和自然科学、文学和历史等。这些学校所经历的变革是非常深刻的。很多人应该还记得，过去犹太人所做的所有工作除了学习传统典籍之外，就是提供符合规定的肉食、沿街叫卖、做旧衣服生意、缝补衣服、做鞋和补鞋或开钱庄对外贷款；许多人应该还记得，过去的犹太姑娘只是操持家务和做饭，直到有一天嫁一个丈夫并拥有自己的房子。但是今天，他们用学到的新知识可以做任何想做的事：新闻媒体、化工、诗歌，甚至当兵。并且每当星期五夜晚降临，如果他们愿意，他们仍然可以步行去犹太会堂，去迎接他们的安息日。

说到犹太人的大都市生活，没有什么地方能比得上他们新建的大会堂更令人感到乐观和自豪了。作为地标性的建筑，这些现代化的犹太会堂往往造型宏大、装饰豪华，非常显眼地矗立在市区的中心，就像各地的博物馆、歌剧院、市政厅和大教堂一样，成为现代欧洲都市风景的重要组成部分。犹太人的建筑物再也不会被当成侮辱和侵害的目标，这在历史上恐怕还是第一次。作为一种文化自信的象征，这些建筑都是犹太人自己设计建造的。当柏林“新会堂”的长老们发现，从奥兰尼恩堡大街（Oranienburger Strasse）的对面无法直接看到会堂巨大的金色穹顶（模仿布莱顿皇家行宫）时，他们竟然让建造者把穹顶向外探出了一些，这就意味着穹顶不仅覆盖着内部的主体建筑，而且还高耸在街边的门廊之上。[7]佛罗伦萨的犹太圣殿则采用两个铜制穹顶的建筑形制解决了这个难题，其规模堪与圣母百花大教堂主体及其覆盖在门廊之上的布鲁内列斯基①穹顶相媲美。[8]在这个短暂的集体乐观时期，那些犹太大资本家俨然变成了“穹顶迷”。模仿俄国或希腊东正教教堂的两个洋葱形穹顶，就耸立在规模宏大的布达佩斯多哈尼（Dohany）街犹太会堂（足以容纳3000名会众）前部的纤细塔楼之上，其视觉效果是如此强烈，以至于随后建成的宏大的纽约中央会堂和位于捷克摩拉维亚的皮尔森（Plzen/Pilsen）大会堂都沿用了其建筑形制。虽然皮尔森社区在1880年时只有2000名犹太人，但他们却毫不犹豫地开始建造属于他们自己的足有65英尺高的双洋葱形塔楼，从而使会堂建筑的穹顶高出附近的圣巴索洛缪（St Bartholomew）大教堂好大一截。所以，为了确保建设工程的顺利进行，皮尔森的犹太人只好同意把会堂的穹顶降低了20英尺。

但对于都灵的犹太人来说，两个穹顶似乎不太过瘾，他们在数量上给翻了

---

① 菲利波·布鲁内列斯基（Filippo Brunelleschi，1377~1446），佛罗伦萨著名建筑师。他早年学雕刻，后转向建筑。他设计的佛罗伦萨育婴堂是文艺复兴式建筑的最早作品，表现出古典主义风格，而他最大的成就是于1420至1436年完成的佛罗伦萨圣母百花大教堂的穹顶，从而使这座开工已达140年之久的教堂得以竣工。另外，他受美第奇家族委托设计的圣洛伦佐教堂也被视为文艺复兴建筑的代表作。——译者注

一番，在会堂建筑的四个角上各建造了一个穹顶：变成了一个令人瞠目的威尼斯哥特风格、文艺复兴风格和俄国东正教风格的大杂烩。尽管其第一印象是 19 世纪所谓的“摩尔式”建筑，有点像又不那么像伊斯兰风格。无论是进入都灵大会堂的三面式马蹄形拱顶的廊道，还是上面的阿吉梅兹式（Ajimez）① 窗户，毫无疑问都是清真寺建筑形制的一种痕迹。在 19 世纪 60 至 70 年代建造的许多最华丽的大型会堂里［包括笔者本人所属的位于西摩尔（Seymour）广场附近的西伦敦大会堂在内］，约柜也都是放置在一个上部发券的壁龛内。

对于当地那些非常渴望能够早日融入欧洲文化的犹太社区来说，沉迷于“摩尔风格的复兴”初看起来似乎是一种奇怪的选择，因为他们毕竟在那里享有平等的权利，尤其是在反犹主义者开始不停地抱怨，说犹太人尽管外表已经完全西方化，但其骨子里仍然属于难以同化的东方“闪米特”民族，在基督教国家里不可能有他们的地盘的情况下，就显得更为奇怪。但与此同时，在英国甚至在某种意义上包括欧洲中部，犹太人却出于完全相同的理由而被“亲犹主义者”浪漫化。犹太人的文学形象被定位为精神贵族阶层，与地主阶级那种唯利是图的实用主义，尤其是愚笨无知、声色犬马的虚荣形象形成了鲜明的对照。（这一点尤其具有讽刺意味，因为恰好与此同时，以罗斯柴尔德家族为代表的犹太巨贾富豪们正在接受不动产管理知识、纯种马饲养技术和“狩猎加舞会”的社交礼仪方面的教育。）但是，在一些通常把犹太人讽刺为游手好闲的商贩和时不时会犯轻罪的罪犯、敲骨吸髓的吝啬鬼和油嘴滑舌的典当商的地方，犹太人却开始以“流浪者”的形象出现在文学作品中，尽管他们的浪漫性质有所不同，但几乎都被特意地赋予一种“天生四海为家”的高贵气质。迪斯雷利几乎在所有的小说中都把犹太人设定为一种终日怀念锡安、道德高尚的形象，他们对那些金发碧眼的非犹太人施魔法，有时即使在“圣地”也是如此。[9] 狄更斯在《雾都孤儿》（*Oliver Twist*）中用圣徒般的米拉（Mirah）、在《我们共同的

① 一种摩尔风格的窗户，基本制式是顶部发券，中间用竖立的窗棂分开。——译者注

朋友》（*Our Mutual Friend*）中则用她的父亲取代了怪诞的骗子费金（Fakin）。而最令人难忘的是，乔治·艾略特（George Eliot）的《但以理的半生缘》（*Daniel Deronda*）记录了一次自我发现的漫长旅行，而其主人公得体的行为举止和高尚的道德情操以及非英国人的外貌特征表明，他无疑属于永恒的犹太主题中的最新一代犹太人，他漫长的流浪生涯并且总是用一个不停抖动的磁针指向耶路撒冷方向的行为，并没有贬损而是圣化了他的名字。像安东尼·特罗洛普（Anthony Trollope）《我们现在的生活方式》（*The Way We Live Now*，亦译《如今世道》）中的奥古斯都·梅尔莫特（Augustus Melmotte）这类人物，虽然继续赋予犹太人一种商业投机的罪恶色彩和夏洛克式的自我毁灭形象，但这样做的结果只会使读者心目中榜样的力量——作为生活在美好而丰富的精神世界里的犹太人，他们的心却无时不在被对锡安山的向往所吞噬——更具有吸引力。实际上，维多利亚时代的人有些只是作为考古学家和旅行摄影家到巴勒斯坦朝圣的，当他们看到耶路撒冷和加利利的犹太人所处的贫穷落后的生存环境时往往会非常震惊，但当他们来到第二圣殿遗留下的那段西墙下时，却无一例外地大受感动。回归锡安山的信念在犹太人心中燃烧的同时，在基督徒心中也开始燃烧起来。

所以，当像路德维希·冯·福斯特（Ludwig von Förster）这样的建筑大师（他建造了利奥泼德城的犹太圣殿和多哈尼大街的犹太会堂），在他们的设计理念之中加入他们对第一圣殿的梦想时，也就不足为奇了。维也纳会堂的双子塔楼被命名为雅斤（Jachin）和波阿斯（Boaz），据约瑟夫斯的记载，这是所罗门圣殿门廊下的两根高达 27 英尺的青铜柱的名字[10]。当维也纳圣殿垒下第一块奠基石时，他们同时也把从“圣地”带来的一包土放了进去。也就在此时，锡安山的重建大业（尽管有点摩尔人的味道）已经在维也纳、柏林、巴黎和伦敦开始了。[11]

但是，由于这样的混搭风格并不为犹太教所禁止，所以谁也不能阻止这些外观大同小异的会堂在内部空间结构上模仿基督教教堂传统形制的风潮。通常情况下，教堂的中轴线是穿过中庭（一般比较长）直达后面位于“十字”交叉处的圣坛，那里才是完成仪式的核心区，而犹太人的所有神秘则是集中在《托拉》上：经卷在约柜里面的放置方式及其在诵经台上的诵读场面。根据传统，这两个地点在空间上是分开的，而走场的过程就是从约柜里请出《托拉》然后举着经卷列队走向诵经台。然而，19 世纪后半叶设计建造的所有会堂几乎都把诵经台直接移到了约柜前面，所以无论是取出还是诵读《托拉》都要经过一段爬升的台阶。如今，在诵读之前和之后举行的以《托拉》羊皮卷为先导的列队走场仪式，已经变成了围着两边的通道转过会堂的整个大殿，成人和孩子们则围成一圈，依次用祈祷披巾的穗子触碰，然后用嘴唇亲吻覆盖在幔布下的羊皮卷。

在犹太会堂中殿的最里面，抬高的诵经台变成了一个舞台，一个灯光聚焦的中心。像戏剧舞台和歌剧院里一样，视觉和听觉效果方面也体现出同样的思路。建造佛罗伦萨圣殿的三位建筑师中，有两位上实际上是工程师，第三位则来自威尼斯著名的犹太商人家族，是唯一一位犹太人。现代犹太人当然使用现代建筑材料，但其根本宗旨是为了让会众更深刻地体验集体祈祷的经历，也就是一种热情参与的感觉。廊柱采用的是铁质材料，因为铁柱不仅非常结实，足以支撑上部巨大的荷载，而且由于材料相对细小，所占用的空间更少，从而把视觉障碍降至最小。女性座席区周围也大量地采用了同样的材料，从而使她们的视野更加开阔，而降低窗户隔断的高度这种惯用的设计方式，则可以使她们方便地观看下面举行的仪式和场面。

音响效果显然更为重要。在犹太教的祈祷仪式和诵读活动中，历史上第一次出现了两种用声音表达的方式：一种是拉比（会众当然希望他们不仅精通《托拉》原文，而且有高超的演说才能）的诵经声，另一种则是领诵人和唱诗班发出的悦耳旋律，能够把激动人心的音乐力量送到整个高大中殿的每一个角落。如今，布讲和歌咏都是在高高的诵经台上进行的，台上的表演者尽量地同时面对着上面的女性座席区和下面的男性会众，并不时地邀请他们参与互动表演。女性能在“立祷”的神圣时刻积极地参与互动，并一起高唱充满欢乐的结束语，这在过去还从来也没有听说过。如果你是一个刚刚从加利西亚或立陶宛的某个小村庄里来的犹太人，早已经习惯了总是在一间低矮的小屋里由一位拉比领着匆忙而单调地低声唠叨那些千篇一律的祈祷词，而现在却发现自己置身于一个装饰豪华的大殿之中，并且能够亲身参与一场不时在布讲和歌咏之间交替进行的宏大犹太戏剧，你很可能会认为这是一个彻头彻尾的外邦宗教仪式，或许只有念诵“示玛篇”和“立祷”时使用的希伯来语以及引用的《托拉》原文才能提示你，这其实是一个正宗的犹太仪式。

耶利内克家族

但是，那些头戴高顶礼帽、端坐在会众前面的包厢里、俨然是一副犹太人的主人派头的人又是什么人呢？难道如今仅仅靠尊贵的社会地位而不是像过去那样凭神圣而丰富的宗教学识，就可以赢得人们的尊敬？一个头戴一顶贝雷帽样的奇怪头饰并且下巴上刮得光光的人又怎么能自称为拉比呢？从 1856 年开始，在利奥泼德城的犹太圣殿里，那个特别的拉比就是阿道夫·耶利内克（Adolf Jellinek）。他出生于摩拉维亚，曾经先后在当地的犹太经学院里受过严格的传统宗教知识熏陶，并且在莱比锡受过正规的包括阿拉伯语和波斯语在内的各种东方语言方面的专业教育。[12] 耶利内克仅靠一人之力就在犹太正统派与改革派之间建起了一座桥梁，他是一个严谨的修辞大师，他的布道词具有极大的吸引力，以致他的 200 篇最佳文章汇编成为 19 世纪的犹太维尔纳最轰动的出版事件之一。耶利内克是一个彻头彻尾的现代拉比，之所以没有更现代化，是因为他时刻在提防着亚伯拉罕·盖革（Abraham Geiger）更激进的改革思想。盖革虽然是一个典型的《塔木德》卫道士，但他并不为其中的说教所困扰。如他就认为，兄死弟及的“转房”习俗——其中规定，为了让小叔子履行续娶已故兄长的遗孀的义务，她必须向未来的新丈夫扔一只鞋——应该废除。但对耶利内克来说，这并不是真正的犹太教，而是历史地将其理解为一种从远古时期遗留下来的文化现象。

按照迈蒙尼德的传统，耶利内克也尝试过一种超出拉比和老师身份之外的公共生活，并于1861年参加过（虽然没有取得成功）奥匈帝国下奥地利州议会议员的竞选。他明确地表示忠诚于自己的祖国，但同时也坚定地保持着自己的犹太人身份，因此，他们完全是皇帝弗朗兹·约瑟夫（Franz Joseph）一再谴责反犹主义时一直放在心上的那种犹太人。耶利内克能受到如此高规格的礼遇实属难能可贵，因为他的兄长赫尔曼在25岁时就参加过1848至1849年的匈牙利革命，并因此而受到当局的审判并被处决。阿道夫之所以能与自由化政府尤其是皇帝本人维持着一种相对友好的联系，恐怕与他坚决主张对政治犯废除死刑并且不承担任何连带后果的政治立场不无关系。

但是，当时的耶利内克家族不过是在自由化过程中的“中欧地区”（Mitteleuropa）可能出现的一个政治家族化身而已。[13] 在阿道夫的几个儿子中，有一个成了海德堡大学的国际法学教授；另一个则成了维也纳文献学（犹太人的一种特长）界的领军人物。但他的三儿子埃米尔却深受他的叔父莫里茨（Moritz）的影响，早年一直跟着叔父靠设计和开发维也纳的有轨电车系统（许多城市直到今天仍然在运行）挣钱养家。然而，如果你仅仅因为埃米尔·耶利内克天生对学术研究不感兴趣就说他不喜欢宗教生活，那就言之过早了。他上学时就经常在学校里惹麻烦，后来虽然在一家铁路公司里找到了一份工作（通过家庭关系并不困难），却又因为被发现在夜间聚众飙火车头而被公司开除了。而当他因为在外交方面有些小聪明而被派往摩洛哥执行外交使命时，他发现菲斯、丹吉尔和得土安的生活似乎更适合自己的口味，并且因为机缘巧合和志趣相投，他很快就与一个在非洲出生的名叫雷切尔·戈格曼·塞恩罗伯特（Rachel Goggmann Cenrobert）的塞法迪犹太姑娘结了婚。后来，雷切尔和埃米尔给他们的女儿起了一个漂亮的名字“梅赛德斯”（Mercedes）。4年后，雷切尔不幸去世，于是埃米尔又回到了欧洲，在“蓝色海岸”（Côte d’Azur）[①]一带靠卖保险和股权生意维持生计，从而结识了许多早年发现并居住在里维埃拉（Riviera）这块旅游胜地上的非常富有的客户。他把用自己挣的钱建造的房子命名为“梅赛德斯别墅”并在那里住了下来。在“蓝色海岸”，一辆马达驱动的四轮车及其发明人威廉·迈巴赫（Wilhelm Maybach）大大激发了埃米尔的兴趣。于是，埃米尔找到了合伙人戈特利布·戴姆勒（Gottlieb Daimler），把他们的开发团队命名为“梅赛德斯”，并把自己的名字也改成了“E. J. 梅赛德斯”，然后开始与迈巴赫一起设计和制造赛车。到 1909 年，他的梅赛德斯汽车产量已经达到每年 600 辆，这样的发展前景恐怕是他那位焦虑的拉比父亲所未曾想到的。

大都会犹太会堂

当埃米尔·耶利内克的事业变得势不可当之后，他放弃了犹太教。但他的家人尤其是他的父亲却为维也纳的犹太人和犹太教留下了深刻的印记。拉比耶利内克在维也纳圣殿的“二重奏”搭档也毫不逊色。作为领诵人，所罗门·苏尔泽（Salomon Sulzer）的犹太教堂歌曲合集《以色列之歌》（*Shir Tzion*）在 1840 年和 1866 年分两卷出版，并陆续被从莱比锡到旧金山的许多犹太会堂领诵人所采用。就阿什肯纳兹犹太人的整个祈祷方式演变过程而言，该歌曲集要比 19 世纪的任何工作都起到了更大的推动作用。但是，苏尔泽的音乐却又并不像瓦格纳那样，因为领诵人的声调太像是一种花腔式哭号而一概排斥，而是超越了仅仅为现场会众表演的狭小空间，融入了更广阔的维也纳音乐世界之中。舒伯特曾为赛滕施泰滕胡同（Seitenstettengasse）犹太会堂创作过一首美

① 或称法属里维耶拉（Riviera），位于地中海沿岸，属于法国东南沿海普罗旺斯—阿尔卑斯—蓝色海岸大区，一般指自瓦尔省土伦到与意大利接壤的阿尔卑斯省芒通之间的广大滨海地区。“蓝色海岸”被认为是最奢华和最富有的地区之一，许多世界富人、名人聚集于此，而位于阿尔卑斯省的滨海小城戛纳就是著名的戛纳电影节的主办地。——译者注

丽的歌曲，但正是弗朗兹·李斯特，虽然他算不上犹太人的朋友，却在专门到会堂里聆听了苏尔泽的歌曲之后写道：“……一次从未体验过的精神和美学享受……你似乎能感觉到赞美诗像火一样在空中燃烧。”

为了能听到苏尔泽的歌曲，那些曾经搬出了利奥泼德城的犹太人随着“东方犹太人”的到来而返回了城中，而圣殿里的大型乐器和阵容庞大的唱诗班无疑也是吸引他们的重要原因之一。帝国的自由化改革运动，以及那些更具现代意识的犹太人可以在维也纳享受到文科中学和大学教育的现实，同样也成为他们在大泡菜桶和小裁缝铺之外追求新生活的动力。那些经常与政府打交道的犹太人——如律师、银行家等——则直接搬进了内城，即如今已经由环城大道隔离开的维也纳古老核心城区。但是，西格蒙德·弗洛伊德（Sigmund Freud）的父亲雅各——出生于摩拉维亚，当时是维也纳的一个纺织品商人，具有深厚的日耳曼文化背景，算得上是一个犹太新年和赎罪日犹太人[①]——却与他的第三任妻子即西格蒙德的母亲在阿尔瑟格伦德（Alsergrund）附近定居下来，因为那里从16世纪开始就有一片犹太人的墓地。作为维也纳大学不可分割的一部分，阿尔瑟格伦德当时成了犹太商人和职业阶层的住宅区。到1880年，出入文科中学的学生已经有三分之二是犹太人，如果你在晚上到外面的大街上散步，肯定会听到有人在演奏贝多芬的音乐。

回到利奥泼德城后，那些来自加利西亚和俄国“栅栏区”并且仍然身穿传统服装的犹太人，像他们当年在斯特普内和“白教堂”大街、鲍威利（Bowery）和德兰西大街[②]以及柏林的施尤内泰尔（Scheunenviertel）居住区一样，纷纷建立起自己的家庭小会堂，用自己的顽固的生活习惯在大都市形成了一个个新的“加利西亚”。他们像往常一样举行“立祷”祝福仪式：快速地念诵祝词，其间只是偶尔被领诵人不断重复的近乎喊叫的应和声（kedusha）所打断。对他们来

① 指仅仅过犹太重要节日的犹太人。——译者注

② 这些街道分别属于伦敦和纽约。——译者注

说，无所谓布讲仪式，也不会让领诵人一个人唱“独角戏”。对他们来说，维也纳圣殿中的那种人人参与、群情高涨的祈祷仪式（在赛滕施泰滕犹太胡同，自耶利内克于1865年搬过来后，那里的会堂气氛同样如此）似乎要比维也纳圣斯蒂芬（St Stephen）教堂里的大弥撒具有更真实的犹太意蕴。然而，在犹太年历上的一些最庄严的时刻——如在新年或晚祷仪式（Kol Nidrei）① 上，据说“所有以色列人”都站在“上帝”的审判面前——即使完全是出于好奇，他们也会聚集在宽广的会堂中殿里，然后“全以色列”（Kol Israel）即一个单一民族的理想变为现实。所以，无论是在伦敦公爵广场大会堂，或位于纽约闹市区埃尔德里奇（Eldridge）大街的规模宏大的犹太会堂，还是巴黎圣母院街区的犹太会堂里，其宽广的中殿全都沐浴在阳光之中，里面歌唱声此起彼伏，沉重而哀婉的祈祷词引导着犹太人进行自我反省，而优美的赞美诗和歌声则唤起了他们共同的历史记忆，从而仿佛把所有活着的犹太人和已故犹太人的情感紧密地凝聚在一起，而在这样的场合，那些前程光明、充满期待的孩子总是规矩地站在各自父母的身旁。

如果说这些大都会犹太会堂的内部设计是为了给予犹太人一种“团结一心”的感觉（在面对反犹主义的仇恨和敌意的情况下尤其重要），那么其雄伟壮观的外部建筑格局则是向非犹太社会的一种宣示。[14] 虽然对于在欧洲的市民世界里能够拥有一个与众不同的地标式建筑的自信和梦想，早在两个世纪前的阿姆斯特丹就已经开始了，但他们在17世纪70年代能够建造自己的犹太会堂显然是一个特例。当时，他们大多数会堂的门面不得不小心翼翼地隐藏起来，即使在会堂的屋顶明显高出一截的阿姆斯特丹，整个建筑群也只能被围在高大的院墙之内。当大部分荷兰的建筑设计于1701年移植到伦敦的贝维斯·马克斯会堂时，伦敦的“新派诗人”（parnassim）也不得不把会堂建在一处远离主要街道的院子里。两个世纪后，建筑的设计图纸开始变得更加自信：会堂入口

① 意为“一切誓约”。——译者注

处的塔楼正对着街道，而更复杂和大气的会堂则用一个缩进的花园作为正门的通道，临街的一面则用轻型的铁栅栏围起来。（当然，在当时的情况下，为了确保安全，栅栏要用结实的墙基进行加固，并且还要安装金属探测器和配备全副武装的门卫。）

但是，辉煌时期的犹太大会堂在某种意义上说只是为了在气势上不输给基督教的大教堂。这些会堂必须有能力接待各国的内阁大臣、首相、亲王甚至国王，并且他们的确也是这么做的。1866 年，奥托・冯・俾斯麦就在他的朋友和银行家格尔森（当时使用的名字）・冯・布莱施罗德（Gerson von Bleichröder）的陪同下，出席了柏林新会堂的开门盛典，而正是在格尔森的资助下，这位普鲁士宰相才终于完成了统一德国的大业。在伦敦，威尔士亲王和巴西皇帝（姑且存疑）曾经是位于波特兰大街的中央会堂的常客。而皇储鲁道夫在与他的情人在梅耶林（Mayerling）[①] 殉情之前，他一直是魅力超凡、学识渊博的阿道夫・耶利内克的好朋友。最引人瞩目的是，皇帝弗朗茨・约瑟夫竟然宣称："本人对在我的帝国里迫害犹太人持零容忍态度。"几年后，他又把反犹主义诊断为"一种正在向帝国的最高层蔓延的传染病"。

仇视从未停止

皇帝对反犹主义最猛烈的一次抨击发生于 1882 年，这或许也正是耶利内克认为他那位来自敖德萨的客人莱昂・平斯克（Leon Pinsker）医生有些言过其实的原因，因为平斯克曾预言，反犹主义早晚有一天会使欧洲犹太人的生活变得无法忍受。耶利内克认为，这样的消息只能来自俄国。沙皇亚历山大三世毕竟不是宽宏大量的弗朗茨・约瑟夫。然而，他心里也非常清楚，当时有

① 奥匈帝国的皇储鲁道夫为了追求爱情，宁愿与父亲决裂，不惜放弃皇位继承权，与情人玛丽男爵夫人维色拉双双在梅耶林的猎屋中殉情自杀。作为"不爱江山爱美人"的悲剧传奇，围绕着这一事件创作了大量的文艺作品，其中以英法于 1968 年联合拍摄的电影《魂断梅耶林》（1976 年由上海电影译制厂发行中文版）最为著名 。——译者注

足够的理由使弥漫在德国土地上的悲观主义气氛发生转变。当时，虽然格尔森·冯·布莱施罗德奉诏进入凡尔赛宫，并被委以全面负责接受战败方法国的战争赔偿的重任，但这样的辉煌时刻并不能成为光明未来的可靠保证。返回夏洛滕堡（Charlottenburg）后，德皇的私人宫廷牧师阿道夫·斯托伊克尔（Adolf Stoecker）开始大肆宣扬犹太人早年的种种"恶行"，并称他们只能永远是德国土地上的陌生人，他们如果不能集体"皈依"，就永远无法把他们真正地统一到国家的体制之内。解放犹太人是一个可怕的错误，现在是时候扭转这种局面了。

对犹太人的仇恨之火在欧洲迅速蔓延开来。1873 年的金融危机（中欧属于重灾区）被归罪于犹太人，而法国动产信贷银行体系的破产，则被认为是那些像佩雷拉兄弟这样的犹太罪犯针对基督徒个人长期实施的欺骗行为的又一个严重后果。1879 年，极端激进的无政府主义者和无神论者威廉·马尔（Wilhelm Marr），尽管他的四任妻子中有三个是犹太人，但却有违常情地出版了一本名为《日耳曼战胜犹太人之路》（*Der Weg zum Siege des Germanenthums über das Judenthum*），这个颇有歌剧风格的瓦格纳式书名就说明了一切。（1869 年，瓦格纳本人曾重新发表了他的论战宣言，但这一次他署的是真名，主要是指责犹太人利用金钱的力量抵制他的歌剧和诋毁他的名声。[15]）马尔的论战宣言带有一种强烈的社会性倾向。按照他的说法，"犹太性"实际上是现代商业社会中的一种极具破坏性的元素，已经把日耳曼工匠优秀传统的核心精神剥蚀殆尽，因为这种精神已经变成了一个特定种族的别称。用工艺品向现代工业这个新的"魔鬼"献祭，正是日耳曼生活中存在着异端造成的结果，而马尔把这种异端存在称为"闪族人特质"（Semitism），并且认为目前所知唯一的"解毒方法"就是反其道而行之。因此，他的立论和结论立即受到那些本来就对现代社会的错位现象感到担忧的人的极力追捧，从而使这本小册子第一版就卖出了 2 万册，并且先后重印了 7 次。更为恶毒的是，新闻记者奥托·格拉高（Otto Glagau）精心杜撰的"社会问题就是犹太问题"（Die soziale Frage ist die

Judenfrage）这句“名言”，从而把所有被现代生活腐蚀的异化现象都归咎于“闪族人特质”，一场“反闪族运动”① 势在必行。他写道，犹太人是“一群可恶的外邦人，他们无家可归，所以他们无论生活在哪里，对当地的居民都不会有什么情感可言”。[16]

这些大城市里的犹太人本想在“现代性”上赌一把，但如今他们却要面对一种古老的、粗俗的、由条顿人刻意虚构的诬陷和攻击，他们被赋予了一种非人类的鬼魅角色，只要能以某种方式消灭他们，不仅直接关系到日耳曼民族的光明未来，甚至成为其当下是否能生存下来的前提条件。马尔明确指出，在这场战争中，显然只能有一方最终获得胜利，而他的使命就是吹响战斗的号角，并且确保雅利安日耳曼种族成为获胜的一方。在他去世前不久的 1904 年，马尔却突然地完全改变了自己的立场，在他出版的《一个反犹主义者的遗言》（*Testament of an Anti–Semite*）中，他公开请求能得到犹太人的原谅。但显然为时已晚。他领导的反犹主义者联盟已经变成了一个新的政治党派，并且反犹主义的毒素已经渗透到了日耳曼民族主义的血液之中。德国最著名的东方语言学家保罗·德·拉加德（Paul de Lagarde），将反犹主义誉为“我们的民族主义运动的中坚力量……我们的真实民意的最根本的表现形式”。正是这种把反犹主义视同于政治斗争的做法，才为打破资产阶级的优越感奠定了基调，这对于那些与崇拜物质主义的城市中产阶级联系最为密切的人无疑是当头一棒。换句话说，反犹主义是一种恢复民族健康的治疗方式。如此一来，要想做一个真正的日耳曼人，而不是仅仅把民族主义理想挂在口头上，就意味着他首先是一个坚定的、不折不扣的反犹主义者。

所以，作为一个日耳曼人，他在某种程度上就必须服从于这种新反犹主义提出的各种警句和口号。当时，最肮脏和最具杀伤力口号就是“犹太人是我们的不幸之源”（Die Juden sind unser Unglück），这句口号是由某位作为一名

① 这就是“反犹主义”（anti–Semittism）一词的起源。——译者注

反犹者当时并不为人所知并且深深地隐藏在新德意志帝国的两个最高学术和权力机构——柏林大学和帝国议会——中的上层人士发明的，这一事实只能使这句口号更加危险而有效。这个人就是海因里希·冯·特莱奇克（Heinrich von Treitschke），他写过一部多卷本的德国史，所以他不仅受到广泛的尊敬，而且还被誉为新民族主义的典范，并且他也认为自己无愧于这样的美誉。而正是他以神秘的御用“审查官”的新身份，对海因里希·格雷茨（Heinrich Graetz）的历史巨著《犹太通史》（*History of the Jews*）的第十一卷即最后一卷进行了审查。从某种意义上讲，他们两人的著作是基于同一个主题，但正是这样的假定才使特莱奇克感到非常害怕，所以他认为两者的观点从根本上是相互对立的。他在政治评论月刊《普鲁士年鉴》（*Prussische Jahrbücher*）上发表的审查报告的最后一节，并在第二年出版的宣传册《关于我们的犹太人的多余的话》（*Ein Wort über unser Judenthum*）中所做详细讨论中，特莱奇克把反犹主义提高到一种对于所有投身于民族主义事业的人来说在学术上值得尊崇的理论。他似乎在给人们造成一种假象，或许说至少表现出一种情感倾向，他对粗俗的大众化反犹主义根本不屑一顾，并且他还因此而对约翰·艾森门格尔这样的反犹主义旗手大加指责，甚至误认为他是一个犹太人（另一种诬陷方式）。但是，在他对其粗俗性表示遗憾的同时，特莱奇克却又对德国普通民众的“健康的”仇恨方式大加赞扬。认为他们已经感觉到是什么东西在毒害着自己的国家，如果这个民族想要继续书写自己的历史，就必须要把这种毒素从民族的血液中彻底清除掉。如果你是一个真正爱国的犹太德国报纸编辑、商人、律师或（尤其是）教授的话，你完全可以把威廉·马尔和奥托·格拉高之流当成牛蝇记者而置之不理。但是，特莱奇克发泄仇恨的方式却是一种强烈的震撼，对于那些具有起码判断能力的人来说，则无异于一次可怕的警告。[17]

特莱奇克的言论肯定是出于帝国当局的授意。然而，像恩斯特·维尔加尼（Ernst Vergani）这样的德国境外的泛日耳曼民族主义者可能会更加猖狂，因为他们坚持认为，清除犹太人是日耳曼民族获得新生的首要条件。当维尔加尼——他在犹太人占总人口的三分之一的罗乌长大成人，并且一向偏执地认为日耳曼人与犹太人之间的问题是“一个种族问题，或许说是一个血统问题……所以只能由血统来决定”——在奥地利地方立法机构里号召向那些把犹太人当成猎物予以射杀的人颁发奖金时，他或许只是在开一个政治玩笑。随着新种族学说甚至传染病学的出现，在阿尔方斯·图斯内尔的著作中首次提出的仇恨犹太人的生物化理论很快就死灰复燃。保罗·德·拉加德提出要在德国全面“去犹太化”（Entjudung），即把犹太人从德国的政治躯体上割除掉。这不过是一个保证民族健康的问题而已。因为印度—日耳曼种族与犹太人在生物学上是不能共存的，所以必须把后者“像寄生虫一样消灭掉。对于旋毛虫和结核杆菌[①]，不需要商量，更不能继续培养，必须尽快地予以彻底消灭”。

虽然这类观点只是出于病理学上的描述，但却被格奥尔格·里特·冯·索纳勒（Georg Ritter von Schönerer）所利用并作为其煽风点火的政治工具。索纳勒或许为他的世袭封号感到自豪，但这只是因为他的父亲曾为当年对奥匈帝国的铁路网所做的贡献而被封为贵族罢了。完全有可能的是，正是老索纳勒曾一度为维也纳人罗斯柴尔德打工或共过事的事实，才成了引发小索纳勒仇恨的导火索，而 1873 年的金融危机则进一步加深了这种仇恨心理。但也正是在这样的情况下，格奥尔格的商业活动才第一次转向了土地，他开始研究农艺学，资助农民，同时也开始对这场金融灾难的制造者尤其是“责无旁贷”的犹太人横加指责。然而，也正是在这一时期，索纳勒开始与像维克多·阿德勒（Viktor Adler）这样的自由派犹太政治家合作。随着从 1881 年发生的“集体迫害”下逃亡的俄国犹太人的到来，索纳勒的政治立场突然转向，并将对犹太人的两种传统仇恨形式带入现代政治理论：一种是来自农民和工匠阶层的敌意，他们认

① 此处用旋毛虫（一种寄生虫，主要寄生于家畜，1828 年在伦敦首次发现人体病例）和结核杆菌（1882 年由德国医生和细菌学家首次发现）喻指犹太人。——译者注

为正是犹太人毁了他们的生活；另一种是来自基督徒的积怨，他们从来也没有放弃对谋杀基督的犹太人复仇。[18]对于雅利安人和基督徒的共同敌人，索纳勒不仅希望推翻犹太解放运动，更希望将犹太人置于“特别法律”之下。就个人而言，他实在过于粗鲁和冷酷，很难在一场群众运动中成为一名有号召力的领导人，但他却成功地使得第一批具有明显反犹主义倾向的政客进入了奥地利的立法机构。而最糟糕的是，正如他本人所说，索纳勒把针对犹太人的战争变成了“民族主义理想的根本支柱”。

阿道夫·耶利内克不可能没有注意到当时所发生的一切。1881年，他成了当时最能代表维也纳犹太自由派的利益和意见的《新时代》（*Die Neuzeit*）周报的编辑。这家周报虽然只存在了20年，但却见证了奥地利自由主义运动的短暂辉煌，并且被认为是耶利内克表达自己对帝国与犹太人之间相互依存的未来的美好愿望的舆论阵地。这家报纸的创办者之一兼前编辑西门·桑托（Simon Szanto），在观念上与“倒行逆施”（起码他自己这样认为）的犹太正统派针锋相对，而他的合伙人利奥泼德·科姆佩尔（Leopold Kompert），则通过自己描写波希米亚“隔都”生活的小说，成为居住在阿尔瑟格伦德和维也纳内城的犹太人的精神媒介（往往十分伤感），使他们在不需要真实地体验社会生活的情况下就可以大言不惭地吹嘘，他们对“东方犹太人”的世界有着透彻的了解。

无论是马尔或德·拉加德的宣传册，还是索纳勒的叫嚣声，似乎都不能使耶利内克有充分的理由在整体上改变《新时代》周报的乐观主义基调。对于日耳曼人来说，周报也是一个传染病源，所以在仁慈的弗朗茨·约瑟夫统治下的多民族帝国里日渐失去了其影响力。但是在维也纳还有另一位作家，虽然耶利内克曾经对他十分关注，但后者却完全看不到中欧地区因而所有其他地方的犹太人会有什么光明的未来。他叫佩雷茨·斯摩棱斯金（Peretz Smolenskin），像平斯克医生一样来自敖德萨。斯摩棱斯金在一个正统派犹太家庭中长大，但他非但没有满足于各种欧洲语言，反而动起了让古老的希伯来语获得新生的念头，并尝试将其变成一种真正的现代通用语言。在斯摩棱斯金于 1868 年来到维也纳之后，拉比耶利内克帮助他创办了希伯来期刊《黎明》（*Ha–Shahar*），宣告同时也标志着这种语言获得了历史性的新生。但是，当他发现针对维也纳犹太人的敌意时刻与他们在世俗领域和教育方面取得的成功相伴时，斯摩棱斯金开始对《新时代》周刊所宣扬的“博爱”（Menschenfreundlichkeit）即普世友谊的胜利前景逐渐失去了信心。他告诫他的学生和追随者：“不要再听信那些把这个时代美化为一个体现人类正义和诚实发表意见的时代的人所做的信誓旦旦的保证。其实全都是谎言！”只要犹太人继续拒绝作为一类国民而集体存在，他们就只能是被各个政府和帝国变化无常的善意绑架的人质，更何况它们随时会受到反犹主义病毒的感染。

由于奥地利各个大学尤其是维也纳大学的犹太学生仍然被排斥在像青年兄弟会（Burschenschften）这样的组织之外，他们也开始关注斯摩棱斯金虽然有些晦暗但却鼓舞人心的主题。当他们成为某些最恶毒的侮辱行为的目标时，他们非常清楚，反犹主义是当时的年轻人特有的一种思想意识。在斯摩棱斯金的引导下，三位大学生——莫里茨·施尼尔（Moritz Schnirer）、吕本·比勒（Reuben Bierer）和内森·伯恩鲍姆（Nathan Birnbaum）建立了一个以“犹太人不仅有自己的宗教史也有自己的民族史”为宗旨的读书小组。他们认为，在犹太人自己拥有民族自决意识之前，他们只能像数个世纪以来一样，仍然是所有人的出气筒。1883 年，这个三人小组组建了第一个犹太学生兄弟会“卡迪马赫”（Kadimah）。这个名字是斯摩棱斯金想出来的，具有“向前”和“向东”双重含义。显然，“东方”并不是指敖德萨，而是指锡安。而正是作为“三重唱”之一的内森·伯恩鲍姆，后来第一次使用了“锡安主义”这一术语。

因此，在 1882 年 3 月间，当莱昂·平斯克（他以匿名的方式出版了一本小册子，持有与斯摩棱斯金几乎完全相同的观点）前来拜访阿道夫·耶利内克时，这位拉比立即就意识到他的客人会说些什么，并且表现得十分温和而耐心。平斯克的父亲是一位有名的学者，并且多年来一直是耶利内克的好朋友。如今，他的儿子来了，一位胡须花白的中年人站在耶利内克面前。平斯克向他讲述了维也纳犹太人在面对俄国难民的艰难处境时的冷漠态度，又说到即使如此，那么他们也不该直到最后才得出自认为正确的悲观结论，并且除了搞一些常规的慈善活动，其他什么也没有做。平斯克想请求他能支持犹太人在农业垦殖区建立定居点，最好能找一块使他们能够用犁铧和锄头自食其力的地方。莫里斯·德·希尔施（Maurice de Hirsch）已经在阿根廷开始做这件事，但让他们做高乔人[①]真的合适吗？对此，耶利内克表示怀疑。但是，正是这种为自己留后路的战略思路——让犹太人主动放弃城市生活——沉重地压在他的心头。眼下首要任务就是与反犹者进行战斗，而他又是一个不肯轻易服输的人。你可以想象当时的情景：两个人坐在烟雾缭绕的房间里，一边吃着粗茶淡饭，一边在苦思冥想，并不停地唉声叹气。平斯克突然打破了沉默，就好像在提醒这位拉比应该清楚他是什么人："我曾经和我的父亲一起拜访过您。"（这还是发生在 20 年前的 1864 年的事。）然后，他似乎从回忆中恢复了自我意识："我非常清楚，我现在看起来有点心烦意乱和忧郁过度，并且脸上还留着巨大悲痛的痕迹……但您似乎也改变了很多，我指的当然不是外貌特征，而是精神世界。"平斯克暗示，他所看到的变化并不是完全向好的方向发展。那么到底是什么呢——自我陶醉？还是畏缩不前？自己又能和他说点什么呢：瞎扯一通犹太人无论在哪里都过着自由自在的生活，还是赞扬他们都是心爱的祖国的好公民？恐怕只有天知道，即使在俄国，犹太人也都接受过考验，而他本人——莱昂，甚至曾在克里米亚的战地医疗队里忠诚而勇敢地冲锋陷阵。但这并没有什么不同。犹太人仍然被看成是某些人的祖国的外来者。所以，犹太人所需要的是属于他们自己的祖国！平斯克提高了声音说：

---

① 高乔人（Gauchos），指生活于南美大草原上的印第安人和西班牙人的混血种族。——译者注

> 一块我们能够像正常人类一样生活的土地！我们已经厌倦了这种像牲口一样被驱使的生活，这种被社会所遗弃并且每天都可能受到侮辱、掠夺和抢劫的生活；我们也厌倦了这种需要不断地平息内部纷争……以便共同面对上等人甚至下等人强加给我们的各种虐待和折磨的生活……我要用尽全部力量告诉您，我们希望能够作为一个国民，在我们自己的国土上生活，建立起属于我们自己的公共和政治机构……组建一个我们自己的政府，即使规模再小……也能够帮助我们找到一块土地，使我们这些遭受迫害的俄国犹太人能够作为一个国民自由地在那里生活。

但是，阿道夫·耶利内克可是与犹太人的这些敌人（正是他们坚持认为，犹太人常常以一个分离的民族自诩，以远离了自己生活的国土而自豪）抗争了一辈子。他告诉平斯克，如果要他接受这个前提条件，就意味着要放弃他一直坚持并为之奋斗了三十多年的原则，抽掉犹太权利赖以形成的基石。耶利内克向平斯克承认，眼下的确是一个令人担忧的年代，但却又告诉他，他的担忧有些言过其实，因为这场有组织的反犹主义运动——（在柏林的）“施普雷河两岸长出的有毒植物”——并没有在历史的土壤中扎下深根，所以很快就会烟消云散。

真的？平斯克说。那么让我告诉您敖德萨的故事。

Ⅲ. 温馨的敖德萨

敖德萨的犹太生活

……黑土地与黑海、悬崖和深渊的完美结合所孕育的乖巧“孩子”——敖德萨，若是你在上下齿之间用齿擦音轻轻地发出这个音节，就会发现这个名字是如此轻柔，甚至听起来根本不像俄语。这并不令人感到奇怪，因为敖德萨一直被鞑靼人和土耳其人称为“哈西比”（Hacibey），直到1792年，具有日耳曼血统的俄罗斯女皇凯瑟琳大帝（Catherine the Great）的西班牙—爱尔兰血统的那不勒斯将军何塞·德·里巴斯（José de Ribas）从奥斯曼帝国的手中将其夺走，从而使希腊化的古城奥迪索斯（Odyssos）皈依了东正教之后，它才改成了现在这个名字。[19] 在这片新俄罗斯的土地上，并没有多少俄罗斯人。在这个被当地人称为“小巴黎”的地方，第一任总督就是法国人黎塞留公爵（Duc de Richelieu），而为这座城市设计和建造了上百英尺宽的林荫大道和高大的石灰岩公共建筑的建筑师，则是瑞士裔撒丁岛人弗朗西斯科·博福（Francesco Boffo）。① “博福”这个名号是如此诱人，以至于当年少年拳击手扬克尔·阿德勒（Yankel Adler）交上了一帮街痞即“街头流浪汉”而横行乡里时，他们甚至自称为“博福帮”。

如果你是一个新来的犹太人，你就会发现，在敖德萨，几乎所有的人都是在大街上抽烟，而所有的犹太女孩都是由思想开明的拉比兼医生西门·亚利耶·施瓦巴切尔（Shimon Arieh Schwabacher）为她们主持成人礼的（当然不会用俄语）。[20] 欢迎大家来到未来的《塔木德》研究院：上午读《密释纳》，下午做铁艺，当这位拉比在午后祈祷（Mincha）之前挽起袖子并做一些轻焊示范的同时，他总是说：“学好手艺，才能成为伟大的工匠！”所以，手工制作在典当铺和旧衣店里随处可见。刨子、锉刀，一应工具准备完毕！犹太人的确是这么做的，即使在今天，你仍然可以发现许多铁井盖上留有“劳动者”（Trud）的字样。这是当年敖德萨犹太工匠联合会的名字，他们中的许多人都是施瓦巴切尔医生的实习车间教出来的徒弟，所以他们会把这个名字铸在漂亮的铁井盖上。在那些心存感激的会众的心目中，施瓦巴切尔医生是一位新时代的拉比。

① 作者在罗列人物的血统和种族时不惜笔墨，是为了更好地体现敖德萨的历史变迁和作为一个边境城市的开放程度。——译者注

所以，如果听不懂他说的俄语，他们可以用意第绪语与他交流，而他用德语布道则往往成为他们打个盹儿或抽支烟的最好借口。这位医生兼拉比是一个非常开明的人，如果有人提出请求，他甚至可以用法语、波兰语、意大利语布讲。你还能要求更多吗？在拥有庞大的儿童唱诗班的宽敞而漂亮的布洛迪犹太会堂里，亚利耶·施瓦巴切尔俨然是一位充满理性的拉比，但却经常遭到那些自以为有评判权的非理性的敌人的质疑和攻击。

这的确是他们的一贯做法。在立陶宛或在别尔季切夫和日托米尔的犹太经学院里，施瓦巴切尔曾被污蔑为使犹太教走向堕落的领路人和试图让犹太群体消失的“加速剂”。每当犹太学堂里的学童（bukhurim）下课后纷纷跑到南街香气四溢的炖肉店时，他们就会被反剪着双手押送回家，但在 19 世纪 60 年代末那场令人绝望的立陶宛大饥荒时期，这种逃学的儿童却越来越多。一片桃红色屋顶的敖德萨似乎在等待着什么，而将其污蔑为“巴比伦”或“索多玛”① 似乎只能使它产生更大的吸引力。正统派拉比严厉谴责敖德萨已经被地狱之火所吞噬，但当一辆辆马车载着法国丝绸、意大利红酒和比利时刺绣隆隆地驶过这座“道德地狱”的街道时，谁又会在意这些呢？最后便出现了大量的所谓码头区犹太人。可以毫不夸张地说，敖德萨作为出海口，使那些充满怀旧情感的犹太人彻底摆脱了“久困牢笼”的感觉。

那些从犹太村庄里逃出来的犹太人终于能够填饱肚子、见到阳光了。只要有可能，无论在地方，也无论在什么时候，一个犹太人为什么不能晒一晒自己的肚皮呢？当诗人雅可夫·菲克曼（Yakov Fichman）登上火车后，他“几乎站了一个通宵，在破碎的露天车窗边尽情地呼吸着辽阔、黑暗的南部干草原上的芬芳”。[21] 黑海岸边的冬天早早地结束了。五朔节到了，整个城市安静了下来，金合欢的黄色枝条上开满了鲜花，但见一位犹太人夸张地张开自己的鼻孔，深深地吸一口那种令人陶醉的芳香，然后一路走过迪里巴索夫大街

① 指历史上两座使犹太人堕落的城市。——译者注

（Deribasovskaya），或者顺着博福建造的“巨人街”（Gigantskaya）的两百级台阶走下去，在九大登陆码头中的某一个稍做停留，悠闲地反转一下自己的手杖，静静地看着面前波光粼粼的大海。这是犹太人在过去从未看到过的风景。即使在云雾缭绕的早晨，轻柔的浪花间也会点缀着星星点点的银光。

敖德萨的犹太生活听起来似乎与其他地方完全不同。在犹太儿童学校里，当年那些在强迫孩子们以鹦鹉学舌的方式背诵经文时手里不停地晃动着戒尺的凶神恶煞的教书先生，已经被现代“俄语学校”里身穿短外套的新派老师所取代；而在女生班里，则通常是一些扎着宽腰带、头发高高挽起的颇有主见的时尚女老师，在背诵普希金和莎士比亚的爱情诗。在布洛迪犹太会堂里，古老的花腔祈祷方式已经让位于乐器伴奏和唱诗班，以便迎合那些来自加利西亚边境城镇的犹太人，因为他们似乎更喜欢现代的新鲜事物——如会堂有四个尖顶、两面山墙——好在他们现在只要站在时尚的普希金大街上就可以如愿以偿。会堂里的领诵人开始教歌剧和民谣，而在彼得·斯托里亚斯基（Piotr Stolyarsky）音乐学院里，学生们［如奥伊斯特拉赫（Oistrakh）］则纷纷渴望着有一天能成为犹太人的新一代帕格尼尼（Pagnini）。

到 1870 年，敖德萨的犹太人口已经有 5 万人，占了繁荣城区人口的四分之一；20 年后则达到了 13 万人，占到城市总人口的三分之一。但是，他们已经不再是那种黑色长袍拖地、长须飘飘的犹太人，而是变成了这样的犹太人：他们把胡子和腮须修剪得连在一起并喷上香水，直到外露的皮肤油光闪亮；他们要在脚蹬新式皮鞋走上林荫大道之前，把精心修剪的胡须尖端用蜡做成弯曲的形状；他们成了头戴渔翁斗笠或巴拿马草帽的犹太人。感谢亚历山大·策杰尔鲍姆（Alexander Tsederbaum）的周刊《消息报》（*Kol Mevasser*）［一开始只是作为他的希伯来报纸《拥护者》（*Ha-Melitz*）的副刊］，犹太人终于有了自己的意第绪语报纸，并作为政治、文学和诗歌的舆论阵地而轰动一时！[22] 但是，如果你觉得这种语言的读者、作者和支持者圈子太小，那么你可以利用传播范围更广的俄语媒体，读一读策杰尔鲍姆的俄语报纸《黎明》(*Rasvet*)。不过，由于多年来政府一直在推行俄罗斯化政策，这种典型的官方媒体对于犹太人甚至其他的所有少数民族来说，却不一定是好事。当策杰尔鲍姆申请对他的报纸进行新闻审查时，他一开始只是得到了意第绪语——并不是俄语——的出版权，后来又通过长期的不断施加压力，才终于在 1858 年被批准出版俄语报纸。但后来的事实证明，与意第语和希伯来语报纸相比，犹太出版商的俄语报纸的发行似乎更为艰难，所以在极力维持了三年之后，这家报纸便被《俄国犹太人先驱报》(*Vestnik russikh evreev*) 接手了。

在敖德萨，你也可以成为一个海滨犹太人，你可以到朗热翁海滩(Langeron)尽情地呼吸新鲜空气，或到阿尔卡迪(Arkady)的消闲公园里逛一圈，然后来一次高山远足，在经过显赫一时的名门望族埃弗吕西(Ephrussis)和布洛斯基(Brodskys)的乡间别墅时，还可以攀上墙头瞅一眼里面的灌木林一饱眼福。你终于知道，犹太人的花园里种的不光是土豆！任何人都可以成为藏书量达 15 万册的公共图书馆里的常客。对于犹太姑娘和成年女性来说，图书馆就是另一个家，她们把胳膊肘支在书桌上，不时地把架在鼻梁上的眼镜向上推一推，不知疲倦地畅游在车尔尼雪夫斯基、比萨列夫(Pisarev)、拉夫洛夫和托尔斯泰的文学海洋之中。在阿基瓦(Akiva)酒店里，那些所谓的剧院犹太人（他们的人数相当可观）第一次见识了伊斯罗尔·格拉德尔(Yisroel Gradner)令人惊叹的表演才能，他那随着催人泪下的蜂鸣式嗓音而不断夸张地变换面部表情的喜剧片段，使观众陷入了疯狂之中；而（据他自己介绍）刚刚从布加勒斯特载誉归来的亚伯拉罕·戈尔德费登[①] 意第绪剧团，则从高大的幕布后面钻出来，开始表演最拿手的滑稽剧。当戈尔德费登进入了纽约大剧院更受尊崇的保留节目单后，诸如《傻瓜》(*Schmendrick*)这样的全本剧开始陆续上

---

① 亚伯拉罕·戈尔德费登(Abraham Goldfaden，1840~1908)，著名意第绪语编剧和喜剧演员，下面提到的《傻瓜》为其代表作，并因而被誉为意第绪戏剧之父。——译者注

演。当全体演员谢幕时，观众席上一片欢腾，长时间的鼓掌甚至把手都拍伤了。

每到夏日的夜晚，朗热翁海滩上就会有戏剧和音乐演出，犹太音乐会大多在水上或在库雅尼茨基（Kuyalnitzky）河口边用木头搭成的大型舞台上进行。谁会在演出结束后就直接回家呢？因为接下来还要到范康尼（Fankoni）一带享受白兰地和咖啡，到赞布里尼（Zanbrini）品尝意大利油酥点心，或直接成群结队地到迪里巴索夫大街上的加姆里努斯（Gambrinus）啤酒大排档，因为被誉为“小提琴手萨沙”的塞德纳·佩雷尔（Sedner Perel）正在那里以惯有的狂野风格倾情演奏，而那些来自佩列瑟普（Peresyp）的乡下汉子则一边吹着呼哨、打着酒嗝，一边把啤酒女郎揽在怀里。或者如果你想在一种更甜蜜的气氛中结束这个夜晚，那么你可以直接逛到最近的犹太管乐街，那里正飘荡着舒缓而轻快的华尔兹音乐，这种典型的敖德萨氛围足以使你搂着心爱的姑娘在浪漫的星空下来一段温馨的慢三步。那些早已经东倒西歪的醉汉，或许会在迷糊之中毫无目的地闯进了位于约西亚·费尔德曼（Josja Feldman）妓院附近的摩尔达万卡（Moldavanka）贫民区纵横交错、声名狼藉的小胡同深处，这里的“暗街”上到处都是支棱着耳朵的“耗子”，其中有些是“奶奶”级的女骗子“金手指”桑卡（Sonka）派出来的扒手，专门潜伏在胡同和门洞里，静静地等着那些毫无戒备之心的醉醺醺的嫖客上钩，随时会把他们身上的钱包和手表顺走。而那些醒过来后发现自己脑袋昏沉、钱包空空的醉汉，只能狼狈地到以撒·所罗门涅维奇·伊萨可维奇（Isaac Solomonievich Isakovich）的浴室里放松一下，如果兜里还能找到70个戈比[①]，他们还可以抽一袋水烟，或喝一杯具有醒酒作用的土耳其咖啡。

在城里的所有这些狂欢活动中，犹太人与其他的敖德萨居民——希腊人、阿尔巴尼亚人、德国人、亚美尼亚人、阿塞拜疆人、波兰人、意大利人、土耳其人、格鲁吉亚人，以及无处不在的怪异的俄罗斯人——常常摩肩接踵，并没

① 戈比（kopecks），俄国货币单位，1卢布等于100个戈比。——译者注

有什么不同。当时，尽管也有一些特征明显的犹太居住区，但任何一个地方都算不上纯粹的犹太区；即使在偏僻的摩尔达万卡棚屋区，那里的贫穷犹太人也有一些在干装卸工的邻居。所有的敖德萨人都到同一家“英国人”的百货商场或到普利莫斯（Primoz）杂货市场买东西，坐同一种有轨马车出行，并且听的是同一种音乐。

永远不要把邻居与朋友混为一谈。对于每隔20年必然会再次遭到攻击的犹太人来说，这种亲密关系、这种比邻而居的生活方式和在工作与闲暇时间的共同经历，根本不会对他们的命运产生任何积极的影响。

暴力事件

如果一个城外的乡下人突然来到某个正在遭受“集体屠杀”的大城市里，他必然会为眼前鸡飞狗跳的情景而震惊，羽毛漫天飞舞，散落在街道上，飘扬在海风中，凡是能被扯破的床上用品（犹太人平日使用的软枕、长靠枕、棉垫和被褥）的内容物瞬间变成了一场“鹅毛大雪”——这是袭击者烧杀抢掠过程中以撕、刺、砍为标志的第一个阶段，打砸坚硬的家具、玻璃和陶瓷则是他们的第二步，然后才开始对付那些隐藏在家里或匆忙逃生的房屋主人。然后，你很快就会闻到一股房屋燃烧的焦煳味儿，而最容易引燃的正是那些最穷的人住的最简陋的木板棚屋。所以，从漫天的羽毛和刺鼻的焦煳味儿来看，整座城市就像一只被烤焦并被拔了毛的大母鹅。但是，似乎只有犹太人能够感受到这种无处不在、此起彼伏的惨烈场面，而孩子们则挣脱了他们绝望的长辈的怀抱，争相跑到废墟中拣拾那些留下来的破碎残片。

1881年5月，基辅经历了地狱般恐怖的4天，而位于第聂伯河岸边的波多尔斯克（Podolsk）和波布斯卡亚（Pobskaia）的那些更破旧的犹太房屋，则遭到残酷的拆毁、焚烧和洗劫（不过，像以色列·布洛斯基这样的当地商业巨头建在河谷两岸高地上的制糖厂，还是受到了平日无所事事的警察的保护）。

那些通常操意第绪语、身穿传统长袍的犹太人，由于这些更明显的特征而成为“仇犹”者首选的攻击目标。然而，敖德萨犹太人却痛苦地发现，与其他人穿一样的服装并说俄语同样也起不到任何保护作用。事实上，敖德萨——无论从哪个方面看都算得上一个新派的完美犹太生活的典范——反而遭受了比俄罗斯帝国的其他任何地方更频繁的群体暴力事件的蹂躏。这就是所谓的“世界大同”？

部分原因是出于经济方面的怨恨（如他们在基辅的情形）。当犹太人从18世纪90年代开始涌入敖德萨，并被解除了其他“栅栏区”一直在实行着的职业限制之后，希腊商人社区对粮食贸易这种最赚钱的生意的互相竞争根本不屑一顾。但在拿破仑战争之后，西欧和中欧地区的粮食短缺却由于来自东欧黑土地的充足粮食供应而大大缓解，从而使其成为欧洲名副其实的粮仓。大量的优质黑麦和小麦由笨重而缓慢的牛拉帆布篷车运送到港口城市，然后再用货船运往欧洲西部的主要城市。鉴于犹太人广泛的国际联系尤其是与像利沃诺和伦敦这样的港口城市的密切联系，他们实际上拥有一个现成的后续运输贸易网络，其规模足以与希腊人展开竞争，而以罗斯柴尔德家族为代表的雄厚资本储备，却是希腊人（尽管他们也有自己的商业资本运作网络）所难以匹敌的。所以，埃弗吕西、拉法洛维奇（Rafalovich）和（以及曾经的船王）布洛斯基家族再次迅速崛起。他们庞大的家族产业反过来又雇用了大量的宗教同胞，包括分拣工、过磅工、质量检验师、仓库保管员，等等。像在孟买和利沃诺一样，他们形成了一个完整的海港进 / 出口犹太人社区。

海上贸易竞争并不被希腊人所接受，因为许多希腊人不仅是码头工人和水手，而且有些本身就是杂货和贸易商世家。于是，竞争变成了妒忌，而一旦找到一个由头，妒忌则会演变为暴力。这样的由头几乎无一例外地是一种宗教和民族感情的危险混合物。当君士坦丁堡的牧首格里高利五世（Gregory V）被作为1821年起义的希腊人的“英雄”而处决后，其遗体被扔进了博斯普鲁斯海峡，于是整个爱琴海和黎凡特地区的希腊社区都陷入了悲痛之中，他们愤怒地要把罪犯找出来，以便作为谴责和实施报复的对象。在敖德萨，所有的犹太人连同他们在奥斯曼帝国内的亲戚一直被视为次等的土耳其人和随时可以指控的罪犯，于是他们首当其冲成了攻击目标。由希腊水手和搬运工人组成的暴力团伙高高地举起了他们手中的球棒、铁棍和斧头，而教会对袭击事件祈福的谣言只会使局势更加恶化。

虽然1821年时的敖德萨只有3000名犹太人，但他们却有足够多的犹太会堂供匪徒们实施抢劫。不过，匪徒们抢劫的主要目标（中世纪以来的所有“仇犹”暴力活动几乎无一例外）仍然是犹太人的住宅和财物。他们疯狂地烧杀抢掠，残忍地实施破门而入、捣碎窗户、扯烂羽绒被、洗劫金银器等犯罪活动，这种毁灭一切的早期“集体迫害”（prorom，这个俄语词的意思是“灭绝”或“浩劫”，并且从此开始与军事入侵行动联系在一起）行动表达了一种理念：犹太人只能在某些地方安家；他们只能享受家庭内部的和平；他们的生活只能局限于家具之间。在“二战”中开启“集体屠杀”模式之前，敖德萨犹太人最普遍的职业之一就是制作家具：木匠、细木工、法式家具抛光工——他们是为人类提供方便和舒适的创造者。因此，破碎的椅子、断裂的沙发和瘸腿的桌子其实是一种警告傲慢自大的犹太人的方式：他们永远也休想安静地坐在自己的房子里，即使在所谓的“地球村”里，也不要以为阳光普照的敖德萨是安全的。

一次次“集体迫害”的间隔变得越来越短。下一次发生在38年之后的1859年，当时，同样是在希腊教会的一些游手好闲者煽动下，“血祭诽谤”的谣言引发了一系列暴力事件，并由于码头区的希腊工人的参与而愈演愈烈。到这个年代，特别是克里米亚战争之后，新一代粮食贸易巨贾已经成为这座城市里最有权势（同时也最喜欢炫富）的人物。但就像在基辅一样，他们在普希金大街和迪里巴索夫大街上的豪宅大院仍然是重点保护的对象。

12年后的1871年，敖德萨再次发生了针对犹太人的暴力事件。由于基督教的复活节与犹太人的逾越节在时间上相隔太近，从而引起了基督徒的强烈反感。有传言说，犹太人偷走了某座教堂前院（为防止仪式上的渎神行为而建造的围墙）里的一个十字架。谣言不胫而走，并立即引发了新一轮针对犹太人的暴力活动。希腊和俄国东正教会在宗教习俗和礼拜仪式上的高度相似性，足以使他们在对付共同的敌人这个问题上达成共识，并且这一次施暴的团伙不仅破门而入并洗劫财物，而且还对犹太人展开了人身攻击，凡是胆敢保护家人和财产的人都成了攻击的对象。这样看来，这次群体暴力事件的主要目的就是要造成一种恐怖气氛：暴徒们疯狂地殴打犹太人，直至他们奄奄一息（甚至造成6人死亡），并把孩子们吓得在惊恐中不停地哭叫。分散在敖德萨各地的大大小小的犹太会堂同样成为攻击的目标，并且由于各种非正规的犹太商业行会——从屠户和裁缝到铁艺工和服务员——都有属于自己的小型会堂，所以亵渎和焚烧会堂的事件时有发生。“标准的攻击模式”几乎无一例外地首先要砍碎和撕毁会堂里的经书羊皮卷，然后再丢进临时堆成的火堆里彻底焚毁。这次暴力事件主要集中在布洛迪会堂所在的普希金大街以及摩尔达万卡一带的富人区和贫民区，普利莫斯杂货市场里的犹太货摊被掀翻，许多犹太浴室被拆毁。

来自非犹太俄国人的同情声音显得非常微弱。这是因为，当时这种复杂的仇恨情绪中显然掺杂着一种更火上浇油的元素：阴谋论。其始作俑者（像18世纪罗乌发生的情形一样）是一个“皈依”了的犹太人，名叫雅各·布拉夫曼（Jacob Brafman），他把沙皇政府于1844年取缔的犹太社区自治机构“卡哈尔”（kahal）变成了一个“充满邪恶的”秘密犹太组织。据说，“卡哈尔”正在进行密谋，试图对教会、政府和所有的基督徒采取行动。而布拉夫曼作为一个安插在从前的宗教同胞中间的密探则不断向沙皇政府提供情报，说他们经常偷偷地传播秘密消息。当这种对于革命党人试图推翻现有政权的“妄想症”变得越来越难以消除时，犹太人是俄国社会里的一群屡教不改、离群索居、十分危险的破坏分子这种思想意识，便成为某些政府部门的一种标准思维模式。针对犹太人的核心指控即所谓“制造分裂”的罪名，完全把他们视同于革命党人，他们的行为实际上是一种叛国罪。犹太人不仅素以醉心于研究和精通《塔木德》（这本书因而也在基督教对犹太人的恶意宣传中成为讽刺和攻击的主要目标）而闻名，而且如今在新闻媒体以及政治、哲学等世俗知识领域也已经成为一种强大的势力，这一事实不过是进一步加重了警方的“妄想症”而已。布拉夫曼则指称“世界以色列人联盟”干预国际事务，认为它表面上是为了保护犹太人免遭迫害，实际上在这次国际阴谋中扮演着一个旗帜先锋的角色，并且将这一事实作为其论点的最明显的证据。所以，当作为参与刺杀沙皇亚历山大二世的革命党人之一的加西亚・格尔夫曼（Gesya Gelfman）被确认为一名犹太女性时，这位沙皇的下场便被想当然地（起码在一般公众的认识水平上）定性为一场邪恶犹太阴谋的结果。“犹太人刺杀了沙皇”的谣言在农民中间像野火一样迅速传播开来，并且他们认为继位者亚历山大三世是与犹太人相勾结的地主阶级的朋友。虽然这位新沙皇与一些著名的反犹主义者打得火热，并声称犹太人是一群“令人厌恶的”经济蛀虫，但这一事实并不能说明任何问题。

政府的态度

1881 年复活节 / 逾越节前后爆发了一轮“集体迫害”事件，像以往一样，导火索仍然是假借了宗教的名义。在像伊丽莎白格勒这样的一些城镇里，第一次严重的骚乱往往发生在某个犹太人经营的酒馆里，先是由一个醉汉向某个地主模样的人挑起一场打斗，然后醉汉就跑到街上大喊“犹太人杀人了！”[23] 酒精就是炸药。俄国的复活节是一场为期一周的庆祝活动，其主要标志就是大量饮酒和自由聚会，更何况伏特加和白兰地本身就是占领犹太酒馆后的第一批战利品。其实，这些特殊的暴力团伙都是杂牌军：如工匠阶层，他们对市场上的犹太供货商充满了仇恨；铁路工人，他们认为犹太人往往会偷走那些毫无防备的旅客的行李，而他们自己却不得不通过长时间的劳动挣一点可怜的工资。由于犹太人随时可能会乘火车，所以他们很容易在旅途中惹上麻烦。另外，许多乡下的农民更喜欢进城到伊丽莎白格勒或基辅过复活节，而他们本身就属于“犹太人该死”的古老文化圈。

人们一度认为，沙俄政府肯定一直在纵容这种“集体迫害”事件，以转移民众对俄国面临的各种各样的社会弊端的不满情绪。但是，似乎并没有政府与暴徒沆瀣一气的确切证据。在某些情况下——如在1859年的敖德萨——如果没有哥萨克骑兵出面干预并对闹事者实施逮捕，暴乱的后果可能更为严重。而在1881年，正是当地政府（尽管本身也坚持反犹主义的立场）预先部署了警察和军队，才使得暴力事件没有大规模地蔓延开来。当年，在敖德萨并没有造成死亡事件，并且基辅和伊丽莎白格勒也是如此。

当然，也有大量的证据表明，政府方面的确反应迟缓或举棋不定。如警力往往配备不足，从而使本来预料之中的局势变得无法控制。伊丽莎白格勒的总人口达4.3万人，却只有47名警察，所以维持秩序几乎完全靠军队的介入，并且在该事件中派出军队的时间也完全是错误的。但是，即使军队能及时到位，他们得到的命令也不过是用烟火驱散暴徒而已。正是这样的行动方针以及对暴徒相对宽大的惩罚措施，无异于告诉其他城市里的煽动者，当地政府对针对犹太人的暴行必然会采取听之任之的态度（当然也可能会有例外）。

作为被攻击的对象，犹太人有时也注意到，政府方面的这种冷漠态度实际上是为了获得一种残忍的满足感。政府方面的普遍态度是，犹太人由于自己的小算盘和贪婪而造成如此后果完全是咎由自取。当拉比施瓦巴切尔在1871年的“集体迫害”事件后前去会见敖德萨市长科茨布（Kotzebue）伯爵，并抱怨犹太人未能受到警察的充分保护时，他却遭到了一番极其粗暴的训斥，并被告知是犹太人“首先挑起了事端”。亚历山大三世本人虽然认同他们创造的经济奇迹，但在对“集体迫害”事件表示遗憾的同时，这位沙皇却又断言，只要犹太人不能改变自己的“邪恶”生活方式的话，这样的暴力事件仍然会不断发生。在1881年和1882年的“集体迫害”中，如果生活在俄国南部地区的犹太人还对未来的安全前景抱有一线希望的话，那么这点希望也很快就被亚历山大三世的新任内政部长、彻头彻尾的反犹者尼古拉·帕夫洛维奇·伊格纳季耶夫（Nikolai Pavlovich Ignatiev）伯爵的举动彻底打消了。伊格纳季耶夫具有漫长的军事和外交经历，当然对俄国人在1877至1878年对土耳其人的战争中的胜利果实被犹太人迪斯雷利的一纸调解书残酷剥夺的事实记忆犹新。所以，“他的”民族必须要受到制裁和惩戒。

甚至在1882年“集体迫害”的浪潮（尽管在1883年和1884年也有零星爆发几次）减弱之前，伊格纳季耶夫就针对犹太人发布了一项《临时限制令》（后来几乎变成了永久性的），作为对他们顽固不化的惩罚措施。在长达半个多世纪的时间里，他们的不幸命运被诅咒为他们顽固坚持分离主义酿成的恶果。取缔“卡哈尔”（犹太自治）并由政府任命的机构所取代和设立俄语学校，这类措施旨在使他们真正地融入非犹太的俄语世界之中，而在亚历山大二世统治期间，这些傀儡机构很好地完成了自己的使命。如今，正是犹太人的所谓“侵略性”，像在通行德语的土地上一样，被认为是问题的关键所在。《临时限制令》就是要限制（尽管不是彻底扭转）这种“侵略性”。俄国的乡村地区再次被隔离起来，从而使他们重新聚集在犹太村庄中！在边远的乡间，无论他们如何选择，即使他们属于亚历山大二世认可的商业和教育阶层，也没有任何自由定居的权利。许多受过良好教育的犹太人都变成了这一法令的牺牲品，所有的高中、大学不仅在人数上而且在开设的专业上开始实行严格的名额限制。犹太医生被禁止雇用基督徒护理人员，并且为了安抚暴徒们抱怨最多的营业时间问题，犹太人不得在星期天做任何生意。

如今的警察有权拘捕那些出现在本不该出现的地方的人，并且他们很愿意行使这项权力。在莫斯科和圣彼得堡，对开放式犹太公寓的夜间袭击时有发生，警察随意地闯进犹太人的临时住房，以确认犹太人是否在他们登记的地点居住。到后来，就连这种查户口的方式也已经无法满足俄国在城区内“完全去犹太化”的欲望。对于圣彼得堡的各个商业行会和东正教会来说，犹太商人和工匠的存在，在某种程度上变成了一件难以容忍和有伤风化的事。“神圣宗教会议”（Most Holy Synod）（即城市的最高世俗机关）的首脑康斯坦丁·波别多诺切夫（Konstantin Pobedonostsev）急于把他们赶出去。像通常一样，集体驱逐的时间定在 1891 年 3 月下旬的逾越节。生活在莫斯科的 3 万名犹太人中，有 2 万人将遭到驱逐，也就是说，几乎所有的务工人口以及店主和商人都属于被驱逐之列。驱逐令是在逾越节的第一次家宴之后，犹太人正在赶往会堂里集合时的凌晨发布的。“出埃及”的悲剧以改头换面的现代方式再次降临在他们的头上。他们将根据居住时间的长短分批分期地离开城里，即：来得越晚，走得越早。然而，所谓“斩草除根”，也就是变卖家产——包括所有的动产和不动产——和清算财产（在教会的监视下并且直到满意为止），就像当年的西班牙大驱逐一样，似乎又不全是古老的“出埃及”故事的重演。家庭、生计和生命几乎在一夜之间分崩离析。驱逐令中还附加了另一条残忍的规定，凡是没有按照警方的命令在规定的时间里变卖掉所有财物的人，将在现场遭到逮捕并被投入普通的监狱。有些上了年纪的犹太人很快就在监狱里死去了。尽管他们已经一贫如洗并完全暴露在严寒之中，那些最后离开的逃亡者——在城里生活了长达 20 甚至 30 年的犹太人——还是设法逃到了布列斯特（Brest）的货运马车驿站，而不愿意去冒被投入监狱的风险。他们几乎都是身上披着一块破布，女人和孩子们则在恐惧中瑟瑟发抖，并且随时可能会因为发高烧而死去。更具有讽刺意味的是，莫斯科市长决定推迟犹太人的离境时间，可以一直等到最寒冷的冬季过去再离开，但他的命令对于许多死难者来说却显得太晚了。从维也纳到华盛顿，各地报纸上的悲惨故事激起了一片义愤和遗憾的声浪，美国总统哈里森[①]和国会向俄国驻美大使表达了他们的愤怒（并严厉指出，俄国的行径将

① 此处指的是本杰明·哈里森（Benjamin Harrison），美国第 23 任总统。——译者注

使两国之间正常的友好关系进入黑暗期）。然而，正是阿尔方斯·德·罗斯柴尔德拒绝认购俄国政府发行的最新一期债券，才使得俄国人不得不重新考虑他们的决定。但是，对于那些狂热的反犹者来说，罗斯柴尔德家族的做法似乎进一步证实了他们的一贯观点：犹太人本来就是一群善于敲诈勒索的人。

对于许多的俄国犹太人来说，他们至少不需要用最近的悲惨遭遇来劝说自己，所谓公民平等以及与其他俄罗斯人共同生活的梦想不过如此而已。有些人就在想，在这个国家发生革命性变化之前，恐怕也只能如此了。要想过一种真正的犹太生活，你必须要足够富有和足够强势，让那些即使恨你的俄国人也感到你是不可或缺的。所以，那些最令俄国人反感的人，他们取得的成就被古老的高贵家族和东正教会看成是“犹太征服行动”的人，反而成了最不容易感受到压迫危险的人。

俄国的犹太人们

谁说过在俄国的生活是公平的？或者其他任何地方的生活是美好的？反正摩西·莱布·李林布鲁姆（Moshe Leib Lilienblum）没有说过。[24] 正如他在 30 岁时写成的一部“自传”中痛苦记述的那样，敖德萨使他获得了自由，但这种自由是一种不快乐的自由。但是，李林布鲁姆的作品属于古老的“悲情诗人”风格。他的自传的标题是《青年的罪恶》（*Sins of Youth*），是在他接受当地犹太开明人士的邀请于 1869 年到达敖德萨后的一年或两年内完成的，所以他在立陶宛很可能作为一个宗教改革者而躲过了迫害。李林布鲁姆把自己仍然属于青年期的生活分成了“混沌”“异端”和“绝望”三个阶段，其实并没有任何讽刺的意味。一开始，作为正统派犹太经学院的一个小学生（并且后来还当上了老师），他就开始怀疑“上帝”的存在。而更糟糕的是，这些怀疑一直在折磨着他，而每逢宗教日历上那些最庄严的时刻——尤其是犹太新年和赎罪日——也是他的心灵感到最痛苦的时候！他似乎是一个一生下来就披着痛苦的裹尸布的人：他有妻子，并且当他们还很小的时候就订了婚，但孩子们却出生在一个父母没有爱情的家庭之中。由于不得不作为上门女婿与妻子的家人生活在一起，李林布鲁姆的幽闭恐惧症越来越严重，从而使他对《塔木德》的研究热情被扼杀在令人窒息的家庭生活之中。

于是，他开始自言自语地抱怨《塔木德》的琐碎和无聊，但他仍然坚持静下心来对其中的“60个篇章”逐一进行深入的研究，以免错过某些要点，不知疲倦地徜徉在能够体察一切事物的智慧金矿之中。然而，明亮的钻石却好像离他越来越远。他的自言自语慢慢变成了一种对朋友的尽情倾诉，继而开始用作品向维克米尔（Wilkomir）的整个犹太村庄宣讲，而且他率真无邪的性格很快就使他变成了一个流浪的街头疯子：街上的儿童见了他就远远地跑开；就连他自己的孩子也在责骂和轰赶他，甚至被排斥在安息日仪式之外。使他感到非常痛心的是，这种令人窒息、毫无道理的一致性正在造成犹太人四分五裂，并且如果不能对这种连《托拉》都未曾规定的一致性苛求做出某种改变的话，他们仍然是正统的犹太人。然而，他的痛心疾首却再一次被认为是无理取闹。他抗议说，他本人的生活方式已经正统得不能更正统了，他甚至在吃过肉食之后要经过6个小时才敢动奶酪！但他的抗议完全是徒劳的，只会引来一片不友好和不相信的嘲笑声。这实在让他难以忍受。

改革的刊物传到了敖德萨，并且正是在敖德萨犹太人的邀请下，他才来到这里从事教学活动，并在当地的“犹太启蒙促进会”中找到了志同道合的同情者。这是一种安慰，同时也令他感到困惑，因为他是李林布鲁姆。他很快就感觉到，失去维克米尔的痛苦甚至比逃避的快乐更让他揪心。虽然那个遥远的犹太村庄对他来说只剩下一种令人窒息的记忆，但他却像思念一床旧毛毯一样怀念着那里的生活。敖德萨的气候虽然温暖，但社会关系却是冰冷的。快乐似乎远离了李林布鲁姆，他甚至连装样子的心情都没有了。他开始怀念那些他曾经最厌恶的东西：人们互相之间知根知底、亲密无间。在敖德萨，你虽然可以自行其是，但你也会像公共有轨马车上的乘客一样，到头来还是会消失在拥挤的人群中。策杰尔鲍姆的报纸编辑部毕竟不是真正意义上的家庭。他的脑子里充满了各种符号，但作为摩西・莱布・李林布鲁姆，他的脑海深处却空空如也。他写道：“我的心像木头，我已经二十九岁了，真是年龄不饶人啊。我已经放弃了过一种轰轰烈烈生活的念头。我的眼中充满了泪水……我是一个失败者。”

但是后来，他的精神状况似乎有所好转，被称为大“灾难”（tsuris）的“集体迫害”让李林布鲁姆再次找到了生活的方向。在漫天飞舞的垃圾、杀气腾腾的喧嚣和衣不蔽体、居无定所的犹太人中间，他跌跌撞撞、目光呆滞地行走在大街上，忽然得出了一个凄凉的结论：没有房子就等于没有家，而没有家就意味着没有希望。在愤怒而疯狂的人群中，他看到一个衣衫褴褛、醉眼朦胧的女人在大街上一边跳舞，一边高喊着“这里是我们的祖国，这里是我们的祖国”。于是他字斟句酌地问她，“如果不是在跳舞，也没有喝醉，我们也能说这句话吗？无论是在这里还是在欧洲的任何一个地方，我们都是外邦人，因为这里不是我们的祖国……我们是雅利安人中的闪米特人，雅弗（Japhet，相传是雅利安人的祖先）子孙中的闪族后裔”。这种“东方风格”正是某些反犹者发现在自己的街区里竟然能看到矗立着一个犹太会堂穹顶时表达不满的标准用语。很显然，政府“正在收集有关犹太人伤害本地人的行为证据，而我们，当然不能算是本地人”。对我们来说，最好的应对办法就是勇敢而自豪地接受这种差别，“而不是老想着成为欧洲民族的子孙，享有平等权利的子孙。我们不可能那么愚笨，是吧？”

在这座城市的另一个地方，犹太医生莱昂・平斯克也得出了同样的痛苦结论。尽管他们互相之间并无密切交往，但李林布鲁姆和平斯克不可能没有彼此听说过对方的名字。然而，他们却殊途同归，在不同的生活环境下并通过不同的途径找到了当时被称为“锡安主义”（Zionism）[①] 的道路。李林布鲁姆对拉比

① 现汉语通译为“犹太复国主义”。——译者注

犹太教是如此专注，以致当他想要以激烈的方式将其甩掉时，传统的元素仍然顽固地黏附于他自我反省的思维习惯。而平斯克家族则属于定居多年的老敖德萨人。很久以前，当莱昂的父亲在希伯来语学校里获得了一个同时开设犹太和非犹太课程的教师职位，于是他便带着全家从北方的托马佐夫（Tomaszow）的一个犹太村庄来到了敖德萨。这就使他有机会追求自己多年的学究式学术梦想：研究中世纪的哲学和古亚述语的发声法。在这种思想开阔的教育背景下，并且随着职业机会的不断开放，莱昂注定会选择法律或医学，难道还有别的选择吗？他尝试过前一种职业，并以后一种职业安身立命。作为一名年轻医生，他兢兢业业地做好每一项本职工作，以表明自己的爱国热情和无私精神。1848 至 1849 年，莱昂不顾自己随时会受到感染的风险，主动请缨直接进入疫区救治霍乱病人；而在 6 年后的克里米亚战争期间，他甚至冒着更大的风险，一直在俄国军队死亡率最高的伤寒传染病房里工作。

如果有谁有充分的理由认为自己的犹太人和俄国人身份已经毫无争议地合而为一的话，那么他只能是平斯克，但是，“集体迫害”事件以及政府当局对犹太人的“防范和改造”采取的模棱两可态度告诉他，这件事并没有那么简单。同时，他还非常吃惊地意识到，敖德萨的犹太人的“犹太启蒙促进会”的乐观精神，完全是一种无病呻吟的虔诚。仇恨将随着教育的发展以及犹太人与非犹太人之间更多的密切社会交往而消弭于无形，这样的老生常谈不过是一种自欺欺人的自我安慰。反犹主义并不是一种会随着现代征服而注定会消亡的时代错误，因为它本身就具有强烈的现代性，像电气和铁路一样，并且会不断更新。

这是因为，这是一种精神疾患，一种具有无限变异能力的病毒。作为病理诊断专家，平斯克认为，这种精神病灶正在以不断转移的方式吞噬着现代性的躯体。由于对反犹主义的感受比其他任何犹太评论者都要深刻，平斯克非常清楚为什么会出现古老幻想与现代习惯共存的现象，并且他还把这种特别疯狂的念头即所谓“魔凭妄想”比喻为“一种幽灵恐惧症”。在非犹太人的这种心理恐惧中，犹太人实际上是一种外来的存在物，既不是真正地活着也没有彻底地死掉，他们既存在又不存在，但他们却机警而幸运地逃过了各种各样的“驱魔运动”——驱逐、强迫皈依以及一次又一次的残酷“集体迫害”。更让人难以理解的是，他们竟然作为事业的成功者和现代世界的主人一次次地跑回来，赶都赶不走。对于这种流行的“恐惧症”，犹太人本身也有一定的责任，因为他们一直拒绝使自己成为一个在整体上被认可的民族存在，一个能够赢得广泛尊敬的实体。恰恰相反，他们却把自己的命运交到“上帝”手中，一味地在那里傻傻地等着一个恐怕永远都不会出现的“救世主”来解救他们。于是，在这个过程中，一次又一次的残酷打击便降临到他们头上。然而，“即使我们受到虐待、抢劫、掠夺和辱骂，我们也没有能力保护自己，而更糟糕的是，我们还把这一切看成是理所当然的事……如果被打了一巴掌，我们只能乖乖地到一边用冷水冲一下火辣辣的腮帮子；如果被砍了一道伤口，我们只能找一条绷带缠起来……然后却抱怨说，我们好可怜啊。”

只要当权者把犹太人看成是一个个的个体而不是一个民族整体，这样的状况恐怕永远也不会改变。所以，他们总是被作为乞丐或难民对待，“可对于一个被所有的避难地拒绝的难民来说，他又能到哪里去呢?”犹太人是世界上的永久难民，只能一直受到粗暴的对待，或趴在那些高高在上的当权者脚边捡一点儿面包渣[①]。所以积极的应对办法是，首先要树立一种潜在的集体存在意识，然后再将其转化为一种制度性实体。他认为，实现这种民族新生的时机已经成熟。眼下的主要问题是如何说服维也纳、巴黎、柏林、法兰克福和伦敦的那些犹太大人物，让他们把主要精力从慈善救助、教育计划和一旦发生秘密的“血祭诽谤”事件便及时利用公众舆论将其曝光这类具体事务，转向更直接而务实的宏大计划，为散居中的犹太民族建立一个国际性的组织。如果反犹者认为这种古老的犹太阴谋终于暴露出了我们的真实面目，那就让他们叫嚣吧，反正我

① 此处更多的是指政治施舍，如给予有限的公民权等。——译者注

们要做成这件事。目前最迫切的任务，就是要让那些一直生活在虚无缥缈的抽象世界中的犹太人，产生一种更接地气、脚踏实地的实在感。我们需要的是一个属于自己的家园。

这些革命性的原则一直萦绕在莱昂·平斯克的脑海里，于是他决定亲自到欧洲各地游说，直接把自己的想法通报给那些在各个重要的首都里拥有举足轻重地位的犹太人。所以，正当又一波“集体迫害”的浪潮在1882年的复活节/逾越节期间在俄国南部地区开始爆发时，他才来到维也纳，敲开了拉比兼医生阿道夫·耶利内克家的大门。然而，他的热情却吃了闭门羹，并且他在法兰克福和柏林的遭遇也同样令人沮丧。在巴黎，虽然反犹主义文学正处于兴盛期且流毒甚深，但他从大拉比扎多克·卡恩（Zadoc Cahn）那里听到的消息反而更令人振奋。卡恩答应为他引见一个人，而这个人很可能使平斯克的理想变成可行的现实——他就是埃德蒙·德·罗斯柴尔德男爵。令人奇怪的是，抑或是因为他已经被会见那些无意分享他的激情的富有犹太人时的冷面孔伤透了心，平斯克并不愿意继续傻等着见什么要人。

只有到了伦敦，他才终于找到了一个真正把他的一席话即他的“行动纲领”当回事儿的人：伦敦南华克区（Southwark）议会的议员亚瑟·柯恩（Arthur Cohen）。尽管他姓柯恩，但他却是著名的英国—犹太“亲属关系网”的精英成员，是伟大的摩西·蒙特菲奥里爵士（只要是他身边的人，就不可能对犹太人在巴勒斯坦的命运漠然置之）的外甥。柯恩当时还是“犹太人代表委员会”的主席，所以无论怎么说，他都应该属于那种只会对平斯克的到来表示不冷不热欢迎的英国犹太人。然而，亚瑟·柯恩的表现却只能用既不认知狭隘又不自大自满来形容。他的父亲便雅悯曾是伦敦老城的商人和证券经纪人，当年把他送到法兰克福的一家文科中学接受中学教育，后来又把他送进了当时唯一接收犹太人的伦敦大学学院接受高等教育。但是，便雅悯认为，对于他这个具有极高数学天赋的儿子来说，似乎只有剑桥大学才有资格成为他的母校。而在阿尔伯特亲王专门为亚瑟强行打开抹大拉学院的大门（这种明显的照顾曾让年轻的亚瑟感到非常困惑）之前，曾有两个学院先后拒绝过他。在剑桥大学里，常年的赛艇和狩猎生活使他远离了高等微积分研究，而在 1852 年，他被选为剑桥学生联合会的主席。结果，亚瑟的考试成绩被列在了剑桥大学数学荣誉学位的第五等，这对望子成龙的父亲来说无疑是一个沉重的打击。但是，进一步打破了亚瑟的心理平衡的事件，则是他不得不继续等待，直到英国议会于 1856 年通过了《剑桥大学法案》（Cambridge University Act），从而取消了对英格兰教会宣誓效忠的程序后，他才最后获准毕业。

两年后，莱奥内尔・德・罗斯柴尔德作为一位犹太国会议员宣誓就职。而与罗斯柴尔德家族也有亲戚关系的亚瑟本人则在 1880 年入选国会，当时，自由党刚刚在大选中获胜，从而终结了欧洲最著名的犹太人（尽管已经受洗）本杰明・迪斯雷利内阁的漫长统治期。1882 年，柯恩仔细地听取了这位来自敖德萨的憔悴而疲惫的医生的陈述，并且也没有像平斯克早已（令人沮丧地）习以为常的那样，做出任何高抬眉毛、晃动扶手椅或打外交官腔之类的不耐烦表情。柯恩，这个本来一直以“犹太人为什么不需要家园”的活样板自诩的犹太人，现在却认为平斯克的话是对的，实在是太对了（我怎么没有想到呢？），以致催促他尽快把自己的想法公之于众。

对于他的终生信念来说，亚瑟的鼓励无疑具有决定性的意义。回到敖德萨后，平斯克很快就完成并发表了《自我解放》（*Auto-Emancipation*）一书。[25] 然而，虽然这位一直感到自己疾病缠身（他后来又活了九年）的医生希望尽量把作者与文字分开，以避免在这场由他亲自发动并为之献身的运动中充当任何领袖角色，但这本书以匿名的方式发表与他平时激扬文字的豪爽做派却大相径庭，这一点的确令人感到奇怪。他常说，（这场运动）的确需要一位具有超凡魅力的精神领袖，但他却并非其人。

但摩西・莱布・李林布鲁姆并不赞同。阅读《自我解放》对他来说无异于一次开悟，但所有论据的夸张式陈述却使他的内心感到慌乱不安。凡是读过这本书的人也都觉得不可思议，他们觉得，这不过是又一场革命罢了。在纽约，非常富有的塞法迪犹太诗人和随笔作家艾玛·拉扎鲁斯（Emma Lazarus），深深为来自俄国南部的消息所打动，对这篇激情燃烧的战斗檄文做出了热情的回应。“对于生者，犹太人是死人；对于本土人，犹太人是外邦人和流浪者；对于拥有财产的人，犹太人是乞丐；对于穷人，犹太人是剥削者；对于爱国者，犹太人却是没有祖国的人。”在李林布鲁姆的鼓励下，平斯克不再隐瞒自己的名字，毅然接受了自己的使命，并与他的新战友一起搬进了一间不大的办公室（如今，这个地方仍然挂着一块小牌子作为标志），从那里发出了时代的最强音：发动一场回归锡安的运动，并且他们还为此起名为“热爱锡安者”（Hovevei Zion）。

两年后的1884年11月6日，第一次世界犹太人大会在波兰的西里西亚城镇卡托维兹（Katowice）举行。通过互相辩论，所有的与会代表都自然而明确地表达了他们对锡安的热爱。虽然平斯克在大会上致了开幕词和闭幕词，但他仍然真诚地推辞担任任何形式的领导职务。他觉得，肯定有一位“摩西”正在某个地方静静地等待着。

“热爱锡安”，并把犹太人送到那里耕种土地，这当然是再好不过了，可具体在什么地方呢？在《自我解放》中，平斯克曾提到犹太人迫切需要一块避难地，而对于正在面对着最艰苦环境和最冷酷敌意的俄国犹太人来说尤其迫切。他写道，他当然并不指望全世界的犹太人全都集聚到一个自我治理的家园里，这个家园只不过是一片土地，足以给予犹太人以保护和自尊就可以了。因此，如果谨慎一点说，可以是美国领土上的一个自治区，或许是奥斯曼帝国东部安纳托利亚的一个行省？但是，对于大多数“热爱者”来说，锡安只有一个可能的地方，那就是“以色列地”（Eretz Yisroel）：在那里，希伯来语氛围和集体犹太身份已经形成；在那里，当年以色列和犹大国王虽然已经远离了人们的视线，但却一直活在他们的心里；在那里，耶路撒冷的犹太人实际上已经占了多数。

当时的情形并不像通常传说的那样，第一批到达的锡安主义者看到那里是一片空旷的土地，“而这片没有人的土地是留给一个没有土地的民族的”。这只是 19 世纪早期的一位美国传教士刚踏上这片土地时发出的感慨。

Ⅳ. 卡特拉，1884

废墟

冬天的阳光慢慢地照进了位于卡特拉山丘（Tel Qatra）下面的小村庄里。乡村的清晨大合唱开始了：先是公鸡，然后是毛驴、山羊，偶然会夹杂着一两声犬吠。紧靠着村庄的边上，新开垦的耕地取代了原来的橄榄林，一头骡子和一头公牛已经被套好了轭具准备开始犁田。在村庄的农舍里，当天的第一道茶已经煮好：通常用来缓和一下冬季的寒气。

卡特拉所处的示非拉（Shephelah）台地其实是一片低矮的丘陵，正好把沿海平原与更险峻的犹地亚石灰岩山岭区分隔开来。那里的火柴盒样村舍都是灰色的，而每到冬天的雨季，村里的原始街道变得泥泞不堪时，灰色就更深了。房子的底层通常有一个灶台、一张床，有时还会有一两只山羊；而楼上大多是一块地毯和一张更大、更坚实的床。这是荒漠地区典型的农夫或者说开荒佃户的村庄，而卡特拉的农户大多是在 19 世纪初从利比亚迁过来的。在这一地区，有大量的阿拉伯移民，他们许多都是当年易卜拉欣·帕夏（Ibrahim Pasha）统率的军人后裔，在 19 世纪 30 年代，这支军队受埃及总督穆罕默德·阿里（Muhammad Ali）的派遣征服了这个国家。在征服活动于 1841 年结束之后，许多军人家庭便在这里定居下来。他们大多数都是埃及人，但也有一些是来自阿尔及利亚、摩洛哥的马格里布阿拉伯人以及切尔克斯人①和波斯尼亚人。与此同时，进入这里的移民还有一些来自叙利亚和黎巴嫩，有德鲁兹教

① 切尔克斯人（Circassians），高加索人的一支。——译者注

徒（Druze）也有基督徒。人们倾向于认为，在犹太人于19世纪到来之前，这里是一个与时代和历史变迁无关的地方，从远古以来，当地的土著人就一直居住在同样的村庄里，耕作着从一代代祖先继承下来的同一片土地，但这样的推测显然忽视了上述复杂的人口迁徙活动。游牧的贝都因部落（他们许多也是军人的后裔）——被定居的农民称为（显然不太公平）“沙漠的制造者”——不仅常年与当地的垦荒者争战，并且他们彼此之间争夺地盘的战斗尤为激烈。贝都因人经常驱赶着成群的骆驼对村庄和牧场发动突然袭击，他们把骆驼撒在牧场上啃草，故意地激怒当地人采取行动。所以，互相投掷的战斗在牧场里和水源边时有发生。一旦他们的骆驼把牧场啃得只剩下草根，贝都因人就会冲进村子里进行抢劫，然后在村民们的叹息和哭喊声中一哄而散。

所以，像这片土地上的其他任何地方一样，这里如今到处都是废墟。在示非拉一带，似乎每一个山头上都有一个“要塞”（khirbet），当地的村民已经习惯了看着一拨拨的欧洲人和装束奇特的美国人风尘仆仆地翻身下马，在乱石堆里东看看西戳戳，用一把小铲子或鹤嘴锄清理掉周围的尘土，然后跪下来用手一点点地抠出什么东西。他们有时会支起一个高高的三脚架，然后装上一个又长又大的“照相机”；另一个人会从一个扁平的帆布包里取出绘图工具，找到一块扁平的石头坐下来开始画图；还有一个人则忙着摆弄测量仪器，或用步测的方式进行粗略的测量。这些忙忙碌碌的粉红色脸庞的白人，大多都穿着熨烫过的卡其短裤和长袜，并从雅法或拉姆拉（Ramle）雇来向导。但是，他们有时自己也会试着用阿拉伯语，说得非常缓慢而且总是用单一的平调，与带利比亚或埃及口音的那种急促的当地言完全不同。当1858年颁布的一项新的土耳其土地法要求必须进行身份登记之后，另一支测量队伍带着他们的测量仪器从雅法、耶路撒冷和海法（Haifa）赶了过来。当地的农民当然很清楚，身份登记之后肯定要收税，而事实也的确如此。当时，任何财产都要缴税：牲畜、农作物、房屋，甚至蜂房也要缴税。

但是，卡特拉的村民对最近来的一伙人却没有任何防备。在光明节第二天黄昏的薄雾中，两位自称为“热爱锡安者”的俄国犹太人径直走进了村南的一片空地的中央，并且胳膊下还夹着一些树枝。他们把树枝放在地上，然后搭成了两个小“金字塔”形状，显然是各代表节期的一天。树枝被点着了，两个火堆瞬间变成了特大号的光明节油灯，火焰直冲黑暗的夜空。又过了几天，有七位学生模样的犹太人也赶来与他们会合，而其中有一位正是以色列·比尔肯（Israel Belkind）。两年前的1882年1月，当时还在哈尔科夫大学上学的比尔肯把十四名同学领到了家中，这些不过二十出头的学生集合起来要完成一项庄严的使命——组建一支回归“圣地”的先锋队。像这种具有强烈自尊的组织当然要有一个响亮的缩略语名号，于是他们决定采用一句经文：“雅各家的来了，让我们走吧。”（Beit Ya’akov Lechu Ve’nelcha.）于是，在经过一番发音变换之后，这句话的首字母缩略语就变成了“比路”（Bilu）。当时，虽然平斯克激情洋溢的文字尚未在敖德萨正式发表，但1881年发生的“集体迫害”事件却已经在许多犹太社区中播下了火种，并且开始从“栅栏区”的一端蔓延到另一端，从考夫诺（Kovno）燃烧到了赫尔松，几成燎原之势。

对土地的梦想，也就是对真实的土壤物质的强烈渴望，并不仅仅体现在这些年轻犹太人身上。俄国的麦田里充满了喜欢聆听车尔尼雪夫斯基或托尔斯泰的戴眼镜的理想主义者，他们决心拯救这个国家和他们自己，并希望把长期受苦的农民兄弟团结起来。在一项虚情假意地试图让顽固不化的城里犹太人放弃他们迷恋的商业活动的动员令下，俄国政府曾经按照新教的社会结构模式，在离敖德萨不远的赫尔松省为犹太人建立了一些农业垦殖区，但结果却并不理想。所以，犹太人学会了使用锄头和耙子，挤奶和打场。对“比路”影响更大的是来自两位拉比高贵而雄辩的呼吁—— 一个是阿什肯纳兹犹太人泽维·希尔施·卡里谢（Zvi Hirsch Kalischer），另一个是塞法迪犹太人耶胡达·阿尔卡莱（Jehuda Alkalai），他们都是用希伯来语这种刚刚获得新生的语言布讲，为回归以色列故土而大声疾呼。“热爱锡安者”组织在敖德萨正式建立之后，很快就成了犹太移民的一个“洁净”避难地，而正是新一轮“集体迫害”更加坚定了他们的信心，使“比路”的成员毅然决然地从敖德萨向锡安进军。

严峻的现实

现在，他们来了！9个犹太农民蜷缩在一间小木屋里，他们不得不用草药敷一下脚上的血泡，并驱赶着飞舞的蚊蝇，但他们的双手却又因为拔茅草以及遍地的野苜蓿、石楠和荨麻而伤痕累累。[26]

现实似乎与原来的想象相去甚远：几乎没有橄榄林和葡萄园，牛奶和蜂蜜也不多。作为发起人的14位“比路”成员，包括表情严肃的比尔肯（事实很快就证明，他并不适应犹太农民生活）在内，是在1882年夏天到达的：正是蚊蝇猖獗的季节，就像莱昂·平斯克的激扬文字一样，如此多的昆虫很可能对锡安主义的命运造成决定性的影响。1870年，“世界以色列人联盟”在雅法南面一块不大的土地上建起了一所名为“以色列净身池”（Mikveh Israel）的农业学校，正等待着招收第一批学生。这所学校由查尔斯·内特（Charles Netter）主持，他是犹太人在这里的农垦事业的初创时期，为数不多的把坚定的决心与实践的智慧结合起来的先驱之一。[27]从放弃农耕到进入校园学习，现在又回归农耕生活，这些“比路”成员很快就加入了“里雄莱锡安”（Rishon Le Zion），这个名字（意为“第一批锡安人”）本身就非常抢眼。作为1854年在耶路撒冷城墙外面的犹地亚山区建立的第一个犹太定居点，里雄莱锡安实际上是一个农庄。当时，这种早期的农垦土地虽然是以集体的名义租借的，但每一位成员只负责耕种属于自己的土地。这种经营方式实际上是来自莫加列夫（Mogilew）的犹太人扎尔曼·大卫·勒文廷（Zalman David Levontin）的主意。由于对来自那些深受“集体迫害”灾难的城市的难民潮感到非常震惊，勒文廷便开始考虑实施一项购买土地的计划，并且为了获得他富有的叔父的投资承诺，他还于1882年夏天亲自赶来落实这项计划。一开始只有6个难民，然后又有10位其他地方的定居者陆续加入了里雄莱锡安。但人一多，就在定居点内部就到底由耶路撒冷经营还是定居者自行管理这个问题，几乎立即展开了激烈的争论。但争吵归争吵，其重要性总无法与寻找合适的水源这件事相比。继续维持了几个月之后的事实表明，里雄莱锡安的农民显然不太可能创造什么奇迹。不仅蚊子的叮咬会引发疟疾，而且那里的牛蝇和旱蚂蟥尤其可怕，根本就不能保证种下的小麦或大麦会有什么收成，他们只能靠收获的一点土豆和萝卜勉强度日。于是，里雄莱锡安经营了不到一年便被放弃了。

他们迫切需要帮助，那么除了求助于罗斯柴尔德家族的人还能找谁呢？其中有这么一位埃德蒙男爵，他是该家族派驻巴黎的铁路大王和银行业大亨詹姆斯的小儿子，据说他对在巴勒斯坦安置犹太人的计划一直非常关注。[28] 在大拉比扎多克·卡恩和内特尔的斡旋下，一个犹太代表团抱着孤注一掷的心理迫不及待地赶往巴黎拉菲特大街上的那座豪宅，去会见这位不可一世的大人物。在会见中，来自布洛迪的拉比撒母耳·莫希利维尔（Shmuel Mohilewer）向男爵通报了他本人所在城市的犹太人的悲惨境遇，大量“集体迫害”下的流亡者滞留在城里。莫希利维尔把这位伟大的男爵视为当年的“流亡者领袖”（事实也的确如此），并请求他能答应资助首先把滞留在波兰罗志尼（Rozhany）的一批犹太家庭转移出来。但是，最让埃德蒙感到震撼的还是“热爱锡安者”成员之一、曾经在敖德萨为扎伊采夫（Zaitsev）制糖公司工作的化学家约瑟·费恩伯格（Joseph Feinberg）的悲惨经历。在加入里雄莱锡安后不过几个星期之后，费恩伯格就发现如果不能及时对其实施救助，这个定居点很快就会破产。埃德蒙认为，这并不仅仅是一种“早产儿”常有的悲观主义情绪，而是一位亲身经历者发自内心的担忧，因为他非常清楚，如果想要让粮食作物在“锡安”生长，仅凭“热爱”是远远不够的。只有通过大量的投资，才能使那里流动的沙丘固定下来，才能打出井水，并大量种植（罗斯柴尔德家族最喜欢的）澳大利亚桉树。

埃德蒙愿意提供所需要的一切帮助，但条件是犹太定居者必须同意，定居点要由埃德蒙指定的合适人选来管理，即无论他采取什么办法（主要是技术上的措施），只要使犹太社区的“种子”能够尽快“生根发芽”就好。他同时还认为，从敖德萨把犹太难民转移出来的路线并不是一条安全的路线。因为有一条满载犹太难民的轮船就曾被土耳其官员拒绝靠岸，只能在几乎没有食物供应和卫生保障的情况下在地中海东岸徘徊了好几天，最后虽然由于当局发善心才获准在雅法靠了岸，但他们一上岸就被关进了监狱。如果他们想在“应许之地”获得一块土地，那也只能是山地或沼泽，不会是海边的肥沃地带。小罗斯柴尔德认为，这些不仅需要更好的管理措施，并且更需要有远大的眼光。通过慢慢地加大投入，何愁不能生产出各种高贵的产品（至少在他看来是如此），像红酒、丝绸、香水？据史籍记载，以色列和犹大王国曾经遍地是葡萄园。我们怎么就不能再现当年的盛况？

当时，西方的集约农业——灌溉系统、作物轮植、机耕作业（并不仅仅是用一个单犁头在地里耙几道沟，而是深耕和翻耕）、科学施肥，甚至还有蒸汽机驱动的联合收割机——实际上已经由美国缅因州和宾夕法尼亚州的福音派教徒首次引入了这里，并且更令人难以置信的是，日耳曼圣殿骑士团在这次农业现代化运动中表现得尤为热心，或许是因为他们有一种希望亲眼看到“圣地”结出硕果的“救世主”情怀。圣殿骑士团已经在雅法和海法一带开拓了大片的农垦区，建造面粉加工厂，并且还铺设了四通八达的道路。然而，像往常一样，这项试验却搞得债台高筑，陷入了几近破产的境地。然而，对现代犹太农业到底能生产什么，埃德蒙·德·罗斯柴尔德显然有着自己独到的想法，并且下定决心对这项伟大的试验进行投资，即使因此举债也在所不惜。[29] 于是，大量在欧洲培训的农业专家和管理人员被派过去，以评估这个地区是否适合出产他所看重的红酒、丝绸甚至香水。一时间，来自帕多瓦的养蚕专家、来自凡尔赛园艺学校的知名园艺师、来自罗斯柴尔德梅多克酒庄的现成酿酒师、来自巴黎路桥学校的水利工程师，纷纷赶来。这完全是一次拿破仑式的征服运动，耕作大军的统帅在巴黎或费里耶尔（Ferrières）的宫殿里坐镇，焦急地等待着前线的战报，严厉斥责那些被他认为在前进的道路上设置障碍的冗员，并不时用“撤资”来威胁那些胆敢“违反前线指挥官的军令”以致延误试验进程的官僚。对于许多新移民——尤其是来自波兰、罗马尼亚以及俄国的移民——来说，法国犹太人对于严酷的生活和工作条件的不断抱怨，再加上黄热病、疟疾等传染病以及由沙漠白蛉引起的可怕的沙眼病，当地的生活环境变得越来越恶劣，于是他们便选择了逃避，回到了欧洲，或直接去了耶路撒冷（以色列·比尔肯就在那里当老师），或者过早地进了坟墓。查尔斯·内特本人也在 1882 年年底死于疟疾。到 19 世纪 90 年代，里雄莱锡安的犹太定居点已经能够在生产上自给自足时，作为其主要创立者的勒文廷和费恩伯格却已双双返回了俄国。

但是，有些人却仍然在坚持着，并且尽管遍地的葡萄藤已经枯萎（19 世纪 90 年代初流行的葡萄根瘤蚜虫和霉菌病害造成了巨大的生态灾难），大批的害虫吊挂在桑树枝上（但桑树本身尚未枯萎），他们却顽强地坚持下来。在卡特拉，这个小小的犹太聚落自称为“基底拉”（Gedera），并继续坚守在“阵地”上。当地的阿拉伯村民冷冷地看着这些奇怪的犹太人果断地从他们手中租走了犁耙和牲口，并亲自下田耕地，心里不由得有些疑虑。犹太人从未干过这类农活，但他们不想再这样继续下去了。然而，当第一批石头房子在“基底拉”建成之后，看样子他们是想要长期住下来，但犹太人的所作所为却随之在村里引起了激烈的争论。一些最看不惯的村民甚至说，土地已经被没收，他们自然被剥夺了耕种的权利。但从法律上讲，事实并非完全如此。几年前，在这个村庄放弃了土地的使用权之后，这片已经改名为“基底拉”的土地便自然转移到了土耳其政府的名下。而当时之所以声称“放弃”，只是为了避免为在这片土地范围内可能发生的杀人案件承担责任。变更村庄在卡特拉的土地所有权也就甩掉了承担责任的风险，而他们仍然可以像过去一样继续用作牧场。后来，土耳其当局利用法律上的空白把这片土地重新分给了附近的另一个名叫穆哈尔（Mughar）的村庄，而这个村庄随后又将其卖给了法国派驻雅法的一位名叫 M. 波利维埃（M. Polivierre）的领事。而最终，这位领事又将其转卖到了作为“蒙特菲奥里基金会”的全权代表、刚刚到达这里的耶希尔·米迦勒·佩内斯（Yechiel Michal Panes）的手中。

土地与商机

作为对蒙特菲奥里忠心不二的信徒，佩内斯希望重新把这里的犹太人打造成新一代工匠和农场主，并以极大的热情在耶路撒冷建立了一个名为“回归工艺人和匠人”的组织。1882 年，当他遇到了毕生致力于把古老的希伯来语重新打造为一种日常生活用语的拉比以利亚撒·本·耶胡达（Eliezer ben Yehuda）时，佩内斯的脑海中就形成了一个在这里获得新生的犹太社会的轮廓。但是，即使当他以“热爱锡安者”运动的赞助者和保护人的面目出现，并抓住时机买下了卡特拉南边的那块土地时，他依然没有引起那些敏感的阿拉伯人的注意。只要有可能，佩内斯就尽量为阿拉伯村民多提供一些土地补偿，让他们觉得虽然他们卖掉了大片的土地，但要耕种土地还必须要使用他们的生产工具。有时，佩内斯的做法还行得通，能够把一触即发的危险局面控制下来；但有时，像在卡特拉，他的做法却很可能引起麻烦。

事实表明，当第一批犹太村庄在加利利地区、撒玛利亚沿海平原和示非拉山区建立起来时，那里尚未形成一条未受殖民入侵影响的完整的农产业链。在 19 世纪下半叶，这里的生态环境是极不稳定的，并且许多地方可以说退化得非常严重。[30] 19 世纪的重大事件是 1837 年发生的震中位于加利利的大地震。许多被毁坏的村庄遭到遗弃，实际上变成了一片无人区。森林的过度砍伐对生态环境造成了更致命的冲击。直到 19 世纪 40 年代，整个沙仑（Sharon）河谷依旧是一片干枯的橡树林。一个世纪后，大部分地区由于烧制木炭和石灰而变得毫无生机。由于土耳其政府修建铁路需要大量的木料，大部分橡树被砍伐一空。高原台地地表土流失严重，在更靠近海岸的平原地带，沙线已经侵入了过去适于耕种的肥沃土地。移动的沙土淤塞了天然的水源，使原来奔流不息的小河和溪流变成了一片片死水塘和沼泽地。面对这些巨大的变化，不同的移民群体采取了不同的应对措施。随着易卜拉欣·帕夏的征服运动而在当地定居下来的属于埃及贝都因人的达玛尔（Damair）阿拉伯部落迁到了胡泽拉（Huzera）沼泽边上，开始以古代美索不达米亚生活在沼泽地带的阿拉伯人的习惯，靠养殖水牛和收割芦苇维持生计。[31]

当然，环境的退化也带来了商机。当村民们由于害怕缴税而不愿意向土耳其政府登记自己的土地使用权时，由此而造成的法律上的空白很快就被一些住在雅法和耶路撒冷甚至远在海岸边的投机商人所利用。于是，这一地区很快就形成了一个所谓的“挂名”地主阶级。他们先以低廉的价格从当地的村民手中买下土地，然后再租给那些有能力改善种植条件——尤其是排水和灌溉系统——的有识之士，根本不用亲临现场就能赚取大把的金钱。在这股恢复生态的运动中，美国人和日耳曼圣殿骑士团率先进入，不久之后犹太人也加入了进来。

因此，部分是因为他们自己只看到眼前的利益，再加上他们根本无法控制当时的局面，当地的村民反而成了那些从来也不靠土地生活或从来也不曾在平原、山岭和河谷里耕种过土地的“地主”的佃户。当然，对于那些每天牵着牲口耕地、扬着手播种并每天照料和放牧牛羊的村民来说，只要能够为家庭和村庄提供必需的生活资料就足够了，至于是谁卖田谁租地，当然是那些所谓的“老爷”，土耳其人、法国领事或耶路撒冷犹太人的事——与他们并没有什么关系。

但是，那些束着腰带或穿着背带裤的年轻人，却并不是耶路撒冷的犹太人，他们根本就不把那些古老而神圣的规矩放在眼里。根据传统的习惯，凡是在早春播种并在夏季收获了农作物的农人，就有权收获冬季作物，而他们收获后留下的禾茬正好是他们放牧的场所。但如今，无论是当地的官员还是犹太农场主却都有了新的官方土地文书。所以，他们从一开始就怀有深深的敌意。犹太人会把啃草的牲口从他们的土地上赶走，甚至有时会作为一种“惩戒”将其没收。而被激怒的阿拉伯村民会因此以暴力手段进行反抗，他们往往会捣毁田间的茅屋，并对犹太男人和女人进行人身攻击。由于犹太定居者拒绝继续为那些阿拉伯巡夜人员支付传统的“保护费”，而更喜欢自己亲自参加巡夜，这种做法使他们之间的关系更加紧张。于是，全副武装的阿拉伯人才让犹太人为拒绝缴纳保护费而付出了直接而沉重的代价，而正是在放牧纷争和拒绝他们巡夜这两件事之后，敏感的阿拉伯人也为他们的鲁莽行为而领略了精神沮丧和身体受伤的滋味。“热爱锡安者”派驻当地的代表在写给平斯克的信中说：“他们也开始武装起来，不然他们可怎么生存呢?”这个问题问得好!

1887年晚春的一天，埃德蒙·德·罗斯柴尔德的游艇停靠在了赛德港（Said）。他这次来是为了验收他的“试验”成果，虽然这次旅行（至少他自以为）其实是秘密进行的。在所有有关他的通报中，他坚持在通信中使用“REB”（“埃德蒙·德·罗斯柴尔德男爵”首字母组成的单词的倒写）[①]，自以为这样就可以保密，至少不引起那些时刻关注他的行踪的人的注意。1882年之后，奥斯曼帝国的总督劳夫·帕夏（Rauf Pasha）一直禁止任何犹太移民进入巴勒斯坦，只有在帝国边境附近游荡的土耳其臣民除外，但即使他们进入巴勒斯坦，也不得直接拥有土地。这就意味着，只有通过当地的中间人才能购买土地。埃德蒙所关心的并不是他的来访本身会发生什么危险，而是他的出现会为刚刚建立的犹太定居点招致更大的意想不到的威胁。对于雅法、耶路撒冷和加利利地区的土耳其人甚至对于大半个世界来说，就像他们在他的背后甚至在他离开之后议论的那样，一个罗斯柴尔德家族成员的到访不光是一个重大事件，也是一次下

① 同时，拉布（Reb）在意第绪语中意为“先生”。——译者注

手的机会。

所以，随从们并没有违拗他的决定，他便隐姓埋名地沿途进行微服私访。从雅法开始，男爵就戴着一顶巴拿马草帽，穿着一身非常地道的热带套装，与陪着他一路受苦的妻子阿德莱德（Adelaide）男爵夫人一起，在酷热的阳光下，坐在一辆密不透风的马车里，任凭沙漠中盛行的喀新风（khamsin）[①] 抛起的沙粒一阵阵地敲打着马车的窗户。在耶路撒冷，像所有伟大的慈善家一样，男爵对当地宗教信徒 [②] 的贫穷和无助表示同情，对他们越来越依赖慈善机构施舍的生活方式感到失望，并十分虔诚地对"有用的商业活动和工艺品"着实赞叹了一番。他这次旅行的确是犹太式的：不仅拜谒了拉结（Rachel）墓（犹太人的朝圣地之一，尤其对于没有子女的女人来说，这里更是一个求子的神龛），而且还来到那段著名的西墙面前（埃德蒙当时肯定想把这面墙直接买下来）。

当他访问犹太定居点时，他终于摆出了男爵的本色派头。在里雄莱锡安——有人告诉他，这里已经变成了起义军的巢穴——他向坚持在那里的农民兄弟发表了一番傲慢的演讲，并命令约瑟·费恩伯格离开村庄，因为他认为，费恩伯格在巴黎与他会面时误导了他。当费恩伯格表示抗议时，埃德蒙告诉他，他从此之后就相当于一个"死去的人"。费恩伯格后来不服气地顶撞道，他虽然按时到天堂门前去报到，但却被当成一个活人而被轰走了。费恩伯格告诉"天使们"："你们肯定是什么地方弄错了吧，因为埃德蒙男爵已经宣布我是一个死人，这一点我非常肯定。"这位一向专横跋扈的大善人虽然雷霆震怒，但也只能勉强地挤出一丝笑容，并撤销了驱逐费恩伯格的"判决"。到埃德蒙于 1893 年旧地重游时，费恩伯格早已像其他许多人一样自愿地离开了。

为罗马尼亚犹太人在萨马林（Samarin）附近购置的土地后来变成了以革伦村（Ekron）—— 一个古代迦南人和非利士人城镇的名字——但很快就为纪念

① 指非洲多见的那种干热风。——译者注

② 显然不只是犹太人。——译者注

埃德蒙的父亲詹姆斯而被重新命名为“怀念雅各”（Zikhron Ya’aqov）。在那里，他看到了许多让他开心的事儿：一排纯粹用石头建造的房子，清一色的青瓦和通体白墙，使他宛如置身于朗格多克（Languedoc）或普罗旺斯的乡村风景之中，并且每一家都有一个存放家具和拴牲口的小谷仓。葡萄园里充满了生机。一个罐头厂已经完工，位于厂区中央的喷泉被装饰一新—— 一种典型的罗斯柴尔德风格。在他的主管伊利·沙伊德（Elie Scheid）建议下，埃德蒙为当地的阿拉伯村民以及他们的酋长举行了一场盛大的宴会，以感谢他们在犹太村庄的建设中所做的贡献。在这样一个令人难忘的夜晚，在繁星点点的黑暗夜空下，犹太人和阿拉伯人在一片欢声笑语中频频举杯，彼此分享着他们共同的故事。

V. 迦得人归来

霍雷肖·斯帕福德（Horatio Spafford）完全有理由称由他率领而进入耶路撒冷的那一小股移民为“胜利者”。他和他的妻子安娜虽然没有丧命，但也遭受了不寻常的磨难。作为一名成功的律师，斯帕福德曾在芝加哥把大量的金钱投入了房地产，但当1871年的一场大火烧毁了大半个城市时，他只能眼睁睁地看着自己的投资毁于一旦。两年后，他们全家准备外出度假，由安娜和四个孩子一起先期到达欧洲，而霍雷肖在处理完房地产生意的一些扫尾工作后，会尽快赶过去与他们会合。但在旅行途中，“阿弗尔”号（Ville du Havre）邮轮却由于遭到一艘英国船只的撞击而沉没了。情急之下，安娜无意识地抓住了一块船板，但四个孩子却全部命丧大海。她在获救后，从加的夫（Cardiff）可怜巴巴地给她的丈夫发电报：“只身获救。何以自处？”

这是一个意味深长的问题。安娜·斯帕福德生了不止四个孩子，但他们的生命似乎总是受到厄运的诅咒。儿子小霍雷肖在四岁时就死于猩红热。这件伤心事虽然让他们异常痛苦，但却没有放弃生活的希望。斯帕福德希望能到“圣地”多做善事，以此能有好运降临。于是，霍雷肖关闭了芝加哥的律师事务所，与两个幸存下来的孩子和十三位家人一起移民到巴勒斯坦。他们在紧靠着大马士革门的老城边上租下了一处房子，并在那里向穷人施舍菜粥。[32]

1882年逾越节前后，在一次晚间散步时，霍雷肖和安娜恰好看到一些分散的家庭就露宿在城墙外面的野地里。他们的生活状况非常悲惨：身上长满了褥疮，爬满了苍蝇，几乎所有的人都骨瘦如柴，拥挤着蜷缩在一块用破布搭成的临时帐篷下面。乍一看，他们有点像阿拉伯人，并且说话也的确带着浓重的阿拉伯口音。但是，男人们油腻而浓密的腮须，女人们奇特的头饰、沉重的长棉布裙子和闪亮的银手镯却表明，他们不大可能是阿拉伯人。在翻译的帮助下，斯帕福德夫妇终于弄清楚，他们是也门犹太人。这些迦得支派的幸存者历经千辛万苦来到耶路撒冷，等候着“救世主”的降临。他们内心的忠诚和经历的苦难同样始于早年的大流散时期。他们从也门的犹太村庄穿越阿拉伯半岛，一路步行来到红海边的一个港口，在被敲诈了一大笔钱后，才终于获准进入了亚喀巴（Aqaba）。当地的犹太人提醒他们最好不要再继续前进，但他们似乎铁了心。

然而，当他们到达耶路撒冷时，却发现根本没有人愿意帮助他们。他们声称自己是犹太人，但城里的宗教信徒却粗鲁地拒绝了他们。即使他们的肤色与众不同，穿戴和说话的方式相对原始，但怎么可能因此而受到如此的对待呢？因为他们早已身无分文，于是在绝望之下便在城外的野地里搭个帐篷住了下来（斯帕福德夫妇发现他们的地方），或在橄榄山和汲沦谷（Kidron Valley）一带从哈斯蒙尼亚统治时期和罗马时代开始建造的历代墓穴之间的山洞里暂时栖身。但即使在这样的情况下，他们每到安息日仍然念诵经文，因为任何人都不能剥夺他们的神圣记忆。

然而，正是这个曾一度是长老会信徒的“胜利者”却相信“迦得人”并接纳了他们，先喂饱了他们的孩子，然后又给大人饭吃。但对于老城以内的那些正统派的卫道士来说，他们的行为却恰好证实了原来的一种偏见：这些人不可能是犹太人，因为他们竟然吃基督徒吃剩的东西。

于是，这些迦得人留了下来。他们的文士通常凭记忆抄写经书。其中斯帕福德夫妇最喜欢的一位文士由于双手残疾而无法书写，可他竟然顽强地用双脚夹着鹅毛笔抄写经文。随后，成百甚至上千的迦得人加入了移民的队伍。到1900年，也门犹太人已经占到巴勒斯坦犹太人口的百分之十。他们建起了自己的会堂，并且开始恢复了古老的犹太银匠和金匠技艺。他们把位于西罗亚水池（Siloam）边的临时避难地变成了“也门村”（Kfar Hashiloach），一个真正属于自己的村庄，并且还为下一代建造了一所犹太儿童学校。不管怎么说，反正这个村庄逐渐变成了那些专门到巴勒斯坦拍摄人物肖像的专业旅行摄影家从事创作的一个固定景点。于是，在犹太定居点习以为常的事物令人目不暇接：漂亮的犹太女人、可爱的犹太孩童、具有异邦情调的长须飘飘的长老和拉比、强烈的音乐、辛辣的食物。又有谁能想到犹太人会有如此“高贵”的生活方式？最后，他们中的许多人便在当年的两个俄国青年点燃柴堆的那片土地上——基底拉——定居了下来。

一位长老级的也门拉比再次来到了“美国人部落”，并做了一件他必须做的事：写一篇“愿他受到祝福”（mi sheberach）的祈祷词。“愿他受到祝福，我们的远祖和先师亚伯拉罕、以撒和雅各，愿霍雷肖·斯帕福德和他的家人以及所有愿意和他在一起的人受到祝福、天佑和保护，因为正是他对我们这些弱者和我们的孩子广施怜悯和同情。所以，唯愿公正的日子更长远……并在以后的日子让犹大人得到救助，让和平与安定早日降临锡安。”

第 8 篇　适逢其时?

I. 银幕上的犹太人

电影中的犹太形象

电影，作为一种表现人物和呈现情节的理想媒体形式，通常都是以一个遭受不公对待的犹太形象开始的。电影脚本已经设定好了一切：戴着手铐的英雄、勇敢而忠贞的妻子、坚定而果敢的兄弟、满脸胡须的暴发户、一次枪击事件、一场自杀悲剧。还有皆大欢喜的结局，算是吧。并且所有的情节几乎都是真实的。

托马斯·爱迪生发明的活动电影放映机在任何地方都是一座千变万化的多样宫殿，而阿尔弗雷德·德雷福斯（Alfred Dreyfus）则成了票房的保证。在头戴花头巾的小丑，蹩脚的垫场演员和身披长袍、体态臃肿的女高音尽情表演之后，也就是吊人胃口的滑稽戏结束之后，一面“银幕”便滑到了舞台的中央。于是灯光转暗，德雷福斯出现在那里。只见一个上级军官模样的人匆匆走了进来，让这位年轻的上尉在一张公文上写了几个字，然后便带着他扬长而去——一脸惊愕的德雷福斯被逮捕了。他签字的笔迹正好与被请来的密探在德国驻法国军事临时代办处废纸篓里发现的一张便条上的笔迹完全吻合。叛国罪！有人递给他一支枪，让他打穿自己的脑袋以洗刷蒙受的耻辱（后来的事实证明，这也是他们设计的一个圈套），但我们这位英雄愤怒地拒绝了递过来的武器，同时也拒绝了强加给他的不公正指控。而在另一本“一分钟胶片”中（现在已经无法确证），他则被押解到圣西尔军校（École Militaire）的院子里。他的剑（早在前一天就已被锯为两段，以确保这个“仪式”能够按照设计好的步骤进行）被一名准尉用膝盖折断。（实际上那一天是1月5日，这名军官则是特意从能够找到的最高最壮的军官中挑选出来的，试图通过这种手段使“叛徒”显得更加矮小。）他的肩章（同样也弄成快要掉下来的样子）也从军服上被撕了下来。如今，他不过是一个叛国的犹太人，已变得声名狼藉、任人唾骂。他虽然被剥夺了那些外在的尊严，但却没有失去尊严本身。然后，你还可以看到（你现在也能在视频网站上看到），他成了魔鬼岛上的一名孤独的囚犯，被监禁在8英尺高的铁丝网围成的高墙之内。他被铐在自己睡觉的铁床上，每天要奋力反抗这种额外的非人折磨，尽管一切都是徒劳的。但是，请等一下！这并不表明他已经失去了一切！他还有可爱而忠贞的妻子、坚定而果敢的兄弟，还有一位著名的作家，他们正在不知疲倦地四处奔走，以证明他是无罪的。军事当局责无旁贷，显然有人犯下了伪证罪。幕后的真相被揭开，军事法庭再次开庭。此时，你又可以看到，德雷福斯冒着猛烈的暴风雨在布列塔尼海岸边又踏上了陆地，等待着决定他的命运的时刻！微笑的彩虹只能出现在猛烈的暴风雨之后。在经过长达4年的离别之后，丈夫和妻子终于泪流满面地拥抱在一起。但是，请注意，背后还有邪恶的脚步声！砰！（怎么听起来有些沉闷？[①]）。一缕浓烟散去。英勇无畏的辩护律师梅特·拉博里（Maître Labori）被一个卑鄙的暗杀犯击中了背部，但他仍然勇敢地坚持着在法庭上战斗。当新闻界听到这一令人震惊的消息后，支持和反对德雷福斯的记者之间展开了激烈的争论。法庭在雷恩（Rennes）的一所学校里开庭了（这又是一种“双本胶片”）。简直是一场闹

① 此处是为了反衬法庭上的敲槌声。——译者注

剧！军事法官在一条高背长凳上坐成一排，做出了一次虽然尽量保住脸面但却毫无意义的判决。德雷福斯再次被判有罪，但却具有“可以从轻处罚的情节”。真是这样吗？他不必继续在魔鬼岛上被终身监禁，而是被改判为服刑 10 年。我们的英雄再次被押走，并被送进了监狱。不！这样无异于杀死他。这个案子还不算完!

不仅整个欧洲，而且包括大西洋两岸，几乎所有的音乐厅、城堡和宫殿、露天剧场都在放映这部纪录影片，人们兴奋地观看着这部几乎像现场报道一样的“真实生活”戏剧。在电影胶片进入公共媒体仅仅两年之后，乔治・梅里爱（Georges Méliès）就对新闻影片的实时性价值有了深切的感受。纪录片并不仅仅是把真实的历史以画面的形式在你面前重演，而且其鲜活的生动性是任何绘画或照片都难以匹敌的。电影新闻使你置身事发现场，并告诉你什么才是正在发生的重要事件。1897 年和 1898 年，梅里爱在位于蒙特勒伊（Montreuil）的摄影棚里用纪录片的形式再现了美国海军军舰“缅因”号沉没的场景，而这次沉船事故正是西班牙—美国战争的导火索，并且从此双方战事频仍。这种战争模式曾风靡一时，他甚至在记录英治印度前线的一些小规模冲突时也沿用了这一模式：狡黠的帕坦人（Pathans）[①] 会呲着一口明亮的白牙突然从厚纸板搭成的尖塔后面跳出来——典型的吉卜林 [②] 风格。为了迎合人们更关注身边发生的事件的心理，他还以纪录片的形式再现了 1870 年普法战争的历史画面。但是，后来到 1899 年，梅里爱却开创了即将风靡电影界的另一个新主题：冤情剧。

① 指生活在印度西北边境的阿富汗人。——译者注

② 约瑟夫・鲁德亚德・吉卜林（Joseph Rudyard Kipling，1865~1836），印度裔英国小说家、诗人。他出生于印度孟买，1889 年以记者身份取道日本、美国去英国，经历了一次“征服世界”的旅行，并且再也没有回到印度。其主要作品有诗集《营房谣》《七海》，小说集《生命的阻力》和动物故事《丛林之书》等。1907 年，吉卜林凭借作品《基姆》（经典儿童读物）获诺贝尔文学奖，当时年仅 42 岁，是迄今最年轻的诺贝尔文学奖得主。获奖理由是“这位世界著名作家的作品以观察入微、想象独特、气势雄浑、叙述卓越见长”。——译者注

德雷福斯案件

梅里爱的12幕各1分15秒的“德雷福斯案件”纪录片，本来纯粹是一部展示其以冲突模式见长的个人创作风格的商业电影。受到堂兄阿道夫的启发，他才开始更注重案件进程的实时效果，因为几乎大半个法国（包括阿道夫在内）都深信，对德雷福斯由于为德国人传递军事情报而做出的有罪判决完全是一次司法暴行。这次指控一开始只是一次判断失误，但随着真相逐渐浮出水面，特别是真正的卖国贼的身份被确认之后，案件本身却迅速演变为一种“竭力掩盖”，并进而变成了一种“刑事诬陷”。无论军事当局如何言之凿凿，由法国密探在德国驻巴黎临时代办处武官的废纸篓里发现的便条上的笔迹，与德雷福斯的笔迹根本就对不上号。多亏了两年后媒体上发表的一份对比报告，凡是眼睛长在头上的人都已经看明白，这张便条显然是出于另外一个人之手。真正的卖国贼是法国陆军上校费迪南·瓦尔森·埃斯特哈齐（Ferdinand Walsin Esterhazy），由于他有花巨资包养情妇的恶习，巨大的支出使他不得不抓住任何一个有可能捞取金钱的机会；而德雷福斯却是靠自我奋斗致富的（虽然他也有喜欢赛马的习惯），并没有其他的不良嗜好。有人发现，埃斯特哈齐总是喜欢在一些场合嘲笑法国和法国士兵，而德雷福斯却是一个坚定地履行爱国义务的诚实公民。一个在物质世界和法国军队里正在走向堕落，而另一个却是在法国军界积极向上的军人。所以，这次判决毫无意义，除非军事当局坚持认为，一个属于法国总参谋部的犹太人必定是一个天生的另类，他早晚有一天会暴露出其叛徒的本来面目。[1]

尽管埃斯特哈齐的犯罪事实已经昭然若揭，但法国军方仍然厚着脸皮拒绝承认错误，更谈不上采取公开纠正错案的具体行动。难道这就是犹太人的人生价值和自由？难道一个积极向上的犹太军人，就不能在严格遵守自己神圣的传统习俗的同时对自己的祖国奉献出真正的忠诚？法国最高统帅部似乎要顽固地坚持到底。当总参谋部下属的情报部门的首脑、陆军中校乔治·皮卡尔

(Georges Picquart) (像德雷福斯一样，他也是阿尔萨斯人) 发现了真正的卖国贼的身份时，他曾拒绝隐瞒此事，尽管他本人也是一个反犹主义的支持者，但在这件事情上却不想明知故错。后来，他先是被发配到突尼斯，但他却仍然固执己见，于是他也遭到逮捕，并以泄露军事秘密罪而被起诉。

这次不公正审判的阴谋并没有就此烟消云散。为了确保德雷福斯的罪行无可争辩，法国陆军部统计处的休伯特 – 约瑟 · 亨利 (Hubert –Joseph Henry) 少校伪造了第二封信件，即“蓝色纸条” (petit bleu)，点名指控德雷福斯有罪。但是，正如皮卡尔透露的那样，亨利弄巧成拙，因为这封所谓的“信件”显然是用从不同的报纸上撕下来的碎片拼凑而成的。这不过是小孩子玩的把戏罢了。于是，亨利遭到逮捕并被投入监狱，他首先供认了自己的罪行，然后自尽了。埃斯特哈齐在以身犯险并遭人唾弃之后，他的名字终于出现在了报道“德雷福斯案件”的报纸上，但他却无耻地要求军事法庭为他恢复名誉，并事先向他保证法庭会宣判无罪，而他确实如愿以偿了。

但是，所有阻止此案的努力，以及把德雷福斯囚禁在魔鬼岛上，让他在一间只有四平方米的小监号里遭受热带疾病的折磨并在孤独中慢慢消耗生命的全部企图都以失败告终。1897 年 11 月间，法国最著名的作家埃米尔 · 左拉 (Émile Zola) 加入了论战，并公开发表了两篇有关“德雷福斯案件”的文章。第一篇的标题是《一个司法丑闻》，而第二篇则是向法国年轻一代发出的号召。左拉使这个单纯的司法腐败案件变成了一次对法国民主制度和司法公正的全面审判。1898 年 1 月 13 日，乔治 · 克列孟梭 (Georges Clemenceau) 把左拉写给当时的共和国总统费利克斯 · 福雷 (Félix Faure) 的一封长信，发表在他主办的报纸《震旦报》(*L'Aurore*) 第一版，并且充满了整个版面。在信中，左拉对这位“罪人”进行了连珠炮式的“审问”。左拉还控告法国国防部部长和陆军部妨碍司法公正。左拉在信中写道，只是因为德雷福斯是一个犹太人，所以才被认定为叛国者；只是因为来自反犹者的谩骂，所以指控才能成立。而正是由于克列孟梭突然想到在第一版上用通栏大字标题的妙招，才使左拉高声喊出了“我控诉!”（J'Accuse…!）①

克列孟梭的报纸当天就卖出了30万份。左拉已经下了“战书”，意在刺激他的敌人对恶毒的诽谤行为进行检举和惩罚。一个月后，他这点近乎“苛刻”的要求就在一片“把某位明星作家赶下台”的混乱和喧嚣声中得到了回应，他被认定有罪，并判入狱一年。在整个法国的70座大小城市里，反左拉和反犹主义的浪潮一浪高过一浪。[2]在南特（Nantes），大约有3000名暴徒参与了洗劫犹太住宅、威胁当地拉比和殴打店铺老板的暴行；在昂热，数千名暴徒的破坏活动则一连持续了7天。[3]里昂、迪南（Dinant）、第戎（Dijon）和阿维尼翁也发生了类似的暴力事件。最残暴的袭击事件则发生在地中海对岸的奥兰和阿尔及尔，恶毒的反犹者马克斯·雷吉斯（Max Régis）挑起了一场针对城内犹太社区的大规模“集体迫害”运动。

当年晚些时候，当“法国反犹联盟”的创始人爱德华·德吕蒙（Édouard Drumont）在财务方面遇到麻烦时，雷吉斯竟然拍着胸脯说，“你就瞧好儿吧!”保证他被选为阿尔及尔立法议会的议员。也正是从此开始，现代反犹主义的元素才融入了仇视犹太人和犹太教的古老传统，并以绵延不绝、难以遏止的力量奔涌在马格里布文化的血脉之中。左拉就对他的不公判决提出了申诉，但当他最后的努力遭到拒绝之后，他就在很可能被再次送进监狱之前匆匆地离开了这个国家，并于当年的7月19日出现在了伦敦的维多利亚车站。在他能顺利回国之前，几个月的流亡生活并不算什么。上诺伍德（Upper Norwood）郊区的灰暗冬天毕竟要比巴黎的牢狱生活好过一些，更何况还有亚瑟·柯南·道尔②比邻而居呢。[4]

---

① 后来人们引用此文时即以《我控诉!》为标题。——译者注

② 亚瑟·柯南·道尔（Arthur Conan Doyle，1859~1930），因成功塑造了侦探人物夏洛克·福尔摩斯，而成为侦探小说历史上最重要的作家之一。——编者注

在这场努力证明阿尔弗雷德·德雷福斯无罪的运动中，左拉发起的征伐并不是发端，而是掀起了一个高潮，因为德雷福斯的妻子露西（Lucie）和他的兄弟马蒂厄（Mathieu）从来也没有怀疑过上尉是有罪的。在 1895 年 1 月开始遭受公众羞辱的精神创伤的一年多的时间里，他们想尽一切办法利用传统的媒介使这个案件始终处于公众的关注之下。1896 年，露西曾写信给法国下议院要求复审。当他们发现这条路根本走不通之后，马蒂厄只能向无政府主义者、犹太作家贝纳尔·拉扎尔（Bernard Lazare）求助。拉扎尔是第一个公开说出那个人人明白但却没有人说出口的真相的人，那就是：完全是因为德雷福斯的犹太人身份，才使他最终沦为一桩叛国案的替罪羊。

> 他是一名士兵，但他是一个犹太人，而正因为是一个犹太人，他才受到怀疑。正因为是一个犹太人，他才遭到逮捕；正因为是一个犹太人，他才受到审判；也正因为是一个犹太人，他心目中的正义和真相才无法得到伸张。而这位无辜的年轻人是否有罪，却完全是由那些用极其卑鄙的谎言和诽谤制造这一案件的人说了算。正是因为这帮人，审判才可能发生；也正是因为这帮人，才使得法国暗无天日。他们需要用他们自己制造的犹太叛徒来取代经典的犹大形象①，因为这个早年的犹太叛徒时不时地出现在人们的记忆中，足以让整个人类蒙受耻辱。[5]

要说真相，没有什么能比这番话更直接了。无怪乎新闻记者兼小说家莫里斯·巴雷斯（Maurice Barrès）非常兴奋地承认："不用任何人告诉我，我也知道为什么德雷福斯会犯下叛国罪。因为我从他的种族就可以推断，他肯定会干出这样的事。"[6]

① 此处指传说中的犹大出卖耶稣一节。——译者注

更多的人出于支持德雷福斯而加入了这场战斗，其中包括像奥古斯特·谢伊雷尔－凯斯内尔（Auguste Scheurer–Kestner）这样的非犹太人。他的加入似乎更有说服力，因为像德雷福斯一样，他也是来自阿尔萨斯，那里如今虽然已被德国兼并，但阿尔萨斯的犹太人一直被认为是不会真心报国的。长期以来，德雷福斯的全部家族史就是对法国革命解放事业充满信心的最好证明，他的家族成员作为信奉以色列古老宗教的法国公民身份是毋庸置疑的。在阿尔萨斯于1870年被德国吞并之后，尽管在新德国的土地上生存相对容易一些，但德雷福斯的父亲还是把自己的纺织品生意和家庭一起迁入了法国领土。凡是参与德雷福斯案件并认为他无罪的阿尔萨斯犹太人都无一例外地深信，他们是真正的法国人。作为迪涅地区（Digne）的下议院代表，约瑟·雷纳克（Joseph Reinach）是具有强烈爱国主义倾向的杂志《法兰西共和国》（*La République française*）的主编；而他的兄弟考古学家所罗门尽管被德吕蒙称为“一个来自汉堡的肮脏的矮小犹太人”，但却是巴黎卢浮宫学院（École du Louvre）的创立者之一。当然，他们的朋友、大拉比扎多克·卡恩才是他们真正的精神支柱。

所以，随着围绕德雷福斯案件的争吵不断发酵而愈演愈烈，其范围已经远远超出了“如何对待犹太人”的问题，而是变成了一个“法兰西是什么”的问题：到底是维护其古老传统还是实行其新的共和国原则？在这个有关国民性的问题上，整个国家发生了分裂，曾经的朋友变成了敌人，原来的战友和家人因此而不相往来。从孩提时代就一直是但以理·哈列维（Daniel Halévy）密友的埃德加·德加（Edgar Degas），变成了一个激烈的反德雷福斯派，他甚至每天吃早饭时都要让他的女仆佐伊为他读当天所有反犹报纸上的消息。卡米尔·毕沙罗（Camille Pissarro）虽然本身就是犹太人，但却画了大量描绘金融界的黑暗的讽刺画，并且与他的儿子卢西恩（Lucien）一起成了污蔑德雷福斯的斗士。当时，克劳德·莫奈（Claude Monet）、费利克斯·瓦洛东（Félix Vallottton）、玛丽·卡萨特（Mary Cassatt）和爱德华·维亚尔（Édouard Vuillard）属于支持派；而皮埃尔 – 奥古斯特·雷诺阿（Pierre–Auguste Renoir）、让 – 路易斯·弗朗（Jean–Louis Forain）和保罗·塞尚（Paul Cézanne）则是激烈的反对派。一些著名的作家除了相互辱骂和争吵，平常不再有任何学术交流。查尔斯·佩吉（Charles Péguy）、阿纳托尔·法朗士（Anatole France）以及作为《白色评论报》（*La Revue Blanche*）[①] 专栏作家的犹太人马塞尔·普罗斯特（Marcel Proust），纷纷支持德雷福斯；而小说家莫里斯·巴雷斯和莱昂·都德（Léon Daudet）则持强烈的反对态度。[7] 对其中的一方来说，法国传统制度尤其是军队的荣誉是高于一切的，其成员团结在以诗人保罗·德隆热（Paul Déroulède）为首的“民族主义爱国联盟”的旗帜之下；而与之对立的另一方则通过“法兰西人权学会”的出版物宣扬自己的信条：除了法兰西大革命——共和国公民的平等权利——法国实在是一无是处。左拉曾义正词严地写道：“用卑鄙的手段毒害那些‘低贱的’普通国民，把反动的和不宽容的热情煽动成一股愤怒的浪潮而又将其极力掩盖在反犹主义的毒流之下，这无疑是一种犯罪。如果不能清除这股毒流，作为人权的伟大和自由摇篮的法兰西，终将在反犹主义的浪潮中灭亡。”

对于那些耽于想象的第一批电影纪录片制作人来说，这同样也是一场彼此竞争的激烈战斗。在 1898 年由于左拉“冲冠一怒”而进入争论高潮的时刻，英国电影放映机和传记发行公司决定把粗鲁的反犹分子亨利·罗什福尔（Henri Rochefort）与狂怒的埃米尔·左拉之间的口头论战改编成一场真实的打斗。扮演左拉和罗什福尔的演员用长剑你来我往地互相劈刺，剑光闪闪的决斗以不分胜负而告终。千万不要以为这样的决斗（当然不同于乔治·克利孟梭与德吕蒙之间的真正决斗）不会发生，因为电影胶片完全可以使其变成现实。

---

① 据说，该报出于与当时更强大的《法兰西信使报》（紫色封面）竞争而采用固定的白色封面。——译者注

但是，德雷福斯于1899年夏返回法国并在雷恩临时设立的军事法庭上二次受审，无疑是一个爆炸性的新闻，而“德雷福斯案件”也将引发一场新闻媒体的革命。作为德雷福斯的支持派，本来就是以讽刺影片起家的乔治·梅里爱很快就注意到，反犹主义者显然最有效地利用了公共舆论和出版优势：大量哥特风格的讽刺画充斥着千奇百怪的魔鬼和受害者形象。在这类报纸和杂志上，天主教银行，即显然是为迫使被称为罗斯柴尔德家族的“金融堡垒”中释放资金而设立的“联合总会”的倒闭，其罪魁祸首肯定是“你所知道的那帮人”。“犹太人灭掉了‘联合总会’”的新闻很快就成了人们茶余饭后的谈资。6年之后，巴拿马运河公司倒闭，从而使大约80万投资人陷入困境，这一事件同样被认为是犹太金融家联合制造的国际性阴谋。实际上，科内利奥斯·赫尔茨（Cornelius Herz）和雅克·雷纳克（Jacques Reinach）当时并不是负责该项目的经理，而只是向监管公司市场波动情况的立法议会输送资金的投资方。在这次金融风暴中，卷入其中的非犹太人要比犹太人多得多。但这又能说明什么呢？雷纳克的自杀反而被看成是犹太人有罪的明显证据。

在“联合总会”遭遇惨败之后，这场群众性反犹主义运动的“总导演”爱德华·德吕蒙，出版了一本插图色彩斑斓的《法国犹太人》（*La France Juive*）。这是一本名副其实的“图像大全”（omnium gatherum），几乎包括了“恐犹症患者”心目中所有最容易受到攻击的犹太形象：残杀耶稣的凶手，经济领域的吸血鬼，地位低下的“劣等人”，法兰西的主宰者，嘴上滴着黏液、正在吸食着利爪下的猎物鲜血的爬行动物。这本书第一年就卖出了10万册（显然是一本世纪畅销书），后来又重印了上百次，并且被翻译成世界上的各种语言版本，《法国犹太人》成为第一个叫嚣人种灭绝的“宣言书”。

德吕蒙也并不是一味地我行我素。早在1892年，也就是德雷福斯案件发生之前两年，他就曾警告说，法国军队里迟早会有一名犹太军官成为叛徒。但是，法国军队里有多达300名这样的军官，有些人不免会觉得个人的名誉受到了侮辱，于是便用一种由于犹太人一贯被认为太软弱和太胆小而想都不敢想的方式向诽谤者挑战：决斗。1892 年 6 月 1 日，克里米埃家族（该家族在法国公众生活中的崛起被认为是解放事业的胜利标志）的安德烈·克里米埃·德·福阿（André Cérmieux de Foa），与德吕蒙用军刀进行了决斗。在双方都受了伤之后，决斗便中止了。由于对这次决斗的结果不满，于是德吕蒙又请莫雷侯爵（Marquis de Morès）出面，代他与另一名犹太军官阿尔曼·梅耶（Armand Mayer）在拉亚特岛（Île de la Jatte）上继续决斗。莫雷是一个凭自己的本事打天下的怪人，他曾一度到美国发展，试图恢复早已被他败光的贵族家产。在北达科他州，他经营的养牛场生意颇为红火，但当他试图对家族产业链进行纵向整合即直接参与屠宰和装运业务时，却遭到了芝加哥装运工人的阻挠，他当然就把这次失败归咎于控制着美国经济命脉的犹太人。回到法国后，他的人生目标就是要重塑敢于向犹太人挑战的一代武士的贵族尊严。当时，他的第一次“立威”行动就是与事业刚刚起步、“天生有反骨”的犹太军官阿尔曼·梅耶决斗。这是一场不公平的对决，因为梅耶的手臂在决斗之前就受过伤，但他不想背上胆小鬼的坏名声，于是便荒唐地仓促应战。决斗开始还不到 5 秒钟，莫雷的长剑便刺穿了梅耶的肺部和脊椎，他当天晚上就死在了医院里。莫雷由于过失杀人而遭到逮捕，但在经过审判后却被无罪释放。巴黎的大拉比扎多克·卡恩亲自主持了梅耶的葬礼，但更令人吃惊的是，当时有成千上万的犹太人——有的说有 2 万人，还有的说有 10 万人——赶来参加这次葬礼，这样的举动显然是为了向反犹者们展示犹太人团结一致的精神。

跨越大陆的疯狂

有一段时间，德吕蒙及其反犹主义大业似乎处于守势，并且他主办的杂志《言论自由》（*La Libre Parole*）也遇到了财政困难。所以，德雷福斯对他来说无异于天赐良机。他的杂志率先发布了犯罪方是一个犹太人的爆炸性新闻，并且随后几年便逐渐演化为城里的“犹太人天生不忠诚”的谬论。他叫嚣着：“8年来，我一直在给你们讲，犹太人都是天生的叛徒。”此时的《言论自由》充斥着色彩斑斓的插图，简直就是一个集各种反犹主义仇恨于一体的“魔鬼图鉴”：一只巨大的犹太人样的蜘蛛，把法国缠在一张污秽的毛茸茸的大网中；一个张着血盆大口的犹太人，把獠牙和利爪深深地插进了无辜的法国受难者的身体里；一个长着鹰钩鼻子和肥厚嘴唇的怪物，正趴在猎物身上贪婪地吸着鲜血。曾经被妖魔化为路西法（Lucifer）[①]的帮凶的犹太人，现在则被描绘为撒旦的同谋。他们的安息日搞得很神秘；他们的经书中充满了符咒和杀人计谋；而无辜的民众的生命是他们永远的猎物。在德吕蒙把德雷福斯认定为“卖国贼”16天之后的1894年11月17日，当天出版的《言论自由》的封面上画着两个犹太人，他们正徒劳地试图把双手和衣服上沾着的血迹洗掉。标题赫然在目：“看看这些犹太人！对于我们法国人来说，似乎只有鲜血才能留下这种难以洗掉的印记。”[8]这种幽魂般的幻象完美地融入了19世纪末特有的对恐怖主题的疯狂体验之中：恶魔穿上了短马甲和高筒靴，随意地穿行在我们中间。在一些讽刺画中，甚至还飘散着某种粪便的气味。如果说左拉没有被画成一头动物，那么他往往被描绘成赤裸着下身坐在污秽遍布的马桶上，手中摆弄着一个德雷福斯模样的小玩偶；而在另一幅把左拉画成动物的画面里，他则一边把粪便往自己身上抹，一边把粪便涂在法国的地图上。[9]

《我控诉!》在某种程度上改变了人们认知上的不对称状态。于是，德雷福斯支持者的呼声一浪高过一浪。他们表达了对公民尊严、对永恒的革命精神的高贵诉求。最初在报纸和杂志上发表的一些申诉书主要是迎合知识界的需要，所以传播范围受到一定的局限，但过了一段时间后，像《笛声》（*Le Sifflet*）这样的彩印杂志也开始引起公众的注意，其声势足以与敌对方的叫嚣声相抗衡。德雷福斯支持者所提出的论据大多过于谨慎和讲究，难以产生震撼人心的效

① 传说中撒旦堕落之前的名字。——译者注

果，但他们对文牍蒙昧主义的控诉，尤其是在军方的掩饰行为变得越来越无法无天反而引起了公众的关注之后，却是相当成功的。

尽管这位犹太军官在圣西尔军校里遭受奇耻大辱时努力维护自己的高贵尊严的场面非常具有戏剧性，但像大多数法国人一样，乔治·梅里爱一开始对德雷福斯的命运并没有给予特别的关注。但是，在他的堂兄阿道夫说服他相信德雷福斯是无辜的之后，他制作了一系列一分钟左右的短片，使这一事件对公众娱乐情绪产生了巨大的震撼力，尤其是因为他的影片既可以有选择地单独购买，也可以成套购买。如同命中注定，犹太人从此便与电影结下了不解之缘。

在 1899 年八九月间，在位于巴黎市郊的蒙特勒伊由他特别定制的四面装有玻璃幕墙的摄影棚里，梅里爱拍摄并制作了著名的新闻纪录片《德雷福斯案件》。他利用各种报纸上的图片作为重现戏剧化场面的主要依据，并聘用当地的一位铁架工出演这位被囚禁的英雄，这主要是因为他一身正气的形象非常符合阿尔弗雷德·德雷福斯的气质，而并非他本人有什么特别的表演天分。在影片的拍摄过程中，铁架工的下巴曾一度由于牙龈突然发炎而肿得老高，这就意味着梅里爱只能对着他脸部完好的一面进行拍摄。不过，由于这些电影片段是用当时最大的“68 毫米底片”拍摄的，所以其戏剧性场面的宏大和即时性是不言而喻的。梅里爱几乎不用采取任何夸张手法，就足以开创了扣人心弦的动作片历史。梅里爱本人则出演了德雷福斯的两个辩护律师之一、暗杀犯在雷恩选定的目标梅特·拉博里的角色。这部影片几乎具备了影院里的观众所渴望的所有元素：夫妻间的柔情、邪恶的阴谋、非人的监狱生活—— 一个令人费解又令人同情的宿命式英雄。与戏剧不同的是，电影能够并且当时的确迅速传播开来。从旧金山到敖德萨，影片在一轮又一轮地播放着。当时，针对第二次审判所做的显然十分荒谬的有罪判决，曾在海德公园里举行了一场声势浩大的抗议活动，就完全是因为公众从这部影片里充分了解了德雷福斯案件的真相所致。

德雷福斯案件很快就演变成了一种跨越大陆的疯狂。根据路易斯·卢米埃

（Louis Lumière）旗下的一位名叫弗朗西斯·杜布里埃（Francis Doublier）的摄影师在自传中的回忆，当他于1898年到东欧旅行时，他发现那些在日托米尔（当地生活着大量的犹太人）听他谈起过“德雷福斯案件”的听众，特别希望能在银幕上亲眼看一看案件的真实情景。于是，杜布里埃不得不用一些士兵的旧镜头拼凑出当时的审判现场，假装他们是德雷福斯故事中的一部分，但他的把戏很快就被当地的一个“万事通先生”揭穿了。他指出，其中的某些场景（如遭受侮辱的画面）即所谓的拍摄现场，显然是第一架摄影机于1895年真正投入实际应用之前的画面。

致力于满足观众一睹银幕上德雷福斯风采的渴求的电影人并不仅仅只有梅里爱一家。几乎在同时，查尔斯和埃米尔·帕泰（Émile Pathé）[①] 兄弟也开始了他们以纪录片为主打业务的电影制作生涯。1907年，他们用一种创新的手法再现了这个故事，这部影片最大的优点就是加入了德雷福斯所做的无罪辩护和作为一名军官正式恢复职务的情节，并且同样是在曾经于十二年前见证了他所遭受的种种侮辱的军校的那个练兵场上拍摄的。更具有革命意义的是，英国电影放映机和传记发行公司的法国分部制作完成了历史上第一部现场实景纪录片，从而把真实情景（而是不通过演员）呈现在公众面前。

布列塔尼的雷恩城——重审德雷福斯案的现场——挤满了来自世界各地的新闻记者和摄影师。露西与马蒂厄·德雷福斯每天都要去看望受审前被囚禁在当地的亲人阿尔弗雷德，这样的场景无疑为公司的电影摄影师寻找抓拍富有人情味的画面提供了一个千载难逢的机会。但是，影片“最后的圣杯”仍然是德雷福斯本人。由于害怕囚犯的模样——魔鬼岛的严酷生活已经使他变得非常憔悴而衰老——会引起公众的同情，军事当局已经预先把囚室的窗户用木板遮挡了起来。如果某个铁了心的摄影师试图钻空子记录下德雷福斯短暂的放风画

① “Pathé”现通译为“百代”。法国百代电影公司建立于1896年，以昂首高唱的雄鸡作为片头标识而广为人知。——译者注

面，他们也早已用防水油毡布把整个院子遮了起来。一个名叫“奥德”的人堪称是最勇敢的摄影师，他竟然对军事当局的禁令毫不畏惧，对露西和马蒂厄不希望打扰家人的请求当成耳旁风，用马车装着他那套庞大而沉重的摄影设备一路穿过雷恩的街道，然后在德雷福斯囚禁地点对面的一个高高的房顶上用脚手架把他的摄影机架了起来。有那么短短的一瞬间，他得到了全世界都想看到的悲剧英雄的一面。

那么，除了放映机冒出的阵阵蓝色烟雾，这些摇曳不定的画面究竟揭示了什么呢？这又是为什么？德雷福斯不过是一个像其他人一样的人。尽管大量现成的照片和无数的讽刺画已经把这个“卖国贼”变成了一副更符合反犹主义原型的模样，但他却无论怎么看都不像是一个犹太人。众所周知，所有的犹太人都长着一个鹰钩鼻子，所以讽刺画里也硬给德雷福斯安上了一个这样的鼻子。然而，眼前的这个人，电影里的这个犹太人——以及在全世界流传的千奇百怪、色调昏暗的照片中——却长着一个与他勤奋而庄重的学者风度和文雅的夹鼻镜相当般配的精致鼻子。这恰好是一种再普通不过的人类面部特征，而也正是在左拉受审期间和造假的帮凶亨利自杀之后掀起的犹太主义狂潮中，对犹太人的侮辱反而远远超越了通常的原型，转而开始采用现代的生理学特征。由于德吕蒙一直在寻找机会转移公众舆论的方向，于是便萌生了一个似乎更聪明的想法：把亨利的遗孀装扮成一个悲痛欲绝、楚楚可怜的女人，一个与露西·德雷福斯（她的坚贞不屈已经成为对方阵营的一个传奇）完全一样的节烈女人和蒙冤亲属。当发现亨利不仅参与了军方掩盖丑闻的恶行，而且实际上是埃斯特哈齐叛国的同案犯时，德吕蒙又产生了一个出人意料的想法。他随后向公众发出呼吁，建立一个名为“亨利纪念碑”的基金会：为支持他的遗孀和为逝者恢复名誉而花费的法律成本募集资金。

“亨利纪念碑”基金会很快就吸引了 2.5 万名捐助者。德吕蒙还按照社会等级或职业——教会、贵族、军方等——分门别类地公布了捐助者的名字，并对这项专门基金做了简短的介绍，以期募集到更多的资金。在这些介绍性文字中，他对犹太人竭尽非人侮辱之能事，往往用反犹主义的脏话把他们蔑称为“以色列鬼”或“犹太佬”。这类妖魔化称呼的污蔑色彩是如此强烈，竟然使支持德雷福斯的著名诗人皮埃尔·基亚尔（Pierre Quillard）在他自己主办的杂志上逐字翻译并做了解释，以便在犹疑不定的公众中激发起一种恐惧和羞耻感。为了与反犹主义的新词汇步调一致，通常使用的生物学、动物学和细菌学侮辱方式也变得五颜六色、俯拾皆是。犹太人是“大都市里的寄生虫”、“商业界的害虫”、蠢驴、毒蛇、秃鹰、溃烂的微生物、活着的病菌传染源，等等。为了保护法兰西免遭这些寄生虫和传染病的侵害，必须一次性地把他们从国土上清除掉。一旦他们被迫穿上黄色的衣服并聚集在一起，他们就会收拾行装返回他们“心中肥沃的犹地亚”，或去撒哈拉或魔鬼岛。所以，最好有人能出面组织并动员所有的马车，以满足他们离开的需要。当然，如果嫌发动如此多的人力和物力太麻烦，那么也可以直接把他们消灭——无论他们在哪里，一旦发现就在肉体上予以彻底消灭。

至于如何对待和处理这些肮脏的“以色列鬼”，他们提出了各种各样的建议，且一个比一个残忍狠毒。一个以反犹者自命并以此为荣的医学院学生竟然声称，他宁愿用犹太人也不愿用“那些无辜的兔子”去上他的活体解剖课；而另一个学生则奚落道，他们的皮太坚硬，味道也太难闻，没有一点实用价值。还有一个学生写道：“我不会伤害一只苍蝇，但我却愿意说‘犹太人去死吧’。”有一位母亲甚至自豪地写道，她保证她刚出生五天的女儿杰曼涅将成长为一个反犹女英雄。在一支驻扎在“祖国”边境地区的武装部队里，一帮自称为军官的前线炮兵竟然叫嚣着，他们正在“焦躁地等待着命令，时刻准备向成千上万毒害国家的犹太人开炮”。那些处于社会下层的神职人员，如乡村牧师（curés de campgne），则完全失去了理智，“迫切希望对犹太人实施相关政策”。于是，一些极端词汇在几乎所有的学术领域和社会阶层中频繁出现：“贵族阶层”、法律和医学界、普通学校和大学，当然也包括文学艺术界。有一位“来自图尔的米切隆”（Michelon of Tours）声称，只有“看到最后一个‘以色列鬼’咽气，我们才能享受到神仙般的快乐”。还有一些人则说，他们之所以积极捐款，不仅是为了支持那位不幸的寡妇和为逝者建造纪念碑，更是为了“吊死犹太人买更多的绳子”。

皮埃尔·基亚尔显然认为，通过重新翻译和出版这些充满疯狂和仇恨的言论，就可以促使那些犹疑不定的人退缩，从而加入维护人性尊严的阵营中来。但他错了。这样的曝光方式只会使邪恶势力更加猖狂。一个巨大的恶性脓疮已经撑破了文明社会的脆弱外皮，并开始侵染一个现代国家的政治肌体。[10]

II. 大幕拉开

案件的反思

难道在“银幕”上看到一位戴眼镜的上尉蒙冤受屈，仅凭这样的画面就能使犹太人的故事演绎为人类的故事？有一张表现当时侮辱场面的布纹纸照片得以保留了下来，从其拍摄角度来看，拍摄者显然位于那些注意力完全集中在练兵场上的围观观众的身后。这就把整个观众席和下面远处的侮辱场面同时收进了他的镜头之中。《我的偶像》（*The Cult of Me*）的作者和《国徽》（*La Cocarde*）杂志的编辑莫里斯·巴雷斯甚至认为，这个画面比亲眼看到在绞刑架上行刑还要刺激。之所以会有这样的刺激感，当然是因为侮辱的对象是犹太人，看到这个画面时的兴奋使他回想起了围观犹太人被踩在脚下的古老传统：宗教法庭的“公开审判大会”，曼托瓦焚烧犹太女巫的现场，罗马的“犹太人赛跑游戏”——这些都曾引起阵阵尖叫和哄笑声。有一位英国摄影学会的会员在真正见识了新媒体为人们带来的这种替代性的恶毒刺激所产生的潜在影响力之后，在评论这张照片时认为，这其实是一种“利用照片实施迫害的行为”。[11]

当然，这并没有能够阻止这张照片的广泛传播 。尽管法国也颁布过一项法令，禁止对这类公众事件进行拍照，以确保照片不会在国家最倚重的地区散发，但对此也似乎无能为力。

1895 年，当德雷福斯被押解到魔鬼岛上服刑之后，这一事件似乎慢慢平息下来。除了法国的军事司法部门，几乎没有人知道他已经被定罪，除非看到一份所谓的“秘密卷宗”。然而在 1896 年末，随着贝纳尔·拉扎尔那本言辞犀利、怒气冲天的小册子的正式出版，这一案件反而变成了一个“重大事件”。一年后，左拉加入了这场运动，这件案子才真正成为一个轰动世界的事件，其意义远远超出了“犹太人”本身，从而成为对即将到来的新世纪可能面临前景的一个警示性预言。难道在民主思想与本能的偏见之间、理性与激情之间、公正与集体意识之间马上要进行一次决战？左拉肯定是这样想的，他甚至宣称，第三共和国的存亡完全取决于是否能承认并纠正反犹主义的思想和行为。而像爱德华·德吕蒙这样的敌人当然怀有与之完全相反的想法：如果犹太人不受到应有的惩罚——管制、驱逐和灭绝，那么法兰西（即使不是整个欧洲）将会灭亡。对于这些敌人来说，他们这个现代民族国家的命运已经到了最危急的关头：如何从王朝更替的周期性衰退并最终垮台的阴影中重新站起来？一个民族国家的延续是靠道德规范还是种族渊源，是建立在民族浪漫还是宪法原则之上？国民性的塑造是靠启蒙运动中倡导的公民平等，还是取决于不同种族、血统、地域和记忆之间的神秘交流与融合呢？囚禁中的德雷福斯在给他的妻子写的一封令人心酸的家信中痛苦地表达了心中的困惑：为什么最注重理性（他自己也终生以此为荣）的启蒙运动，会被如此残酷地扼杀在摇篮之中呢？争论的主题已经远远超出了“犹太人能成为真正的法国人（或德国人、俄国人、英国人）吗?”，争论本身已经变成了一次关于“根”的争吵，在这次争论中，到处流浪、四海为家的犹太人被习惯性地指责为“无根族”，所以注定了只能采取守势。顽固坚持君主制的极端者莱昂·都德坚持认为，无论德雷福斯怎么表白，他都“算不上法国人”，并且这一假定可以推及任何一个天真地相信他是无辜的人。巴雷斯还阴阳怪气地承认左拉在为德雷福斯辩护时是诚实的，但这却不能掩盖一个众所周知的尴尬事实：左拉自己实际上也不是法国人。其实，巴雷斯本人虽然出生在奥弗涅（Auvergne），但他的家庭却是来自洛林，那里虽然是于 1870 年落入德国人之手的东部边境地区，但却仍然是文化战争的战场。他写道，一道屏障……他和左拉分离开来。“这个屏障是什么呢？就是阿尔卑斯山脉……因为他的父亲以及他祖先的血统是威尼斯人。埃米尔·左拉的思维方式就像一个‘无根的’威尼斯人。”[12]

在像巴雷斯这样的极端民族主义者心目中，地域和历史对犹太人不会产生任何影响。他们唯一的“祖国”就是金钱王国。他们只知道哪里有钱就往哪里跑，并且还争先恐后地往那里跑。所以，任何一个犹太人都不可能爱国，因为爱国的前提是要对祖国有深深的依恋。所以，德雷福斯的罪行是，他根本不可能体现出这身军装所象征的忠诚，但他却穿上了它。说到德雷福斯在每一个蒙冤受屈的时刻，用他能发出的最大声音，为他对祖国和军队坚定不移的忠诚进行抗辩，这些举动却被巴雷斯之流理解为犹太人伪装技巧的另一种表现形式。巧妙伪装的面具后面隐藏着一副魔鬼的面孔，这正是反犹太主义讽刺画最喜欢采用的主题。[13]

但是，当他们在 1895 年 1 月 5 日那个灰暗的冬日晨雾中看到德雷福斯时，并不是所有的人都认为他戴着面具。在蒙冤受屈的现场，在围观的人群中不时爆发的“犹大”和“犹太人去死吧”叫喊声中，他所表现出来的那种坚忍和刚毅，似乎并不是装出来的，事实上，那恰恰是一名军人应有的镇定。德雷福斯的镇定和清醒完全出乎反犹者的预料。一个犹太人，即使他不是叛徒，通常也被认为是极度紧张、手足无措和焦虑不安的。可他哪里有丝毫的恨意，哪里像一个被冤屈和侮辱所击垮的人？在 15 分钟的受折磨过程中，他为什么一直没有喊叫，也没有流下一滴眼泪？更令他们恼怒的是，德雷福斯拒绝扮演一个被吓倒的“败类”的角色。他高昂着头颅，用沉默表达他的蔑视，然后义正词严地证明了自己的无辜，并表达了对法国及其军队的忠诚。当卫兵押解着他离开练兵场，穿过一群正在发出“犹大”嘘声的观众时，德雷福斯甚至还以极大的勇气呵斥道：“住口！我不允许你们侮辱一个无辜的人。”

德雷福斯的镇定和清醒，使得那些本来事不关己的观众不得不改变了原来的看法，认为他的“感情缺失”不过是一种反常的性格表现罢了。莱昂·都德一开始把他描绘为“一个死硬的木偶”，然后又把他归类为早年图斯内尔丑化的动物谱：“一只黄鼠狼”。要不然，他难道是用石头制成的?《巴黎晨报》（*Le Matin*）的记者则把他描绘为“一座活雕塑”，但这样的比喻显然不是出于奉承。还有一些人则把德雷福斯非凡的自我克制能力归因于“日耳曼人的”性格。对巴雷斯来说，正是德雷福斯“苍白的”面容，即“叛徒的面色”暴露了他的真实身份，因为这种苍白恰恰是“‘隔都’里遗留下来的”。还有一些人说，他们发现他走路好像有点儿瘸。但是，中立者则只是从不同的角度对德雷福斯非凡的镇定表现评头论足而已。例如，维也纳报刊《新自由报》（*Neue Freie Presse*）[该报刊虽然是由犹太人莫里茨·本尼迪克特（Moritz Benedikt）和爱德华·巴切尔（Eduard Bacher）主办的，但却一直谨慎地维持着无党派立场]派驻巴黎的一位记者就写道，当他走进练兵场时，“德雷福斯像一个坚信自己无罪的人一样昂首大步前行”，而“这位饱受屈辱的上尉竟是如此奇怪的坚定态度……给现场的许多观众留下了极其深刻的印象”。[14]

4年后的1899年，还是这位名叫西奥多·赫茨尔（Theodor Herzl）的记者却坚持说，正是德雷福斯案件使他在黑暗中发生了顿悟，使他变成了一个真正的锡安主义者。但是，这不过是他在回顾这段历史时的一种自说自话而已。正如雅克·科恩伯格（Jacques Kornberg）和施洛姆·阿文内利（Shlomo Avineri）所指出的，他在同一时期的日记和通信中似乎从未提到过这个案件。[15]当然，这是完全可以理解的，因为在贝纳尔·拉扎尔对军事当局发起猛烈攻击之前，许多最激进的德雷福斯支持者的确没有深入地思考过这场阴谋，更谈不上对策动这场阴谋的反犹主义有什么清醒的认识。实际上，赫茨尔是在 1896 秋天才认识拉扎尔的，由于深深为对方的激情所折服，所以当年 11 月间，也就是公众舆论爆发之前，他才在日记中写下了这样的话：实际上，德雷福斯很可能是无辜的。[16]

现代困境

在史学界，主要的研究热点集中在到底是在巴黎还是在维也纳，是德雷福斯本人的凛然正气还是奉行反犹主义立场的基督教社会党煽动群众的丑恶行径，对赫茨尔突然转向锡安主义起到了决定性的作用。但是，这两种情况并不是互相排斥的。在 1893~1895 年，他经常往返于这两座城市之间。之所以如此，从某些方面来说纯粹是出于个人原因。他与一位极其富有的钻井和排水设备经销商的女儿朱莉·纳绍尔（Julie Naschauer）之间痛苦的不幸婚姻很快就破裂了。赫茨尔希望尽快离婚，但如果只是长期分居而不是正式地终止婚姻，他就会放弃对孩子的抚养权。1892 年，朱莉与赫茨尔的父母同时搬到了巴黎。所以，他只能一个人待在维也纳，而与此同时，群众性的反犹主义运动日益高涨的形势更使他陷入了孤独和沮丧之中。由于性格和认知上的缺陷，赫茨尔并不相信民主政治，认为它不过是利用那些从 1895 年就获得了投票权的无知公民的一种煽动手段而已。他在维也纳看到的一切，包括反犹主义运动从口头侮辱转向人身攻击的种种现实，进一步加深了他的悲观主义情绪。从早到晚，大街上不时发生砸窗户、烧店铺和随意进行人身攻击的暴力事件。对此，赫茨尔有过刻骨铭心的切身体验：有一次当他刚刚离开酒馆时，曾被当成一个惹人厌的犹太人而无端地遭到呵斥。卡尔·卢埃格尔（Karl Lueger）即将出任维也纳副市长，他的基督教社会党的竞选纲领是立即废除“解放”条款，并最终把犹太人从帝国的领土上驱逐出去。这也正是那些把眼下的经济不景气归咎于犹太人的农民、工匠和小店铺老板最愿意听到的声音。随着反犹主义的声浪日益高涨，那些曾经在犹太解放运动中大声疾呼、冲锋陷阵的自由党人，在反犹主义的疯狂叫嚣面前噤若寒蝉，唯恐会因为批评和抗议活动而失去选票——当然，这么做确会为他们确保不少选票。

这一切让赫茨尔寒透了心。此时的他已经得出了自己的结论：犹太人的解放事业彻底失败了。这场运动曾经承诺，随着教育、居住和职业方面的障碍被清除，随着犹太人越来越全面地融入自由社会，反犹主义兴起的根本原因——犹太人控制了整个金融界以及他们与其他公民同胞格格不入——将不复存在，与之紧密相连的"恐犹症"也将很快消散。但是，所有的承诺似乎都没有兑现。反而每隔几年，"血祭诽谤"的顽症总要复发一次。1882 年，匈牙利蒂萨埃斯拉尔（Tiszaeszlar）的犹太人被指控杀害了一个小女孩，只是因为她的遗体是在当地的一条河里找到的。她的母亲将其归罪于犹太人，其指控后来又被匈牙利众议院的政客们所利用，他们纷纷呼吁把犹太人从当地的立法机构中驱逐出去。仅仅根据一名只有 5 岁的犹太儿童的"供词"，当地犹太社区中就有 15 名成员遭到了参与"仪式谋杀案"的指控。在发现没有任何证据而将犯人无罪释放后，匈牙利的许多城镇（包括赫茨尔童年的家乡布达佩斯在内）都发生了一轮新的反犹主义暴行。

但是，最令赫茨尔感到忧虑不安的正是已经被同化的犹太人所面临的这种现代困境。这类进入商业界和职场的犹太人越多，他们引发的仇恨就越大。那些自由党人，像他的《新自由报》的编辑们，或像扎多克·卡恩和耶利内克在维也纳的继任者莫里茨·古德曼（Moritz Güdemann）这样的现代拉比，却一直在自欺欺人。除非采取某种激烈的集体性变革行动，否则反犹主义的阴影永远不会消散。于是，在针对反犹主义形势而成立的"维也纳保护犹太人协会"发行的周刊上，赫茨尔于 1893 年以最严肃的态度提出了一项建议——堪称他所能想到的最激烈的变革行动：就所有奥地利犹太人的集体皈依事项与教皇进行谈判。不仅如此，这次皈依行动将不以零散的或秘密的方式进行，而是一场精心组织、公开上演的群体大戏。在圣斯蒂芬大教堂前的光天化日之下，将出现一支排得老长的犹太人队伍，等待着一场隆重的集体洗礼盛典的到来。只有这样，同化运动的承诺（显然是赫茨尔渴望已久的目标）才会真正兑现。他写道，这将是“一次伟大的和解”，而不是一次集体投降。赫茨尔的想法显然是违反常理的，他自认为这是一次自愿的而非强迫的皈依活动，是一种保护犹太权益的行为。

难道他疯了？难道一代代犹太死难者恰恰为了避免沦入这样的命运所做的牺牲与他毫无关系？他不是一直在说，犹太人两千年的坚守使他激动不已、感触良深吗？早在 1893 年，他就几乎与犹太教没有什么联系了。他从来不去犹太会堂，也从来不翻希伯来书籍。他认为，对外通婚或许是另一种消磨反犹主义锋芒的有效方式。然而，他犹太身份的印记依然非常明显，并且已经深地刻在了他的家族史上。赫茨尔家庭最初的族名是罗布（Loeb）或罗布尔（Lobl），其希伯来词根“lev”的意思是“心”，后来才被日耳曼化为“赫茨尔”。赫茨尔祖先的居住地是塞姆林（Semlin），位于现在的大贝尔格莱德西北部，在 19 世纪的上半叶，那里除了出过一位名声显赫的人物之外其实毫无可称道之处。这位大人物就是波斯尼亚的塞法迪犹太拉比耶胡达·阿尔卡莱，他几乎投入了毕生精力为犹太人集体回归而奔走呼号。[17] 阿尔卡莱从 1825 年开始就住在塞姆林，几乎与赫茨尔的祖父西门生活在同一时代。西门一开始当老师，后来成了拉比，并且尽管他早年用拉迪诺语写作，但要说罗布尔 / 赫茨尔家族对阿尔卡莱的存在和名声一无所知似乎是令人难以置信的。阿尔卡莱的信仰就表述在他的《第三次救赎》（*The Third Redemption*）中，并被犹太教正统派视为一种属于喀巴拉哲学的异端邪说。因为他认为，犹太人回归故土不需要等待“救世主”的降临，而是要充当其先行者，并且根据他对“救世主历书”的推算，这个吉利的时代应该从 1840 年开始（并且要持续一个世纪才能最终实现），所以相关的准备工作必须立即展开。在他这一代人中，当然也出现过其他一些最早的锡安主义者，如摩西·赫斯和拉比泽维·卡里谢，但与阿尔卡莱不同的是，他们都没有真正到过耶路撒冷。阿尔卡莱早在青年时代就到耶路撒冷求学，当他设想犹太人的回归蓝图时，也是从建立实用的定居点尤其是农业定居点以及宗教重建的角度来考虑的。所以，与赫茨尔本人于1896年在《犹太国》（*The State of the Jews*）一书中提出的轰动一时的纲领性主张相比，阿尔卡莱的设想实际上早了整整半个世纪，并且他的一揽子方案同样也包括通过一家土地银行获得可耕地，组建一家犹太股份公司、一个由犹太贵族作为受托人的管理机构，以及一位有助于在奥斯曼领地内实现经济与交通现代化的行政官员。所不同的是，阿尔卡莱坚持认为犹太人回归故土使用的语言必须是希伯来语，而由于赫茨尔几乎不了解或根本听不懂希伯来语，所以他认为这样的想法东方味儿太浓，如果非要确定一种通用语言的话，那么它必须是一种真正的文明语言：德语。

在他的姐姐于19岁时因伤寒突然去世之后，他的家人从布达佩斯搬到了维也纳，那么，在赫茨尔身上到底还有多少犹太味儿，这的确是一个值得质疑的问题。尽管他们的住处离多哈尼大街上雄伟的犹太教改革派会堂只有几步之遥，但他的父母平日里却很少出席那里举行的祈祷仪式。当时，尚未成年的赫茨尔被送进了一所犹太小学，那里的校长是一位颇有建树的学者，但赫茨尔却宁愿在家里举行一个非正式的"坚振礼"（Confirmation），而不愿意找一所犹太会堂举行正式的成人礼。无论是在布达佩斯还是在维也纳。他作为犹太人的大部分经历很可能与他的期待完全相反：在校园里遭到辱骂和训斥，或者受到嘲弄。在1873年维也纳股票市场崩盘之后，尽管雅各·赫茨尔（Jacob Herzl）作为股票经纪人也是众多的犹太受害者之一，但他肯定对犹太人（尤其是罗斯柴尔德家族）被视为引发这场金融灾难的罪魁祸首而受到一贯攻击的事件多有耳闻。

“阿尔巴人”俱乐部

然而，这一切都未能让年轻气盛的赫茨尔对自己会成长为另一个积极向上并出人头地的犹太人的前景失去信心。他进入维也纳大学后开始攻读法律，并参加了辩论大会和读书会（Akademsche Lesehalle），然后又参与了奥地利爱国学生与日益尖锐的日耳曼民族主义青年学生之间的激烈争论。[18] 尽管学校的规章要求各学生团体保持中立，但激进的民族主义者还是时常邀请反犹主义的领袖人物格奥尔格·冯·索纳勒发表煽动性演讲。赫茨尔还加入了一家名为“阿尔巴人”（Albaia）的大学击剑俱乐部。正式入会的唯一条件是能够在第一个回合在对手的脸颊上留下一道荣誉的伤疤，尽管赫茨尔为此进行了长期的艰苦训练，但他认为自己的表现并不理想。尽管如此，这也足以让他享受到自己需要的那种乐趣。对于赫茨尔来说，能够加入一家像“多瑙河人”（Danubia）这样的决斗术训练团体是他多年的愿望，因为这类团体往往更愿意为一个多民族的帝国效忠，因此也吸引了更多的犹太学生。但是，赫茨尔还是选择了更具有进攻性、完全日耳曼化并且偶尔开一些带有反犹色彩玩笑的“阿尔巴人”俱乐部。他本人则被誉为（无疑是讽刺的）“来自加利利的坦克雷德（Tancred）王子”，他是那种古怪的典型，一个高大、潇洒的犹太人，他会因为这种古怪成为大家寻开心的对象。所以，在此后的一段时间内，赫茨尔索性进入了自己的表演角色，整天戴着“阿尔巴人”标志性的蓝帽和饰带，摆弄着一条象牙把的黑色手杖在校园里招摇过市。他经常与男同学喝酒，与女同学鬼混，充分享受着宿醉的痛苦和赞扬的掌声。但是，即使他的表演非常成功，但作为一个自称为“来自匈牙利的德国犹太人”但却又尽量装出一副不属于其中任何一个国家的男人，他开始用信仰上的缺憾来折磨自己。当时，校内的各日耳曼民族主义学生团体共同举行了一次纪念刚刚去世的音乐家理查德·瓦格纳的大型集会。说实话，赫茨尔本人对瓦格纳并没有什么成见——恰恰相反，他是瓦格纳的一个热情崇拜者——但他却宣称，这次活动已经堕落为反犹主义的帮凶，并宣布退出“阿尔巴人”俱乐部，随即交回了他的蓝帽和饰带。雅克·科恩伯格已经注意到，纪念瓦格纳集会上的演讲实际上带有更多的日耳曼民族主义色彩，并没有强烈的反犹主义倾向，至少没有超过赫茨尔在作为俱乐部成员期间通常听到的进行反犹宣传的激烈程度。但是，赫茨尔却声由心生，敏感地认为这些演讲带有强烈的反犹色彩，并坚决地退出了该俱乐部。

创作初期

离开“阿尔巴人”的行为并不能说明他突然生发了一种奋起自卫的犹太意识。在随后的几年里，虽然赫茨尔一直从事法律工作，先是在维也纳，然后又转到萨尔茨堡，但他无时无刻不在向往着被他认为是犹太智慧的源泉但被感性的德国人抢得了先机的文学生活。回到布达佩斯后，他和姐姐一起创办了一本文学杂志，并为其起名为《我们》（*Wir*），而赫茨尔则越来越多地扮演起作者的角色。他一直在写小说、做新闻和戏剧创作之间犹豫不定，但在某种程度上又希望在这三个领域都能试一试身手。于是他放弃了法律，开始认真写作，同时也开始了一种纯粹的花花公子生活。他经常到海德堡（Heidelberg）和巴黎旅行，夏天则陪着父母到湖边的温泉疗养，他的作品也零星地发表在报纸和杂志上。他的身边有很多年轻姑娘，但按照他的文学好友兼医生亚瑟·施尼茨勒（Arthur Schnitzler）的“诊断”，她们要么是应酬女郎，要么是交际花，要么是完全相反的另一类姑娘——被他捧为温柔而纯洁尤物的年轻甚至非常年轻的青春少女。1889 年，他迎娶了其中的一位——朱莉·纳绍尔，正如大家所知，结果是灾难性的。

后来，他陆续创作了一些戏剧作品：轻喜剧，是一种容易被遗忘却也无伤大雅的类型，强烈的观众亲和力足以使其顺利搬上舞台；小歌剧，大多不需要音乐或伴舞。赫茨尔的终生愿望就是他写的剧本能在维也纳最好的剧院——

“城堡剧院”上演。虽然这一愿望没有实现，但他的许多作品能够在柏林和维也纳顺利公演就已经让他非常满足了。

但是，几乎是在阿尔弗雷德·德雷福斯遭到逮捕并被押走的同一天，即1894年10月21日，赫茨尔也开始（据他本人后来所说，完全是出于一种精神上的创作冲动）着手写一个剧本，其目的（同样是照他自己的说法）并不是为了公众娱乐，而是为了引起争论。《新“隔都”》（*The New Ghetto*）展示了一系列高谈阔论的场面，一个生活不尽如人意、被同化但却积极向上、名叫雅各·撒母耳（Jacob Samuel）的犹太律师（似乎有一丝作者本人的影子）一直在舞台上面喋喋不休。他一直做着完全被接纳为公民的美梦，但这却由于他的内弟与一位名不见经传的浪荡贵族施拉姆（Schramm）私下交易和暗中使坏而彻底破灭。他最后的结局相当悲惨，雅各最好的非犹太朋友抛弃了他，而他再也未能走出这次友情背叛的阴影，并最终在与施拉姆的一次决斗中结束了自己短暂的生命。（赫茨尔自己也很喜欢决斗。）[19]赫茨尔从1895年春开始记述的日记表明，他当时已经皈依了他所称的“犹太事业”（Judensache），并且深受十四年前阅读欧根·杜林（Eugen Dühring）的反犹主义文集《论犹太人问题》（*On the Jewish Question*）的巨大影响。杜林在该书中的指责终于使赫茨尔清醒地意识到，自己所坚持的日耳曼化道路实际上是一条死路。“随着时光的流逝，《论犹太人问题》一直在困扰着我，折磨着我，使我非常痛苦。”[20]

然而，正是在1894~1895年间，一个解决这种痛苦困境的答案在赫茨尔的心中慢慢清晰起来。如果不能为犹太人建立一个国家，从而使他们能够掌握自己的命运，并且把维持自己的犹太身份当成一种荣誉，那么他们就永远没有自尊可言。当他开始描绘这个蓝图——为自己同时也向像莫里斯·德·希尔施这样的未来犹太商业巨头——时，赫茨尔对许多锡安主义先驱，如摩西·赫斯、莱昂·平斯克以及“热爱锡安者”，只是有一种朦胧的了解（当然不会是一无所知）。平斯克于1891年在敖德萨去世，而当赫茨尔在五年后终于能坐下来仔细研读《自我解放》一书时，他非常震惊地发现，他们两人的远大理想竟然不谋而合！

但是在这个问题上，赫茨尔与“热爱锡安者”或阿尔卡莱的唯一不同之处就是他们坚持的所谓实用的渐进主义。这些锡安主义先驱一致认为，首先应该在巴勒斯坦的土壤里播下种子（既取其字面意义，同时也是一种比喻），从而使一个完全不同于以耶路撒冷和加利利为代表的宗教社团形式的犹太社会生根发芽，然后才谈得上民族国家这样的政治问题。然而，正如赫茨尔并不认同欧洲的犹太解放运动采取渐进主义一样，他对犹太人在巴勒斯坦采取渐进主义的做法也同样没有兴趣。他认为，这两种渐进主义的结果必然以失望而告终，并且从时间的紧迫性来看也是注定行不通的。犹太人正在遭到虐待，他们的房屋和店铺正在燃烧和倒塌。随之而来的必然是大屠杀，他对这一点深信不疑。在这些早期锡安主义者的思想基础上，赫茨尔还提出了一种新的观点（这是他从有关“驱逐犹太人”的反犹主义言论中推断出来的必然结果）：大规模移民行动可以假借某个大国之手来完成。对赫茨尔来说，这种直觉不仅是一种运作技巧，而且在心理上也是顺理成章的。作为一个被同化的犹太人，他不光极力取悦于各种各样的非犹太人，甚至还提出过集体背教的荒唐想法，他现在仍然希望通过某种方式实现“和解”，完成一种历史性的利益交汇（即使各自的命运不同）。锡安主义应该看成是一件对犹太人和非犹太人都有好处的事情。当他告诉德皇，他的解决方案将从德国“排掉”大量过剩的犹太人时，为什么不能信他一次呢？当他告诉土耳其苏丹阿卜杜勒·哈米德（Abdul Hamid），如果允许犹太人回归，那么犹太人的金钱将使他的帝国彻底摆脱“欧洲债务控制委员会”的控制时，他觉得苏丹高兴得都要跳起来了。

实际上，他是想让每一个犹太人都高兴得跳起来！因为只有当那些真正愿意继续当犹太人的犹太人离开欧洲并返回他们的故土时，那些不愿意继续当犹太人的犹太人才能心安理得地享受他们的同化成果。显而易见，唯一让赫茨尔吃不准的是散居状态下形成的多元文化现象，因为这样的思想意识使得各地的犹太人往往更愿意在一个犹太民族国家之外过一种完全犹太式的生活。他认为，这种短视行为实际上是自讨苦吃。当他偶然遇到莫里茨・古德曼时，这位早已变成彻头彻尾的锡安主义敌人的维也纳拉比，竟然请求赫茨尔（摆出一副开玩笑的派头，显然毫无诚意）“解释一下”锡安主义的含义，他事后评论说，这位拉比提出犹太人的“使命”就是散居到世界各地，说他们回归故土无异于主动放弃了就地与反犹太主义进行斗争的初衷。赫茨尔认为，这些都是道貌岸然的自我欺骗，实际上是一种以自由意志为名行实施集体自杀之实的托词。

戏剧追求

他已经受够了低调的社会改良主义。1895 年的赫茨尔想把他的戏剧天赋带出剧院，进入强权人物的社交圈子，尤其是要将其归还给那些争吵不休、饱受惊吓的犹太同胞。从大的方面看，他有点像瓦格纳和尼采，因为他坚信，只有采取某种有助于增强自我意识的果敢行为，才会引起一种出乎意料、意想不到的剧烈变化。此时的赫茨尔开始着手扮演一位努力唤醒犹太民族意识的真正的“戏剧大师”。他的大部分时间都在对着镜子研究自己的妆容，排练自己的角色。服装和肢体语言对于一个政治演员来说，就像对舞台演员一样重要。第一印象尤为关键，他要让那些老谋深算的强权人物知道，一个真正的犹太人是如何说话、走路、穿戴和微笑的。赫茨尔本人说的是一口带有普鲁士味儿的高地德语，并没有丝毫被他鄙视的那种意第绪语腔调，但这两种语言又似乎都赶不上奥地利或匈牙利口音的轻快和柔和。所以，语言的选择也非常重要。

当时，他心中的偶像是奥托・冯・俾斯麦，他觉得，就强大的个人魅力和表演天赋而言，俾斯麦无疑是民族精神的完美化身。正是这位被赫茨尔崇拜得五体投地的“铁血宰相”，如今出现了“金属疲劳”的迹象，他已经退休在家，权势尽失。赫茨尔便给他写信，以期得到他对锡安主义的同情与支持。但这封信却像泥牛入海，音信杳然。这样的结果并不令人感到特别意外，毕竟两个人的地位判若霄壤。但是，俾斯麦当年的统一大业却是在犹太银行家格尔森·冯·布莱施罗德资助下才得以实现的，所以赫茨尔就在想：为什么同样的钱不能用在眼下的锡安主义计划上呢？不管有没有俾斯麦帮助，赫茨尔的优势就在于“无所畏惧”：一副“浑然不顾一切”的莽汉形象，一种足以让说三道四的人闭嘴并使广大群众精神为之一振的胆气。赫茨尔认为，在一个即将到来的大众政治时代，无论这种街头呼喊的造势方式本身是好还是坏，都必然会引起一场电闪雷鸣般的剧变。新政治不过是一种通俗化的宗教罢了，其“硬通货”是启示而不是理性。传统的自由精神，不管是犹太式的还是非犹太式的，都往往是痛苦地算计得失、充满了紧张与焦虑，一味鲁莽行事只能导致失败，所以在大众时代，这种陈旧的观念注定要让位于更多地受肾上腺素支配的神奇灵感。如果犹太人不能孤注一掷地投入到这股危险而汹涌的时代激流中，他们就将被突然扑面而来的大潮所吞没。

赫茨尔在狂热而坚定的信念中记录下了所有这些激进的想法——足以为现代犹太民族身份创建一张宏伟的蓝图。而在他从此开始写的日记中，明确地记录了他向自己新的历史使命，即为犹太人的事业而奋斗转化的心理过程，并且一开篇就充满了宏大的气势与庄严的使命感：

> 在过去的一段时间里，我一直在忙于一项极其伟大的工作。但在眼下，我并不知道我是否能够坚持下去。这项事业看起来就像一个遥远的梦想。但是，随着一天又一天和一个又一个星期过去，这个梦想超出了自我意识的控制而时刻萦绕在我的心头，无论我到哪里都挥之不去，徘徊在我的日常谈话中，回旋于我的琐碎事务之间，一直围绕着我，让我如醉如痴。[21]

求助于那些能够决定这一计划生死的犹太大富豪的经历使赫茨尔意识到，他们只会表现得疑虑重重，认为这一计划不切实际而不愿意掏钱，所以他觉得最好还是先纡尊降贵，求助于一位对金钱权力的冷酷现实一无所知的典型知识分子（其行事方式与富人完全不同）为好。于是，他开始不停地写信，这样起码能起到一种自我澄清和反复演练的作用，从而对潜在的赞助人产生某种精神上的启迪。

寻找赞助

他求助的第一个目标就是莫里斯·德·希尔施男爵。希尔施曾出钱资助过“世界以色列人联盟”和“犹太垦殖协会”，不仅使大量的俄国和罗马尼亚犹太人成功移民中东，而且还让一些犹太人迁到了美国、巴西和阿根廷，希望他们能从此变成农场主和牧场主。赫茨尔带着他标志性的厚脸皮写信给希尔施，并有意无意地提到他以前的做法其实是在浪费时间和金钱，他的思路应该更开阔一些。赫茨尔明白，男爵肯定会认为他是一个空想家，他的计划是空中楼阁，但是他认真补充道：“请相信我，作为一个完整民族的战略计划，尤其是在犹太人散居世界各地的情况下，恐怕只能通过一种无法解释的‘空中楼阁’的思维模式才能实现。您知道德意志帝国是靠什么制造出来的吗？是德国梦、歌曲、幻想和黑红金三色旗——并且在短期内‘狂轰滥炸’的结果。俾斯麦只是晃了一晃梦想家们曾经栽下的那棵树而已。① 什么？您不知道这些无法解释的事物？那么什么是宗教？您可以看一看犹太人为了这个远大的前景在长达两千年的岁月里忍辱负重的流散生活，就完全明白了。”[22]

所有这些备忘录式的鸿篇高论被希尔施本人的一纸便条所打断。他在便条中告诉赫茨尔，他将在 6 月初在巴黎做短暂停留，并且在此期间可以在爱丽舍大街 2 号的“家里”接见赫茨尔。

① 意思是俾斯麦轻松收获了最后的果实。——译者注

这个地方听起来像是一个家庭住址，尽管位于巴黎最富有的住宅区，并且埃米尔·佩雷拉曾一度是这座豪宅的主人。在几乎没有任何准备的情况下，赫茨尔就走进了这座宏大的建筑。“这简直是一座宫殿。”在6月3日见面之后，他在日记中提到这座豪宅时仍然惊叹不已。他的确并非夸张。希尔施把街道一边的三处宅院和对面的两处房产合并在一起，才建成了这座算得上规模惊人的豪宅，但与此同时，也使他成为那些犹太新暴发户激烈抨击的目标。德吕蒙对“爱丽舍大街2号”曾有一段美好的旧时回忆，并注意到这座建筑的正面楼梯是如此宽大，足以让一个团的士兵同时下楼也不会显得太拥挤。实际上，希尔施根本不是短期内突然暴富的，但其财富的积累过程却完全是犹太式。他和妻子都来自很久之前就属于“宫廷犹太人”的犹太世家。他的祖父作为巴伐利亚国王的银行家而被封为贵族，他的母亲来自韦特海默家族，而他的父亲则在路易·拿破仑统治时期把家族产业扩张为一代巨富。莫里斯本人后来进入了铁路、铜矿和制糖业，并为“东方快车”公司奠立了金融基础，而三年后，西奥多·赫茨尔正是乘坐东方快车开始了他的历史性东方旅行。当赫茨尔在巴黎与他会面时，后者的身家已达整整一亿法郎。

理论上讲，赫茨尔对慈善事业是不屑一顾的，但当他走过一望无际镶有华丽装饰的房间，站在白色大理石的地板上，穿过模仿凡尔赛宫镜厅——这座宫殿正与希尔施自己的宝乐嘉城堡（Chteau de Beauregard）相邻——的重重玻璃门时，这里的富丽堂皇令他折服。“太妙了！”（Donnerwetter!）出人意料的高品位！他两眼注视着墙上的壁画，双手抚摸着洛可可式座椅的包金扶手。头戴假发的家仆用傲慢的眼神盯着他看，他才忽然意识到自己不雅的穿着。这是一个常见的尴尬场面。这一切使他感到紧张，同时也使他有点表演过火。当男爵从台球房里走出来时，他给人的印象应该是一次抽空的短暂会面，因为看样子他随时准备离开。但是，我们这位以犹太事业的先锋自命的赫茨尔似乎并没有注意到这一点。在开始他的长篇大论之前，赫茨尔说，他希望能够至少占用男爵一个小时的时间，否则这次谈话将是毫无意义的，并且对双方来说都是一种时间上的浪费。这是一种鲁莽的开场白，很可能会引起强势人物的特别注意，也可能遭到对方的直接拒绝，但却往往会获得成功。赫茨尔的外表——弯曲的亚述人胡须，亮闪闪的眼神，高大的身躯支撑着他的派头，从而为他的高姿态开场增加了庄重而戏剧化的说服力——立即引起了对方的高度注意。但是，更多的还要取决于他谈话的音调，而正是他的“高调”出击，而不是深沉的谈话方式，使他大获全胜，虽然没有被录制下来——因为当时虽然用于录音的蜡筒唱片已经应用了 10 年，但真正的实用性录音机似乎还没有发明出来。

希尔施由于同意倾听赫茨尔的陈述而获得了“回报”，他被告知，“您是一个极其富有的犹太人，而我是一个高尚勇敢的犹太人”，并且他正在把大把的金钱扔入臭水沟里。如果不讲策略，那么这样的计划的确是一场艰难的战斗。阿根廷的地主阶层拒绝出售土壤肥沃和水源充足的草原，迫使犹太人只能在一些干旱贫瘠的土地上定居，这样的环境不仅种不了庄稼，养不成牲畜，并且也扼杀了他们的希望。蝗灾和各种疾病使当地的犹太垦殖区沦落为荒废状态，所以到 1895 年，那里最早的 6000 多犹太定居者大多数已经迁到了像布宜诺斯艾利斯这样的大城市里。[23] 那些勉强留下来的犹太人迫切需要新一轮投资。赫茨尔继续说，更糟糕的是，这种大规模的重复性爱心投资，使他们养成了一种道德缺失的“寄生虫”（schnorrerism）生活习惯：一种衣来伸手、饭来张口的乞讨式生活，使那些不得不靠施舍生活的人开始自我轻贱，并且必然在施舍者与被施舍者之间引发各种各样的怨恨情绪。与此相反，他特别提出一项切实可行的计划，从而用民族尊严、集体荣誉和自立精神取代这种依赖性。这项计划以如下的原则为先导：无论犹太人身在何处，他们一起构成了一个单一的民族。首先在他们祖先的家园给予他们一方土地，使这种民族意识建立在坚实的土地之上，然后他们才能像地球上的任何一个民族一样，为自己找到自尊，并赢得全世界的尊重。希尔施为什么不能支持这样一项建议呢？并且实施这项计划的必要条件也已经具备，那就是用金钱打动苏丹，允许并鼓励在巴勒斯坦为犹太人建立一个民族家园完全符合他本人的利益，因为作为回报，大量的犹太资金将有助于消除奥斯曼帝国所面临的沉重的债务压力，从而使苏丹恢复其应有的主权地位。而作为一种额外的收获，这项锡安主义计划将成为垂死挣扎的奥斯曼帝国全面实现现代化的动力源。所有的医生、化学家和工程师将一起参与这项伟大的事业！

如果希尔施愿意支持这项计划，那么他大可不必担心犹太人的集体移民会造成混乱，或把犹太人推向无政府主义（随着一次次的爆炸性消息传播开来，在 19 世纪 90 年代法国的每一位犹太人心中曾引起过同样的担忧情绪）。恰恰相反，如果安排得当，这样的大规模移民活动将变成一种阻止革命性骚乱的预防措施，因为整个活动是按步骤一步一步进行的，并且由一个“犹太人协会”出面统一协调。赫茨尔本人将负责建立这样一个临时的移民协调机构，等任务完成后会主动解散。男爵亦不必担心整个计划会变成某种为满足赫茨尔个人的“救世主”欲望而上演的新式闹剧。

那么，希尔施又是怎么想的呢？他只是偶尔打断一下赫茨尔滔滔不绝的陈述，承认自己盲目的善举所造成的不良后果，致使在维也纳和巴黎的贫困地区以及阿根廷出现了对犹太精神具有极大腐蚀性和破坏性的“依赖施舍”的现象。但是，两位犹太伟人终于完成了一次心灵的交汇。这个旨在实现民族独立的计划仍然是一个危险的乌托邦，它势必对法国犹太人的社会地位造成极大的危害，尤其是在新一轮偏见甚嚣尘上的危急关头，他们必然会遭到“脚踩两只船”的严厉指控。再见吧！当走下希尔施那段宽大的楼梯时，赫茨尔不由得陷入了对“阶梯精神”（esprit de l’escalier）的沉思之中，回想着他为了加强自己的论据而应该说出的一切。后来，他又把这些草草记下的点点滴滴和记忆中的碎片整理在另外写给希尔施的信件中，当然这些信件更多的是写给自己的。他的计划并不是异想天开，而是切实可行的，因为“我并不在乎让人看起来像堂吉诃德”；犹太人也尚未认识到这项计划到底将如何运行，这是因为“他们还没有足够绝望”；而阿根廷的犹太定居点“只是牛刀小试而已”，等等，等等。

《犹太国》

随着巴黎由春季转入夏天，对希尔施作为强大“动力源”的希望却开始逐渐破灭，赫茨尔四处奔走，并再次给俾斯麦写信，希望这位显赫一时的大人物“能支持或挽救我”，但他最终似乎只能求助于希尔施的竞争对手罗斯柴尔德家族。他要向“罗斯柴尔德家族，向他们的‘家族委员会’认真地讲一讲”，并且首先要充分揭露犹太富人那种志得意满、冷漠无情的心态，进而让他们相信，反犹主义并不只是一个无关痛痒的毁坏犹太人形象的问题，而是一个关系到现在和未来的黑心阴谋。在皇家酒馆里的炖锅旁，他近乎疯狂地不停地写啊写，他写得越多，就越为自己变成了一个先知式的人物而感到惊奇，因为他好像透过一面黑暗的玻璃看到了光明的未来。他写道，为了让锡安主义能够生根发芽，“我们必须要进一步降低自己的身份，必须准备遭受更多的侮辱、口水、嘲弄、鞭打、抢劫和屠杀……我们必须一直降到社会的底层，甚至最底层。至于最后我们变成什么样子，或他们会采取什么方式，我现在无从猜测。是来自下层的一次革命性征用，还是来自上层的一次反革命没收？他们会把我们赶走？他们会杀死我们？我现在倒有一个公正的理念，一个可以超越所有这些形式的理念。”[24] 在法国，德吕蒙的恶毒攻击使赫茨尔毫不怀疑，在任何一次危机中，公众发泄愤怒的第一个对象肯定是银行家和犹太人，而罗斯柴尔德家族的巨大财富必然使他们成为攻击的首要目标。他身上那种令人惊异的先见之明使他的视野更加开阔。“在奥地利，人们似乎甘愿遭受维也纳暴徒的恐吓，然后再转嫁到犹太人身上。你可以看到，暴徒们的情绪一旦被激发起来，他们就会为所欲为。即使现在他们还不明白，自然会有人教他们。所以，他们的目的就是要把我们从这些国家里赶出去，而凡是我们试图寻求避难的国家都会杀掉我们。”

所以，求生的唯一方式就是：回家。

这就是后来出现的《犹太国》一书的萌芽。赫茨尔在1895年接近年末时开始写作《犹太国》，“从早写到晚”，正如他自己所说，这次磨炼“既是一次痛苦的折磨，更是一次幸福的体验”。接近罗斯柴尔德家族甚至比接近苏丹还要难，但他同时也在寻找其他的合作目标。

从某种意义上讲，正是伦敦第一个向赫茨尔敞开了欢迎的大门。伦敦的大拉比赫尔曼·阿德勒（Hermann Adler）（后来站到了对立面）把他介绍给了银行家、证券经纪人、“白教堂”地区的国会议员、1894年被封为从男爵同时也是坚定的“热爱锡安者”成员的撒母耳·蒙塔古（Samuel Montagu）。在蒙塔古位于老城的办公室里，赫茨尔就坐在两位体态笨重的证券经纪人之间交谈，然后又在蒙塔古的家里与他共进晚餐，三名身穿制服的男仆为他们端上犹太式洁净食物，并戴着白手套为他们分发面食。蒙塔古出生时的名字叫蒙塔古·撒母耳，是利物浦的一名钟表匠的儿子。他告诉赫茨尔，他感到自己更像是“犹太人，而不是英国人”，并且愿意和赫茨尔一起到巴勒斯坦生活，但赫茨尔由于为这位热情洋溢的主人的盛情所陶醉，所以怀疑这不过是随意的笑谈罢了，后来的事实证明，他的怀疑并没有错。[25] 于是，蒙塔古把赫茨尔交给了蒙特菲奥里家族，蒙特菲奥里则把他介绍给了吕西安·沃尔夫（Lucien Wolf），沃尔夫又为他引见了亨利克斯家族（Henriques），而亨利克斯家族则向亚瑟·柯恩写了一封推荐信……如此转了一大圈，他却未能见到一个罗斯柴尔德家的人。所以，赫茨尔很快就意识到，英国的犹太上层社会在锡安主义问题上的分歧十分严重，甚至某个氏族与自家亲戚的观点都无法取得一致。弗朗西斯·蒙特菲奥里是一位激进的锡安主义者，但尽管（或许正是因为）摩西爵士参与了巴勒斯坦的事务，其他的家族成员却怀有深深的敌意。正如赫茨尔称呼他们的，这些“金融大鳄”（gros legumes）必然会对这种预见到他们为之进行过长期而艰苦的奋斗的解放事业虽然会遭到失败但却终将获得胜利的观点持反对态度。如今，他们已经功成名就，自然可以想干什么就干什么——法官、市长、国会议员、大学教授、外科医生、宠物主、障碍赛马运动员、古董商——想在哪里住就在哪里住。其中最抢手的一个职位（尽管是名誉上的）就是首相，而眼下在位的首相娶的又是一位罗斯柴尔德家族的女儿！像沙逊（Sassoon）这样的犹太家族，则是从巴格达流离到伦敦的一个“小王朝”，他们经过多年经营已经根深蒂固，在他们身上留下了“孟买帝国”的深刻印记，并且因此而改变了这个大都市。总而言之，英国已经形成了一个庞大的犹太显贵阶层。如今，难道他们仅仅为了那些随时会面临“集体迫害”的犹太人，会把自己所有的奋斗成果置于危险之中，从而使自己遭到“怀有二心”的指控？只要有人开口，他们会要什么给什么，还能怎么样？他们很清楚，那些来自东欧和莫斯科（那里的犹太人在 1891 年遭到集体驱逐）的难民需要帮助，怒气需要发泄，英国大使已经受到斥责，也有人为此给《泰晤士报》写过信。如今的伦敦东区已经挤满了贫穷的犹太人，而像阿诺德·怀特（Arnold White）及其出身高贵的密友邓瑞文（Dunraven）勋爵，却一直在叫嚣着出现了一股外来的洪水猛兽：病菌携带者。国会已经针对汹涌的外国难民潮设立了专门委员会。所以现在不是引发怀疑其是否绝对忠诚的时候。

在频频遭遇冰冷的面孔之后，赫茨尔只能到他认为还有热情的地方寻找一丝温暖：基尔本（Kilburn）和加的夫。在伦敦西北部，他曾经拜访过著名作家伊斯雷尔·赞格威尔（Israel Zangwill）。在他的小说《“隔都”里的孩子》（*Children of the Ghetto*）获得巨大成功之后，赞格威尔以“‘隔都’的狄更斯”而闻名于世。赞格威尔曾先后在斯皮塔菲尔德（Spitalfields）的犹太自由学校和伦敦大学学院接受教育，所以他成了伦敦文学界与伦敦东区的贫穷犹太移民群体（大多来自波希米亚一带）之间的重要联系纽带。赫茨尔向赞格威尔书桌上的一大堆书籍和报刊看了一眼并做出满心欢喜的样子，因为他当时在想，赞格威尔的犹太种族概念已经完全被他的“尼格罗人（Negroid）长鼻子”和“蓬乱的头发”掩盖了，与他在镜子里看到的那个赫茨尔毫无共同之处。

在加的夫，赫茨尔发现了一个更不可思议的现象：陆军上校阿尔伯特·戈德斯米德（Albert Goldsmid）出生于浦那[①]，但在发现了自己的秘密犹太身份之后，他的全部生活就是为了演练并表明他除了是一个统治阶层的“大老爷”之外，还是一个堂堂正正的犹太人。他是典型的反德雷福斯派，算得上是英国后维多利亚时代的活证据，与法国不同的是，你可以同时作为一名政府官员、一个绅士、一个犹太人和一个锡安主义者，而不会成为反犹主义攻击的目标，完全不需要随时对阿诺德·怀特之流敬而远之。

戈德斯米德在火车站接到赫茨尔后，便把他塞进了一辆轻便马车，并把他拉到了位于郊区丛林地带的“榆树林”别墅区。在那里，他开始非常熟练但却千篇一律地背诵他的台词：“我是丹尼尔·德龙达（Daniel Deronda）[②]。”像乔治·艾略特塑造的英雄一样，他同他已经受洗的妻子一起开始了漫长的发现之旅。在接受割礼之后，他成了一位正统派犹太人，后来又变成了平斯克的“热爱锡安者”运动的狂热支持者，并在英国为该组织建立了前哨站，戈德斯米德还用当年童子军的气概称其为“营帐”。当有人提出将阿根廷或巴勒斯坦作为首选的犹太家园这个问题时，戈德斯米德有一种正中下怀的感觉，并用自己的亲身经历大声疾呼。他曾经陪同劳伦斯·奥利芬特（Laurence Oliphant）一起穿越了巴勒斯坦，当时奥利芬特的使命是为加利利地区的犹太农业定居点购买土地，并且他此前还曾为希尔施的垦荒马队在阿根廷工作过一段时间，只是由于失望而提前离开了南美洲。所以，听说戈德斯米德对于把巴勒斯坦作为犹太家园唯一正宗的备选地的提议并没有丝毫怀疑，赫茨尔感到非常高兴。至于他们两人在会面时是否提到过阿拉伯人，历史上并没有留下任何记载。奥利芬特

① 浦那（Pune），印度西部城市，位于孟买东南约140千米。——译者注

② 乔治·艾略特的名作《丹尼尔·德龙达》中的男主人公。——译者注

和戈德斯米德共同拥有的东方浪漫主义血统预示着，以犹太定居点作为开端的现代化计划，在某种程度上将是一个由阿拉伯人和犹太人共同参与的计划，充分的资金和技术保证必将克服一切困难。关于这片故土和民众即将获得的“新生”，他们肯定谈了很多。[26] 当然，像戈德斯米德这样的人很可能以一个仁慈的帝国主义者自居，但这并不会妨碍整个计划的完成，因为在奥斯曼帝国的羸弱躯体周边虎视眈眈的俄国和德国就像鲨鱼闻到了血腥的情况下，锡安主义正好可以帮助英国在横亘在埃及和印度之间的这个如此重要的地区实现其战略利益。

赫茨尔与上校的相处十分融洽，以至于他在日记中写道，他感觉他们几乎已经成了兄弟。然而，他像赞格威尔一样，与那些他迫切希望能资助这一计划的哪怕是“不起眼的百万富翁”相比，他自己其实是一个无足轻重的人。在由“马加比兄弟会”（一个文化和社会性组织）举办的一次晚宴上，他再次感到了阵阵寒意，像伦敦的雨季一样阴冷，几乎浇灭了他的热情之火。即使他一直在说德语（带着一名翻译）或法语，但并没有多少用处。似乎赫茨尔看起来像那么回事儿，可听起来却不像。他隐隐感到，他恐怕要乘兴而来空手而归了。至于来自政府方面的帮助，他仍然坚定地相信，唯一能够真正说服奥斯曼苏丹允许建立犹太定居点的大国，就是他心中的“北极星”——德意志帝国。

于是在 1895 年底，赫茨尔又回到了他的书桌旁。一篇上百页的文字，无论你称之为宣言、传单、文集还是宣传册，或许要比整天毕恭毕敬地去求见那些金融大腕儿更有说服力。他最终起码也能在犹太中产阶级中找到读者，或许他们的集体热情能推动他的冒险事业顺利起步。赫茨尔并不是要完全疏远那些百万富翁，他仍然对他们心怀期待。总有一天，他们会认识到，只有他制定的这些原则才能拯救那些前景黯淡并且越来越黑暗的犹太人，而且他还为实施这一计划制定了所有具体细节，包括如何向巴勒斯坦输送移民，如何获得土地，如何让当地的苏丹政府改变初衷，等等。总之，除了生活在巴勒斯坦的原住民会如何看待这样一项计划之外，其他的一切都已经考虑到了。

于是，《犹太国》一书终于面世了。虽然书名习惯上用英语称为“The Jewish State”，但雅克·科恩伯格的说法显然是对的。他指出，这个书名实际上是对赫茨尔真实意思的一种误译，因为这样听起来更像是“犹太人的国家”（The State of the Jews）。两者之间的差别在当时甚至在今天仍然是至关重要的。“犹太国”本身意味着是《托拉》犹太教的一种政治实现，或古老犹太精神的宗教符号的一种间接的全面恢复。这听起来很像阿尔卡莱以及后来的“文化锡安主义者”阿哈德·哈姆（Ahad Ha'am）的观点。数个世纪以来，这种观点一直弥漫着一种“救世主救赎”的古老传统味道。但是，尽管他的名字在东欧地区和俄国总是以这样一种方式被提及，但赫茨尔出于对超凡精神领袖地位的迷恋，却坚决拒绝任何这样的矫饰。他为犹太民族设想的“国家”是一个更世俗和更实在的政治实体，是一个使犹太人最后想在哪里住就在哪里住、想说什么语言就说什么语言（只要是自然形成的语言，虽然他最青睐的还是德语）的地方，一个真正的国家，在这个国家里，犹太人的多样性（而不是一致性）将受到保护和赞扬。当他从耶路撒冷的一位犹太医生那里听说，当地出现了库尔德犹太人、也门犹太人、来自巴库的高山犹太人，包括世界各地各种不同肤色的犹太人时，他高兴得跳了起来。

这并不是说《犹太国》只是一个平淡无奇的文件。这本书的大部分内容都是作者所期望的纯粹的政治“脚本”。在序言部分，赫茨尔只能以防守的姿态入手，因为他很清楚——并且他显然没有料错——来自各方面尤其是那些守旧的拉比（他们大多都被他的计划吓坏了）的批评声音，必然会把锡安主义指责为一种异端邪说，是一个被同化的犹太人企图割断犹太传统、“闭门造车”的产物。按照这种古老的传统，一个新生的犹太国家是以人们长期等待的“救世主”的降临为前提的。但显而易见，赫茨尔并不是“救世主”。因此，他在把锡安主义表述为一种“沉睡多年的回归意识”和重建犹太国家观念的觉醒，一种在漫长的散居状态下的突然醒悟时，的确是苦口婆心的。正如他在稍晚些时候重申的那样，“在历史的漫漫长夜里，犹太人一直在做着实现这样一个‘王国’的美梦。‘来年在耶路撒冷过新年’已经成了我们代代相传的口头禅。现在剩下的问题就是要看这个美梦是否能尽快变成活生生的现实了。”[27]

但是，这个戏剧脚本开篇的核心内容就是作者发自内心的呼唤，从而回答了“为何选在当下”这个问题。对于现代反犹主义及其从古代的妖魔化行径演变为仇恨“被解放者”的各种新形式来说，同时对于激励犹太人摆脱目前的困境来说，这个回答无疑具有振聋发聩的力量。

> 我们在每一个地方都一直老老实实地、不遗余力地融入我们周围社区的社会生活，并尽量保留我们祖先的信仰。但他们却不允许我们这样做。我们做出了所有的努力：我们变成了忠诚爱国的公民，我们的忠诚在某些地方甚至达到了极端的程度；我们像其他的公民同胞一样，牺牲了自己的生命和财产；我们在各个居住国的领土上通过贸易和商业活动努力提高我们在科学和艺术领域的声誉。但这一切都是徒劳的！在一些我们居住了长达数个世纪的国家里，我们仍然被视为陌生人，往往遭到那些甚至连祖先都未曾在当地居住过的人的极端蔑视，而我们这些永久的犹太居民反而经历着种种苦难。占人口多数的民族当然可以决定谁是陌生人，因为正如每一次涉及民族关系时所提出的问题一样，这不过是个权力归属问题罢了。在这里，我并不想放弃任何赋予我的权利，因为我正是以我自己的名义，作为一个个体发布这个声明的。在目前这样一个世界上，在未来的一段时间内，权力将永远决定着权利。所以对我们来说，仅仅做忠诚的爱国者是没有用的，就像胡格诺教徒一样，他们到头来还不是被迫远走他乡。

然后，赫茨尔用“犹太人常用的辩解语气”结束了这段著名的论证——“如果我们能和平地留下来”——但紧接着他又发出了一句具有远见卓识但又不太自信的预言：“我觉得，我们不可能和平地留下来。”[28]

然后，《犹太国》在序言即将结尾处却戏剧性地、出人意料地突然改变了话题。赫茨尔变成了一个社会学家。由于对希尔施以及伦敦的其他犹太显贵的冷漠深感痛苦和悲哀，他开始抨击那些被同化的犹太富人，首先是因为他们担心犹太复国主义会危及他们作为忠诚爱国人士的高贵地位而表现出的神经质，而更严重的是，他们面对陷入困境的数百万犹太人竟然无动于衷，并且他们的慈善行动也没有任何针对性和可行性。当他进一步重申他专门为维也纳那些时髦的通俗小说家和剧作家发布的“我们是一个民族”这一基本信条时，他实际上是在指责这些“开明的”犹太人，竟然把刚刚从边远的犹太村庄赶过来的犹太移民当成路人。当时的社会现实正处于剧烈动荡之中，他们除了在现代世界里每天要面对越来越多的残暴和仇恨，剩下的只有绝望、恐惧和被遗弃感。“反犹主义的浪潮日甚一日，一浪高过一浪。”正如他所暗示的那样，那些资助小规模移民和垦殖运动的犹太富人之所以这样做，不过是为了给自己博取一个好名声，而不是一种发自内心的善意和出于对全体犹太人命运与生存状况的担忧。“我认为，某些人之所以这样做，纯粹是一种消遣，他们参与贫穷犹太人的移民运动就像他们迷恋赛马没有什么不同。他们如此对待这项伟大的事业，实在是太薄情也太可悲了。如果说这样的尝试还有点意义的话，那就是还能在为犹太人建立一个民族国家的伟大理想中起到一种小规模试验的先锋作用。”他中肯地指出，大多数这样的试验只能以失败告终，而时代的召唤—— 一个民族整体移民巴勒斯坦——仅凭某个百万富翁进行一两次这样的试验恐怕永远也无法实现。

然后，《犹太国》冗长的主体部分开始事无巨细地陈述实施该计划的所有困难，以及克服这些困难的具体措施（一个由他创办的“犹太人协会”直接管辖的可靠的管理组织、一家投资银行，努力促进从前不可想象的交通状况不断现代化，设立一些热切希望接纳贫穷犹太移民的政府部门，善意地求助那些同样陷入贫困的被同化的犹太人，等等）。整个过程将以赫茨尔设定的方式运作，即像他曾经攻击过的那些高高在上的人物一样，展现出一种居高临下的贵族风范。这肯定是一种逆革命潮流而动的做派。不会发生混乱，不会出现无政府状态，也不会发生暴力事件。赫茨尔公开表示关心广大群众的利益，但他同时又不信任群众的轻信和善变，所以他对采取民主运动的方式心存疑虑。他认为，这样一个新型国家最佳的体制形式应该是一种类似于古老的威尼斯共和国的“贵族式共和体制”。但是，犹太国的国民卫队必须要保护劳动阶层的利益。这一点恰好符合当时的实际情况，因为最先到达的犹太移民必然是没有技能特长的劳动阶层，他们将为这个新生国家进行基础建设：铁路、公路、桥梁、水道、灌溉系统和新城市建设。他们将在“七小时工作制”的劳动制度保护下进行创造性劳动，而这一最高原则将铭刻在他们自己的国旗上——国旗的图案既不是多枝烛台，也不是六角形的大卫盾，而是白色背景下的七颗闪耀的金星，“标志着我们真正的新生活”从此开始。

一旦这支劳工先锋队完成了基础设施的建设任务，这个新国家就要准备迎接大量专业人才的到来：科学家和工程师、医生和律师、作家和教授、艺术家和音乐家，所有曾因为对犹太解放事业的巨大失望而感到郁郁寡欢，或被反犹者指控为对其所在国的文化进行“走私”的犹太人都将义无反顾地蜂拥而来。在这样一个犹太国里，不会出现女权主义运动的先锋派，并且赫茨尔还非常通情达理地建议，“我们中产阶级的女儿也可以嫁给那些志向远大的年轻小伙子”。[29]

这样一种创新精神以及在此基础上建立起来的新国家，连同其“七小时工作制”的劳动制度，将不仅成为庇护广大被迫害者的一叶方舟，而且将作为所有犹太人的“模范家园”为“全人类普遍的善”树立起一个史无前例的典范。这就是赫茨尔给出的激动人心的（即使不能说是普遍适用的）最后答案。按照赫茨尔的理想运作模式，其间还需要那些认为被犹太解放事业过度拖累因而希望尽早摆脱犹太人过剩状况（客观地讲，这也正是犹太大众所迫切需要的）的各个非犹太政府的大力配合，并且赫茨尔还考虑到了他本人狂暴的个性可能会造成的所有有违初衷和处置不当的意外情况。一旦人们能够认识到这一计划的迫切性，那么就轮到他精心为犹太人制定的民族伦理准则开始发挥作用了。面对来自各方面的嘲笑声和不信任的眼光，赫茨尔内心里始终坚信：所有表面上看来注定会引发冲突的问题，实际上最终都能得到圆满的解决。甚至反犹主义也是如此。当然，人们还可能会说，你设计的这个国家的创建将会是一个漫长的“工程”，“但你要知道，在如此漫长的时间里，犹太人还要在成千上万个不同的地方继续遭受攻击、侮辱、虐待、殴打、屠杀。不能再等了！我们只有立即开始实施这项计划，反犹主义才会闭嘴且永远闭嘴……因为这是一个和平的解决方案。”[30]

Ⅲ. 先知街上的故事

赫茨尔的演讲

1896年7月。星期日。伦敦“白教堂”地区。这是一个即将开始的漫长夏夜，叫卖泡菜和熏鱼的商贩以及出售旧衣服的货摊上，生意依旧红火。似乎所有的物品和所有能够离开家门的人都出现在了大街上，因为家里实在是热得太难熬了。商业路（Commercial Road）上的巨幅招贴写着，当天晚上在艾里（Alie）大街的犹太工人俱乐部将举办一次大型的“群众集会”。与苏丹政府的代表会谈后刚刚返回伦敦的赫茨尔博士将在那里发表重要的演讲。在离演讲开始还有一个小时，太阳还高挂在烟雾缭绕的“白教堂”尖顶上时，一群群犹太人就开始从四面八方向俱乐部涌去。在俱乐部的大门前，由于平日不常见面的熟人在拥挤的人群中互相认出而传出了一阵吵闹的寒暄声。到场的听众都穿着长袖衣服，很有秩序地自觉排队进了大门——这可不像伦敦东区居民的行事风格。人群中也出现了一些女性的身影，因为该俱乐部——禁止喝酒和赌博——当时是为数不多的鼓励她们走出家门参与公共活动的开明会所之一。该俱乐部甚至还设立了一个两性都可参加的自行车运动协会。当时，犹太人骑自行车也算得上是一次革命。

为赫茨尔找一群听众并不困难。到 1890 年，在整个“白教堂”地区，每三位居民中就有一位是犹太人，这让那些“恐犹症”者感到恐惧。当地居民指责因东欧地区的“集体迫害”事件形成的犹太移民潮挤占了伦敦的裁缝和制鞋生意，并造成血汗工厂的工人工资大幅下滑。绝大多数的伦敦东区犹太人是穷人，甚至非常贫穷，并被当地的竞争者视为携带病菌、耽于犯罪的“外国入侵者”。但是，根据社会统计学家的观察和数据分析，他们发现事实并非如此。犹太人并不携带任何疾病，实际上，他们的预期寿命比同样经济状况下的其他城市人口都要长。他们平常很少喝酒，更不会给警察惹麻烦。即使如此，他们也总是身背“坏人”的恶名。但是，尽管他们绝望地生活在一个极其狭窄的空间里——600 人拥挤在“白教堂”街与斯特普尼街之间一英亩范围内——但他们还是尽可能过得好一些。他们的伦敦东区当然不是一个富人区，但却算得上一个“拉比城”。

他们是贫困的，但更渴望知识。斯皮塔菲尔德的犹太自由学校恰好可以满足他们的需求，另外还有托因比免费咨询所（Toynbee Hall）以及艾里大街上挤在三座犹太会堂之间的几处自由演讲会所。所以，他们今天也出现在了工人俱乐部的门前，从斯特普尼和另一面的斯皮塔菲尔德，从“一里屯路”和“贝纳斯绿地”以及更远的达尔斯顿地区（Dalston），纷纷赶了过来。他们有些来自“百分之四工业住宅区”和“夏洛特·德·罗斯柴尔德住宅区”[①]，有些甚

① 这是当时以开发经济适用房为主的两家房地产公司。“百分之四工业住宅公司”（Four Per Cent Industrial Dwellings Company）成立于 1885 年，是维多利亚时期的第一家慈善模范房地产公司，1952 年改名为“工业住宅有限会社”［Industrial Dwellings Society（1885）Ltd.］至今（简称 IDS），董事长为伊夫林·德·罗斯柴尔德。——译者注

至来自由以烤制黑面包和百吉饼而闻名的犹太商人“西姆卡·贝克尔”·西门（“Simcha Becker” Simon）援建的“穷人临时避难所”。有些人其实不是工人，他们纯粹是为赫茨尔激情洋溢的演讲所吸引，不惜大老远地坐有轨电车从梅达河谷（Maida Vale）、基尔本和汉普斯泰德的中产阶级犹太会堂赶了过来。[31]

面对人山人海般的欢迎场面，赫茨尔感到非常震惊，但对他开始演讲前听众制造的阵阵喧闹声反而不怎么震惊。由于他以前的朋友戈德斯米斯和蒙塔古都不愿意出面，所以这次集会只能由塞法迪犹太社区的贤哲、来自老城内的贝维斯·马克斯会堂的大拉比摩西·加斯特（Moses Gaster）主持。他要求大家遵守秩序（这一点其实很难做到），于是大会开始。赫茨尔在演讲中多次振聋发聩地喊出“全犹太民族”这个口号，以此激励广大听众克服犹太大人物和银行家（他把他们视为懦夫）身上那种固有的胆怯心理，并宣称要“动员群众的力量”，尽管这些想法对他来说还基本处于一种意识上的抽象或一次激奋的演讲的层面。但是，这次“赌注”却不是抽象的。

赫茨尔希望蒙塔古、戈德斯米斯或身份尊贵的“马加比文学兄弟会”也能到场，亲眼看见和亲身感受一下人声鼎沸的演讲大厅里广大听众充满期待的压力。从通信时他们的轻描淡写来看，他们似乎对他和他提出的计划非常冷淡。这很可能是因为赫茨尔曾多次批评过“热爱锡安者”运动的不切实际与慈善家们的麻木和谨慎态度。但是，与周日晚上的“白教堂”相比，他们的“帐篷”（不管多么漂亮）又算得了什么呢?

这种幸福感来得还算及时，因为《犹太国》一开始在大英帝国造成的即时冲击力由于没有达到预期的效果，一度让他非常沮丧。这本书核心内容的第一次面世是在去年1月间以英文摘要的形式在《犹太年鉴》（*Jewish Chronicle*）上公开发表的，尽管这家报刊的编辑们当时对该书的中心思想持有强烈的反对态度。虽然该报刊后来也曾向他约稿，但却很少被采纳。这本书在5月间出版的英文全译本第一次只印了500册。（德语原本的印量也不算大，大概是3000

册。）当赫茨尔询问销售情况时，他却被告知，鉴于该书对大多数犹太机构怀有敌意，书店方面只订购了 200 册。对此，赫茨尔感到非常沮丧，他实在难以忍受这部他满怀希望将为犹太世界带来光明的泣血之作竟会落得如此悲惨的下场。似乎只有卡迪玛（Kadimah）[①] 学校和维也纳其他一些犹太俱乐部的学生，才会在见到他时对他所做的工作表示敬意并站起来为他鼓掌。所以，他只能陶醉在年轻人的喝彩声中。

但是，正是他们的掌声，而不是拉比和富人那种不以为然的态度，更能决定《犹太国》一书问世后必然会从冷场走向红火。事实上，其间肯定发生过某种奇迹，只不过发生的方式对于一位早已对新闻审查文化习以为常的维也纳作家来说或许一时难以理解罢了。然而，这样的奇迹终究还是在赫茨尔最希望发生的地方发生了：在遥远的东方。1947 年，在以色列为庆祝第一届锡安主义大会五十周年举行的纪念大会上，哈伊姆·魏茨曼（Chaim Weizmann）——在 1896 年，他还只是一个在柏林高等技术学校里攻读化学专业的青年学生——解释了赫茨尔为犹太人建立一个民族家园的理想如何最终变成了全民族共识的过程。在《犹太国》的意第绪语和俄语版先后于 1896 年的春末和夏初出版之后，人们终于理解了他的一片苦心，“热爱锡安者”运动的分支机构和一些刚刚成立的锡安主义团体纷纷派出自己的巡回讲解员，深入到加利西亚、立陶宛和黑海岸边的边远城镇和犹太村庄，以即兴的方式广泛宣讲这本书的主要内容，赫茨尔博士是个什么样的人，“锡安主义大会”是什么组织，锡安主义的最终目标是什么，等等。所到之处，犹太人的反应是如此迅速和强烈，就像数个世纪以来的历次“救世主运动”一样：正是干柴遇到了火种。魏茨曼曾回忆说，当他在平斯克附近的一个犹太村庄［或许就是他的家乡摩托尔村（Motol）］里做完讲解之后，他就问一位身材矮小的老人，是否听明白了他刚才说的是什么。老人回答道：“没听明白……但有一件事我是明白的：如果这一切都不是真

① 希伯来语意为“向前”，用在学校名称上大体可译为“面向未来”。——译者注

的，你就不会大老远地跑来告诉我们了。”

尽管阿哈德·哈姆以讽刺挖苦的尖酸口气祝贺赫茨尔发现了犹太人及其苦难的根源，但《犹太国》引起的轰动效应却是不争的事实，当时的情景就像当年美国殖民地的民众读到《独立宣言》，并在最粗浅的意义上弄明白了为什么而战斗，或像爱尔兰的但以理·奥康奈尔（Daniel O’Connell）向被压迫者发出争取独立的呼声（赫茨尔就曾经说过，他希望自己能做犹太人的帕内尔①），或像印度的甘地徒步乡间四处宣讲时一样。正是环绕着为犹太人建立一个民族家园、为他们找一块“作为一个犹太人是一种标准而不再是一个问题”的地方这一理想的光轮，最终把自身的光辉洒向了整个欧洲的犹太人。

因此，“白教堂”街上工人俱乐部里所有那些翘首以待的面孔，所有那些对这一伟大理想充满期待的人，终于从一群不受欢迎的“外邦人”变回了真正的人类：犹太人。赫茨尔显然不是“救世主”——他动不动就对愚蠢的人发火；如果他想拯救耶路撒冷，并不急于一时，而是像那首逾越节歌曲（dayenu）②一样，能够兑现他的承诺就足够了：在这样的一个地方，“犹太人”的痛苦喊叫将变成荣耀和快乐的惊叹，而不是恐惧和屈辱的呻吟；一个犹太人可以随便长一个什么样的鼻子（他仍然对自己的鼻子耿耿于怀），随便留一口什么样的胡子，向上翘也好往下弯也罢，任何人都不需要再说三道四；所有的犹太人都能享有人的尊严。每一个犹太人都应该明白这一点，但如果没有点快乐的冲击，恐怕任何一个犹太人都很难意识到这一点。那些大人物当然会感到恐惧，但谁

① 此处指的是托马斯·帕内尔（Thomas Parnell，1679~1718），爱尔兰裔英国诗人和牧师。他出生在爱尔兰，但大部分时间却是在伦敦度过的（这一点很像赫茨尔本人），他与好友亚历山大·蒲伯和约拿单·斯威夫特一起加入了“涂鸦社”，为《观察报》撰稿，并帮助蒲伯完成了《伊利亚特》的英文翻译。他是所谓的“墓园诗人”之一，他的《一个死亡的夜景》被认为是第一首“墓园派”诗歌。1718 年 10 月，他在返回故乡爱尔兰的途中去世。——译者注

② 逾越节的重要组成部分，希伯来语意为“这对我们来说已经足够了”。这首乐观而欢快的歌曲共有十五行，历数了“上帝”给予犹太民族的十五件恩惠。作为“阿嘎嗒”的内容之一，通常在讲述“出埃及”故事之后和为孩子们讲解逾越节、无酵饼和苦菜的出处之前用“渐强”的音节依次吟唱。——译者注

还管得了这些？正如赞格威尔（赫茨尔与他的联系一直非常密切）所说，像蒙塔古这样的正统派“让我们每天要为回归耶路撒冷祈祷三次，但当我们正在脚踏实地地做这件事情时，他们却在恐惧中打起了退堂鼓”。

在艾里大街上产生的狂喜只会让赫茨尔更加忧郁地思考他所未能实现的一切。他应该对听众讲些什么呢？通常，他都是精心准备好演讲稿。但这一次他不想沿用这种老套路，他决定即兴地从几个草草记下的生活片段讲起。他要尽可能地把自己最好的一面展示给大家。在君士坦丁堡的耶尔德兹宫（Yildiz Palace）发生的一切仍然使他耿耿于怀。通过他那位权势熏天但却慈眉善目的中间人、奥地利驻君士坦丁堡大使馆的波兰裔外交官菲利普·涅弗林斯基（Philip Nevlinsky）男爵的引见，他相信自己肯定能与苏丹本人进行一次私下会谈。然而，他除了与年迈体弱的大宰相卡米勒·帕夏（Kamil Pasha）进行过几轮毫无实际意义的谈话之外，并没有得到任何满意的答案。大宰相本人对成立一个犹太基金会的想法倒是很感兴趣，因为这将有利于陷入战争泥潭的奥斯曼政府摆脱欧洲债务控制委员会的铁腕控制，并且他很清楚，苏丹也是这样想的。但是，当赫茨尔直接提出这个问题时，阿卜杜勒·哈米德却十分强硬：赫茨尔以及无论他身后的犹太人是谁，大可抓住他们的钱袋不放。对于巴勒斯坦或其中的任何一点土地，他是绝对不会放手的；巴勒斯坦将永远属于那些长期为之战斗并做出过牺牲的土耳其人民。

尽管他感到非常失望，但赫茨尔并没有放弃继续说服奥斯曼政府允许犹太人集体移民巴勒斯坦的最后希望。当然，一切都取决于那些犹太金融大鳄能否主动发挥自己的作用，但在眼下，他们大多却对赫茨尔危险的乌托邦计划怀有强烈的敌意。“白教堂”群众集会后仅仅过了一个星期，赫茨尔就在埃德蒙·德·罗斯柴尔德位于拉菲特大街的办公室里见到了这位男爵。当时，他并不知道，他一直认为是自己的朋友和支持者的阿尔伯特·戈德斯米斯其实早就背叛了他。赫茨尔还傻傻地请戈德斯米斯为他写一封介绍和表示认同的信，以便让埃德蒙男爵能提前在思想上有所准备。戈德斯米德的确给罗斯柴尔德写过信，但他非但没有对赫茨尔表示支持，而是提醒男爵要小心“这个疯狂的男人”和他疯狂的念头。在发现了真相之后，赫茨尔才认为戈德斯米德是一个“叛徒”。

即使在不知道被背叛的情况下，赫茨尔还是握紧拳头去参加会面：首先采取守势，时刻准备战斗，但也准备接受最坏的结果。或许是因为在见到男爵本人之前，他不得不接受“世界以色列人联盟”副主席纳西斯·利文（Narcisse Leven）的初步面试，所以他的心态变得更加糟糕。当他们终于面对面地坐下来时，两个人首先在体形上形成了鲜明的对照：赫茨尔——高大、黝黑，凛然不可侵犯；埃德蒙——狡黠、整洁、优雅，头脑机敏，一个“走路带风但又有些腼腆”，身穿“一件白色的短外套、削瘦的身体在里面乱晃荡”的“老态毕露的小青年”。埃德蒙耐心地听完赫茨尔的陈述——他从在会面前必须按要求预先提交的谈话内容中已经大体了解了这一计划的基本精神——然后不出所料，他给出了几乎与怀疑主义者和实用主义者希尔施完全相同的回答：宣布建立一个民族国家为时尚早，因而充满了危险；这一计划将危及通过在君士坦丁堡以敲警钟的方式缓慢但却稳步地展开的说服工作；这样一项计划应该像用物质材料建造房屋一样，从坚实的基础开始一步步地完成。即使赫茨尔在各个大国的意愿这个问题上所承诺的一切与该计划的设想完全一致，但如果成千上万贫穷的东欧犹太人突然降临在那里，一个这样的国家怎么可能应对得了？他们又如何维持生计和获得物质上的支撑呢？埃德蒙提出了一种观点，并且用一句简短的名言犀利地表达了出来：“一个人的眼界不应大于他的胃口。”这句话深深地刺伤了赫茨尔，迫使他开始转入了一种有关“理想的力量”的宏大叙事风格，并且在结尾处的措辞让罗斯柴尔德听起来更像是一种威胁：“您是整个计划的基石。如果您拒绝，那么迄今为止我所做的一切都将付之东流。这样一来，我就不得不采取另一种极端的方式——看来也只有煽动群众这一条路了。”[32] 埃德蒙最终还是拒绝了，于是赫茨尔把他的名字圈掉，并发誓永远不再见他。如果是哈伊姆·魏茨曼，他作为另一个完全不同的锡安主义者，很可能会采用另一种完全不同的迂回方式，说服埃德蒙重新回到建立一个犹太民族家园的伟大计划上来。

建立组织的设想

应该说，这是一个“贵族变得太像贵族”的经典案例。但可以肯定的是，正是“白教堂”集会群众的热情与法国犹太贵族的冷漠的惊人对比，以及他们对《犹太国》的微弱反应和“热爱锡安者”为他设置的重重障碍，让赫茨尔开始具体地考虑建立某个类似于“国民大会”形式的锡安主义大会组织。这样一个组织将以人道主义精神和犹太人的迫切需要为宗旨，并且不仅停留在字面上，而且能真正地让全世界所有受苦和奋斗中的犹太人聚集在它的旗帜下。

赫茨尔并不是第一个提出这一设想的人。早在 1893 年，由锡安主义者（当时还是学生）利奥·莫茨金（Leo Motzkin）领导的“俄国犹太科学家联合会”，就曾提出召开一次由俄国和波兰的各个城镇和犹太村庄代表参加的大会，却由于缺少资金和主持大局的领袖人物而未能如愿。但是，随着《犹太国》一书在俄国、罗马尼亚和保加利亚“热爱锡安者”圈子里，或者以印刷品的形式或者以讲座和讨论会的形式广泛传播开来，“热爱锡安者”运动的一些基层组织开始接受了以某种形式召开统一大会的建议。1897 年 3 月间，来自奥地利、德国和俄国的代表出席了在维也纳召开的大会预备会，通过了在近期召开一次统一大会的决议，前提是大会能代表整个东欧地区犹太人的利益。

但是，这次会议有一种明显的德国味儿（至少会议文件使用的语言是德国）。出于政治和文化方面的原因，赫茨尔认为，第一届代表大会应该在某个德国大城市举行，或许就在慕尼黑。由于法国和英国的拖延，他越来越寄希望于德皇威廉二世能够作为锡安主义事业的主要推动者和保护人站出来。现在回过头来看，这种想法还是比较切合实际的。在赫茨尔的一生中，都算得上是一个典型的德国浪漫主义者。想当年，他白天埋头写作《犹太国》，晚上却跑到剧院去看《唐怀瑟》(*Tannhäuser*)①。而1896年的春天则恰恰为德国带来了各种新的变数。英国驻维也纳大使馆的驻馆牧师威廉·赫克勒（William Hechler）在街边的一个书摊上发现了《犹太国》，认为目前正是一个天赐的大好机会。赫克勒精通两种语言，属于典型的英—德语系文人。他的父亲是一位活跃在英格兰和德国犹太人中间的传教士，其目的是通过鼓动使他们皈依。但是，按照早年几任教皇和荷兰希伯来语学者确立的古老传统，这种活动不应是强制性的。所以，无论对于赫克勒家的父亲还是儿子来说，让犹太人能顺利回归并建造"第三圣殿"［小赫克勒认为"圣殿"更应该建在"伯特利"②而不是耶路撒冷］，是势在必行、刻不容缓的。[33]

于是，赫克勒请求与赫茨尔在4月初能见一次面。可以说，这次见面改变了一切。甚至在赫茨尔还没有进入那座俯瞰着席勒广场（Schillerplatz）的公寓楼之前，他就听到有美妙的管风琴声飘荡在春天的空气中。爬上四楼后，一位红脸庞、留胡须的绅士出现在他的面前，房间里一排排的书籍从地板一直码到天花板。至少从赫克勒急切地向他展示各种巴勒斯坦地图以及一个精心制作的所罗门圣殿模型时的兴奋表情，赫茨尔很快就意识到，赫克勒显然把他当成了一位上天派来的先知。赫克勒所遵守的人生"诫命"是帮助以色列民族回归，而更重要的信条就是"爱犹太人"。他本人曾在"集体迫害"运动后的1882年到过俄国，亲眼看见了这场浩劫造成的悲惨后果，所以更加坚定了在余生中遵守这一"诫命"的决心。赫克勒在见过平斯克后，便开始与"热爱锡安者"交往，他甚至还一度想通过私人关系说服维多利亚女王写一封建议帮助犹太人回

① 瓦格纳创作的三幕歌剧，与《罗恩格林》齐名，是瓦格纳最受大众欢迎的作品之一。——译者注

② 伯特利（Bethel），巴勒斯坦古城，位于耶路撒冷正北大约16千米，别是巴以北大约100千米。——译者注

归的信，由英国驻君士坦丁堡的大使转交给苏丹本人。但大使似乎被这位牧师的疯狂举动吓坏了，所以并没有听从他的安排。赫克勒非常赞成那里的农业定居点采取稳步发展的方针，但他也很清楚，要想把山地和沼泽改造成可耕地是非常困难的。黄热病和疟疾——再加上他们风餐露宿和令人绝望的生活环境——正在造成大量的新移民陆续死亡。各个定居点哀鸿遍野，定居者纷纷迁入附近的城镇，或回到了他们原来的生活的地方，有些甚至在寻找远走美洲的途径。但是，如今不用再担心了，赫茨尔建立一个“犹太国”的“救世主计划”［实际上，索菲亚社区的大拉比、犹太医生流便·比雷尔（Reuben Bierer）就直接宣称他是“救世主”］，已经按照赫克勒每天都在祈祷的“内容”精确地制定了这个时间表。赫克勒手舞足蹈地取出一件肥大的外套，特意反过来让赫茨尔看一看里面的大口袋，它足以装下他们将随身携带的巴勒斯坦地图，然后他们便一起向“圣地”的方向出发了。[34]

愁眉苦脸的赫茨尔终于变得开朗起来。正是赫克勒的高昂热情和坚定信念，才使他开始相信自己的选择实乃天意使然。当时，竟然出现了如此多的巧合！威廉·赫克勒曾经做过巴登（Baden）大公、德皇的叔父腓特烈一世的孩子们的家庭教师。大公本人对建立一个伟大的第二帝国野心勃勃，以至于在法国战败后庆祝德国取得的胜利时，他甚至在凡尔赛宫镜厅迟迟不愿离开。也正因为如此，大公才得以在新的帝国体制下继续保留了他原有的所有权力和领地，并且与德皇维持着密切的私人关系。于是，赫克勒才主动提议，如果需要，他可以亲自赶到柏林（当然由赫茨尔出钱），或直接到大公的私人城堡卡尔斯鲁厄宫（Karsruhe），为赫茨尔争取一个当面向德皇陈述的机会。在大公的斡旋下，他还真把这件事做成了。他给赫茨尔写信说，赶紧来卡尔斯鲁厄吧，要快！怀着一种既紧张又兴奋的心情，赫茨尔于 4 月 23 日及时地出现在了那座高大的城堡之下。面对高耸的哥特式门楼、留着大胡子的卫兵、木结构的客厅和样式古旧但却充满了主人盛情的大酒壶，赫茨尔不由得喜极而泣：年事已高的大公以其超凡的魅力和真诚的激情向赫茨尔承诺，他将与他作为德皇的侄子一起合力创造人间奇迹。赫茨尔不停地掐着自己，这是真的？不会是做梦吧？一代世界霸主竟然“听命于”一个犹太人！

但是，当赫茨尔似乎看到了一条通向德意志权力中心的门径时，德国的犹太社区却忙不迭地把他和他呼吁召开一次代表大会的计划冷酷地挡在了门外。他们认为，锡安主义者是一群叛徒，其行为对犹太解放事业所取得的成果构成了极大的威胁。当以他们的拉比为首的慕尼黑犹太社区听说他们的城市将作为大会的首选会址时，他们明确表示锡安主义者在这座城市里是不受欢迎的。出于政治和宗教方面的原因，中欧和西欧的所有主要犹太社区几乎采取了同样的立场。赫茨尔用讽刺的口吻称他们为“拉比抗议派”。他们的主要人物就包括伦敦的赫尔曼·阿德勒和维也纳那个伪善的糊涂虫莫里茨·古德曼。

然而，并不是所有的正统派都这样想。如位于克拉科夫附近的波德沃采（Podgorze）社区的拉比亚伦·马库斯（Aaron Marcus），他曾在信中承诺，将全力说服数百万哈西德犹太人服从大局。还有华沙社区的拉比大卫·法布施泰因（David Farbstein），他也是一位热情的支持者。法布施泰因曾加入过一个最早的宗教锡安主义组织（所以他并不认同正统派拉比近乎专制的做法），并且他在坚持参与宗教生活的同时，先后在柏林大学、苏黎世大学和伯尔尼大学攻读法律专业，并于 1896 年获得博士学位。当最初呼吁召开代表大会的消息在 1897 年的春末夏初传开之后，正是法布施泰因第一个想到了以巴塞尔作为会址的可能性。这一想法与赫茨尔可以说是不谋而合，因为每当未来的“犹太国”所使用的语言作为一个有争议的问题提出来时，他总是喜欢引用瑞士联邦作为一个宽容的例证。他之所以对希伯来语的复兴怀有疑虑，或许是因为他对希伯来语并不熟悉，但赫茨尔曾一再强调，他希望所采用的语言应该是一种面对未来而不是回忆过去的语言，一种使未来的“犹太国”能立即与外面的世界产生联系的语言。对于每个月都会出现在阿哈德·哈姆主办的文学和政论杂志《安息》（*Ha'Shiloah*）上的那种灵活而有力的现代语言，赫茨尔更是一无所知。所以，尽管意第绪语不仅是数百万最有可能响应移民号召的犹太人的日常用语，而且还几乎在所有的文学和新闻领域经历过一次伟大的复兴，但他还是直接将其作为一种不太理想的选择而排除在外。对于年轻的赫茨尔来说，就像他之前的摩西・门德尔松一样，当然任何语言也比不上德语高贵，但到他写作《犹太国》一书时，他希望在这个国家里，任何一种甚至所有的语言都能够和谐共存，简言之，就是一个犹太人的瑞士（当时瑞士共有四种官方语言）。

气氛热烈的演讲

瑞士还素以热情接纳各种运动而闻名，所以赫茨尔和锡安主义运动将不得不为争取更多的忠诚追随者与其他组织展开竞争。而之所以把会址选在巴塞尔，部分是出于上述原因，但更重要的则是因为巴塞尔是莱茵河上的一个交通要冲，可以为来自欧洲各地的与会代表提供交通上的便利（尽管他们会自掏路费）。法布施泰因被指派具体负责在该城内选定一个合适的地点，但他提出的第一个地点是一个多功能剧院，显然并不合适。当赫茨尔了解到用于杂技演出的舞台背景无法改造时，他便让法布施泰因寻找其他的合适地点。经常用于举办音乐会的"娱乐城"虽然名字不雅，但却是召开大型会议最理想的地方。包括两厢的走廊在内，里面足可以坐下一千多人，尽管预期的与会代表只有两百人，坐在这样的大会堂里会显得有点尴尬，但赫茨尔认为（后来的事实表明他的确有先见之明），这样正好可以预先留出足够多的公众旁听席和记者席。这个大厅的音响效果既然连勃拉姆斯（Brahms）和贝多芬都表示赞赏，其庄严气氛自然不用担心。当赫茨尔从俯瞰着莱茵河的"三王大酒店"（Hôtel Les Trois Rois）着手策划这次大会的接待工作时，他所有的舞台管理天赋才真正派上了大用场。后来，他曾回到这座酒店在著名艺术家和摄影师以法莲・利林（Ephraim Lilien）的镜头下摆姿势：只见他双肘支在酒店露台的栏杆上，心潮澎湃地眺望着下面这条伟大的河流，宛若在静静地聆听着历史长河的阵阵波涛声，正如赞格威尔所说，“提革拉毗列色”（Tiglath-Pileser）[①] 那雄狮般的亚述人侧面剪影，看起来就像“一位忧郁的国王正在做着一个伟大而美好的梦”。这就是第一个伟大的锡安主义者的形象：作为新时代的摩西，他在被同化的奢华生活中觉醒，并最终掌控犹太人的命运。画面中赫茨尔强烈的忧郁感进一步印证了他在日记中发出的感叹：“我的生命结束了；新的世界历史开始了。”

赫茨尔身上的表演天赋告诉他，这个史诗般的时刻需要仔细的舞台策划和完美的视觉效果。来自世界各地的所有代表，无论路途远近，入住“三王大酒店”时都不需要带乳香和没药之类的旅行必备品，只要带足他们事先承诺的真金白银就够了。但他们的捐助热情必须要以庄严的形式来展现。尽管潮湿的巴塞尔在 8 月的酷夏季节闷热难耐，但只要穿通常的礼服就可以了。大多数代表当然也算不上是穿惯了晚礼服的“绅士”，所以巴塞尔衣服租赁业的生意恐怕要红火一阵子。当时，赫茨尔就在想，马克斯·诺尔多（Max Nordau）应该很清楚这一点，但如果他只带一件双排扣的老式长礼服，那么作为大会开幕式的首席主持人，他恐怕要赶紧另外准备一套正装了。当然，还有其他一些重要的视觉标志。当时拍摄的一张“娱乐城”的照片显示，入口处挂着两面旗帜，上面的图案是空旷的白色背景下缀着两道蓝色条纹。白色代表大会的使命纯洁无瑕，两道蓝条则让人回想起《圣经》中描绘的衣服上的穗子和祈祷披巾（tallit）。卡拉派一直对蓝色情有独钟，但当醉心于《塔木德》的拉比派无法在“上帝”和摩西到底喜欢哪种蓝色的问题上达成一致时——天蓝、海蓝还是靛蓝？——他们却更倾向于黑色。赫茨尔、诺多尔和其他一些人对流散状态下拉比们那种目光短浅、刨根问底的“吹毛求疵”（pilpul）早已经受够了，他们力主在主色调上要正本清源：以蓝色作为首选。在大厅内悬挂的另一面旗帜上，

---

① 此处指亚述王提革拉毗列色三世。据说他是一位雄才伟略的国王，当政期间东征西讨，国势强盛，帝国版图不断扩张。——译者注

则是一个硕大的大卫六芒星，里面画的是一头代表当年犹大国的雄狮，其形象就像守护着圣殿的至圣所并在全世界的犹太会堂里作为标志性装饰而保留下来的两头狮鹫一样威武。当时，对于“娱乐城”偏暗的内部基调来说，其浅黄色的墙面、令人压抑的深红色窗帘和一层层暗绿色的包厢（供领导人和发言人就座），如果能用蓝色和金色加以点缀，那无疑是锦上添花。

但是，比这种和谐的装饰外观更重要的，当然是出席这次大会的代表人物：不光是来自敖德萨、海牙、柏林、科隆、巴尔的摩、阿尔及尔、耶路撒冷、纽约、伦敦、明斯克、雅西、斯德哥尔摩、格罗德诺（Grodno）、比亚韦斯托克（Bialystok）、布鲁塞尔、贝尔格莱德以及其他地方的 197 名代表，而且有大量的来自巴塞尔、苏黎世、伯尔尼的非犹太人——学生、教授、中学老师、商人，他们都提前买好了门票，并且为了抢到一个好座位而在大街上排起了长队——还有许多来自《法兰克福时报》（*Frankfurter Zeitung*）、《泰晤士报》、《巴黎回声报》（*L'Écho de Paris*）、《纽约先驱报》以及其他全球性媒体的记者，时刻准备用电报发回他们的现场报道。无论拉比们和那些留在家里观望的人喜欢与否，这次大会很快就变成了一个世界性事件，而这正是赫茨尔所希望的：产生政治电流。当撒母耳·蒙塔古给赫茨尔写信，奉劝赫茨尔赶紧远离，因为“犹太人的事和一个犹太家园只有在各个大国一致同意的情况下”或“在一位得到犹太人充分信任的领袖人物的领导下才能实现”时，他实在是太荒谬不经、太胆小怕事，也太心胸狭窄了。

对于蒙塔古来说，这位领导人显然不是赫茨尔。但是，绝大多数的与会代表，甚至就连那些一开始对赫茨尔引人注目的上流阶层派头看不上眼的人，却不这样想。他们似乎看到了一个以前从未见到过的人。他们在他身上发现了一种前所未闻的东西，正如他们中的某个人所说，“一种令人不可直视的光辉”。对于一群热爱希伯来文学和熟读犹太典籍的犹太人来说，这个人身上发出的光辉，必定就是当年摩西在见到“上帝”后从西奈山顶下来时脸上所散发的那种炫目的光辉。

人的感情是互相感染的。当赫茨尔看到那些刚刚从法兰克福、叶卡捷琳诺斯拉夫（Ekaterinoslav）、阿姆斯特丹赶过来的犹太人，尽管他们穿着不一、神态各异，“身上沾满了煤灰，并由于长途跋涉而汗水淋漓，但他们却满怀着某种愿望——大多数的愿望是美好的，个别人的愿望或许并不那么美好”，刚下火车就纷纷挤进“饭菜质量相当差劲”的布伦瑞克酒店时，他的眼中不由得充满了感动的泪水。[35] 一种兄弟情谊瞬间弥漫开来。来自布尔诺（Brno）的贝尔托德·费维尔（Berthold Feiwel）——他在1897年曾领导过一个名为“真理”（Veritas）的锡安主义组织，并且一直是赫茨尔的密友——深深为这次犹太大聚会生机勃勃的气氛所感染。他在日记中写道：“刚一到达，我们就宛如进入了一次温馨而庄严的家庭聚会。当发现有一位‘巴塞尔人’并把他介绍给大家时，立即引起了一阵热烈的欢呼声！发自内心的一次激动的握手和欢乐的掌声使他们很快就成了亲密无间的兄弟。”[36] 赫茨尔的回忆则充满了更为强烈的情感：“我们互相拥抱和亲吻。我们彼此间也许并不认识，但我们知道我们都是兄弟……我们一边拥抱和亲吻，一边互相说出自己的名字。在我们彼此知道了名字之后，我们会再次亲吻……我们是希伯来人（Ivri anokhi）。”

无论他们来自何处，也无论他们属于什么样的政治群体或宗教派别，正是这种强烈的归属感使赫茨尔把他的坚定信念——“我们是一个民族，属于一个民族”——最终表达在《犹太国》中，这是一种远远超出空洞虔诚的信念，并且这种信念是建立在一种共同的理想之上。他在4月间就说过，召开这样一次大会的目的，就是要“为犹太民族的概念打牢根基，并第一次明确表达出来”。甚至在其他任何人尚未说出口之前，他就已经替他们做了。

第一个站上演讲台的是所有代表中年纪最大的卡佩尔·里皮（Karpel Lippe），他是一位来自雅西的犹太医生，他曾是“热爱锡安者”成员，但他发现该组织在卡托维兹召开的代表大会毫无作为后便立即退出了。他说，如今

“在遭受了 1800 年的迫害之后”，犹太人终于能坐在一起开会，力图彻底改变他们共同的命运。第二个发言的就是当时只有 37 岁但却永远是一副严肃派头的赫茨尔，他用自己习惯的缓慢而柔和的语调开始演讲，深沉的声音反而使他所讲的内容产生了更大的感染力。在整个演讲过程中，他使用最多的一个词就是“家园”。他告诉代表们：“我们今天济济一堂，为注定会成为犹太民族安全天堂的‘家园’垒下第一块基石。”他说，“对广大犹太同胞来说，锡安主义就是一次‘回家’，即使现在我们还没有回到现实中的犹太家园”。“作为已经‘回家’的孩子”，我们发现，整个大家庭陷入苦难的现状必须得到革命性的改善和重建。然后，他开始列举日益浓重的反犹主义气氛所造成的难以容忍的重重障碍。不应该一味地指责犹太人自己无力阻止这些恐怖事件的发生，而是各国政府应该对公众的倾向性选择负有责任。如果各国政府试图保护犹太人，它们就会引起公共的愤怒；但如果它们一味地保持中立，它们就会使犹太人陷入孤立无助的境地。因此，唯一的解决方案就是重塑民族精神，并给予这个民族以真正的安全。但一个“民族家园”的建立又必须在国际法的框架内进行，并且在以迫害为己任的反犹主义日益猖獗的情况下，如何才能实现这个梦想呢？在巴塞尔，他再次向全世界所有正在聆听这次大会的人发出了激动人心的声明：锡安主义是一个和平的组织，是一次为被压迫者谋福利的运动，不仅对犹太人而且对全人类来说都是一种福祉。这一计划不应被看成任何形式的宣战书。“我们这次大会就是带着启蒙和安慰的使命召开的。我们要让每个人都知道锡安主义到底是什么，它将是一个千年奇迹，是一场以道德和人道主义为宗旨、为我们的民族指明长期渴望的前进目标的运动。”

尽管发言的内容庄重且朴素，但当赫茨尔演讲结束时，会场里爆发出一阵热烈的欢呼声和跺脚声，大厅瞬间变成了一片挥舞着帽子和手帕的海洋。当他被一致推举为大会主席时，整个会场欢声雷动，再一次淹没在一片挥舞着衣服和领带的海洋之中。人们撕裂了钮扣，嗓子也喊哑了，欢呼的声浪远远超出了以往的喜庆场面。赫茨尔本人则在他的亚述人大胡子后面悄然感动着，他在谢幕时没有频频鞠躬，“以避免使这个庄严的场合变成一场作秀”。他就这样离开了主席台，并完全变成了另一个普通人。一位“久经沙场”的记者像被魔咒镇住了一般，深深为当时的场面所震惊，他仿佛看到“一个大卫家的子孙死而复生，浑身充满了传奇、梦想和美好的力量”。

紧接着赫茨尔演讲之后，马克斯·诺尔多作为一位医生和作家，一位在“德雷福斯案件”之后转向锡安主义运动的被同化的犹太人，发表了一番在措辞上更有说服力并且更为深入的演讲，他重复了《犹太国》一书中开篇部分的基调：锡安主义是犹太解放事业受挫后的必然结果。但诺多尔却是从历史和哲学的角度来看待这个问题的。令人不安的是，“解放”的实现更多的是出于一种政治逻辑上的考虑，而不是情感使然；也就是说，并不是为了纠正数百年来加诸犹太人身上的各种非人道行为，而是为了迎合法国大革命的抽象原则。正是出于使犹太身份在一个单一民族的社会中不断消解甚至最终消失的目的，这种墨守成规的“恩赐者”为被解放的犹太人设置了各种根本无法克服的障碍。这样做的结果就是造成了一种过度的社会疲劳，同时也在历史上形成的旧仇恨土壤之上播下了新的种族仇恨的种子。因此，深深沦入了“后解放困境”的犹太人，不仅“失去了他们本来起码还能在里面抱成一团的旧‘隔都’”，而且在这种新的环境下，“他的出生地仍然拒绝给他一个家……甚至当他想和自己的同胞交往时，他们却由于害怕而远远地躲开了。这种道德上的贫困往往要比物质上的贫困带来更大的危害……所以，他才毅然用头向覆盖在他头顶上的那层厚厚的仇恨和蔑视的冰壳猛地撞了过去。”

巴塞尔计划

在三天的会期内，赫茨尔一直发疯似地忙碌着，根本没有时间像平常那样去写大量生动的笔记。但他还是在日记中清楚地告诉我们：当他在被拥戴为主席后的一片欢呼声中准备走向演讲台时，他看到的第一件东西却是他的儿子汉斯写来的一封信。“这封信让我深受感动。”当他演讲后回到主席座位上坐下后，“我迫不及待地开始用大会明信片，分别给我的父母、我的妻子以及我的每一个孩子，波林（Pauline）、汉斯（Hans）和特鲁德（Trude）写信。这是我在运动开始后全身心地投入其中的两年里第一次表现出童心未泯的天性。”[37]

大会进入第二天（并且经过了激烈的辩论），大会通过的“巴塞尔计划”[①]宣布：锡安主义的目标是在国际法的框架下为犹太人在巴勒斯坦建立一个民族家园。为了实现这一目标，鼓励广大农民、工匠和生产厂商向那里移民和定居；致力于结成一个犹太民族统一体；增强民族意识，并且一旦需要，则设法寻求大国的支持。但是，其最简洁和最独到的表达（至少算是赫茨尔本人对这次大会上自己的心态所做的最后总结），则是他在日记中写下的一句著名的话：“在巴塞尔，我创立了一个犹太国。”这句话虽然显得有些自负，但也并不完全是无稽之谈。他继续写道：“如果我今天高声地喊出这句话，很可能会招致世人的嘲笑。但或许在五年内或五十年内，所有的人肯定都会明白，我并没有夸大其词。”对于那些对“以宣言的形式宣布建立一个国家到底意味着什么”过于担心的人，赫茨尔继续写道，正是其中包含的伟大理想，才使他萌生了这样的具体想法。但是，这就是其根本所在。他坚持认为，任何一个国家的建立都是从这样的想法开始的，因为“即使一个国家拥有了属于自己的领土，‘国家’也永远只是一个抽象的概念”。他在巴塞尔还写道：“所以，我创造了这样一个对绝大多数同胞来说看得见摸得着的抽象概念。通过一步步谨小慎微的努力，我逐渐使同胞们在心中形成了一个‘国家’的概念，并且使他们感到他们自己就是‘国民大会’。”[38] 他虽然并没有真的打造出一个犹太国家，但他却成功地

① 巴塞尔计划（Basel Programme）为 1897 年第一届锡安主义大会所发表的“巴塞尔宣言”中，有关未来锡安主义运动的行动纲领。——编者注

使这种想法的实现成为可能！

在这197名“巴塞尔人”中，或许只有一个人对赫茨尔的想法深感不以为然，他非凡的智力虽然与赫茨尔不相上下，但在情感的炽烈方面却与赫茨尔相去甚远——他就是随笔作家阿哈德·哈阿姆。他出生时的名字叫亚设·金斯伯格（Asher Ginsberg），当他于19世纪80年代末开始为希伯来语报刊写专栏文章后，他就一直使用这个意为“民族的一员”的笔名。在大会结束后返回敖德萨的途中，他把自己的这段感情经历描写为就像“婚礼上的一个哭丧者”。[39]当时，他感到心里充满了悲伤，必须要向人哭诉。按照他自己的狭隘想法，许多事情都让他看不下去：赫茨尔对“热爱锡安者”运动经过长期而艰苦的斗争取得的成就视而不见、无端指责，他甚至把带领犹太人回归集体生活的贪天之功据为己有。“听他在那里夸夸其谈，就好像是一个旷世奇才突然发现犹太民族还活着，并且需要由他来告诉大家这个事实一般。”[40]

作为希伯来语月刊《安息》的创办人和主编，哈阿姆认为，这次大会不仅是语言上而且是整个氛围的全面日耳曼化，已经使尚不成熟的锡安主义越来越远离了其核心，而核心本应始终是犹太教。这些人身上的白领结和黑燕尾和犹太教有什么关系？或者说，诺尔多关于法国大革命的一番高论与犹太教又怎么扯得上？他有充分的理由相信自己，尽管他的人生经历表明自己是一个典型的正统派，但他毕竟是一个来自东欧犹太核心文化圈的犹太人。他的父亲曾在别尔季切夫附近租下了一个农场，而哈阿姆有十八年是作为一个勤劳的农民在乡下度过的。他一直是一个规规矩矩的犹太人，但他对神秘的哈西德派以及任何形而上学的哲学派别也进行过抨击。但是，当他听到赫茨尔喋喋不休地谈论“锡安”，仿佛那只是一个抽象概念时，他身上那种固有的土地意识使他有一种深深的切肤之痛。哈阿姆分别于1891年和1893年先后两次去过巴勒斯坦，从而使他对“热爱锡安者”定居点的管理不善、犹太移民对慈善投资的依赖、各定居点在男爵亲自监管之前的萧条、他们对阿拉伯劳动力的依赖的种种疑虑得到了进一步证实。因此，当哈阿姆看到赫茨尔对大会产生的影响时，他就觉得他仿佛看到的是一个犹太式的卡利奥斯特罗[①]，一个正在向容易上当的观众施加魔咒的蹩脚的魔术师。这种“妖术”具有双重的欺骗性，即什么才是真正的犹太教和哪里才是真正的家园。按照他那种讽刺式的宏大叙事方式，阿哈德·哈阿姆有一种观点：赫茨尔关于“犹太性”的空洞概念，更多的是由非犹太人的感觉（姑且不论这种感觉是好的还是坏的）决定的，而不是对犹太教核心内容的表达。但反过来说，尽管阿哈德·哈阿姆善于论辩并且思维敏锐，但他自己也并不清楚真正的犹太教到底是什么，一个简单的原因就是，至少自迈蒙尼德以降，这个问题并没有一个一致的定论。但是，宗教意识更强烈的阿哈德·哈阿姆所知道的东西，不过比宗教意识相对淡漠的赫茨尔提出的犹太世俗化理论更丰富、更深刻和更严肃一些，只是知道犹太人要想作为一个民族获得新生，他们应该首先求助于犹太教罢了。所以说，从锡安主义诞生的那一刻起，一颗敌意或者说内战的种子就已经播下了。时至今日，这个问题依然没有解决。

对于阿哈德·哈阿姆来说，赫茨尔为“饱受折磨的犹太病人开出的药方”还有另一个美中不足之处，那就是他对帝国主义怀有不切实际的幻想，他的计划完全取决于欧洲列强尤其是德国是否愿意舍弃自己在中东的利益。与赫茨尔不同，他在巴勒斯坦的亲身经历，使他对其重要的地缘政治地位和土耳其帝国作为掠夺者兼受益者的领土竞争欲望的感受，自然要比一个曾经当过农民的希伯来语学者深切得多。如果以巴勒斯坦为中心的整个中东地区在某种程度上可以任由赫茨尔规划和摆布，他的计划当然有望实现。但这几乎是不可能的。最有可能出现的情况是：在可以预见的未来，那里将变成一个暴力频发的火药

---

① 此处指的应该是亚利桑德罗·卡利奥斯特罗（Alessandro Cagliostro，1743~1795）。卡利奥斯特罗是一个臭名昭著的意大利冒险家和自封的魔术师，声称发明了多种超自然的秘术，如炼金术和占卜术。他以不同的名号来往于欧洲各国的宫廷之间，甚至被封为伯爵，但他一生都在寻找猎物和骗局败露后的逃亡中度过。他死后的阴影一直在欧洲徘徊，更使他声名狼藉，被视为千年一遇的“江湖术士”，甚至被称为“骗子之王”。——译者注

桶，而并非是德皇或苏丹的美好馈赠。

但在眼下，赫茨尔实在太忙了，根本没有注意到这些，更没有注意到像阿哈德·哈阿姆这样尖刻的评论家和麻烦的对手。大会代表们被派往各自的家乡，以便在当地为未来的“世界锡安主义组织”建立分支机构，并着手开展募集资金和增强家园意识的宣传工作。但是，“国民大会”的想法使赫茨尔开始以政治家的眼光思考未来，他清醒地意识到，如果他发起的这场运动一旦失去前进的动力，他必须要在外交方面寻找新的突破口。那位巴登大公在向赫茨尔承诺他会说服德皇之后，却神秘地陷入了沉默状态。但是到1898年9月，事态又出现了新的转机，并且进展神速。赫茨尔被召到了大公位于博登湖（Bodensee）中的曼瑙岛（Mainau Island）上的夏宫中。他到达的时间正是德国人打猎的季节，而他却沮丧地发现，自己的装束并不适合打猎，既没有长筒皮靴，也没有深绿色的猎装，根本无法混迹于凶猛的猎犬队伍之中。但是，他得到的消息却令人振奋。实际上，赫茨尔在6月间曾单独给德皇写过信。当时，按照腓特烈的说法，威廉已经接近于接受为犹太人建立一个保护国的观点，但这要寄希望于苏丹会改变初衷。事实上，德皇正打算在10月间访问耶路撒冷，对外的说法是为新近落成的救赎主教堂祝圣。难道赫茨尔不想到时候一起去吗？

再次出发

两个星期后，赫茨尔又先后拜见了德国驻维也纳大使尤伦堡（Eulenberg）亲王，以及机敏、狡诈的德国外交大臣伯恩哈德·冯·比洛（Bernhard von Bülow）。然后，在10月的第一个星期，赫茨尔在阿姆斯特丹收到了从德国驻当地领事馆传来的消息，进一步证实了“一切进展顺利”：德皇更倾向于建立一个保护国的提议，并希望能在耶路撒冷会见赫茨尔及其率领的正式代表团，以便进一步就相关问题进行磋商。一个代表团？谁会和他一起去？赫茨尔一开始希望像诺尔多这样的重量级人物能够参加，但他却直接拒绝了。于是，赫茨尔只能考虑另外一些有发展潜力的领袖人物：两位科隆人，一位是律师马克斯·博登海默（Max Bodenheimer），一位是商人大卫·沃尔夫森（David Wolffsohn）。沃尔夫森是一个来自立陶宛的正统派，早年曾被派往梅梅尔（Memel）[①]，并以在当地犹太人经营的商行里打工的身份开始了他的锡安主义者生涯。于是，他成了锡安主义运动与立陶宛社区联系的纽带，后来在阅读了《犹太国》后，他直接来到维也纳面见赫茨尔，并保证将不遗余力地帮助他实现这一梦想。在莫里茨·施尼勒（Moritz Schnirer）和约瑟·塞登纳（Joseph Seidener）宣布加入后，一个像样的代表团才算组建完毕。施尼勒当时还是维也纳医学院的学生，但他是卡迪玛学校的创办人之一；而塞登纳则是一名俄国工程师，赫茨尔认为，他正好可以代表技术专家这个群体（犹太人在那里的前期基本建设还要靠他们）。

于是，他们便匆匆上路了，5 名犹太人坐上火车（当然是“东方快车”），向君士坦丁堡方向进发，以便及时赶到那里与德国皇帝会面。赫茨尔几乎从一开始就意识到了在他们全部到达巴勒斯坦之前，在威廉正式会见苏丹之前，与德皇见一次面的至关重要性。赫茨尔必须尽一切努力，以确保德皇能及时向苏丹提出犹太人的问题。

尤伦堡亲王似乎已经把一切都安排妥当。在君士坦丁堡，赫茨尔焦躁不安地等待着召见。会见的时间一再拖延，他在绝望中不得不直接给德皇写信解释，如果不能立即召见，他很可能会赶不上唯一的一班轮船，从而使他无法按时到巴勒斯坦与德皇会合。会面的时刻终于到来了，但却只要求他一个人到伊尔迪兹宫见驾。这片坐落于博斯普鲁斯岸边的贝西克塔斯区（Besiktas）的建筑群，系由一位意大利建筑师参考意大利科莫湖（Como）景区与瑞士木屋度假村的建造格局设计而成，点缀其间的亭台楼阁正是这种混合风格的典型表

① 即今立陶宛克莱佩达市，位于尼曼河口，是立陶宛在波罗的海的唯一出海口。——译者注

现，所有的高大山墙和拱形窗户不过是为了让苏丹阿卜杜勒·哈米德感到比住在市中心更愉快和更安全。苏丹之所以建这样一座高大的木结构迎宾阁，显然是为了兼作来访的贵宾尤其是德皇（他本人就是一个精巧的木匠）的下榻之处，并且阿卜杜勒·哈米德还用为自己准备的精美家具和大幅地毯（系由60名织工夜以继日地编织完成）不断进行装饰和扩展。赫茨尔被领进了会客厅，准备在四点半见面，像往常一样，他正好利用这段时间考虑一下他的穿戴对这样一次至关重要的会面是否算得上得体，并把他那双特别喜欢的"精致的"灰色手套反复地脱下又戴上。但不出所料，他不得不一直在不安中干等着。就这样等着，一直等着。在预定的时间过了大半个小时之后，他才终于被领上了一段宽大的楼梯，但见德皇的侍从武官冯·凯塞尔（von Kessel）伯爵就等在上面的楼梯口，他非常得体地自我介绍说"凯塞尔伯爵"，并咔嚓一个立正。他刚做完这个动作，似乎又感到有点愚蠢，但赫茨尔却躲到一边顺着说"赫茨尔博士"，也回了一个立正。然后，他在惶惑中瞥见皇后在走廊尽头心不在焉地向他点了点头，然后便消失在了一扇门后面。转身的工夫，他突然发现身穿一身黑色轻骑兵制服的德皇就站在自己面前。第一件让赫茨尔感到震惊的事就是，威廉戴着手表的那条手臂非常枯瘦[①]，这似乎使他感到有些尴尬，但这也使他在某种程度上显得更有同情心。你一定会忍不住想看一看他那只健康的手臂伸出来一只手握手时的样子吧。但第二件让他震惊的事就是对方的眼睛："一双海蓝色的眼睛"，赫茨尔在日记中几乎像一个意乱情迷的恋人一样将其形容为"一双真正属于帝王的眼睛"。"我从来没有见过这样的眼睛"，"一双令人印象深刻的眼睛在坚定地直视着你，似乎看到了你的心底"。[41]

"心跳加速！"赫茨尔简要地陈述了一下他在信中写过的内容，以及他对德

① 据说，威廉出生时是臀部先露，因而造成左手天生残疾。稍微细心的人会发现，他的照片大都是侧身照，或把右手抱在前面，左手则永远戴着手套，并拿着手杖或其他饰物作为掩饰。——译者注

皇的期望。会见的过程中并没有出现任何分歧，这似乎也正是威廉所希望的。但随着德皇慢条斯理地讲着话，一种对赫茨尔来说太熟悉了的语气插进了谈话，而且并不友善。如果赫茨尔知道威廉在 9 月末给他的大公叔父写的那封信的内容的话，他或许就会对这种语气不感到震惊了。当时，德皇明确地表示，他对在德国和奥地利掀起的反犹主义浪潮中的一系列过火行为极为反感，并且这项旨在在奥斯曼帝国的中心地带为德国建立一块半殖民地并且全部由犹太人出资的锡安主义计划，对他摆脱过剩的犹太人将大有帮助。对这样一项互利双赢的计划，他怎么会不赞成呢?

德皇继续说道：“对你们的民族来说，这是一个基本的要求，他们选择到巴勒斯坦定居是再好不过了。说到这里，我倒想起了一件事，黑森（Hesse）一带好像有放高利贷者在活动。”赫茨尔从前也听说过这件事，所以尽管那双海蓝色的眼睛仍然在盯着他，他还是不由得怒气上冲。但此时比洛却突然插话说，犹太人有足够的理由应该对霍亨索伦王朝感恩戴德，但他们却忘恩负义，黑森的犹太人都是反动者和造反派。

然后，因为当时正是 1898 年末，他们的谈话自然转向了“德雷福斯”这个话题，但让赫茨尔感到有些吃惊的是，德国宫廷方面显然也认为这位犹太军官是完全无辜的，尽管其原因更多地与德皇对法兰西共和国荒唐而腐败的政治体制的看法有关。其实威廉早就听说，法军总参谋部挪用公款给德雷福斯送钱让他对此事保持缄默，并在遭到拒绝后对他罗织罪名进行陷害。然后，赫茨尔设法把话题又转回到如何筹集资金以便让苏丹摆脱欧洲债务的压力上来，并随后加了一句“在我看来，这也是很自然的事”，他听到德皇回应道“我也这么想!”对于当时的情景，赫茨尔在日记中写道，他觉得自己仿佛进入了一片魔法森林，一只传说中的独角兽出现了，恰好在某个时刻，那只独角兽开始发出声音，并亲切地说：“我就是传说中的那只独角兽。”与他同时代的维也纳人弗洛伊德医生也曾经谈到过那根独角，其灵感很可能来自德皇在阅兵场上戴的那顶尖头盔（Pickelhaube）上高耸的锥形穗头，以及他喜欢骑高头白马的出行习惯。那只“独角兽”当时又说道：“请告诉我，我该怎么跟苏丹说。”赫茨尔教他说：“一家受德国保护的特许公司而已。”然后，“他庄重地把一只手向我伸过来，我感到他这只好手太有力了，把我的手攥得生疼。然后他就从中间的正门走了出去。”

一个星期后，五名衣着并不得体的犹太人在风平浪静、波光粼粼的大海上向巴勒斯坦的方向进发了。从君士坦丁堡到亚历山大，他们一路舒服地坐在“尼古拉二世沙皇”号邮轮上，航行到士麦那[①]时，赫茨尔注意到那里的塞法迪犹太人和阿什肯纳兹犹太人已经没有分别，继续航行到比雷埃夫斯[②]，他们还顺便游览了雅典卫城，对赫茨尔来说，这种古老建筑的规模即使再怎么宏大，也无法与苏伊士运河这项伟大的现代工程相比。在亚历山大，他们不得不改乘十分拥挤的小型蒸汽船“罗马将军”号。航行了一段时间后，大卫·沃尔夫森把专门为这次旅行带在身上的照相机拿了出来，他们纷纷摆好了姿势在甲板上拍照留念。由于画面中有一位站在前面的欧洲人在边上遮住了他的半边脸，沃尔夫森只能用截图的方式进行画面处理，这正是这张后来发表的照片上只有四名锡安主义者端坐着的原因。画面中，四人直接坐在甲板上，其中有两人（包括博登海默在内）竟然顾不上地中海东部的酷热天气，仍然穿着肥大的毛料西装，并紧紧地系着领结。赫茨尔当然要坐在最前面，衣着整洁，头戴一顶有点像海员帽那样的时尚尖顶帽，俨然是一副船长的派头。他手里似乎还拿着一个伸缩式望远镜，并且用一根皮带挂在肩上。

但是，最感人的一个画面还是那张任何历史文献在引用时都不会漏掉的照片，并且图片还往往加上一行说明文字：犹太人并不孤独。画面中，他们就挤坐在五名阿拉伯人中间。这五名阿拉伯人从君士坦丁堡开始就与他们一路同

---

① 士麦那（Smyrna），今称伊兹密尔。土耳其第三大城市，位于爱琴海边。——编者注

② 比雷埃夫斯（Piraeus），为希腊重要的港口和海军基地。——编者注

行，他们身穿传统的民族服装，其中有一个并没有看镜头，而是像当年赫茨尔那样给了一个与众不同的侧影。还有两个手摸着下巴做深思状，或许感到有些茫然。他们的面部表情既无讨好之意也无敌视之情，但显然对正在发生的事情并不是冷漠置之。他们还会有别的表情吗？如果他们所做的一切就是为了能留下这样一张照片，那么这些人就不可能是偶然凑在一起的。这种与阿拉伯人亲密地混杂在一起的场面，与通常锡安主义者采取的对巴勒斯坦当地人视而不见的态度相去甚远，尤其是这也是赫茨尔本人之前的“盲点”，所以不禁会使人产生联想：这肯定是出于一种有意的安排。实际上，虽然在实现建设民族家园的艰难进程中对当地阿拉伯人的关注不多，但也说明阿拉伯人口存在的事实并没有被忽视，这些充满幻想的锡安主义者正期待着一个彼此合作和友好相处的美好未来。

两位记者尽可能如实地报道了犹太人与阿拉伯人共处的现实状况，或者说其中的各种困难。尽管赫茨尔很清楚自己会因为对巴勒斯坦不切实际的幻想而受到指责，尤其是受到阿哈德·哈阿姆的指责，但他还是在几个月前就派利奥·莫茨金到那里了解当地的经济形势，尤其是人口状况。莫茨金的记述表明，不仅犹太人本身面临重重困难——主要是各定居点内部和男爵的监管制度出了问题——而且阿拉伯人口的存在是一个不争的事实。还有一位记者就是阿哈德·哈阿姆本人，在 1891 年和 1893 年两次访问巴勒斯坦之后，他毫不妥协地坚持在实施大规模移民计划之前公开披露了当地出现的种种问题。《来自圣地的真相》（Truth from the land）一文描绘了犹太定居者由于对援助的过分依赖而造成道德方面问题的可怕现状，力主在实施任何大规模移民、在土地和精神两方面打下坚实的根基，并能通过自力更生而不是依靠某些国际势力的援助或西方犹太银行家的慈善捐助，进行农业生产的一系列计划之前，必须首先要以循序渐进的方式形成一个有机而健康的犹太社会。哈阿姆还以最坦率的方式指出了如下事实：大部分可耕地几乎全部被当地人所占用。他说，在当前的情况下，当地的地主还愿意把土地整块地卖给犹太人（因为劳动力相对稀缺），但如果真到了犹太人口占据多数并造成实际威胁的时候，恐怕任何锡安主义者都不会再抱有他们不可能受到强烈抵制的幻想了。

阿哈德·哈阿姆认为，虽然赫茨尔平日总是衣着高雅，对任何事情都摆出一副傲慢的德国人派头，但他对这个近期内似乎难以克服的困难却束手无策。但是，赫茨尔本人却认为，虽然哈阿姆过分痴迷于精神上的东西，并指责西方犹太人无视犹太教的真正内核，但他却忘记了他们性格中的另一面，即更容易接受现代性、技术和世俗科学的一面，而这种现代意识不仅与真正的犹太生活一拍即合，而且在这个知识的王国里，犹太人曾经奋勇争先并多有建树。现代和未来的科学技术尤其是水利工程技术，总有一天会让哈阿姆明白，什么才是可耕地，什么才不是心胸狭窄、缺乏想象力和不切实际。赫茨尔在 1898 年初途经荷兰时，他目睹的两件事深深打动了他。一是他在阿姆斯特丹的犹太居住区（Jodenbuurt）（那里矗立着两座大型犹太会堂）看到有三个犹太儿童，两个大些的男孩正牵着最小的弟弟的手。当时赫茨尔就在想，如果犹太人的民族家园变成现实，他们作为犹太人会在那里长成什么样子。二是他在荷兰乡下看到的情景，他之所以特别喜欢静谧的乡村风景，是因为对他而言，这应该是人类用自己的心灵手巧和集体智慧改变几乎没有希望的物质栖息地面貌的最佳例证。既然荷兰人能在内海的水面上筑起一片片肥沃的圩田，那么对于身处沼泽和沙漠中的犹太人来说，一切皆有可能！四年后的 1902 年，赫茨尔发表了他的未来主义小说《古老的新土地》（*The Old New Land*），其中描写的是 1923 年一群旅人又回到了他们在 1902 年第一次相遇的巴勒斯坦（这样的描写显然带有自传色彩）。时间推进到了 1923 年，巴勒斯坦阿拉伯人拉希德·帕夏（Reshid Pasha），他作为犹太人与阿拉伯人之间和谐共处的乐观精神的化身，对锡安主义取得的辉煌成果大加称赞，因为正是锡安主义者的不懈努力才改变了一切，带领广大的当地民众走上了史无前例的富裕之路。赫茨尔还特意将巴勒斯坦阿拉伯人和思想开明、道德高尚的“新农村”村长之间的兄弟情谊，与一直在宣扬排外的民族主义并坚持认为工作机会、土地和财产只能属于犹太人的政客盖尔（Geyer）的煽动性言论做了鲜明的对比。阿哈德·哈阿姆不仅对其中的情感倾诉和美好愿望仍然无动于衷，反而认为这本书充满了可笑的孩子气而对其展开了猛烈的批评。

关于如何在巴勒斯坦过一种犹太式生活，犹太人与阿拉伯人又将如何在一块土地上生存，两种设想发生了尖锐的对立：是耶路撒冷还是特拉维夫，是纯粹精神的还是世俗的。两种设想不易和解，在什么才是真正的犹太生活这个问题上互不相让。时至今日依然如此。

永远的耶路撒冷

于是，西奥多·赫茨尔带着他的美丽梦想、他的政治远见、他的亲德意识、他的傲慢自大、他的镇定自若以及他那颗日益跳动加速的维也纳人的心，继续乘船出发了。他经常让莫里茨·施尼勒医生给他号一下脉，在沉重的压力下，他的脉搏有时会急剧升高至足以危及生命的一百零八下。在令人窒息的热浪中，五个人挤在一间狭小的船舱里，这对他的健康似乎并没有好处，所以赫茨尔大多数夜晚就直接睡在星空下的甲板上。但是，当 10 月 26 日早晨的第一缕阳光映射在天空中时，一切，一切似乎都很好。他使劲揉了揉眼睛，尽力向“俄罗斯”号的船头望去，终于看到了他梦中的“那道犹太海岸”。

即使他在看到这一幕时经历了巨大的感情波动，但日记中也几乎没有记录，因为他正忙着想办法使他们能在土耳其警察怀疑的注视下安全上岸。雅法的码头区同样也有一些德国警察，五位戴着太阳帽的游客当时主动声明，他们之所以来雅法，完全是奉德皇的谕旨行事。这一招还真管用！在海边尘土飞扬的混乱人群中，赫茨尔还刻意地设法做了一件小小的善事。在“俄罗斯”号上，他曾碰巧遇到过一个罗马尼亚犹太女人，当时她说要到“耶路撒拉金”

（Jeruscholajim，这是赫茨尔称呼“耶路撒冷”的独特方式）去找她病情严重，或许已经病入膏肓的女儿。[42] 她当时非常害怕，因为持有罗马尼亚护照，土耳其人很可能不让她入境。赫茨尔找到了一位一直随船采访的法国记者，并安排这个女人装扮成他妻子的女仆。他竟然成功了——母亲和女儿很快就能团聚了！

在随后的几天里，他们对各个犹太定居点进行了走马灯式的访问。在埃德蒙男爵资助的“里雄莱锡安”定居点，赫茨尔看到，在管理人员的严厉监管之下，村民们似乎在提心吊胆地过日子，然后他们又参观了酒窖和简陋的生活区。一行人反复听到的一句话就是“还算幸运，人家毕竟是出于好意”，但在随后的讲话中，则试图把他们对赫茨尔的尊敬与他们对男爵的敬畏相提并论，对于这种无聊的比附，赫茨尔有些小气地认为，这比在音乐会上把小提琴和琵琶硬拼在一起演奏好不到哪里去。第二天，他们来到了雷霍沃特（Rehovot）①定居点，他的感觉才算好了一些。在那里，他们被安排参观了年轻的犹太骑手现场表演。赫茨尔在日记中写道，不敢想象，那些本来应该在家里卖裤子的小商贩在这里竟然变成了犹太牛仔！

第二天早晨，他们来到了由“世界以色列人联盟”经营的训练农场，那里的所有成员都在等待着德皇的亲自来访。赫茨尔洋洋得意地吹嘘说，也许你们一会儿就会看到我们两人互致问候的场面。人们一开始显然不大相信，但在大约九点的光景，一队土耳其轻骑兵卷起的烟尘滚滚而来，当尘埃落定后，人们发现，来的果然是骑着高头白马、头戴插着锥形穗头的尖顶头盔的德皇本人，加上他当时灰尘蒙面，使他看起来就像儿童历史画本中的撒拉森人（Sracens）②。赫茨尔让学校儿童们排成一行，高唱《向胜利者的花环致敬》（*Heil di rim Siegerkranz*）。在一片欢呼声中，德皇翻身下马，他一边满意地大声笑着，一边与赫茨尔（当然是用那条好胳膊）热情握手。两个人果然互致问

① 希伯来语意为“广阔的土地”。——译者注

② 罗马帝国时期对中东地区游牧民族的称呼。——译者注

候，然后一阵断断续续的交谈声便传了过来。德皇：“实在太热了。但这个国家会有一个美好的未来。”赫茨尔：“可她现在还病着。”德皇：“水！对，她需要水，大量的水。”赫茨尔：“是的，陛下：需要灌溉，大规模的灌溉。”德皇：“但她仍然会有一个美好的未来，不是吗?”随着孩子们唱起另一首颂歌，他离开了，又消失在一片红色的烟尘中。

当天下午，比他们预定的时间稍晚一些，五个人登上了开往耶路撒冷的列车。通往雅法的铁路线曾经是雄霸一方的塞法迪犹太企业家约瑟·纳翁（Josef Navon）的中标工程。他出生在耶路撒冷，早年曾远赴马赛求学，后来作为建筑商主持开发了以他兄弟的名字命名的耶路撒冷“马哈尼·耶胡达”（Mahane Yehuda）犹太居住区。尽管作为奥斯曼帝国的忠实臣民和信誉良好的投资人，纳翁获得了建造这条铁路（按照规划，还将继续延长至加沙和纳布卢斯）的特许权，但却未能及时地筹集到足够的资金，于是他便以 100 万法郎的价格把建造权卖给了一位法国的灯塔承包商。雅法—耶路撒冷路段正好横穿犹地亚山区的陡峭台地，所以工程建设虽然可行，但工期却大大地延误了。这五位戴着太阳帽的旅客在等车时就感到酷热难耐，而在更多的乘客加入拥挤的车厢之后就热得更难熬了。“简直是折磨。”赫茨尔抱怨说，他觉得自己生病了，由于轻度中暑而大汗淋漓，并且一直在担心自己的脉搏会出问题。当他们在太阳落山后到达耶路撒冷时，他的状况似乎并没有好转，在“朦胧的月光下”，要赶到卡米尼茨（Kaminitz）旅馆还有老远的路要走。赫茨尔希望能搭个车，但其他四位同伴的面部表情说明，他们还是步行为好，以免坏了安息日的规矩。

当时，耶路撒冷人口的大多数（总数约为 7 万人）是犹太人，但他们却不是赫茨尔心目中未来民族家园中应该有的那种犹太人，与他印象中那些充满快乐、纵马驰骋的犹太牛仔毫无共同之处。他发现，耶路撒冷到处都是乞丐，“哭墙”边的乞丐是如此之多，想要对这处圣殿的遗迹近距离地倾诉感情是根本不可能的，似乎只能想办法把他们先召集起来。拽着游客袖子不放的流浪汉随处可见，而那些身穿肥大的外套、头戴丝绒帽的身份不一的教徒却无动于衷，这样的场景使他心情十分沮丧。赫茨尔还是做了一些必要的游览活动：他不顾一群正统派犹太人在路边嘀嘀咕咕［他们认为，任何犹太人的任何不敬之举（如走路过快）都必然会引起可怕的后果］，大步流星地跑过“苦殇路”（Via Dolorosa），并拜谒了位于汲沦谷（一度被权力处于全盛时期的佩雷拉兄弟占有）的“历代国王陵墓”。

但是，赫茨尔最想要的还是来自驻扎在“先知街”的德皇行营的答复，或者说是一次具有决定意义的会见。然而，他想要的一切并没有发生。人们看到德皇及其随从进了老城——多亏了将苏莱曼的雅法门旁的漂亮城墙拆除了一段，车队才得以通过。看来是皇帝陛下准时亲临救赎主教堂出席祝圣活动。他俩显然是两类游客，各自的关注点自然大异其趣。随着时间一天天拖下来，赫茨尔觉得身体状况越来越差，并且开始感到胸闷心慌。另外四位同伴情绪更为低落，或许他们一直在瞎忙活罢了；也或许他们只是充当了某个国际权力游戏的马前卒，只是他们自己被蒙在鼓里而已。他们的猜测并不完全是错的。当威廉·赫克勒（他也刚刚到达耶路撒冷）跑来告诉他们，法国已经向英国宣战，而德皇正准备随时返回柏林时，他们的心情实在是糟透了。他们用了好几个小时才最终否定了这个似是而非的传言。赫茨尔只好指示他们多考虑一下与德皇见面时该如何穿戴的问题，并赶紧翻检一下衣物有限的行李箱，试图让他们打起精神。博登海默戴一顶高顶礼帽显然有点滑稽，并且他外衣里面的袖口也露得太多。实在糟透了！

他们终于接到了期待已久的召见令，但却只让赫茨尔一个人赶到德国领事馆。在领事馆里，一个摆足了架子的年轻官员非常傲慢地接待了他，并把他事先送给德皇但却被改得面目全非的一份演讲稿还给了他。其中的核心内容——有关保护国、民族家园、特许公司等要点——大都被尤伦堡或比洛删掉了。赫茨尔感到十分沮丧，但回头一想，至少等待已久的这次耶路撒冷会见还没有取消，这可是他多年来一直期待和梦想的目标。德国将成为新式犹太生活的制造者。摩西·门德尔松会怎么想？理查德·瓦格纳又会怎么想？

11 月 2 日早晨，五个人一大早就开始向离老城的大马士革门不远的“先知街”上的德皇行营出发了。他们经过了凯旋门，两边挂着带有帝国色彩的旗帜。副官凯塞尔伯爵曾在君士坦丁堡的“迎宾楼”的楼梯口见过赫茨尔，现在他迎上前来，并把他们领进了一顶帐篷。但见威廉威严地站在那里，脚蹬一双灰色的野战靴，并且“令人感到有些奇怪的是”（起码赫茨尔是这样认为），他的那只健康的手里握着一条短马鞭。不久前君士坦丁堡的那种轻松气氛也变成了一种正式的互相致意，这显然是比洛出的主意：这次会面与保护国问题无关，谈话内容只涉及巴勒斯坦的发展前景。德皇以不容置疑的口气说，这里的确需要“水和树荫”，这里以后“将成为一个人人都可以来的地方”。新移民的工作热情和技术手段对当地人将是一个刺激。德皇不停地重复着：“水，水和树，水和树荫。”赫茨尔及时地提醒说：“这些我们都能解决，这将花费数百万，但也许能收获数千万。”听了这番话，德皇又恢复了常态，他用手里握着的短马鞭使劲抽了一下自己的大腿，然后咯咯地笑起来：“对啊，反正你们有的是钱……比我们任何人都有钱。”比洛插嘴说：“是啊，钱对我们来说真是个大问题，你们却多得数不清。”欢快的气氛顿时弥散开来，但却带着一种呛人的恶意。一切都没有变。

这里还急需水利专家！赫茨尔尽量让塞登纳也加入谈话中来，并且话题马上就转入了水力发电、约旦河以及如何面对未来等问题。在德皇把目光瞄向他那只枯瘦的手腕上戴的手表并暗示会见到此结束之前，赫茨尔赶紧抓住机会对一个崭新的耶路撒冷表明了自己的想法，这是在爬上橄榄山时就已经浮现在他脑海里的美好想法。

这才是他在耶路撒冷唯一的、真正产生顿悟的地方。他站在橄榄山顶上，眺望着前方的死海和黑玫瑰色的摩押山脉，以及更远处紫色的漫漫旷野。然后，他又把目光转回来，俯视着苏莱曼当年建造的金色城墙和老城内一排排拥挤的建筑，他马上就想到了必须要做点什么。在这座古老的城市里，所有的车辆、商贩、污垢和疾病都应该被清除掉。她应该成为一个只允许行人进入的神圣王国，一块向所有的、包括任何信仰在内的人全面开放的朝圣地。任何人都不得宣称拥有其统治权，但任何人及其神圣的器物都会得到尊敬和保护。

但是，在她的旁边，在石灰石城墙的外面，犹太人将建造一座全新的城市：用古旧的杏黄色石头进行外观设计，使之和谐地融入老城的整体风格之中。那里有绿树成荫的大道、公园、现代学校和剧院——也许有一天会上演他自己写的剧本，也未可知。她将充满了树荫和芬芳，一派文明、和平的景象。只要足够渴望，那就不仅仅是梦想。

这种奇异的感觉无时不萦绕在他的心头，加上他本来就有呼吸急促的毛病，长时间的兴奋会不会引起他心跳加速？可是，他的“耶路撒拉金”之路仍然充满了坎坷。这其实没什么；施尼勒让他不必担忧，所以，这没什么。一切都会好起来的！

后记

BELONGING

本书在很大程度上是一个关于犹太人讲故事的故事，并且我并不是第一次意识到，我对这个故事的强烈偏爱实际上是出于我出生后的第一个故事大王——我的父母的遗传，他们除了吃饭、唱歌、争论，并且似乎除了喉咙嘶哑或夜间入睡时，总是不停地讲述着这些故事。有时，他们甚至来不及吃早饭就重新拾起昨晚的话头接着开讲。这些故事有许多（尽管不是全部）不仅与犹太人有关——立陶宛的河岸边、士麦那的码头上、布鲁克林和“白教堂”的街头巷尾，并且其发生地还涉及我们家族在辗转流浪的旅途上作为临时落脚地的一些更遥远的地方——瓦尔帕莱索（Valparaiso）、圣路易斯、约翰内斯堡、悉尼，以及正如我母亲所反复强调的，在横穿美洲大陆向西部进军的马车队里。（读者可能会发现，这些其实并不完全。）这些故事中充斥着各种令人难以置信、内涵丰富的人物形象，让人惊奇的是，其中绝大多数［如白人女巫米姆·齐妮娅（Mime Xenia）和执着的飞机试飞员约翰尼·德·哈维兰（Johnny de Havilland）］后来被证明是真人实事。由于我父亲那变幻莫测的商业运势，我们家的所有人、所有事似乎都永远在忙碌和动荡之中，包括那几只刻有我父亲名字的见证了这一切的精致皮箱。所以，我认为犹太的历史是一部由婚礼公告、逃离、即将到来的袭击事件组成的地名辞典。这种感觉便来自这种在大多数晚餐时间里这些故事的“发酵”。如果我有时“发酵”太过了，也肯定不能归咎为特鲁迪（Trudie）和亚瑟（Arthur），因为平日根本就注意不到他们，尽管我有时的确怀疑他们对我的影响。

还有一些朋友却过早地离开了人世，他们曾鼓励我讲出这些历史故事，并感同身受地聆听过其中的一些曲折情节。首先是利莎·贾丁（Lisa Jardine），她的音容笑貌和学者风范每天都会浮现在我的脑海中；克里斯托弗·希钦斯（Christopher Hitchens），他最终发现自己是犹太人后（显得有点儿晚），便竭力督促我尽快完成书稿；斯维特拉纳·鲍伊姆（Svetlana Boym），他曾陪着我在圣彼得堡的彼得格勒（Petrogradsky）散步，往往会给我提供一些奇妙的灵感；还有西里尔·舍伍德（Cyril Sherwood），他就像是一部活百科全书，对所有的知识特别是犹太知识几乎无所不知。更有已故的伟大历史学家罗伯特·韦斯特里奇（Robert Wistrich），我们从 11 岁时在戈尔德斯格林（Golders Gree）和基尔本，到 19 岁时在剑桥大学，直到 60 岁时在耶路撒冷的“纪念摩西”住宅区①，一生都未间断地分享着有关犹太历史的知识。对他的过早离世，我的悲痛之情难以言表，遗憾的是我未能再次聆听到他那充满智慧的批评声音。

还有其他许多朋友曾倾听并鼓励我的写作计划，即使这对他们来说并没有多少甚至毫无“意义”。他们是安德鲁·阿伦兹（Andrew Arends）、克罗伊·亚里吉斯（Chloe Aridjis）、克莱门斯·博鲁克（Clemence Boulouque）、简·达利（Jan Dalley）、塞琳娜·福克斯（Selina Fox）、朱莉亚·霍布斯鲍姆（Julia Hobsbawm）、苏珊娜·利普斯科姆（Suzannah Lipscomb）、拉比夫人

① 蒙特菲奥里福利基金会在 1892~1894 年间为解决耶路撒冷人口拥挤问题，而在老城外面建造的犹太居住区。——译者注

朱莉亚·纽伯格（Julia Neuberger）、埃琳娜·纳罗扎基（Elena Narodzanki）、克拉拉·萨纳布雷斯（Clara Sanabras）、吉尔（Jill）和罗伯特·斯洛托夫（Robert Slotover），以及我的朋友和电视片代理罗斯玛丽·斯库拉（Rosemary Scoular）。夏洛特·萨克（Charlotte Sacher）和我共同经历了漫长的、风尘仆仆的电视片摄制旅途，在五年前为 BBC 二台制作《犹太人的故事》期间，我们曾艰难地跋涉在俄罗斯的犹太村庄和欧洲与美洲的都市犹太社区之间，而正是这次不平凡的经历，使我对本书的创作思路逐渐清晰起来。在此，我要感谢贾尼丝·哈德洛（Janice Hadlow）、雨果·麦克格里格尔（Hugo McGregor）、蒂姆·科尔比（Tim Kirby）、凯特·爱德华兹（Kate Edwards）、朱莉亚·梅尔（Julia Mair）和埃拉·巴哈尔（Ella Bahair），他们以不同的方式参与了这次漫长的摄制任务；还要感谢乔吉特·贝内特（Geogette Bennett）、莱昂纳多·波伦斯基（Leonard Polonsky）、霍华德（Howard）和艾比·米尔斯坦（Abby Milstein），正是他们使《犹太人的故事》得以在 PBS[①] 顺利播出。

我还要感谢我在伦敦 PFD 的代理迈克尔·西森斯（Michael Sissons）和纽约 Inkwell 的代理迈克尔·卡尔里塞尔（Michael Carlisle），对他们说服出版商（他们曾希望做成一卷本）最终决定做成三卷本并且每一本都不会太单薄的努力表示诚挚的谢意。但博德利海德（The Bodley Head）和纽约爱科（Ecco）的出版人却非常有魄力，面对“这样做书不知要做到猴年马月”的有关警告，他们却以足够的慷慨和耐心对本书的出版前景充满信心。在博德利海德出版社，我要感谢大卫·米尔纳（David Milner）所做的一丝不苟的文字编辑工作，以及凯瑟琳·弗雷（Catherine Fry）出色的版式设计；还要感谢道格拉斯·马修斯（Douglas Matthews）所做的详细索引，以及萨利·萨金特（Sally Sergeant）和艾利森·雷伊（Alison Rae）所做的文字校对工作；感谢卡罗琳·伍德（Caroline Wood）的插图搜集工作；感谢才华横溢、思维敏捷的安娜－索菲

① PBS，全称 Public Broadcasting Service，是美国的一个公共电视机构。——编者注

亚·沃茨（Anna-Sophia Watts）；感谢乔伊·皮克林（Joe Pickering）出色的发行推介工作；感谢罗文纳·斯凯尔顿－华莱士（Rowena Skelton-Wallace）和格雷姆·霍尔（Graeme Hall）；感谢尼克·斯基德莫尔（Nick Skidmore）在生僻单词拼写方面给予的指导；感谢莉莉·理查兹（Lily Richards）和马特·布劳顿（Matt Broughton）精美的护封设计，从而完美地体现了本书的精神内涵。在爱科出版社，我要感谢艾玛·德雷斯（Emma Dries）的善意帮助，并感谢米里亚姆·帕克（Miriam Parker）和马丁·威尔逊（Martin Wilson）所做的工作；还要感谢艾利森·萨尔茨曼（Allison Saltzman）所做的封面设计。

PFD 的但·赫伦（Dan Herron）以极大的勇气主动承担了对注释中不一致和遗漏之处的分类校对任务，作为历史学者，我对他严谨的工作态度表示特别的谢意。如果本书仍然存在瑕疵和错误，均属于作者的疏忽，他不需承担任何责任。

如果没有格里塞尔达·穆里－布朗（Griselda Murray-Brown）、詹尼弗·桑塔格（Janifer Sonntag）尤其是马尔塔·恩里尔·汉密尔顿（Marta Enrile Hamilton）的不懈帮助，这一切也都不可能完成，因为正是他们的鼓励和督促，才使得沙马这匹桀骜不驯的野马一直沿着正确的道路飞奔。

在《犹太人的故事》的素材似乎太多但又并不十分充分的情况下，斯特拉·蒂利亚德（Stella Tillyard）一直是一位善意而冷静的倾听者，并且自整个出版项目启动以来始终是一个热心的支持者。我的文学代理和亲密朋友卡罗琳·米切尔（Caroline Michel）凭着高尚的职业操守，有些工作几乎超出了她本人的职责范围，只要作者刚刚在键盘上敲完某一篇故事书稿，她总是抢先通读一遍，并提出修改意见，从而使本书的内容更加完善。如果没有她的热情鼓励和帮助，整个出版计划是不可能完成的。这本书之所以能够在不淡化犹太历史独特性的前提下，表达很多人的共同关切，与艾丽斯·舍伍德（Alice Sherwood）长期坚持的信念分不开，她不仅为本书构思了一个近乎完美的副书名，并且仔细地阅读和倾听过每一个故事及其证据细节，她全程陪伴着作者走过漫漫征途上的每一步。

我的家人，尤其是金尼（Ginny）——她总是用无限的善意和幽默来应对无休止的来来往往，还有克罗伊和迈克、加百列和杰（Chieh），他们都用真爱化解了作者时常发出的怒火、心烦意乱和平日近乎疯狂的情绪。

本书无疑是在一个全世界灾难频仍、许多人流离失所的时代写成的，但是对于这种历史悲观主义而言，任何“解药”都比不上小孙子们的笑脸有更强的治愈力，因为对他们来说，对世界的喜爱是他们的第二天性，甚至是第一天性。因此，这本书就按照他们的美好心愿献给摩西和富兰克林，希望他们长大后能够知道，他们也属于这个故事。

2017 年记于纽约

注释

BELONGING

第一部

第 1 篇

1. 参见*Amos Elon*，*The Pity of It All：A Portrait of the German-Jewish Epoch*（London，2004），29。

2. 参见Alexander Putik，“Prague Jews and Judah Hasid：A Study on the Social，Political and Religious History of the Late Seventeenth and Early Eighteenth Centuries”，*Judice Bohemiae*，38（2003），72—105；39（2004），53—92；Samuel Krauss，“Die Palastinasiediung der Polnischen Hasidim und die Wiener Kereise im Jahre 1700”，in *Abhandlung zur Erinnerung an Hirsch Perez Chajes*（Vienna，1933；reprinted New York，1980）。

3. 参见Selma Stern，*The Court Jew：A Contribution to the History of the Period of Absolutism in Europe*（Philadelphia，1950）；Michael A. Meyer（ed.），*German Jewish History in Modern Times, Vol.1, Tradition and Enlightenment 1600—1780*（New York，1996），104—126；Vivian B. Mann and Richard I. Cohen（eds.），*From Court Jews to the Rothschilds：Art，Patronage and Power 1600—1800*（New York，1997）。

4. 参见Michael Graetz，“Court Jews in Economics and Politics”，in Vivian B. Mann and Richard I. Cohen（eds.），*From Court Jews to the Rothschilds：Art, Patronage and Power 1600—1800*，27—44。

5. 这次伪造的出版许可出自柯尼斯堡。

6. 实际上，虽然维也纳市长是一个激烈的反犹分子，但维也纳犹太历史博物馆早在1898年就建成开放了，并且是世界上这类主题中第一个开放的公共博物馆。关于该建筑的艺术风格和赞助情况，可参见Richard I. Cohen and Vivian B. Mann，“Melding Worlds：Court Jews and the Arts of Baroque”，in Vivian B. Mann and Richard I. Cohen（eds.），*From Court Jews to the Rothschilds：Art，Patronage and Power 1600—1800*，97—131。

7. 参见Rachel Wischnitzer，*The Architecture of the Europea Synogogue*（Philadelphia，1964），155；Carol Krinsky，Synogogues of Europe：Architecture，History，Meaning（Cambridge，MA，1985）；Saskia Coenen Snyder，“Acculturation，Particularism and the Modern City：Synogogue Building and Jewish Identity in Modern Europe”，PhD dissertation（University of Michigan，2008），56—58。

8. 参见Richard I. Cohen，*Jewish Icons：Art and Society in Modern Europe*（Berkeley，1998）。

9. 参见“Ritual Art”，Cecil Roth and Bezalel Narkiss，*Jewish Art：An Illustrated History*（Jerusalem，1971）。

10. 参见Vivian B. Mann，“Jewish Display Silver after the Age of Exploration”，*Early Modern Workshop：JewishHistory Resources，Vol.4，Jewish Consumption and Material Culture in the Early Modern Period*（2007），online。

11. 参见Richard I. Cohen，*Jewish Icons：Art and Society in Modern Europe*，101—112。

12. 参见Aubrey Newman，“The Expulsion of the Jews of Prague in 1745 and

British Foreign Pollicy”, *Transactions and Miscellania* [Jewish Historical Society of England], 22 (1968—1969), 30—41; William Abeles Iggers (ed.), *The Jews of Bohemia and Moravia: A Historical Reader*, trans. Wilma Abeles Iggers, Kaca Polachova-Henley and Kathrine Talbot (Detroit, 1992), 31—38。

13. 参见*Notes on the Diplomatic History of the Jewish Question*, Lucien Wolf (ed.), Jewish Historical Society of England (London, 1919), 9。

14. 参见Franz Kobler, *Letters of the Jews Through the Ages* (London, 1952), 597。

15. 参见Solomon Maimon, *An Autobiography*, trans. J. Clark Murray (Chicago, 2001), 195。

16. 参见Solomon Maimon, *An Autobiography*, 193—196。

17. 参见Menahem Schmelzer, “Hebrew Printing and Publishing in Germany 1650—1750: On Jewish Book Culture and the Emergence of Modern Jewry”, *Leo Baeck Institute Year Book*, 33 (1988)。

18. 参见Steven N. Lowenstein, “The Jewish Upper Crust and Berlin in the Enlightenment: The Family of Daniel Itzig”, in Frances Malino and David Sorkin, *Profiles in Diversity: Jews in a Changing Europe, 1750—1870* (Detroit, 1998), 182—205。

19. 参见Steven M. Lowenstein, *The Berlin Jewish Community: Enlightenment, Family and Crisis 1770—1830* (Oxford, 1994)。对这一主题的经典分析，可参见Jacob Katz, *Out of the Ghetto: The Social Background of Jewish Emancipation, 1770—1820* (Cambridge, 1973), 40—78。

20. 参见David Ruderman, *Jewish Thought and the Scientific Discovery in Early Modern Europe* (New Haven, 1995)。

21. 在整个18世纪上半叶，只有25位犹太人在5所德国大学里求学。参见

Shmuel Feiner，*The Jewish Enlightenment*（Philadelphia，2004），3。关于医学研究与冈珀茨家族的联系，可参见Gad Freudenthal，“New Light on the Physician Aaron Salomon Gumpertz：Medicine，Science and Early Haskalah in Berlin”，*Zutot：Perspectives on Jewish Culture*，3（2003），66—77。

22. 参见John M. Efron，*Medicine and the German Jews*（New Haven，2001）。

23. 参见Shmuel Feiner，*The Jewish Enlightenment*，29—30。

24. 参见Shmuel Feiner，*The Jewish Enlightenment*，18。

25. 参见Jacob Emden，*Megilat Sefer：The Autobiography of Rabbi Jacob Emden（1697—1776）*，trans. S. B. Leperer and M. H. Wise（Baltimore，2011），177。关于埃姆登及其怪异的身体疾患，可参见Shmuel Feiner，*The Origins of Jewish Secularization in Eighteenth-Cetury Europe*，trans. Chaya Naor（Philadelphia，2010），51—54。

26. 参见Shmuel Feiner，*The Origins of Jewish Secularization in Eighteenth-Cetury Europe*，179。

27. 参见David Solkin，*The Berlin Haskalah and German Religious Thought：Orphans of Knowledge*（London，2000）；David Solkin，*The Religious Enlightenment：Protestants，Jews and Catholics from London to Vienna*（Princeton，2009）。

28. 参见Hugh Barr Nisbet，*Gotthold Ephraim Lessing：His Life，Works and Thought*（Oxford，2013），157。

29. 参见Alexander Altmann，*Moses Mendelssohn：A Biographical Study*（Oxford，1973），41。尽管最近出现了一些批评的声音，但对门德尔松及其著述的详尽研究依然一反常态地长盛不衰。最近一个时期以来，有关门德尔松的研究文献相当可观，例如可参见Allan Arkush，*Moses Mendelssohn and the European Enlightenment*（Albany，1994）；David Solkin，*Moses Mendelssohn and the Religious Enlightenment*（Berkeley，1996）；Dominique Bourel，*Moses Mendelssohn：La naissance du judaïsme moderne*（Paris，2004）；Michah Gottlieb，*Faith and Freedom：Moses*

Mendelssohn's Theological–Political Thought（Oxford，2011）。

30. 参见Gad Freudenthal，“New Light on the Physician Aaron Salomon Gumpertz：Medicine，Science and Early Haskalah in Berlin”，*Zutot：Perspectives on Jewish Culture*，3（2003），66—77；Gad Freudenthal，“Aaron Solomon Gumpertz，Gotthold Ephraim Lessing and the First Call for the Improvement of Civil Rights of Jews in Germany（1753）”，*Association of Jewish Studies Review*，29：2（2005），299—353。

31. 参见Robert Liberles，*Jews Welcome Coffee：Tradition and Innovation in Early Modern Germany*（Waltham，2012）。

32. 关于门德尔松试图让斯宾诺莎“重做犹太人”的想法，可参见Adam Sutcliffe，“Quarreling over Spinoza：Moses Mendelssohn and the Pashioning of Jewish Philosophical Heroism”，in Ross Brann and Adam Sutcliffe（eds.），*Renewing the Past，Reconfiguring Jewish Culture：From al–Andalus to the Haskalah*（Philadelphia，2004）。

33. 参见Jonathan Karp，“The Aesthetic Difference：Moses Mendelssohn's *Kohelet Musar* and the Inception of the Berlin Haskalah”，in Ross Brann and Adam Sutcliffe（eds.），*Renewing the Past，Reconfiguring Jewish Culture：From al–Andalus to the Haskalah*，93—115。

34. 参见Edward Breuer and David Solkin，“Mendelssohn's First Hebrew Publication：An Annotated Translation of *Kohelet Mussar*”，*Leo Baek Institute Year Book*，48：1（2003），3—23。

35. 参见Michah Gottlieb，*Faith and Freedom：Moses Mendelssohn's Theological–Political Thought*，15 。

36. 参见Alexander Altmann，*Moses Mendelssohn：A Biographical Study*，92。

37. 参见Alexander Altmann，*Moses Mendelssohn：A Biographical Study*，93。

38. 参见Alexander Altmann，*Moses Mendelssohn：A Biographical Study*，219。

39. 参见Alexander Altmann，*Moses Mendelssohn：A Biographical Study*，220。

40. 参见Alexander Altmann，*Moses Mendelssohn：A Biographical Study*，251。

41. 参见Alexander Altmann，*Moses Mendelssohn：A Biographical Study*，428—429。

42. 参见Paul Mendes-Flohr and Jehuda Reinharz，*The Jews in the Modern World：A Documentary History*（Oxford，2010），78。

43. 参见Alexander Altmann，*Moses Mendelssohn：A Biographical Study*，466—467。

44. 参见Moses Mendelssohn，*Jerusalem，or On Religious Power and Judaism*，550。

45. 参见Moses Mendelssohn，*Jerusalem，or On Religious Power and Judaism*，138。

46. 参见Shmuel Feiner，"Moses Mendelssohn's Dreams and Nightmares"，in Lauren B. Strauss and Michael Brenner（eds.），*Mediating Modernity：Challenges and Trends in the Jewish Encounter with the Modern World*（Detroit，2008），268。费纳指出，这次经历太令人寒心，以至于门德尔松一直压抑在自己的心底，只是在1780年7月间与他的一位崇拜者、年轻的天主教徒Peter Weinkopp通信时提到过此事。

47. 参见Shmuel Feiner，"Moses Mendelssohn's Dreams and Nightmares"，269。

第 2 篇

1. 参见Pierce Egan，*Boxiana，Or Sketches of Ancient and Modern Pugilism：From the Days of the Renowned Broughton and Slack to the Championship of Cribb*（London，1829），25。另可参见Simon Schama，"The King's Pugilist：Daniel Mendoza（1764—1836）"，in Franklin Foer and Marc Tracy（eds.），*Jewish Jocks：An Unorthodox Hall of Fame*（New York，2013）。

2. Egan写道，"任何一个拳击手都不可能像他那样利落地终止比赛。"——这是一种最高的赞誉。

3. Thomas Fewtrell在*Boxing Reviewed*（London，1790）一书中对门多萨与汉弗

莱斯和约翰·杰克逊的防守技术进行比较后得出结论：门多萨的防守技术或许最缺少美感，但却是最实用的。

4. 参见Daniel Mendoza，*The Memoirs of the Life of Daniel Mendoza*，ed. Paul Magriel，（London，1951）。

5. 参见Michael Stanislawsky，*Autobiographical Jews：Essays in Jewish Self–Fashioning*（Seattle，2004），32—54（on Gluckel and R. Asher of Reichshofen）。

6. 参见Pierce Egan，*Boxiana，Or Sketches of Ancient and Modern Pugilism：From the Days of the Renowned Broughton and Slack to the Championship of Cribb*，280。

7. 参见Daniel Mendoza et al.，*The Art of Boxing including The Six Lessions of Mendoza for the Use of His Scholars*（London，1789）。

8. 小说的作者是查尔斯·约翰斯通（Charles Johnstone）。*The History of John Juniper，Esq. alias Juniper Jack*（London，1781），Vol.1，265。另可参见Frank Felsenstein，*Anti–Semitic Stereotypes：A Paradigm of Otherness in English Popular Culture，1660—1830*（Baltomore，1999），230。

9. 参见Frank Felsenstein，*Anti–Semitic Stereotypes：A Paradigm of Otherness in English Popular Culture，1660—1830*，124。

10. 参见Frank Felsenstein，*Anti–Semitic Stereotypes：A Paradigm of Otherness in English Popular Culture，1660—1830*，92。

11. 参见Frank Felsenstein，*Anti–Semitic Stereotypes：A Paradigm of Otherness in English Popular Culture，1660—1830*，111。

12. 参见Frank Felsenstein，*Anti–Semitic Stereotypes：A Paradigm of Otherness in English Popular Culture，1660—1830*，102。

13. 例如，当年出现在由“WL”创作的铜板蚀刻画195号作品上的英雄造型，后由罗宾诺（J. Robineau）制作成招贴画并加上了“但以理·门多萨，迄今最讲求科学的拳击手”这样一行醒目的文字，并且在阿尔弗雷德·鲁本斯（Alfred Rubens）出版的*Anglo-JewishPortraits：A Biographical Catalogue of Engraved Anglo-Jewish and Colonial Portraits from the Earliest Times to the Accession of Queen Victoria*，London（1935）一书中被分别印在第87页和内衬上。鲁本斯还收入了另外20幅这样的铜版画，但这不过是大量描绘门多萨及其传奇拳击生涯的作品中的部分样品而已。当时甚至也出现了一些极具挑衅意味的反犹图像，如招贴画《胜利》（*The Triumph*，1788）所表现的就是汉弗莱斯庆祝胜利的画面，他作为英国男子汉气概的代表人物，趾高气扬地端坐在一把由威尔士亲王（与其他人一起）抬着的椅子上，而失败者则正在口吐鲜血，忍受着那种司空见惯的嘲笑和讥讽，他的比赛团队（其中还有一个拉比模样的人物）当然是清一色的鹰钩鼻子。到1789年，另一幅招贴画终于能够宣称“基督徒拳击手承认自己无法战胜犹太英雄”，参见Alfred Rubens，*Anglo-Jewish Portraits：A Biographical Catalogue of Engraved Anglo-Jewish and Colonial Portraits from the Earliest Times to the Accession of Queen Victoria*，196。

14. 参见Pierce Egan，*Boxiana，Or Sketches of Ancient and Modern Pugilism：From the Days of the Renowned Broughton and Slack to the Championship of Cribb*，255。

15. 参见Todd Endelman，*The Jews of Georgian England，1740—1830：Tradition and Change in a Liberal Society*（Ann Arbor，1999）。另参见David S. Katz，*The Jews in the History of England*（Oxford，1994）；Cecil Roth，*A History of the Jews in England*（Oxford，1941）；Alfred Rubens，*Anglo-Jewish Portraits：A Biographical Catalogue of Engraved Anglo-Jewish and Colonial Portraits from the Earliest Times to the Accession of Queen Victoria*（London，1935）。

16. 参见Gedalia Yogev，*Diamonds and Coral：Anglo-Dutch Jews and Eighteenth-Century Trade*（London，1978），102—103。

17. 参见Gedalia Yogev，*Diamonds and Coral*：*Anglo-Dutch Jews and Eighteenth-Century Trade*，141—142。

18. 参见Gedalia Yogev，*Diamonds and Coral：Anglo-Dutch Jews and Eighteenth-Century Trade*，187—188。

19. 参见David S. Katz，*The Jews in the History of England*，258。

20. 很显然，随时可以点播的《圣歌集》（YouTube）中这首《亚伯拉罕赞美上帝》（*The God of Abraham Paise*）的高保真录音会让托马斯·奥利弗迫不及待地对《赞美永恒的耶和华》（*Yigdal Elohim Chai*）——至今仍然是大多数英国犹太会堂使用的一首美声歌曲——的荣誉作者米尔·莱昂表达发自内心的感激。

21. 参见David Conway，*Jewry in Music：Entry to the Profession from the Enlightenment to Richard Wagner*（Cambridge，2012），82ff。

22. 参见Lucien Wolf，“Astley's Jews”，*Jewish Chronicle*，26 May 1893。

23. 参见Jacob Decastro，*The Memoirs of J. Decastro，Comedian*（London，1824）。

24. 参见Alfred Rubens，*Anglo-JewishPortraits：A Biographical Catalogue of Engraved Anglo-Jewish and Colonial Portraits from the Earliest Times to the Accession of Queen Victoria*，377。

25. 参见Edgar Samuel，*At the End of the Earth：Essays on the History of Jews in England and Portugal*（London，2004），31。

26. 参见Edgar Samuel，*At the End of the Earth：Essays on the History of Jews in England and Portugal*，315。

27. 参见Edgar Samuel，*At the End of the Earth：Essays on the History of Jews in England and Portugal*，266ff。

28. 参见Edgar Samuel，*At the End of the Earth：Essays on the History of Jews in England and Portugal*，267。

29. 参见P. J. P. Whitehead，“Imanuel Mendez da Costa（1717—1791）and the Conchology or Natural History of Shells”，*Bulletin of the British Museum（Natural History）*，Historical Series 6（1977），1—24。

30. 参见Todd Endelman，*The Jews of Georgian England，1740—1830：Tradition and Change in a Liberal Society*，114。

31. 参见Todd Endelman，*Radical Assimilation in English Jewish History，1656—1945*（Bloomington，1990），16。

32. 参见Todd Endelman，*Radical Assimilation in English Jewish History，1656—1945*，130。

33. 在最初的韵律歌曲《大拇指汤米童谣集》（*Tommy Thumb's Pretty Song Book*，London，1744）中的“烂泥街”是“巡河街”，这一点对老城的犹太人来说有着特别的含义。另一首钟乐儿歌——以“白教堂”（与“两根木棍和一个苹果”押尾韵）和阿尔德盖特开头——的情况也是如此。

34. 为了给校园里的儿童游戏配乐，19世纪时又在这句后面加上了一段歌词：“蜡烛点亮了，你也该上床了……（不然）刀斧手来了……”

35. 参见Todd Endelman，*The Jews of Georgian England，1740—1830：Tradition and Change in a Liberal Society*，250。

36. 参见Samuel Taylor Coleridge，*Table Talk*（London，1884）；Betty Naggar，“Old Clothes Men：18th and 19th Centuries”，*Jewish Historical Studies*，31（1988—1990），173。

37. 关于这些流动的旧衣商贩，可参见Betty Naggar，“Old Clothes Men：18th and 19th Centuries”，172。关于他们的晚期活动情况，可参见Adam D.Mendelssohn，*The Rag Race：How Jews Sewed Their Way to Success in America and the British Empire*（New York，2015），18—36。

38. 参见Elisa Acton，*Modern Cookery for Private Families*（London，1845）。其中第32章有一节专门介绍了犹太食物；而“外国烹调术”一章则用整章的篇幅第一次介绍了完全属于地中海犹太风味的橄榄油炸鱼的制作方法。她还特别强调，炸鱼在上桌前必须要晾透，并“用绿色菜叶进行装饰”。

39. 那里还有许多晚间卖场。1805年，有个名叫Benjamin Silliman的美国游客曾报道说："每到晚间，他们就涌向沃平码头的大卖场，但见各种样式和新旧不一的服装琳琅满目，热闹非凡。"转引自R. D. Barnett，"Anglo–Jewry in the eighteenth Century"，in V. D. Lipman（ed.），*Three Centuries of Anglo–Jewish History：A Volume of Essays*（London，1961）；Benjamin Silliman，*A Journal of Travels in England, Holland and Scotland*，3 vols（New Haven，1820），Vol.I，270—271。

40. 参见Todd Endelman，*The Jews of Georgian England, 1740—1830：Tradition and Change in a Liberal Society*，184—185。

41. 参见Betty Naggar，"Old Clothes Men：18th and 19th Centuries"，176—178。

42. 参见George Bryan，*Chelsea in the Old and Present Times*（London，1869），155—157。

43. 参见Daniel Mendoza，*The Memoirs of the Life of Daniel Mendoza*，20。

44. 参见Daniel Mendoza et al.，*The Art of Boxing including The Six Lessions of Mendoza for the Use of His Scholars*，18 。

45. 参见Daniel Mendoza et al.，*The Art of Boxing including The Six Lessions of Mendoza for the Use of His Scholars*，i—ii。

46. 参见Daniel Mendoza，*The Memoirs of the Life of Daniel Mendoza*，14—15。

47. 参见Daniel Mendoza，*The Memoirs of the Life of Daniel Mendoza*，16。

48. 参见Daniel Mendoza，*The Memoirs of the Life of Daniel Mendoza*，23。

49. 参见Pierce Egan，*Boxiana, Or Sketches of Ancient and Modern Pugilism：From the Days of the Renowned Broughton and Slack to the Championship of Cribb*，102。伊根对汉弗莱斯的"绅士风度和行为"做了大量描述。

50. 参见Daniel Mendoza，*The Memoirs of the Life of Daniel Mendoza*，26。

51. 参见Pierce Egan，*Boxiana, Or Sketches of Ancient and Modern Pugilism：From the Days of the Renowned Broughton and Slack to the Championship of Cribb*，1，78。

52. 参见Daniel Mendoza，*The Memoirs of the Life of Daniel Mendoza*，30。

53. 参见Daniel Mendoza et al.，*The Art of Boxing including The Six Lessions of Mendoza for the Use of His Scholars*，10 。

54. 参见Daniel Mendoza，*The Memoirs of the Life of Daniel Mendoza*，40—54。

55. 参见Daniel Mendoza，*The Memoirs of the Life of Daniel Mendoza*，44。

56. 参见Daniel Mendoza，*The Memoirs of the Life of Daniel Mendoza*，49。

57. 参见Pierce Egan，*Boxiana, Or Sketches of Ancient and Modern Pugilism: From the Days of the Renowned Broughton and Slack to the Championship of Cribb*，293。

58. 参见Pierce Egan，*Boxiana, Or Sketches of Ancient and Modern Pugilism: From the Days of the Renowned Broughton and Slack to the Championship of Cribb*，221。

59. 参见Pierce Egan，*Boxiana, Or Sketches of Ancient and Modern Pugilism: From the Days of the Renowned Broughton and Slack to the Championship of Cribb*，265—266。

60. 参见Daniel Mendoza et al.，*The Art of Boxing including The Six Lessions of Mendoza for the Use of His Scholars*，xi。

第3篇

1. 参见Frances Malino，*The Sephardic Jews of Bordeaux: Assimilation and Emancipation in Revolutionary France*（Tuscaloosa，1978）。

2. 参见David Cesarani（ed.），*Port Jews: Jewish Communities in Trading Centres, 1550—1950*（London，2002）。关于Lois Dubin首先提出的“港口犹太人”概念，可参见上述文集中David Solkin，“Port Jews and the Three Regions of Emancipation”，31—46；Lois Dubin“Trieste and Beyond”，47—59。

3. 参见Richard Menkis，“Patriarchs and Patricians: The Gradis Family of Eighteenth Century Bordeaux”，in Frances Malino and David Sorkin，*Profiles in*

Diversity: Jews in a Changing Europe, 1750—1870，11—45。

4. 参见“Observations remarquables sur deux enfants sourds et muets de naissance a qui l’on apprit à articular le son”，*Journal des Scavans*（Paris，1747），435—437。

5. 参见Jonathan Ree，*I See a Voice: A Philosophical History of Language, Deafness and the Senses*（London，1999），143—144；Harlan Lane，*When the Mind Hears: A History of the Deaf*（New York，1984）；J. R. Péreire，*Observations sur les sourds Muets et sur quelques endroits*（Paris，1768）。关于Péreire及其祖籍和祖先，可参见Ernest La Rochelle，*Jacob Rodrigues Péreire, premier instituteur des sourds et muets en France, sa vie et ses travaux*（Paris，1882）；Marjoke Rietveld-van Wingerden and Wim Westerman，“‘Hear，Israel’: The Involvement of Jews in the Eduucation of the Deaf”，Jewish History，23（2009），43—44；Jean-René Presneau，*L’éducation des sourds et muets, des aveugles et des contrefaits au siècle des lumières, 1750—1789*（Paris，2010），124—127。

6. 参见Jean-René Presneau，*L’éducation des sourds et muets, des aveugles et des contrefaits au siècle des lumières, 1750—1789*，165。

7. 参见*Mercure de Prance*，August 1749，159；*Histoire de l’Académie Royale des Sciences*（1749），183。

8. 参见Ronald Schechter，*Obstinate Hebrews: Representations of Jews in France, 1715—1815*（Berkeley，2003），144ff。

9. 参见Voltaire，*Oeuvres Complètes*（Paris，1879），Vol.VII，“Mélanges”，439—440；Arthur Hertzberg，*The French Enlightenment and the Jews: The Origins of Modern Anti-Semitism*（New York，1968），300—301。

10. 关于法国和美国的公民身份与犹太忠诚的体验与挑战的趣味性比较讨论，可参见Frederic Cople Jaher，*The Jews and the Nation: Revolution, Emancipation, State Formation and the Liberal Paradigm in America and France*（Princeton，2002），

especially 59—102。

11. 参见Adrian Seville，“La nouvelle Combinaison du Jeu du Juif：un intrigant jeu de des，imprimé du VIIIe siècle”，*Le Vieux Papier*（Paris，April 2012），433—444。另可参见Thierry Depardes（ed.），“The Rothschild Collection of Board Games at Waddesdon Manor”，in *Proceedings of XIIIth Board GamesStudies Colloquium*（Paris，2012），CD ROM，91—127。

12. 在18世纪，法语“subtiliser”一词的含义是相当模糊的，通常意为“脱去”，或意为“为了洁净而去除某种东西”，也正是因为如此，这一词汇才更多地被借用于一些相对隐晦的色情文学之中，并且在法国大革命前的旧体制时代一度十分流行。

13. 参见Arthur Hertzberg，*The French Enlightenment and the Jews*，289。

14. 黑尔也是该地区的行政人员，实际上也是当地司法的代表。

15. 参见Margaret O'Leary，*Forging Freedom：The Life of Cerf Berr of Medelsheim*（Bloomington，2012），134。

16. 参见Isidore Loeb，“Un baron juif au XVIIIe siècle”，*Annuaire des archives Israelites*（1885—1886），136。

17. 参见Margaret O'Leary，*Forging Freedom：The Life of Cerf Berr of Medelsheim*，242。

18. 参见Margaret O'Leary，*Forging Freedom：The Life of Cerf Berr of Medelsheim*，253—254。

19. 参见Ruth Necheles，“L'emancipation des Juifs 1787—1795”，in Bernard Blumenkranz and Albert Soboul（eds.），*Les Juifs et la Révolution française：Problèmes et aspirations*（Toulouse，1976），77。

20. 参见Arthur Hertzberg，*The French Enlightenment and the Jews*，341。

21. 参见Paul Mendes-Flohr and Jehuda Reinharz，*The Jews in the Modern World：A Documentary History*，124。

22. 参见*Opinion de M.l'évêque de Nancy, député de Lorraine sur l'admissibilité deJuifs*（Paris，1789），3—4。

23. 参见Frances Malino，*A Jew in the French Revolution: The Life of Zalkind Hourwitz*（Cambridge，1996），88—89。

24. 参见Frances Malino，*A Jew in the French Revolution: The Life of Zalkind Hourwitz*，94。

25. 参见Berr Issac Berr，*Lettre d'un Citoyen*（Nancy，1791）。

26. 参见Zosa Szajkowski，"Sephardic Jews in the French Revolution"，in Zosa Szajkowski，*Jews and theFrench Revolution of 1789, 1830 and 1848*（New York，1970），440ff。福尔塔多在从事秘密活动期间写下的一本显然非同寻常的日记《一位忠诚爱国者的自述》（*Memoires d'un patriote proscrit*）讲述了他所经历的故事，虽然这本日记的原本在动乱中遗失了，但由收藏家Ernest Labadie抄写的一个副本却得以留存下来，并在1943年德国军队突破了维希政府的防线后被波尔多市政图书馆买了下来。

27. 参见Zosa Szajkowski，"Sephardic Jews in the French Revolution"，451；Ernest Ginsburger，*Le comité de Surveillance de Jean-Jacques Rousseau/Saint-Esprit de Bayonne*（Paris，1934），98—100。

28. 参见Zosa Szajkowski，"Sephardic Jews in the French Revolution"，815。

29. 参见H. Tribout de Morembert，"Les Juifs de Metz et de Lorraine"，in Bernard Blumenkranz and Albert Soboul（eds.），*Les Juifs et la Révolution franaise: Problèmes et aspirations*，100。

30. 参见Bernard Blumenkranz and Albert Soboul（eds.），*Les Juifs et la Révolution française: Problèmes et aspirations*（Toulouse，1976），101。

31. 参见Federica Francesconi，"From Ghetto to Emancipation：The Role of Moisè Formiggini"，*Jewish History*，24：2—3（2010），331—354。关于18世纪90年代

意大利犹太人的情况，可参见Geoffrey Symcox，“The Jews of Italy in the Triennio Giacobino，1796—1799”，in David N. Myers，Massimo Giavolello and Peter Reill（eds.），*Acculturation and Its Discontents：The Italian Jewish Experience Between Exclusion and Inclusion*（Los Angeles，2008），307—329。

32. 参见Cecil Roth，*History of the Jews of Italy*（Philadelphia，1946），406ff。

33. 参见Robert C. Davis and Benjamin Ravid，*The Jews of Early Modern Venice*（Baltimore，2001），vii。

34. 参见Paul Mendes-Flohr and Jehuda Reinharz，*The Jews in the Modern World：A Documentary History*，146。

35. 就像整个城市一样，如今的皮蒂利亚诺犹太会堂仍然基本上保持着18世纪的原样。尽管这个社区在最后一次战争中被彻底摧毁，但任何一位对意大利犹太时期感兴趣的人是不会错过这座会堂的。

36. 参见Simon Schwarzfuchs，*Napoleon，the Jews and the Sanhedrin*（London，1979），24。

37. 参见Ronald Schechter，*Obstinate Hebrews：Representations of Jews in France，1715—1815*（Berkeley，2003），227。

38. 参见Ronald Schechter，*Obstinate Hebrews：Representations of Jews in France，1715—1815*，202ff。

39. 参见Simon Schwarzfuchs，*Napoleon，the Jews and the Sanhedrin*，50。

40. 参见Paul Mendes-Flohr and Jehuda Reinharz，*The Jews in the Modern World：A Documentary History*，153。

41. 参见Paul Mendes-Flohr and Jehuda Reinharz，*The Jews in the Modern World：A Documentary History*，156。

42. 参见Paul Mendes-Flohr and Jehuda Reinharz，*The Jews in the Modern World：A Documentary History*，159。

43. 参见“Erlebenisse von Gabriel Schrameck”，in Max Grunwald，Die Feldzuge Napoleons（Vienna，1931），238—241。另可参见F. Raphael，“Les Juifs d’Alsace et la Conscription”，in Bernard Blumenkranz and Albert Soboul（eds.），*Les Juifs et la Révolution française：Problèmes et aspirations*，35—38。

第 4 篇

1. 就波兰木结构会堂而言，最务实的文物档案管理员当属Moshe Verbin，他竟然心无旁骛地为那些早已消失的建筑物制造了各种精致的木制模型，试参见Moshe Verbin，*Wooden Synagogues of Poland from the 17th and 18th Centuries*（Herzliya，1990）。另可参见建筑史学家Thomas Hubka，*Resplendent Synagogue：Archtecture and Worship in an Eighteenth CenturyPolish Community*（Waltham，MA，2003），其中回顾了1731年建造的格沃兹切奇（Gwozdziec）[①]会堂的漫长历史，并介绍了他计划为这座外表漂亮且经过粉刷的建筑物按原样造一个复制品的宏大工程。关于这些会堂在纳粹的蹂躏和当地犹太居民奋力保护下的命运，可参见Robert Bevan，*The Destruction of Memory：Architecture at War*（London，2006）。

2. 关于这些墓地，可参见由David Goberman拍摄和收集（连同Gershon David Hundert和Robert Pinsky的部分捐赠）的精美照片档案，David Goberman，*Carved Memories：Heritage in Stone from the Pussian Pale*（New York，2000）。当时，萨托诺夫的兔子造像以及其他许多墓碑（包括大会堂在内）只得到了非常有限的修复，现有Jeremy Pollard和Hugo MaGregor为BBC拍摄并于2012年11月播出的系列电视片《犹太人的故事》为证。

3. 一个反常的例外就是阿姆斯特丹城外位于“南教堂”附近以及荷兰的加勒比海领地库拉索岛（Curaçao）上的塞法迪犹太墓碑，在18世纪初，许多犹太商人

① 今格沃兹迪奇（Gvozdets）。

精英的墓碑上往往雕刻着取材于某些《圣经》故事（当然其情节与逝者的人生比较吻合）的全套人物形象，如Mosseh Mordechay Senior的墓碑上就装饰着《以斯帖记》中描绘的生动画面。可参见Rochelle Wienstein，*Stones of Memory—Revelations from the Cemetery in Curaçao：The Sculptured Tombstones of Ouderkerk and Curaçao in Historical Context*（American Jewish Archives，1992）。

4. 参见Israel Bartal，“Imagined Geography：The Shtetl，Myth，and Reality”，in Steven T.Katz（ed.），*The Shtetl：New Evaluations*（New York，2007），Projct Muse①，179—193 。

5. 根据极其丰富的原始资料对这些线索所做的最成功的修正工作当属Yohanan Petrovsky-Shtern。参见Yohanan Petrovsky-Shtern，*The Golden Age of the Shtetl：A New History of Jewish Life in Eastern Europe*（Princeton，2013）。

6. 1765年，萨托诺夫共有1365个犹太家庭缴纳人头税，可以折算为大约4000人。

7. 参见Dov Ber Birkenthal，*The Memoirs of Ber of Bolechow（1723—1805）*，trans. and ed. M.Vishnitzer（Oxford，1922），33。

8. 参见Yohanan Petrovsky-Shtern，*The Golden Age of the Shtetl：A New History of Jewish Life in Eastern Europe*，97。

9. 关于这种用拖船载货的贸易活动，可参见M. J. Rosman，*The Lords' Jews：Magnate-Jewish Relations in the Polish-Lithuanian Commonwealth during the Eighteenth Century*（Cambridge，1992），95ff。

10. 参见Yohanan Petrovsky-Shtern，*The Golden Age of the Shtetl：A New History of Jewish Life in Eastern Europe*，103。

11. 参见Yohanan Petrovsky-Shtern，“‘You Will Find It in the Pharmacy’：Practical Kabbalah and Natural Medicine in the Polish-Lithuanian Commonwealth”，in

---

① 该项目是由约翰·霍普金斯大学与弥尔顿·艾森豪威尔图书馆于1995年合作创办的一本非营利性电子期刊。

Glenn Dynner（ed.），*Holy Dissent：Jewish and Christian Mystics in Eastern Europe*（Detroit，2011），21—85。

12. 参见Revd William Coxe，Travels into Poland，Sweden and Denmark，Vol.1（London，1784），270；Gershon David Hundert，“The Importance of Demography and Patterns of Settlement for an Understanding of the Jewish Experience in East-Central Europe”，in Steven T. Katz（ed.），*The Shtetl：New Evaluations*，31。

13. 参见Solomon Maimon，*An Autobiography*，trans. J. Clark Murray（Chicago，2001），6—7。

14. 参见Glenn Dynner，*Yankel's Tavern：Jews，Liquor and Life in the Kingdom of Poland*（Oxford，2013），26。

15. 参见Yohanan Petrovsky-Shtern，*The Golden Age of the Shtetl：A New History of Jewish Life in Eastern Europe*，221。

16. 参见Dov Ber Birkenthal，*The Memoirs of Ber of Bolechow（1723—1805）*，190。

17. 参见Gershon David Hundert，*Jews in Poland-Lithuania in the Eighteenth Century：A Genealogy of Modernity*（Berkeley，2004），5—6。

18. 参见Andrew Alexander Bonar and Robert Murray M'Cheyne，*Narrative of a Mission of Inquiry to the Jews for the Church of Scotland*（Philadelphia，1839），267。他们得出的“这里（布洛迪）似乎完全是一座犹太城市”的结论是这一时期最生动的描述之一。犹太人从事的职业已经扩展到泥瓦匠和伐木工一类行当。博纳尔和梅切尼看到邮局门口同时用“希伯来语”（几乎可以肯定是意第绪语）以及波兰语和德语贴出来的告示，当时感到特别震惊。

19. 参见Adam Neale，*Travels through Some Parts of Germany，Poland Moldavia and Turkey*（London，1818），146。

20. 参见Adam Neale，*Travels through Some Parts of Germany，Poland Moldavia and Turkey*，147。

21. 参见Gershon David Hundert，“The Importance of Demography and Patterns of Settlement for an Understanding of the Jewish Experience in East–Central Europe”，in Steven T. Katz（ed.），*The Shtetl：New Evaluations*，34。

22. 参见Yohanan Petrovsky–Shtern，*The Golden Age of the Shtetl：A New History of Jewish Life in Eastern Europe*，106。

23. 参见Yohanan Petrovsky–Shtern，*The Golden Age of the Shtetl：A New History of Jewish Life in Eastern Europe*，133。

24. 参见Glenn Dynner，*Yankel's Tavern：Jews，Liquor and Life in the Kingdom of Poland*，33—35。

25. 参见David Assaf，*Untold Tales of the Hasidim：Crisis and Discontent in the History of Hasidism*（Waltham，MA，2010），97—119。

26. 参见David Assaf，*Untold Tales of the Hasidim：Crisis and Discontent in the History of Hasidism*。

27. 关于这类酒馆的多重功能，可参见Glenn Dynner，*Yankel's Tavern：Jews，Liquor and Life in the Kingdom of Poland*，17—20。

28. 参见Solomon Maimon，*An Autobiography*，25—26。

29. 参见Solomon Maimon，*An Autobiography*，85—86。

30. 参见Adam Kazmierczyk，“Jews，Nobles and Canon Law in the 18th Century”，academia.edu（2014）。

31. 参见Gershon David Hundert，*Jews in Poland–Lithuania in the Eighteenth Century：A Genealogy of Modernity*，45。另可参见J. Goldberg（ed.），*Jewish Privileges and Charters of Rights in Poland–Lithuania in the Sixteenth to the Eighteenth Century：Critical Edition of Original Polish and Latin Documents with Introduction in English*（Jerusalem，1985）。

32. 参见Antony Polonsky，*The Jews in Poland and Russia，Vol.1，1350—1881*

（Liverpool，2010）。另可参见Gershon David Hundert，“The Importance of Demography and Patterns of Settlement for an Understanding of the Jewish Experience in East-Central Europe”，in Steven T. Katz（ed.），*The Shtetl：New Evaluations*，31—32；Raphael Mahler，*Hasidism and the Jewish Enlightenment：Their Confrontation in Galicia and Poland in the First Half of the Nineteenth Century*（New York，1998），171ff。

33. 参见Nancy Sinkoff，*Out of the Shtetl：Making Jews Modern in the Polish Borderlands*（Providence，2004），30。

34. 参见Chimen Abramsky，“The Crisis of Authority within European Jewry in the Eighteenth Century”，in Siegfried Stern and Raphael Loewe（eds.），*Studies in Jewish Religious and Intellectual History*（Tuscallosa，1979），16。

35. 参见Gershon David Hundert，*Jews in Poland-Lithuania in the Eighteenth Century：A Genealogy of Modernity*，17。

36. 尽管“绝罚令”是1772年在维尔纳发布的，但克拉科夫随后在1786年也开始发布类似的处罚令。

37. 参见Gershon David Hundert，*Jews in Poland-Lithuania in the Eighteenth Century：A Genealogy of Modernity*，143。

38. 参见Moshe Rosman，*Founder of Hasidism：A Quest for the Historical Baal Shem Tov*（Berkeley，1996 and 2013）。关于对“哈西德”原始文本和社会结构等各个方面的最新研究进路，可参见Ada Rapoport-Albert（ed.），*Hasidism Reappraised*（Oxford，1996）一书中收录的文章。

39. 参见Ada Rapoport-Albert（ed.），*Hasidism Reappraised*，99ff。关于这次“飞升”体验与记述这一事件的“神圣书信”的历史传承，可参见Moshe Rosman，*Founder of Hasidism：A Quest for the Historical Baal Shem Tov*，106—107，111ff。

40. 参见Solomon Maimon，*An Autobiography*，28。

41. 参见Solomon Maimon，*An Autobiography*，26ff。

42. 参见Solomon Maimon，*An Autobiography*，146。

43. 参见Solomon Maimon，*An Autobiography*，164。

44. 参见Solomon Maimon，*An Autobiography*，168—169。

45. 参见Gershon David Hundert，*Jews in Poland–Lithuania in the Eighteenth Century：A Genealogy of Modernity*，193。

46. 参见Raphael Mahler，“Hasidism and the Jewish Enlightenment”，in Gershon David Hundert（ed.），*Essential Paperson Hasidism：Origins to Present*（New York，1991），373—429。

47. 参见Eliyahu Stern，*Genius：Elijah of Vilna and the Making of Modern Judaism*（New Haven，2013），83—114。

48. 参见Eliyahu Stern，*Genius：Elijah of Vilna and the Making of Modern Judaism*，26。

49. 参见Moshe Idel，*Hasidism：Between Ecstasy and Magic*（Albany，1995），203。

50. 参见Martin Buber，*Tales of the Hasidim*，2 vols.（New York，1972），Vol.1，238—239；Ada Rapoport–Albert，“Hasidism after 1772：Structural Continuity and Change”，in Ada Rapoport–Albert（ed.），*Hasidism Reappraised*，97。

51. 参见David Assaf，*Untold Tales of the Hasidim：Crisis and Discontent in the History of Hasidism*，98。

52. 参见Leopold Ritter von Sacher–Masoch，*A Light for Others：And Other Jewish Tales from Galicia*，ed. Michael O'Pecko（Riverside，CA，1994），7。

53. 参见Alexander Herzen，*My Past and Thought*，trans. Constance Garnett（Berkeley，1973），170；Michael Stanislawski，*Tsar Nicholas I and the Jews：The Transformation of Jewish Society in Russia 1825—1855*（Philadelphia，1983），27。另可参见Yohanan Petrovsky–Shtern，*Jews in the Russian Army：Drafted into Modernity*（Cambridge，2005）。

54. 参见Michael Stanislawski，*Tsar Nicholas I and the Jews：The Transformation of Jewish Society in Russia 1825—1855*，26。

55. 关于恰尔托雷斯基与莱芬之间的关系，可参见Nancy Sinkoff，*Out of the Shtetl：Making Jews Modern in the Polish Borderlands*，50ff。

56. 参见Yohanan Petrovsky-Shtern，*Jews in the Russian Army：Drafted into Modernity*，34。

57. 参见Yohanan Petrovsky-Shtern，*Jews in the Russian Army：Drafted into Modernity*，53。

58. 参见Yohanan Petrovsky-Shtern，*Jews in the Russian Army：Drafted into Modernity*，108。

第二部

第5篇

1. 关于利未家族与“蒙提塞罗”庄园，可参见Marc Leepson，*Saving Monticello：The Levy Family's Epic Quest to Save the House Jefferson Built*（New York，2003）；Melvin I.Urofsky，*Levy Family and Monticello 1834—1923：Saving Thomas Jefferson's House*（Charlottesville，2001）。

2. 关于这次对纽波特访问的完整记述和当地犹太人的反应，可参见Simon Schama，*The American Future：A History*（London，2008），161—165。

3. 关于利未的海军生涯，可参见Ira Dye，*Uriah Levy：Reformer of the Antebellum Navy*（Gainesville，2006）。

4. 参见Jonathan D. Sarna，*Jacksonian Jews：Two Worlds of Mordecai Noah*（New York，1981），54—55。另可参见Michael Schuldiner and Daniel J. Kleinfeld（eds.），*The Selected Writings of Mordecai Noah*（Westport，1999）；Isaac Goldberg，

American Jewish Pioneer（Philadelphia，1936）。

5. 关于《苏莲托要塞》（*The Fortress of Sorrento*，1808），可参见Jules Chametzky et al.（eds.），*Jewish American Literature：A Norton Anthology*（New York，2001），57—69。

6. 参见Mordecai M. Noah，*Travels in England France，Spain and the Barbary States in the Years 1813—1814 and 1815*（New York，1819）。

7. 参见Mordecai M. Noah，*Travels in England France，Spain and the Barbary States in the Years 1813—1814 and 1815*，132。

8. 参见W. D. Robinson，*Memoir Addresses to Persons of Jewish Religion on the Subject of Emigration to and Settlement in One of the Most Eligible Parts of North America*（London，1819）；Charles P.Daly，*The Settlement of the Jews in North America*（New Yok，1893），92—96。

9. 关于这些来自德国的移民，可参见Hasia Diner，*A Time of Gathering：The Second Migration，1820—1880*（Baltimore，1995）。

10. 参见Ava F. Kahn（ed.），*Jewish Voices of the Golden Rush：A Documentary History 1849—1880*（Detroit，2002）。

11. 参见Ava F. Kahn（ed.），*Jewish Voices of the Golden Rush：A Documentary History 1849—1880*，111—118。

12. 参见S. N. Carvalho，*Incidents of Travel and Adventure in the Far West with Colonel Fremont's Last Expedition across the Rockey Mountains*（New York，1857）。

13. 参见Ava F. Kahn（ed.），*Jewish Voices of the Golden Rush：A Documentary History 1849—1880*，72—80。

14. 参见Hasia Diner，*Roads Taken：The Great Jewish Migrations to the New World and the Peddlers Who Forged the Way*（New Haven，2015）。

15. 参见Jean Powers Soman and Frank L. Byrne（eds.），*A Jewish Colonel in the*

Civil War: Marcus M.Spiegel of Ohio Volunteers（Lincohn，NB，1994），5ff。

16. 参见Ava F. Kahn（ed.），*Jewish Voices of the Golden Rush: A Documentary History 1849—1880*，141—144。

17. 参见Ava F. Kahn（ed.），*Jewish Voices of the Golden Rush: A Documentary History 1849—1880*，81。

18. 参见John P. Marschall，*Jews in Navada: A History*（Reno，2008），21—22。

19. 参见John P. Marschall，*Jews in Navada: A History*，28—37。

20. 参见John P. Marschall，*Jews in Navada: A History*，76—79。另可参见Robert E.Stewart and M. F. Stewart，*Adolph Sutro: A Biography*（Berkeley，1962）。

21. 参见Jacob R. Marcus（ed.），*The American Jewish Woman: A Documentary History*（New York，1981）。

22. 参见Ava F. Kahn（ed.），*Jewish Voices of the Golden Rush: A Documentary History 1849—1880*，267—269。

23. 参见John P. Marschall，*Jews in Navada: A History*，97—98。

24. 关于格拉茨及其有特色的书信，可参见Jules Chametzky et al.（eds.），*Jewish American Literature: A Norton Anthology*，44ff。另可参见David Philipon，*Letters of Rebecca Gratz*（Philadelphia，1929年）；Dianne Ashton，*Rebecca Gratz: Women and Judaism in Antebellum America*（Detroit，1997）。

25. 关于门肯及其诗歌，有一篇文字优美的批评性简介，可参见Jules Chametzky et al.（eds.），*Jewish American Literature: A Norton Anthology*，86—87。另可参见Paul Lewis，*Queen of the Plaza: A Biography of Adah Issacs Menken*（New York，1964）；Wolf Mankowitz，*Mazeppa: The Life，Loves and Legends of Adah Issacs Menken*（New York，1982）。

26. 参见Ava F. Kahn（ed.），*Jewish Voices of the Golden Rush: A Documentary History 1849—1880*，205，409—411。

27. 参见Lance J. Sussman，*Issac Leeser and the Making of American Jedaism*（Detroit，1995）。

28. 参见Jonathan D. Sarna，*When General Grant Expelled the Jews*（New York，2012），passim。

29. 参见Jonathan D. Sarna and Adam Mendelsohn（eds.），*Jews and the Civil War*（New Haven，2010）；Jonathan D. Sarna and Benjamin Shapell，*Lincohn and the Jews*（New York，2015）。

30. 参见Morris U. Schappes，*A Documentary History of the Jews in the United States, 1654—1875*（New York，1971），312—315。

31. 关于奥古斯特·邦迪，可参见Morris U. Schappes，*A Documentary History of the Jews in the United States, 1654—1875*，252—264。至于邦迪本人描述发生在“黑杰克矿区”和波特瓦托米河的战斗的生动文章，现收藏于美国犹太历史学会（American Jewish Historical Society）。

32. 参见Jean Powers Soman and Frank L. Byrne（eds.），*A Jewish Colonel in the Civil War: Marcus M. Spiegel of Ohio Volunteers*，316。斯皮格尔曾明确表示，他“积极支持废除奴隶制”。

33. 参见Jean Powers Soman and Frank L. Byrne（eds.），*A Jewish Colonel in the Civil War：Marcus M. Spiegel of Ohio Volunteers*，261。

34. 参见Ira Dye，*Uriah Levy：Reformer of the Antebellum Navy*，207ff。

35. 参见Morris U. Schappes，*A Documentary History of the Jews in the United States，1654—1875*，376—383。

36. 参见Ira Dye，*Uriah Levy：Reformer of the Antebellum Navy*，232—233；James Finn，*Journal*（16 September 1859），转引自BethZion Abrahams“Historical Notes：Some Early American Jews—From a British Unpublished Diary”，in *American Jewish Archives Journal*，33：2（1981），210—212。

37. 参见Ira Dye，*Uriah Levy：Reformer of the Antebellum Navy*，233。

第6篇

1. 参见David Conway，*Jewry in Music：Entry to the Profession from the Enlightenment to Richard Wagner*（Cambridge，2012）。

2. 参见Heinz and Gudrun Becker，*Giacomo Meyerbeer：A Life in Letters*，trans. Mark Violette（London，1983），29。

3. 参见Heinz and Gudrun Becker，*Giacomo Meyerbeer：A Life in Letters*，33。

4. 参见*The Diaries of Giacomo Meyerbeer，Vol.4：The Last Years（1857—1864）*，trans. and eds. Robert Ignatius Letellier（Madison，NJ，2003）；David Conway，*Jewry in Music：Entry to the Profession from the Enlightenment to Richard Wagner*（Cambridge，2012）。

5. 参见Heinz and Gudrun Becker，*Giacomo Meyerbeer：A Life in Letters*，43。

6. 然而，由于巴黎北站脏乱不堪且时常发生危险，再加上供应的食物非常糟糕，恰恰与“欧洲之星”铁路线另一端的圣潘克拉斯（St Pancras）火车站的豪华气派形成了鲜明的对照，所以不久之后便与站前广场一起开始了新一轮的大规模翻修工程。

7. 关于罗斯柴尔德家族及其铁路投资，可参见Niall Ferguson，*The World's Banker：The History of the House of Rothschild*（London，1998）；Melanie Aspey，“Making Tracks：Promoting the Rothschild Archive as a Source for Railway History”，in Ralf Roth and Gunter Dinhobl（eds.），*Across the Borders：Financing the World's Raiways in the Nineteenth Century*（Aldershot，2008），3—12；Christophe Bouneau，“The Pereires' International Strategy for Railway Construction in the 1950s and 1960s”，in Ralf Roth and Gunter Dinhobl（eds.），*Across the Borders：Financing the World's Raiways in the Nineteenth Century*，13—24。另可参见Kurt Greenwald，“Europe's

Railways and Jewish Enterprise：German Jews as Pioneers of Raiway Promotion”，*Leo Baeck Institute Yearbook*，XII（1967），163—209。

8. 参见Jonathan M. Hess，Germans，*Jews and the Claims of Modernity*（New Haven，2002）。普鲁士最高法院的基督徒法官Ludwig Paalzow早已认定，犹太精英阶层——包括伊齐格、利未、伍尔夫、贝尔等家族在内——一向专横跋扈的做派就是他们图谋控制全世界的明显证据。

9. 参见Tina Fruhauf, *The Organ and Its Music in German Jewish Culture*（Oxford，2009），28—29。

10. 参见Geffrey S. Sposato，*The Price of Assimilation：Felix Mendelssohn and the 19th Century Anti-Semitic Tradition*（Oxford，2006），16ff。

11. 参见Tina Fruhauf，*The Organ and Its Music in German Jewish Culture*，26。

12. 参见Tina Fruhauf，*The Organ and Its Music in German Jewish Culture*，4。

13. 参见Ruth Gay，*The Jews of Germany：A Historical Portrait*（New York，1992）。

14. 参见Thomas S. Grey，“Wagner Admires Meyerbeer（*Les Huguenots*）”，in Thomas S. Grey（ed.），Richard Wager and His World（Princeton，2009），335—346。瓦格纳曾把梅耶贝尔的《胡格诺教徒》（*Les Huguenots*）誉为歌剧的“顶峰”。可参见Richard Wager，*Selected Works of Richard Wager*，trans. S. Spencer，ed. S. Spencer and B. Millington（London，1987），68—69。另可参见Milton E. Brener，*Wagner and the Jews*（Jefferson，NC，2006）；Leon Poliakov，*The History of Anti-Semitism, Vol.III：From Voltaire to Wagner*，trans. Miriam Kochan（Philadelphia，1968），429—457。另可参见David Conway，*Jewry in Music：Entry to the Profession from the Enlightenment to Richard Wagner*，258—261。Conway认为，作为德雷斯顿的一名小提琴手和忠心为瓦格纳效命的斗士，Theodor Uhlig才是对“犹太音乐”横加评论攻击的始作俑者，并且肯定是瓦格纳嘲笑犹太会堂的音乐简直是奇腔怪调的主要消息来源。但Conway或许不大相信瓦格纳会在1850年仅仅为了投机取巧而反复利用

Uhlig精心杜撰的消息。

15. 参见J. S. Shedlock，“Wagner and Liszt Correspondence”，*Proceedings of the MusicalAssociation（1887—1888）*，131。

16. 关于工匠阶层对犹太人的敌意，可参见Shulamit Volkov，*The Rise of Popular Antimodernism in Germany：The Urban Master Artisans，1873—1896*（Princeton，1978）。

17. 参见Helen M. Davies，*Emile and Issac Pereire：Bankers，Socialists and Sephardi Jews in Nineteenth–Century France*（Manchester，2014）。

18. 参见Helen M. Davies，*Emile and Issac Pereire：Bankers，Socialists and Sephardi Jews in Nineteenth–Century France*，45—46。

19. 关于铁路对文化以及经济的革命性冲击的经典描述，可参见Wolfgang Schivelbusch，*The Railway Journey：The Industrialization of Time and Space in the Nineteenth Century*（Oxford，1979）。

20. 参见Wolfgang Schivelbusch，*The Railway Journey：The Industrialization of Time and Space in the Nineteenth Century*，44，58—59。

21. 欧亨尼奥·玛利亚，罗梅洛所写的关于这个故事的剧本就是《犹太姑娘哈齐尔的殉难》（*El Martirio de la Joven Hanchuel*，Gibraltar，1837）。

22. 参见Juliette Hassine，“The Martyrdom of Sol Hatchuel：*Ridda* in Morocco in 1834”，in Michael M. Laskier and Yaacov Lev（eds.），*The Convergence of Judaism and Islam：Religious，Scientific and Cultural Dimensions*（Gainesville，FL，2011），109—125。

23. 参见M. Rey，*Souvenirs d’un Voyage au Maroc*（Paris，1844）。

24. 他的自传后由Gabriel de Seailles整理出版，即《阿尔弗雷德·德奥当：一位画家的创作经历》（*Alfred Dehodencq：Histoire d’un coloriste*，Paris，1885）。

25. 参见Martin Gilbert，*In Ishmael’s House：A History of Jews in Muslim Lands*

（New Haven，2010），121—123；Mark Cohen，“Islam and the Jews：Myth，Counter-Myth，History”，in Shlomo Eshen and Walter Zenner（eds.），*Jews Among Muslims：Communities in the Pre-Colonial Middle East*（Basingstoke，1996），50—63；Bernard Lewis，*The Jews of Islam*（Princeton，1984）。

26. 参见Abigail Green，*Moses Montefiore：Jewish Liberator，Imperial Hero*（Cambridge，2012），69。

27. 参见Jonathan Frankel，*The Damascus Affair：“Ritual Murder”，Politics，and the Jews in 1840*（Cambridge，1997）；Abigail Green，*Moses Montefiore：Jewish Liberator，Imperial Hero*，133ff。

28. 参见“A Plea for Aid in the Damascus Affair”（PRO 195/162），in Norman A. Stillman，*The Jews of Arab Lands：A History and Source Book*（Philadelphia，1979），393—394。

29. 参见“Report on the Treatment of Jewish Prisoners in the Damascus Affair”（PRO，FO 78/405，32—34），in Norman A. Stillman，*The Jews of Arab Lands：A History and Source Book*，397。另可参见Jonathan Frankel，*The Damascus Affair：“Ritual Murder”，Politics，and the Jews in 1840*，41—44。

30. 参见Elisa Acton，*Modern Cookery for Private Families*（London，1845）；also ed. Jill Norman（London，2011），605—607。

31. 参见Norman A. Stillman，*The Jews of Arab Lands：A History and Source Book*，401。

32. 参见Helen M. Davies，*Emile and Issac Pereire：Bankers，Socialists and Sephardi Jews in Nineteenth-Century France*，112—134。

33. 参见David Kertzer，*The Kidnapping of Edgardo Mortara*（New York，2008）；Abigail Green，*Moses Montefiore：Jewish Liberator，Imperial Hero*，258—282。

34. 参见Abigail Green，*Moses Montefiore：Jewish Liberator，Imperial Hero*，

125；Max B. May，*Issac Mayer Wise：The Founder of American Judaism*（New York，1916），271。

35. 参见Aron Rodrigue，*French Jews，Turkish Jews：The Alliance Israélite Universelle and the Politics of Schooling in Turkey，1680—1925*（Bloomington，1990）；André Chouraqui，*Cent Ans d'Histoire：l'Alliance israelite universelle et la renaissance juive contemporaine 1860—1960*（Paris，1965）。

36. 关于赫斯，可参见Shlomo Avineri，*Moses Hess：Prophet of Communism and Zionism*（New York，1985）；Isaiah Berlin，"The Life and Opinions of Moses Hess"，in Henry Hardy（ed.），*Against the Current：Essays in the History of Ideas*（Princeton，1979）。

第 7 篇

1. 参见Hayyim Hibshush，*Travels in Yemen：An Account of Joseph Halévy's Journey to Najran in the Year 1870，Written in Sana'ani Arabic by His Guide Hayyim Hibshush*，ed. S. D. Goitein（Jerusalem，1941）；Joseph Halévy's own version："Voyage au Nadjran"，*Bulletin de la Société de Géographie*，Ⅵ（1873），5—31，241—273，591—606，and XⅢ（1877），466—479。关于也门犹太人的历史，可参见Joseph Tobi，*The Jews of Yemen：Studies in Their History and Culture*（Leiden，1999年）。希布苏萨（Hibshush）有时也被称为"哈布苏萨"（Habshush）。

2. 参见Simon Schama，*The Story of the Jews：Finding the Words，1000 BCE—1942 CE*（London，2013），231—235。

3. 参见Bat Zion Eraqi Klorman，*The Jews of Yemen in the Nineteenth Century：A Portrait of a Messianic Community*（Leiden，1993）；Bat Zion Eraqi Klorman，"The Attitudes of Yemenite Rabbis towards 19th Century Jewish Messianic Figures"，in *Proceedings of the 10th World Congress of Jewish Studies*（Jerusalem，1990）。"Dor Deah"

最初是指真正亲眼见证过“出埃及”事件的一代人，但从1912年开始，在也门则往往用来称呼那些反对神秘主义和宿命论以及该地区所有“喀巴拉”流派的人。

4. 其余的三大犹太家族分别是al-Uzayri、al-Marhabi和al-Bishari。

5. 关于也门19世纪晚期的“救世主”运动，可参见Joseph Tobi，*The Jews of Yemen：Studies in Their History and Culture*，48—84。

6. 参见Bat Zion Eraqi Klorman，“Muslim and Jewish Interactions in the Tribal Sphere［in Yemen］”，in Michael M. Laskier and Yaacov Lev（eds.），*The Divergence of Judaism and Islam：Interdependence，Modernity and Political Turmoil*（Gainesville，FL，2001），133；Bat Zion Eraqi Klorman，*The Jews of Yemen in the Nineteenth Century：A Portrait of a Messianic Community*；Harris Lenowitz，“Shukr Kuhayl Ⅱ reads the Bible”，in Leonard J. Greenspoon and Bryan F. Lebau（eds.），*Sacred Texts，Secular Times：The Hebrew Bible in the Modern World*（Omaha，2000），245—266。

7. 参见Carol Krinsky，*The Synagogues of Europe：Architecture，History，Meaning*（Cambridge，MA，1985），265—270；Richard I. Cohen，“Celebrating Integration in the Public Sphere in Germany and France”，in Michael Brenner，Vicki Caron and Uri R. Kaufmann（eds.），*Jewish Emancipation Reconsidered：The French and German Models*（London，2003），63—67。

8. 参见Michael Brenner，Vicki Caron and Uri R. Kaufmann（eds.），*Jewish Emancipation Reconsidered：The French and German Models*，348—351。

9. Adam Kirsch所著《便雅悯·迪斯雷利》（*Benjamin Disraeli*，New York，2008）一书，对迪斯累利虽然接受了洗礼但却仍然怀有强烈的犹太自我意识一节做了最好的解答。

10. 参见Flavius Josephus，*Antiquities of the Jews*；《列王纪上》第7章、第15章。

11. 参见Carol Krinsky，*The Synagogues of Europe：Architecture，History，Meaning*，187—193。

12. 关于阿道夫·耶利内克，可参见Robert S. Wistrich，*The Jews of Vienna in the Age of Franz Joseph*（Oxford，1989），112ff，and 238—269。

13. 关于维也纳自由犹太人形成的上流社会阶层，可参见Georg Gaugusch（ed.），*Wer Einmal War, Das Judishe Grossburgertum Wiens 1800—1938*收录的显赫家族传记，主要参见条目*A—K*（Vienna，2011），*L—R*（Vienna，2016）。关于柏林的情况，可参见Andreas Nachama and Gereon Sievernich（eds.），*Judishe Lebenswelten: Katalog zur Ausstellung Judisher Lebenswelten*，2 vols（Berlin，1991）为柏林犹太博物馆开馆展览所做的精彩介绍。

14. 关于这种宏大的空间关系，可参见Richard I. Cohen，"Urban Visibility and Biblical Visions：Jewish Culture in Western and Central Europe in the Modern Age"，in David Biale（ed.），*Cultures of Jews*，Vol.3，*Modern Encounters*（New York，2002），10—74。

15. 参见Jacob Katz，"German Culture and the Jews"，in Jehuda Reinharz and Walter Schatzberg（eds.），*The Jewish Response to German Culture: From the Enlightenment to the Second World War*（Hanover，NH，1985），89。

16. 参见Shulamit Volkov，*The Rise of Popular Antimodernism in Germany: The Urban Master Artisans, 1873—1896*（Princeton,1978）。关于对这一问题的全面思考，可参见Shulamit Volkov，*Germans, Jews, and Anti-Semites: Tials in Emancipation*（Cambridge，2006）。

17. 关于特莱奇克，可参见George Mosse，*The Intellectual Origins of the Third Reich*（New York，1964），200—202；Fritz Stern，*The Politics of Cultural Despair: A Study in the Rise of the German Ideology*（Berkeley，1961）。

18. 关于索纳勒以及现代反犹主义政治的发端，可参见Peter Pulzer，*The Rise of the Political Anti-Semitism in Germany and Austria*（revd edn，London，1988），142—155；Robert Wistrich，*A Lethal Obsession: Anti-Semitism from Antiquity to the*

Global Jihad（London，2010）。

19. 参见Steven J. Zipperstein，*The Jews of Odessa：A Cultural History，1794—1881*（Stanford，1986）; Patricia Herlihy，*Odessa：A History，1794—1914*（Cambridge，MA，1986）; Charles King，*Odessa：Genius and Death in the City of Dreams*（New York，2011）。对敖德萨犹太生活最生动的描绘，可参见Vladimir Jabotinsky's noval，*The Five：A Noval of Jewish Life in Turn-of-the-Century Odessa*，trans. Michael Katz（Ithaca，2005）。

20. 参见Jarrod Tanny，*City of Rogues and Schnorrers：Russian Jews and Myths of Old Odessa*（Bloomington，2011）。Tanny试图全面地解构这座异端纷呈、文化多样并且相对开放的港口大都市的"神话"，认为那里的犹太人可以自由地接受现代知识教育，可以从事任何能够接触到的职业。虽然他借助于集中体现在Isaac Babel塑造的文学人物Benya Krik身上的浪漫犯罪故事做了许多夸张的描绘，但就整体而言，他最终还是维护了这座城市的正面形象。

21. 参见Steven J. Zipperstein，"Remapping Odessa"，in Steven J. Zipperstein，*Imagining Russian Jewry：Memory，History，Identity*（Seattle，1990），80。

22. 参见Alexander Orbach，*New Voices of Russian Jewry：A Study of the Russian-Jewish Press of Odessa in the Era of the Great Reforms，1860—1871*（Leiden，1980）。

23. 参见John Doyle Klier，*Russians，Jews and the Pogroms of 1881—1882*（Cambridge，2011）。另可参见Jonathan Dekel-Chan，David Gaunt（eds.），*Anti-Jewish Violence：Rethinking the Pogroms in Eastern European History*（Bloomington，2010）收录的文章。

24. 关于李林布鲁姆，可参见*Autobiographical Jews：Essays in Jewish Self-Fashioning*（Seattle，2004），54—68。关于该书中的传记风格，可参见ChaeRan Freeze and Jay M. Harris（eds.），*Everyday Jewish Life in Imperial Russia：Selected Documents，1772—1991*（Waltham，MA，2013）一书中的长篇摘要（353—367）。

25. 参见Shlomo Avineri，*The Making of Modern Zionism：The Intellectual Origins of the Jewish State*（New York，1981），73—82。

26. 其实，这并不是一个好主意，因为这类针草植物尤其能起到稳定流动的海岸沙丘的作用。

27. 关于这些定居点的早期历史及其与犹太慈善家之间相互折磨的关系，可参见Ben Halpern and Jehuda Reinharz，*Zionism and the Creation of a New Society*（Oxford，1998），59ff。另可参见Shmuel Ettinger and Israel Bartal，"The First Aliyah：Ideological Roots and Pratical Accomplishments"，in Jehuda Reinharz and Anita Shapira（eds.），*Essential Papers in Zionism*（New York，1996），63—93。

28. 参见Simon Schama，*Two Rothschilds and the Land of Israel*（London，1978）。

29. 参见Ran Aaronsohn，*Rothschild and Early Jewish Colonization in Palestine*，trans. Gila Brand（Jerusalem，2000）。

30. 参见Ruth Kark and Noam Levin，"The Environment of Palestine in the Late Ottoman Period"，in Daniel E. Orenstein，Alon Tal and Char Miller（eds.），*Between Ruin and Restoration：An Environmental History of Israel*（Pittsburgh，2013），1—29；Gad Gilbar（ed.），*Ottoman Palestine 1880—1914：Studies in Economy and Society*（Leiden，1990）。

31. 参见Arieh L. Avneri，*The Claim of Dispossession：Jewish Land Settlement and the Arabs，1878—1948*（Efal，1982），82—83。

32. 虽然霍雷肖・斯帕福德1888年死于疟疾，但这个群落却吸引了更多的人，并且后来还在老城墙外面的谢赫・贾拉社区［谢赫・贾拉（Sheikh Jarrah），曾做过萨拉丁的御医，该居住区便以他的名字命名］购置了一处房产。该房产后来被改造为美国农垦旅馆，时至今日里面仍然挂满了斯帕福德一家当年的照片，并且一直在供应耶路撒冷最好的早餐。

第 8 篇

1. 有关“德雷福斯案件”的文献可以说浩如烟海，并且出版的势头似乎愈演愈烈。但就我看来，所有优秀文献中最具有阅读价值的记述当属Ruth Harris，*The Man on Devil's Island: Alfred Dreyfus and the Affair that Divided France*（London，2010）一书。关于该案件的最新争论，可参见Maya Balakirsky Katz（ed.），*Revising Dreyfus*（Leiden，2013）；亦可参见Michael Burns，*France and the Dreyfus Affair: A Brief Documentary History*（Boston，1998）；关于德雷福斯案件之前和之后更多的家庭情况，可参见Michael Burns，*Dreyfus: A Family Affair, 1789—1945*（New York，1991）。关于法国犹太人在案件审理期间面临的两难困境，可参见Michael Marrus，*The Politics of Assimilation: A Study of French Jewish Community at the Time of the Dreyfus Affair*（New York，1971）；Paula Hyman，*The Jews of Modern France*（Berkeley，1998）；Phyllis Cohen Albert，*The Modernization of French Jewry: Consistory and Community in the Nineteenth Century*（Hanover，NH，1977）。另可参见Jean-Denis Bredin的权威著述*The Affair: The Case of Alfred Dreyfus*，trans. Jeffrey Mehlman（New York，1986）。关于近期对该案件引发的强烈共鸣的反思，可参见Louis Begley，*Why Dreyfus Matters*（New York，2009）。关于对这一案件的形象化和图像化报道，可参见Norman Kleeblatt为犹太博物馆举行的盛大专题展览活动编写的展品介绍 *The Dreyfus Affair: Art, Truth and Justice*（Berkeley，1987）。凡对德雷福斯案件缺少足够了解的读者，可尝试阅读Robert Harris的优秀长篇小说*An Officer and a Spy*（London，2014），但如果你想见识一下当代有关德雷福斯案件的激情洋溢的讽刺文学作品，则可参阅文学巨匠Anatole France的名作*Penguin Island*（1908）。

2. 参见Ruth Harris，*The Man on Devil's Island: Alfred Dreyfus and the Affair that Divided France*（London，2010），125—127；Pierre Birnbaum，*The Antisemitic*

Movement：A Tour of France in 1898，trans. Jane More Todd（New York，2003）；Stephen Wilson，*Ideology and Experience：Anti–Semitism in France at the Time of the Dreyfus Affair*（Lutherford，NJ，2003）。

3. 参见Pierre Birnbaum，*The Antisemitic Movement：A Tour of France in 1898*，233—236。

4. 参见Michael Rosen，*The Disappearance of Émile Zola*（London，2017）。

5. 参见Nelly Wilson，*Bernard–Lazare：Antisemitism and the Problem of Jewish Identity in Late Nineteenth Century France*（Cambridge，1978）；Ruth Harris，*The Man on Devil's Island：Alfred Dreyfus and the Affair that Divided France*，77。

6. 参见Denis Bredin，*The Affair：The Case of Alfred Dreyfus*，28，and 295—296。

7. 参见Linda Nochlin，"Dedas，and the Dreyfus Affair：A Portrait of the Artist as Anti–Semite"，Norman Kleeblatt（ed.），*The Dreyfus Affair：Art，Truth and Justice*（Berkeley，1987），96—116；Susan Rubin Suleiman，"The Literary Significance of the Dreyfus Affair"，in Norman Kleeblatt（ed.），*The Dreyfus Affair：Art，Truth and Justice*，117—139。

8. 参见Norman Kleeblatt（ed.），*The Dreyfus Affair：Art，Truth and Justice*，196。

9. 参见V. Lenepveu，"Le Roi des porcs"，in V. Lenepveu，*Musée des horreurs*（1900）。这些最骇人听闻的反犹主义组画对德雷福斯本人也进行了刻意丑化：画面中的他长着鹰钩鼻子和毒蛇的身体，而一大群小蛇就围在他的身边。试参见Norman Kleeblatt（ed.），*The Dreyfus Affair：Art，Truth and Justice*，244，246。

10. 参见Stephen Bottomore，"Dreyfus and Documentary"，*Sight and Sound*（Autumn，1984）。另可参见Luke McKernan在网络上发布的优美博客（可惜当前已不再更新，但仍可留作档案。谢谢您！），Luke："Lives on Film：Alfred Dreyfus"（三期博客连载，并附有画面片段）。关于梅里爱及其作品，可参见John Frazer，*Artificially Arranged Scenes：The Films of Georges Méliès*（Boston，1979）；Jacques

Malthête，*L'Oeuvre de Georges Méliès*（Paris，2008）。

11. 参见Stephen Bottomore，“Dreyfus and Documentary”，291。

12. 参见Maurice Barrès，*Scenes et doctrines du nationalisme*（Paris，1920）；Zeev Sternhell，*Maurice Barrès et le nationalism franais*（Paris，1973）。

13. 关于德雷福斯在遭受侮辱期间所使用的肢体语言，可参见Christopher E. Forth，*The Dreyfus Affair and the Crisis of Manhood*（Baltimore，2004），21—60；Venita Datta，“The Dreyfus Affair as National Theatre”，in Maya Balakirsky Katz（ed.），*Revising Dreyfus*（Leiden，2013）2013。

14. 参见Theodor Herzl，“Die Degradation des Capitäns Dreyfus”，*Neue Freie Press*（Vienna，6 January 1895）。

15. 参见Jacques Kornberg，“Theodor Herzl：A Re-evaluation”，*Journal of Modern History*，52：2（June 1980）；Jacques Kornberg，*Theodor Herzl：From Assimilation to Zionism*（Chicago，1993）；Shlomo Avineri，*Herzl's Vision：Theodor Herzl and the Foundation of the Jewish State*（London，2013）。正如读者所期望的，Amos Elon所著《赫茨尔》（*Herzl*，New York，1975）一书读起来的确趣味盎然，但在今天却稍显过时；而Ernest Pawel所写的《流亡的迷宫：西奥多·赫茨尔的一生》（*The Labyrinth of Exile：A Life of Theodor Herzl*，New York，1989）则是一部最具有讽刺和怀疑意味的传记，恰恰与Alex Bein所写的传记（1934）那种不加任何评判的古典风格相反而走向了另一个极端，但Pawel一味卖弄写作技巧也在一定程度上使他迷失了创作的主题。

16. 参见*The Complete Diaries of Theodor Herzl*，ed.，Raphael Patai，trans. Harry Zohn（New York，1960），5 vols。

17. 关于阿尔卡莱，可参见Raymond Goldwater，*Pioneers of Religious Zionism*（New York，2009）；Arthur Hertzberg，*The Zionist Idea：An Historical Analysis and Reader*（New York，1976），102—105；Shlomo Avineri，*The Making of Modern*

Zionism: The Intellectual Origins of the Jewish State（New York，1981）。

18. 参见Jacques Kornberg，“Theodor Herzl：A Re-evaluation”，32ff。

19. 关于此节，有一篇十分优美而详细的记述，请参见Jacques Kornberg，“Theodor Herzl：A Re-evaluation”，67—71。

20. 参见*The Complete Diaries of Theodor Herzl*，Vol.I，4。

21. 参见*The Complete Diaries of Theodor Herzl*，Vol.I，3。

22. 参见*The Complete Diaries of Theodor Herzl*，Vol.I，27—28。

23. 参见Ran Aaronsohn，*Rothschild and Early Colonization in Palestine*（Jerusalem，2000）；Judith Noemie Freidenberg，*The Invention of the Jewish Gaucho: Villa Clara and the Construction of Argentine Identity*（Austin，Texas，2009）。

24. 参见*The Complete Diaries of Theodor Herzl*，Vol.I，131。

25. 参见Cecil Bloom，“Samuel Montagu and Zionism”，*Jewish Historical Studies*，34（1994—1996），17—44。

26. 参见Barbara W. Tuchman，*Bible and Sword: England and Palestine from the Bronze Age to Balfour*（New York，1956）。

27. 参见Theodor Herzl，*The Jewish State*（New York，1946），82。

28. 参见Theodor Herzl，*The Jewish State*（New York，1946），76。

29. 参见Theodor Herzl，*The Jewish State*（New York，1946），129。

30. 参见Theodor Herzl，*The Jewish State*（New York，1946），156。

31. 关于伦敦犹太人与早期的锡安主义运动，可参见Geoffrey Alderman，*Modern British Jewry*（Oxford，1958）；Daniel Gutwein，*The Divided Elite: Economics, Politics and Anglo-Jewry*，*1882—1917*（Leiden，1992年）；Stuart Cohen，*English Zionists and British Jews: The Communal Politics of Anglo-Jewry, 1896—1920*（Princeton，1982）。

32. 参见Simon Schama，*Two Rothschilds and the Land of Israel*（London，

1978），145—147。

33. 关于威廉·赫克勒牧师及其他基督徒锡安主义者，可参见Gerhard Gronauer，"'To Love the Jews'：William H. Hechler（1845—1931），der christliche Förderer des politischen Zionismus"，in Berthold Schwarz and Helge Stadelman（eds.），*Christen, Juden und die Zukunft Israels*（Frankfurt am Main，2009）；Shlomo Goldman，*Zeal for Zion：Christians，Jews，and the Ideal of the Promised Land*（Chapel Hill，2008）；Victoria Clark，*Allies for Armageddon：The Rise of Christian Zionism*（New Haven，2007）。

34. 参见*The Complete Diaries of Theodor Herzl*，Vol.1，311ff。

35. 参见*The Complete Diaries of Theodor Herzl*，Vol.2，579。

36. 转引自Michael Berkowitz，*Zionist Culture and Western European Jewry Before the First World War*（Chapel Hill，1996），17。

37. 参见*The Complete Diaries of Theodor Herzl*，Vol.2，580。

38. 参见*The Complete Diaries of Theodor Herzl*，Vol.2，581。

39. 关于阿哈德·哈阿姆，可参见David Vital，*The Origins of Zionism*（New York，1980），187。另可参见Hillel Halkin的精彩文章"What Ahad Ha'am Saw and Herzl Missed"，Mosaic（October 2016），online。

40. 参见Hillel Halkin，"What Ahad Ha'am Saw and Herzl Missed"，*Mosaic*（October 2016），online。

41. 参见*The Complete Diaries of Theodor Herzl*，Vol.Ⅱ，727—728。

42. 参见Shlomo Avineri，"Theodor Herzl's Diaries as Bildungsroman"，*Jewish Social Studies*，5:3（1999）。阿文内利指出，赫茨尔只是在巴勒斯坦的简短旅行期间用这样的独特方式称呼过"耶路撒冷"。另可参见*The Complete Diaries of Theodor Herzl*，Vol.Ⅱ，738—739。